国家哲学社会科学基金一般项目（23BXW013）

QUALITATIVE RESEARCH METHODS

新闻传播学
质化研究方法

沈 荟 陈晓旭 郑孟兰 ◎ 编译

上海交通大学出版社
SHANGHAI JIAO TONG UNIVERSITY PRESS

内容提要

本论文集精选并译介了国际著名学者的思考与洞见,详细阐述了新闻传播领域质化研究数据采集的几种重要方法:民族志与参与式观察、访谈法、焦点小组、历史研究法、文本与话语分析、案例研究法,以及扎根理论。不仅强调方法的理论根基——历史溯源、特点描述或科学性探讨,还辅之以丰富的有关方法运用的研究实例。

《新闻传播学质化研究方法》旨在扩展观察人文社会世界的视野,深入理解和诠释人类经验和行为的意义,为研习者提供关于如何开展良好质化研究的指导。

图书在版编目(CIP)数据

新闻传播学质化研究方法 / 沈荟,陈晓旭,郑孟兰编译. -- 上海 ： 上海交通大学出版社,2024.12. -- ISBN 978-7-313-31715-5

I. G210-3

中国国家版本馆 CIP 数据核字第 2024452JC9 号

新闻传播学质化研究方法

XINWEN CHUANBOXUE ZHIHUA YANJIU FANGFA

编　　译:	沈　荟　陈晓旭　郑孟兰			
出版发行:	上海交通大学出版社	地　　址:	上海市番禺路 951 号	
邮政编码:	200030	电　　话:	021-64071208	
印　　制:	上海新艺印刷有限公司	经　　销:	全国新华书店	
开　　本:	710 mm×1000 mm　1/16	印　　张:	31.25	
字　　数:	542 千字			
版　　次:	2024 年 12 月第 1 版	印　　次:	2024 年 12 月第 1 次印刷	
书　　号:	ISBN 978-7-313-31715-5			
定　　价:	88.00 元			

目 录 | Contents

第二章　　访谈法

第三章　　焦点小组

第四章　　历史研究法

第五章　文本与话语分析

第六章　案例研究法

第七章　扎根理论

后记

导　论

质化研究的学科与实践[①]

（*The Discipline and Practice of Qualitative Research*）

诺曼·肯特·邓津(Norman Kent Denzin)

伊冯娜·塞申斯·林肯(Yvonna Sessions Lincoln)

琳达·史密斯(Linda Smith)探讨科学研究(包括质化研究)时从殖民视角切入,认为"'研究'这一术语与欧洲的帝国主义和殖民主义间存在千丝万缕的联系,可能是原住民世界里最不堪的词汇之一……暗示着殖民过程中泯灭人性的行为"。帝国主义和殖民主义通过科学研究"收集、分类原住民拥有的知识,再反馈给西方国家",这使得"研究"一词渐趋污浊并激起人们的愤怒、沉默和不信任。"它过于强大,以至于原住民甚至创作了有关'研究'的诗歌"(Smith, 1999),这个术语被认为是殖民主义最肮脏的遗产之一。

可悲的是,通过"研究(量化和质化)是科学的"这一话语,大多质化研究方法(如观察、参与、访谈和民族志)成为殖民文化、权力和真相的隐喻。"研究"为报道和再现他者提供了基础,在殖民语境中,成为向白人世界展现黑皮肤他者的一种客观方式。

殖民国家依靠人文学科(特别是社会学和人类学)获取关于陌生世界的知识。这种同殖民项目间的密切联系为质化研究带来了长期伤痛,乃至使其成为一种污名。在社会学领域,二十世纪二三十年代芝加哥学派的论著确立了质化研究在探究人类群体生活中的重要地位;在同期的人类学领域,弗朗茨·博厄斯(Franz Boas)、玛格丽特·米德(Margaret Mead)、鲁思·本尼迪克特(Ruth Benedict)、格雷戈里·贝特森(Gregory Bateson)、爱德华·埃文斯-普里查德(Edward

---

① 本译文为删减版,文章来源: Denzin, N. K., & Lincoln, Y. S. (2000). The discipline and practice of qualitative research. Handbook of Qualitative Research, 2(1), 1 - 20.

Evans-Pritchard)、拉德克利夫-布朗(Radcliffe-Brown)和马林诺夫斯基(Malinowski)
的学科奠基之作则为田野方法绘制了轮廓(参见 Gupta & Ferguson，1997；
Stocking Jr.，1986，1989)。

在上述项目中，观察者大多会进入一个陌生环境研究另一群体的文化、习
俗和习性，该群体通常有碍于白人殖民者的殖民进程。他们产出的民族志报
告被用于制定殖民策略，以便控制这些外来的、反常的或麻烦的"他者"。很快，
质化研究也被应用于其他社会和行为科学学科中，其中包括教育学(尤其是约
翰·杜威[John Dewey]的作品)、历史学、政治科学、商学、医学、护理、社会工作和
传播学(对这一传统的批评，参见 Smith，1999；Vidich & Lyman，2000；Rosaldo，
1989)。

到了 20 世纪 60 年代，量化研究与质化研究阵营间的战线逐渐拉开。量化
研究的学者认为质化研究只是科学领域的附属品；质化研究的学者则高度颂扬
其主体性和解释性方法在研究人们生活方面的人道主义关怀。与此同时，原住
民也对两种方法的"殖民权力"内核有所体察(参见 Battiste，2000；Semali &
Kincheloe，1999)。

阿瑟·维迪奇(Arthur Vidich)与斯坦福·莱曼(Stanford Lyman)曾指出这
段伤痛历史的诸多特征(Vidich & Lyman，1994，2000)。他们的经典分析颇具
讽刺意味地指出，社会学和人类学中的质化研究是为理解他者而生(Vidich &
Lyman，2000)。换言之，他者被认为是陌生文化中充满异域风情的、原始的和
非白人的存在，其文明程度居于"我们"之下。诚然，在人类学家和民族志学者出
现之前殖民现象就已发生，但若非这种将黑皮肤他者视为人类考察对象的研究
心态，殖民主义、新殖民历史就不会存在。追根溯源，质化研究从其产生伊始就
与种族主义相关。[①]

本文将阐明质化研究的本质，并对人类学科中质化研究的历史进行界定、记
录与评。

---

① 詹姆斯·克利福德(James Clifford)和乔治·马尔库斯(George Marcus)的作品《写文化》(*Writing
Culture*，1986)的封面刊登了一张史蒂芬·泰勒(Stephen Tyler)在印度开展田野调查的照片，贝尔·
胡克斯(Bell Hooks)对这张照片进行了解读。照片中，泰勒与三个深肤色的人隔着一段距离坐着。
其中一个孩子正从篮子里探出头，一位女性坐在小屋的阴影里，另一位男性披着黑白相间的格纹披
肩，手肘撑在膝盖上，手掌托着脸颊，注视着泰勒。泰勒正在撰写一份田野日记。许是为了遮挡阳光，
他的眼镜上系着一块白布。这块白布标志着泰勒的身份——研究这些深色人群的白人男性作家。在
该场景中，那位棕色皮肤男性的眼神中蕴含着对泰勒的一些想法或情绪。相较而言，那位女性的视线
则完全被印在她脸上的阴影和书名的文字掩盖。

一、关于定义

质化研究成为一个研究领域有其正当性，它涉及不同的学科、领域和主题，[①]形成了一系列复杂而相互关联的术语、概念和假设，其中包括基础主义（foundationalism）、实证主义（positivism）、后基础主义（postfoundationalism）、后实证主义（postpositivism）和后结构主义（poststructuralism）等传统，以及与文化研究和解释研究相关的质化研究视角或方法。[②] 一些详尽论述个别方法与研究路径的文献也被纳入质化研究的范畴，如案例研究、政治与伦理、参与式调查、访谈、参与式观察、视觉法和解释性分析等。

在北美，质化研究涉及复杂的历史领域，至少跨越 8 个历史时期，它们彼此重叠且在当下共同发挥着作用。[③] 我们将其定义为传统时期（1900—1950 年）、现代主义时期或黄金时期（1950—1970 年）、模糊时期（1970—1986 年）、表征危机时期（1986—1990 年）、后现代时期（实验性新民族志阶段，1990—1995 年）、后实验探究时期（1995—2000 年）、方法论竞争的现代时期（2000—2004 年），以及当下所处的碰撞未来时期（2005 年—）。第 8 个时期是"未来期"，这一时期遭遇了与循证社会运动（evidence-based social movement）相关的方法论的冲击，它关注道德话语、宗教文本的演化，要求社会科学和人文学科成为可以批判性对话民主、种族、性别、阶级、民族—国家、全球化、自由和共同体等话题的重要场域。[④]

后现代时期和后实验时期的部分特征是对文学、修辞比喻和叙述转向的关

---

① 质化研究在教育、社会工作、传播学、心理学、历史学、组织研究、医学、人类学和社会学等不同领域都有其独特的发展历史。

② 在此需要明晰一些观点。实证主义主张人们可以客观地描述现实世界；后实证主义则认为，任何检验方式都存在缺陷，因此人们对世界的描述只能是部分客观的。根据基础主义的观点，我们对世界的认知与主张都奠定在一个"基础"之上，这种观点与经验主义和实证主义的认识论相关（Schwandt，1997a，p. 103）。非基础主义（Nonfoundationalism）认为，我们可以做出关于世界的陈述，而不必"求助于最终的证据或认识的基础"（Schwandt，1997a，p. 102）。准基础主义（Quasi-foundationalism）认为，我们可以依托新现实主义的标准对世界做出某些知识主张（包括真理的对应概念），独立现实可以被映射。

③ 弗雷德里克·詹姆逊（Fredric Jameson）提醒道，应该时刻警惕周期化假设（periodization hypothesis），包括"拒绝线性、阶段性的模型"假设（Jameson，1991，pp. 3 - 4）。一个"阶段"所对应的现实样态究竟是什么并无定论，阶段之间的区别也总是值得商榷。我们对这 8 个关键历史时期的划分主要依托于风格、类型、认识论、伦理、政治和美学等方面的显著差异。

④ 一些学者将这种模式称作进步叙事（progress narrative）（Alasuutari，2004，pp. 599 - 600；Seale，Gobo，Gubrium & Silverman，2004，p. 2）。批评家们断言，最近的时刻是最新的、最前卫的和最前沿的（Alasuutari，2004，p. 601）。这种解读存在争议。查尔斯·泰德利（Charles Teddlie）和阿巴斯·塔莎克利（Abbas Tashakkori）对过去一个世纪里社会科学研究中使用混合方法的关键节点进行了历史分析，出于研究需要，他们对历史阶段的划定做出调整（Teddlie & Tashakkori，2003，pp. 5 - 8）。

注，以及对讲故事和运用新方法构建民族志的关切（Bochner & Ellis，2002；Ellis，2004；Goodall，2000；Pelias，2004；Richardson & Lockridge，2004；Trujillo，2004）。该时期的形成与一种新的敏感性、怀疑和拒绝赋予任何方法或理论以特权相关（Richardson，1997，p.137）。在 21 世纪开始之际，我们力求将质化研究与自由民主社会的希望、需求、目标和承诺相连接。

绵延不断的认识论理论化浪潮贯穿了这 8 个时期。传统期与实证主义、基础主义的范式相伴；现代主义时期/黄金时期和模糊期则与后实证主义争论的出现相关。与此同时，各种新的解释性的质化视角也被不断接受，包括诠释学（hermeneutics）、结构主义（structuralism）、符号学（semiotics）、现象学（phenomenology）、文化研究（cultural studies）和女性主义（feminism）。[①] 人文学科在模糊时期里成为批判性、解释性的理论和广义质化研究项目的中心资源。研究者成为拼合者（bricoleur），学习如何在不同学科领域中博采众长、分析借鉴。

模糊期推动了下一阶段——表征危机期的诞生。在这一时期，研究者挣扎于如何将自己与研究对象置于反身性文本（reflexive text）中。一种方法论上的迁移出现了，呈现出双向传播的态势——人文学科不断向社会科学迁移，寻找新的社会理论、新的大众文化研究路径及其本土的民族志语境；社会科学家也逐渐转向人文学科，希望习得对社会文本进行结构性和后结构性解读的方式，并学会了如何生产出避免过分简化、线性化和绝对化解读的文本。文本和语境间的界线日益模糊。进入后现代实验期，研究者在远离基础主义和准基础主义"标准"的路上愈行愈远，寻找着那些可能唤起情感、合乎道德标准、具有批判思维并植根于本土理解的另类评价标准。

质化研究的任何定义都必须能作用于复杂的历史场域，但其在每一时期中的含义均有所不同。无论如何，还是可以找到一个初始的、一般性的定义：质化研究由一系列使世界可感知的解释性物质实践构成，是一种将观察者置于现实世界中的情境性活动。这些实践活动影响着世界，并将之转化为一系列表征，包括田野笔记、访谈、会话、照片、录音和备忘录。在这一层面上，质化研究包括了

---

① 在此需要明确一些定义：结构主义认为，任何系统都是由嵌入语言中的一组对立范畴构成的。符号学是研究符号或符号系统（一种结构）的一门科学。后结构主义的观点则认为，语言是一个不稳定的指称系统，因此我们永远无本或意图的全部意涵。后现代主义（postmodernism）源于第二次世界大战，是一种没法理解一个行为、文有任何权威、方法或范式的当代情感精神。解释主义是一种分析文本的方法，强调先在的理解与偏见如何塑造解释。现象学是一个与埃德蒙德·胡塞尔（Edmund Husserl）、马丁·海德格尔（Martin Heidegger）、让-保罗·萨特（Jean-Paul Sartre）、梅洛-庞蒂（Merleau-Ponty）和阿尔弗雷德·舒茨（Alfred Schutz）的作品相关的复杂思想体系。文化研究是一个意义丰富的跨学科领域，融合了批判理论、女性主义和后结构主义。

解释主义与自然主义路径的研究世界的方法,意味着研究者探究的是自然状态下的事物,试图根据人们为现象赋予的意义来理解或解释现象。[①]

质化研究收集和使用的各种经验材料,包括案例研究、个人经历、反思、生命史(life story)、访谈、人工制品(artifacts)、文化文本和作品、观察文本、历史文本、互动文本及视觉文本等,描绘了个人生活的日常、插曲及其意义,因而研究者会开展一系列相互关联的解释性实践,以便更好理解手头的研究对象。然而,由于每种实践都在以不同的方式呈现世界,一项研究往往会涉及多种解释性实践。

1. 作为"拼合者"和"缝被人"的质化研究者

质化研究者有着多种意象,如科学家、自然主义者、田野工作者、新闻记者、社会评论家、艺术家、表演家、爵士音乐人、电影制作者、缝被人(quilt maker)和散文家,其诸多方法论实践可被视为软科学、新闻报道、民族志及百纳被缝制或蒙太奇(montage)。相应地,亦可将研究者视作"拼合者""缝被人"或蒙太奇电影的制作者(Cook, 1981, pp. 171 - 177; Monaco, 1981, pp. 322 - 328; Hooks, 1990, pp. 115 - 122; Wolcott, 1995, pp. 31 - 33)。

道格拉斯·哈珀(Douglas Harper)、米歇尔·德·塞托(Michel de Certeau)、凯瑞·内尔森(Cary Nelson)、保拉·特莱希勒(Paula Treichler)和劳伦斯·格劳斯伯格(Lawrence Grossberg)、克洛德·列维-施特劳斯(Claude Lévi-Strauss)、蒂娜·韦恩斯坦(Deena Weinstein)和迈克尔·韦恩斯坦(Michael Weinstein)和乔·金切里(Joe Kincheloe)阐明了"拼合者"和"拼合"的内涵(Harper, 1987, pp. 74 - 75, p. 92; de Certeau, 1984, p. xv; Nelson, Treichler & Grossberg, 1992, p. 2; Lévi-Strauss, 1966, p. 17; Weinstein D. & Weinstein M., 1991, p. 161; Kincheloe, 2001)。[②]拼合是指用"边角料和零碎杂

[①]　情境(setting)是人们日常经验发生的地方,是自然而然的存在。人们在"事情发生的地方"共事,这正是质化研究者所关切的(Becker, 1986)。此类研究的限制性因素较多,没有一个实地(field site)或自然地点(natural place)足以展开相关工作(另见 Gupta & Ferguson, 1997, p. 8)。经由研究者的解释性实践,地点(site)得以建立。从历史上看,分析人员区分了实验(实验室)和现场(自然)环境,因此有人认为质化研究遵循的是自然主义路径。活动理论则消除了这种差异(Keller C. & Keller J., 1996, p. 20; Vygotsky, 1978)。

[②]　蒂娜·韦恩斯坦和迈克尔·韦恩斯坦认为:"在法国流行语中,bricoleur 意味着与'与工匠相比,用一些拐弯抹角手段完成任务'的一类人……拼合者可以根据实际完成工作。"他们追溯了 bricoleur 一词的历史,并将之与德国社会学家和社会理论家格奥尔格·齐美尔(Georg Simmel)和波德莱尔(Baudelaire)的作品相联系。马丁·哈默斯利(Martin Hammersley)对这一术语提出了质疑(Hammersley, 1999)。继列维-施特劳斯后,哈默斯利也将 bricoleur 解读为神话创造者(mythmaker),并建议用造船者(boatbuilder)的概念取代 bricoleur,反对质化研究中的"时刻"模型('moments' model),认为其暗含着某种进步感。

物"(Harper，1987，p. 74)进行诗意的创造(de Certeau，1984，p. xv)。拼合者指的是利用现成材料进行创造的人，是"一个百事通或自己动手的行家里手"(Lévi-Strauss，1966，p. 17)。拼合者进行自我塑造，力求尽善尽美(Harper，1987，p. 75)。或许，他们的生命史或个人传记"即为一种拼合"(Harper，1987，p. 92)。

拼合者类型多样，包括解释型、叙述型、理论型、政治型和方法论型。解释型的拼合者拼合一系列表征，使其符合特定的复杂情境。"拼合是一种(自然发生的)建构"(Weinstein D. & Weinstein M.，1991，p. 161)，这种建构随着不同工具、方法、表征与解释技术的使用而发生变化，以新的形式出现。内尔森等人认为文化研究是"一种利用手头资源进行的拼凑。换言之，它是一种实用主义、策略性和反身性的实践选择"(Nelson et al.，1992，p. 2)。这种理解在一定条件下同样适用于质化研究。

拼合者或缝被人往往对手头的审美和物质工具驾轻就熟，与之相似，质化研究者也会组织手边所有的策略、方法和经验材料(Becker，1998，p. 2)。如果有发明、拼凑新工具或技术的需要，研究者就会付诸行动，进行"拼合"，而无须事先选择要进行何种解释性实践。正如内尔森等人所言，"研究实践的选择取决于提出的问题，问题则取决于语境"(Nelson et al.，1992，p. 2)，具体就是语境中可用的资源，以及研究者在此情境中可做的行为。

这些解释性实践涉及审美问题——一种超出实用主义或实际功用的表征美学。蒙太奇的概念有助于理解这一点(Cook，1981，p. 323；Monaco，1981，pp. 171 - 172)。蒙太奇是一种编辑电影画面的手法——在电影摄制史上，蒙太奇与谢尔盖·爱森斯坦(Sergei Eisenstein)的作品密不可分，特别是《战舰波将金号》(*The Battleship Potemkin*)。在蒙太奇手法中，几个不同的影像相互并置或层叠出现，从而创造出一幅画面。从某种意义上说，蒙太奇就像是修改油画后的"旧图再现"，在这种旧图再现中，某些被油彩掩盖的图案重新显现，[①]并创造出新的事物。这种新事物正是为先前图像所遮蔽的东西。

与即兴演奏的爵士乐一样，蒙太奇和油画的旧图重现，促成了图像、声音和理解间的相互融合与交叠，形成了一件复合的新作品。这些图像相互塑造与定义，产生一种情感的、"格式塔式"的效果(gestalt effect)。在电影蒙太奇中，图像经常是以一种快速运行序列的方式组接在一起，围绕一个中心或焦点画面/情

---

① 这里是指画家"改主意"或否定掉的图像。

节,形成一段令人眼花缭乱的、漩涡式的影像集合,这一手法常用于表现时间的流逝。

　　电影中最著名的使用蒙太奇手法的片段可能要数《战舰波将金号》中关于敖德萨阶梯(Odessa Steps)的情节。在影片的高潮部分,敖德萨市民在通往港口的石阶上遭遇沙皇军队的屠杀。爱森斯坦切入了一位年轻母亲推着婴儿车穿过军队前方平台的镜头。[①] 市民在她身旁疾步而行,震动了婴儿车,她不敢推着婴儿车继续往下。军队站在高处向市民射击。被困在军队和台阶之间的年轻母亲发出惊声尖叫。一排步枪指向天空,硝烟弥漫。这位母亲转头看着正在前进的军队,婴儿车的车轮在台阶边缘摇摇欲坠。母亲的手紧紧攥住腰带上的银色搭扣,身下是被军队射杀的市民,鲜血滴在她那雪白的手套上。婴儿将手伸出婴儿车,母亲的身形来回摇晃。军队前进了,母亲倒在了婴儿车上。一个女人惊骇地看着婴儿车的后轮滚下登台。随着速度加快,婴儿车从台阶上颠簸而下,碾过市民的尸体,车内的婴儿被来回撞击。士兵将步枪的枪口对准了一群受伤的民众。当婴儿车越过台阶、倾斜并翻倒时,一名学生发出惊叫(Cook,1981,p. 167)。[②]

　　蒙太奇利用简洁的图像营造出明确的紧迫感与复杂感,引导观众在连续场景的展开中形成理解,极富冲击力的图像集所引发的联想正是这种理解的基础。蒙太奇的基础假设是:观众感知和解释"蒙太奇序列"序列中的镜头,不是"按部就班地依照某种次序,而是同时性的"(Cook,1981,p. 172)。观众将这些镜头汇集在一起,形成一个有意义的、有情感的整体,只需匆匆一瞥,便能领会其中深意。

　　使用蒙太奇手法的质化研究者就像一位缝被人或即兴爵士音乐家。缝被人缝合、编织现实的碎片,这一过程创造并带来心理与情感上的统一,由此产生一种解释性的经验。质化研究中使用蒙太奇的例子不胜枚举(Diversi,1998;Jones,1999;Lather ﹠ Smithies,1997;Ronai,1998)。帕蒂·拉舍(Patti Lather)和克里斯·史密西斯(Chris Smithies)运用了多种声音、文本形式和字

---

① 布莱恩·德·帕尔马(Brian De Palma)在其 1987 年的电影《铁面无私》(The Untouchables)中再现了这一场景。

② 在港口里,波将金号两门巨炮的炮口慢慢转向镜头。屏幕上出现一行文字——"战列舰的炮火回应了残暴的军事力量"。最后一组的三个镜头蒙太奇首先展示了一头沉睡的狮子(雕塑),其次是一只从睡梦中苏醒的狮子(真实),最后是一只咆哮中的狮子(真实),象征着俄罗斯民众的愤怒(Cook,1981,p. 167)。在这组镜头中,爱森斯坦运用蒙太奇手法来延展时间,为残酷事件在观众内心的存续创造了条件。通过对婴儿车中的孩子、士兵对市民的射杀、母亲手套上的血迹,以及从台阶上下冲的婴儿车的刻画,暗示了这场屠杀的巨大破坏性。

体,编织出一个关于艾滋病毒和女性艾滋病患者的复杂文本(Lather & Smithies,1997)。史黛西·霍尔曼·琼斯(Stacy Holman Jones)则借用比莉·哈乐黛(Billic Holiday)演唱的蓝调歌曲的歌词创造了一篇表演义本(Jones,1999)。

在以蒙太奇、百纳被缝制及爵士乐即兴演奏为隐喻的文本中,不同的声音、透镜、观点和视角同时发生。正如自我民族志(autoethnographic)的表演性文本一般,使用蒙太奇手法的作品创造并施行了道德意义,从个人到政治,从地方到历史和文化。这些都是假定受众是积极的对话性文本,为读者和作家间的互动预留了空间,而不仅是将他者转换为社会科学关注的对象。

质化研究在本质上是方法多元的(Flick,2002,pp. 226 - 227),但对于多种方法或我们所称"三角互证法"(triangulation)的运用,则也体现了一种试图透过现象看本质的倾向。客观实在本身难以捕捉,我们只能通过事物的表象加以理解。三角互证法并非验证的工具或策略,却能发挥近似于验证的作用(Flick,2002,p. 227)。因此在任何一项独立研究中,结合多种方法论实践、经验材料、视角和观察者,已然成为一种使研究更具严密性、广泛性、复杂性、丰富性和深入性的策略(Flick,2002,p. 229)。

理查德森和伊丽莎白·亚当斯·圣皮埃尔(Elizabeth Adams St. Pierre)就三角互证概念的实用性提出异议,他们认为质化研究的中心意象呈晶体状,拥有多面透镜,而非三角形。譬如,后实验时期的混合类型文本就不止三个面相。正如晶体、爱森斯坦的蒙太奇、爵士乐独奏或百纳被的碎片一样,混合型文本"结合了均衡性与拥有无尽形状、质地、嬗变可能的实在性……晶体状生长、变化、更替,晶体的多面透镜折射出外部事物和内在景象,创造出不同的颜色、图案和光线,并向不同的方向释放"(Richardson,2000,p. 934)。

在结晶过程中,作者会从不同的视角讲述同一个故事。例如,在《一个故事讲三遍》(A Thrice-Told Tale,1992)中,玛格丽·沃尔夫(Margery Wolf)分别用小说、田野记录和科学论文三种不同方式讲述了其在同一个原住民部落里的经历。同样,在戏剧作品《镜中之火》(Fires in the Mirror,1993)中,安娜·迪弗尔·史密斯(Anne Deavere Smith)根据对1991年8月19日皇冠高地(Crown Heights)种族冲突当事人的采访,创造了一系列表演作品。剧中有多个谈话场景,包括与帮派成员、警察及匿名青年男女的谈话。每一种讲述都像光线照射在晶体上,反射出对这一事件的不同视角,而不存在所谓正确的讲述。

作为一种结晶形式、蒙太奇或围绕中心主题的创造性表演,三角互证法可被延展为"效度"的一种形式或替代选择。这是多样性的显现,每一种隐喻都在"发挥作用"以创造出同时性,而非序列性或线性。读者和观众受邀去探索关于语境的不同想象,沉浸并融入所要理解的新现实。

方法论型拼合者擅于执行大量不同的任务,从访谈到深刻的自反与内省无所不包。理论型拼合者则涉猎广泛,习得诸多解释主义范式(如女性主义、马克思主义、文化研究、建构主义和酷儿理论)并应用于任一特定问题,却可能忽视各范式间的相互融合或综合使用。换言之,由于不同范式所代表的信仰体系会赋予使用者以特定的世界观,人们难以跨越哲学体系中特有的本体论、认识论和方法论,轻易游走其中。相较而言,"视角"则是一种不那么完美的体系,人们更容易在不同视角中转换。作为理论型"拼合者"的研究者就是在这种相互竞争且重叠的视角与范式下开展工作的。

解释型拼合者清楚,研究是 个互动的过程,受到研究者个人经历、性别、社会阶级、种族和民族,以及其生活情境中的人的影响。批判型拼合者则强调跨学科探究的本质是辩证与诠释,意识到原本区隔各传统学科的边界已不复存在(Kincheloe,2001,p. 683)。政治型拼合者相信,科学就是权力,所有的研究成果均带有政治意味,不存在价值无涉的科学。这类研究者寻求的是一种建立在希望政治学基础上的市民社会科学(Lincoln,1999)。性别化的叙事型拼合者还认识到,研究者讲述的都是他们所研究世界的故事。因此,科学家的叙述或故事都存在于特定叙事传统中,这类框架通常被定义为"范式",如实证主义、后实证主义和建构主义。

解释型拼合者的成果是一种复杂的、如百纳被一般的拼凑物,是一种反思性的拼贴画或蒙太奇——一套流动的、相互连接的图像和表征。这种解释性结构就像一床百纳被、一种表演文本、一连串连接部分与整体的表征序列。

2. 作为多种解释性实践场所的质化研究

作为一系列解释性活动,质化研究没有赋予任何一种方法论实践以特权;作为一个讨论或对话的场所,质化研究难以被清晰界定。质化研究并没有独特的理论或范式,从建构主义到文化研究、女性主义、马克思主义和种族研究模型,多种理论范式都会涉及质化研究方法和策略。如下文所述,质化研究绝非专属某一学科,而是在不同学科领域中熠熠生辉。

质化研究也没有一套专属的方法论或实践方式。研究者可诉诸符号学、叙述、情境、话语、档案和现象分析,甚至可以借助统计学、表格、图形和数字;他们也可运用民族方法学、现象学、诠释学、女性主义、扎根理论、解构主义、民族志、访谈、心理分析、文化研究、调查研究和参与式观察等方式、方法与技术。① 所有研究实践均"能提供重要见解和知识"（Nelson et al.，1992，p. 2），但没有哪一种特定方法或实践更具优先级。

这些方法或研究实践也应用于人文学科的其他领域，并受到该学科自身历史痕迹的影响。各种方法或研究策略的丰富历史展示了它们的多重用途和意义，极具张力。例如，文学研究中的文本分析通常将文本视为独立的系统，而文化研究或女性主义视角则将文本置于特定时空背景中，考虑彼时彼地特定的性别、种族或阶级意识形态。尽管可能不被主流的后实证主义社会学者所认同，但不可否认的是，文化研究视角下的民族志方法为研究增添了女性主义、后现代主义及后结构主义色彩。同样，后实证主义和后结构主义历史学者也会为历史研究的方法和发现注入不同理解与应用。

质化研究的诸多方法彼此相互独立、用途多样且内涵不一，学者难以就这一领域中任何本质的定义达成共识，因为它从来不是单一的东西。② 为便于讨论，我们借用并改写了内尔森等人关于"文化研究"的定义。

> 质化研究横跨人文科学、社会科学和自然科学，是一个多学科、跨学科，甚或是反学科的领域。质化研究涉及多方面，其核心要义是多范式的。它的实践者对多种方法取径的价值高度敏感，他们认可自然主义的视角并对人类经验进行解释性理解。与此同时，质化研究具有内在的政治性，受到多种伦理和政治立场的影响。
>
> 质化研究包含着两种张力：一方面，它被广义上的解释性、后实验主义、后现代、女性主义和批判的敏感性所吸引；另一方面，它又受狭义上的实证主义、后实证主义、人文主义和自然主义的人类经验及其分析所影响。两种张力可能在同一项目中相遇，使得后现代和自然主义的视野，或批判和人文主义的视野并存。
>
> （Nelson et al.，1992，p. 4）

---

① 在此区分跨学科使用的技术和学科内部使用的方法尤为重要。例如，民族方法学家将他们的研究方式视为一种方法，其他学科则可能将其视作一门技术，并有选择地应用于自己的研究中——哈里·沃克特（Harry Wolcott）指出了这种差异。对"主题""方法"和"资源"进行区分也很有必要："方法"可以作为一个主题进行研究（如案例研究）；在民族方法论的视域中，方法既可以是一个主题，也可以是一类"资源"。

② 事实上，任何定义质化研究的尝试，都需要对产生这种定义的环境进行质化分析。

这一相对粗糙的定义表明,作为一组实践活动,质化研究在其多重学科历史中面临着对研究本身的持续张力与冲突,包括方法、发现和解释模式的取向。该领域蔓延至人文学科的各个角落,甚至在某些情况下渗透进自然科学领域。它的实践者在现代主义、后现代主义和后实验主义方面各有所好,并据此选择不同的社会研究路径。

3. 质化研究的阻力

来自学术和学科方面的阻力恰恰说明了质化研究领域所蕴含的政治性。质化研究面临的挑战众多,正如克莱夫·西尔(Clive Seale)、詹皮埃特罗·高波(Giampietro Gobo)、贾比尔·古布里厄姆(Jaber Gubrium)和大卫·西尔弗曼(David silverman)所言,通过"剖析区别(质化)方法论的政治(外部)角色和程序(内部)角色",我们能更好地理解这些批判。政治因素让方法论在学术领域内外皆可立足,程序议题则界定了质化方法论如何被用于生产关于世界的知识(Seale, Gobo, Gubrium & Silverman, 2004, p. 7)。

政治和程序往往相互交织。政治家和"硬"科学家有时会称质化研究者为新闻工作者/"软"科学家,他们的工作被视为非科学,或仅仅是探索性/主观的,更适合被称为"理论"而非"科学";或被政治性地解释为带着假面的或世俗的人道主义(Huber, 1995; Denzin, 1997, pp. 258 - 261)。

这些阻力中隐含着一种不安的情绪,即质化的解释性传统要求研究者对实证主义/后实证主义进行批判。然而,实证主义对质化研究的阻力已超出"维持硬科学和软学问间区隔的夙愿"(Carey, 1989, p. 99)。实验(实证)科学(如物理学、化学、经济学和心理学)常被奉为"西方文明的最高成就",在其实践中,人们往往假定"真理"可以超越观点与个人偏见(Carey, 1989, p. 99; Schwandt, 1997b, p. 309)。质化研究被视为对这一传统的反叛,其拥趸者常提出一种"价值无涉的客观科学"模式以捍卫自身立场,却对自身工作中可能存在的"道德和政治约定"隐而不谈(Carey, 1989, p. 104)。

实证主义者进一步断言,所谓新实验质化研究者的论证不具有可验证性,他们写的不过是小说而非科学。民族志诗歌和小说正是经验科学消亡的信号,试图进行道德批判并无多大益处。这种断言假定存在一个真实不变,可以用客观的社科经验法研究的"真实世界"(Huber, 1995)。质化研究者则认为世界由生活经验组成,个人信条、行为与文化在此交汇,因而倾向于用以经验为基础的解释性实践再现和诠释世界,但由于过度关注话语和方法,这种文本与叙事的转向为实证主义者所反对。

后结构主义者对实证科学的反对立场被视作对理性和真理的攻击。与此同时，实证主义科学对质化研究的批判也被视为一种企图——"将一种事实的解释版本权威化"。

1) 政治与再度出现的科学至上主义

近年来，由美国国家研究委员会（NRC：National Research Council）发起的"基于科学的研究"运动（SBR：Scientifically based research）为质化研究创造了一个充满对立氛围的政治环境。这项运动与 2001 年联邦立法委员会颁布的《有教无类法案》（No Child Left Behind Act）相关，以科学为基础的研究隐含着再次兴起的科学至上主义（Maxwell，2004）——一种循证的实证主义认识论。这项运动鼓励研究者采用"严密、系统且客观的方法论来获取可靠有效的知识"（Ryan & Hood，2004，p. 80）；他们认可的方法论采用定义明确、存在自变量和因变量的因果模型，研究者在随机控制实验语境中检验因果模型，以便其结果可以被再度检验和推广（Ryan & Hood，2004，p. 81）。

由于不需要定义明确的变量或因果模型，质化研究遭到质疑。质化学者观察和测量的研究对象不像实验（法）的受试者那般能够随机分配，他们难以提出"硬性证据"，最多通过案例研究、访谈和民族志方法汇集可用于实验方法检验的描述性材料。种族批判理论、酷儿理论、后殖民主义理论、女性主义理论和后现代理论等认识论在 SBR 视角下似乎一无是处，至多可被称为学问，而非科学（Ryan & Hood，2004，p. 81；St. Pierre，2004，p. 132）。

SBR 亦遭到了许多批评。布什科学（Bush science）及其实验的、循证的方法论是对过去 20 年蓬勃发展的质化研究方法的一种种族化的、大男子主义式的强烈反弹（Lather，2004，p. 19）。该运动支持的科学观是狭隘的（Maxwell，2004），它赞颂"新古典实验主义，是坎贝尔-斯坦利时代的回光返照，是对量化方法的教条主义式信仰"（Howe，2004，p. 42）。它代表的是对"简单有序的科学世界的怀旧，而这一世界从未存在"（Popkewitz，2004，p. 62）。由于只强调一种形式的科学严谨性，NRC 忽略了用复合型（历史的、语境的、政治的）标准对研究价值进行评估（Bloch，2004）。

正如肯尼斯·豪（Kenneth Howe）所观察的：新古典实验主义者推崇循证的医学研究，"将其视为教育研究的典范，尤其是随机临床试验"。但随机临床试验中配发药品与教学课程中的传授是截然不同的，且教育实验的"效果"难以测量，因为它不像"舒张压下降了 10 点"那样简洁明了（Howe，2004，p. 48）。

质化研究者在批判 NRC 及其方法论准则时，必须跳出固有的思维模式

(Atkinson, 2004),运用自己所想象力,找寻新的方法定义"随机设计""因果模式""政策研究"和"公共科学"等术语(Cannella & Lincoln, 2004a, 2004b; Lincoln & Cannella, 2004a, 2004b; Lincoln & Tierney, 2004; Weinstein, 2004)。更深入地说,质化研究者必须阻止保守派将质化研究置于实证主义框架下进行诋毁的企图。

2) 混合方法的实验主义

豪指出,SBR 运动在混合方法实验设计中为质化方法寻得一隅(Howe, 2004, p. 49)。在这种设计中,质化方法可以被"单独使用或与量化方法相结合(包括随机实验设计等)"。混合方法设计直接源于古典实验主义,其预设了一个方法论等级体系,量化方法在其中身居高位,质化方法则被贬为"在追求技术统治论目标过程中的辅助角色,这种统治论主张追求'什么是有效果'的知识"(Howe, 2004, pp. 53 - 54)。

混合方法运动使质化方法脱离其本源,即批判性与解释性框架(Howe, 2004, p. 54; Teddlie & Tashakkori, 2003, p. 15)。它将研究分为两类:探索和证明。质化工作归属于前者,量化研究则被视为后者(Teddlie & Tashakkori, 2003, p. 15)。与古典实验主义模式一样,混合方法运动将利益相关者排除在对话与积极参与者之外,削弱了研究的民主性和对话性,使先前被动静默的声音更难以被听到(Howe, 2004, pp. 56 - 57)。豪提醒我们,并非只有"方法论基础主义者认同此取径,众多有影响力的……教育研究者……也予以赞赏。这可能是对当前政治氛围的妥协,也可能是对后现代主义泛滥的反击,或两者兼而有之。无论作何解释,这种发展趋势都是一种不祥之兆"(Howe, 2004, p. 57)。

3) 实用主义对反基础主义的批判

西尔等人认为,过度的反方法论和"万事皆可"的、浪漫的后现代主义的泛滥与质化研究密切相关。很多时候我们引以为傲的路径产生的是"劣质的质化研究和研究成果——老套且几近常识"。对此,他们提出了一种以实践为基础的实用主义路径,将研究实践置于中心位置。他们指出,研究需要与"各种事物和人接触,包括研究材料……社会理论、哲学辩论、价值、方法、实验……研究参与者等"。[1] 西尔等人所秉持的方法论拒绝接受反基础主义的观点——"真理"是部分的,现实与虚构之间的分界线已被打破——并相信这条分界线依然存在,质化研究者不应接受不符合事实的故事(Seale et al., 2004, p. 2, p. 3, p. 6)。

---

[1]　这一路径与我们的观点异曲同工,特别是关于"拼合者"和"拼合"的看法。

这些实用主义的程序争论再现了循证模式的变体,及其对后结构主义式"表演感知"(performative sensibilities)的批判。

上述复杂的政治环境界定了质化研究的诸多传统和分支:英国传统及其在其他国家语境中的表现;社会学、人类学、传播学和教育学中的美国实用主义、自然主义和解释主义传统;德国和法国现象逻辑学、诠释学、符号学、马克思主义、结构主义及后结构主义的视角;女性主义研究、非裔美国人研究、拉丁裔研究、酷儿研究、土著人和原住民文化研究等。质化研究的政治性使上述每一种传统都充满了张力。由于面临着不断变化着的历史世界、新的智识立场及其自身制度和学科环境,这种张力本身也一直被审视和质疑。

综上,对不同人来说质化研究的意义不同,但其本质是双重的,一是对自然主义、解释主义路径的坚守,二是对后实证主义的政治与方法的持续批判。下面将简要讨论质化研究和量化研究间的差异,以及质化研究内部持续存在的差别和张力。

二、质化研究和量化研究

"质化"一词透露出一种对实体之性质、过程和意义的强调,它们不能通过实验来考证,也不能以数量、强度或频率来测量。质化研究者强调现实的社会构建性,强调研究者与被研究对象间的密切关系,强调探究会受到环境的限制。此类研究者看重探究本身的价值性,他们寻求社会经验如何被创造和赋予意义。与之相反,量化研究并不强调过程,而关注对变量间因果关系的测量和分析。此类研究的拥护者声称,他们的工作是在一种价值无涉的框架内进行的。

质化研究者与量化研究者都认为,"他们所了解的某些社会方面值得与人分享,并运用各种形式、媒介和方法来交流他们的观点与发现"(Becker, 1986, p. 122)。质化研究与量化研究有五处不同(Becker, 1996),但这些讨论殊途同归,总是回归研究的政治性,以及谁有权力为社会问题的解决提供"正确的方案"。

1. 实证主义和后实证主义的应用

首先,这两种视野均受自然科学与社会科学中实证主义和后实证主义传统影响。在对现实及其认知方面,两种实证主义科学传统持有朴素的批判现实主义立场。实证主义观点主张存在一个客观存在的实体,可以被研究、捕获和理解。后实证主义者则认为,现实无法被完全理解,只能尽可能地接近(Guba, 1990, p. 22),因而会依赖多种方式捕捉尽可能多的现实。同时,它强调理论的发现和证明,强调传统的评价标准(如内在效度与外在效度),重视使用有助于结构分析(有时甚至是统计分析)的质化程序,也会使用计算机辅助分析方法,如频数统计、交互统计和其他简单的统计分析。

实证主义和后实证主义的传统与质化研究如影随形。从历史上看,质化研究是在实证主义范式的框架内被定义的,即质化研究者试图用不太严密的方法和程序来完成实证研究。20世纪中期的一些质化研究者采用类统计的方式来报告其参与式观察的发现(Becker, Geer, Hughes & Strauss,1961)。1998年,两位扎根理论前沿学者安塞尔姆·施特劳斯(Anselm Strauss)和科宾(Juliet Corbin)尝试修订"好的"(实证主义)科学标准,以适应其后实证主义立场的严谨研究观(Glaser,1992)。尽管某些应用研究者声称自己的研究无关理论,但他们常常不由自主地将研究置于实证主义和后实证主义的框架中。

伍威·弗里克(Uwe Flick)总结了这两种研究路径的区别,指出量化研究常被用于区隔"原因和结果……使理论义系可操作化……以及测量和……量化现象……使结果一般化"等目的(Flick,2002,pp. 2 - 3)。当下,量化研究却遭到质疑,"急剧的社会变迁及由此导致的生活世界多样化使得社会研究者不断面临新的社会环境和视角……传统的演绎法……逐渐衰微……研究正被迫不断运用归纳策略,而非从理论开始并检验之……知识和实践的研究不断在地化"。

乔治·斯平德勒(George Spindler)和路易斯·斯平德勒(Louise Spindler)总结了他们处理量化材料的质化路径:"工具化和量化只是用以扩充和强化某种类型的数据、解释和跨样本检验假设的程序。两种路径都必须找准自己的位置,避免过早地被使用、或作为'万全之策'而过度使用(Spindler G. & Spindler L.,1992,p. 69)。"

尽管很多后实证主义传统的质化研究者利用统计学的测量、方法和文献在大规模人群中确定研究对象群体,但他们很少用量化研究者偏好的复杂统计测量或统计方法(如路径分析、回归分析和对数线性分析)来报告研究发现。

2. 接受后现代主义的敏感性

新一代质化研究者拒绝使用量化的实证土义方法和假设,而更注重后结构和后现代的敏感性。这些研究者认为,实证主义方法只是讲述社会或世界故事的一种方式。这些方法与其他方法不具有可比性,因为它们只是从不同的角度讲述故事而已。

并非所有质化研究者都认同这种包容的观点(Huber,1995)。批判理论、建构主义、后结构主义和后现代思想学派的许多学者拒绝使用实证主义和后实证主义标准评价自身工作。他们认为这些标准和其工作毫无关系,不过再现了一种压制多种声音的科学类型。这些研究者寻求其他方法来评价自身工作,包括真实性、情感性、个体责任、伦理关照、政治实践、复调性和对话性等。实证主义和后实证主义者则持不同意见,认为自己所做的是排除了个人偏见和主观性的"好的"科学,并将后现代主义和后结构主义视作对理性和真理的攻击。

3. 捕捉个体的观点

质化研究者和量化研究者都关注个体。前者认为详细的访谈和观察将更接近行动者的真实想法,并认为量化研究者采用的是远距离的、具有推理性的经验方法和材料,难以捕捉到研究对象的观点;后者则认为解释性方法产生的经验材料是不可靠、印象式和非客观的。

4. 研究日常生活的限制

质化研究者更有可能面临日常社会世界的限制,因为他们认为世界是非静态的,并试图在行动中观察世界,将研究发现嵌入动态变化之中;量化研究者则避免直接研究世界,而是将其抽象出来,追求的是一种基于大量随机样本所得出概率的律则式/客位(etic)科学。相对地,质化研究者则站在主位的(emic)、具体的和基于案例的立场上,关注特定案例的具体细节。

5. 确保丰富的描述

质化研究者认为关于社会世界的丰富描述是有价值的,量化研究者则秉承对通则的承诺而有意忽略细节,避开丰富的描述,因为这些细节会干扰一般性建构的过程。

上述五点差异反映了质化研究者和量化研究者所奉行的不同研究风格、认识论和表达方式。两者受不同流派影响,每种流派有其自身经典和偏好的用以呈现、解释、信度检验及文本评价的形式(Becker,1986,pp. 134-135)。质化研究者使用的是民族志散文、历史叙事、第一人称叙述,以及照片、生命史、虚构的"事实"、传记和自传等材料;量化研究者则采用数学模型、统计表格和图表,且常以非人称/第三人称视角展开写作。

三、质化研究内部的张力

质化研究者并非都认同上述五点差异,实证主义、后实证主义和后结构主义间的差异界定并影响了质化研究的话语。解释主义质化研究传统内的现实主义者和后实证主义者批判后结构主义者所采用的文本和叙述转向,称其不过是纸上谈兵,形成了"自己和公众之间的聋人对话"(Silverman,1997,p. 240),认为试图捕捉世间互动中主体的观点是一种天真的人文主义,是"一种使经验上升至真实的浪漫主义冲动"(Silverman,1997,p. 248)。

还有一些学者断言称,进行文本、表演转向(performance turn)的研究者忽略了生活经验。大卫·斯诺(David Snow)和凯文·默里尔(Calvin Morrill)指出:"这种表演转向,就像专注于话语和讲故事那样,使我们进一步远离社会行动的场域和日常生活的真实场景,敲响了根植于经验的民族志的丧钟。"(Snow & Morrill,1995,p. 361)对此,我们不敢苟同。

关于批判现实主义。在一些人看来,朴素实证主义与后结构主义之外还存在着第三种流派。批判现实主义是社会科学领域的一场反实证主义运动,与罗伊·巴斯卡(Roy Bhaskar)和罗姆·哈里(Rom Harré)的研究密切相关(Danermark,Ekström,Jakobsen & Karlsson,2002)。对批判现实主义者而言,"批判的"一词意蕴深远。尽管带有社会批判主义的痕迹,但批判现实主义不同于"法兰克福学派"的批判理论(Danermark et al.,2002,p. 201)。相反,这一语境中的"批判的"是指一种先验现实主义,它排斥方法论上的个人主义和普遍真理。批判现实主义者反对逻辑实证主义、相对主义和反基础的认识论。他们认同实证主义者的观点,即存在一个可被观察且独立于人的意识之外的客观世界,并认为关于这个世界的知识是社会建构的,而社会是由有情感、有思想的人组成的,因此必须研究这些人对世界的理解和解释(Danermark et al.,2002,p. 200)。批判现实主义者反对真理符应论(correspondence theory of truth),他们认为"真实"是分层级的,科学研究必须超越对规律的陈述,进而对观察模式的机制、过程和结构展开分析。

尽管如此,作为后经验主义、反基础的批判理论者,我们反对批判现实主义所倡导的大多主张。在过去的一个世纪里,社会科学和哲学不断纠缠,各种"主义"和哲学运动在社会学和教育话语中交错出现,包括实证主义[①]、后实证主义、分析和语言哲学、诠释学、结构主义、后结构主义、马克思主义、女性主义和当下的"后—后"观点(post-post versions)等。有人认为,逻辑实证主义者引领社会

[①] 译者注:实证主义是强调感觉经验、排斥形而上学传统的西方哲学派别,又称实证哲学。该派别诞生于19世纪30—40年代的法国和英国,由法国哲学家、社会学始祖奥古斯特·孔德(Auguste Comte)等人提出,形成标志是1830年起孔德陆续出版的6卷本《实证哲学教程》(Cours de philosophie Positive)。以孔德为代表的实证主义被称为老实证主义,20世纪盛极一时的逻辑实证主义则被称为新实证主义。

科学走上了自我毁灭的道路。

我们认为批判现实主义并不能使社会科学继续扬帆远航。社会科学是一门规范性学科,深深受到价值、意识形态、权力、欲望、性别、种族、统治的压制和控制。我们需要的是面对社会公正、平等、非暴力、和平和普遍人权等问题能勇敢向前的科学,而非只说不做的科学,这点是毋庸置疑的。

掌握了两种传统之内与之间的差异,下面将简要讨论质化研究的历史。我们将这段历史分为八个时期,但需注意的是,没有历史是绝对的,它们或多或少都是社会构建的产物。

四、质化研究的历史

质化研究的历史揭示了现代社会科学的使命,即"分析并理解社会运作模式和社会进程"(Vidich & Lyman, 2000, p. 37)。社会科学家能够完成这项任务的信心,建立在他们有能力客观观察世界这一预设之上。质化研究方法恰是此类观察的主要工具。[1]

纵观质化研究的历史,研究者根据意愿和价值观,"宗教信仰、职业与专业主义意识形态"来定义自身工作(Vidich & Lyman, 2000, p. 39)。同所有研究一样,质化研究的评判标准一贯是"这项工作是否向我们传达或告知什么"(Vidich & Lyman, 2000, p. 39),这取决于我们如何概念化现实与世界图景。认识论规定了各个历史时期的评估标准,如上文所述,现阶段很多关于认识论的话语正被重新评估。

维迪奇和莱曼关于质化研究历史的著作(Vidich & Lyman, 2000)提及以下(有所重叠的)时期:早期民族志时期(17 世纪前);殖民民族志时期(17—19 世纪的探险家);作为他者的美国印第安人民族志时期(19 世纪末—20 世纪初的人类学);社区研究与美国移民民族志时期(20 世纪初—60 年代);种族和同化研究时期(20 世纪中叶—80 年代);以及我们现在所处的"第八个时期"。

每个时期的研究者都受其政治理想与意识形态的影响,其研究发现往往证实了他们此前的理论或信条。早期的民族志学者证实了人类种族和文化的多样性,并试图将这种多样性纳入有关历史、种族和文明起源的学说中。在 20 世纪民族志专业化之前,殖民时期的民族志学者就提出了殖民多元主义(colonial pluralism)——只

---

[1]　在此意义上,所有研究都是质化的,因为"观察者始终处于研究的中心"(Vidich & Lyman, 2000, p. 39)。

要殖民统治当局能够收编原住民的领导者，就可以让原住民自行其是。

欧洲的民族志学者致力于非洲、亚洲和其他第三世界有色人种的研究。早期的美国民族志学者从征服者的视角研究美洲印第安人，将原住民的生活世界视为通往过去的窗口。加尔文主义者的使命（拯救印第安土著人）很快变为援助那些在工业化初期成群进入美国的移民。在 20 世纪初—60 年代，关于他者种族的质化社区研究如雨后春笋般出现，包括富兰克林·弗雷泽（Franklin Frazier）、罗伯特·帕克（Robert Park）和罗伯特·里德菲尔德（Robert Redfield）及他们的学生，还有威廉·福特·怀特（William Foote Whyte）、林德夫妇（the Lynds）、奥古斯特·霍林斯海德（August Hollingshead）、赫伯特·甘斯（Herbert Gans）、莱曼、维迪奇和约瑟夫·本斯曼（Joseph Bensman）等人的研究。20 世纪 60 年代后兴起的种族研究向帕克及其追随者提出的"大熔炉"假说发起了挑战，并与新兴的种族研究项目相呼应，这些研究关注到美洲原住民、拉丁美洲人、亚裔美国人和非裔美国人试图夺回研究自己民族的权利。

后现代主义和后结构主义的挑战在 20 世纪 80 年代中期出现，它们对早期殖民时期的假说提出质疑。维迪奇和莱曼认为："越过'后现代分水岭'的质化研究要求学者摒弃在民族志研究中先入为主的价值观、理论和视角……以及偏见。"新时期的质化研究者不再限于观察历史，而是置身其中。来自田野的新故事将被书写，并反映出研究者在这一历史时期中直接的亲身参与过程。

维迪奇和莱曼的分析涵盖民族志历史的方方面面，本文则聚焦于 20 世纪和 21 世纪，对前者关于这一阶段的划分予以补充。首先需要关注英法两国，以及芝加哥、哥伦比亚、哈佛、伯克利和英国的社会学与人类学学派的早期奠基之作，该时期确立了经典质化研究和民族志研究的规范（Gupta & Ferguson，1997；Rosaldo，1989；Stocking，1989）。

五、质化研究的 8 个时期

如前文所述，我们将 20 世纪以来的北美质化研究分为 8 个阶段，下面将对其逐一介绍。

1. 传统期

我们将第一个时期称为传统期。[①] 该时期始于 20 世纪初，止于第二次世界大战。这一时期里的质化研究者会撰写"客观的"、殖民化的田野经验陈述，反映

① 这一时期涵盖了维迪奇和莱曼所说的第二和第三个阶段。

了实证主义科学的范式。研究者力求在文本中做出有效、可靠和客观的解释,那些被研究的"他者"是异族的、外来的和陌生的。

以下是马林诺夫斯基关于新几内亚(New Guinea)和特罗布里安德(Trobriand)群岛的田野经历(1914—1915 年、1917—1918 年)的描述(Malinowski,1967)。

> 我对民族志研究毫无兴趣……总的来说,我不喜欢这个村子。这里的一切都很混乱……人们的粗暴与顽固、嘲笑与凝视,以及撒谎的行为令我感到无比沮丧……我希望在村里拍摄几张巴拉舞(bara)的照片,于是就用半截烟草换几场舞蹈展示,随后进行拍摄——但是效果不尽如人意……他们维持舞蹈姿态的时间很短,甚至连曝光时间都不够。有时我会大发雷霆,尤其是在我把烟草分发给他们,他们却一走了之的时候。
>
> (Geertz,1988,pp. 73 - 74)

在另一部作品里,这位饱受挫折、孤立无援的田野工作者描述了他的工作方法:

> 在田野工作中,研究者不得不面对一大堆混乱的事实……在这种粗糙的形式下,它们根本不是科学事实;它们完全不可捉摸,只能通过解释加以整理……只有定律和一般性规律才是科学事实,田野工作只是使混乱社会现实归于一般性规律的解释而已。
>
> (Malinowski,1948,p. 328;Geertz,1988,p. 81)

马林诺夫斯基的言论引人深思,一方面,研究者们贬低田野工作;另一方面,他们又吹捧科学、用定律和一般性来粉饰自身的经验所得。

该时期的田野工作者被奉若上宾,成为富有英雄色彩的人物。他们进入田野,带着有关陌生人群的故事光荣归来。罗纳多・罗萨尔多(Renato Rosaldo)将这一时期描述为"孤独的民族志学者"(Lone Ethnographer)时期,讲述了一位男性科学家前往遥远的地方寻找自己家乡的故事,研究者在此与他一直"苦苦探寻的目标不期而遇……在持久的'田野工作'的'折磨'下,最终'修成正果'"(Rosaldo,1989,p. 30)。带着资料归家后,这位孤独的民族志学者基于经典民族志规范写下了对所研究文化的客观描述。根据四种信仰和承诺,神圣的术语束(bundle of terms)组成了经典民族志文本(Rosaldo,1989,p. 31),包括对客观主义的承诺、与帝国主义共谋、对碑铭主义(monumentalism)的信奉和对永恒的信念。[①]"他者"是需要被存档的"客体",时至今日这一模型仍然受用,研究者可依此撰写出复杂的、晦涩难懂的理论。

孤独的民族志学者的传说记载了经典民族志的诞生过程。马林诺夫斯基、拉德克里夫-布朗、米德和贝特森的文本仍被认真研读,因为它们能告知新人如何开展田野工作、记录田野笔记和撰写理论。孤独的民族志学者形象已被击碎,许多学者将经典民族志学者的作品视为殖民时代的遗物(Rosaldo,1989,p. 44)。一些人怀念过去,一些人则庆幸过去。罗萨尔多引用了哈佛大学人类学退休教授科拉·杜博伊斯(Cora Du Bois)的一段话,她在1980年的一次会议上对人类学的危机进行反思时感慨道:"(这个)曾一度合理化、具有挑战性的学科,如今变得复杂无序,让我觉得很陌生……就好像从尊贵的艺术博物馆搬进杂货摊。"(Rosaldo,1989,p. 44)

杜博伊斯将经典民族志比作珍藏在博物馆中的永恒艺术珍品,并对混乱的"杂货摊"感到不适。与之相反,罗萨尔多(Rosaldo,1989,p. 44)则对"杂货摊"的隐喻情有独钟,因为"这一比喻绝妙地描绘了后殖民时期世界范围内社会科学研究的新局面,各种文化产品可以流通于意想不到的地方,没有什么是神圣、永恒或封闭的。"如果愿意仔细观察并思考,就可能在始料未及的地方发现很多有价值的珍宝。陈旧的标准不再适用,民族志不再产生永恒的真理,对客观主义的承诺也受到质疑,与帝国主义的共谋在今日受到公开挑战,而对碑铭主义的信念也已成为明日黄花。

第一时期的遗产始于19世纪末,当时小说和社会科学已作为各自独立的话语系统存在(Clough,1998,pp. 21 - 22)。芝加哥学派强调通过生活故事和"生活片段"的方式来处理民族志资料,试图发展出一种维系叙述生命史路径中心性的解释主义方法论。由此产生的文本赋予了研究者再现个体生命的权力。这些文本使用简单直白,不带感情色彩的通俗语言,以文学叙事的方式来讲述社会学故事,使人们产生一种错觉——某一社会问题已经找到解决方案。和大萧条时期的青少年罪犯与其他有关"社会问题"的电影一样(Roffman & Purdy,1981),浪漫主义色彩溢于其中。他们将离经叛道之人刻画成社会学领域的银幕英雄,且这些社会学故事通常都有一个圆满结局,如其对应的电影一般,因为它们讲述

[①]　"对碑铭主义的信奉"是指民族志在其所研究的文化中将成为里程碑似的存在;"对永恒的信念"是指所研究的事物一成不变。

了个体经历经典道德故事的三个阶段：先是蒙受天恩，然后被邪恶势力诱惑并堕落，最终历经磨难得到救赎。

2. 现代主义期

现代主义期（第二时期），以传统期的经典佳作为基础。此时，社会现实主义、自然主义及"生活片段"式的民族志仍很重要。该阶段从战后延续至 20 世纪70 年代，时至今日，许多研究中仍能看到这一期的痕迹（Wolcott，1990，1992，1995）。在此期间，诸多学者致力于将质化研究方法形式化（Bogdan & Taylor，1975；Cicourel，1964；Filstead，1970；Glaser & Strauss，1967；Lofland J.1971，1995；Lofland J. & Lofland L. H.，1984，1995；Taylor & Bogdan，1998）。[①] 现代主义民族志者与社会学的参与观察者都试图对重要社会进程（包括教室与社会中的偏差行为与社会控制）开展严谨的质化研究。这是一个充满创造力的时代。

横跨不同人文学科领域的新一代研究者与新兴的解释主义理论不期而遇，如常人方法论（ethnomethodology）、现象学、批判理论与女性主义等；他们被为社会底层发声的质化研究实践所吸引。彼时，后实证主义是一种强有力的认识论范式，如研究者试图将唐纳德·坎贝尔（Donald Campbell）和朱利安·斯坦利（Julian Stanley）的"内在效度和外在效度模型"与"结构主义和互动主义的研究行为概念"相结合（Campbell & Stanley，1963），由此可见，学者们常回到芝加哥学派找寻灵感（Denzin，1970，1978）。

这一时期的经典文本是霍华德·贝克尔（Howard Becker）的《白衣男孩》（*Boys in White*），该作品深受 20 世纪中期方法论的影响，试图让质化研究借鉴量化研究的严谨性（Becker et al.，1961；Becker，1998），其研究核心是因果叙述与多样的研究方法：将开放式和半结构访谈与参与式观察相结合，并以标准化的统计形式对材料进行分析。在经典作品《参与式观察中推断与证明问题》（*Problem of Inference and Proof in Participant Observation*）中，贝克尔描述了对"类统计"（quasi-statistics）的运用：

> 参与式观察偶尔会以标准化的形式收集观察结果，并将这些资料转化为正规的统计数据。然而，田野的紧迫性往往会阻碍这种符合统

[①] 林肯和埃贡·古巴（Egon Guba）在 20 世纪 80 年代对该研究进行了阐释与延伸（Lincoln & Guba，1985），近期的发展参见斯蒂文·泰勒（Steven Taylor）和罗伯特·博格丹（Robert Bogdan）与约翰·克雷斯韦尔（John Creswell）的相关研究（Taylor & Bogdan，1998；Creswell，1998）。

计验证假设的数据收集工作,因此,观察者只得采用所谓的"类统计"方法。虽然暗含一定数据特征,但其结论不要求精确的量化分析。

(Becker,1958,1970,p. 31)

贝克尔指出,在分析材料时,质化研究者会从量化研究处获得启发:研究者会寻找概率或论据上的支持,以确定某一结论应用于特定情境的可能性或频率(Becker,1998,pp. 166-170)。如此,现代主义时期的研究就为自己披上了实证主义与后实证主义论述的话语和修辞外衣。

这是严谨质化分析的黄金时代。在社会学中,它始于《白衣男孩》(Becker et al.,1961),止于《扎根理论的发现》(*Discovery of Grounded Theory*,Glaser & Strauss,1967);在教育学领域,这一时期的质化研究是由斯平德勒夫妇、朱尔斯·亨利(Jules Henry)、沃克特和约翰·辛格勒顿(John Singleton)定义的。这种形式的质化研究也体现在施特劳斯和科宾、格雷·瑞安(Gery Ryan)和罗素·博纳德(Russell Bernard)的研究中(Strauss & Corbin,1998;Ryan & Bernard,2000)。

"黄金时代"强化了质化研究者的浪漫主义色彩。质化研究者的脑海中铭刻着普罗米修斯式的人权思想,他们将反面人物和外来者视为主流社会的英雄,相信自我和社会的偶然性,坚信一种"生死以之"的解放理想。他们恰如其分地表达出对自我和社会的一种常伴有讽刺色彩的悲剧性观点,并加入一众左派文化浪漫主义者的队伍,其中包括卡尔·马克思(Karl Marx)、杜威、安东尼奥·葛兰西(Antonio Gramsci)和马丁·路德·金(Martin Luther King Jr.)。

在这一时期的尾声,关于越南战争的讨论充斥着美国社会。1969年,伴随着这一政治潮流,赫伯特·布鲁默(Herbert Blumer)和埃弗雷特·休斯(Everett Hughes)在旧金山举办的美国社会学年会上见到一群被称作"芝加哥非正规军"(Chicago Irregulars)的年轻社会学者,并与他们分享了关于"芝加哥岁月"的回忆,约翰·洛夫兰(John Lofland)将这一时刻描述为:

创造性酝酿之时——无论是学术还是政治。旧金山的年会不仅见证了布鲁默-休斯事件,还见证了一场"反革命"……一群人首次出席会议……谈论身为社会学家和女性的众多问题……学科似乎真的被新……观点所迸发:标签理论、民族方法学、冲突理论、现象学、拟剧分析等。

(Lofland J.,1980,p. 253)

就此,现代主义期结束了。

3. 类型模糊期

到了第三时期(1970—1986 年),也就是类型模糊期,质化研究者拥有了一整套可用于研究的范式、方法与策略。理论范围上,从符号互动主义到建构主义、自然主义研究、实证主义、后实证主义、现象学、民族方法学、批判理论、新马克思主义理论、符号学、结构主义、女性主义及多样种族/人种范式,应用质化研究的地位愈发提升,其政治与伦理问题也成为众人关注的话题。研究策略上,从扎根理论到案例研究,再到历史方法、传记研究、民族志、行动研究及临床研究等,均可发现质化研究的踪迹。多种收集和分析经验资料的方法可供使用,其中包括质化访谈(包含开放式和半结构式访谈)、观察法、视觉研究、个人体验和文献方法(documentary methods)等。计算机也开始进入这一领域,并在随后 10 年内成为分析质化资料的得力助手,与叙事研究、内容分析和符号方法等共同成为解读访谈和文本的重要工具。

这一时期以克利福德·格尔茨(Clifford Geertz)的两本书为开始和结束的标志:《文化的解释》(*The Interpretation of Culture*,1973)和《地方知识》(*Local Knowledge*,1983)。在这两本书里,格尔茨指出,旧有的功能主义、实证主义、行为主义和整体性的人文学科方法正在让位于多元化、解释性的开放式视角。[①] 这种新视角以文化表征及其含义为出发点,对文化中的特殊事件、仪式和风俗进行深描(thick description),也就意味着人类学写作其实是对当地人解释的再解释,观察者无权在解释文本中发声。该理论的核心任务是在本土情境中理解其意义。

格尔茨进一步指出,社会科学与人文领域的界线已逐渐模糊,社会学家已经开始向人文学科借用理论、模式和分析方法(如符号学、诠释学等),各种文体间交叉使用的情况越来越普遍。例如,读起来像小说的纪实作品(Mailer)、伪装成民族志的寓言(Castaneda)和看上去像旅游杂记的理论论著(Lévi-Strauss)。同时,社会科学研究中也出现了很多新文体,如后结构主义(Barthes)、新实证主义(Philips)、新马克思主义(Althusser)、微观—宏观描写(Geertz)、戏剧和文化的仪式理论(Victor Turner)、解构主义(Derrida)和民族志(Garfinkel)等。社会科学的黄金时代已经过去,取而代之的是一个模糊的、解释性的新时代。文学化的

---

① 史蒂芬·格林布拉特(Stephen Greenblatt)对格尔茨所提"深描"一词的相关意义与实践进行了解读(Greenblatt,1997,pp. 15 - 18)。

论文正在取代科学文章,争论的焦点问题是作者在解释性文本中的存在(Geertz,1988)。不再有固定文本规则的时代(包括作者之于文本的位置、文本的评价标准及写作主题等),研究者如何使其研究具有权威性?

自然主义、后实证主义和建构主义范式在这一时期颇具影响力,特别是在教育领域,在沃克特、弗雷德里克·埃里克森(Frederick Erickson)、古巴、林肯、罗伯特·斯泰克(Robert Stake)和艾略特·艾斯纳(Elliot Eisner)等人的著作中蔚然成风。到 70 年代后期,质化研究领域出现了一些相对正规的学术刊物,如《城市生活》(Urban Life and Culture)[①]、《文化人类学》(Cultural Anthropology)、《人类学与教育学》(Anthropology and Education Quarterly)、《质化社会学》(Qualitative Sociology)、《象征互动》(Symbolic Interaction),以及"象征互动研究"(Studies in Symbolic Interaction)丛书。

4. 表征危机期

20 世纪 80 年代中期出现了一次深刻的断裂。随着乔治·马尔库斯(George Marcus)和迈克尔·费舍尔(Michael Fischer)《作为文化批判的人类学》(Anthropology as Cultural Critique,Marcus & Fischer,1986)、维克多·特纳(Victor Turner)和爱德华·布鲁纳(Edward Bruner)的《经验人类学》(The Anthropology of Experience,Turner & Bruner,1986)、詹姆斯·克利福德(James Clifford)和马尔库斯的《写文化》(Writing Culture,Clifford & Marcus,1986)、格尔茨的《作品与生活》(Works and Lives,Geertz,1988)和克利福德的《文化的困境》(The Predicament of Culture,Clifford,1988)相继出现,第四期(即表征危机期)应运而生。这些作品进一步质疑了"科学研究"和"写作"中隐含的性别、阶级和种族问题,使研究与写作更具有反思性,同时阐明了格尔兹在 20 世纪 80 年代初关于"模糊类型"的解释所产生的影响。[②]

在这一时期,质化研究者寻求真理、方法与表述上的新模式(Rosaldo,1989)。人类学中的经典规范已被彻底侵蚀(Rosaldo,1989,pp. 44 - 45;Jackson,1998,pp. 7　8),[③]批判理论、女性主义和有色人种认识论备受关注。曾被认为已经解决的"效度""信度"和"客观性"问题再度成为问题。写作者不断

---

① 《城市生活》,即现在的《当代民族志》(Journal of Contemporary Ethnography)。
② 这些作品轻视并边缘化女性主义立场理论及其相关研究的贡献(Behar,1995,p. 3;Gordon,1995,p. 432)。
③ "经典规范"指客观主义、与殖民主义的共谋、由固定仪式和习俗构建的社会生活和作为文化碑铭的民族志。

挑战传统的真理和意义模式,与因果、线性理论相比,模式和解释性理论在时下的研究中更为常见。

关于这个时期质化研究者体验到的"表征危机",在尼日尔桑海部族进行田野工作的保罗·斯多勒(Paul Stoller)与谢丽尔·欧克斯(Cheryl Olkes)深有体会(Stoller & Olkes, 1987, pp. 227 - 229)。"在着手撰写人类学文本之初,我严格遵循自己所受训练的规范:先是收集资料,当资料被井然有序地分门别类后,再将其撰写出来。在研究其中某一个案时,我把松黑人(Songhay)使用的粗粝语言简化为一系列整洁的逻辑公式"。但后来他认为这种写作方式并不合适,因为意识到"每个人都在向我撒谎,我耗费如此多精力收集的资料毫无价值。这是一个教训——信息提供者经常对人类学家撒谎"(Stoller & Olkes, 1987, p. 9)。这个发现促使他转变了写作方式。过去他遵循的是民族志现实主义的惯例,将自己排除在文本之外;如今他则采用自传式写作的方式,通过讲故事的方式描述自己在松黑人世界里生活和工作的经历。在这个故事中,斯多勒自己是主角,分析的是其个人世界与松黑人的巫术世界之间的冲突,他的经历展现了一种对抗第四时期中表征危机的努力。

帕特里夏·提西内托·克拉夫(Patricia Ticineto Clough)对这种危机进行了详细阐释,并批评了那些认为新的写作形式是摆脱这一危机之方案的人,她指出:

> 尽管很多社会学家在批评民族志时都认为写作是"民族志的核心"(Van Maanen, 1988, p. xi),但写作问题仍被视为不同于方法或田野工作本身的问题。因此,通常提供的解决方法是进行实验性写作,即形成一种有关写作的自觉意识。
>
> (Clough, 1998, p. 136)

必须分析的正是这种对写作与田野工作的坚持。

在写作中,田野研究者宣称自己具有道德和科学权威,这使得现实主义和实验性民族志文本成为经验科学的效度来源。它们表明,即使是在作者的记忆、虚构的实验抑或是戏剧性的读物中,真实的生活经验仍可被捕捉。但是,这些著作可能会使人们忽略文本在构建与表现社会差异领域中性别身份方面的作用。并且,它们也使"经验科学的霸权"永存(Clough, 1998, p. 8),因为这种新型的学科写作方式成为"知识生产/权力生成……与资本/国家轴(相一致)"的场所

（Aronowitz，1988，p. 300；Clough，1998，p. 8）。诸如此类的试验意识到经验科学和社会批判间差异后却加以回避，因为它们难以完全做到"拒绝经验科学"（Clough，1998，p. 135）。这种新的社会批判"将介入由信息经济学、民族国家政治及大众传播技术组成的关系之网，尤其是在经验科学方面"（Clough，1998，p. 16）。当然，这隶属于文化研究领域。

理查德森和圣皮埃尔发展了上述观点，他们将写作视为一种通过连续自我反思进行探究的方法。田野研究者的写作始于田野，经由中间环节和后续工作最终形成研究文本，这既是研究者的一系列书面表述，也是其民族志和叙事经验的公共呈现。因此，田野工作和写作之间的界限是模糊的。归根结底，这两种视角彼此渗透，并无明显差别。在这些方式中，表征危机指引着质化研究向新的、批判性的方向进发。

时至今日，民族志研究者的权威仍然受到抨击（Behar，1995，p. 3；Gupta ＆ Ferguson，1997，p. 16；Jackson，1998；Ortner，1997，p. 2）。质化研究者在人文学科中面临表征、合法性与实践的三重考验。这三重考验潜伏在后结构主义和后现代主义的话语中（Vidich ＆ Lyman，2000），被贴上多种不同标签，冠以不同称呼，并与社会学理论中批判的、解释的、语言的、女性的和修辞的转向相关。这些转向使得质化研究中的两个重要假设出现了三重危机。第一个危机是，研究者不再能直接捕捉生活经验。有质疑指出，这种经验是通过研究者所书写的社会文本创造的，即处于"质疑经验与文本间的直接关联"的框架之中。这一假设面临着不可避免的表征的问题，可被视为一场表征危机。第二个危机是，评价与解释质化研究的传统标准正在受到质疑。这是一场合法性危机，其中涉及对"效度""一般化"和"信度"等概念的严肃反思。这些术语在后实证主义（Hammersley，1992）、建构主义—自然主义（Guba ＆ Lincoln，1989，pp. 163 - 183）、女性主义、解释性与表演的（Denzin，1997，2003）、后结构主义（Lather，1993；Lather ＆ Smithies，1997）与批判话语中已被重新理论化。合法性危机提出一个问题：如何在当代（后结构主义时期）评价质化研究？前两个危机共同引出第三个危机：如果社会仅仅并且始终是一个文本，那么是否有可能改变世界？显然，三个危机批次交叠、界限模糊，关于它们的回答也是如此（Ladson-Billings，2000；Schwandt，2000；Smith ＆ Deemer，2000）。

5. 后现代时期

第五个时期是实验性民族志写作的后现代时期。这一时期的研究者们纷纷为理解上述危机而努力，他们探索民族志写作的新方法，视理论为来自田野间的传说(Ellis & Bochner，1996)。尽管现在写作者受到新的表征方式的影响而联结在一起，但他们仍在努力用不同方式去呈现他者(Fine，Weis，Weseen & Wong，2000)。从前静默的群体认知视角为解决问题提供了新的方案——冷淡超然的观察者概念被舍弃，立足于行动、参与性及系属行动者取向的研究越来越多。宏大叙事不再受到青睐，取而代之的是适用于特定时间与情境的更为本土化的小规模理论。

6. 后实验期

第六个时期是后实验期。米切尔·艾伦(Mitch Allen)领导下的阿尔塔米拉出版社(AltaMira Press)是这一时期的领军者，率先推出了《另类民族志》(*Ethnographic Alternatives*)丛书，由卡洛琳·埃利斯(Carolyn Ellis)和亚瑟·波切内尔(Arthur Bochner)担任丛书编辑。这套丛书记录了后实验期这一振奋人心的时刻，并将一众新作者带入解释共同体。出版商对这套丛书的描述反映了其实验性的基调，"《另类民族志》刊登的实验性的质化写作形式模糊了社会科学和人文学科的界限。该系列中的某些卷册……尝试以新的形式表现生活经验，其中包括文学、诗歌、自传、复调对话、批判、视觉、表演及共建表述"。

7. 方法论竞争期

同一时期，两个重要的质化刊物开始发行——《质化探究》(*Qualitative Inquiry*)和《质化研究》(*Qualitative Research*)，编辑们致力于刊登最优秀、最前沿的研究成果。这些尝试的成果勾勒出第七期的雏形，即我们所称的"方法论竞争期"(2000—2004年)。如前所述，这是一个充满了冲突与张力，甚至某些领域消失了的时期。

8. 未来期

第八期就是我们现在所处的未来期(2005—)。此刻学者们正面临由"布什科学"和循证社会运动带来的方法论的冲击。

尽管有些武断，但我们可从上述简短的历史中得出如下结论：第一，较早的历史时期延续至今，或以遗产之态，或以实践之姿，而今研究者或从之，或反之。质化研究的历史是多样化的、碎片式的，也正因如此，研究者可将项目与上述任一历史时期的经典文本相联系。多种评估标准竞相角逐，以期赢得关注。第二，质化研究领域提供的选择繁多，令人难以抉择。研究者从未面临如此之丰富的范式、探究策略和分析方法可资利用。第三，我们正处于一个发现和再发现的时期，新的观察、解释、论证和写作方式不断被争论与讨论。第四，不能仅从中立或客观的实证主义角度看待质化研究。阶级、种族和性别改变了探究方式,使得研究呈现出多文化特征。第五,毋庸置疑的是,我们既没有暗示质化研究的历史是不断进步的,也没有说发展就在当下。我们想表达的是,当下带有浓厚的政治色彩,来自内外的多重压力正在抹去以往 30 年的发展进步。

六、作为过程的质化研究

三项相互关联的、类属的活动组成了质化研究的过程,它们常被贴以多种标签——理论、方法、分析,或者是本体论、认识论和方法论等。这些术语的背后是研究者的个人经历,是一种特定阶级、性别、种族、文化和族群共同体的视角。受性别及多元文化影响的研究者用一套既有的观点、一个既定的框架(理论、本体论)探寻这个世界,具体表现为对一系列问题(认识论)的处理,而后研究者以特定方法(方法论、分析)审视这些问题。换言之,研究者收集与问题相关的经验材料,然后加以分析并撰写有关结论。每个研究者都在独特的解释共同体内发言,这一解释共同体以其特定方式设定了影响研究者行为的各种因素,如多元文化、性别等。

我们将从以下五个标题(或五个阶段)来论述这些基本活动(见表一):作为多元文化主体的研究者和研究对象;理论范式和视角;研究策略;收集和分析资料的方法;解释和评估的艺术、实践与政治。每一阶段的内部及背后都带有研究者个体经验的烙印,这些个体从解释共同体内部进入研究过程。解释性共同体有其独享的历史研究传统,并预设了一种特定的视角,进而引导研究者采取特定观点来看待他者。同时,研究者还必须对渗透在研究过程各个阶段的政治与伦理加以考量。

表 1　研究过程

第一阶段:作为多元文化主体的研究者和研究对象

　　历史和研究传统
　　自我及他者的概念
　　研究的伦理和政治

第二阶段:理论范式和视角

　　实证主义、后实证主义
　　解释主义、建构主义、诠释学

续 表

女性主义

种族化话语

批判理论和马克思主义模式

文化研究模式

酷儿理论

第三阶段：研究策略

研究设计

案例研究

民族志、参与式观察、表演民族志

现象学、常人方法论

扎根理论

生命史、证据学

历史方法

行动与应用研究

临床研究

第四阶段：收集与分析资料的方法

访谈

观察

人工制品、文献与记录

视觉方法

自我民族志

数据管理方法

计算机辅助分析

文本分析

焦点小组

应用民族志

第五阶段：解释和评估的艺术、实践与政治

判断适当性的标准

解释的实践与政治

解释性写作

政策分析

评估传统

应用研究

第一阶段：作为多元文化主体的研究者和研究对象

自 20 世纪初以现代解释学的形式诞生以来，质化研究就饱受双面幽灵的困扰。一方面，质化研究者假定合格、称职的观察者能够客观、清楚和准确地报告他们对社会世界的观察（包括对他人经验的观察）；另一方面，研究者坚信现实世界中存在一个真实主体，能以某种形式讲述他的经历。因此，研究者可以将自己的研究发现与研究对象通过访谈、生命史、个人经历和案例研究文档提供的自我报告结合起来。

以上两种观点促使质化研究者不得不跨越学科探寻一种解决方法，以便他们能在准确记录自身观察的同时，又能揭示研究对象赋予其生活经历的意义。此方法依赖于研究对象提供的口头与书面表达，以此作为通往研究对象内心世界的窗口。自威廉・狄尔泰（Wilhelm Dilthey）以来，这种对方法的探寻在人文学科领域引起了学者们对质化、解释性方法的长期关注（Dilthey，1976）。

而在现阶段，这种立场及其信仰受到了攻击。后结构主义者与后现代主义者认为，并不存在一个可以用以清晰理解个体内在生活的窗口。不存在任何客观的观察，只有处于观察者和被观察者之间的社会观察。研究对象或个体很少能对他们的行为或意图予以充分解释。他们所能提供的说明或故事只限于他们是如何做的，以及为何这样做。没有一种方法能够把握人类经验中所有微妙的变化。因此，质化研究者会运用多种相互关联的解释性方法，以期寻求更好的方式来深化对所研究经验世界的理解。

上述言论表明了立身于社会的研究者所采用质化研究视角（传统的和应用的）的深刻性与复杂性。这些传统帮助研究者找准其历史定位，同时也引导并限制他们在特定研究中的行为。质化研究领域呈现出多样性，并时刻处于冲突之中，这是它最为久远的传统。作为这段复杂且矛盾的历史的载体，研究者还必须面对研究中的伦理及政治问题。人文学科中对当地原生他者的研究很难做到价值无涉。如今，研究者力求发展适用于所有研究形式和人类关系的语境伦理和跨语境伦理。

第二阶段：理论范式和视角

在"所有人类都遵循高度抽象化原则指导"这一普遍意义上（Bateson，1972，p. 320），所有质化研究者都是哲学家。这些原则将本体论、认识论和方法论的信条结合在一起（Guba，1990，p. 18；Lincoln & Guba，1985，pp. 14 - 15）。[1] 这

---

① "本体论"关注的是人类是一种怎样的存在物，以及现实的性质如何。"认识论"关注探求者与认知对象间的关系如何。"方法论"探索我们如何认识世界或获取与之相关的知识。

些信条指引着质化研究者如何看待这个世界并在其中行动。研究者"被束缚在一个认识论和本体论预设的网络中,无论最终真实与否,这些假设在某种程度上是自我确证的"(Bateson,1972,p. 314)。

这套包含了研究者本体论、认识论与方法论之预设的网络被称为范式或解释性框架,是"指引行为的一系列信条"(Guba,1990,p. 17)。所有研究都是解释性的,受到研究者自身关于这个世界,以及它应怎样被理解或研究的信条和感觉的指引。一些信条被认为是理所应当的、无形的及唯一假定的,另一些信条则备受争议。每一种解释性范式都对研究者提出了特定要求,包括研究者所提出的问题及对其的解释。

在普遍意义上,质化研究基于四种范式:实证主义和后实证主义、建构主义—解释主义、批判主义(马克思主义的、解放式)和女性主义—后结构主义的范式。在具体的解释共同体中,这四种抽象范式变得更加复杂,质化研究可能不仅被视为建构主义范式,还可以被视作女性主义的多种变体(非洲中心和后结构主义的),[①]以及特定种族、马克思主义和文化研究的范式。

表 2 列出了这些范式及其假设,包括评估标准和每种范式采用的典型解释性或理论性陈述形式。

表 2　解释性范式

范式/理论	标　　准	理论形式	叙事类型
实证主义/后实证主义的	内在效度/外在效度	逻辑—演绎的/扎根的	科学报告
建构主义的	确实性、可信性、可转移性及可确定性	实质—形式的	解释性的案例研究、民族志小说
女性主义的	非洲中心、生活经历、对话、有同情心、负责任、种族、阶级、性别、反身性、实践、情感和具体场景	批判的、立场的(standpoint)	散文、故事和实验性写作
种族的	非洲中心、生活经历、对话、有同情心、负责任、种族、阶级和性别	立场的、批判的、历史的	散文、神话、戏剧

① 弗吉尼亚·奥勒森(Virginia Olesen)指出了女性主义研究的三种取向:主流的经验研究、立场与文化研究和后结构主义、后现代主义研究。她将非洲中心主义和其他有色人种的研究模式归入文化研究和后现代主义范畴。

范式/理论	标　准	理论形式	叙事类型
马克思主义的	解放理论、可证伪性对话、种族、阶级和性别	批判的、历史的、经济学的	历史分析、经济学分析、社会文化分析
文化研究	文化实践、惯习、社会文本和主体性	社会批判主义	作为批判的文化理论
酷儿理论	反身性、建构	社会批判主义、历史分析	作为批判主义的理论、自我民族志

上面讨论了实证主义和后实证主义的范式,它们基于现实主义和批判现实主义本体论、客观主义认识论,依靠实验、类实验、调查和严格定义的质化方法开展工作。瑞安和博纳德发展了这一范式中的元素(Ryan & Bernard,2000)。

建构主义的范式假定了一种相对主义本体论(存在多元事实),一种主观主义认识论(认知者与对象共同创造理解),以及一套自然主义(在自然世界中)的方法论程序。研究结果通常以扎根理论或模型理论为评估标准(Ryan & Bernard,2000)。诸如"可信性""可转移性""可靠性"和"可确定性"等术语取代了"内在效度""外在效度""信度"和"客观性"等通用的实证主义标准。

女性主义的、种族的、马克思主义、文化研究和酷儿理论模式给予唯物主义—现实主义本体论以特权。换言之,现实世界在种族、阶级和性别方面存在重要差异。主观主义认识论和自然主义方法论(多为民族志)备受关注。对经验材料和理论观点的评估则是根据其解放意义进行的。基于此,来自性别和种族群体(如非裔美国人)的标准或被采用,如情感与感觉、关怀、个人责任和对话等。

后结构女性理论强调社会文本、逻辑性、难以完整再现生活经验世界等问题。实证主义和后实证主义的评估标准也被取代,新标准包括植根于受压迫人民生活经验的反身性的、复调式文本。

文化研究和酷儿理论范式是多元聚焦的,从中可瞥见马克思主义、女性主义和后现代感性主义的蛛丝马迹。人文主义文化研究与结构主义文化研究间存在一种张力,前者强调生活经验(意义),后者则注重结构和物质决定因素(种族、阶级和性别)及其经验的效果。文化研究和酷儿理论范式会策略性地运用方法——将其作为理解和反抗地方统治结构的资源。学者们可以对文化文本进行文本细读和话语分析,也可以进行本土的、在线的、反身的及批判的民族志、开放式访谈和参与式观察,其关注焦点是特定历史情境中种族、阶级和性别如何产生并发挥作用。

掌握了范式和研究者的个人历史,聚焦于有待审视的具体经验问题,研究者便可进入研究过程中的下一阶段——采用特定的探究策略。

第三阶段:研究策略

表1列出了研究者可能使用的一些探究策略。第三阶段从研究设计开始,广义上看,研究设计包括明确的研究问题、研究目的,以及"哪些资料能最恰当地解答特定研究问题,何种策略能最有效地获取这些信息"(LeCompte & Preissle,1993,p. 30)。研究设计应提供一套灵活的指导方针:第一步将理论范式与研究策略相联系;第二步使其与分析经验资料的研究方法相匹配。研究设计将研究者置于经验世界之中,给予其以特定的场景、人物、群体、机构和相关解释性材料(如文件和档案)。设计也详细规定了调查者应如何处理表征与合法性这两个重要的问题。

从范式到经验世界,研究者需借助一系列技巧、假设和实践,即我们所说的研究策略。研究策略将解释主义范式付诸实践,并向研究者提供收集分析资料的特定方法,例如,案例研究依赖于访谈、观察和文献分析(document analysis)。并且,研究策略也在特定经验场景或方法论实践中实施并维系范式,如将案例作为研究对象。这些策略包括案例研究、现象学和常人方法论技术,以及扎根理论的应用,也包括个人传记、自我民族志、历史、行动和临床方法。每一种策略都有复杂的文献支持,也各自拥有单独的源流、经典成果,以及将其付诸实践的方式。

第四阶段:收集与分析资料的方法

质化研究者采取若干方法收集资料,其中包括访谈;直接观察;对人工制品、文献和文化记录的分析;利用视觉材料;利用个人经验等。[①] 研究者可采用不同方式阅读和分析访谈资料或文化文本,包括文本分析、叙事分析和符号学分析等;面对大量质化材料时,也可借助数据管理方法和计算机辅助分析模型对文献进行梳理与解释。

第五阶段:解释和评估的艺术、实践与政治

质化研究拥有无穷的创造性和解释性。研究者无法仅依靠田野工作的成堆资料轻而易举地写出发现。质化的解释是建构出来的,研究者首先要创作出由

---

① 经验材料是传统意义上被称为"资料"的术语。

田野笔记和田野文件组成的田野文本,也就是罗杰·桑杰克(Roger Sanjek)所说的"编索引"(indexing)(Sanjek,1990,p. 386)和大卫·普拉斯(David Plath)所称的"编文档"(filework)(Plath,1990,p. 374)。作为解释者的写作者基于田野文本的笔记和解释,将该文本其转换为研究文本。随后,这一文本被重新创作为一份解释性文本,其中包含作者对所获信息的最初理解。最后,写作者生产出面向读者的公开文本。来自田野的叙述可以采取以下几种形式:反思式、现实主义式、印象式、批判式、常规式、文学式、分析式和扎根理论等(Van Maanen,1988)。

对研究成果的理解极具艺术性与政治性。现阶段存在多种评估质化研究的标准,我们看重的是那些强调民族志经验的情境结构、关系结构和文本结构。如前文所说,没有唯一的解释性真理,多元解释共同体并存,且各自拥有不同的评估标准。

项目评估是质化研究的一个重要应用环节,质化研究者可在诸多重要方面对社会政策产生影响。戴维·科林伍德(Davydd Greenwood)和莫滕·列文(Morten Levin)、史蒂芬·凯米斯(Stephen Kemmis)和罗宾·麦克塔格特(Robin McTaggart)、威廉·米勒(William Miller)和本杰明·克拉布特里(Benjamin Crabtree)、丹尼斯·泰德洛克(Dennis Tedlock)、约翰·史密斯(John Smith)和菲尔·霍金森(Phil Hodkinson)等人的研究追踪并探讨了应用质化研究在社会科学中的悠久历史。这一环节使理论、方法、实践、行动和政策融汇。质化研究者可以单独分离出目标人群,从而使某些项目对群体产生的直接影响,同时也可以将特定情境中阻碍政策变革的制约因素分离出来。行动导向和临床导向型的研究者也为那些研究对象(他者)提供发声的空间,评估者恰恰能够使这些声音被倾听。

七、连通历史时刻:下一刻如何

理查德森和圣皮埃尔提出了这样一个观点:我们已经处于后"后"时代(post-"post"period)——后—后结构主义、后—后现代主义和后—后经验主义。尽管这对解释主义民族志实践意味着什么我们还不得而知,但可以确定的是,事物皆变动不居。我们进入了一个新时期,这里充斥着散乱复杂的、不确定的和复调的文本,文化批判和新实验主义研究将更加普遍,更具反思性的田野调查、分析和互文性表现亦是如此。诗人所言甚是——中心不再,无法握住。我们需要思考,什么是下一个新的中心。

谨记,质化研究领域由一系列张力、矛盾共同界定。这种张力存在于广泛的、令人怀疑的后现代敏感性中,存在于更加确信和更为传统的实证主义、后实证主义和自然主义的概念中,还存在于愈发保守的新自由主义的全球环境之中。

参考文献

Alasuutari, P. (2004). The globalization of qualitative research. In C. Seale, G. Gobo, J. F. Gubrium, & D. Silverman (Eds.), *Qualitative research practice* (pp. 595 - 608). London: Sage.

Aronowitz, S. (1988). *Science as power: Discourse and ideology in modern society*. Minneapolis: University of Minnesota Press.

Atkinson, E. (2004). Thinking outside the box: An exercise in heresy. *Qualitative Inquiry*, 10, 111 - 129.

Bateson, G. (1972). *Steps to an ecology of mind*. New York: Ballantine.

Battiste, M. (2000). Introduction: Unfolding lessons of colonization. In M. Battiste (Ed.), *Reclaiming indigenous voice and vision* (pp. xvi - xxx). Vancouver: University of British Columbia Press.

Becker, H. S. (1970). Problems of inference and proof in participant observation. In H. S. Becker, *Sociological work: Method and substance*. Chicago: Aldine. (Reprinted from *American Sociological Review*, 1958, 23, 652 - 660)

Becker, H. S. (1986). *Doing things together*. Evanston, IL: Northwestern University Press.

Becker, H. S. (1996). The epistemology of qualitative research. In R. Jessor, A. Colby, & R. A. Shweder (Eds.), *Ethnography and human development: Context and meaning in social inquiry* (pp. 53 - 71). Chicago: University of Chicago Press.

Becker, H. S. (1998). *Tricks of the trade: How to think about your research while you're doing it*. Chicago: University of Chicago Press.

Becker, H. S., Geer, B., Hughes, E. C., & Strauss, A. L. (1961). *Boys in white: Student culture in medical school*. Chicago: University of Chicago Press.

Behar, R. (1995). *Introduction: Out of exile*. In R. Behar & D. A. Gordon (Eds.), *Women writing culture* (pp. 1 - 29). Berkeley: University of California Press.

Bloch, M. (2004). A discourse that disciplines, governs, and regulates: The National Research Council's report on scientific research in education. *Qualitative Inquiry*, 10, 96 - 110.

Bochner, A. P., & Ellis, C. (Eds.). (2002). *Ethnographically speaking: Autoethnography, literature, and aesthetics*. Walnut Creek, CA: AltaMira.

Bogdan, R., & Taylor, S. J. (1975). *Introduction to qualitative research methods: A phenomenological approach to the social sciences*. New York: John Wiley.

Campbell, D. T., & Stanley, J. C. (1963). *Experimental and quasi-experimental designs for research*. Chicago: Rand McNally.

Cannella, G. S., & Lincoln, Y. S. (2004a). Dangerous discourses II: Comprehending and countering the redeployment of discourses (and resources) in the generation of liberatory inquiry. *Qualitative Inquiry*, *10*, 165 – 174.

Cannella, G. S., & Lincoln, Y. S. (2004b). Epilogue: Claiming a critical public social science — reconceptualizing and redeploying research. *Qualitative Inquiry*, *10*, 298 – 309.

Carey, J. W. (1989). *Communication as culture: Essays on media and society*. Boston: Unwin Hyman.

Cicourel, A. V. (1964). *Method and measurement in sociology*. New York: Free Press.

Clifford, J. (1988). *The predicament of culture: Twentieth-century ethnography, literature, and art*. Cambridge, MA: Harvard University Press.

Clifford, J., & Marcus, G. E. (Eds.). (1986). *Writing culture: The poetics and politics of ethnography*. Berkeley: University of California Press.

Clough, P. T. (1998). *The end(s) of ethnography: From realism to social criticism* (2nd ed.). New York: Peter Lang.

Cook, D. A. (1981). *A history of narrative film*. New York: W. W. Norton.

Creswell, J. W. (1998). *Qualitative inquiry and research design: Choosing among five traditions*. Thousand Oaks, CA: Sage.

Danermark, B., Ekström, M., Jakobsen, L., & Karlsson, J. C. (2002). *Explaining society: Critical realism in the social sciences*. London: Routledge.

de Certeau, M. (1984). *The practice of everyday life*. Berkeley: University of California Press.

Denzin, N. K. (1970). *The research act*. Chicago: Aldine.

Denzin, N. K. (1978). *The research act: A theoretical introduction to sociological methods* (2nd ed.). New York: McGraw-Hill.

Denzin, N. K. (1997). *Interpretive ethnography: Ethnographic practices for the 21st century*. Thousand Oaks, CA: Sage.

Denzin, N. K. (2003). *Performance ethnography: Critical pedagogy and the politics of culture*. Thousand Oaks, CA: Sage.

Dilthey, W. L. (1976). *Selected writings*. Cambridge: Cambridge University Press. (Original work published 1900)

Diversi, M. (1998). Glimpses of street life: Representing lived experience through short stories. *Qualitative Inquiry*, *4*, 131 – 137.

Ellis, C. (2004). *The ethnographic I: A methodological novel about autoethnography*. Walnut Creek, CA: AltaMira.

Ellis, C., & Bochner, A. P. (Eds.). (1996). *Composing ethnography: Alternative forms of qualitative writing*. Walnut Creek, CA: AltaMira.

Filstead, W. J. (Ed.). (1970). *Qualitative methodology*. Chicago: Markham.

Fine, M., Weis, L., Weseen, S., & Wong, L. (2000). For whom? Qualitative research, representations, and social responsibilities. In N. K. Denzin & Y. S. Lincoln (Eds.), *Handbook of qualitative research* (2nd ed., pp. 107 – 131). Thousand Oaks, CA: Sage.

Flick, U. (2002). *An introduction to qualitative research* (2nd ed.). London: Sage.

Geertz, C. (1973). *The interpretation of cultures: Selected essays*. New York: Basic Books.

Geertz, C. (1983). *Local knowledge: Further essays in interpretive anthropology*. New York: Basic Books.

Geertz, C. (1988). *Works and lives: The anthropologist as author*. Stanford, CA: Stanford University Press.

Glaser, B. G. (1992). *Emergence vs. forcing: Basics of grounded theory*. Mill Valley, CA: Sociology Press.

Glaser, B. G., & Strauss, A. L. (1967). *The discovery of grounded theory: Strategies for qualitative research*. Chicago: Aldine.

Goodall, H. L., Jr. (2000). *Writing the new ethnography*. Walnut Creek, CA: AltaMira.

Gordon, D. A. (1995). Culture writing women: Inscribing feminist anthropology. In R. Behar & D. A. Gordon (Eds.), *Women writing culture* (pp. 429 – 441). Berkeley: University of California Press.

Greenblatt, S. (1997). The touch of the real. In S. B. Ortner (Ed.), The fate of "culture": Geertz and beyond [Special issue]. *Representations*, *59*, 14 – 29.

Guba, E. G. (1990). The alternative paradigm dialog. In E. G. Guba (Ed.), *The paradigm dialog* (pp. 17 – 30). Newbury Park, CA: Sage.

Guba, E. G., & Lincoln, Y. S. (1989). *Fourth generation evaluation*. Newbury Park, CA: Sage.

Gupta, A., & Ferguson, J. (Eds.). (1997). Discipline and practice: "The field" as site, method, and location in anthropology. In A. Gupta & J. Ferguson (Eds.), *Anthropological locations: Boundaries and grounds of a field science* (pp. 1 – 46). Berkeley: University of California Press.

Hammersley, M. (1992). *What's wrong with ethnography? Methodological explorations*. London: Routledge.

Hammersley, M. (1999). Not bricolage but boatbuilding: Exploring two metaphors for thinking about ethnography. *Journal of Contemporary Ethnography*, *28*, 574 – 585.

Harper, D. (1987). *Working knowledge: Skill and community in a small shop*. Chicago: University of Chicago Press.

Hooks, B. (1990). *Yearning: Race, gender, and cultural politics*. Boston: South End.

Howe, K. R. (2004). A critique of experimentalism. *Qualitative Inquiry*, *10*, 42 – 61.

Huber, J. (1995). Centennial essay: Institutional perspectives on sociology. *American Journal of Sociology*, *101*, 194 – 216.

Jackson, M. (1998). *Minima ethnographica: Intersubjectivity and the anthropological project*. Chicago: University of Chicago Press.

Jameson, F. (1991). *Postmodernism; or, The cultural logic of late capitalism*. Durham, NC: Duke University Press.

Jones, S. H. (1999). Torch. *Qualitative Inquiry*, *5*, 235 – 250.

Keller, C. M., & Keller, J. D. (1996). *Cognition and tool use: The blacksmith at work*. New York: Cambridge University Press.

Kincheloe, J. L. (2001). Describing the bricolage: Conceptualizing a new rigor in qualitative research. *Qualitative Inquiry*, *7*, 679 – 692.

Ladson-Billings, G. (2000). Socialized discourses and ethnic epistemologies. In N. K. Denzin & Y. S. Lincoln (Eds.), *Handbook of qualitative research* (2nd ed., pp. 257 – 277). Thousand Oaks, CA: Sage.

Lather, P. (1993). Fertile obsession: Validity after poststructuralism. *Sociological Quarterly*, *35*, 673 – 694.

Lather, P. (2004). This is your father's paradigm: Government intrusion and the case of qualitative research in education. *Qualitative Inquiry*, *10*, 15 – 34.

Lather, P., & Smithies, C. (1997). *Troubling the angels: Women living with HIV/AIDS*. Boulder, CO: Westview.

LeCompte, M. D., & Preissle, J. with Tesch, R. (1993). *Ethnography and qualitative design in educational research* (2nd ed.). New York: Academic Press.

Lévi-Strauss, C. (1966). *The savage mind* (2nd ed.). Chicago: University of Chicago Press.

Lincoln, Y. S. (1999, June). *Courage, vulnerability and truth*. Keynote address delivered at the conference "Reclaiming Voice II: Ethnographic Inquiry and Qualitative Research in a Postmodern Age," University of California, Irvine.

Lincoln, Y. S., & Cannella, G. S. (2004a). Dangerous discourses: Methodological conservatism and governmental regimes of truth. *Qualitative Inquiry*, *10*, 5 – 14.

Lincoln, Y. S., & Cannella, G. S. (2004b). Qualitative research, power, and the radical Right. *Qualitative Inquiry*, *10*, 175 – 201.

Lincoln, Y. S., & Guba, E. G. (1985). *Naturalistic inquiry*. Beverly Hills, CA: Sage.

Lincoln, Y. S., & Tierney, W. G. (2004). Qualitative research and institutional review boards. *Qualitative Inquiry*, *10*, 219 – 234.

Lofland, J. (1971). *Analyzing social settings*. Belmont, CA: Wadsworth.

Lofland, J. (1995). Analytic ethnography: Features, failings, and futures. *Journal of Contemporary Ethnography*, *24*, 30 – 67.

Lofland, J., & Lofland, L. H. (1984). *Analyzing social settings: A guide to qualitative observation and analysis* (2nd ed.). Belmont, CA: Wadsworth.

Lofland, J., & Lofland, L. H. (1995). *Analyzing social settings: A guide to qualitative observation and analysis* (3rd ed.). Belmont, CA: Wadsworth.

Lofland, L. H. (1980). The 1969 Blumer-Hughes Talk. *Urban Life and Culture*, *8*, 248 – 260.

Malinowski, B. (1948). *Magic, science and religion, and other essays*. New York: Natural History Press. (Original work published 1916)

Malinowski, B. (1967). *A diary in the strict sense of the term* (N. Guterman, Trans.). New York: Harcourt, Brace & World.

Marcus, G. E., & Fischer, M. M. J. (1986). *Anthropology as cultural critique: An experimental moment in the human sciences*. Chicago: University of Chicago Press.

Maxwell, J. A. (2004). Reemergent scientism, postmodernism, and dialogue across differences. *Qualitative Inquiry*, *10*, 35 – 41.

Monaco, J. (1981). *How to read a film: The art, technology, language, history and theory of film* (Rev. ed.). New York: Oxford University Press.

Nelson, C., Treichler, P. A., & Grossberg, L. (1992). Cultural studies: An introduction. In L. Grossberg, C. Nelson, & P. A. Treichler (Eds.), *Cultural studies* (pp. 1 – 16). New York: Routledge.

Ortner, S. B. (1997). *Introduction*. In S. B. Ortner (Ed.), The fate of "culture": Geertz and beyond [Special issue]. *Representations*, 59, 1 – 13.

Pelias, R. J. (2004). *A methodology of the heart: Evoking academic and daily life*. Walnut Creek, CA: AltaMira.

Plath, D. W. (1990). Fieldnotes, filed notes, and the conferring of note. In R. Sanjek (Ed.), *Fieldnotes: The makings of anthropology* (pp. 371 – 384). Ithaca, NY: Cornell University Press.

Popkewitz, T. S. (2004). Is the National Research Council committee's report on scientific research in education scientific? On trusting the manifesto. *Qualitative Inquiry*, 10, 62 – 78.

Richardson, L. (1997). *Fields of play: Constructing an academic life*. New Brunswick, NJ: Rutgers University Press.

Richardson, L. (2000). Writing: A method of inquiry. In N. K. Denzin & Y. S. Lincoln (Eds.), *Handbook of qualitative research* (2nd ed., pp. 923 – 948). Thousand Oaks, CA: Sage.

Richardson, L., & Lockridge, E. (2004). *Travels with Ernest: Crossing the literary/sociological divide*. Walnut Creek, CA: AltaMira.

Roffman, P., & Purdy, J. (1981). *The Hollywood social problem film*. Bloomington: Indiana University Press.

Ronai, C. R. (1998). Sketching with Derrida: An ethnography of a researcher/erotic dancer. *Qualitative Inquiry*, 4, 405 – 420.

Rosaldo, R. (1989). *Culture and truth: The remaking of social analysis*. Boston: Beacon.

Ryan, G. W., & Bernard, H. R. (2000). Data management and analysis methods. In N. K. Denzin & Y. S. Lincoln (Eds.), *Handbook of qualitative research* (2nd ed., pp. 769 – 802). Thousand Oaks, CA: Sage.

Ryan, K. E., & Hood, L. K. (2004). Guarding the castle and opening the gates. *Qualitative Inquiry*, 10, 79 – 95.

Sanjek, R. (1990). On ethnographic validity. In R. Sanjek (Ed.), *Fieldnotes: The makings of anthropology* (pp. 385 – 418). Ithaca, NY: Cornell University Press.

Schwandt, T. A. (1997a). *Qualitative inquiry: A dictionary of terms*. Thousand Oaks, CA: Sage.

Schwandt, T. A. (1997b). Textual gymnastics, ethics and angst. In W. G. Tierney & Y. S. Lincoln (Eds.), *Representation and the text: Re-framing the narrative voice* (pp. 305 – 311). Albany: State University of New York Press.

Schwandt, T. A. (2000). Three epistemological stances for qualitative inquiry: Interpretivism, hermeneutics, and social constructionism. In N. K. Denzin & Y. S. Lincoln (Eds.),

Handbook of qualitative research (2nd ed., pp. 189 - 213). Thousand Oaks, CA: Sage.

Seale, C., Gobo, G., Gubrium, J. F., & Silverman, D. (2004). Introduction: Inside qualitative research. In C. Seale, G. Gobo, J. F. Gubrium, & D. Silverman (Eds.), *Qualitative research practice* (pp. 1 - 11). London: Sage.

Semali, L. M., & Kincheloe, J. L. (1999). Introduction: What is indigenous knowledge and why should we study it? In L. M. Semali & J. L. Kincheloe (Eds.), *What is indigenous knowledge? Voices from the academy* (pp. 3 - 57). New York: Falmer.

Silverman, D. (1997). Towards an aesthetics of research. In D. Silverman (Ed.), *Qualitative research: Theory, method and practice* (pp. 239 - 253). London: Sage.

Smith, A. D. (1993). *Fires in the mirror: Crown Heights, Brooklyn, and other identities*. New York: Anchor.

Smith, J. K., & Deemer, D. K. (2000). The problem of criteria in the age of relativism. In N. K. Denzin & Y. S. Lincoln (Eds.), *Handbook of qualitative research* (2nd ed., pp. 877 - 896). Thousand Oaks, CA: Sage.

Smith, L. T. (1999). *Decolonizing methodologies: Research and indigenous peoples*. Dunedin, New Zealand: University of Otago Press.

Snow, D., & Morrill, C. (1995). Ironies, puzzles, and contradictions in Denzin and Lincoln's vision of qualitative research. *Journal of Contemporary Ethnography, 22*, 358 - 362.

Spindler, G., & Spindler, L. (1992). Cultural process and ethnography: An anthropological perspective. In M. D. LeCompte, W. L. Millroy, & J. Preissle (Eds.), *The handbook of qualitative research in education* (pp. 53 - 92). New York: Academic Press.

St. Pierre, E. A. (2004). Refusing alternatives: A science of contestation. *Qualitative Inquiry, 10*, 130 - 139.

Stocking, G. W., Jr. (1986). Anthropology and the science of the irrational: Malinowski's encounter with Freudian psychoanalysis. In G. W. Stocking, Jr. (Ed.), *Malinowski, Rivers, Benedict and others: Essays on culture and personality* (pp. 13 - 49). Madison: University of Wisconsin Press.

Stocking, G. W., Jr. (1989). The ethnographic sensibility of the 1920s and the dualism of the anthropological tradition. In G. W. Stocking, Jr. (Ed.), *Romantic motives: Essays on anthropological sensibility* (pp. 208 - 276). Madison: University of Wisconsin Press.

Stoller, P., & Olkes, C. (1987). *In sorcery's shadow: A memoir of apprenticeship among the Songhay of Niger*. Chicago: University of Chicago Press.

Strauss, A. L., & Corbin, J. (1998). *Basics of qualitative research: Techniques and procedures for developing grounded theory* (2nd ed.). Thousand Oaks, CA: Sage.

Taylor, S. J., & Bogdan, R. (1998). *Introduction to qualitative research methods: A guidebook and resource* (3rd ed.). New York: John Wiley.

Teddlie, C., & Tashakkori, A. (2003). Major issues and controversies in the use of mixed methods in the social and behavioral sciences. In A. Tashakkori & C. Teddlie (Eds.), *Handbook of mixed methods in social and behavioral research* (pp. 3 - 50). Thousand Oaks, CA: Sage.

Tierney, W. G. (2000). Undaunted courage: Life history and the postmodern challenge. In N. K. Denzin & Y. S. Lincoln (Eds.), *Handbook of qualitative research* (2nd ed., pp. 537 – 553). Thousand Oaks, CA: Sage.

Trujillo, N. (2004). *In search of Naunny's grave: Age, class, gender, and ethnicity in an American family*. Walnut Creek, CA: AltaMira.

Turner, V., & Bruner, E. (Eds.). (1986). *The anthropology of experience*. Urbana: University of Illinois Press.

Van Maanen, J. (1988). *Tales of the field: On writing ethnography*. Chicago: University of Chicago Press.

Vidich, A. J., & Lyman, S. M. (1994). Qualitative methods: Their history in sociology and anthropology. In N. K. Denzin & Y. S. Lincoln (Eds.), *Handbook of qualitative research* (pp. 23 – 59). Thousand Oaks, CA: Sage.

Vidich, A. J., & Lyman, S. M. (2000). Qualitative methods: Their history in sociology and anthropology. In N. K. Denzin & Y. S. Lincoln (Eds.), *Handbook of qualitative research* (2nd ed., pp. 37 – 84). Thousand Oaks, CA: Sage.

Vygotsky, L. S. (1978). *Mind in society*. Cambridge, MA: Harvard University Press.

Weinstein, D., & Weinstein, M. (1991). Georg Simmel: Sociological flaneur bricoleur. *Theory, Culture & Society, 8*, 151 – 168.

Weinstein, M. (2004). Randomized design and the myth of certain knowledge: Guinea pig narratives and cultural critique. *Qualitative Inquiry, 10*, 246 – 260.

West, C. (1989). *The American evasion of philosophy: A genealogy of pragmatism*. Madison: University of Wisconsin Press.

Wolcott, H. F. (1990). *Writing up qualitative research*. Newbury Park, CA: Sage.

Wolcott, H. F. (1992). Posturing in qualitative inquiry. In M. D. LeCompte, W. L. Millroy, & J. Preissle (Eds.), *The handbook of qualitative research in education* (pp. 3 – 52). New York: Academic Press.

Wolcott, H. F. (1995). *The art of field work*. Walnut Creek, CA: AltaMira.

Wolf, M. A. (1992). *A thrice-told tale: Feminism, postmodernism, and ethnographic responsibility*. Stanford, CA: Stanford University Press.

质化研究的性质：发展和视角[①]

(*The Nature of Qualitative Research: Development and Perspectives*)

伊米·霍洛维(Immy Holloway)

斯蒂芬妮·惠勒(Stephanie Wheeler)

本文试图追溯质化研究的背景、发展历程及其主要特征，同时也着眼于一些认识论和方法论议题，旨在为理论和方法语境融入更具实用性和实践性的内容。

质化研究是社会调查的一种形式，着眼于人们对自身经历及其生活世界的解释和理解。用保罗·阿特金森(Paul Atkinson)、阿曼达·科菲(Amanda Coffey)、萨拉·德拉蒙特(Sara Delamont)等人的话来说，它是一种"伞式术语"(Atkinson, Coffey & Delamont, 2001, p. 7)，[②]诸多不同研究方法存在于此类研究的宽泛框架内，其中多数有着共同目标：理解个体、群体和文化的社会现实。研究者运用质化研究方法来探究人们的行为、观点、感受和经历，把握他们生活的核心。具体而言，民族志学者关注的是文化和习俗，扎根理论学者则探求社会过程及其互动；与此同时，现象学家在思考经验的意义，并试图描述人们的生活世界。在探索变革或冲突的过程中，质化研究方法同样行之有效，其基础是关于社会现实的解释方法，以及对人类生活经验的描述。

一、质化研究和量化研究方法：基本哲理

社会探究可以通过不同方法进行，研究者需要做的就是在各种研究方法中

---

① 本译文为删减版，文章来源：Holloway, I., & Wheeler, S. (2002). Qualitative Research in Nursing (2nd ed., pp. 3 – 25). Blackwell Science Ltd.

② 译者注：雨伞术语或伞式术语(umbrella term)是一种比喻，表示此术语是涵盖几个术语的集合概念，或称为概括性术语、术语集术语和总术语。

做出选择。尽管这些选择常基于现实,但他们也必须理解所依据的哲学内涵。

最初的选择并不容易。探究社会的方法不仅包括抽样、数据收集和分析等程序,也基于对世界和知识本质的特定想法。这些想法有时反映出人们认知社会现实时存在的冲突及对立性观点,其中一些对社会世界的态度涉及现实和存在的本质,即"本体论",由此产生关于知识的基本假说。认识论是关于知识的理论,关注的是何为有效知识的问题。方法论则指探究者用以支撑其研究程序和策略的原则和理念。

社会研究基础由几种假设构成,它们通常被称为实证主义和解释主义范式(Bryman,2001)。不同社会科学流派间的冲突由来已久。实证主义重点关注的是自然科学方法,这一方法已成为早期社会科学(如心理学和社会学)遵循的模式;解释主义强调的是人类不同于物质世界,人与物之间的区别应反映在调查方法中。质化研究(解释主义)对自然科学模式持批判态度,许多研究者持"分离主义"的立场,并坚信质化研究和量化研究的世界观完全不相容,拒绝将两者混为一谈(Murphy & Dingwall,2001)。

纵使阿特金森已明确指出,将实证方法与质化方法简化为两极并不可取,但社会科学家们仍在进行范式之争(Atkinson,1995)。阿特金森着重批判了对"范式"概念的使用与"范式心态"。尽管如此,质化研究者仍在捍卫他们的方法,并倾向于反对其他方法。事实上,他们常与其所指责的量化研究者走同样的道路,即对其他方法持批判态度,对自己的观点却不予批判。

描述和追溯思想的发展历程极为重要,这将有助于新的研究者区分不同方法的本质。

1. 自然科学模式:实证主义、客观主义或价值中立

自19世纪起,量化研究就成为社会和行为研究中的首选方法,其源于实证主义和早期自然科学范式,在19—20世纪上半叶对社会科学产生深远影响。

实证主义是一种研究科学的路径,基于对普遍规律的坚信和对客观主义的坚守(Thompson,1995)。实证主义者通过检验理论和假说来追随自然科学方法,此方法(尤其是物理科学)滥觞于17—19世纪。法国哲学家奥古斯特·孔德(Auguste Comte)提出"实证主义"和"社会学"的概念,并建议新兴的社会科学必须采纳自然科学的研究方法,以同样方式开展研究。

这类研究的特点之一是追求客观性,保持研究者和研究对象间的距离以避免产生偏见。研究者试图寻找模式和规律,相信人类行为中存在普遍性规律、规则或类似于法则般的通则。他们认为,研究结果适用于所有类似情况,并可根据

这些规律来预测行为。即使在当下,许多研究者依然认为数值测量、统计分析、寻找原因和效果是所有研究的核心;坚持超然态度和客观性是可能的,数值测量的结果就是客观知识。在这种实证主义方法中,研究者控制理论框架、抽样框架和研究结构,探索因果关系,并关注预测和控制。

卡尔·波普尔(Karl Popper)宣称"可证伪性"是科学的主要标准。[①] 研究者提出一个假设并对其进行检验。科学家们可以批驳假设或证伪假设(Popper,1959)。当异常出现时,假设即可证伪,不断出现的新数据随时有可能推翻这种"暂时"的知识。也有人对波普尔的观点持批判态度(Feyerabend,1993),在此不展开讨论。[②] 实证路径从理论视角出发,在研究开始前通常(但不总是)会提出假设,所采用的科学模式是假设演绎法(hypothetico-deductive)——从一般到具体,主要目的是检验理论。这种方法的风险在于,研究者有时会将对社会世界的认知视为客观或绝对的,而忽视对日常生活的主观解释和研究语境。

19世纪的实证主义者认为,通过严格的观察和实验方法,科学知识是可以被证明的,且人们通过感官获取知识。阿兰·查尔默斯(Alan Chalmers)反对"知识仅源于感官认知"这一简单观点:即使都是自然科学家,如生物学家和物理学家,他们未必能就"什么是科学"达成一致,而是采用各自不同的科学方法(Chalmers,1999)。社会科学家亦如此,他们对科学的本质有着差异化理解,运用的研究方法也不尽相同。科学知识难以被证明,且不仅仅源于感官判断力。对于科学家而言,追求客观性可能是徒劳,因为其自身偏见和经验可能会干扰他们。无论是自然科学还是社会科学,都不可能"价值无涉",换言之,它不可能完全客观,因为研究者的价值观和背景会影响研究。

---

① 译者注:波普尔的哲学体系重点在于批判的理性主义,这与经典的经验主义及其观测—归纳法泾渭分明。波普尔尤其反对观测—归纳法,他认为科学理论并不普世,只能作为间接的评测方式。同时,科学理论和人类所能掌握到的一切知识不过是推测和假想。人在解决问题的过程中不可避免地会掺入想象力和创造性,好让问题能在一定历史、文化框架中得到解答。人们只能依靠仅有的数据来树立科学理论,也不可能有足够多的实验数据能证明某条科学理论是绝对无误的。这一"可错性"原则所推演出的"真伪不对称性"("真"不能被证明,只有"伪"可以被证明)是波普尔哲学思想的核心。

② 译者注:保罗·费耶阿本德(Paul Feyerabend)是美国当代著名科学哲学家,他致力于维护和论证相对主义、非理性主义和反科学主义,提倡认识论无政府主义。因其观点趋于极端,故被认为是当代科学哲学中的最大异端。在20世纪50年代,费耶阿本德主要遵循波普尔的理论,即批判逻辑实证主义的方法论。他关于理论思维的作用,形而上学观念在认识中的作用,以及经验的批判力量依赖于理论竞争的思想,也对波普尔本人及其学派产生较大影响。20世纪50年代末期,他的立场转向批判波普尔,此后言辞更加犀利,态度日益激进,批判一切建立理论合理性的依据,以及科学知识进步的合理性理论。

2. 范式争论

在20世纪60年代,传统科学观的目的和方法受到了自然科学家和社会科学家的批判。生物学、心理学等学科内的新进化立场超越了简单的实证主义路径。质化研究者走得更远。例如,林肯和埃贡·古巴(Egon Guba)认为,按照托马斯·库恩(Thomas Kuhn)的观点,范式转型已然发生(Lincoln & Guba, 1990;Kuhn, 1970)。

库恩的思想深刻影响了这场范式论战。他认为,"规范科学"及其学术共同体经历了一系列阻碍其发展的危机。早期的科学方法遭遇质疑,新的方法被采纳;某些理论和哲学预设被另一套更优的假设所替代。最终,某一科学世界观将被另一个所取代。尽管库恩的大量论著是关于自然科学的,但其他学者也将范式转型应用于社会科学。库恩对"范式"的定义是"由特定共同体成员所共享的一系列信仰、价值、技巧等"。(Kuhn, 1970, p. 162)

因此,范式由"理论思想"和"技术环节"两部分构成,有其自身语言和专业术语,根植于特定的世界观,但库恩的观点也备受质疑(Fuller, 2000)。本文在此不赘述。

如今的社会学者常宣称:社会科学领域的"范式转型"(如库思所言)已经发生,其整体世界观与新范式紧密相关。他们抨击实证主义立场,认为其强调社会现实"在那里",独立于研究对象的客观现实是难以把握的。量化研究的任何形式都是有用、有价值的,但在质化研究者看来它是有限的,因其忽略了生活语境中参与者的观点。

传统方法的控制条件有时会限制实际应用。因为此类研究并不总是或轻易回答关于人类境况本质的复杂问题,使用这些方法的研究者们本质上并不关心人际互动或情感、思想和认知,他们关注的是事实、可测量的行为和因果关系。

即使自然科学家们曾批评过机械论的自然科学观,一些社会学家也开始认为世界是由社会构成并界定的,但这并不意味着出现了一场关于新范式的所谓"科学革命"。阿特金森与莎利·索恩(Sally Thorne)、雪莉·莱默·柯克姆(Sheryl Reimer-Kirkham)和安吉拉·亨德森(Angela Henderson)等学者都对"范式转型"的概念提出了质疑,认为这种争论是对复杂议题的简化(Atkinson, 1995;Thorne, Kirkham & Henderson, 1999)。

3. 解释性/描述性方法

解释性或解释主义模式、描述性研究根植于哲学和人类科学,尤其是历史、哲学和人类学,其方法论的核心是人类如何理解自己的主观现实并赋予其意义。社会科学家并不将人视为孤立存在的实体，而是在其整体生活的语境中探索他们的世界。持有此种世界观的研究者相信，理解人类经验与解释、预测和控制同样重要。解释性/描述性模式由来已久，与以威廉·狄尔泰（Wilhelm Dilthey）为代表人物的哲学、以马克斯·韦伯（Max Weber）为代表人物的社会学和以乔治·赫伯特·米德（George Herbert Mead）为代表人物的社会心理学均有渊源。

解释主义的观点可与韦伯的"领会"（verstehen）方法相联系。哲学家和历史学家（如狄尔泰）认为，社会科学不必模仿自然科学，相反，他们需要强调感同身受的移情理解。社会科学中的理解在本质上不同于自然科学中的解释。韦伯深刻洞悉 19 世纪存在的两种方法，他的"领会"并非是心理学意义上直觉和无意识感受，而是在语境中理解事物（这一概念包含移情元素），是对他人行为的反思性重构和解释。韦伯认为，社会科学家应关注对人类的解释性理解，这样可以在个体的意图和目标中发现意义。

韦伯指出，社会科学中的理解（understanding）与自然科学中的解释（explanation）本质上是不同的。他区分了后者所使用的律则式、受规则制约的方法与前者所使用的具体化方法间的不同，发现社会科学与自然的普遍法则间并无关系，而与人类行为有关。韦伯相信，数值测量只属于量化研究的范畴，而社会科学关注的则是质化。他建议在开展研究时，将群体意义上的"人"视为生动的个体，并尽力通过倾听和观察来获得经验和认知。尽管韦伯并未对早期质化研究产生直接影响（Platt，1985），甚至与一些社会科学家的信仰背道而驰，但他确实影响了社会学家阿尔弗雷德·舒茨（Alfred Schutz）、常人方法论和后来的作家诺曼·肯特·邓津（Norman Kent Denzin）与玛丽·道格拉斯（Mary Douglas）。通过影响这些社会学家，韦伯的思想形塑了质化视角。社会学家进一步发展了源于 20 世纪初米德、韦伯、舒茨等人的著作中的诠释维度。作为一种质化研究路径，现象学的根基是 19 世纪和 20 世纪初的哲学，尤其是数学家兼哲学家胡塞尔的思想，[①]以及专注于意义的本体论问题和生活体验的海德格尔的思想。[②]

质化研究者声称，人的经验本质上受到情境的束缚，即人们无法摆脱时间地点或者行动者思维的限制。研究者必须了解世界是被社会建构的本质，并认识

---

① 译者注：胡塞尔（Husserl，1859—1938）是德国哲学家、20 世纪现象学学派创始人。
② 译者注：海德格尔（Heidegger，1889—1976）是德国哲学家，20 世纪存在主义哲学的创始人和主要代表，代表作品《存在与时间》（SEIN UND ZEIT）。

到价值观和喜好也是研究过程中的一部分。纯粹的客观和中立是不可能实现的，研究者和参与者的价值观也可能成为研究的组成部分之一（Smith，1983）。换言之，研究者无法脱离环境，因为研究者是研究过程中的主要"工具"，所以他们必须考虑到自己在特定环境和情境中所处的位置，也就意味着研究者需要具有反身性。语言本身受语境制约，这取决于研究者和信息提供者的价值观与社会位置。此研究中参与者的研究关系、历史和地理位置与彼研究中的并不相同，因此想要细致入微地复制一项研究是不可能的。

　　由于人类行为并不总是有逻辑或可预见，质化研究方法并不十分精确。在整个研究过程中，质化研究者都需要向参与者寻求指引、控制和方向。结构和秩序对于研究的科学性而言固然重要，但社会世界并非总是井然有序或条理分明的，因此，以一种结构化和系统化的方式来推进研究就变得愈发重要。

二、质化研究的历史背景

　　质化研究根植于人类学、哲学和社会学。虽然质化研究很早就以一种非结构化的形式出现，但直至 20 世纪初才作为一种调查方法被人类学家和社会学家使用。研究者此前一直试图了解本土和异域情境中的不同文化和群体，并讲述他们自身经历的故事。19 世纪二三十年代的社会人类学家，如马林诺夫斯基和米德，以及芝加哥学派的社会学家（如罗伯特·帕克［Robert Park］和欧内斯特·伯吉斯［Ernest Burgess］）则采用更有针对性的方法（Malinowski，1922；Mead，1935；Park & Burgess，1925）。但相对而言，当时的质化研究缺乏系统性，产出的都是近似于新闻的作品（现在看来大部分是不科学的）。他们的研究报告来自田野，即研究者所探究的自然场景——国外的或他们自身所处城市的贫民窟和街角；在田野里，研究者通过观察和交流来了解考察对象的生活。

　　自 20 世纪 60 年代以来，随着符号互动论的出现（Becker，Geer，Hughes & Strauss，1961）和扎根理论的发展（Glaser & Strauss，1967），质化研究稳步发展。费尔斯泰德编写了一卷有关质化研究的读本（Filstead，1970）。民族志著作，如詹姆斯·斯普拉德利（James Spradley）的作品，也推动了此类方法的发展（Spradley，1979，1980）。由于缺乏严谨性，早期类似撰写新闻稿的方法被学界废弃。在心理现象学方面，阿米多·乔吉（Amedeo Giorgi）和保罗·科拉伊奇（Paul Colaizzi）等人基于胡塞尔的思想发展了现象学的研究方法（Giorgi，1985；Colaizzi，1978）。

　　诸多研究源于北美。1978 年，《质化社会学》（*Qualitative Sociology*）杂志

首次出版；1988 年，《教育质化研究国际学刊》(*International Journal for Qualitative Studies in Education*)创刊；1994 年，邓津和林肯编辑出版了《质化研究手册》(*Handbook of Qualitative Research*)，并于 2000 年再版。在 20 世纪七八十年代的英国，质化研究首先被运用于教育社会学领域，而后逐渐在各个领域风靡(Delamont，1976；Burgess，1985；Hammersley & Atkinson，1995)。

在尼格尔·尼克尔森(Nigel Nicholson)向英国心理学会的科学事务委员会提交了一份敦促其更广泛地应用质化研究的报告后，英国心理学家的注意力开始转向质化研究(Nicholson，1991；Richardson，1996)。1994 年，英国出现了第一本关于质化心理研究的重要通俗读物(Banister，Bruman，Parker，Taylor & Tindall，1994)；20 世纪 80 年代起就陆续出版了关于心理学研究方法论(如话语分析)的书籍(Potter & Wetherell，1987；Potter，1996)；英国心理学会杂志《心理学家》(*The Psychologist*)的一期特刊专门讨论了质化研究；乔纳森·史密斯(Jonathan Smith)等人和理查德森撰写的文章，也都是围绕着质化研究的理论和实践两个方面进行讨论的(Smith J. & Van Langehove，1995；Richardson，1996)。

使用这些方法的研究者并不总是使用"质化研究"一词，往往会采用其他概念。有些人称其为自然式调查(naturalistic inquiry)(Lincoln & Guba，1985)、田野研究(field research)(Burgess，1984；Delamont，1992)、案例研究法(case study approach)(Stake，1995；Travers，2001)和解释研究(interpretive research)(Bryman，2001)等。马丁·哈默斯利(Martin Hammersley)和阿特金森等研究者则主张用"民族志"一词统摄质化研究(Hammersley & Atkinson，1995，p. 2)。后者明确指出了民族志与其他质化研究间缺乏严格区分，并强调质化研究方法既具有多样性，又具有认识论和方法论上的相似性。尽管这些差异可能很重要，但有时难以捕捉(Creswell，1998)。无论如何，所有的质化研究都注重人类的生活体验、互动和语言。

方法论是思想和理论的基本原理与框架，决定了研究采纳的路径、方法和策略。质化研究者选择多种路径和程序来实现他们的目标，包括民族志、扎根理论、现象学、会话分析、话语分析及合作探究(cooperative inquiry)。某些形式的社会调查(如行动研究、女性主义路径)通常也会采用质化研究方法。

三、质化研究的目标和特点

尽管在资料收集和分析方面存在差异，但不同类型的质化研究亦具有共性，并使用相似的程序。多数质化方法的组成元素如下。

（1）资料的首要性,理论框架直接源于资料,而非预先设定;

（2）质化研究与语境密切相连,研究者须具备对语境的敏感性;

（3）研究者沉浸在研究对象所生活的自然情境中,探究这些人的所思所想及感受;

（4）质化研究者注重主位视角,关注参与者的观点、意义和解释;

（5）质化研究者运用"深描"进行描述、分析和解释;

（6）研究者与被研究者之间关系密切、彼此平等;

（7）资料收集和分析通常同时进行,在某些形式的质化研究中相互作用。

1. 资料的首要性

研究者通常以了解他人为目的,他们在参与者身边收集丰富而深入的资料,这些资料可能成为理论研究的依据。研究者和参与者间的互动深化了对经验的理解并推动概念的生成———一种"研究行为"的产物(Denzin, 1989b)。资料本身会产生新的理论观点,并有助于修正既有理论或揭示现象的本质。这意味着无法在研究开始前就严格制订研究计划。在其他类型的研究中,假定和理论形成了可供检验的假设,抽样框架是强加的;在质化研究中,资料具有优先性,研究项目的理论框架不是预先设定的,而基于获取的资料。

这类似于社会科学的归纳法(至少最初如此)。研究者从具体走向一般,从资料走向理论或描述。他们不强加观点或遵循假设,而是描述参与者眼中的现实;必须毫无偏见,尽管难免会预测某些可能的发现(尤其当置身于熟悉的情境时)。

虽然有些质化研究关注"理论生成"(Glaser & Strauss, 1967),但大部分研究者并无法做到;另一些学者(如现象学家)则无意于此,他们通常专注于现象,对参与者的亲身经历进行叙述或解释,描述所研究现象的特征与结构(Tesch, 1991, p. 22);质化研究不是静态的,而是发展、动态的,其过程与结果同样重要。

2. 把握语境

研究者必须对语境体察入微,将自身融入环境和情境中。参与者的生活或工作语境影响着他们的行为,因此研究者必须意识到参与者的生活的全部语境(收集资料的环境、地点、时间和过程)都不容被轻视。事件和行为是在"现实生活"场景中发生的,尊重研究所处的语境和文化非常重要。如果研究者了解语境,他们就可以探明个体行为和观念,并领悟他们所传达的意义。就广义而言,语境包括经济、政治和文化框架。

3. 融入情境

质化研究者采用观察、提问和聆听等策略,将自己沉浸在参与者的世界中,以期形成一种关于文化的描述(Hammersley & Atkinson, 1995)。沉浸其中有助于质化研究者关注过程,即人与人之间的互动,以及他们建构或改变规则和情况的方式。质化研究可以追踪参与者所感知的一段时间内的进程与发展。

为理解参与者的生活经历,研究者需要熟悉他们的世界。专业人士在进行研究时,往往是其探究环境的一部分并对环境有深入了解,但熟悉也意味着他们可能会遗漏重要问题或思考。为更好研究参与者的世界,研究者不能想当然地对这个世界加以揣测,而应质疑自己的主观猜测,像一位"懵懂无知"的初来乍到者一般观察环境,"使熟悉变陌生"。① 融入其中可能意味着要与信息提供者一起参加聚会或与其有关的论坛,逐渐熟悉其他类似的情境,阅读相关文献或观察环境中的互动。这甚至可以在正式资料收集阶段开始前就着手进行,但也意味着研究者已将自己沉浸于所考察的文化环境中。

大多数质化研究探讨的是互动模式,即寻求关于一个群体/一种文化的知识,或者探索个体的生活世界。在临床社会护理或教育情境中,它可能是专业人士与当事人/亲属之间的互动,也可能是同事之间的互动。这就意味着聆听他人并试图从他者的角度看世界。此种研究既可宏观也可微观,例如,它可能发生在一间病房、一间教室、一户人家、一个接待区中,甚至是整个社区中。文化不仅包含物理环境,还包括特定的意识形态、价值观和成员的思维方式,研究者需要敏锐把握所见所闻并予以描述或解释。人类会受其生活经验的影响,因此质化方法涵盖了研究中文化或亚文化随时间推移而产生的变化及其发展过程。

4. "主位"视角

质化方法与社会现实的主观性紧密相连,它们从参与者的视角出发进行洞察,使研究者能够像研究对象那样认知事物,即质化研究探索的是"局内人"的观点。人类学家和语言学家称之为"主位"视角(Harris, 1976),这个词最初由语言学家肯尼斯·派克(Kenneth Pike)提出,意味着研究者试图审视考察对象的生活经历、感受和看法,而不是强加一个可能会扭曲参与者想法的框架(Pike, 1954)。这一视角揭示出"人们赋予其经历的意义,以及他们用以诠释自身的方式",尽管研究者在寻找过程和互动模式,或所研究现象的不变成分时,不应将意义简化为参与者纯粹的主观描述。

---

① 德拉蒙特和阿特金森将他们 1995 年出版的书命名为《与熟悉抗争》(*Fighting Familiarity*)。

鉴于此,质化研究的前提是:自身语言是个体用以描述环境与感受的最佳选择。虽然个体的意思可能被表述得不甚清晰或模棱两可,想法也并非固定;社会世界也不会凝固在某一特定时刻或情境中,而是动态变化的。通过倾听并观察人们的叙述,研究者试图理解参与者弄清自身行为意义的过程和控制其行为的规则。从信息提供者的意图和动机出发,研究者由此觅得通向他们所经历的社会现实的路径。尽管个体提供的信息是他们对一个事件或行为的解释,但由于研究者希望发现的是人们对现实的自我定义,因而这些信息都是有效的。并且,他们不能总是依赖参与者的描述,而要将这些言行视为潜在意义的反映。质化研究方法要求"移情理解",即研究者必须从参与者的角度审视环境、事件及行动,避免使用研究者自己的视角。

当然,研究者可以通过观察参与者的行为或言辞进行理论推断,他们的观点是"客位视角",即局外人的看法(Harris,1976)。研究者通过经验和观察接近参与者的世界,对其意义进行解释,或识别和描述现象。这类研究被认为是在赋权参与者,因为他们不仅能回应研究者的问题,还拥有发言权并可指导研究。鉴于此,通常称被研究者为参与者或合作者,而不只是研究对象。研究者与信息提供者间必须建立信任关系;亲密关系的建立和研究者对信息提供者境遇的深刻理解将会使得谎言无处遁形。

5. 深描

深入情境有助于研究者进行"深描"(Geertz,1973),它涉及对参与者生活经历的详细描述,超越了对表层现象的记录,而成为揭示他们感受和行为意义的解释。深描源于资料和语境,研究者的任务是描述地点和人物,提供环境、事件和情境的直观图片,以及语境中的个体对其感知和想法的逐字叙述。

对环境或讨论的描述应当是翔实的,这意味着写作者需要生动详细地描述一切。邓津(Denzin,1989a,p.83)将"深描"定义为:对非亲身经历的问题进行深入、丰富、细致的描述……展现细节、语境、情感及人际社会关系网络。除了事实性描述外,深描还包括理论和分析性描述;瓦莱丽·简尼斯克(Valerie Janesick)宣称,描述是"质化研究的基石"(Janesick,1994,p.216);深描与现象学研究术语"详尽描述"相关(Colaizzi,1978);施特劳斯和科宾进一步指出,质化研究的方法之一(扎根理论)强调的是概念化而非描述(Strauss & Corbin,1994)。

深描也赋予了阅读者以积极性,因为研究者同阅读者分享了他们关于这项研究的知识。通过对文化、语境和研究过程的清晰描述,读者可以跟随研究者的探究路径,在研究分析中共享对现实的构建,并得出相似结论(Erlandson et al.,1993)。这就向故事读者表明,他们的阅读体验如同参与者一样身处其境,由此产生移情和体验式理解。

质化研究者是讲故事的人。虽然资料收集和分析讲究系统性和逻辑性,但写作者是借助清晰明了的故事形式来呈现研究结果和讨论的。

6. 研究关系

为获取参与者的真实想法和感受,研究者通常对参与者的想法和言辞采取不加评判的态度。这在访谈中尤为重要。聆听者在此情境中成为学习者,信息提供者则成为老师,并被鼓励进行反思。融洽并不代表亲密关系或深厚友谊(Spradley,1979),但它确实有利于协商和思想交流。这种融洽与信任进一步增强了参与者对研究的兴趣,因为他们可以就研究的各个方面提出问题。协商不是一劳永逸的事情,而是一个持续性的过程。

研究者应尽可能开诚布公地回答有关项目性质的问题,避免在研究中产生偏见。有趣的是,学术书籍和文章对于研究者和信息提供者之间的关系给出的建议各不相同。迈克尔·奎因·帕顿(Michael Quinn Patton)等认为,两者须保持一定距离(Patton,1990);以维里娜·威尔德(Verina Wilde)为代表的另一派则持不同意见,认为研究者的参与和自我披露有助于参与者披露与分享经验(Wilde,1992)。关键在于,参与者需要意识到,研究者同自己一样也有类似的人生经历并能感同身受。研究者与信息提供者会面的主要目的是获取知识、增进了解。

7. 冲突还是互补

一些社会学家认为,质化与量化方法只是根据研究问题的差异而采用的不同研究方法(Bryman,2001)。另一些人则认为不同方法基于不同的认识论,它们互不相容、相互排斥(Leininger,1992;Lincoln & Guba,1985;Denzin & Lincoln,2000)。研究者对方法的选择取决于他们自身的认识论立场。西尔弗曼声称,不存在学派的优劣,分歧与对立不会带来有益的论辩,因为两者同样行之有效(Silverman,2001)。

许多社会学家、心理学家和医学专家按照实证主义传统开展工作,而在诸如健康、教育和社会工作领域,质化研究蔚然成风。或许有人会认为,质化研究是一条探究人类思想、认知和行为的路径,并非新的或单线性的,但回答了源于传统研究方法的不同问题。

实证主义者和社会研究中的解释性/描述性视角根植于对社会现实的不同

假设。早期实证主义基于"现实独立于个体而存在"的信仰;同时,采用新研究方法的人则声称社会现实是被建构的,无法脱离人们的创造,尽管他们可能也承认有一个外在现实的存在。

安·奥克利(Ann Oakley)指出,质化研究者有时会对"实证主义"一词提出质疑,她反对这种做法,也批评那些忽视实验和其他形式量化研究的研究者(Oakley,2000)。她坚称,质化方法和量化方法均有用武之地。在任何情况下,这两个术语都不是绝对的,因为质化研究会使用数据,量化研究也会包含对质的测量。此外,无论是质化研究还是量化研究,都可以在实证或非实证主义的框架、目标或方向下进行。迈克尔·克罗蒂(Michael Crotty)认为,"这是实证主义和非实证主义间的对立,而非质化和量化的问题"(Crotty,1998,p. 41)。对于方法论的争论往往被过度简化。

阿兰·布莱曼(Alan Bryman)认为,质化研究的盛行最初是出于研究者对量化研究的不满。在许多研究者看来,后者无法回答他们感兴趣的重要问题(Bryman,2001)。

主要方法之间确实存在明显差异,表 1 列出了质化和量化方法及程序的一些区别。

表 1　质化研究与量化研究的区别

	质 化 研 究	量 化 研 究
目标	探索参与者的经历和生活世界 从资料中理解和建构理论	探究因果解释 验证假设、预测及控制
方法	广泛关注 注重过程 与语境密切相连,主要是自然情境 接近资料	有限关注 注重结果 不受语境束缚,通常是人工或实验情境
抽样	参与者、信息提供者 抽样单位:地点、时间和概念 目的性抽样、理论性抽样 抽样灵活,在研究过程中不断发展	(问卷)回答者、参与者("研究对象"一词在社会科学领域很受挫) 随机抽样 样本框架在研究开始前已确定
资料/ 数据 收集	非标准化的深度访谈 参与式观察/田野调查 文献、照片和视频	问卷、标准化访谈 结构紧密的观察 文献 随机对照试验

	质　化　研　究	量　化　研　究
分析	主题分析、持续性的比较分析 扎根理论、民族志分析等	统计分析
结果	一个故事、一个民族志、一个理论	可测量的结果
关系	研究者直接参与 研究关系密切	研究者有限介入 研究关系疏远
严谨性	可信赖、真实性 典型性与可转移性	内部/外部有效性、可靠性 普适性

8. 三角互证法

许多研究者认为质化和量化方法可以同时使用,实践中也确实如此。关于"三角互证法"的使用,存在着一场持续性的论争。三角互证是指研究某现象时使用多种方法(资料信源、理论或研究者)的过程,其基本概念源于古希腊数学,现代则将之作为一种检查系统用于地形测量。邓津提出了四种不同类型的三角互证法,即资料的、研究者的、理论的、方法论的三角互证法(Denzin, 1989a)。其中,方法论的三角互证法最为常见。

在资料的三角互证法中,研究者从不同群体、时间和地点中获取资料。例如,在关于住院治疗的研究中,可以从年长和年轻病人的角度进行探讨,还可以询问来自不同地区的人的经历;外科和内科病房也许就是研究地点,入院时间也应被纳入考察——可以比较夜间入院与日间入院的情况。

研究者的三角互证法是指多名研究者参与研究。这种方法少见于学生项目、毕业论文或一般论文,但一些知名研究者曾对此有所应用,例如,施特劳斯就与其他研究者一起开展了精神病院的研究工作(Strauss, Schatzman, Bucher, Ehrlich & Sabshin, 1964)。

理论的三角互证法较为罕见,是指在同一问题的研究中使用不同的理论视角。

方法论的三角互证通常有两种主要形式:方法内互证和方法间互证。虽然方法内互证会采用不同的策略,但始终保持在单一范式中,例如,在一项质化研究中,经常会同时使用参与式观察和开放式访谈。

研究者利用方法间互证来确定由另一特定方法产生的结果。例如,调查者就某一问题设计了一份问卷,同时也会通过非结构化访谈来验证前者的有效性。

人们有时认为三角互证法可以提高研究的有效性,消除单一视角固有的偏见。然而,索提里奥斯·萨内塔克斯(Sotirios Sarantakos)声称,三角互证法未必会比单一的方法更有价值,也不适用于所有类型的研究,它不会自发产生有效性(Sarantakos, 1998)。三角互证法所能起到的作用取决于特定的研究项目和问题。

"资料的三角互证法"与"混合方法"有所区别。当使用资料的三角互证法时,研究者以不同方式和角度处理同一个问题。当他们混合使用方法时,则意味着在同一项研究中使用不同的方法来研究不同的问题。

1) 关于三角互证法的争论

社会科学家们对"三角互证法"和"混合方法"的使用意见不一。哈默斯利否认存在两种方法论模式,并声称对两者进行区分是非常危险的,虽然这些方法可能存在本质差异,但研究者也应考虑方法之于实践和操作的意涵,太过明确的区分并不总是有益的(Hammersley, 1992)。马修·米尔斯(Matthew Miles)和迈克尔·赫伯曼(Michael Huberman)则认为,差异之一在于质化研究的文字和量化研究的数字,但毋庸置疑,其中也存在抽样、分析和结果方面的区别(Miles & Huberman, 1994)。出于对实用性的考量或满足资助机构成员想法的目的(他们相信两种方法的使用可以夯实对课题的探究),质化和量化的研究方法经常被同时运用于某一研究。

持纯粹主义观点的人认为,一项研究不可能使用两种主要的研究方法。玛德琳·雷林格尔(Madeleine Leininger)曾提醒研究者:不能混合质化与量化两种方法,因为它们的哲理、特征和目标皆不同,尽管她也承认来自不同哲学方向的研究结果可以互为补充;她建议研究者仅混合使用同一范式内的方法(Leininger, 1992)。雷林格尔将三角互证法描述为"多角度测量",认为它跨越了方法的界限。出于实际考量,利亚姆·克拉克(Liam Clarke)建议不要使用多种方法,并指出,由于分析缺乏一致性与充分性,多方法的运用会让研究变得分散(Clarke, 1995)。

实践角度也应纳入考量:在本科生课题中,使用单一方法不仅节省时间,还提供了深入使用该方法的机会。克雷斯韦尔建议,研究应基于单一范式,这不仅因为实践和研究规模的限制,也因为每种方法都根植于特定的世界观(Creswell, 1994)。质化研究的方法和过程适用于研究某些情况及问题,量化研究的方法则适用于其他情况。研究者必须选择最适合研究问题或论题的方法论和方法,或许"方法间互证"正适用于此情境。

质化或量化方法的评估者必须意识到,要根据每项工作的自身条件选择特定方法。这对质化研究尤为重要,因为质化研究往往会采用适用于量化研究的标准进行评估。莎利·哈钦森(Sally Hutchinson)和罗德曼·韦伯(Rodman Webb)指出:"质化研究不是量化研究的替代品,这两种研究模式并不相互竞争"(Hutchinson & Webb,1991,p. 311)。每种方法都必须保持自身的一致性,与研究论题相契合。

2) 混合方法

研究者有时会使用这两种根植于不同世界观的方法,但这并非是用一种方法验证另一方法,而是出于其他原因。例如,为了获取各种信息,从不同的角度来说明一个特定问题,或审视一个现象的不同面向。埃·德波伊(E Depoy)和劳拉·吉特林(Laura Gitlin)描述了混合法的三个基本技巧:嵌入式、顺序式和并行策略(DePoy & Gitlin,1993)。

(1) 在使用"嵌入式"策略时,研究者会选择一个主要框架和方法开展研究,之后再加入另一种来自其他方法的技巧。例如,研究者可能会采用参与式观察,就资料收集或研究结果中出现的特定问题开展调查。

(2)"顺序式"策略是混合法中最常用的方法。例如,研究者经常使用质化技巧(如非结构式访谈)作为探究问题的第一步。基于这些访谈,他们提出假设并编制出一份大型调查问卷。另一方面,研究有时始于检验事实的量化方式,并加之质化策略来考察此前所没有被深入发掘的观念。

(3)"并行"策略强调同时使用质化方法和量化方法,对两者一视同仁,以便全方位地阐明论题。

9. 方法含糊

质化研究包括收集或分析资料等多种不同方法,这些方法基于不同的哲学立场并根植于不同学科领域。有一些本质上更像是哲学而非资料收集/分析方法,如现象学;另一些方法被用于收集资料、分析和建构理论,如扎根理论和民族志;还有一些是文本分析的方法,如话语分析和会话分析。甚至在单一方法中,不同学派间也会彼此竞争,他们的追随者有时会随之占据强势地位。

学生并不总能区分各种方法,一些专家学者也坚决反对方法上的"含糊不清"或"混乱状态"(Boyle, Morse, May & Hutchinson,1991; Baker, Wuest & Stern,1992)。有学者指出,质化研究的每种方法都有其假设、程序与独到之处。珍妮丝·莫斯(Janice Morse)强调,在诸多因素中,适用性和使用性是区分不同方法并赋予其独特性的重要因素(Morse,1994)。在运用某种方法时,研究者要确保语言、哲学基础和策略与其所选择的方法相匹配。当然,也有一些共性,大部分方法聚焦于由研究者诠释的生活经历和参与者的观点,揭示了人们赋予其生活经历的内在意涵,这类研究大多会产生一个情节扎实有力、条理清晰的故事。

我们坚信阿特金森、科菲和德拉蒙特的信条:"当质化研究方法逐渐盛行之时……我们需要对其保持批判与反思,不能让质化研究变成一套理所当然的规则和程序。同样,我们也不应被质化研究的集体性成功或社会研究新策略的时髦所迷惑,而忽略了对方法论严谨性的追求"(Atkinson, Coffey & Delamont, 2001, p. 5)。

参考文献

Atkinson, P. (1995). Some perils of paradigms. *Qualitative Health Research*, 5 (1), 117 - 124.

Atkinson, P., Coffey, A. & Delamont, S. (2001). A debate about our canon. *Qualitative Research*, 1 (1), 5 - 21.

Baker, C., Wuest, J., & Stern, P. N. (1992). Method slurring: the grounded theory/phenomenology example. *Journal of Advanced Nursing*, 17, 1355 - 1360.

Banister, P., Bruman, E., Parker, I., Taylor, M., & Tindall, C. (Eds). (1994). *Qualitative Methods in Psychology: A Research Guide*. Buckingham, Open University.

Becker, H. S., Geer, B., Hughes, E., & Strauss, A. L. (1961). *Boys in White*. New Brunswick, University of Chicago Press.

Boyle, J. S., Morse, J. M., May, K. M., & Hutchinson, S. A. (1991). Dialogue. On muddling methods. In J. M. Morse (Ed.), *Qualitative Nursing Research: A Contemporary Dialogue* (p. 257). Newbury Park, Sage.

Bryman, A. (2001). *Social Research Methods*. Oxford, Oxford University Press.

Burgess, R. G. (1984). *In the Field: An Introduction to Field Research*. London, Unwin Hyman.

Burgess, R. G. (1985). *Issues in Educational Research: Qualitative Methods*. Lewes, Falmer Press.

Chalmers, A. F. (1999). *What is This Thing called Science?* (3rd ed.). Milton Keynes, Open University Press.

Clarke, L. (1995). Nursing research: science, vision and telling stories. *Journal of Advanced Nursing*, 21, 584 - 593.

Colaizzi, P. F. (1978). Psychological research as the phenomenologist views it. In R. S. Vallé & M. King (Eds.), *Existential Phenomenological Alternatives for Psychology* (pp. 48 - 71). New York: Oxford University Press.

Creswell, J. W. (1994). *Qualitative and Quantitative Methods*. Newbury Park: Sage.

Creswell, J. W. (1998). *Qualitative Inquiry and Research Design: Choosing Among Five Traditions*. London: Sage.

Crotty, M. (1998). *The Foundations of Social Research: Meaning and Perspective in the Research Process*. London: Sage.

Delamont, S. & Atkinson, P. (1995). *Fighting Familiarity: Essays on Education and Ethnography*. Cresskill NJ: Hampton Press.

Delamont, S. (1976). *Interaction in the Classroom*. London: Methuen.

Delamont, S. (1992). *Fieldwork in Educational Settings: Methods, Pitfalls and Perspectives*. London: Falmer.

Denzin, N. K. & Lincoln, Y. S. (Eds.). (1994) *Handbook of Qualitative Research*. Thousand Oaks: Sage.

Denzin, N. K. & Lincoln, Y. S. (Eds.). (2000). *Handbook of Qualitative Research* (2nd ed.). Thousand Oaks: Sage.

Denzin, N. K. (1989a). *The Research Act: A Theoretical Introduction to Sociological Methods* (3rd ed.). Englewood Cliffs NJ: Prentice Hall.

Denzin, N. K. (1989b). *Interpretive Interactionism*. Newbury Park CA: Sage.

DePoy, E. & Gitlin, L. N. (1993). *Introduction to Research: Multiple Strategies for Health and Human Services*. St. Louis, Mosby.

Erlandson, D. A. et al. (1993). *Doing Naturalistic Research*. Newbury Park: Sage.

Feyerabend, P. (1993). *Against Method* (3rd ed.). London: Verso.

Filstead, W. J. (Ed.). (1970). *Qualitative Methodology: Firsthand Involvement with the Social World*. Chicago, Markham.

Fuller, S. (2000). *Thomas Kuhn: A Philosophical History for our Times*. Chicago: University of Chicago Press.

Geertz, C. (1973). *The Interpretation of Cultures*. New York: Basic Books.

Giorgi, A. (Ed.). (1985). *Phenomenology and Psychological Research*. Pittsburgh: Duquesne University Press.

Glaser, B. G. & Strauss, A. L. (1967). *The Discovery of Grounded Theory: Strategies for Qualitative Research*. New York: Aldine De Gruyter.

Hammersley, M. & Atkinson, P. (1995). *Ethnography: Principles in Practice* (2nd ed.). London, Tavistock.

Hammersley, M. (1992). *What's Wrong with Ethnography*. London: Routledge.

Harris, M. (1976). History and significance of the emic/etic distinction. *Annual Review of Anthropology*, 5, 329 - 350.

Hutchinson, S. & Webb, R. (1991). Teaching qualitative research: perennial problems and possible solutions. InJ. M. Morse (Ed.), *Qualitative Nursing Research: A Contemporary Dialogue* (pp. 301 - 321). Newbury Park: Sage.

Janesick, V. A. (1994). The dance of qualitative research design. InN. K. Denzin & Y. S. Lincoln (Eds.), *Handbook of Qualitative Research* (pp. 209 - 219). Thousand Oaks: Sage.

Kuhn, T. S. (1970). *The Structure of Scientific Revolutions*. Chicago, University of Chicago

Press. (Original work published 1962)

Leininger, M. (1992). Current issues, problems, and trends to advance qualitative paradigmatic research methods for the future. *Qualitative Health Research*, *2*, 392 - 415.

Lincoln, Y. S. & Guba, E. G. (1985). *Naturalistic Inquiry*. Beverley Hills: Sage.

Lincoln, Y. S. & Guba, E. G. (Eds.). (1990). *The Paradigm Dialogue*. Newbury Park: Sage.

Malinowski, B. (1922). *Argonauts of the Western Pacific: An Account of Native Enterprise and Adventure in the Archipelagos of Melanesian New Guinea*. New York: Datton.

Mead, M. (1935). *Sex and Temperament in Three Primitive Societies*. New York: Morrow.

Miles, M. B. & Huberman, A. M. (1994). *Qualitative Data Analysis* (2nd ed.). Thousand Oaks: Sage.

Morse, J. M. (Ed.). (1994). *Critical Issues in Qualitative Research*. Thousand Oaks: Sage.

Murphy, E. & Dingwall, R. (2001). Qualitative methods in health technology assessment. InA. Stevens, K. Abrams, J. Brazier, R. Fitzpatrick & R. Lilford (Eds.), *The Advanced Handbook of Methods in Evidence Based Healthcare* (pp. 166 - 178). London: Sage.

Nicholson, P. (1991). Qualitative psychology: Report prepared for the Scientific Affairs Board of the BPS. In J. T. E. Richardson (Ed.), *Handbook of Qualitative Research Methods in Psychology and the Social Sciences*. Leicester: BPS Books.

Oakley, A. (2000). *Experiments in Knowing: Gender and Method in the Social Sciences*. Cambridge: Polity Press.

Park, R. & Burgess, E. (1925). *The City*. Chicago: University of Chicago Press.

Patton, M. Q. (1990). *Qualitative Evaluation and Research Methods* (2nd ed.). Newbury Park: Sage.

Pike, K. L. (1954). *Language in Relation to a Unified Theory of the Structure of Human Behaviour*. Glendale CA: Summer Institute of Linguistics.

Platt, J. (1985). Weber's Verstehen and the history of qualitative research: The missing link. *British Journal of Sociology*, *36*, 448 - 466.

Popper, K. (1959) *The Logic of Scientific Discovery*. London: Routledge & Kegan Paul.

Potter, J. & Wetherell, M. (1987). *Discourse and Social Psychology: Beyond Attitudes and Behaviour*. London: Sage.

Potter, J. T. A. (Ed.). (1996). *Handbook of Qualitative Research Methods in Psychology and the Social Sciences*. Leicester: BPS Books.

Richardson, J. T. E. (Ed.). (1996). *Handbook of Qualitative Research Methods for Psychology and the Social Sciences*. Leicester: BPS Books.

Sarantakos, S. (1998). *Social Research* (2nd ed.). Basingstoke: Macmillan.

Silverman, D. (2001). *Interpreting Qualitative Data* (2nd ed.). London: Sage.

Smith, J. A., Harré, R. & Van Langehove, I. (Eds.). (1995). *Rethinking Methods in Psychology*. London: Sage.

Smith, J. K. (1983). Quantitative versus qualitative research: An attempt to clarify the issue. *Educational Researcher*, *12* (3), 6 - 13.

Spradley, J. P. (1979). *The Ethnographic Interview*. Fort Worth, Harcourt Brace Johanovich.

Spradley, J. P. (1980). *Participant Observation*. Fort Worth, Harcourt Brace Johanovich.

Stake, R. E. (1995). *The Art of Case Study Research*. Thousand Oaks: Sage.

Strauss, A. & Corbin, J. (1990). *Basics of Qualitative Research: Grounded Theory Procedures and Techniques*. Newbury Park: Sage.

Strauss, A. & Corbin, J. (1994). Grounded theory methodology: an overview. In N. K. Denzin & Y. S. Lincoln (Eds.), *The Handbook of Qualitative Research* (pp. 173 – 285). Thousand Oaks: Sage.

Strauss, A. L., Schatzman, L., Bucher, R., Ehrlich, D. & Sabshin, M. (1964). *Psychiatric Ideologies and Institutions*. New Brunswick: Transaction Books.

Tesch, R. (1991). Software for qualitative researchers. In N. G. Fielding & R. M. Lee (Eds.). *Using Computers in Qualitative Research* (pp. 16 – 37). London: Sage.

Thompson, N. (1995). *Theory and Practice in Health and Social Care*. Milton Keynes: Open University Press.

Thorne, S. E., Kirkham, S. R. & Henderson, A. (1999). Ideological implications of the paradigm discourse. *Nursing Inquiry*, 4, 1 – 2.

Travers, M. (2001). *Qualitative Research through Case Studies*. London: Sage.

Wilde, V. (1992). Controversial hypotheses on the relationship between researcher and informant in qualitative research. *Journal of Advanced Nursing*, 17, 234 – 242.

大众传播质化研究导读①

（*A Beginner's Guide to Doing Qualitative Research in Mass Communication*）

约翰·詹姆斯·保利（John James Pauly）

过去 20 年里，大众传播研究经历了解释上的转向——从因果关系和数据统计转向意义问题和质化方法。② 希望追随这种转向的学生可能会很迷茫。质化研究从社会学、人类学、修辞学、文学和艺术史中借鉴了多种技术，因此常被认为是一种不完整且缺乏连贯性的研究模式。尽管经验丰富的资深研究者一再为他们的哲学假设辩护，但始终缺乏对实际方法的详细阐述。例如，质化研究者应当如何选择研究主题？如何判断哪些是重要论据？如何撰写研究发现？又或是如何评估自己和他人的工作？

本文旨在揭开质化研究方法的神秘面纱，指导初学者的工作，包括意在大众传播领域开展质化研究的高年级本科生、研究生，以及习惯于量化方法但想尝试新方法的学者。文章将展示质化研究者如何解决研究中的各种实际问题；在此过程中将对质化研究领域面临的诸多挑战做出回应，例如，观察和编码过程中明显存在的观察者偏见、混乱的资料收集方法、缺乏可推广的通则结论与实验难以复制等问题（Borman，LeCompte & Goetz，1986）；在比较质化和量化方法时可知，尽管质化研究者并不认为世界可以被概念化为"数据"，但合格的质化研究仍密切关注现实世界，因此是完全经验性的。

回应质疑声后，现在我希望为质化研究做出辩护。对于今天的一些质化研

---

① 文章来源：Pauly, J. J. (1991). A beginner's guide to doing qualitative research in mass communication. Journalism and Communication Monographs，125.

② 有趣的是，关于结构和功能方面的问题仍然延续着这两个传统。无论是哪个传统，结构功能主义都主张知识是系统性的，并强调研究者在政治或科学上的严肃性。

究者,尤其是受到后结构主义文学理论影响的学者而言,"清晰"(lucidity)一词似乎是一种社会耻辱,仿佛在公开承认自我认识论上的幼稚,甚至被认为是作者以"常识"之名而行的操纵之罪。尽管如此,为确保自己和读者都知道我所言为何物,本文依然会提供一些简明扼要的解释。对于追求纯粹理论的学者而言,此类研究可能无法令他们满意,因为我强调的"研究是一种社会实践"的论调或许会弱化他们所看重的(或至少是作为理论家身份所不可或缺的)理论间的区别。但我不希望一味遵循美国式的研究方法,主张所有质化研究者在本质上有着相同的目标,以至于忽视那些理论上的微妙差别,资深读者或可从字里行间中解读出我的理论偏好。

以下是我对如何进行质化研究的分步解读,这些步骤并不是完全独立的,也不会按部就班(尽管所有研究者在得出结论前就对世界进行了一番研究)。无论其源于现象学还是科学哲学,我都将避免使用过于坚持某些特定理论的术语。这些步骤基于我在自身研究过程中某些重要时刻的粗略感受。需要注意的是,本文所提出的研究模型主要适用于单一且定义明确的质化研究(如博士论文)。经验丰富的研究者可能会采用其他研究体裁(genre),如文献综述、评论文章、理论陈述和方法论批判等,不同类型有其不同的方法。

一、第一步: 查找研究主题

要确定一个研究主题,初学者需要明晰质化研究可以回答哪些类型的问题。简而言之,质化研究考察的是意义的生成,传播研究的根本问题不在于效果、影响、功能或信息,而是意义(Carey, 1989,pp. 37‐68)。这种对意义的关注源于三个哲学假设:

第一,人是象征性的生物。和其他动物一样,人类会进行交流,但不同于其他动物,人类可以无止境地对已有交流进行再讨论。文化是意义生产实践的集合,是无法离开其而生存的人类的第二天性(Mumford, 1967,pp. 14‐97; Geertz, 1973,pp. 55‐83)。

第二,人类"制造"而非"发现"现实。人类使用符号来建构所处的世界。在此视角下,现实是一种被制造出来的成就,而非外在的、等待被发掘的客观存在。

第三,象征性行为不仅是私人和个体的行为,更是一种公共和社会的行为。只有通过交流,群体才能意识到自己是群体,并形成他们在世界中的独特存在方式。①

　　基于上述假设,大众传播领域的学者们多着眼于群体是如何通过人工制品维持社会现实、表达和颂扬某种群体认同感,或是如何以一种掩饰或炫耀的姿态对社会进行支配和控制,对这种象征性实践的研究构成了质化研究的独特领域(Hall,1986,pp. 33 - 48;Grossberg,1984,p. 12,pp. 392 - 421)。

　　在"传播是一种象征性行为"的框架下,初学者如何确定合适的研究主题?本文建议研究者在已有的理论文献中找寻思路,下文我将具体讨论文献综述在质化研究中的作用,此刻仅指出:现有的传播理论模式大多与质化研究的关联甚微。哈罗德·拉斯韦尔(Harold Lasswell)认为,大众传播研究的是"谁通过什么渠道对谁说了什么,以及产生了何种效果"(Lasswell,1972,pp. 117 - 130)。许多大众传播研究者继续通过由圆圈、方框和箭头组成的图示考察从传者到受众的信息传输过程,这类图示如迷宫一样复杂。历代研究者都选择了此模型中的某一部分进行研究,如传者的说服策略、不同信息结构对受者反应的影响、受者从不同媒介中获取信息量的差异、媒介的使用与满足功能,或通过不同渠道进行信息传播的结果。

　　对于研究此类问题的群体而言,该模式足以发挥作用,但对质化研究者来说,此类模式是对传播的一种简化(将传播简化为预先存在的信息传输)。正如詹姆斯·凯瑞(James Carey)所言,这种传播模式视传播为一系列单独的信息交易(Carey,1989,pp. 13 - 36)。② 但质化研究者希望研究的是使个人信息变得可理解的意义共享系统。传统的传播模式将传播视为一种具有目的性的非连续行为,质化研究者则认为,人类的天性使传播永不停止,因此"传播"一词很好地描述了人类不断重新定位自己与世界的象征性过程。传统的传播模式将传播者和受传者分离。虽然质化研究者承认在某些分析形式中分离传者和受者将产生价值,但他们更强调传者和受者在建构现实过程中的竞争与合作关系。

　　鉴于传播模式的笨拙与僵化,初学者需要凭经验来确定合适的研究主题。质化研究的文献提供了一些线索,我们可以将大众传播作为一种"产品"、一种"实践",或者是作为一种"评价"进行研究(Pauly,1989,pp. 31 - 46)。经验丰富

---

① 由于传播学、社会学、人类学、文学、哲学和其他领域的学者都对这些理论假设进行了深入讨论,在此不加赘述。

② 认为凯瑞提出的"传递观"和"仪式观"彼此互斥是一种误读。凯瑞并不认为传递和仪式之间相互对立。相反,他认为它们是历史话语的两面,是两种相互竞争(又有重叠)的表述,美国人通过它们来想象新兴大众传播媒介的社会和政治意义。

的质化研究者通常会从中选择其一,最好的研究往往综合了上述三种分析方式。这三个术语并不构成传播理论,也不意味着从后到前、从下到上,或从外到内的线性关系。确切地说,它们更像是研究过程中的影片式隐喻:每一个术语都是一个镜头,通过它可以检视正在上演的传播场景。每个术语都为理解人类的意义生成行为提供了观点,为多次和多角度理解大众传播提供可能。

各类研究者在分析新闻报道、电视节目、唱片、电影或杂志广告等媒介产品时,都将大众传播视为一种"产品"。质化研究者希望破解一个难题:这些人工制品通过何种符号形式呈现经验?虽然对于此类"产品"的研究初看起来与以往的信息研究(如内容分析)相似,但两者存在着关键区别:质化研究者并不从材料中寻找明确的信息、道德或价值,而是将它们作为文本进行解释,其中或多或少糅合了符号行动的综合策略。下文将展示媒介产品作为文本进行解释的方法。现在仅指出,把一个媒介产品解释为文本的寓意丰富,远不止是对其进行编码,以确定是否存在某些话题、短语或主题(Manning, 1987; Fiske, 1987, 1989a, 1989b; Hartley, 1978)。

由于大众传播依赖于工业化的生产模式,需要将媒介产品作为一种经济商品进行研究。经济分析要求研究者搁置对产品内容的讨论,这种无内容的分析可能会引起人们对生产和接收技术、垄断和竞争模式、定价、营销、销售或分销问题的关注。简言之,就是关注那些经济学家开展研究时采用的策略和行为。

但是,为了解释经济、官僚和专业限制如何塑造媒介产品的文化形式,质化研究者必须将大众传播视为一种"实践"。"实践"一词强调的是文化过程而不是产品。研究"实践",即认识到群体或社会总是习惯性地组织意义的生成过程,并使之制度化。在某种程度上,任何单一的媒介产品都只是生产者持续进行意义制造实践的结果。编剧、制片人、作曲家、艺术指导、电台经理、唱片骑师(DJ)、摄影师、记者和编辑等群体开展合作,创造出"新"的产品。因此,对"实践"的研究可以侧重于媒体专业人员如何开展文化工作、如何驱动媒体组织靠近(或远离)某一特定主题、官僚阶层之间如何达成艺术共识,或职业价值观如何激励媒体从业者抵制或修改组织规则等;研究者还可以研究读者、观众和听众的文化实践,即他们如何使媒介产品融入日常生活(Carey & Kreiling, 1974, pp. 225 - 248; Radway, 1983; Morley, 1980; Frazier, 1981, pp. 307 - 322; Schudson, 1987, pp. 51 - 68)。

"产品"和"实践"也为大众传播的"评价"提供了原始素材、场景和隐喻。除了以"媒介"为载体的信息外,"媒介"本身也值得思考,例如社会批评家将摇滚乐等同于青少年的道德崩坏、编辑谴责报纸读者数量的下降是公民政治意识淡漠的标志。① 换言之,群体对大众媒体的讨论主要有两种关切:其一,它们可以传递信息;其二,他们也会援引"媒介"来衡量社会本身的形态、特征和发展方向(Jensen,1990)。通过对这些评价的分析,研究者可以向大家展现出关于大众传播的公共讨论是如何引发对文化风格的普遍争议(Rowland Jr.,1983)。②

再次强调,"产品—实践—评价"的启发式方法并不是一个成熟的大众传播理论。三个术语的使用只是为了区分不同类型质化研究的共同关注点,这种启发式方法最能满足质化研究者的实际需要:他们需要一个起点来确定主题和适当的方法。初学者可以通过追问这三个术语开启研究:我的研究是对某些媒介产品本身的研究吗? 是对这些产品生成过程的研究,还是有关媒介的技术、特征、机构、内容或效果的评价?

二、第二步: 确定研究问题

虽然质化研究者会系统性地开展工作,但不会完全遵循量化研究的方法论程序。质化研究者并不反对统计数据(一种适用于所有合适对象的抽象符号系统),而是反对研究者为了符合统计操作而忽视现实的解释行为。这种方法论的分歧往往在文章的引言部分(量化研究者通常在引言中界定其研究领域)或结论部分(量化研究者在结论中从统计语言回归至日常生活话语)最为明显。因而,质化研究者改写/限定了量化研究中普遍存在的三个标准程序:主题和自变量的确定;关键术语的操作性定义;③研究假设的构建。④

量化研究者通常会假设一个人类行为的因果模型,且尤为关注多种变量间的区别——作为行为、态度或认知的可能因素,其中首要的是区分主体变量/机体变量与自变量。⑤

---

① 将媒介一词放在引号里,是因为这种争议的中心不是技术或物理上的传播媒介,而是一种技术促成的社会形态,以及这种媒介使用者的道德声誉。

② 例如,小威拉德·罗兰德(Willard Rowland Jr.)在《电视暴力的政治性》(*The Politics of TV Violence*,1983)中讨论了关于电视效果的争议是如何被合理地解读为一种政治话语,而非一场关于科学真理的辩论。

③ 译者注: operational definition 译为"操作性定义",又称"操作定义",是根据可观察、可测量和可操作的特征来界定变量含义的方法,即从具体的行为、特征和指标上对变量操作进行描述,将抽象概念转换成可观测、可检验的项目。

④ 我意识到,这些程序的顺序并不一定符合科学哲学家所描述的理想程序。这些顺序只是为了更好地服务我的叙述目的。需要补充的是,社会科学家与哲学家不同,在统筹设计自身的实际工作时,他们会在这些程序间自由移动。

⑤ 主体变量(subject variable)或机体变量(organismic variable)是指事物本身固有的属性,如年龄、性别、收入或教育水平等人口统计学类别。自变量是研究者正式创建的实验条件的一部分。

质化研究者则认为,主体变量和自变量间的区分会产生误区。变量永远无法脱离某种话语,这些话语赋予了诸如年龄、收入和性别等事物的固有属性以意义。对于量化研究者而言,主体变量是一种不言自明的存在,无须对其进行解释分析,但对质化研究者来说,社会群体不能被简单理解为统计学上的精确总量——这里是老年/低收入/频繁的媒体使用者,那里是中年/中等收入/高信息需求者——必须通过解释和整合这些人口特征的象征主义戏剧(symbolic drama)来理解。[①]

基于相似理由,质化研究者拒绝进行操作性定义。量化研究者通过操作定义来确定关键分析术语,以便建立一个一致有效的编码系统,进而促进适当统计技术的应用。这种方法困扰着质化研究者,因为它有意区隔研究者的分析语言与主体的经验语言(Geertz, 1983, pp. 55 - 70)。量化研究者也意识到了这个问题,因此他们会从开放式访谈和观察(经典的质化研究方法)开始,以便在制定正式的访谈计划或撰写调查问题前能够寻找到恰切的分析术语。

一个具有挑战性的问题仍然存在:操作性定义要求摒弃内涵并保持外延的一致。实际上,日常生活语言中充满着强烈的隐喻和矛盾、丰富的内涵和理性的策略。如果研究方法会阻碍意义的展演,那么研究者是否有可能了解人类传播?在研究者所提出的抽象术语中(如文化、阶级、意识形态和符号),操作性定义的一致性是优点,但这并不能简单替代或取代群体理解自身的术语。例如,一位质化研究者在考察新闻自由的意义时,无意于定义自由的本质,而对记者在各种情境下如何使用这一术语产生兴趣——在法庭上,新闻自由是记者查阅政府文件的正当性;在酒馆里,新闻自由是被编辑拒稿后记者间的惺惺相惜;在公开宴会上,新闻自由是记者对职业道德与忠诚的宣称。某些关于"新闻自由"的定义可能会更为常见,但没有哪种定义在本质上比其他定义更真实。这一话题后文将详述。

在质化研究中,很难对研究试图检验的假设性陈述有一个明确的想法。社会科学家将其工作想象为科学哲学,视研究假设为知识创造的关键步骤。基于此,知识就像是一座始于微小的、精雕细琢的概念的大厦,当这些概念联结在一起时,便形成了更大的议题和理论结构。尴尬的是,历史上从未有过以这种方式组合而成的真正的科学知识体系——就像没有孩子是通过学习音素来学习说

---

① 译者注:symbolic drama 译为"象征主义戏剧",此处指使用符号、隐喻和寓言传达更深层含义和探索抽象概念。

话,或通过学习音节来学习写作(Kuhn,1970)。对于质化研究者而言,只有在知识发挥作用的话语框架下,知识才是存在的。研究假设不能捕捉到证据的意义,就像散文释义无法抓住诗的含义一样。

质化研究者不能假装确定,也不应声称与研究对象产生了共鸣。他们的目标仅仅是使群体对世界的解释方式合理化,并澄清大众传播在这些解释中的作用。质化研究所理解的"某物"不是关于传播的一套真理,而是群体在映射现实时面临的可怕困境;质化研究者是探险家而非游客,他们并非在洲际公路上一路疾驰,而是在公共话语和社会实践的曲折道路上迂回前进。在描述这段旅程时,研究者或许会得出结论,某段路比其他路段更平坦舒适,有些路则枝权蔓延,狭窄难行,还有一些路笔直狭长,漫无边际,这些路的尽头或是消失在悬崖边和荆棘丛中,又或是折回原点。

如果质化研究者不明确变量、操作性定义或构建假设,那么他们应当如何确定自己的研究内容、需要收集哪类证据?质化研究者从已有研究中找寻方案,量化研究者在撰写文献综述时也进行了同样尝试。无论是量化还是质化,都可以通过文献综述来绘制关于该领域的话语图谱,由此读者可以知晓与新研究相关的已有成果,并可用以解释研究者的后续行为。撰写文献综述是为了使研究者的工作在读者群体中合法化。

然而,在目的和风格上,质化研究和量化研究在文献综述方面存在显著差异。量化研究将文献综述视为一个认识论拼图,试图把有关某一现象中"我们所知"的部分拼凑在一起,质化研究者仅仅是利用文献综述来确定一个持续对话,以期分辨哪些是"我们"在进行的探究。文献综述扮演着剧中人的角色,铺陈背景和情节,宣告即将上场的主角。在风格上,量化研究者通过检索文献来揭示其基本结论;质化研究者则将"他者的工作"视为一种展演、经验语汇,以及不同的他者审视这个世界的准则(Burke,1963,pp. 44-62)。最终,量化研究希望将他人的研究成果改写成一个单一的理论故事,质化研究则寄希望于促成一场公开的讨论,让不同风格的想象在此处聚集与辩论。

例如,假设一位研究者决定研究电视,具体研究的是父母对电视引发孩子暴力行为而产生的担忧。这一学术取向可能来自多方面,对现有学术文献中对电视暴力的概念化方式的不满、近期大众媒体对这一问题的关注、个人在此类争论中的积极经验,或学术顾问的建议等。质化研究人员现在必须将这种泛化的关注转化为行动蓝图,设定研究的大致边界。

在该例中,假定研究者选择通过动画片来研究儿童和电视暴力问题。做出这一决定并非是事先知道动画片比其他类型的节目更能影响暴力行为,而仅仅是因为广播公司将动画片作为儿童节目进行推广,且这类动画片在家长和评论家中引发了很大争议。与量化研究者一样,质化研究者需要定义什么是动画片,但这种定义并不能说明动画片的本质,只是概括不同群体(儿童、家长、联邦监管机构和广播公司)眼中动画片的含义。同样,质化研究者也不认为必须提出有关"暴力"的标准定义,因为解释不同群体眼中"暴力"的含义,以及阐述这些群体在观看动画片时是如何意识到暴力的过程正是本研究的一部分。对于大多数质化研究者而言,雇用一群研究生围坐在一起统计"暴力的行为",然后根据每小时行为的数量构建相应指标,从而对各种动画片的暴力程度进行排序,似乎是徒劳的。他们认为这类研究真正考察的是"动作",而身体动作很大程度上是一种抽象的肢体活动——对使行为变得有意义的文化世界的抽象。因此,与其说对暴力行为数量的统计是在描述现实,不如说是对动画片产生了一种新的、更深层次的叙事,而这种叙事本身就需要一种详细解释。换言之,研究者需要对"谁"开展这样的计数仪式,以及计数仪式的目的等问题做出谨慎解释。

此时,质化研究者可以从大众传播的"产品观""实践观"或"评价观"入手,根据三种视角提出的不同问题开展不同方向的研究,而无须过多考虑哪一角度最能解释争议。例如,研究者可以将电视动画片视为一种产品,并提出以下问题:不同的动画片提供了哪些现实模型?动画片的风格和故事情节从何而来(如故事片、电视节目、童话故事、新闻报道或歌舞杂耍)?动画片想象现实的方式如何与儿童使用的(其父母支持/反对)其他媒体所提供的现实相联系?暴力有哪些形式?在什么角色间发生?在什么场合下进行?带来了什么后果?

质化研究者也可以考察动画片的制作和消费实践,并提出下述问题:哪些群体制作此类节目?他们的职业背景是什么?专业价值、组织机构、利益需求和技术水平如何通力合作共同创造出动画现实的独特风格?这些动画的创作者如何描述他们的作品及其对儿童的吸引力?反过来,儿童如何理解呈现给他们的动画现实?他们如何接受、拒绝、修正、利用或欣赏动画片的内容和形式?不考虑动画片的内容,观看动画片这一行为对儿童、家长、教师和社会批评家而言到底意味着什么?

质化研究者还可以把关于动画片的整体讨论视作一种评价,并提出以下问题:不同群体如何对内解释"暴力"动画片的起源、性质和意义?这些群体是否曾就其他人工制品或习俗有过类似描述?为什么在这些描述中对儿童的关注尤为重要?电视暴力研究的政治性是什么?他的赞助方是谁?为了什么目的?产生了什么后果？

在所有这些关于"产品""实践"和"评价"的问题中，仅仅把一两个问题作为"假设"是徒劳的，因为研究者并不能据此证明叙事风格、生产实践和公众争议间的联系。无论从"产品""实践"或"评价"中的哪一个角度开始研究，都可能推动研究者进行另外两种视角的分析。在上述研究中，决定比较不同动画片提供的现实模型，可能会引导研究者关注动画片的制作过程，以及动画片制作者用以阻止公众批评动画片的政治策略。

与量化研究者一样，质化研究者也必须关注一些定义问题——讨论的是哪些动画片？观察的是哪些儿童？在什么条件下怎样观看？父母以什么样的形式进行监督？观看多长时间？每天在什么时间观看？观看动画片的行为代替或补充了哪些其他类型的活动？但这些孤立的细节并不足以构成研究对象，它们只是研究者为了将电视动画片视为"产品""实践"和"评价"所必须了解的事实。量化研究者总是希望分离出一两个主要因素，而质化研究者则希望重建一种整体感。①

三、第三步：收集证据

质化研究人员从不缺乏证据，因为人类从未停止过传播。他们最大的问题不是收集证据，而是整理证据，并协调那些互补却各具独立性的证据形式。本节要讨论的是质化研究者为其解释而收集的材料类型。

哪类传播行为最适合质化研究的方法？应当是那些留下"文本"或人类行动印记的行为。当然，质化研究者"阅读"现实的概念是一种隐喻——行为是一种文本，理解是一种阅读行为——但这种隐喻可以有效描述质化研究者的工作（Carey，1990）。即使是习惯和数字打交道的研究者，也必须将世界符号化才能开展研究：化学家将物理反应转化为方程式，社会科学家采用操作性定义将样本组的态度、行为或观点转化为可读的数值排列，所有的研究者都将这个世界晦涩纷杂的乱象转化为可供解释的符号系统。量化研究者把日常生活的喧闹描绘成一套数学规律，而质化研究者则把这种喧闹描绘成一个无尽交织的话语网络

---

① 我对整体（whole）一词的使用十分谨慎。研究者无权决定给定的经验或象征主义戏剧何时开始或停止。开头和结尾是质化研究者用来划定证据空间的叙事手段，正如欧文·戈夫曼（Erving Goffman）决定聚焦于情形（situation）或遭遇（encounter）一般。我对"整体"一词的定义是间接的，无论哪种解释，研究对象总会觉得遗漏了某些至关重要的东西。质化研究的目的之一就在于生成研究对象眼中合理而完整的叙述。

（Ricoeur，1979，pp. 73 - 101）。

　　质化研究人员要处理的文本范围广泛，包括产品本身（报纸杂志故事、电影、电视节目、书籍和录音歌曲）、产品推广内容（广告、新闻稿、脱口秀、首映礼和签售会）、产品的群体性评价（在杂志和新闻中的报道、评论、学术和外贸期刊、企业年报和政府委员会调查中）、产品相关故事和宣传（明星自传、《今夜娱乐》[*Entertainment Tonight*]，以及电影制作花絮）和产品衍生物（续集、前传、粉丝团和玩具等周边产品或流行语）。这些文本仅适合于将大众传播作为一种产品来研究。如果将大众传播视为一种实践或评价进行分析，还会产生一份同样长的清单（其中有所重叠）。

　　质化研究者认为，关于媒体的讨论本身就是一种真实行为，而非掩盖真实行为的伪装。尽管指出了人类行为中的不一致性，但质化研究者并未对真实动机和合理动机进行严格区分（Strauss，1969，pp. 44 88；Burke，1965，pp. 19 - 36）。他们认为动机不一定反映行为产生的真正原因，它通常是在事实发生之后为人们所建构的、对自己和他人的一种公共解释。赋予行为人以动机，是为了界定其行为所属的性质及其发生的情境。质化研究者并不认为表层动机可被视作行为发生的原因，他们坚持认为不存在对人类行为终极的、具有前象征性（pre-symbolic）的解释，最好将动机当作一种对行动意义的解释。①

　　在选择要解释的文本时，质化研究者面临着三个主要任务。他们的首要任务是复原文本，而不是仅复原文本的转译、观点或主题。换言之，研究者必须将文本复原成完整话语以避免过度解读或以偏概全。有时，研究者所选的材料会受到现有公共话语的限制，例如，报纸中对某个争议问题的报道、公众对某个媒介产品的争论、某位成功的电视制片人的工作实践，或某位知名媒体人的道德声誉；由于不具有普遍性，量化研究者可能会将这类文本视为个案而不予考虑，但质化研究者并不将他们的研究视作更宏大、更具内涵的理论的例证，他们认为所有质化研究的主题都是意义的生成。每项研究都在不同的地点展示了这一符号化的过程，尽管存在新的脚本、角色、布景、道具和观众，但过程大致相同。

　　质化研究在某种程度上也具有普遍性。一般来说，质化研究者与量化研究者处理"代表性"问题的方式大相径庭。量化研究者通过选择足以代表广泛人群的样本来保证其结果的有效性，而对于质化研究者而言，"代表性"本身就是一种

---

①　质化研究者注意到，不同的文化会赋予不同动机以特权。当下，人们对虔诚/宗教灵韵的不懈且高调的追求所引起的评价、审查或嘲笑较以往更少。

话语,大众媒体中充斥着这样的断言:某个特定的人物、地点或事件是一个时代的标志,例如 MTV、杜恩斯比利(Doonesbury)、特德·特纳(Ted Turner)和《今日美国》(USA Today)。相对于选用统计学术语来定义典型,质化研究更关注研究群体本身发明的、带有自身话语色彩的类型学(typology)。

质化研究者研究的是社会而非数学概念上的类型,因此他们对抽样问题的处理并没有统一标准。他们会尽可能避免有着严格限制的研究方法,如内容分析,因为这类方法错误地假设话语是随机分散的。他们尽可能阅读"所有"相关的文本,只有在工作量太大以至于难以完成时,才会构建一个样本(例如,对大型媒体组织开展研究时决定采访谁)。即使需要取样,质化研究者根据的也是他们对话语的总体感觉而非统计数字。例如,在研究报纸对某个争议问题的报道时,研究者首先会粗略地浏览报道,找出讨论最激烈的节点,然后再深入阅读这些关键时刻的报道。① 实际上,质化研究者将取样视为一种叙事困境,聚焦于具有象征意义的人物、地点或事件可以为研究者提供一个讲述自己故事的空间。

通过指出人类日常生活中对"类型"的感知是文学意义上而非数学层面上的,质化研究者为这一程序的合理性提供了解释。"类型"是群体总结和表达他们对世界感知的叙事手段(Strauss,1969,p. 21)。② 量化研究者有时试图将观众的刻板印象与统计得到的"现实"相匹配,例如试图呈现重度电视用户的危险意识与犯罪统计数据间的差异,又或者比较电视节目中社会角色的分布与工作场所中的实际情况。但此类研究只是重复地说明了一个显在事实:受众并不使用统计学术语来解读媒体或感受世界。③ 无论统计多么精确,媒介叙事都有其象征意义。④

---

① 这种技术类似于历史学家所说的后洞穴(postholing)——对某些历史时期的几个关键时刻进行深入研究。

② 安塞尔姆·施特劳斯(Anselm Strauss)在《镜子与面具》(Mirrors and Masks)中警示:人类无法在不使用社会典型的情况下认识世界(或自己):自由主义者、诋毁者、教师和所有希望纠正他人分类的人都在哀叹,任何类别都具有诽谤性、贬损性和影射性的倾向。由于不可避免地会在某些问题上发生冲突——否则就不会是异质群体——且这些问题难免会被那些在枪的两端上下打量的人以不同的方式看待,因此试图根据人类心中的刻板印象、恶意中伤和过度简化的倾向不过是徒劳(Strauss,1969,pp. 15 - 30)。

③ 除了希望用专业统计评估替代风险政治决策的人以外,这种统计意识的缺乏并无大碍。统计数据本身就是一种叙事的器物。作为叙事,它们的主要特征是在客观的面纱下隐藏自己的叙事性。例如,"统一"犯罪统计数据声称自己是对社会越轨行为的权威描述,这些统计数据的背后却隐藏着无限的"如果"。这种统计依赖于联邦调查局犯罪类别的变化、当地逮捕记录的准确性、巡逻人员处理事件方面的差异,以及公民举报犯罪的不同习惯。统计学家总是以这种方式来限定他们的结果,社会科学家有时会忽略此类解释行为,而试图将统计意义转化为社会或政治意义。

④ 一旦收集并公布,有关电视形象的统计数据就会拥有自己的生命力。一些群体会利用这些发现来渲染和美化自身事业,支持自己的论点或应对质疑。

　　质化研究者的第二项任务是将收集到的证据与提出的问题相匹配。关于作为"叙事产品"的媒体报道的问题需要使用文学或修辞方面的文本解读技巧；作为"商品"的媒体报道的相关问题则可能需要财务数据；有关媒体实践的问题往往需要田野工作。不合适的证据可能会导致出现解释上的严重错误。例如，我曾听过一位电影理论家详细描述电视新闻节目中摄像机角度和记者视线形成的权力关系。这位理论家认为，电视新闻只允许主持人和记者直接面对摄像机，同时将受访者的视线引离镜头，从而捍卫了新闻主持人的权威地位。

　　之后，我对同一现象进行更为简单的解释：受访者不面对镜头是因为记者告诉他们不要这样做。几乎所有第一次接受采访的人都有直面镜头的冲动。在这种情况下，任何与"电视引导视线"相关的解读都需要考虑电视新闻的生产实践方式——受访者出于记者的禁令不再直视镜头——事实上，这一直接原因并不能很好地解释受访者的直视行为，但它的确有助于研究者提出问题：电视电影编辑早先是否讨论过直视问题？他们是否有意识地借鉴其他艺术形式，如绘画、摄影、新闻短片或故事片的风格？当下这种风格的出现是否源于视觉组织风格间的相互竞争？"注视规范"解决了哪些编辑美学问题？不同的社会是否使用不同的电视叙事技巧？如果他们使用相同的风格，这些标准技巧可否归因于技术本身，还是其社会和政治组织，抑或是有意识模仿美国叙事风格？在此情况下，考虑到电视电影风格历史演变的解释似乎比对摄像机运动的深入解读更有说服力，因为观众可能并不关注或理解这些镜头运动。

　　上述例子指出了质化研究者在收集证据时面临的第三个复杂任务：即使质化研究者沉浸于另一种文化，他们对于那种文化的理解也与当地人的理解不同。例如，在大众传播研究中，研究者会以不同于消费者的视角来阅读媒体作品。一般而言，研究者会深入阅读一定数量的媒体文本，并对其中的理论问题和文学形式保持高度敏感，但众多消费者（包括隐入消费人群的研究者们）通常只是随意阅读。某些消费者也会深入阅读部分关键文本，但他们的深度阅读方式和研究者的阅读方式仍有不同（Jenkins Ⅲ，1988，pp. 85 - 107）。研究者的论述必须平衡这些不同的阅读风格和解释性词汇，既不恪守本土的或外来的文化，也不极力消除两者之间的差异，而是通过文学手段让研究者和被研究者在解释中相遇。

　　因此，在搜集证据时，质化研究者需要结合文学分析和田野工作，偶尔还要进行经济分析或计算分析，大众传播领域中不乏其例。总体而言，文本分析在今天的质化研究中可能不是最好的，但确实是更常见的研究方法。相较于文本分析，一方面田野工作通常是缓慢而艰难的，需要获得他人的允许方可进行，这使得研究者更加劳力伤神;另一方面,在与实际对象的接触中,研究人员的理论武器可能毫无用武之地,甚至会被认为是愚昧无知的。

四、第四步: 解释证据

前文提出了一个隐喻——阅读文本——今天许多质化研究都是通过这一隐喻来理解自身。对于如何应用这一隐喻质化研究者们仍存分歧,一些人认为"文本"一词指的是流动的语言流,而不是诸如书籍、文章、电影或电视节目等静态的作品(Barthes,1979,pp. 73-81);本文则用"文本"一词指代任何固定人类行为以供思考和解释的印记(Geertz,1973,pp. 3-30),大众传播产品自然位列其中。媒介产品是狭义的文本——作为经验单位生产和消费的商品,但这类产品同时也是广义上的文本——它们以一种可供他人使用的方式记录人类的行为。与任何文化制品一样,媒介产品在持续的语言流中固定了瞬间,因此它的话语总能在创作者无法预知的情况下被阅读,而观众赋予其的意义也可能与创作者的意图不符(Newcomb,1984,pp. 34-50;Fish,1978,pp. 243-265;Grossberg,1986,pp. 50-74)。[①] 因此,将一集电视看作文本,就隐含了类似文本被生产和消费的情况,包括这个节目在正在播出的系列节目中的地位、该系列在某一类节目中的地位、该类节目在某一媒介中的地位,以及该媒介在某一传播系统中的作用。单个节目的叙事风格可能涉及大量其他的文化实践,如新闻报道、童话故事、工作流程、政治辩论和家庭矛盾等。

量化研究者无法通过使用统计学来避开解释,但他们也只是通过启用标准程序来解决解释上的分歧。例如,操作性定义的方法是以一种极为简单的方式对词义进行规范,而这一简化行为并不适用于日常生活。实际上,带有协商含义的研究规约(protocol)通常禁止研究对象对研究者设定的分析条件提出异议。此外,在学术文章的结论部分,我们往往能感受到作者在这些解释分析中进行了不同程度的粉饰。尽管量化研究涉及一系列解释工作,但它在最终结论中仍倾向于省略诸多解释行为。

以下是一个解释媒介产品、实践和评价的例子,其中运用的研究方法深受美

[①] 质化研究者们对如何更好地描述媒体文本的多义性持不同意见。受文学理论影响的分析家认为,语言本身总是以作者无法控制的方式来解构意义(Newcomb,1984,pp. 34-50);受言语行为理论影响的分析家们认为,阅读文本的社会情境而非字面语言本身促了多重解读的诞生(Fish,1978,pp. 243-265);受马克思主义影响的分析家则认为,受众经常抵制或忽视官方含义,并将媒体文本用于他们自身颠覆性的阅读和实践(Grossberg,1986,pp. 50-74)。

国社会学和人类学传统的影响,特别是符号互动理论,以及诸如肯尼斯·伯克(Kenneth Burke)等独特的个人解释者的影响。在模仿他人工作的过程中,我逐渐形成了自己的解释风格。解释是一种最好在口语文化中习得、在辩论中相互理解和妥协的技能(Rock,1979,pp. 24 - 28)。[1] 对解释者的评价有时来自有着共同理论兴趣的读者群体,或是由身边同事或学生组成的社群团体。但对于解释他者生活的研究而言,这些评价也应该来自曾经被研究过的受访群体,质化研究的一个基本要求是:受访者能够在研究者的解释中认识到自己和自己的乐趣。[2]

初学者可以通过研究他们已经了解的文化世界来提升自身的解释水平。对量化研究者而言,这种程序可能存在个人偏见,事实表明,许多经典的质化研究都采用这一策略。在 20 世纪五六十年代,越来越多的工人阶级大学生开始学习成人教育课程,这为二战后英国传播研究领域的文化研究运动提供了契机。这类学生常常感到来自两种文化的拉扯,这种特殊的体验增强了他们的观察力(Hoggart,1970)。颇具影响力的芝加哥大学社会学家罗伯特·帕克(Robert Park)与他的美籍学生在 20 世纪二三十年代遇到了类似情况。帕克本人在进入社会学领域前是一名记者,他鼓励他那群移民和工人阶级学生用新的眼光看待他们所居住的社会世界。这一建议导致出现了一批令人印象深刻且颇具影响力的民族志研究。

这种方法同样适用于大众传播的质化研究。人们沉浸于多种大众流行的文化样态,如网络电视或乡村音乐,同时他们也醉心于小众的流行文化世界,每一种文化世界都有自己的独特情感。通过探究作为粉丝或直接参与者所了解的更小众且更易管理的世界,质化研究初学者能够更好地学习质化研究的方法。例如,几年前,我在一个特殊兴趣小组中做讲座时,把在美国出版的大约 100 本有关"马"的杂志标题读给学生听(虽然只是一个简短的目录)。后来有一个学生表示她很喜欢马,并写了一篇硕士论文,分析为模型马收藏者撰写的新闻通讯稿——这些短篇影印期刊主要由十几岁的年轻女孩制作,读者群也是她们。通

---

[1] 保罗·洛克(Paul Rock)认为,质化研究的主要传统之一是符号互动论。在很长一段时间里,这种方法以口头文化的方式传承。因此,符号互动论常因缺乏可复制的系统方法而饱受诟病(Rock,1979,pp. 24 - 28)。

[2] 判断一个解释的标准不仅是科学的争议,更是一个社会和政治问题。这种争论往往涉及研究目的和方法。一个有趣的例子是:洛德·韩菲瑞斯(Laud Humphreys)对公厕里的匿名同性恋者进行了一次参与式观察,其研究成果《茶室交易》(*The Tearoom Trade*)在出版后引发了诸多争议(Warwick,1975,pp. 27 - 35)。

过结合"大众传播和社会"课程上的讨论,以及她作为模型马收藏者和这类通讯稿读者的体验,这名学生对这些通讯稿所承载的象征性戏剧进行了深刻阐述。在她的案例中,就像英国工人阶级学生或美国移民学生的情况一样,跨越两个文化世界的个人经历提高了研究者关于向一种文化解释另一种文化的问题的敏感性。

接下来将用一种不那么直观的角度来解读一个简短的文本。读者应该意识到,我对"我的解释"的说明本身就是一个文本,是对实际行为整理后的有序记录,这些行为在实际过程中可能表现为更多的停顿与杂乱。尽管我对自己的解释辩护能力充满信心,但必须承认这种解释不具有最终性或确定性。其他人或许会基于不同原则(我不认可/缺乏考量)对该文本做出不同解释,在此只是举例说明质化研究者如何厘清一个文本的意义所在。

几年前,我进行了一项关于不同群体如何解释 1871 年芝加哥大火的研究(Pauly,1979,1984,pp. 663 - 668)。这个项目始于对 19 世纪芝加哥"宣传文学"(boost literature)的大型研究项目,研究内容包括数以百计的宣传手册、指南、城市历史和传记辞典,这些材料在诞生之初就被赋予了向投资者、定居者和旅游推销员宣传芝加哥的使命。我感兴趣的是,通过这些"宣传文学",商人们在多大程度上设定了公众了解这座城市的条件。在阅读宣传文献的过程中,我发现芝加哥人反复提及这场火灾是他们城市历史上的一个里程碑。在阅读其他城市有关芝加哥火灾的报道时,也发现了类似的旨趣(尽管其中有一个带有截然不同的含义,后文我将详细解释),例如,1871 年的美国人认为芝加哥大火是一个重要的国家事件,这种认知在今天看来似乎难以置信。

因此,我着手探究这场大火对芝加哥人和其他人的意义。除美国人自己提供的证词外,我在立论之初并没有赋予这场火灾任何历史意义。在众多文章资料中,他们一再坚持这场大火意义重大,我所需要做的只是理解这套说辞。除了调查火灾本身外,我还思考了两个更宏大的理论问题。其一,我希望通过并列比较不同的文本(包括新闻报道、报纸和杂志社论、贸易杂志的描述、救济委员会报告、个人信件和城市历史),描绘出美国内战后普遍存在的文化差异,因为这些话语凸显了关于城市、地区和国家身份间界限的争议(Strauss,1969,pp. 15 - 30);我对火灾话语的分析反过来又突出了各群体用以区隔自己的修辞策略。其二,我试图论证,在对这场大火的报道中,新兴的新闻系统在文化差异中进行斡旋并营造出国家团结和手足情深的表象。对于许多美国人而言,"芝加哥大火"不仅对芝加哥意义非凡,而且对通信系统(如电报新闻)也意义重大,正是这些通信系统使得这场火灾成为了一次全国性事件。

　　该项目研究的是一个历史事件,因此需要依赖大量书面和印刷文本,而非访谈、观察或参与,在此我将解读其中一个文本——火灾发生两周后刊登在《克利夫兰每周先驱报》(*Cleveland Weekly Herald*)上的一篇社论《我们的木制城市》(*Our Wooden Cities*):

　　　　芝加哥的命运是一个可怕的教训,这给美国人上了一课。它以熊熊烈焰反抗我们仓促"搭建"城市这一鲁莽之举。
　　　　过去的芝加哥以木质建筑为主,但近期的城市建筑结构(包括房屋、商店和人行道在内)都是木制的。街景很美,然而只要走到那些宏伟建筑背后,这些幻象就消失了。芝加哥是美洲大陆上建筑最为华贵而脆弱的城市,令人惊叹的并非是它已化为灰烬,而是它竟屹立如此之久。这场火灾展现出的建筑的脆弱性前所未有……类似教训将在其他西部城市上演,因为那里仍被权宜之计和街头"秀场"控制着。
　　　　　　　　　　　　　　　　(*Cleveland Weekly Herald*,1871,October 21,A4)

　　这位社论家预言,在迅速重建的热潮中,权宜之计将再次"完全凌驾于所有的深思熟虑",因此,尽管芝加哥将如凤凰般从灰烬中涅槃重生,但就本质而言,她无法复原其瑰丽,甚至不可能崛起得像被烧毁的芝加哥那般壮观。

　　质化研究者应如何解读这篇社论? 首先,研究者必须对相应历史背景有所了解,这是该社论认为关注这场火灾的读者理应知道的。19世纪所有关于芝加哥的讨论都暗含着不同于今日的信息。对许多美国人而言,芝加哥是那个年代的代表城市:1830年,芝加哥还是一个仅有几百人的贸易点,到1871年就已发展成为一个拥有逾30万人口的城市。许多观察者认为,芝加哥的人口和实力最终可能超过纽约。一些人把芝加哥的成功归因于它优越的地理位置——一个由运河、铁路和电报线路组成的新兴网络的中心及其扬基式的企业精神。[①] 在所有试图控制通往内地贸易路线的西部城市中,芝加哥最为成功也最具代表性。到1871年,芝加哥已经基本战胜所有西部的竞争对手,如辛辛那提、密尔沃基、圣路易斯、托莱多和克利夫兰(Belcher,1947)。通过了解芝加哥非同凡响的城

---

① 　约翰·史蒂芬·赖特(John Stephen Wright)在《芝加哥:过去、现在与未来》(*Chicago: Past, Present, Future*,Wright,1868)中讨论了这些主题,采用的正是早期宣传文学的预言式风格。

市发展史和悠久的城市竞争史,研究者就可以理解为何一场发生在芝加哥的火灾能够掀起轩然大波。

对西部发展的深入了解也有助于解释这篇社论提及的建筑风格。像芝加哥这样的新兴城市发展迅猛,因此它们常选择快速、廉价的建筑方法,如轻便的框架型木制建筑(Boorstin,1965,pp. 148 - 152)。在 1871 年,即使是相对精致的芝加哥建筑,也经常采用大型木结构人字形屋顶的设计,这种设计可以彰显出房屋的精致复杂和高贵优雅。在那场大火中,这些人字形屋顶被强风吹起的火花引燃,随即融化了下面"防火"的石制建筑。社论作者声称这些建筑华而不实、自命不凡,这是当时对盛行于芝加哥的建筑风格的普遍评价(Olmsted,1871,p. 304;Condit,1964)。该社论在评价芝加哥建筑弱不禁风的同时,也暗示了这座城市所宣称的伟大实是肤浅脆弱的。

当所有西部城市都在夸大自身优势、诋毁竞争对手,竭尽全力吸引东部移民时,芝加哥因其肆无忌惮的自我吹嘘而成为此类社论抨击的主要对象。在所有西部城市都夸耀自己农业腹地的广阔、水上与公路交通的便捷和房地产投资美好前景的背景下,芝加哥被普遍认为是其中最能鼓吹自己的一个城市。关于芝加哥的一句流行谚语中说道:"芝加哥盛产街角地段、统计数字和牛皮。"在许多评论员看来,芝加哥中心商务区的损毁是不幸的,但同时也给予其 40 年来的过度宣传以恰如其分的羞辱。

该篇社论还从芝加哥大火中发现了对整个国家的启示。在这场被视为道德叙事的火灾中,芝加哥体现了西部鲁莽的扩张主义和空虚自大。这篇社论借鉴了被众多美国人使用的美国文化地图,其中"东部"与"西部"之间是处于对立状态的(Strauss,1976)。对于东部人而言,东部象征着一个稳定、富庶和成熟之地,已经具有休闲和文化的形态,西部则象征着一个由吹嘘者、投机者、快钱艺人和鹿皮贵族构成的蛮荒之地。对于西部人来说,东部是富裕、清高、自以为是及游手好闲的城市居民的领地,他们已失去美国人的农业本源,西部则是勤劳、务实和坦诚的平民家园。基于此,1871 年的芝加哥人普遍认为他们的城市属于西部。在这种情况下,克利夫兰的社论作家将自己的城市列入东部(尽管在不同背景下,他们可能会将克利夫兰归于西部),并展现自己的城市优于芝加哥的一面;他们认为,在贸易战中被芝加哥击败的克利夫兰在道德上超越了他们的对手。

实际上这篇社论的篇幅很短,但我为其花费了大量笔墨,初学者可能会疑惑这么多解释从何而来?答案就是"沉潜于材料之中"。在阅读了数百篇关于芝加哥历史和火灾的文章与书籍后,我开始意识到那些反复出现的话语模式。我所阐述的"许多"美国人对芝加哥的"所认为"都基于我对这些材料的阅读。通过展示多种文本中特定主题、短语、修辞手法和情节的一致性,关于这些"所认为"的解读得到证实。因此,东西部间神话般的对立就不仅出现在报纸社论中,还出现在通俗小说、商人自传、私人信件、政治演讲、杂志插图和服饰习惯中。读者能否接受我的解读取决于他们的判断:① 我是否阅读了足够的、恰当的材料;② 我是否以合理的、有益的、深思熟虑和富有想象力的方式解读这些材料。关于这些问题,读者会基于自己对这些材料的了解、对与之相关的其他材料的理解,以及阅读我在解释时引用的原文做出判断。

我试图阐明这篇社论是如何谴责芝加哥、赞扬克利夫兰、评价西部人的自吹自擂,以及在这场关于美国性格的持续辩论中争取读者支持。与其他质化研究一样,在解释这篇社论时,我并未分析其背后的"真实"原因(例如说明作者是一名坚定的芝加哥憎恶者),而是借用 1871 年美国人自己为他们的行为、态度和观点提供的解释。具体而言,首先,我对该社论撰写者认为读者会注意到的符号(如克利夫兰和芝加哥之争及现代建筑风格)进行解释;其次,试图捕捉隐含在这位社论作家修辞手法背后的道德基调;最后,比较《克利夫兰报》上的社论与其他背景下的社论,包括底特律、辛辛那提和新奥尔良等其他城市报纸上的社论,还有一年后波士顿发生的一场类似大火灾的社论,以及在私人信件内隐而不发的火灾评论。我不局限于芝加哥大火的细枝末节,而是上升到美国人对不同城市所属"性格"的讨论。通过这样的公共仪式,美国人更能将自己理解为一个民族共同体。①

我如何确定自己是否收集到了足够的材料?质化研究者永远无法确定。当我发现收集到的材料已经覆盖各种修辞形式时,就会停止继续收集,因为从更多小镇报纸上收集更多相关社论的边际价值似乎过低。在实践中,我的解释也预示着我需要向他人讲述我的研究故事。我收集了足够多的材料,以一种可信的方式讲述某类故事,直至我认为足以向读者证明解释的合理性。尽管量化研究者可能会对这种叙述感到不悦,但实际上他们做出的也是同样的选择。量化分析的可信度取决于作者的表现与读者期望间的匹配度,而不仅仅取决于证据与现实间的假定一致性。例如,研究者们通过尊重社会惯例——"科学"是呈现现实的——来确认其文本的权威性。当研究者认为该研究的可信度或显著性已达

---

① 　克利福德·格尔茨(Clifford Geertz)认为该策略是"一种在最局部的局部细节和最全局的全局结构间的持续辩证关系,目的是将它们同时纳入视野"(Geertz, 1973, p. 69)。

到一定水平,可以为量化研究者所接受时,研究收集的材料才足够;如果读者群体认为研究者的工作做得足够好,他们就会认为这篇文章是可信的、科学的。

　　我对芝加哥大火的解释并非一成不变或不容更改。其他人可能会找到一份迄今未被发现的文件,迫使我重新审视自己的解释。或是随着情境的改变,一些人可能会在新的兴趣取向或相关研究中获得启发,以一种全新的角度对这些文本进行重新解读。需要指出的是,若想反驳这种解释,必然要求读者构建另一种可替代的解释。在科学哲学中普遍宣扬的证伪原则并不适用于质化研究,因为并没有一种非符号性的"资料"能够一劳永逸地推翻或者否定我的解释。批评家们构建了对证据的另一种解释——这个过程往往会重新定义什么应该被视为证据,甚至谁应该被视为相关的读者群体。我们都将自己的解释交给读者,由他们来决定何种解释将在一段时间内支配我们对芝加哥大火的基本认知。文章的发表只是解释过程中的一个停顿,作家、批评家和读者稍作休息,等待继续出发,对话永远不会结束,尽管有时它可能会陷入沉默。

五、第五步: 讲述研究者的故事

　　量化研究倾向于标准化的叙述,正如它倾向于使概念、编码、问题、回答和主题标准化一样。对于许多量化研究者来说,他们希望保持透明。叙述将证据包裹在一个透明的保护膜中,保持了研究的纯粹性。这种鲜明的、简洁的风格佯装客观和公正,肯定了研究者分析的权威性。这种风格通常在其自身社会实践的关键问题上保持沉默。借用戈夫曼的说法,我们可以将学术文章视为受到公共行为规范制约的前台行为;相比之下,会议上的随性讨论则是研究者无须维护科学家公共形象的后台行为。[①]

　　但对质化研究者而言,撰写研究结果绝非易事。因为质化研究者主张,现实由符号建构而非预先存在,书写是研究者面临的另一个解释困境。质化研究者不能轻易区隔资料收集、讨论和公布的过程。概念的构建、资料收集过程的标准化,以及研究假设的定义都是象征性行为,要求研究者在阅读文本或书写词汇前就要进行解释。因此,近期关于民族志的讨论表明,书写不只是研究之后的"装饰品",而是解释者的理解模式本身(Marcus & Cushman, 1980, pp. 25 - 69; Clifford, 1988, pp. 21 - 54; Clifford & Marcus, 1986; Geertz, 1988)。行文至

---

① 必须补充的是,作为一种书写风格,"透明"(transparency)也鼓励在将数据处理完毕后迅速出版学术文章,同时掩盖多作者文章中个人声音的不和谐性。

此,读者应该会发现,研究被视为一种书写和阅读文化的形式。

质化研究者有意借助文学风格游走于他们阅读和书写的文本之间。某些强大的力量会推动研究报告的风格朝着特定方向发展,社会惯例(如体裁)的牵引,或掌握权力的审查者(如博士委员会、期刊编辑或市场)对研究者选择的推动,都会限制研究者的选择。然而,论据本身始终可以进行不同的文学处理,其中有两个极端方式:一是叙述者隐身于文本之后,如许多传统的社会科学写作一般;二是文本中充满了叙述者的个人色彩。前者否定了研究者的角色,后者则彻底掩盖了研究对象。

没有一种适用于所有研究者或主题的叙事风格。每一种叙事立场都有其价值。约翰·万·曼伦(John Van Maanen)注意到,民族志的书写史展现了三种常见的作者立场——现实主义民族志故事(realist tale)、反思民族志故事(confessional tale)和印象派民族志故事(impressionist tale)(Van Maanen,1988)。在现实主义民族志风格中,研究者表现出一种科学客观的状态,其对读者而言是隐身的(无论他对研究对象来说有多明显),以传达超然和公正理性之感;在反思民族志风格中,研究者通过把故事描述成一次出入某种文化世界的个人旅程来显露自身的存在;在印象派民族志风格中,研究者同时兼顾前两种叙事方式,在主题间随意游走,间或以扰乱读者的叙述预期为乐,并引起人们对文本本身表现的关注。

对初学者而言,诀窍在于选择一个既让人感到舒适又不遵循一般现实主义惯例的叙事身份,且这一身份在写作过程中不会破坏主体文化世界的完整性。研究者既不应将这类文化世界简化为枯燥的命题,也不应淹没于过度的个人遐想。书写是一种社会行为,作为作家的研究者必须在某种程度上对主体和读者保持信任。有时,最有趣的故事可能是研究者与外来文化不期而遇时发生的转变(有人认为这才是研究者唯一会讲述的故事)。但是,如果研究对象和读者在某些时候拒绝成为其他人的叙事背景,研究者也不必感到惊讶。

质化研究者可以通过保持方法上的谦逊进行叙述。在适当情况下,研究报告应直率、公正地承认自身的局限性和矛盾性。虽然永远无法达到证伪的高水准,但质化研究的叙述应诚邀他人进行合作和批评。最重要的是,质化研究者应该同量化研究者所进行的"现实测试"(reality-test)一样,形成自己的审查形式,向学术同行(有着相同的理论热情和专业判断标准的人)和研究对象解释他们的工作。在此方面,近期的一些女性主义工作延续了早期文化研究和城市民族志的工作,也许是因为她们比男性更敏锐地感知到了学校工作和家庭工作间的差距,抑或她们更强烈地表现出对具有掠夺性风格的学术行为的不满,一些女性主义研究者正在进行主体反思的实践(Radway,1984,1986,pp. 93 - 123;Rakow,1987),即研究人员可以有选择地抵制或拒绝研究对象的反应,并在叙述时将这些反应纳入考量。

六、何为质化研究者所知

质化研究者没有便捷的统计程序来判断彼此工作的充分性。他们争论的不是一项研究是否反映了现实,而是他们的叙述究竟捕捉到的是谁的现实。即使进行了所有研究,并用最娴熟的技巧讲述故事,仍然存在着一个岿然不动的现实。质化研究者所能做的就是从资料中理出一个隐喻,来论证现实已经被管理、扣留、处理、放慢、澄清、缩小、照亮、强化或复活。质化研究者往往通过诉诸"科学"以外的社会和政治原则为自身行为进行辩护。那么,质化研究所研究的究竟是大众传播的什么呢? 至少于我而言,质化研究的目的不是用陈词滥调控制他人的行为,不是为了传播我们的文明美德,不是为了把全球市场上的消费者连接在一起,也不是成为发起公众舆论的"引擎",仅仅是为了了解我们的文化栖息地。现代人生活在大众传播所中介的符号世界里,质化研究者在由这些大众媒介创造的社会场域中重构现代性的意义。质化研究者所追求的无非是成为他者的智者。欧文·戈夫曼给出了一个简洁的定义,恰如其分地表达出我之"智者"所言何意:

> 智者也是普通人,他们的独特境遇使他们对蒙受污名的人的私密生活了如指掌,并对其充满同情;智者被这个群体接受,并得到一定礼遇;智者是边缘人,在他们面前,有过失的个体无须感到羞耻或进行自我约束,因为即使有过失,在智者的眼中依旧会被视为普通的他者。

> (Goffman,1963,p. 28)

这一表述足以诠释质化研究的道德动力与智性目标。

参考文献

Barthes, R. (1979). From Work to Text. In J. V. Harari (Ed.), *Textual Strategies: Perspectives in Post-Structuralist Criticism* (pp. 73 - 81). Ithaca, N.Y.: Cornell University Press.

Belcher, W. (1947). *The Economic Rivalry Between St. Louis and Chicago*. New York: Columbia University Press.

Blonsky, M. (Eds.). (1985). *On Signs*. Baltimore: Johns Hopkins University Press.

Boorstin, D. (1965). *The Americans — the National Experience*. New York: Random House.

Borman, K. M., LeCompte, M. D., & Goetz, J. P. (1986). Ethnographic and Qualitative Research Design and Why It Doesn't Work. *American Behavioral Scientist*, 30(1), 42 – 57.

Burke, K. (1963). *Language as Symbolic Action*. Berkeley: University of California Press.

Burke, K. (1965). *Permanence and Change*. Indianapolis: Bobbs-Merrill.

Carey, J. M. (1990). The Language of Technology: Talk, Text, and Template as Metaphors for Communication. In M. Medhurst (Ed.), *Essays in Technology and Communication*. Pullman: Washington State University Press.

Carey, J. W. (1989). A Cultural Approach to Communication in Society. In J. W. Carey. (Ed.), *Communication as Culture* (pp. 13 – 36). Boston: Unwin-Hyman.

Carey, J. W. (1989). Mass Communication and Cultural Studies. In J. W. Carey. (Ed.), *Communication as Culture* (pp. 37 – 68). Boston: Unwin-Hyman.

Carey, J. W., & Kreiling, A. L. (1974). Popular Culture and Uses and Gratifications: Notes Toward an Accommodation. In J. G. Blumler, & E. Katz. (Eds.), *The Uses of Mass Communications* (pp. 225 – 248). Beverly Hills, Calif.: Sage.

Clifford, J. & Marcus, G. E. (Eds). (1986). *Writing Culture: The Poetics and Politics of Ethnography*. Berkeley: University of California Press.

Clifford, J. (1988). *The Predicament of Culture*. Cambridge, Mass.: Harvard University Press.

Condit, C. W. (1964). *The Chicago School of Architecture*. Chicago: University of Chicago Press.

Fish, S. (1978). Normal Circumstances, Literal Language, Direct Speech Acts, the ordinary, the Everyday, the Obvious, What Goes Without Saying, and Other Special Cases. *Interpretive Social Science*, 243 – 265.

Fiske, J. (1987). *Television Culture*. London: Methuen.

Fiske, J. (1989a). *Reading the Popular*. Boston: Unwin-Hyman.

Fiske, J. (1989b). *Understanding Popular Culture*. Boston: Unwin-Hyman.

Fiske, J., & Hartley, J. (1978). *Reading Television*. London: Methuen.

Frazier, C. (1981). The Social Character of Children's Television Viewing. *Communication Research*, 8, 307 – 322.

Geertz, C. (1973). *The Interpretation of Cultures*. New York: Basic Books.

Geertz, C. (1983). *Local Knowledge*. New York: Basic Books.

Geertz, C. (1988). *Works and Lives: The Anthropologist as Author*. Stanford, Calif.: Stanford University Press.

Goffman, E. (1963). *Stigma*. Englewood Cliffs, N.J.: Prentice-Hall.

Grossberg, L. (1984, December 2). Strategies of Marxist Cultural Interpretation. *Critical Studies in Mass Communication*, 1, 392 – 421.

Grossberg, L. (1986, March). Is There Rock after Punk? *Critical Studies in Mass Communication*, 3, 50–74.

Hall, S. (1986). Culture Studies: Two Paradigms. In C. Richard, et al. (Eds.), *Media, Culture and Society: A Critical Reader* (pp. 33–48). Newbury Park, Calif.: Sage.

Hoggart, R. (1970). *The Uses of Literacy*. New York: Oxford University Press.

Humphrey, L. (1970). *The Tearoom Trade*. Chicago: Aldine.

Jenkins, H., Ⅲ. (1988, June). Star Trek Rerun, Reread, Rewritten: Fan Writing as Textual Poaching. *Critical Studies in Mass Communication*, 5(2), 85–107.

Jensen, J. (1990). *Redeeming Modernity: Contradictions in Media Criticism*. Newbury Park, CA: Sage.

Kuhn, T. (1970). *The Structure of Scientific Revolutions* (2nd ed.). Chicago: University of Chicago Press.

Lasswell, H. D. (1972). The Structure and Function of Communication Society. In W. Schramm, et al. (Eds.), *Mass Communications* (pp. 117–130). Urbana, Ill.: University of Illinois Press.

Manning, P. K. (1987). *Semiotics and Fieldwork*. Newbury Park, CA: Sage.

Marcus, G. E., & Cushman D. (1980). Ethnographies as Texts. *Annual Review of Anthropology*, 11, 25–69.

Morley, D. (1980). *The "Nationwide" Audience: Structure and Decoding*. London: British Film Institute.

Mumford, L. (1967). *Technics and Human Development*. New York: Harcourt Brace Jovanovich.

Newcomb, B. (1984). On the Dialogic Aspects of Mass Communication. *Critical Studies in Mass Communication*, 1, 34–50.

Olmsted, F. L. (1871). Chicago in Distress. *Nation*, 3, 304.

Pauly, J. J. (1979). *The City Builders: Chicago Businessmen and Their Changing Ethos, 1871–1909*. Ph.D. diss., University of Illinois.

Pauly, J. J. (1984). The Great Chicago Fire as a National Event. *American Quarterly*, 36(5), 668–683.

Pauly, J. J. (1989). New Directions for Research in Journalism History. In L. S. Caswell. (Eds.), *Guide to Sources in American Journalism* (pp. 31–46). Westport, CT: Greenwood Pres.

Radway, J. (1983). *Reading the Romance*. Chapel Hill: University of North Carolina Press.

Radway, J. (1984). *Reading the Romance*. Chapel Hill, N.C.: University of North Carolina Press.

Radway, J. (1986). Identifying Ideological Seams: Mass Culture, Analytical Method, and Political Practice. *Communication*, 9, 93–123.

Rakow, L. (1987). *Gender, Communication, and Technology: A Case Study of Women and the Telephone*. Ph.D. diss., University of Illinois.

Ricoeur, P. (1979). The Model of the Text: Meaningful Action Considered as a Text. In P.

Rabinow, & W. M. Sullivan. (Eds.), *Interpretive Social Science* (pp. 73 - 101). Berkeley: University of California Press.

Rock, P. (1979). *The Making of Symbolic Interactionism*. Totowa, N. J.: Rowman and Littlefield.

Rowland, W. D., Jr. (1983).*The Politics of TV Violence*. Beverly Hills, Calif.: Sage.

Schudson, M. (1987). The New Validation of Popular Culture: Sense and Sentimentality in Academia. *Critical Studies in Mass Communication*, 4, 51 - 68.

Strauss, A. (1969). *Mirrors and Masks*. Mill Valley, Calif.: The Sociology Press.

Strauss, A. (1976). *Images of the American City*. New Brunswick, N.J.: Transaction.

Van Maanen, J. (1988). *Tales of the field: On writing ethnography*. Chicago: University of Chicago Press.

Warwick, D. R. (1975). Tearoom Trade: Means and Ends in Social Research. *Hasting Center Studies*, 1, 27 - 35.

Wright, J. S. (1868). *Past, Present, Future*. Chicago.

第一章
民族志与参与式观察

民族志与参与式观察[①]

(*Ethnography and Participant Observation*)

保罗·阿特金森(Paul Atkinson)

马丁·哈默斯利(Martyn Hammersley)

民族志方法或多或少依托于参与式观察(participant observation),其在社会科学领域中的发展历程可谓一波三折。不同领域的学者以不同的形式使用这一方法。

关于"何为'民族志'(ethnography)"的讨论始终无果:对一部分人而言,这是一种让人全情投入的哲学范式;对其他人来说,民族志只是一种在适当时机使用的方法。当然,两者间还存在一些中间立场。在实践中,民族志通常是指具有下述特征的社会研究形式。

(1)强调探索特定社会现象的本质,而非检验关于这些现象的假设。

(2)倾向于使用非结构化资料,即不按照固定分析类属(category)进行编码的资料。

(3)对少量案例(甚至仅一个)进行深入调查。

(4)对资料进行分析,包括对人类行为的意义与功能进行明确解读,其成果以语言描述和解释为主,量化和统计分析至多起到辅助作用。

尽管学界对"参与式观察"的定义鲜有争议,但仍无法轻易厘清其含义。人们有时会通过区分参与式观察和非参与式观察来理解其内涵,前者指的是研究者在研究情境中扮演既定角色时进行的观察。这种简单的二分法虽关注到观察者角色变换的重要性,但似乎也暗示着非参与式观察者的角色不被认可。更巧

---

① 文章来源:Atkinson, P., & Hammersley, M. (1998). Ethnography and participant observation. In N. K. Denzin, & Y. S. Lincoln (Eds.), Strategies of Qualitative Inquiry (pp. 248 - 261). Thousand Oaks: Sage.

妙的划分方式是普遍使用的四分法：完全观察者、作为参与者的观察者、作为观察者的参与者和完全参与者(Gold，1958；Junker，1960)，而四分法同样也是模糊的，例如：

（1）是否所有研究对象都知晓研究者的身份，还是部分人知晓，或无人知晓？

（2）对研究的了解程度如何？掌握的具体内容是什么？

（3）研究者在田野中参与/不参与哪些活动？这些活动又如何将他/她与参与者所使用的各种"类属"和"群体成员"(group membership)概念相联系？

（4）研究者的取向是什么，他们在多大程度上接受了"局内人"或"局外人"取向?[1]

有观点认为，个体无法在脱离社会的情况下研究社会，因此在某种意义上所有的社会研究都在进行参与式观察(Hammersley & Atkinson，1983)。鉴于此，参与式观察不是一种特定的研究方法，而是研究者特有的生存方式。

与所谓的"科学"与"实证主义"立场不同，民族志和参与式观察都被认为是一种独特的人文主义解释性取径。在传统的民族志研究中，有些学者会坚持"科学"立场，另一些学者则倡导积极辩论的精神与批判立场。哲学、伦理学与方法论的相互交织，形成了民族志的特定流派或子流派，并参与到多种理论运动和思潮中，如结构功能主义、符号互动论、文化与认知人类学(cultural and cognitive anthropology)、女性主义、马克思主义、常人方法论、批判理论、文化研究和后现代主义等。从未有关于民族志的"正统"说法，对它的认识也一直处于不断争论、不同观点更迭的过程中。正如田野工作中的民族志学者所强调的"边缘人"(marginal native)身份一般(Freilich，1970)，民族志学者追寻的观点——与"主流"正统的说法保持距离——也被民族志研究奉为自身的创世神话，贯穿于当代关于方法论的分歧与争论中。当然，方法论或认识论争论的焦点并非一成不变。早期的争论涉及资料收集、推理和研究主题等问题，近期的争论则是有关民族志的文本特征和与之相关的表征性与权威性问题。后结构主义和后现代主义的盛行既激发了研究者对这些新议题的兴趣，又为旧议题提供了新视角。它们赋予了反复出现的方法论问题以新的批判点："公正观察"与"政治宣传"间的对立互斥、"科学"和"人道"间的紧张关系，以及"客观"和"审美"间的矛盾张力。或许，民族志在社会科学领域中从未如此受到欢迎，但与此同时，其理论基础也面临着前所未有的审视。

---

[1]　为达成研究目的，有些研究者会故意"入乡随俗"(Jules-Rosette，1978)。

一、历史概述

19世纪末和20世纪初,社会和文化人类学家对一手资料搜集的转向,通常被认为是现代型民族志田野工作的开端。其中,1922年马林诺夫斯基(Malinowski)在特罗布里恩群岛(Trobriand Islands)进行的田野调查被认为最具意义,其独特之处在于他对岛民日常生活的关注和记录(Burgess,1982,pp. 2 - 4;Kaberry,1957;Richards,1939;Young,1979)。然而,历史从未存在简明而毫无争议的开端,一些评论家持有更长远的视角,将影响民族志取向的要素追溯至18、19世纪的德国哲学(Hammersley,1989)与文艺复兴时期(Rowe,1965),甚至是古人的著作,如希罗多德(Herodotus)(Wax,1971)。

尽管在特定风格和主要内容层面,民族志研究是20世纪的现象,但其早期历史仍具启发性。它的形成确与西方学者对非西方社会特征的兴趣,以及这种兴趣背后的各种动机相关(Asad,1973;Clifford,1988;Marcus & Fischer,1986);同样,它也受到了源于文艺复兴时期历史主义取向的影响。到了19世纪,该取向在理论上演变为"研究理解历史文本的原则"的诠释学,其核心在于承认过去的人与现在的人在文化上的差异——生活在西方历史不同时期的人处于不同的文化世界。这不仅是承认差异的问题,更是一种评判,即如果将这些差异视为对观察者此时此地规范的背离,或将之视为文化落后的标志,就无法正确理解这些差异。不久后,这种对文化差异的认识也被西方人应用于研究同时代的社会,尤其是新发现的南美和东方文化。最重要的是,历史主义提出了"'是否'和'如何'理解其他文化"的方法论问题,这一问题至今仍是现代民族志的核心。

在此方面,20世纪最突出的特点或许是人们越来越认识到,有关"理解"的问题并不局限于对过去历史和他者社会的研究,也适用于对自身所处社会环境的研究。西方人类学者和社会学者将民族志方法应用于调研其自身社会环境,这成为20世纪社会科学的一个核心特征(Cole,1977)。换言之,民族志方法不仅关乎对社会边缘地区少有的传统文化的发现(Arensberg & Kimball,1940),还涉及对在大都会中能发现多样文化的承认(例见 Hannerz,1969;Suttles,1968;Whyte,1955,1981)。①

---

① 我们不应忘记这项研究在19世纪的前身,即弗里德里希·恩格斯(Friedrich Engels)、查尔斯·布斯(Charles Booth)及西德尼·韦伯(Sidney Webb)和贝特丽丝·韦伯(Beatrice Webb)的著作(Engels,1968;Booth,1889 - 1902;Webb, S. & Webb, B.,1932),尽管他们强调的是记录生活情况而非文化。

西方高校中社会科学的制度化伴随并影响着民族志的发展,在此过程中有些危机反复出现,且大多集中在社会科学的可能性、特性及可取性方面。19 世纪出现了一种矛盾:有学者试图运用自然科学方法中"经验主义"的概念研究人类行为,另一些学者则认为运用不同的科学学术模式也可以研究人文科学和社会科学。受诠释学影响的人认为,社会研究不同于物理科学,因为在寻求对人类行为和制度的理解时,尽管存在文化差异,但人们仍可以基于自身经验与文化知识,在与他人共享的过程中实现理解。另一种观点则强调自然科学与人文科学间的差异,认为自然科学关注对普遍规律(即通则取向)的发现,人文科学的任务则是理解社会历史语境中的特定现象(即个案式取向)(相关立场的讨论见 Frisby,1976;Hammersley,1989;von Wright,1971)。

回顾这段历史,民族志学者和其他研究人员倾向于将之视为实证主义范式和解释主义/诠释主义范式间的对立冲突,民族志被纳入后者(Filstead,1970;Smith,1989;Smith & Heshusius,1986)。但这是一种误读,深入观察后我们会发现,在人类社会生活的特征、如何理解人类社会生活、自然科学方法的性质及其与人类行为研究的相关性方面,各种观点层出不穷,纷繁复杂。为了说明这一点,我们将简要回溯 20 世纪民族志发展的两个关键阶段:现代人类学(modern anthropology)的创建时期、芝加哥社会学派(Chicago school of sociology)的发展时期。

在此,谁是现代人类学的奠基人并无伤大雅。弗朗茨·博厄斯(Franz Boas)、马林诺夫斯基和拉德克利夫-布朗(Radcliffe-Brown)这三位关键人物都致力于将人类学视为一门科学(尽管可能是一门特殊的科学)。他们认为民族志是人类学科学性的核心:人类学家通过对一手资料的收集,以及对现存"原始"社会之社会文化特征的描述来评判人类,而非仅依赖于对历史或进化水平的推断。换言之,三位创始人都反对臆测并支持经验调查,这一点始终是经验主义的核心特征,尽管非其独有。此外,他们也没有亦步亦趋地遵奉自然科学,而是将其视为人类学的一个重要模式。广义上,拉德克利夫-布朗创造"社会的自然科学"之目的与马林诺夫斯基或博厄斯的方向并不矛盾(同见 Harris,1969;Leach,1957),他们三人都认为社会和文化现象在本质上不同于物理现象,必须依托它们的独特性加以理解。这一想法也刺激了一些追随者(尤其是博厄斯的追随者)对科学模式适用性提出质疑(例见 Radin,1965;Harris,1969)。较之以往,这种模式在当下可能面临着更大的压力,但在某种程度上它从未被多数人类学家完全抛弃。民族志内部科学与人文间的矛盾存于伊始,正如我们所看到的，它们的矛盾从未解决（Redfield，1962）。

尽管 20 世纪二三十年代芝加哥社会学派似乎尚未受到人类学的显著影响，但其研究取向在诸多方面与之相似。或许最引人注目的是，几乎没有人质疑自然科学作为社会研究方法论模式的相关性，即使是 20 世纪二三十年代展开的关于案例研究与统计方法的辩论，其争论框架也是基于对科学的解释方式，而非对科学的接受与否（Bulmer，1984；Hammersley，1989；Harvey，1987）。芝加哥社会学派最具影响力的人物无疑是罗伯特·帕克（Robert Park），他将一名报社记者对具体独特的事物的敏感与新康德（neo-Kantian）哲学对文化科学特质的关注相结合，与此前的威廉·托马斯（William Thomas）一样，将这种关注与发现社会文化规律的兴趣结合在一起（Park & Burgess，1921，1969）。芝加哥学派中的一些人试图融合科学和诠释学的功用，实用主义哲学在其中产生了重要影响，尤其是威廉·詹姆斯（William Jams）、约翰·杜威（John Dewey）和乔治·赫伯特·米德（George Herbert Mead）的著作。这些哲学家试图将人类行为研究的科学取向和德国观念论（German idealism）与历史主义的传统相结合。事实上，他们似乎已将对弗里德里希·黑格尔（Friedrich Hegel）的科学解读视为一种弥合科学和人文间分歧的手段。然而，这种尝试绝非完全成功。[①]

人类学和社会学的民族志发展史反映了对自然科学模式"迎"与"拒"之间的张力；然而，少有人会做出绝对性的选择。近年来，民族志愈发多样化，在不同关注点的指导下（从传统的社会文化描述，到旨在为决策者提供信息的应用研究，再到致力于宣传和促进政治解放），不同领域的方法各有不同；这些不同的关注点又与不同形式的民族志实践相关：有时传统的、长期的和深入的调查会被放弃，转而进行简略的田野工作，或主要依靠非结构式访谈、从事咨询工作或参与政治斗争。

下文将详细探讨由现代民族志的矛盾历史和多样化特征引发的主要论争：民族志是否或能否是科学的问题；民族志研究与社会和政治实践之间"适当关系"的问题；围绕民族志学者用以表现他人生活的文本策略的争论，以及由此引发的方法论、美学、伦理和政治问题。这些不同议题总是相伴而生。

---

① 这种"绝非完全成功"（instability）体现在关于如何解释他们的研究，以及这些研究的社会价值等诸多争议之中。参考罗伯特·贝尔斯（Robert Bales）、克拉克·麦克菲尔（Clark McPhail）和辛西娅·雷克斯罗德（Cynthia Rexroat）、大卫·路易斯（David Lewis）和理查德·史密斯（Richard Smith）、罗伯特·斯图尔特（Robert Stewart）、赫伯特·布鲁默（Herbert Blumer），以及盖瑞·阿兰·法恩（Gary Alan Fine）和雪莉·克莱曼（Sherryl Kleinman）的相关研究（Bales，1966；McPhail & Rexroat，1979；Lewis & Smith，1980；Stewart，1981；Blumer，1983；Fine & Kleinman，1986）。

二、民族志：科学与否

一个多世纪以来，"能否存在一门研究社会生活的科学"这一问题始终困扰着社会科学家，并在诸多关于民族志方法论的思考中占据一席之地。然而，它并非是一个简单的"是否"问题，其回答存在广泛的可能性，主要包括以下三个维度。

（1）对于哪种自然科学应被视为科学方法的典范，可能存在不同观点。

（2）即使是在特定时期被视为特定科学特征的方法，也可能存在不同解释。

（3）关于自然科学方法的哪些方面应该/不应该被应用于社会研究，可能存在分歧。

近年来，许多关于民族志方法论的思考都是基于对"实证主义"的排斥这一基本立场。实证主义泛指社会研究应采用的科学方法，如借助量化测量方法获得数据并对假设进行严格检验。量化的社会学研究通常被视为实证主义的典范，民族志学者则批判其无法捕捉人类社会行为的真实本质——因为量化的社会学研究依赖于人为设置的情境（如实验）和/或人们的所言（而非所做），并试图将"意义"还原为"可观察"的东西；并且它还将社会现象视为社会和心理因素的机械产物，忽略了现象的复杂性与动态性。这并不意味着民族志学者全然否定量化研究方法，事实上他们也经常在一定程度上采用结构化的数据收集和量化的数据分析形式。民族志学者不认同的是将量化方法视为唯一合理甚至是优先的方法。与其说他们否定量化方法或自然科学模式，不如说是否定实证主义。[①]

然而，近年来出现了一种更激进的态度，既反对量化方法又排斥科学模式。民族志学者曾一度质疑量化与科学间的假设关系，但这种情况已不常见，如今它们通常被一并否定（例见 Lincoln & Guba，1985；Smith，1989）。这在一定程度上反映了自然科学作为一种普适文化的幻想的破灭。例如，自然科学现今被认为是极具破坏性的武器和严重污染的源头。事实上，有些人认为自然科学是主宰现代世界的压迫性力量。此观点在批判理论家的著作（例见 Held，1981；Wellmer，1974）和女性主义者的研究中可窥见一二，在这些作品中，科学有时会与男性侵略和父权制相联系（例见 Harding，1986）。受这些路径的影响，许多民

---

① 布鲁默的方法论著作体现了这一点（Blumer，1969；相关讨论参见 Baugh，1990；Hammersley，1989）。

族志学者放弃了科学模式,转向探索与人文科学重新建立联系的新路径(例见Eisner,1985,1988,1991)。

　　某种程度上此处涉及的是对社会研究(包括民族志研究)客观性的质疑。例如,女性主义者认为,许多社会研究的发现(包括民族志研究)反映了研究者的男权主义假设,此类研究者倾向于忽视,甚至有时会贬低女性的行为和经历,他们对世界的观察和认识也受到了男性视角的限制。这与早期马克思主义对资产阶级社会科学意识形态特征的批判别无二致,黑人社会学(black sociology)的倡导者也早已提出类似的批判(相关讨论参见 Hammersley,1992a)。

　　无论如何,越来越多的人开始质疑民族志(及其他领域)研究的客观性,并逐渐发展为对社会科学知识可能性的根本性质疑。有人指出,研究者的叙述是一种建构,反映的是产生这些叙述的预设与社会历史环境。这与社会科学(包括民族志)建构普适知识(即抓住社会世界的本质)的愿望相矛盾。过去,民族志学者坚称民族志方法更能准确表征社会现实的本质(例见 Blumer,1969)。如今,受各种形式的反实在论(antirealism)的影响,无论是在建构主义(constructivism)(Guba,1990)、哲学诠释学(philosophical hermeneutics)(Smith,1989),还是后结构主义(poststructuralism)(Clough,1992;Denzin,1990;Lather,1991)中,都鲜有此类争论。

　　近期,威廉·福特·怀特(William Foote Whyte)对波士顿北区进行的经典民族志研究因其准确性问题引发了争议(Whyte,1955),诺曼·肯特·邓津(Norman Kent Denzin)和劳雷尔·理查德森(Laurel Richardson)对此发表了评论,饶有趣味地阐释了这种反实在论的影响。怀特的开创性研究记录了这个社区中人们生活的方方面面,尤其是"街角男孩"(Corner Boys)。尽管"街角男孩"中的一位成员认同怀特的叙述(Orlandella,1992),但玛丽安·博伦(Marianne Boelen)根据近期的一些访谈,对怀特叙述的准确性提出了质疑(Boelen,1992)。邓津和理查德森以"所有叙述都是建构的"为由有力地驳回了这一质疑,并认为讨论"哪种叙述更能准确地反映现实"这一问题毫无意义(Denzin,1992;Richardson,1992)。

　　另一种激进的批判倾向是,把长期以来用于批评量化研究的观点指向传统民族志本身。有些人认为,民族志基于等级关系、控制关系等,是在用抽象概念将社会现象具体化,用一种不合理的专业知识来观察解释研究对象。事实上,有人认为它代表了一种比量化研究更微妙的控制形式,因为它更能接近被研究者,发现他们的行为细节与内在经验(Finch,1986;Stacey,1988)。

对民族志的认识论挑战在许多方面无疑颇具成效。一些用以支持"民族志反对量化方法并证明其自身特点"的论争有待商榷。例如,在民族志中"何为理论"的问题尚不明确,"理论描述"这一指导社会学中多数民族志研究的概念也遭到质疑(Hammersley, 1992b, chap. 1);与此同时,这种质疑也具有怀疑主义与相对主义的倾向,其倾向程度如何不甚清晰。人们往往有选择地应用怀疑主义和相对主义,却不阐明这种选择性应用的原则是什么(Woolgar & Pawluch, 1985)。换言之,这种行为是一种"本体论的偷工减料";如果试图彻底接受怀疑主义和相对主义,那么最终结果可能会是一种孱弱的虚无主义。对于研究者而言,我们需要做的是重新评估围绕科学概念的方法论和哲学论争,以及民族志与科学之间的关系。关键要警惕一个误区:认为我们面对的仅仅是教条主义和相对主义间的选择,或是单一的绝对性科学观与有些独特的解放性科学观之间的取舍。

三、理论与实践

近年来,另一个备受争议的焦点是民族志研究与"社会和政治实践"间的关系。或许直至今日,大多数民族志研究仍致力于发展学科知识而非解决实际问题。虽然这些工作可能有利于拓宽公众知识的广度,但这些知识通常较为宽泛,且往往因其本身(而非其工具价值)而有价值。

尽管民族志学者希望可以解决他们学术领域之外的问题,但事实上他们研究的问题、书写调研报告的方式等均不曾偏离学术研究的范畴。这里所假设的民族志研究与实践间的关系就是所谓的启蒙模式(Bulmer, 1982;Janowitz, 1971)。然而,并非所有民族志研究都采用了这种模式。长期以来,美国的应用人类学运动都专注于开展旨在解决实际问题并做出直接贡献的研究。这种传统在近年来蓬勃发展并进行自我变革,不再游离于美国主流社会之外(Eddy & Partridge, 1978;van Willigen, 1986)。此外,随着学科模式受到越来越多的批评,这种实践取向和政治取向也得到了广泛传播。

即使是那些主要关注学科知识贡献的人类学家和社会学家,有时也觉得有必要"宣传"他们的研究对象;并且,有人呼吁将这种"宣传"纳入研究过程(Paine, 1985)。也有人认为,即使人类学并未明确声称要为他人发声或代表他人,但其本质就已包含着对他者的表征(这一点可以扩展至一般民族志研究)。这引发了关于伦理与政治责任的讨论。

然而,这一论点和在此基础上的实践都不是直截了当的。任何"宣传"活动发生的语境都是复杂的：它不是简单地由被压迫者和压迫者组成，而是由受到不同理想和利益驱动、追求不同政治策略的个人和群体组成（Hastrup & Elsass，1990）。何况，这些被表征的群体很少是通过民主的方式组织起来的。再者，关于什么是/不是符合该群体及其成员利益的问题也往往存在不确定性，甚至可能存在采用民族志神话的危险，例如，印第安群体往往被视作"文化孤岛"，这便预设了他们必须阻止那些明显不具有该文化背景的殖民者，或避免有人泄露"文化真相"。

近年来，社会学家、人类学家在教育、卫生和社会政策等领域越来越多地使用民族志方法，一定程度上反映了资助者对量化研究信心的减弱，以及部分群体资助质化研究的意愿。讽刺的是，在英国，这一趋势在商业市场研究领域比在政府资助项目中更为明显（Walker，1985）；这一转向在美国同样显著，例如，由联邦政府资助的教育评估越来越多地涉及民族志内容（Fetterman，1988；Fetterman & Pitman，1986；Rist，1981）。与此同时，关于这种应用研究是否，以及在何种意义上属于民族志也存在一些争论，一些人类学家认为这种应用研究是对他们眼中的民族志的背弃（Wolcott，1980）。事实上，在许多方面，这种趋势确实促使民族志实践发生了重大改变，例如，一些教育评估领域的研究者倡导并践行了"简化"田野工作（Walker，1978；关于教育评估的相关研究，参见［Atkinson & Delamont，1985］）。

随着民族志研究逐渐向实用性发展，人们开始呼吁合作研究，这种呼吁一定程度上是出于对民族志（和其他）研究在社会与政治实践中影响力不足的担忧。一些人认为，研究者的亲身参与或将扩大研究的影响力，因为这种参与可能会改变研究并使其更加落地，且直接的体察会令其更有动力将研究付诸实践。还有其他重要因素推动了合作研究的发展，如马克思主义批判理论和女性主义。这些理论要求研究为受压迫群体的政治斗争做出贡献，不仅是工人阶级，还包括女性、少数民族和残障人士等。这种对合作的承诺源于对左翼的核心政治目标（民主的延伸）的重新概念化，以及一种信念——致力于该目标的研究者必须在实践中加以证明。就此而言，研究者能够决定研究内容、研究方法，以及决定在报告中代表谁的声音，这使得传统的民族志工作被指责带有等级色彩（例见 Gitlin，Siegel & Boru，1989）。

毫无疑问，民族志学者需要重新思考他们的研究与社会、政治实践间的关系。基于对这种关系的片面认知来重建民族志无疑是一种错误，我们不能忽视迄今为止民族志研究的目标——知识建构。实用性固然有益，但并不能取代知识建构的价值。总体而言,实用目标并不比追求知识更值得我们投入时间与精力,尤其是当目标难以实现时。需要谨记,改变世界既可以是好事,也可以是坏事。乌托邦式地以研究为手段来参与政治,对任何人都没有益处。

四、修辞与表征

近年来,关于民族志和参与式观察的文献因对民族志叙述修辞的反思而日益丰富。例如,人们开始关注民族志文本的美学和伦理学,包括权威与作者的关系,以及修辞、表征和逻辑间的普遍联系。民族志学者的"修辞转向"(rhetorical turn)成为探究修辞的更广泛学术运动中的一部分,这种对修辞研究的兴趣在许多人类学和社会学科中均有体现。它涉及各种重要的(广泛传播的)理论与方法论偏好,尤其是女性主义、后结构主义和后现代主义。在社会科学家中,最早且最具价值的贡献源于文化和社会人类学家。近年来,社会学家也开始关注该问题,虽然各学科的侧重点略有不同,但整体主题相似,包括民族志文本的规约性、"自我"和"他者"在文本中的表征、民族志作为一种文本体裁的特点、民族志论证的性质和论据的修辞。

这种"修辞学再发现"的出发点是:承认不存在用以表征自然或社会世界的完全透明或中立的方式。例如,自然科学家的工作无论多么客观和公式化,它与所描述的现象和事件间的关系都不纯粹。这些文本遵循成规,其真实性和可信度取决于读者共同的阅读与解释策略。

同样,人文科学也采用了共同的规约方式来构建并传达其对社会场景、行动者和文化意义的特征描绘。海登·怀特(Hayden White)关于历史文本写作的大量论述具有超史学意义的影响(White,1973)。迪尔德丽·麦克罗斯基(Deirdre McCloskey)在经济学修辞方面幽默而博学的评论提供了重要的基准和典范(McCloskey,1985)。在社会和文化人类学家中,标准的民族志在很大程度上是一种规约形式,正如詹姆斯·布恩(James Boon)指出的,人类学专著的典型框架将一种共同模式强加于它们所描述的大量社会情境之上,而非揭示其中的模式(Boon,1983)。他认为,人类学专著中的经典形式是功能主义人类学(functionalist anthropology)领域假设的直接表现,尽管这一表现较为隐晦。

詹姆斯·克利福德(James Clifford)和乔治·马尔库斯(George Marcus)编著的论文集《写文化:民族志的诗学与政治学》(*Writing culture: The poetics and politics of ethnography*,Clifford & Marcus,1986)是民族志文本性批判意识的集大成之作。该论文集收录的作品从不同方面强调了人类学对其研究对象进行的"文本强加"（text imposition），以及文学修辞、历史和意识形态的复杂影响。

克利福德和马尔库斯的论文集与格尔茨的著作相似，但又不尽相同（Geertz，1973）。克利福德·格尔茨（Clifford Geertz）坚信人类学著作可以被视为"小说"，因为它们是作者运用"文学"惯例和手法精心创作而成的。格尔茨还详细记录了一些人类学奠基人使用的独特的文学风格，包括英国与美国的研究者（Geertz，1988）。同样，《写文化》中的几位撰稿人也试图阐明民族志写作的"文学"前身和相似之处。例如，玛丽·路易斯·普拉特（Mary Louise Pratt）就在该书中提及人类学民族志与旅行写作间的相似之处和两者在自我意识方面的差异（Pratt，1986，1992）。

同样，阿特金森早期的一篇文章探讨了文学的起源及其与芝加哥学派相关的社会学民族志的相似之处（Atkinson，1982）。与当时出现的许多人类学评论一样，阿特金森的作品受到了当代文学批评的影响。结构主义和后结构主义理论强调，现实主义小说写作中的"真实性"源于特定的阅读和写作惯例。同样，我们也可以探讨民族志叙述的真实性是如何通过同样或相似的惯例手段产生的。

关于"文学"的前身与交汇点，诸多文献已有涉及。就人类学而言，评论家们注意到了文学与传记间的相似性——在马林诺夫斯基和康拉德（Conrad）的作品间（Clifford，1988）、超现实主义和法国民族志间（Clifford，1988）和鲁思·本尼迪克特（Ruth Benedict）与爱德华·萨丕尔（Edward Sapir）的诗学写作间（Brady，1991；Prattis，1985）。从类似的文学角度对社会学传统进行的探讨较少。阿特金森初步确认了芝加哥学派的城市民族志与美国文学中的自然主义、现实主义小说间的联系。对这些联系的深入探讨道阻且长。我们仍然缺乏对形成特定民族志传统的一般文化和广义上的"文学"语境的细致考察。例如，在英国，布斯和西博姆·郎特利（Seebohm Rowntree）等城市调研者奠定的社会学基础就同几种文学模式有着密切联系。知名作家的调查性新闻报道，以及查尔斯·狄更斯（Charles Dickens）等作家的虚构作品则增添了现实主义与怪诞的丰富色彩，能够于社会学传统的基调、风格和情感中窥见一二。同样，大西洋两岸悠久而丰富的社区研究传统，也需要对照雷蒙德·威廉姆斯（Raymond Williams）在城乡对比中的文学分析进行深度解读（Williams，1973）。

文学分析的意义不在于创造有趣的类比和对比，也无关对特定人类学或社会学文本文学前身的追溯，而旨在消除"科学"和"修辞"间的虚假区隔。"审美和人文"与"逻辑和科学"两组矛盾之间的基本辩证关系由此得到了重申。这种对民族志文本的传统性质与文学前因的认识,反过来又提出民族志作为一种文本产品类型的独特性问题。在许多当代评论家看来,仅仅指出我们的文本是格尔茨意义上的"小说"还不够,更关键的是要描绘出在构建特定人类学与社会学风格时所使用的惯习。因此,各学派、传统和独立作者之间的关系就可能通过构建学术阐释的文本策略进行探索。

这种对风格和体裁的辨识经历了各种转向。一些英国人类学家探讨了不同的文本风格如何与不同的地域偏见和关注点相吻合(他们批评一些"文本"批评家或多或少地将人类学民族志视为一种无差异的文本类型)(Fardon,1990)。同样,约翰·万·曼伦(John Van Maanen)关于各种民族志写作模式特征的探讨也极具影响力(Van Maanen,1988)。值得注意的是,他对比了社会学家和人类学家的"现实主义"和"反思式"的叙述风格,前者通常是主流风格,后者在惯习上更边缘化,甚至可能被归为方法论的附属。这种对比存在于大量的民族志作品中,其本身就是一种基于文本的惯例,通过这种惯例,研究者和民族志学派处理着"个人"与"非个人"间的张力。

在城市社会学和人类学经典民族志中,文本创作的"常规"并不明显,因为他们的作者和读者使用的是完全熟悉且"天然"的文本范式及手段。故而,依托其"文学"特性,具有较强可读性的民族志,如威廉·福特·怀特的《街角社会》(*Street Corner Society*,Whyte,1955)对社会环境进行了生动描述。正如约瑟夫·古斯菲尔德(Joseph Gusfield)等人在分析艾略特·列堡(Elliott Liebow)的作品《泰利的街角》(*Tally's Corner*)时所言,现实主义民族志通过其叙事结构、修辞及文体手法来实现效果(Gusfield,1990;Liebow,1967)。同样,阿特金森明确借鉴了文学批评的模式及前辈评论家的研究成果(例见 Brown,1977;Edmondson,1984),指出了民族志文本构建过程中反复出现的文本方法和主题(Atkinson,1990);他着眼于文学分析的几个标准要素,考察了各种主要手段和修辞的使用。例如,叙事形式被用以描述社会行动和因果关系。同样,叙述中的人物或行动者是由叙述性和描述性片段组合而成的。因此,民族志学者利用他们的"文学能力"来重构社会行动和社会行动者。与许多批评家和评论家一样,阿特金森追溯了各种修辞,如隐喻、反讽和借代。前文阐明了民族志是以传统文学资源为基础的,这并非是对其使用价值的否定,相反,它所指涉的正是一种"恰当而规范"的使用。在未来,民族志现实主义可能不是完美无瑕的,但并不构成寻找替代文学形式的理由,尽管已有一些批评家和评论家主张并着手实践了不同于以往传统现实主义文本的民族志写作方式(例见 Crapanzano,1980;

Dwyer，1982；Krieger，1983；Shostak，1981；Woolgar，1988）。

在许多人看来,文本或修辞转向满足了审美或方法论的需要,但也不可避免地具有伦理和政治意义。人类学的反思大都集中在民族志中对作者和他者的文本表述上。在此,人类学家与更广泛意义上的文化批评家间有着共同的兴趣,如爱德华·萨义德（Edward Said）关于东方主义的论述或佳亚特里·斯皮瓦克（Gayatri Spivak）的研究（Said，1978；Spivak，1989；Pratt，1992）。本质上来说,民族志研究与作为文本产物的民族志都具有复杂性:前者涉及研究者对研究对象的认识、个人判断与道德承诺。由于长期沉浸在田野中的图景（通常是现实）,以及对参与式观察的强调,民族志学者会置身于一个共享的世界,此时的他/她是以"陌生人"或"边缘人"的身份开始文化学习,此过程的前提是一定程度上对他者的"屈从"（Wolff，1964）。参与式观察的认识论基于社会行动者间的交互原则和"视角的互惠性"。因而,这种修辞是平等的,观察者和被观察者处于同一社会和文化场域,他们各自的文化虽有不同,但关系平等,小能凭借人类共识而彼此认同;就后者而言,民族志的经典文本往往会将作者和他者差别对待。这种标准民族志报告文学的现实主义手法可能会使民族志学者成为隐含的叙述者,赋予其以一种凝视的特权,类似于许多叙事小说中作者的全知性特征。该文本将行动者与文化共同置于一个单一而包罗万象的视角中,相较之下,他者仅作为民族志学者凝视的对象。民族志学者的声音被赋予了特权,他者的声音则被压制。因此,民族志文本写作领域逐渐出现具有替代性的、更具"对话性"的民族志文本,"对话"形式取代了"独白"模式,其内含的文本也允许多重"声音"的存在。该观点将文本、方法论和道德承诺相结合。尽管凯文·德怀尔（Kevin Dwyer）尚未实现真正的"对话",但他自发性地采用对话式文本,为这种表述风格的发展做出了里程碑式贡献（Dwyer，1982）。

女性主义观点的倡导者也对民族志修辞的道德关切予以支持（Stanley & Wise，1983）。这种西方观察者的文本实践所享有的"特权"色彩与特权男性话语的书写异曲同工。因此,有人试图创作女性主义文本以颠覆这种"理所应当"的模式。苏珊·克里格（Susan Krieger）的"意识流"风格是其中的典范之作（Krieger，1983；Devault，1990）。女性主义者对民族志写作的评价反过来被视为社会科学写作的普遍评价的一部分,也体现了她们对于各种体裁的兴趣——尤其是传记和自传（Stanley，1990，1992；Smith，1987，pp. 105ff.）。利兹·斯坦利（Liz Stanley）、苏·怀斯（Sue Wise）和多萝西·史密斯（Dorothy Smith）等人在"女性主义立场"与"将文本形式视为问题"之间建立了一种有趣的联系。这种关切是认识论的、伦理的,是主观的、权威的。当然,从女性主义的立场来看,它们也是彼此牵连的。

　　修辞转向也与民族志建构中的"后现代"倾向密切相关。不同于所谓的"现代"民族志,后现代民族志更重视探索文化与行为间的不连续性、矛盾性和不一致性,且无意解决或调和这些矛盾。后现代主义者认为,经典的现代民族志将各种碎片式的、关于社会生活的表述置于一种主导叙事与单一特权的视角之下;后现代作家则试图弥合观察者与被观察者之间的裂隙。"参与式观察"这一体现了距离感与熟悉感之间暧昧性的修辞被"对话"所取代,展示出"民族志情境中的合作与协作性"(Tyler,1986,p. 126)。

　　此外,后现代民族志对其文本特征采取了一种截然不同的态度。例如,史蒂芬·泰勒(Steven Taylor)就拒绝任何关于民族志能够"表征"世界的主张,而更愿意使用"唤起"(evoking)这一术语(尽管他忽略了对"唤起之物"的思考)(Tyler,1986)。玛丽莲·斯特雷森(Marilyn Strathern)对"唤起"和民族志的复杂性进行了深入探讨。后现代性和后现代民族志文本的主题是辩证统一的(Strathern,1991)。约翰·多斯特(John Dorst)对美国查茨福特(Chadd's Ford)小镇的描述恰巧能够说明这一点(Dorst,1989)。多斯特描述了这个位于宾夕法尼亚郊区的小镇是如何通过各种表现形式与身份认同行为(尤其是通过对安德鲁·怀斯[Andrew Wyeth]画作的认同,或者借助画作本身)来建构自我。多斯特研究了许多当地策略,借之以展现地方性表观。

　　依赖于对不同材料的整理与分类,丹·罗斯(Dan Rose)对这种后现代文本进行了更极致的诠释(Rose,1989)。它不仅包含了主题与视角的根本性转变,还囊括了迥然不同的写作风格。[①]尽管"现实主义"民族志仍具生命力,但后现代转向显然会激励一些社会学家和人类学家进行多样化文本风格与形式的尝试,进而有助于他们专注于所有民族志报告的规约特征上。这也将成为民族志学者的一种技艺——自觉识别并探索文本形式与风格(Atkinson,1990)。如此,各种风格的文本都可能成为民族志流派的特征。

　　近年来,民族志研究中存在一种强调民族志的修辞或"诗学"的趋势,以至于过度关注文学与美学问题,忽视了逻辑和推理。这种认为学术文本具有规约性与文学性的认知,似乎已经引导一些实践者走向极端。恰如我们提及的,文本实

---

① 有人指出,格雷戈里·贝特森(Gregory Bateson)的民族志著作《纳文》(*Naven*,1936)是文本多样化型民族志叙述的早期范例(Clifford,1988,p. 146)。

验已经开始，有时甚至会达到蒙昧主义的地步，尤其是以"后现代主义"为名进行的文本实验。然而，这种对文本性的强调存在将修辞置于科学性或理性之上的危险。哈默斯利建议，我们需要关注阅读与编写民族志的策略，但这主要是为了评估论点和论据的质量（Hammersley，1991，1993）。与大多数"文本"评论家一样，他承认许多社会学或人类学的论证是含蓄的，蕴含在叙事、描述和修辞的文本编排之中，但他主张批判地对待这些文本元素，以便评估其所传达的论证的质量。如此，他重申了对民族志研究进行整体性评价的更"科学"的一面。

五、结论：当代危机与革新

民族志方法已被广泛应用于各个学科和领域，包括社会文化人类学、社会学、人文地理学、组织研究、教育研究和文化研究。值得注意的是，在这些学科领域中，没有一种哲学视角或理论取向可以为民族志和参与式观察奠定独特的理论基础。在整个社会科学领域中，民族志的使用与论证呈现出多样性。鉴于此，区分"质化研究"的不同类型不过是一种徒劳。我们必须承认存在不同的理论或认识论立场，且每一种立场都可能支持某种形式的民族志研究，试图将民族志（或一些类似的范畴）提升至主导地位无疑是错误的。当然，亦有一些共识存在。不容忽视的是，近年来许多倡导者在定义其自身行动时，并不会采用正面的方式，而是侧面地从否定他们不赞同的观点进入。

例如，从历史上看，社会学与人类学的方法论诉求几乎没有共通之处，这些诉求也未能非常准确地建立在各自领域实际历史的基础之上。许多社会学家声称，参与式观察和符号互动主义间至少存在一种选择性亲和关系（Williams，1976）。在互动主义者有关社会行动者、社会行动和社会秩序的观点与田野工作的实际成果之间，我们确实可以发现许多关联：两者都强调意义与理解是通过互动的过程和交换产生的。在此背景下，芝加哥学派的社会学常被援引为灵感来源。讽刺的是，芝加哥社会学本身并非特意以民族志田野工作为主导；早期芝加哥学派城市民族志研究较之当代在方法上也不尽相同；早期芝加哥城市社会学并非全然基于符号互动主义，符号互动主义在很大程度上是对假设的后续编纂。

同样，还有人认为这是一种常人方法论式的民族志，强调对人们为完成社会生活实践所采用的日常方法的探究，这意味着对纯粹常人方法论界定的放宽。放宽后的常人方法论通常采用折中的方式，通过与其他观点相结合的方法来阐明更传统、更主流的社会学所关注的话题和问题。无论常人方法论是否符合某些实践者的主张——作为一门独特的基础性学科或奠基性学科——它都为民族志研究提供了重要的主题与新的研究问题。然而,常人方法论也带来了一定局限性:由于强调对口语互动的详细分析,有些形式的常人方法论会使材料的分析范围被窄化。若过度依赖于对口语互动的分析,考察的田野范围可能被局限在那些可以进行录音或录像的情境与场景中。同样,在获得社会语境的背景知识方面,参与式观察的特殊贡献也将遭到否定,或降至次要地位(Atkinson,1992)。关于话语分析的贡献亦是如此(例见 Potter & Wetherell,1987),对语言与社会互动形式的密切关注无疑是对更普遍、全面的民族志方法的重要补充,但它们不能完全替代民族志研究。[①]

在其他方面,符号学或诠释学为民族志资料的收集和分析提供了依据;关注作为符号与文本系统的文化,为民族志提供了主要动力。在民族志研究中,格尔茨成为文化"文本隐喻"的重要支持者,所提"深描"的概念强调了对文化意义的解释。这种文化人类学中的解释性视角与更正式的(解释主义者眼中)还原论者的视角(如结构主义或民族科学)形成了鲜明对比。解释性取径意味着一种相对主义,它避开了通则式取向,并确认了民族志学者解释文化及其表现形式的合法性。该模式下的解释主义从"诗学"的角度(如隐喻、比喻及其他表现形式)来构想"文化"。这种对社会生活"文本性"的认识又与前文对"作为一种文本特征的民族志"的关注紧密相关。

虽然在整个民族志传统中存在一些共同的线索与反复出现的主题,但民族志与理论视角间不是一一对应。并非所有的民族志都是在某种正统认识论的支持下进行的。相反,不同学科与倾向对民族志工作提出了不同要求,构建了一个高度复杂且有争议的话语场域。

参考文献

Arensberg, C., & Kimball, S. (1940). *Family and community in Ireland*. Cambridge, MA: Harvard University Press.

Asad, T. (Eds.). (1973). *Anthropology and the colonial encounter*. New York: Humanities Press.

Atkinson, P. A. (1982). Writing ethnography. In H. J. Helle (Ed.), *Kultur und Institution* (pp. 77 - 105). Berlin: Dunker & Humblot.

[①] 对于研究者而言,这种方法的魅力在于其所呈现出的高度精确度与严谨性,因为分析仅限于那些可被验证的内容——基于永久记录的可用性。事实上,一些常人方法论式的民族志著作带有强烈的经验主义色彩(Atkinson,1988)。

Atkinson, P. A. (1988). Ethnomethodology: A critical review. *Annual Review of Sociology*, *14*, 441 - 465.

Atkinson, P. A. (1990). *The ethnographic imagination: Textual constructions of reality*. London: Routledge.

Atkinson, P. A. (1992). *Understanding ethnographic texts*. Newbury Park, CA: Sage.

Atkinson, P. A., & Delamont, S. (1985). Bread and dreams or bread and circuses? In M. Shipman (Ed.), *Educational research: Principles, policies and practices* (pp. 26 - 45). London: Falmer.

Bales, R. (1966). Comment on Herbert Blumer's paper. *American Journal of Sociology*, *71*, 547 - 548.

Bateson, G. (1936). *Naven*. Cambridge, UK: Cambridge University Press.

Baugh, K. (1990). *The methodology of Herbert Blumer*. Cambridge, UK: Cambridge University Press.

Blumer, H. (1969). On the methodological status of symbolic interactionism. In H. Blumer (Ed.), *Symbolic interactionism* (pp. 1 - 60). Englewood Cliffs, NJ: Prentice Hall.

Blumer, H. (1983). Going astray with a logical scheme. *Symbolic Interaction*, *6*, 127 - 137.

Boelen, W. A. M. (1992). *Street corner society*: Cornerville revisited. In *Street corner society* revisited [Special issue]. *Journal of Contemporary Ethnography*, *21*, 11 - 51.

Boon, J. A. (1983). Functionalists write too: Frazer, Malinowski and the semiotics of the monograph. *Semiotica*, *46*, 131 - 149.

Booth, C. (1889 - 1902). *Life and labour of the people of London* (Vol. 17). London: Macmillan.

Brady, I. (Ed.). (1991). *Anthropological poetics*. Lanham, MD: Rowman & Littlefield.

Brown, R. H. (1977). *A poetic for sociology*. Cambridge, MA: Harvard University Press.

Bulmer, M. (1982). *The uses of social research*. London: Allen & Unwin.

Bulmer, M. (1984). *The Chicago school of sociology*. Chicago: University of Chicago Press.

Burgess, R. G. (Ed.). (1982). *Field research: A source book and field manual*. London: Allen & Unwin.

Clifford, J. (1988). *The predicament of culture: Twentieth-century ethnography, literature, and art*. Cambridge, MA: Harvard University Press.

Clifford, J., & Marcus, G. E. (Eds.). (1986). *Writing culture: The poetics and politics of ethnography*. Berkeley: University of California Press.

Clough, P. T. (1992). *The end (s) of ethnography: From realism to social criticism*. Newbury Park, CA: Sage.

Cole, J. W. (1977). Anthropology comes part way home: Community studies in Europe. *Annual Review of Anthropology*, *6*, 349 - 378.

Crapanzano, V. (1980). *Tuhami: Portrait of a Moroccan*. Chicago: University of Chicago Press.

Denzin, N. K. (1990). The spaces of postmodernism: Reading Plummer on Blumer. *Symbolic Interaction*, *13*, 145 - 154.

Denzin, N. K. (1992). Whose Cornerville is it, anyway? In *Street comer society revisited* [Special issue]. *Journal of Contemporary Ethnography*, 21, 120 - 132.

Devault, M. L. (1990). Women write sociology: Rhetorical strategies. In A. Hunter (Ed.), *The rhetoric of social research: Understood and believed* (pp. 97 - 110). New Brunswick, NJ: Rutgers University Press.

Dorst, J. D. (1989). *The written suburb: An ethnographic dilemma*. Philadelphia: University of Pennsylvania Press.

Dwyer, K. (1982). *Moroccan dialogues: Anthropology in question*. Baltimore: Johns Hopkins University Press.

Eddy, E. M., & Partridge, W. L. (Eds.). (1978). *Applied anthropology in America*. New York: Columbia University Press.

Edmondson, R. (1984). *Rhetoric in sociology*. London: Macmillan.

Eisner, E. (1985). On the differences between artistic and scientific approaches to qualitative research. In E. Eisner (Ed.), *The art of educational evaluation: A personal view*. London: Falmer.

Eisner, E. (1988). The primacy of experience and the politics of method. *Educational Researcher*, 17(5), 15 - 20.

Eisner, E. (1991). *The enlightened eye: Qualitative inquiry and the enhancement of educational practices*. New York: Macmillan.

Engels, F. (1968). *The condition of the working class in England in 1844*. London: Allen & Unwin. (Original work published 1845)

Fardon, R. (Ed.). (1990). *Localizing strategies: Regional traditions of ethnographic writing*. Edinburgh: Scottish Academic Press.

Fetterman, D. M. (Ed.). (1988). *Qualitative approaches to evaluation in education: The silent scientific revolution*. New York: Praeger.

Fetterman, D. M., & Pitman, M. A. (Eds.). (1986). *Educational evaluation: Ethnography in theory, practice, and politics*. Beverly Hills, CA: Sage.

Filstead, W. J. (1970). Introduction. In W. J. Filstead (Ed.), *Qualitative methodology*. Chicago: Markham.

Finch, J. (1986). *Research and policy*. London: Falmer.

Fine, G., & Kleinman, S. (1986). Interpreting the sociological classics: Can there be a "true" meaning of Mead? *Symbolic Interaction*, 9, 129 - 146.

Freilich, M. (Ed.). (1970). *Marginal natives: Anthropologists at work*. New York: Harper & Row.

Frisby, D. (1976). Introduction to the English translation. In T. Adorno, H. Albert, R. Dahrendorf, J. Habermas, H. Pilot, & K. Popper (Eds.), *The positivist dispute in German sociology* (pp. ix-xliv). London: Heinemann.

Geertz, C. (1973). *The interpretation of cultures: Selected essays*. New York: Basic Books.

Geertz, C. (1988). *Works and lives: The anthropologist as author*. Stanford, CA: Stanford University Press.

Gitlin, A., Siegel, M., & Boru, K. (1989). The politics of method: From leftist ethnography to educative research. *Qualitative Studies in Education*, *2*, 237 - 253.

Gold, R. (1958). Roles in sociological field observations. *Social Forces*, *36*, 217 - 223.

Guba, E. (Ed.). (1990). *The paradigm dialog*. Newbury Park, CA: Sage.

Gusfield, J. (1990). Two genres of sociology. In A. Hunter (Ed.), *The rhetoric of social research: Understood and believed* (pp. 62 - 96). New Brunswick, NJ: Rutgers University Press.

Hammersley, M. (1989). *The dilemma of qualitative method: Herbert Blumer and the Chicago tradition*. London: Routledge.

Hammersley, M. (1991). *Reading ethnographic research: A critical guide*. London: Longman.

Hammersley, M. (1992a). On feminist methodology. *Sociology*, *26*, 187 - 206.

Hammersley, M. (1992b). *What's wrong with ethnography? Methodological explorations*. London: Routledge.

Hammersley, M. (1993). The rhetorical turn in ethnography. *Social Science Information*, *32* (1), 23 - 37.

Hammersley, M., & Atkinson P. (1983). *Ethnography: Principles in practice*. London: Tavistock.

Hannerz, U. (1969). *Soulside*. New York: Columbia University Press.

Harding, S. (1986). *The science question in feminism*. Milton Keynes, UK: Open University Press.

Harris, M. (1969). *The rise of anthropological theory*. London: Routledge & Kegan Paul.

Harvey, L. (1987). *Myths of the Chicago school of sociology*. Aldershot, UK: Gower.

Hastrup, K., & Elsass, P. (1990). Anthropological advocacy: A contradiction in terms? *Current Anthropology*, *31*, 301 - 311.

Held, D. (1981). *An introduction to critical theory*. London: Hutchinson.

Janowitz, M. (1971). *Sociological methods and social policy*. New York: General Learning.

Jules-Rosette, B. (1978). The veil of objectivity: Prophecy, divination and social inquiry. *American Anthropologist*, *80*, 549 - 570.

Junker, B. (1960). *Field work*. Chicago: University of Chicago Press.

Kaberry, P. (1957). Malinowski's contribution to fieldwork methods and the writing of ethnography. In R. Firth (Ed.), *Man and culture: An evaluation of the work of Bronislaw Malinowski* (pp. 71 - 91). New York: Harper & Row.

Krieger, S. (1983). *The mirror dance: Identity in a women's community*. Philadelphia: Temple University Press.

Lather, P. (1991). *Getting smart: Feminist research and pedagogy with/in the postmodern*. New York: Routledge.

Leach, E. (1957). The epistemological background to Malinowski's empiricism. In R. Firth (Ed.), *Man and culture: An evaluation of the work of Bronislaw Malinowski* (pp. 119 - 139). New York: Harper & Row.

Lewis, J. D., & Smith, R. L. (1980). *American sociology and pragmatism*. Chicago: University of Chicago Press.

Liebow, E. (2003). *Tally's corner: A study of Negro streetcorner men*. Routledge & K. Paul.

Lincoln, Y. S., & Guba, E. G. (1985). *Naturalistic inquiry*. Beverly Hills, CA: Sage.

Malinowski, B. (1922). *Argonauts of the western Pacific*. London: Routledge & Kegan Paul.

Marcus, G., & Fischer, M. (1986). *Anthropology as cultural critique: An experimental moment in the human sciences*. Chicago: University of Chicago Press.

McCloskey, D. N. (1985). *The rhetoric of economics*. Madison: University of Wisconsin Press.

McPhail, C., & Rexroat, C. (1979). Mead vs. Blumer. *American Sociological Review*, 44, 449 – 467.

Orlandella, A. R. (1992). Boelen may know Holland, Boelen may know Barzini, but Boelen "doesn't know diddle about the North End!" In *Street corner society* revisited [Special issue]. *Journal of Contemporary Ethnography*, 21, 69 – 79.

Paine, R. (Ed.). (1985). *Advocacy and anthropology: First encounters*. St. Johns: Memorial University of Newfoundland, Institute of Social and Economic Research.

Park, R., & Burgess, E. (Eds.). (1921). *Introduction to the science of sociology*. Chicago: University of Chicago Press.

Park, R., & Burgess, E. (Eds.). (1969). *Introduction to the science of sociology* (3rd ed.). Chicago: University of Chicago Press.

Potter, J., & Wetherell, M. (1987). *Discourse and social psychology*. London: Sage.

Pratt, M. L. (1986). Fieldwork in common places. In J. Clifford & G. E. Marcus (Eds.), *Writing culture: The poetics and politics of ethnography* (pp. 27 – 50). Berkeley: University of California Press.

Pratt, M. L. (1992). *Imperial eyes: Travel writing and transculturation*. London: Routledge.

Prattis, J. I. (Ed.). (1985). *Reflections: The anthropological muse*. Washington, DC: American Anthropological Association.

Radcliffe-Brown, A. R. (1948). *A natural science of society*. New York: Free Press.

Radin, P. (1965). *Method and theory of ethnology*. New York: Basic Books. (Original work published 1931)

Redfield, R. (1962). Relation of anthropology to the social sciences and the humanities. In R. Redfield, *Human nature and the study of society* (pp. 107 – 121). Chicago: University of Chicago Press.

Richards, A. (1939). The development of field work methods in social anthropology. In F. C. Bartlett (Ed.), *The study of society* (pp. 272 – 316). London: Routledge and Kegan Paul.

Richardson, L. (1992). Trash on the corner: Ethics and technography. In *Street corner society revisited* [Special issue]. *Journal of Contemporary Ethnography*, 21, 103 – 119.

Rist, R. (1981). On the application of qualitative research to the policy process: An emergent linkage. In L. Barton & S. Walker (Eds.), *Social crisis and educational research* (pp. 153 – 170). London: Croom Helm.

Rose, D. (1989). *Patterns of American culture: Ethnography and estrangement*. Philadelphia: University of Pennsylvania Press.

Rowe, J. H. (1965). The Renaissance foundation of anthropology. *American Anthropologist*, *67*, 1-20.

Said, E. (1978). *Orientalism*. New York: Pantheon.

Shostak, M. (1981). *Nisa: The life and words of a! Kung woman*. Cambridge, MA: Harvard University Press.

Silverman, D. (1985). *Qualitative methodology and sociology*. Aldershot, UK: Gower.

Silverman, D. (1989). The impossible dreams of reformism and romanticism. In J. F. Gubrium & D. Silverman (Eds.), *The politics of field research: Beyond enlightenment* (pp. 30-48). Newbury Park, CA: Sage.

Smith, D. (1987). *The everyday world as problematic*. Boston: Northeastern University Press.

Smith, J. K. (1989). *The nature of social and educational inquiry*. Norwood, NJ: Ablex.

Smith, J. K., & Heshusius, L. (1986). Closing down the conversation: The end of the quantitative-qualitative debate among educational inquirers. *Educational Researcher*, *15*, 4-12.

Spivak, G. C. (1989). *In other worlds*. London: Methuen.

Stacey, J. (1988). Can there be a feminist ethnography? *Women's Studies International Forum*, *11*, 21-27.

Stanley, L. (1990). *Feminist praxis*. London: Routledge.

Stanley, L. (1992). *The auto/biographical I : The theory and practice of feminist auto/biography*. Manchester, UK: Manchester University Press.

Stanley, L., & Wise, S. (1983). *Breaking out: Feminist consciousness and feminist research*. London: Routledge & Kegan Paul.

Stewart, R. L. (1981). What George Mead should have said. *Symbolic Interaction*, *4*, 157-166.

Strathern, M. (1991). *Partial connections*. Lanham, MD: Rowan & Littlefield.

Suttles, G. (1968). *The social order of the slum: Ethnicity and territory in the inner city*. Chicago: University of Chicago Press.

Tyler, S. A. (1986). Post-modern ethnography: From document of the occult to occult document. In J. Clifford & G. E. Marcus (Eds.), *Writing culture: The poetics and politics of ethnography* (pp. 122-140). Berkeley: University of California Press.

Van Maanen, J. (1988). *Tales of the field: On writing ethnography*. Chicago: University of Chicago Press.

Van Willigen, J. (1986). *Applied anthropology: An introduction*. South Hadley, MA: Bergin & Garvey.

Von Wright, G. (1971). *Explanation and understanding*. London: Routledge & Kegan Paul.

Walker, R. (1978). The conduct of educational case studies. In B. Dockerill & D. Hamilton (Eds.), *Rethinking educational research* (pp. 30-63). London: Hodder & Stoughton.

Walker, R. (Ed.). (1985). *Applied qualitative research*. Aldershot, UK: Gower.

Wax, R. H. (1971). *Doing fieldwork: Warnings and advice*. Chicago: University of Chicago Press.

Webb, S., & Webb, B. (1932). *Methods of social study*. London: Longmans Green.

Wellmer, A. (1974).*Critical theory of society*. New York: Seabury. (Original work published 1969)

White, H. (1973). *Metahistory: The historical imagination in nineteenth century Europe*. Baltimore: Johns Hopkins University Press.

Whyte, W. F. (1955). *Street corner society: The social structure of an Italian slum* (2nd ed.). Chicago: University of Chicago Press.

Whyte, W. F. (1981).*Street corner society: The social structure of an Italian slum* (3rd ed.). Chicago: University of Chicago Press.

Williams, R. (1973). *The country and the city*. London: Chatto & Windus.

Williams, R. (1976). Symbolic interactionism: Fusion of theory and research. In D. C. Thorns (Ed.), *New directions in sociology* (pp. 115 - 138). Newton Abbott: David & Charles.

Wolcott, H. F. (1980). How to look like an anthropologist without really being one. *Practicing Anthropology*, *3*(2), 56 - 59.

Wolff, K. H. (1964). Surrender and community study: The study of Loma. In A. J. Vidich, J. Bensman, & M. R. Stein (Eds.), *Reflections on community studies* (pp. 233 - 263). New York: Harper & Row.

Woolgar, S. (Ed.). (1988). *Knowledge and reflexivity*. London: Sage.

Woolgar, S., & Pawluch, D. (1985). Ontological gerrymandering: The anatomy of social problems explanations. *Social Problems*, *32*, 214 - 227.

Young, M. W. (1979). Introduction. In M. W. Young (Ed.), *The ethnography of Malinowski: The Trobriand Islands 1915 - 1918* (pp. 1 - 20). London: Routledge & Kegan Paul.

传播与语境：民族志视角下的媒介受众研究①

（*Communication and Context: Ethnographic Perspectives on the Media Audience*）

大卫·莫利（David Morley）

罗杰·西尔弗斯通（Roger Silverstone）

一、引言

人们会在不同的时间看电视，但对于不同节目类型和不同收视场合，人们的注意力与投入程度如何？只有回答了这个问题，才能将大规模调查工作的综合统计结果分解成有意义的各个部分。我们需要关注的是，"电视观看"如何以复杂的方式整体性地嵌入到一系列日常实践中，且其本身也成为实践的一部分（Scannell，1988）；我们需要探究的是"语境"——特定传播技术如何获得特定意义，进而以不同方式、出于不同目的、在不同类型的家庭中被使用；我们需要调查的是自然情境中的"电视观看"行为。

在此，量化方法的局限性已充分显露（Ang，1991；Morley，1990）。统计技术的本质是进行分解，因而不可避免地会将行为单位（unit）从赋予其意义的语境中抽离出来。所谓受众测量的方法也并不等同于受众研究（Wober，1981）。同时，虽然统计技术可以在不同层次的事实间建立经验联系，但这种联系并不足以成为预测或理论建构的基础。

因此，本文将以电视为切入点，探讨民族志方法对媒介受众研究的潜在贡献。民族志方法传统上与人类学相关，可定义为对行为的多重结构语境分析，旨

---

① 文章来源：Morley, D., & Silverstone, R. (2002). A Handbook of Qualitative Methodologies for Mass Communication Research (pp. 149–162). Routledge.

在对调查对象的生活与价值观方面提供丰富描述与解释。自马林诺夫斯基以来,民族志方法在方法论上就依赖于参与式观察,这些方法本身也随着应用它们的情境发生变化(提出新要求)而得到发展(Malinowski,1922)。

我们主张将"电视观看"行为置于行动语境(家庭环境的结构与动态变化)中进行理解,并认为人类学视角有助于研究者在更广阔的语境中(物质性与象征性消费的过程)关注"电视观看"行为。这种质化研究旨在深入理解电视及其他信息传播技术获得意义的过程。

二、电视与日常生活:观看语境

在近年来的受众研究中,一个关键的进展是人们日益认识到"接收语境"的重要性,在电视研究领域,"接收语境"主要指家庭语境。尽管关于电视与家庭的道德恐慌频繁发生,但我们仍对不同于个人(毕竟个人大多生活在家庭或某一类型的家庭中)的家庭在日常生活中如何使用电视并与之互动、参与受规则制约的活动知之甚少。正如我们曾提到的,共处一室的小家(household)或大家庭(family)是家庭消费的基本单位,为探究电视(和其他)意义的消费与生产提供了最合适的语境(Morley & Silverstone,1990)。在通俗用语中,"看电视"一词是对电视观众嵌入其中的多样化情境实践与经验的简称。此外,我们已经知道,"纯粹"的电视观看是一种罕见现象。百瑞·甘特(Barrie Gunter)和迈克尔·斯维内维格(Michael Svennevig)引用的调查数据显示,64%的观众通常会在看电视的同时做其他事情(Gunter & Svennevig,1987,pp. 12-13)。同样,电视开着或电视前有人可能意味着"一百种不同的情况"(Towler,1986)。珍妮弗·布莱斯(Jennifer Bryce)指出,"电视观看"行为可能只是"各种家庭活动的标签之一"(Bryce,1987,p. 137)。

受米歇尔·德·塞托(Michel de Certeau,1984)研究的启发,西尔弗斯通认为:

> 电视就是日常生活,研究电视也就是在研究日常生活。西方世界里几乎家家户户都有电视……电视文本、图像、情节与明星为人们的日常生活提供了大量谈资。围绕电视的研究并不稀缺。
>
> 然而,这种在观众日常生活中的"融入"现象,却不知何故长期处于学术研究视野之外。

(Silverstone,1989,p. 77)

鉴于此,我们认为必须重新进行对广电信息传播的分析,以考察其在日常生活中的角色,以及家庭与公共话语间的联系,这需要使用质化方法。关于媒介内容融入日常交流实践的复杂话语间性(interdiscursivity),赫尔曼·鲍辛格(Hermann Bausinger)和劳伦斯·格劳斯伯格(Lawrence Grossberg)都提供了整体性洞见(Bausinger,1984;Grossberg,1987)。鲍辛格特别指出,我们的分析不应仅关注特定媒介,而应关注家庭中的"媒介组合"。此外,他还指出,无论哪种媒介都不太可能会被专一而充分地使用。一般而言,媒介是日常生活中不可或缺的组成部分,因此,观看或阅读的过程(超越了即时消费的瞬间)被延伸为一个更长的交流和社会对话的过程,经由这一过程,媒介提供的素材得以"消化"。

在既往的经验研究中,托马斯·林德洛夫(Thomas Lindlof)提供了一组自然主义视角(naturalistic perspective)下关于媒介消费的有趣材料(Lindlof,1987)。[1] 古英·布罗迪(Gene Brody)和佐琳达·斯通曼(Zolinda Stoneman)及玛格丽·沃尔夫(Margery Wolf)等人进一步发展了家庭互动中观看电视的语境论(Brodie & Stoneman,1983;Wolf et al.,1982)。艾琳·古德曼(Irene Goodman)从家庭疗法中"家庭系统"的角度出发,发展了一种基于规则的分析方法(Goodman,1983)。詹姆斯·鲁尔(James Lull)在家庭观看方面的研究中,同样遵循这种"规则"视角,分析了观看的选择程序与家庭交流模式,并将其作为更广泛的电视社会用途分析中的一部分(Lull,1980,1988a)。多萝西·霍布森(Dorothy Hobson)、洪美恩(Ien Ang)、夏洛特·布伦斯登(Charlotte Brunsdon)、珍妮丝·拉德威(Janice Radway)、依琳·塞特(Ellen Seiter)和安·格雷(Ann Gray)等人的研究从女性主义视角出发,探讨了与各种女性主体性有关的媒介消费实践中的性别化问题(Hobson,1982;Ang,1985;Brunsdon,1981;Radway,1984;Seiter et al.,1989a;Gray,1987)。莫利分析了性别化的电视观看实践与家庭动态结构,虽然没有严格使用民族志方法,但他已将对电视观看实践的研究置于家庭生活的语境中(Morley,1986)。我们目前的研究(Morley & Silverstone,1990;Silverstone et al.,1989)摒弃了关于新传播技术会对社会产生影响的技术决定论,主要思考如下几个问题:家庭结构与家庭生活文化如何影响技术被感知到的显著性;这些新技术如何被用户驯化(Bryce,1987);技术的使用如何适应环境的迫切需要(Lindlof & Meyer,1987;另请参

---

[1]　参阅布莱斯、保罗·特劳德(Paul Traudt)、辛西娅·隆特(Cynthia Lont)与安德森的相关文章。

阅鲁尔关于国际电视观看实践中文化差异的分析[Lull，1988a]）。

　　如果电视观看是一个受规则制约的过程，①那么民族志学者的主要关注点就在于阐明支配这一过程的规则。正如詹姆斯·安德森（James Anderson）所说:"家庭观看电视的活动并不比家庭聚餐更随意与自然，它是由具有良好即兴表演技巧、有能力的演员完成的"（Anderson，1987，p. 164）。长期以来，围绕餐桌的家庭行为一直是理解家庭功能的焦点（Goodman，1983）。因此，人们对就餐行动进行了分析，包括人们围坐餐桌的组织规则、礼仪规范，由谁来烹饪、准备和提供不同类型的食物，以及如何控制用餐时的谈话等。古德曼认为，鉴于电视在许多家庭中的核心地位，我们可以就家庭电视观看的规则开展一项平行研究（parallel study），例如座位的组织方式、观看节目的人员搭配、对于电视节目的选择权，以及观看期间"适宜"的谈论话题。

　　规则的视角使我们回归对日常交流实践的关注。按照阿尔弗雷德·舒茨（Alfred Schutz）的观点，我们认为"探索人在日常生活中组织自身经验的一般原则……是社学科学方法论的首要任务"（Schutz，1963，p. 59）。这种现象学视角意味着对自然情境中受众活动进行系统性研究，使用质化研究方法作为收集自然语料的工具，并优先分析那些从受访者自身概念框架中派生的类属。研究者必须探究根植于日常行为中的规则或使用逻辑，以了解各种媒介如何被纳入并运作于私人世界。了解家庭动态、日常生活的结构及家庭系统（Gorrell-Barnes，1985）是理解电视或其他传播技术在家庭中的地位的必要前提。

　　因此，电视的物质性与象征性维度在日常生活实践中相互融合，在私人和公共场合展示着其作为商品与文化的双重属性。若想理解诸如此类与媒介相关的活动意义（这些活动是理解当代文化的关键），我们就必须认真对待它们多样而具体的形式。由此，需要开展针对电视观众的人类学研究，并将民族志作为一种经验方法加以运用。

三、民族志方法

　　莫利认为，受众与电视的关系原则上必须始终被表述为一个经验问题，最大的挑战是找到合适的方法（Morley，1980）。我们目前的研究主要采用了民族志方法，其基本要求是进行充分的深描以反映家庭观看行为的复杂性（Geertz，

---

① 电视评论员称之为"规则制约""模式化"或日常生活"逻辑"的一部分。严格来说，对这些术语的理解应略有不同（意味着对社会进程的不同理解方式），但我们在此将其视为广义上的同义词。

1973)。

哈默斯利与阿特金森认为,民族志是:

> 一种不甚常见的社会研究方法,但这种方法利用了广泛的信息源。民族志学者长时间地参与人们的生活,观察发生的事情,倾听人们说了什么并提出问题……收集任何能够阐明他/她所关注的问题的资料。
>
> (Hammersley & Atkinson,1983,p. 2)

简言之,有人认为民族志学者的任务就是"进入田野",基于其对日常活动的直接观察,通过观察与访谈,试图描述(必然伴随着解释)研究对象在文化语境下的实践。正如哈默斯利与阿特金森进一步指出的,"我们无法摆脱对常识性知识和常识性调查方法的依赖,所有的社会研究都建立在人们参与式观察的能力之上"(Hammersley & Atkinson,1983,p. 25)。作为研究过程中的积极参与者,研究人员是"卓越的研究工具"(Hammersley & Atkinson,1983,p. 18),与其"徒劳地试图消除研究人员的影响,不如着手理解它们"(Hammersley & Atkinson,1983,p. 17)。[1]

就其本质而言,民族志根植于他人的现实生活,格尔茨称之为"现实生活的非形式逻辑"(Geertz,1973,p. 17)。民族志研究中面临的问题——描述和理解——也是整个社会研究的问题。从自然主义的角度来看,参与式观察者旨在了解研究对象所属文化(或亚文化)的规则,并学会根据这些规则(无论是隐性的还是显性的)来解释事件和行为。因此,研究目的不是确定普遍规律,而是"详细描述特定文化中的具体生活经验,以及构成这种文化的社会规则与模式"(Hammersley & Atkinson,1983,p. 8)。

在此需要注意一些问题:首先,人们在研究中必须具备自我意识(或反身性),以应对分析中不可避免的偏向性。其次,正如鲁尔所言,同量化研究那般,严格而系统的资料收集与解释方法在质化研究中同样必需(Lull,1988b)。鲁尔指出,在近几年的受众研究中,"民族志"一词已成为一种"图腾"、一种向新建立的部落神明致敬的仪式礼节,突然间人人都成了民族志学者(或者说民族志学者成了这种时髦词汇的受害者)。他认为,"文化研究中所谓的民族志并未达到典型的人类学和社会学民族志研究中对资料收集与报告的基本要求。'民族志'

---

[1] 参阅下文关于研究中解释与反身性问题的讨论。

成为一个被滥用的热门词汇"(Lull, 1988b, p. 242)。鲁尔指出了与民族志实践相关的特定责任与要求,一旦意识到行为语境的重要性及其在日常生活结构中的嵌入,研究者就应承担下列责任。

> ① 观察并记录研究对象的各类常规行为特征;② 在行为发生的自然情境中进行观察和记录;③ 充分考量传播行为的细节后谨慎推论,特别注意语境的不同方面彼此互通信息的微妙且具有启发性的方式。
>
> (Lull, 1987, p. 320)

对行动语境的重视引发了诸多问题,它们涉及对研究领域的划分,以及确定哪些行动语境(可能是无限的)元素与手头的特定研究相关。这又回到了一个熟悉的话题,即开放式和封闭式研究策略的利与弊。格雷提供了一个富有启发性的例子,她在女性与录像技术的关系研究中发现,受访者往往希望讲述她们自身的故事,起初,她担心这些故事会离题,因为受访者通常会过多地描述家庭历史。但正如格雷所指出的,这种开放式研究策略的价值在于,它允许受访者"按自己的方式讲述故事"。如此,格雷就能在受访者自身语境中(对自身社会地位的理解)了解其录像使用情况(Gray, 1987)。受访者对那些封闭式问题的直接回答是次要的,因为"他们如何看待自己的生活"才能真正解释他们使用或不使用录像技术的原因。

理解特定行动所需的语境要素不仅是一个经验问题,也是一个理论和认识论的问题,涉及特殊与一般、实例与范畴之间的关系。洪美恩认为,鉴于以往受众研究中概化/类化传统的主导地位及其认识论局限性(如对"受众类型"的分类),是时候通过关注与之相反的特殊性加以完善(Ang, 1991; Billig, 1987)。如她所言:

> 与其将"观看行为"的特定表现简化为一种普遍的实例,不如考虑其特殊性,从它的具体特性出发,与其他普遍范畴的实例进行区分……只有这样,才能解决(统计意义上)"意义不足"的问题。
>
> (Ang, 1991, p. 160)

四、"解释"的问题

众所周知,日常生活中的交流过程具有复杂性,有时甚至会使信息与最初想

要表达的信息背道而驰。这是因为彼此熟悉的人会在交流过程中省去解释的环节,造成交流的"模糊性":

> 我们的日常交流行为……往往需要一定的模糊性,但这进一步削弱了研究者评估事件及其原因的能力。讽刺的是,模糊性是实证科学之大敌,解释的清晰性与客观性才是被追求的理想。然而,模糊性对日常社会互动模式而言至关重要。一旦失去模糊性,或更糟糕地一味追求明确清晰,我们所熟悉的社会互动就几乎不可能实现。
>
> （Lindlof & Meyer,1987,p. 25）

就其本质而言,民族志试图阐释交流与其他日常实践的非正式逻辑(通常是未言明的)。

民族志等质化方法的主要目标是进入自然领域并了解其特征活动,有助于丰富对研究现象的不同层面间关系的语境理解。质化媒介研究者面临一个难题,即如何讲述受访者选择告知的故事。这些问题往往为众人所熟悉,但又不容忽视。正如克利福德·格尔茨(Clifford Geertz)所言,"我们首先需要对信息提供者在做什么或者我们认为他们在做什么进行解释,而后将这些解释系统化"(Geertz,1973,p. 15)。媒介研究者的说明必然是一种解释。[①]

然而,正如格尔茨所建议的,与其选择放弃,民族志学者不如尝试在构成日常交流话语的推理与暗示结构中找寻自己的方法(Geertz,1973)。对于研究者而言,试图进入这个交流模糊、意义含蓄的自然世界,难免如履薄冰。尽管如此,基于资料的有效性我们也可以提出相应主张,因为不同于分类统计知识,民族志方法有助于我们在更容易确定资料显著性的语境中生成知识。这不是对社会情境的简单描述,而是在研究报告中对受访者言行的必要解释。正如文化分析——推测意义、评估推测并从更好的推测中得出解释性结论——这项必然不完整的工作一般,民族志的描述在本质上也是有争议的。

民族志分析依赖于各种三角互证法。三角互证法可能涉及"对同一现象相关资料的比较,这些资料来自田野工作中的不同阶段、情境中的不同时间周期或不同参与者的陈述(如在受访者验证中,来自情境中不同参与者的描述)"(Hammersley & Atkinson,1983,p. 198)。依赖于单一类型资料的研究方法

---

① 格尔茨指出,这种解释通常是第二或第三等级的解释。

存在方法支配结果的可能,民族志对多种资料源的使用则规避了这种风险。不同方法(观察、访谈及自我报告等)催生了民族志的多重特征,可以对其进行系统比较,这是民族志方法的优势之一。

诚然,我们的知识仍是片面的。就电视的家庭消费研究而言,研究者能在何种程度上进入家庭的私人领域始终是一个问题。家庭中的某些领域对于外人而言永远是一片"禁地"(Bourdieu,1972)。类似地,安德森也指出,某些社会行为永远不会在外人面前表现出来(Anderson,1987),因此,民族志学者的叙述必须反思其自身的片面性、不完整性与结构性缺失的问题。尽管我们所描述的不是最原生且完整的社会话语,但"它并没有听起来那样致命,因为······要理解某件事情并不需要知道全部细节"(Geertz,1973,p. 20)。

五、一项基于扎根方法论的案例研究

为了说明关于对媒介受众采用广义民族志方法的理论论点(尽管此方法的表述既扩展了民族志的定义,也重构了受众的定义),这里将简要介绍"家庭和信息通信技术的家庭消费"项目所采用的方法(Morley & Silverstone,1990;Silverstone et al.,1989,1990a,1990b)。在此,我们无意过多关注研究的实质性发现,而是解释在研究过程中缘何选择某些特定方法。整体而言,本研究涉及20 个不同家庭的详细活动,包括他们家中使用的信息通信技术(ICTs:Information and Communication Technologies)。

本研究旨在探索家庭文化与信息通信技术使用之间的细微关系,其中包括电视、录像机、电话和电脑。这看似简单但实则费力,需要了解家庭成员如何使用这些技术,以及它们如何融入家庭生活。研究的前提是:不能以孤立的眼光看待电视,既不能脱离其他技术而论,也不能脱离家庭生活结构(Morley & Silverstone,1990;Silverstone,1990)。我们希望将涉及家庭、媒介和技术的过程与动态变化作为一个系统进行研究,既包括内在的(家庭生活的内部结构),也包括外在的(家庭、社区、工作、基于亲属的关系网及更广泛的其他关系);感兴趣的是研究信息通信技术在融合/区隔小家与大家庭,或是门内与门外世界时发挥的作用,以及信息通信技术在勾连公共和私人领域中扮演的角色。

随着与研究对象和研究主题间对话的深入,这些扎根于研究活动的方法得以产生与发展(Glaser & Strauss,1967)。同样,我们不仅尝试了多重三角互证,还进行了一项反身性尝试——让研究对象对研究过程及其自身的参与予以评议,通过反身性,方法之间可以互为补充。每种方法在研究中都有其特定功

能,在构建研究过程中的"方法论之舟"时,①每种方法也都有间接的反身或三角互证之意义。

在研究的第一阶段中(即对 20 个家庭中前 4 个家庭进行研究),我们每次都只关注一个家庭,主要采用参与式观察的方法,辅之以时间使用日志(time-use diary)。参与式观察突破了以往多数受众研究所使用的自我报告的限制,能够提供可信且连贯的家庭生活描述。但该方法显然不能为"系统分析媒介使用"这一关键议题打下基础,也难以为家庭间的系统性比较工作提供足够可靠的依据,更无法在历史与地理维度上将家庭语境化做得合乎众人的意愿,换言之,这种方法无法将家庭置于时空关系中,同其过去、未来及社区关系相联系。

我们有关参与式观察的结论是,虽然它是整个研究方法中的必要组成部分,但它并非是一个信息充分的资料源。然而,参与式观察的确提供了有价值的资料,这不仅表现在我们对相关人员的观察中,也体现在我们对房间布置所传递出的家庭审美与家庭文化的观察之中。参与式观察对家庭成员自身关于家庭关系与技术使用的陈述进行了持续且必要的检验,从而为研究中的多重三角互证提供了支持。

鉴于其局限性,我们重新设计方法,更加重视时间使用日志,因为它记录了那些无法被直接观察到的活动(发生在家庭之外或研究者并不在场)。这既是资料集在时空方面的延伸,也为与每个家庭成员进行访谈提供了宝贵的反思基础。时间使用日志为我们理解家庭的"时间"提供框架。

同样地,我们需要一个等效的方法来研究家庭的空间关系。因此,我们引入了认知地图(mental mapping)实验,要求每个家庭成员绘制一张房屋内部空间与所有房间的地图。起初,该做法只是为获取那些我们无法直接进入的房间信息,但很快就发现,这种方法以另一种形式提供了有价值的资料。由于受访者家中信息通信技术的存在/缺失或在重要性方面存在较大差异,其绘制的地图大为不同。除绘制地图外,每个家庭还需完成两个网络简图,一则展示他们与亲友间的地理与情感距离,二则展示其间维系每段关系的沟通方式(从书信到面对面交流)。

这些技术丰富并完善了参与式观察,从而以更有意义的方式将我们的观察

---

① 我们在特定意义上使用术语"方法论之舟"(methodological raft)。它是指研究中出现的一种特定核心研究方法的网格,用以描述每个家庭在时空中的位置。方法论之舟为研究设计的其他方面奠定基础,并构建了一个关于家庭和技术使用的概念模型,为整体研究提供参考。

结果语境化。同时,我们还发展出一项"通过联系家庭的过往,语境化观察工作"的技术,即组织每个家庭观看和讨论家庭相册(或家庭录像带),从而了解受访家庭对其自身"故事"或历史的看法。

总之,上述和其他基于访谈的研究方法(深入的讨论参见 Silverstone et al.,1990b)能够使参与式观察语境化,并将研究发现与其他程序进行三角互证。这些投入既丰富了参与式观察的研究,也增强了系统性比较分析的严谨性。民族志涉及方方面面,需要在"细节与丰富性"和"严谨性与系统性"间进行权衡,其方法论程序并非总是单一而恰当的。

六、后现代民族志

近年来关于经验主义受众研究在认识论、政治/道德方面展开的严肃辩论值得关注(Clifford,1986;Marcus & Fischer,1986)。约翰·哈特利(John Hartley)和洪美恩阐述了研究项目的建构主义性质带来的挑战,并提醒我们应深刻意识到资料难免会成为研究过程的产物(Hartley,1987;Ang,1989)。此外,简·弗尤尔(Jane Feuer)指出了经验主义受众研究中的一种趋势,即将意义的问题从文本(或批评家)转移至受众,这使得受众的反应成为唯一需要解释的新文本(Feuer,1986)。[1]

简言之,关于受众民族志的政治性是什么的问题,洪美恩坚持认为,研究本身就是一种话语实践,只有研究者和信息提供者之间具体的话语出现了相遇,才可能产生带有历史与文化色彩的特定知识(Ang,1989)。我们认同这一观点,研究始终是一个从特定立场出发进行解释与构建现实的过程,而非一项寻求"正确"的科学视角的实证主义事业——这将使我们最终实现乌托邦式的梦想,即以无可争议的事实了解一个世界。

围绕着这些问题,产生了诸多关于后现代(或后结构主义)人类学与民族志的争论(尤其是在美国)。其核心问题是观察者和被观察者间的关系,以及民族志学者传达他人文化经验的权威性。约翰·费斯克(John Fiske)指出:"帝国主义的民族志学者以白人身份进入丛林,将原住民生活的'意义'带回白人世界,而这些'意义'恰恰是那些真正生活其间的原住民所无法获得的。"(Fiske,1990,p. 90)其他评论家,如乔治·马尔库斯(George Marcus)和迈克尔·费舍尔(Michael Fischer)谈到了表征危机(Marcus & Fischer,1986),萨义德则主张更

---

[1] 对弗尤尔的批评,参阅莫利的研究(Morley,1989)。

具反思性地分析"东方化"过程——一个想象地理学(imaginative geography)发生的过程,即产生一个作为"异域知识对象"的"虚构的他者"(Said,1978)。此间争论的批评对象是一种天真的经验主义或民族志现实主义,它们忽视了反思性问题,并假定表征的透明性和"经验"这一问题范畴的直接性(Althusser,1965)。对于詹姆斯·克利福德(James Clifford)等批评者而言,不可能存在一个"可以图绘人类的生活方式的纵览之处,也没有一个足以代表世界的阿基米德点。山脉在不断运动……事物,就像不断运动中的地球"(Clifford,1986,p. 22)。这就要求媒介研究者在进行表述前,须先明确"谁在写""关于谁"及"所基于的知识与权力立场"。

对此,格尔茨提到了所谓的"普遍紧张"与"道德忧虑",这是由后结构主义与后现代主义民族志写作引发的(Geertz,1988)。"未来的耶稣会士"(Jesuits of the Future)或"怀疑诠释学的顽固使徒"开始质疑马林诺夫斯基"浸染式"的民族志理想,以及民族志学者真诚且真实的原生援引——将"在场"视为民族志叙述的权威(Geertz,1988,p. 86)。格尔茨认为,其症结在于传统人类学对上述问题的态度(民族志无须设想,只需进行)。近似地,对致力于经验研究的学者而言,另一种方式则容易陷入一种痴迷于认识论上空谈的恍惚状态(民族志无需进行,只需思考),亦非良方。连克利福德本人都曾表示,"政治和认识论上的自我意识不必然导致民族志学者的自我陶醉,或得出'无法确切了解他人'的结论"(Clifford,1986,p. 7)。

对于格尔茨和我们而言,对后结构主义论点的让步是有限的。承认民族志的主观成分不过是常识。用格尔茨的话说,"争论……民族志的写作涉及'讲故事'"这一说法,只有在"混淆……想象与幻想、虚构与虚假……厘清与编造"的前提下才会引起争议(Geertz,1988,p. 140)。民族志方法的价值在于将事物置于其所发生的语境中"厘清事实",能够帮助我们理解那些被嵌入日常生活语境中的电视观看行为与其他媒介消费实践。

参考文献

Althusser, L. (1972). *For Marx*. Harmondsworth: Penguin. (Original work published 1965)

Anderson, J. A. (1987). Commentary on qualitative research. In T. Lindlof (Ed.), *Natural Audiences*. Norwood, NJ: Ablex.

Ang, I. (1985). *Watching Dallas*. London: Methuen.

Ang, I. (1989). Wanted: audiences. In E. Seiter, H. Borchers, G. Kreutzner, & E. Warth (Eds.), *Remote Control: Television, Audiences, and Cultural Power*. London: Routledge.

Ang, I. (1991). *Desperately Seeking the Audience*. London: Routledge.

Bausinger, H. (1984). Media, technology, and daily life. *Media, Culture and Society*, *6*, 343 – 352.

Billig, M. (1987). *Arguing and Thinking*. Cambridge: Cambridge University Press.

Bourdieu, P. (1972). The Berber house. In M. Douglas (Ed.), *Rules and Meanings*. Harmondsworth: Penguin.

Brodie, J., & Stoneman, L. (1983). A contextualist framework for studying TV viewing. *Journal of Family Issues*, *4*(2), 329 – 348.

Brunsdon, C. (1981). Crossroads: notes on soap opera. *Screen*, *22*(4), 32 – 37.

Bryce, J. (1987). Family time and TV use. In T. Lindlof (Ed.), *Natural Audiences*. Norwood, NJ: Ablex.

Clifford, J. (1986). Partial truths. In J. Clifford & G. Marcus (Eds.), *Writing Culture: the Poetics and Politics of Ethnography*. Berkeley: University of California Press.

Feuer, J. (1986, July). "Dynasty," paper, International Television Studies Conference. London.

Fiske, J. (1990). Ethnosemiotics. *Cultural Studies*, *4*(1), 85 – 100.

Geertz, C. (1973). *The Interpretation of Cultures*. New York: Basic Books.

Geertz, C. (1988). *Works and Lives: The Anthropologist as Author*. Cambridge: Polity Press.

Glaser, B. G., & Strauss, A. L. (1967). *The Discovery of Grounded Theory: Strategies for Qualitative Research*. Chicago: Aldine.

Goodman, I. (1983). TV's role in family interaction. *Journal of Family Issues*, *4*(2), 405 – 424.

Gorrell-Barnes, G. (1985). Modern systems theory and family therapy. In M. Rutter & L. K. Herzov (Eds.), *Modern Child Psychiatry*. London: Tavistock.

Gray, A. (1987). Reading the audience. *Screen*, *28*(3), 24 – 36.

Grossberg, L. (1987). The in-difference of TV. *Screen*, *28*(2), 28 – 46.

Gunter, B., & Svennevig, M. (1987). *Behind and in Front of the Screen: Television's Involvement with Family Life*. London: John Libbey.

Hammersley, M., & Atkinson, P. (1983). *Ethnography. Principles and Practice*. London: Tavistock.

Hartley, J. (1987). Invisible fictions. *Textual Practice*, *1*(2), 121 – 138.

Hobson, D. (1982). *Crossroads: the Drama of a Soap Opera*. London: Methuen.

Lindlof, T. & Meyer, T. (1987) Mediated communication: the foundations of qualitative research. In T. Lindlof (Ed.), *Natural Audiences*. Norwood, NJ: Ablex.

Lindlof, T. (Eds.). (1987). *Natural Audiences*. Norwood, NJ: Ablex.

Lull, J. (1980). The social uses of television. *Human Communication Research*, *6*, 197 – 209.

Lull, J. (1987). Audiences, texts and contexts. *Critical Studies in Mass Communication*, *4*, 318 – 322.

Lull, J. (1988b). Critical response: the audience as nuisance. *Critical Studies in Mass Communication*, *5*, 239 – 243.

Lull, J. (Eds.). (1988a). *World Families Watch Television*. Newbury Park, CA: Sage.

Malinowski, B. (1922). Argonauts of the Western Pacific: An Account of Native Enterprise and Adventurein the Archipelagoes of Melanesian New Guinea. London: Routledge & Kegan Paul.

Marcus, G., & Fischer, M. (1986). *Anthropology as Cultural Critique*. Chicago: University of Chicago Press.

Morley, D. (1980). *The "Nationwide" Audience*. London: British Film Institute.

Morley, D. (1986). *Family Television*. London: Comedia.

Morley, D. (1990). Behind the ratings. In J. Willis & T. Wollen (Eds.), *Neglected Audiences*. London: British Film Institute.

Morley, D., & Silverstone, R. (1990). Domestic communication. *Media, Culture and Society, 12*, 31–55.

Radway, J. A. (1984). *Reading the Romance: Women, Patriarchy, and Popular Literature*. London: Verso.

Said, E. (1978). *Orientalism*. Harmondsworth: Penguin.

Scannell, P. (1988). Radio times: the temporal arrangements of broadcasting in the modern world. In P. Drummond & R. Paterson (Ed.), *Television and its Audience*. London: British Film Institute.

Schutz, A. (1963). *Collected Papers* (Vol. 1). The Hague: Martins Nijhoff.

Seiter, E., Borchers, H., Kreutzner, G., & Warth, E. (1989b). Don't treat us like we're so stupid and naive: towards an ethnography of soap opera viewers. In E. Seiter, H. Borchers, G. Kreutzner, & E. Warth (Eds.), *Remote Control: Television, Audiences, and Cultural Power*. London: Routledge.

Seiter, E., Borchers, H., Kreutzner, G., & Warth, E. (Eds). (1989a). *Remote Control: Television, Audiences, and Cultural Power*. London: Routledge.

Silverstone, R. (1989). Let us then return to the murmuring of everyday practices. *Media, Culture and Society, 6*(1), 77–94.

Silverstone, R. (1990). Television and everyday life: towards an anthropology of the television audience. In M. Ferguson (Ed.), *Public Communication: the New Imperatives*. London: Sage.

Silverstone, R., Hirsch, E., & Morley, D. (1990a). Information and communication technologies and the moral economy of the household. London: Centre for Research into Innovation, Culture, and Technology, Brunel University.

Silverstone, R., Hirsch, E., & Morley, D. (1990b). Listening to a long conversation: an ethnographic approach to the study of information and communication technologies in the home. London: Centre for Research into Innovation, Culture, and Technology, Brunel University.

Silverstone, R., Morley, D., Dahlberg, A., & Livingstone, S. (1989). *Families, technologies and consumption*. London: Centre for Research into Innovation, Culture, and Technology, Brunel University.

Towler, R. (1986). *Address to Royal Television Society*. Cambridge.

Wober, M. (1981). Psychology in the future of broadcasting research. *Bulletin of the British Psychological Society*, *34*, 409 – 412.

Wolf, M., Meyer, T., & White, C. (1982). A rules-based study of TV's role in the construction of social reality. *Journal of Broadcasting*, *26*(4), 813 – 829.

参与式观察：以电子游戏玩家为例[①]

（*Participant Observation: Video Game Players*）

阿瑟·阿萨·伯杰（Arthur Asa Berger）

顾名思义，参与式观察（participant observation）是指研究者（在不同程度上）参与某些活动以更好地观察并理解参与活动的对象。因而，参与式观察是一项田野工作，研究者开展田野调查以深入了解感兴趣的亚文化、组织或活动。例如，参与式观察研究的对象包括医院急诊室、监狱、吸毒者与医学院等。研究者进行观察旨在发现其所研究的亚文化或组织的现状，进而了解它们的运作方式（尤其是那些不易被察觉的隐藏面）及其发挥的功能（功用）。正如约翰·布鲁尔（John Brewer）和阿尔伯特·亨特（Albert Hunter）所指出的：

> 田野工作提出的现实理论为实际社会生活的复杂性提供了合理解释。不同于其他研究方法，田野工作者亲身进入社会群体，并尽可能在其完整与自然的状态下开展研究……大多数田野研究聚焦于一个或少数几个群体样本，抑或是相对较小的个体样本。如此既节约了资源，也使研究者得以了解研究群体的内部情况，并与研究对象间建立必要的融洽关系，进而开展更为深入而全面的研究。但人们仍有疑问：这种小规模的田野工作是否具有代表性？参与式观察确有局限性，然亦有吸引力，往往能帮助研究者发现研究对象那些不易察觉却极为有趣的一面。
>
> （Brewer & Hunter, 1989, pp. 45 - 46）

---

① 文章来源：Berger, A. A. (1998). Media Research Techniques (2nd ed. pp. 105 - 110). Sage.

一、潜在的参与式观察研究案例

以健身房或健身俱乐部为例。假设调查者旨在了解健身俱乐部中"发生了什么",如俱乐部中有哪些会员？他们为何加入？其中有哪些仪式与惯例？会员的理念是什么？会员如何使用这个俱乐部？他们又享受了怎样的服务（明显的/有意的;隐藏的/无意的）？

成为健身俱乐部会员的显性功能是通过锻炼提高身体素质,但也有诸多潜在功能。正如众多案例所显示的,潜在功能包括遇到合适的伴侣,以及通过观察镜中自己的身体曲线或肌肉线条满足自我欣赏的需求。

调查者必须确保自身调查的客观性而不能"入乡随俗",即调查者不能在潜移默化中接受调查对象的信仰与价值观（这种情况时有发生）。同时,调查者还需避免扰乱受调查群体的自然状态,因此,对于调查者而言,参与式调查面临着一些技术性问题。例如,调查者应尽量在不引人注意的情况下做笔记、统计和记录研究群体中不同个体的重要陈述等。

以下是在参与式观察中调查者需要考量的问题：

（1）如何选取关注点？换言之,观察对象是谁？

（2）在不影响或改变研究群体自然状态的前提下,要如何记录观察所得？

（3）如何确保记录信息的准确性？（如何确保能够区分对事件的描述[description]与研究者对事件的解释[interpretation]？）

（4）如何在建立/维持与调查对象间联系（并获得所需要的信息）的同时,又保持客观性？

（5）能从观察中得出多少普遍性规律？又如何证明这种规律具有普适性？

在参与式观察中,研究者投入时间观察的对象往往不同于其自身。事实上,这是一种在研究者所处社会（而非遥远的异乡）中进行的民族志实践。正如詹姆斯·斯普拉德利（James Spradley）指出的。

> 这项活动的本质在于以当地人的视角来理解另一种生活方式……田野工作……可以系统而规范地研究人们以为的世界,是人们以迥然

不同的方式所看、所听、所言、所思和所为的结果。与其说民族志是在"研究人",不如说它在"学习人"。

(Spradley, 1979, p. 3)

下述案例的研究对象是电子游戏玩家,通过对他们媒介使用方式的观察,你将有所收获。

二、研究电子游戏玩家

本项研究围绕一组电子游戏玩家进行。参与式观察涉及的研究群体通常不包含研究者,但在此项研究中,可能有些学生本身就是资深的电子游戏玩家。如果恰好存在这样的情况,请尝试找一些与你有所区别的电子游戏玩家进行观察,例如,来自不同的社会经济背景或不同的民族/种族,尽可能拉开彼此间的距离。一些学者认为研究自己熟悉的群体是一种优势,因为研究者可以获得大量有趣的内部信息,但问题在于这可能会影响研究的客观性。或者,你可以调研一些使用其他媒介的群体,如在咖啡店上网的老主顾,或是参加《星际迷航》(Star Trek)影迷会的人。

在观察研究对象时,你的笔记中应当包括以下几点。

(1) 注明你所观察的电子游戏室的位置,并说明该位置对这些玩家的重要性。

(2) 记录每次观察所花费的时间,其中包括你前往游戏室的频率,以及每次在游戏室中停留的时长。

(3) 记录男性玩家与女性玩家的数量,以及任何你可获取的人口统计学信息,如年龄、种族、大致的社会经济阶层、学校年级及着装风格等。

(4) 尽可能详细记录每位玩家玩游戏的总时长,及其在每个游戏中花费的时长。

(5) 描述不同玩家的着装风格。

(6) 记录玩家的仪式化/高度结构化/模式化的行为。这些玩家中是否有所谓的"圈子"存在? 他们中是否存在"意见领袖"? 他们把什么事情视作理所当然?

逐步接近那些愿意与你交谈的玩家(所谓的信息提供者),这可以帮助你了解该群体的运作方式及其成员的想法。你可以向他们询问以下问题。

    （1）你最喜欢的游戏是什么？

    （2）为什么喜欢这款游戏？它有什么特别之处？

    （3）如果这不是你一直以来最喜欢的游戏，那么此前你最喜欢哪款游戏？

    （4）你为什么喜欢玩电子游戏？

    （5）你在这里玩了多久？

    （6）你通常一周会来这个电子游戏室几次？

    （7）为什么选择这个电子游戏室而不是其他的？

    （8）平均一周花在电子游戏上的消费是多少？这些费用从何而来？

    （9）你是否认为男孩和女孩玩的游戏不一样？如果不一样，区别是什么？

    （10）男孩和女孩玩游戏的方式是否相同？如果不同，区别是什么？

在研究过程中，务必记下任何你认为可能是重要的、能帮助理解玩家心理的信息。

尝试找出电子游戏行为背后所隐藏的或不显著的影响（这些影响不为玩家所觉察）。同时，搜集这些年来电子游戏产业发展的相关信息——尤其关注该产业的规模、在家庭之外用于电子游戏的花费及类似信息，并将你的研究发现与这些经济数据相联系。

三、撰写参与式观察的研究报告

（1）在引言部分向读者介绍所选游戏室的基本信息，其中包括地理位置、游戏室所提供的游戏、对这些游戏的简要描述，以及其他基本信息。如果参考了任何与之相关的文章或书籍，说明你从中获得的发现。

（2）告诉读者你所发现的关于电子游戏玩家在人口统计学方面的有趣信息。可以将这些信息以图表的方式呈现，以便读者对你的研究结果一目了然。

（3）基于你的观察，分析电子游戏为玩家带来的未被察觉的影响。电子游戏的显见功用是消遣与娱乐，其隐性影响则可能包含那些未被玩家所察觉的诸多方面。适当时可援引玩家的原话。

（4）论述你在调查过程中遇到的问题，以及在此次研究中，你在概述调查结果时遇到的困难。

（5）讨论参与式观察的益处和你的心得体会。

（6）若你的研究对象来自不同的民族、种族、性别与社会经济阶层，那么需要详述你所观察到的差异，并探讨这些差异。

参考文献

Brewer，J.，& Hunter，A.（1989）. *Multimethod research: A synthesis of styles*. Newbury Park，CA：Sage.

Spradley，J. P.（1979）. *The ethnographic interview*. New York：Holt, Rinehart & Winston.

新闻编辑室搬迁与报业危机的评估：空间、地方和文化意义①②

(*Newsroom Moves and the Newspaper Crisis Evaluated: Space，Place，and Cultural Meaning*)

尼基·厄舍(Nikki Usher)

在美国，新闻业(尤其是报业)的现状似乎极为严峻。尽管经济复苏缓解了一些最糟糕的境况，但《2013 年新闻媒体状况报告》(*State of the News Media Report 2013*)仍引发了人们的担忧：21 世纪以来，印刷广告收入下降了近 10%；数字广告增长乏力；大多数报纸在沉重的债务负担下挣扎求生，新闻编辑室的工作岗位数量减少了 1/5 以上(Edmonds et al.，2013)。由于资金与记者数量减少，新闻报道的范围有所收缩，地方与政治监督性新闻的数量也有所下降(Anderson et al.，2012；Brock，2013)。

尽管已有大量关于报业危机的学术研究(Carlson，2012；Chyi et al.，2012；Schlesinger & Doyle，2014)，但鲜有质化的经验性研究关注新闻从业者面对新闻业衰微这一现状时的看法(Boczkowski & Siles，2012；Usher，2010)。因而，有必要从实际影响的角度对报业危机予以重新审视。报业衰微的新迹象之一是"出售大型报业大楼并搬迁至更小的新闻编辑室"。这一转变正发生在各个连锁媒体集团中，如麦克拉奇(McClatchy)、考克斯(Cox)、媒体新闻(MediaNews)、甘尼特(Gannett)、前进出版(Advance)、A. H. 贝洛(A. H. Belo)和盖特豪斯

① 文章来源：Usher, N. (2015). Newsroom moves and the newspaper crisis evaluated：space, place, and cultural meaning. Media, Culture & Society, 37(7), 1005 – 1021.
② 译者注：Location 在人文地理学中通常译为"区位"。在本文中，译者交替使用"区位"和"地点"两种译法，当作者更多指向具体物理空间，包含边界含义与封闭特性时，译为更具有伸缩性的"地点"，可以是新闻从业者办公的编辑室、居住的小区，或是生活的城市等；当更多涉及情感、观念、思想等社会文化关系意涵时，则译为"区位"，如"新闻区位""地理区位""物理区位"。

(Gatehouse)，甚至包括宾夕法尼亚州约克县的一个连锁新闻媒体组织(Usher，2014a)。一些人认为，这是报业公司削减成本以维持盈利的又一方案(Usher，2014a；Brandt，2013)。

当《克利夫兰老实人报》(*The Cleveland Plain Dealer*)从足以容纳千人的大楼搬迁至一家硬石咖啡馆(Hard Rock Café)上方一个交通中心的办公空间时，有记者抱怨道："这就不是一个新闻编辑室。"(Clark，2014)《波士顿环球报》(*The Boston Globe*)的土地价值远超报纸本身。《费城问询报》(*The Philadelphia Inquirer*)则搬迁至被废弃的百货公司的办公室，而原先的总部——昔日费城最大的建筑——则被改建为赌场和酒店。哥伦比亚大学托尔数字新闻研究中心统计了 35 家大型报纸的搬迁情况，并且这种趋势仍在继续——从《托莱多刀锋报》(*The Toledo Blade*)到《伯明翰新闻报》(*The Birmingham News*)，《底特律自由报》/《底特律新闻报》(*The Detroit Free Press/Detroit News*)的大楼目前正在出售。

搬迁至关重要，因为它们见证了新闻业的沧桑变化。对新闻从业者而言，离开原址、搬离市中心的现状，以及对空间意涵的重新思考可能会影响其新闻报道。对公众而言，搬迁将成为传统新闻业日薄西山的首个公开信号。一种潜在影响是：搬迁改变了新闻报道的方式，新闻内容也会随之改变，并最终影响到公众对新闻的获取。

本文采用基于民族志和访谈的田野研究方法，调查了一家经历过这种搬迁的报纸——《迈阿密先驱报》(*The Miami Herald*)，该报体现了"搬迁新闻编辑室"的趋势，是一个理想的研究案例。这份都市报在 20 世纪 80—90 年代初的发行量曾高达 40 万份，如今却降至不到 20 万份(*The Miami Herald*，2014；Villano，2006)。《迈阿密先驱报》已从位于市中心 80 万平方英尺的大楼搬迁至市区以西 12 英里外的机场附近，面积仅为原来的 1/4。基于对该报搬迁前后的两次实地考察，本研究共进行了 44 次访谈。

本研究的关键理论视角依赖于新闻从业者与其工作空间之间关联性的探讨(作为新闻和文化意义的生产场所)。因此，笔者借鉴了空间社会理论以分析一定时间范围内，由社会建构、能为个体与群体创造意义的空间(Hubbard & Kitchin，2010)。长期以来，空间一直是社会理论家与地理学家的兴趣所在，从概念与经验的维度对空间进行分析，将有助于洞察不断变化着的社会状况(Gieryn，2000；Massey，2005；Urry，2001)；此外，空间的重要性在传播领域中也日益凸显(Caldwell，2004；Castells，2011；Couldry & McCarthy，2004)。

　　本文试图回答两个关键问题：广义上，基于搬迁语境，新闻从业者如何理解和谈论空间的作用？狭义上，本研究将聚焦于地理区位（geographical location）、物体（physical objects）与空间的象征性建构三个不同维度，研究它们在新闻从业者对新闻业危机的理解，以及对新闻报道的感知方面发挥着何种作用。本文认为，新闻编辑室的搬迁显著影响了新闻从业者关于新闻制作与生产方式的理解；展现了新闻编辑室内部的物体如何被赋予象征意义，给予新闻从业者以工作安全、有保障与有稳定性的暗示；强调了报社搬迁所具有的更抽象的象征意义。本文首先讨论与回顾有关空间的文献和理论，然后进行案例与方法的阐述，最终呈现并分析研究发现。

一、空间和地方

　　空间（space）是研究社会生活的重要探究领域。尽管这一话题有诸多争议，但学者大多已就空间的"关系属性"达成一致。正如厄里所解释的，空间是在不断变化的语境中对特定实体的时空化构建（Urry，1995，2000）。托马斯·吉尔林（Thomas Gieryn）认为，空间是一种社会现象，人们在使用"空间"一词时就已对其进行了定义，空间便同时具有了边界与社会意义（Gieryn，2000）。进而，空间是社会生活展开的地方（place）。

　　对空间的考量可以从其地理区位出发：一个小镇（Pred，1985）、一间教室（Giddens，1979）、银行家的金融机构（Meyer，1991），以及一座购物商城等（Bolin，2004）。空间是主动生产的地方，个体在其中有意识地扮演角色，在建构其环境经验的同时，也在语境化地建构自身与时间、地方及他者间的关系。例如，多琳·马西（Doreen Massey）认为，空间是一种社会建构，其中过程、生产方式以及技术变化都将作用于具体地点（location）（Massey，2005）。亨利·列斐伏尔（Henri Lefebvre）提供了一个关键的分析视角：空间中所设置的人工制品，譬如艺术品和其他物品等，均可通过展现其特定文化意义的方式定义主体自身，对他而言，这既是一个社会关系展开的"真实"空间，也是一个"理念"空间，或者说是为我们所概念化的空间（LeFebvre，1991）。

　　空间的重要延伸之一是进入实际设定的"地方"，通常被定义为地图上的物理点（physical dot）、方位点（point）或客体。这指涉的是时空情境，人们对人工制品与人产生反应的社会体验在此形成（Soja，[1989] 2011）。马克斯·韦伯（Max Weber）很早就提出了从空间到地方（from space to place）的转变，认为地方是形成和创造自我的延伸——例如个体长期生活于某个实际存在的街区

（Bell，1997）。安东尼·吉登斯（Anthony Giddens）的视角亦从空间转移至地方——他称之为场所（locale）——日常生活的实践经验在此展开，我们的活动在此发生，社会行为在此进行（Giddens，1979）。

空间与媒介生产之间存在直接联系。曼纽尔·卡斯特（Manuel Castells）在关于信息社会理论的阐述中将空间纳入考量范畴，讨论了他所谓的"流空间"（space of flows）及实体（physicality）重要性的降低（Castells，2011）。尼克·库尔德利（Nick Couldry）和安娜·麦卡锡（Anna McCarthy）进一步指出，媒介构成了影响我们空间感知的社会过程（Couldry & McCarthy，2004）。约翰·考德威尔（John Caldwell）则主张关注"媒体生产地"（places of production of media）——实际生产媒体内容的地方（Caldwell，2004）。因此，"新闻编辑室"便被纳入关于媒体空间的更深层探讨中，以便理解特定文化语境中的人类行为。

基于本文的研究问题与上述发现，可借助大卫·哈维（David Harvey）的空间理论加以解释（Harvey，1989，2005，2006）。哈维将"空间"定义为绝对空间（absolute space）、相对空间（relative space）与关系空间（relational space），这三种关于空间的概念表明，由于人类存在（human existence）和物质性（materiality）的多样化，对空间的思考路径亦多元复杂。就字面意义而言，绝对空间（第一个类属）指的是一个具有明确边界的、固定的空间，人们可以在其框架中记录或规划事件（Harvey，2006，p. 124），在此情况下，空间指的是那些在网络结构中难以移动的实际地理空间，如《迈阿密先驱报》的所在地。

相对空间是人们根据客体（object）在时间中的区分变化所感受到的距离——人与客体间的不同位量如何相互影响。如此，关系空间就反映了人们如何与不同的物质（material）建构相勾连（有些研究更关注客体—客体之间的定位关系；参见［Zaman，2013］）。相对空间提供了讨论人们如何与客体发生关联，社会关系如何由此生成，文化意义如何凝聚提炼的讨论视角。

最后，关系性的空间观关照了空间心智模型（mental model）的思想——空间存在由人界定。如哈维所写："过程并非发生于空间容器中，而是定义了自身的空间"，这样的时空观指向"多重内部关系的思想"，即外部影响在特定过程或"物换星移"（things through time）中被内化（Harvey，2016，p. 124）。这些类属同等重要，并共同构建了空间研究的总体框架。

二、新闻编辑室与空间

学者奥罗拉·华莱士（Aurora Wallace）和戴尔·克雷斯曼（Dale Cressman）

认为,作为与公众紧密联系的组织代表,新闻建筑是极为重要的象征(Wallace,2005,2012;Cressman,2009)。历史上,新闻建筑本身就是新闻组织形象与运作状态的外在表达(如《纽约先驱报》[*The New York Herald*]和《纽约世界报》[*The New York World*])。即使在当下,纽约时报大楼也具有象征意义,其标志性的玻璃建筑成为面向未来的一座希望的灯塔(Usher,2014b)。

学者们也在关注空间与具体新闻生产间的关系,尽管这些联系并不明显。盖伊·塔奇曼(Gaye Tuchman)就地点对新闻生产的影响展开了研究(Tuchman,1978);苏珊·基思(Susan Keith)从历史的角度研究办公桌 U 型布局的作用(Keith,2015);彼得·加德(Peter Gade)关注"团队报道"(team reporting)兴起期间编辑室办公桌的重新布局(Gade,2004);帕布洛·博茨科夫斯基(Pablo Boczkowski)探讨了办公环境如何反映出不同的新闻文化(Boczkowski,2010)。还有一些学者研究了网络与印刷媒体的结合与提高工作效率间的关系(Quinn,2005;Verweij,2009)。另一些学者则将目光投向编辑室之外,关注"背包记者"(backpack journalist)的兴起(Dailey et al.,2005)。同样,新闻区位也影响着读者对其社区的感知,这表明新闻的产地有助于塑造公众对社区的认知与理解(Mersey,2009)。

在新闻学领域,关于空间的新研究层出不穷。摩西·舒默(Moses Shumow)调查了迈阿密移民记者群体(同时与母国和移民国家保持联系)的跨国职业认同(Shumow,2012);苏·罗宾逊(Sue Robinson)讨论了网络和印刷媒体新闻编辑室的争议性,并提出了新闻学研究中的空间转向(Robinson,2011);阿赫特鲁斯·扎曼(Akhteruz Zaman)说明了空间对新闻生产与劳动理解的影响(Zaman,2013);梅丽莎·沃尔(Melissa Wall)撰写了有关"快闪新闻编辑室"(Pop-Up Newsroom)的文章(Wall,2015);①施米茨·韦斯(Schmitz Weiss)论证了新闻业空间转向的重要性,即关注实体社区与移动空间研究(Weiss,2015)。值得注意的是,罗宾逊在其文章中提及,需要关注新闻行业对空间的影响。

三、案例

之所以选择《迈阿密先驱报》这份报纸,是因为其命运与业内诸多报纸相似,是一份正在经历编辑室搬迁的大都市报。这份报纸于 1937 年被约翰·夏夫

---

① 译者注:Pop-Up Newsroom 译为"快闪新闻编辑室",是指在应对特定时间、事件和主题的话题时,媒体机构设立的临时编辑室,是一种高效而全面地制作新闻、贴近不同地区受众的报道模式。

利·奈特(John Shively Knight)与詹姆斯·兰登·奈特(James Landon Knight)收购,并被打造成他们的旗舰报。1963年,奈特家族在比斯坎湾(Biscayne Bay)的先驱广场1号(1 Herald Plaza)建立了《迈阿密先驱报》大厦,那里的视野极为开阔,以至于为避免员工不愿返回工作岗位而不在屋顶设立午餐休息区。在建造伊始,该新闻编辑室预期发行量为100万份,并计划保持至1980年(Smiley,1974)。建成时,这座大厦成为佛罗里达州规模最大的建筑。在20世纪80年代的辉煌时期,电影《血腥风暴》(*The Mean Season*)与《并无恶意》(*Absence of Malice*)等影片均在此取景。然而,一家马来西亚博彩公司在2011年收购了这座大厦,并要求原先的新闻编辑室在两年内找到新的办公场所,最终选址位于人烟稀少的多拉市——距迈阿密市中心以西12英里处的机场附近。新闻编辑室搬迁不久,电视节目《火线警告》(*Burn Notice*)拍摄了一期讲述《迈阿密先驱报》大厦被烧毁事件的剧集(Hanks,2013)。尽管并非所有搬迁的新闻编辑室都会产生如此极端的地理位置变化,但它们大多都从城市中心迁至边缘地区,占地面积也有所缩小。

1. 研究方法

本项目对新闻编辑室进行了民族志观察实践(参考Gans,1979)和访谈研究(参考Singer,2004),依照项目的时间安排与访谈机会,共对《迈阿密先驱报》编辑室开展了两次实地考察——2013年4月中的4天(编辑部搬迁前2周)和2013年10月中的3天(于多拉市的新编辑室)。

第一次实地考察期间的访谈人数为23人;第二次考察期间的访谈人数为21人,共开展44次访谈,并回访了17人,对新闻从业者样本的选取通过滚雪球抽样与便利抽样的方式进行。访谈对象包括5名栏目编辑、3名高级编辑、3名线上工作者、1名摄影师和11名记者。该研究采用半结构式访谈法(Weiss,1995),并预先设计了一系列与搬迁相关的问题,随后根据谈话进程适时增加问题。访谈持续时间为20—40分钟,使用笔记本电脑进行记录。除已公开职位信息的人以外(如执行主编),这些新闻从业者的身份根据其职位进行区分。尽管管理层和员工观点不同,但这并非本研究关注的重点。

在进行资料分析的过程中,笔者借鉴了朱丽叶·科宾(Juliet Corbin)与安塞尔姆·施特劳斯(Anselm Strauss)的持续比较分析法,收集那些重复和相关的概念,依照相应类属进行评估,并把该类属大致分为三个主题,即物理搬迁、新闻编辑室的空间变化,以及与变革相关的"重要思考"(Corbin & Strauss,2008)。随后,将这些主题置于研究问题的语境中,并纳入理论。

2. 研究发现

2013 年 5 月,《迈阿密先驱报》的办公地从先驱广场 1 号大楼搬至多拉市大厦。在搬迁前,员工们搭建了一个空间以怀念他们在先驱广场 1 号中度过的时光。中央的大理石墙上放置了一块标有"感怀,先驱广场 1 号"的白色石膏板,上面贴满了各种便签,楼梯井挂着在职与离职员工的照片。尽管编辑室非常凌乱,但透过敞开的窗户,眼前蔚蓝的大海一望无际,比斯坎湾的美景尽收眼底。

《迈阿密先驱报》的新编辑室位于一家奶牛牧场对面,该区域结合了农业以及前美国南方司令部遗留的工业元素——保留了部分军事防御设施,如混凝土掩体与带刺铁丝网。新编辑室明亮通风,天花板极具工业色彩,中间是一面置有22 块电视屏幕的媒体墙。不同于旧编辑室,新编辑室的办公室更少,会议室更多,只有执行主编曼迪·马昆斯(Mindy Marques)和总编里克·赫希(Rick Hirsch)拥有独立的办公区。

四、绝对空间:新闻编辑室的地点

绝对空间假定存在一种真实的地理边界,影响着人们对空间、社会关系及生产场地(sites of production)的理解。诚如哈维所说的,这些不变的物理地点会受到时间流逝的影响。以交通运输为例,受限于物理条件,人们所能去的地方将会影响其行为。在探讨这一绝对空间时,关键在于考察新闻从业者如何利用这一地理空间开展工作。新闻从业者对自身与这些地点间关系的构想,恰恰反映了他们对时间、空间和新闻决策的洞察。

1. 搬迁之前:最好的新闻在此发生

有一种观点认为,位于先驱广场 1 号的《迈阿密先驱报》大厦,其建筑本身就是新闻发生的地方。"时间"是新闻工作中的一个关键因素:尤其在面对突发新闻时,记者所能报道的内容往往取决于他们获取信息的速度。在诸多方面,绝对空间可能会对新闻决策产生影响。

新闻从业者们的忧虑在搬迁之前已然显露,他们担心自己无法再接触到那些发生在《迈阿密先驱报》大厦周边的重大新闻。一位编辑解释了《迈阿密先驱报》何以使迅速报道天气事件成为可能,这对于一个极易遭受飓风袭击的城市而言极为重要。

> 仅透过我们的窗户,你就可以见证一些"最重要新闻"的发生。在大厦里,你可以看到飓风来袭或其他恶劣天气状况,也可以目睹比斯坎

湾上发生的任何重大爆炸或重大事件……我们搬到多拉市后，肯定就没有这种机会了。

其他新闻从业者热衷于讨论如何在《迈阿密先驱报》大厦中获取独家新闻。2013 年，迈阿密发生了一起轰动全国的事件：一个男人在吸食毒品"浴盐"后啃食了另一个男人的脸，该市媒体报道称其为"僵尸"（Barry，2013）。一位记者指出：

> 当离奇的事情发生时，我们可以抢先曝光……我们就在麦克阿瑟堤道（MacArthur Causeway）附近，这是我们能报道"僵尸"新闻的原因。

总编解释道，"僵尸"事件实际上是被《迈阿密先驱报》大厦的监控摄像头捕捉到的。一位资深记者提及《迈阿密先驱报》的另一则著名报道——一个深陷腐败风波的政客离开市政厅，在门厅处拿起霰弹枪朝着自己的头部开了一枪。搬迁后，记者们可能会陷入一种困境：由于缺乏地理上的接近性，记者既受到时间上的束缚，又缺乏对突发事件的感知，这种情况可能会影响到新闻报道。

2. 搬迁之后

新闻编辑室搬迁后，记者们总是怀着沮丧的心情留恋过去，他们认为新闻报道已经发生变化，尽管如人们所料，高级编辑们依旧保持着积极乐观的态度。

一些高级编辑认为，新的工作空间带来了新的优势。总编辑指出：

> 我们旅游专栏的记者距她所报道的公司只有几步之遥。如果有选举，我们就在现场。显然，其他新闻组织（如联视［Univision］的大型电视演播室）也认为这是一个很好的选址。

然而，主编随后展示了一张照片，照片上一艘鲨鱼形状的船只正沿着海湾驶来，该场景只有在旧编辑室中才能看到。他指出，这类疯狂的"迈阿密独家"新闻通常只在市中心发生。

其他记者则为自己耗费在赶往头条新闻现场的时间感到焦虑，这也暗示着他们对报道的看法可能会发生变化。对于那些多数时间都在迈阿密工作的记者而言，无法及时赶回编辑室或接触信源的担忧可能更甚。一位记者解释道：

一位候选人突然要在市中心宣布一则消息，而我从新编辑室到现场却要花费 45 分钟的时间。若当天我还需要取一份法庭文件撰写报道的话，便很难做到两者兼顾。

在这方面，她所负责报道的突发新闻受到了旧空间与新编辑室之间实际距离的影响。其他记者也对这种"顺路"报道（drop-in reporting）的困难深有体会。

一位编辑解释道，现在她需要特意安排时间去市区与"信源"（newsmaker）见面，而在新闻编辑室搬迁之前，这种见面是随意且频繁的，并不需要提前规划：

我与社区的关系比以往任何时候都疏远。以往除非我分身乏术，否则我都会在市中心吃早餐，与我需要见的人（对于我而言，就是某些行业的领导人）每周一起喝三次咖啡。

她也提出了一种不同的观点，即她正在了解一些新的潜在报道领域，但"我们经过的地方不再是那些推动决策或塑造城市基调的核心区域"。换言之，《迈阿密先驱报》与"信源"脱节了。

笔者访谈的大部分新闻从业者（一线工作者）都认为新办公地点严重影响了工作效率。对于他们而言，重要的新闻发生在那个已然离开的地方。如果他们想留在新闻编辑室，就要面临一个直观经验上的困境：他们眼中重要的新闻不会发生在新办公地点附近。

哈维关于绝对空间的理论定义探讨了一种重要性——对"空间"在物理与时间维度中"有界"的思考。他认为，空间关乎人们确立文化意义的方式。在此例中，我们可以看到新闻编辑室搬迁影响了新闻从业者对自身所处的物理空间和工作间关系的认知，也影响了他们的内容创造力。

五、相对空间：新闻编辑室内的物体

根据哈维的观点，相对空间考察的是人们如何与既定物体建立关联，并赋予其意义。因而在此案例中，了解新闻从业者对编辑室内部实物（physical things）的感知，将有助于管窥他们对于新闻编辑室变化的看法。讨论的主题包括两个关键对象：一是编辑室内部的实体办公桌及其象征意义；二是为应对突发新闻而创建的全新改进版"连续新闻台"（CND：Continuous News Desk）。

在搬迁前，新闻从业者面对的是一个安静的新闻编辑室，内部满是办公桌，

而新闻从业者寥寥无几。数据显示，员工数量从 350 人减少至搬迁后的 175 人，但据资深记者所述，实际上仅有 35 名新闻从业者在岗。那些被解雇或自愿离职的新闻从业者留下的杂物加剧了新闻编辑室的空虚感。无论搬迁与否，了解新闻从业者对于这些空桌子的感知，都有助于考察新闻从业者对所属新闻组织运营状况及行业总体前景的看法。

在搬迁之前，新闻从业者们谈到了这些办公桌，一位新闻从业者解释道：

> 这里空空荡荡，孤独而悲伤。我们失去了太多人⋯⋯这些空桌的主人或已离职或在休假。

其他新闻从业者附和了这一评论，认为新闻编辑室给人以一种空旷与萧瑟之感。对于其中一位新闻从业者而言，此次搬迁意味着承认新闻编辑室走向衰败。"人们普遍恐惧离开，因为这意味着要接受更小的编辑室和这些空荡荡的办公桌"。一位编辑接着解释道，他向外望去，发现"那里空无一人"。高层管理者也表达了类似观点。简言之，旧编辑室象征着衰落，但通过改变新闻编辑室内的物体和位置，或许可以在一定程度上帮助《迈阿密先驱报》对抗这种心理上的颓败感。

在管理层眼中，搬迁后的新编辑室空间明亮透气，开放式的平层设计打造了一个理想的工作环境，将记者与编辑聚集在更紧密的空间中。当新闻从业者们进入新编辑室空间时，多数人仍感到空虚和沮丧。

一位新闻从业者认为，这种空虚感可能会持续存在：

> 我依旧觉得此处的空间过大，仍有许多空桌子——我们昨天收到了一份关于裁员的内部通知，我相信你也看到了——接下来这些人在新闻编辑室中的位置将被清空。

另一位新闻从业者也对此做出解释：

> 随着这一切的发生，我们失去了一些同事——事实上，我们规划了一定数量的离职人员，这意味着已经产生许多空的格子间，且再也不会有人来接替那些离开了的人。

　　这些实物的变化本应能重振新闻从业者的士气。减少空桌的目的在于使编辑室员工重燃活力,令其忘却编辑室逐年衰落的事实。在新空间里,新闻从业者们似乎应放下过往,专注眼前,建立新的联系。然而,在哈维关于相对空间的讨论中,空荡的空间反而预示着更深层的失落,这些空桌子影响了新闻从业者对其自身处境与危机状况的看法。

　　令管理者备感兴奋的是,他们作出了一个迈向数字化革新的创新举措——在新闻大厦内创建一个持续升级的连续新闻台。《迈阿密先驱报》的旧编辑室也有一个小型的连续新闻台,旨在跟进突发性新闻报道,但它离记者实际所处的位置相去甚远。管理层认为,新闻编辑室保持市场竞争力的关键因素之一是定期提供突发新闻,以保持网站的时效性与前沿性,如此人们就会全天候地关注网站。搬离旧空间的优势之一在于,《迈阿密先驱报》将能够借助更优良的通信技术促进新闻的流通。

　　在搬迁前,该报的执行主编曼迪·马昆斯希望能采取某种方式,将记者从"看不见,摸不着"的状态转变为一种身体在场、可见、积极参与,并与负责网站的人持续交流的状态。她解释道:

　　　　你也要能够迅速与读者沟通,在新闻编辑室里需要这般说话与行事……从早晨开始,你就可以高声(而有效)地与同事对话。

　　根据马昆斯的计划,新编辑室内将有 16 人在 U 型连续新闻台工作,包括每日新闻编辑、社交媒体编辑、社交媒体记者、摄影编辑、记者、编审和主页制作人员。

　　记者和其他编辑都意识到了这一点,并认为这可能象征着《迈阿密先驱报》的数字化转型。一位记者表示:

　　　　他们说,这对新闻更有益……我们正迈向未来,随着数字时代的到来,我们将走得更远。

　　一位编辑提出了一些可能的变化:

　　　　围坐在一起讨论日常工作的人们将会有更多的对话,以及更具备专注于当下任务的能力。

因此,连续新闻台的出现让新闻从业者看到了数字化变革的一些潜力,其结果意义重大——如果连续新闻台发挥作用,那么这将是《迈阿密先驱报》进步的标志;如果连续新闻台没什么作用,那么就预示着编辑室在适应变革与转型方面的失败。

在笔者回访连续新闻台时,它还尚未成为一个活跃的数字化行动运营中枢。除了一位体育内容制片人之外,偶尔还有一位负责主页制作的员工、一位下午才上班的综合报道记者和一位线上编辑会在桌前办公,多数办公桌仍是闲置的。16 个座位中只有 4 名工作人员。拥有 22 块屏幕的媒体墙大多整日播放体育节目或肥皂剧,而计划用以提供实时数据的苹果牌电视甚至在编辑部搬迁 7 个月后仍未投入使用。

一些人对此将信将疑,诚如一名编辑所言,"尽管大部分都是空置的,但连续新闻台的运作还是较为良好"。然而,连续新闻台的负责人——或许是评估其成功与否的最为关键的人物——指出,这里根本没有他想要的人员:

> 我们没有可以负责报道早间突发新闻的记者,也没有专门负责夜间突发新闻的记者或警方记者,并且这些空缺一直无法填上……早上只有我一人。因为没有其他人,如今我还必须负责接听电话,这令人痛心。

正如高层管理者所承认的,快速、多产而丰富的突发新闻报道的数字化愿景尚未实现。在人力有限的情况下,空旷的连续新闻台虽有前景,但也再次显现出资源不足的疲态。受制于现存制度,连续新闻台需要雇佣更多员工才能真正运作。

对于相对空间,哈维认为,人与客体之间的连接建立了一种象征性联系,并最终将影响他们对自我的认知,以及他们对自我与世界间关系的认知。这些客体对人们的感知产生直接影响——作为一个实体的事物,连续新闻台影响着人们开展工作的情绪,以及他们对新闻采集能力和新闻业未来的看法。

六、关系空间

哈维的第三种空间分类着眼于个人和社会群体如何将空间的外部影响与其内部理解相结合。这一"空间"维度提出了一个更具反思性的领域,人们关注的并非是实在的地方或事物,而是更抽象的空间概念——对空间象征意义的提取。这超越了对地点或物体的考量,进一步考察了人们如何将空间作为一种理解世界的表达加以体验——在本文中,这借助组织的象征权力得以进行。

在搬迁前,只有少数的《迈阿密先驱报》新闻从业者关注到此次搬迁的更为深远的象征意义。大多数人在意的是这次搬迁之于他们日常工作的意义,而忽视了与这座大厦告别所隐含的社会意义。只有极少数人会基于关系维度对此次搬迁略做思考。一位编辑谈道,公司在这次搬迁中失去了她所谓的"心灵份额"(mindshare)——这是公司进一步衰落的持续性因素之一:

我们担心它在用户那儿失去了心灵份额——当你想要获取信息时,谁是你的第一信源——这关乎品牌和使用。

另一些新闻从业者担心,离开市中心似乎是一种信号,表明他们放弃了该区域,而那里正成为投资和活动的中心。一位新闻从业者说"在我们被'谋杀'时,市中心却在重生"。《迈阿密先驱报》曾是这座城市复兴的一部分,现在它的编辑室却要离开这片土地。由于新闻从业者关切的是物理空间搬迁给他们带来的直接影响,因此他们可能会缺少关系维度的考量,即从哈维的关系层面去评估此次搬迁透露出的更为抽象而超然的象征性意义。

在搬迁后,新闻从业者们对这一事件进行了回顾,将所发生的一切视作衰落的重要迹象。离开先驱广场 1 号标志着新闻的黄金时代已然结束;新编辑室为数字时代所重塑,其规模更小且更具灵活性,美好的黄金时代仅留存于昔日记忆之中——新闻业无法恢复往日的繁荣与稳定。因此,新闻从业者开始将这座建筑视为一个关系空间,将其解读为逝去荣光的象征。

一位在线编辑解释道:

我们感到非常自豪。看着这座大厦,不难想象当时报纸的光辉岁月,而现在这代表着一种新的商业模式。

另一位编辑对做出回应:

我们在离开黄金地段这件事上做出了很大牺牲,《迈阿密先驱报》大厦是如此显著且不容忽视的标志——这点毋庸置疑。但我们必须认识到,纸媒已不复当年。

失去报社大厦引发了记者对往昔岁月的追忆，但与之相比，新闻从业者们也许更担心被迈阿密社区所遗忘。他们认为，该报大厦凸显了作为重要发声组织的《迈阿密先驱报》的力量——一旦失去这座建筑，这座城市将不再重视《迈阿密先驱报》。

一位新闻从业者指出，在迈阿密，地标性建筑是城市文化的关键所在。"在这座城市，形象就是一切"，其同事也深有同感：

> 我确定这是一个知名度的问题，一个真正的标识与品牌的问题。现在我们除了一条横幅外没有任何品牌宣传……品牌是知名度的一部分……必须要让人知道。你看不见我们，但不表示我们不存在。

另外两位新闻从业者就城市如何"失去了一个重要的组织形象"的话题进行了交流。

之前谈到过"心灵份额"的编辑补充道：

> 缺少一个与传统媒体公司相关且能让人们日常见到的建筑，并不利于人们的精神状态。这一形势不容乐观。我们正为争取我们的品牌份额而战，尤其是与那些认为我们朽木难雕的一代人。对于我们而言，无法每天观察到市中心的情况有百害而无一利。

新闻从业者们将《迈阿密先驱报》大厦作为与他们相关联的一种象征。若失去了这种可见性，员工担心会人走茶凉。在他们眼中，从社区到《迈阿密先驱报》文化意义的塑造，都与建筑本身的存在直接相关。如此，"地方"的结构——及其缺失——意味着某种距离，这种距离源于这些社会关系。在新闻从业者精心制作关于自身与工作、社会之间关系的故事时，《迈阿密先驱报》大厦这一大型建筑究竟意味着什么？当新闻从业者思考这一问题时，哈维的关系空间概念将有助于揭示其间与象征符号的抽象联系。

七、讨论

本文试图通过对一个明显的衰落迹象的考察——新闻编辑室搬迁至更狭小偏远的办公地点——为讨论报业危机提供一个"空间"维度。哈维关于绝对空间、相对空间和关系空间的解析，有助于我们理解人们如何类属化和操作化此次搬迁，也很好地映射到文中所用的扎根理论路径(grounded theory approach)。[①]目前尚有若干问题亟待解决：在远程交流前所未有地容易实现的当下，讨论搬迁为何仍如此重要？新闻从业者又能否成功适应这些变化？

可以看到，当新闻从业者构想自身在新闻生态系统中的角色重要性，以及考虑自身的工作能力时，哈维的绝对空间概念发挥着重要作用。从历史的维度看，新闻业(尤其是新闻决策与新闻发布)依赖于速度和时间。当下，突发新闻愈发被视为保持网站流量的关键，其竞争日益激烈，迅速回应最紧要的新闻(无论是犯罪新闻还是"僵尸"新闻)的压力与日俱增。将新闻大楼作为一个"实际存在的空间"的考量表明，新闻从业者认为特定地方对其工作方式至关重要。搬迁将会改变(或已经改变了)他们的工作方式，并影响了报道新闻的方式。

同样，哈维关于相对空间的讨论有助于我们思考特定实体对新闻从业者的重要性。这些对象是非永久性的，绝对空间(如建筑)内部的物质构成确实可能发生变化，从新闻从业者关于新旧大楼里空置办公桌的争议中可窥见一二。这些实物是一个信任危机的信号，人们开始怀疑大型报业组织能够支持记者做高质量报道的能力，新闻从业者必须承认新闻行业的惨淡境况。另一方面，连续新闻台为新闻业的未来带来了一抹亮色，但与之关系最紧密的新闻从业者却只是在情感上看好其尚未发掘的潜能。

在消化"搬迁"这件事并适应新环境后，新闻从业者对关系空间的思考最为显著。由于关系空间涉及人们从所处的脱离实物的环境或更宏大的哲学主张中看到的符号的抽象概念，新闻从业者广泛地从更为概念化的层面思考离开故地的意义。他们思考着关于新闻业的衰退和脱离当前工作环境的更大的空间构想，基于此，我们进行了一场有关如何经历衰退的坦诚"对话"。

值得注意的是，由于空间与我们形成社会关系的场景紧密相连，因此，区分这些关于空间的概念并不容易，每一种概念化最终都映射回更大的象征含义。本文介绍的分析框架提供了一种对物质性进行分层的方法，但正如分析所示，每个类属都界限模糊。

一个悬而未决的问题是，在远程工作成为可能的当下，为何实在的地方、物体和符号对于记者而言依然极为重要？一些关于媒介生产与空间的文献已经阐明，信息交换不再受时空限制，那为何这些记者依旧无法欣然成为"背包记者"？

---

① 译者注：本研究主要采用参与式观察与访谈法，在资料分析的过程中借鉴了科宾和施特劳斯的扎根理论研究。

尽管有些记者仍然在警察局和市政厅这种传统的编辑室的远程站点(remote site)里工作,但他们并没有挖掘出移动新闻的潜力。对于这些记者而言,根植于新闻发生的空间、距离各种机构"寸步之遥",以及融入有着共享目标、问题和自我认知的记者的群体环境,或许才是空间如此重要的原因所在。

编辑室的搬迁对于新闻从业者和公众而言都很重要。如果新闻从业者难以适应新编辑室,继续沉湎于对故地的怀念,那么他们可能会忽略对那些同样瞩目且新鲜的报道的探索。新闻编辑室在对待信息和其公共角色(作为城市信息生态中的关键新闻来源)方面也许会缺乏深度思考。归根到底,这关系到人们能从声称拥有无上权威与专业性的传统新闻从业者处获得何种新闻。随着报业的衰退,人们可能会失去兴趣,甚至遗忘报纸作为社区组织的角色。

在很大程度上,新闻业的时—空导向深植于报业危机的形构中。外部行业压力塑造了记者在日常工作中体验时间、地点和空间的个人和社会经验。诚如本文所述,报业总部的搬迁是报业衰落的象征性建构,对新闻从业者如何在瞬息万变的行业中理解自身命运产生了实质影响,同时也影响着新闻从业者的实际工作。因此,以空间视角切入新闻业,能让我们洞悉正经历行业巨变的新闻从业者如何体验行业带来的压力。

参考文献

Anderson, C. W., Bell, E., Shirky, C. (2012). *Post-Industrial Journalism Adapting to the Present: A Report*. New York: Columbia Journalism School.

Barry, D. (2013, December 31). Dave Barry's year in review: 2013 was a zombie of a year. *The Miami Herald*. From http://www.miamiherald.com/2013/12/27/3830019/dave-barrys-year-in-review-2013.html.

Bell, M. M. (1997). The ghosts of place. *Theory and Society*, 26(6), 813-836.

Boczkowski, P. J. (2010). *News at Work: Imitation in an Age of Information Abundance*. Chicago, IL: University of Chicago Press.

Boczkowski, P. J., Siles, I. (2012). Making sense of the newspaper crisis: a critical assessment of existing research and an agenda for future work. *New Media & Society*, 14, 1375-1394.

Bolin, G. (2004). The structuring of consumers in a Swedish shopping mall. In N. Couldry & A. McCarthy (Eds.), *MediaSpace: Place, Scale, and Culture in a Media Age*. (pp. 126-142). New York: Routledge.

Brandt, N. (2013, January 11). Condos replace newsrooms as U.S. papers sell real estate. *Bloomberg.com*. From http://www.bloomberg.com/news/2013-01-11/condos-replace-news-rooms-as-u-s-papers-sell-real-estate.html.

Brock, G. (2013). *Out of Print: Newspapers, Journalism and the Business of News in the Digital Age*. London: Kogan Page.

Caldwell, J. T. (2004). Industrial geography lessons: socio-professional rituals and the borderlands of production culture. In N. Couldry, & A. McCarthy, (Eds.), *MediaSpace: Place, Scale, and Culture in a Media Age* (pp. 163 - 190). New York: Routledge.

Carlson, M. (2012). 'Where once stood titans': second-order paradigm repair and the vanishing US newspaper. *Journalism*, *13*, 267 - 283.

Castells, M. (2011). *The Rise of the Network Society: The Information Age: Economy, Society, and Culture*, vol. 1. Hoboken, NJ: John Wiley & Sons.

Chyi, H. I., Lewis, S. C., & Zheng, N. (2012). A matter of life and death? Examining how newspapers covered the newspaper 'crisis'. *Journalism Studies*, *13*, 305 - 324.

Clark, A. (2014, January 17). 'This used to be a newsroom'—the scene at the Cleveland Plain Dealer. *Columbia Journalism Review*. From http://www. cjr. org/united_states_project/newsroom_culture_is_gone_at_cleveland_plain_dealer.php? utm_medium＝App. net&; utm_source＝PourOver&page＝1.

Colson, V., & Heinderyckx, F. (2008). Do online journalists belong in the newsroom? A Belgium case of convergence. In C. Paterson, & D. Domingo (Ed.), *Making Online News: The Ethnography of New Media Production* (pp. 143 - 156). New York: Peter Lang.

Corbin, J., & Strauss, A. (Eds.). (2008). *Basics of Qualitative Research: Techniques and Procedures for Developing Grounded Theory*. London: Sage.

Couldry, N., & McCarthy, A. (2004). Introduction: orientations: mapping MediaSpace. In N. Couldry & A. McCarthy (Eds.), *MediaSpace: Place, Scale, and Culture in a Media Age* (pp. 1 - 18). New York: Routledge.

Cressman, D. (2009). From newspaper row to times square. *Journalism History*, *34* (4), 182 - 193.

Dailey, L., Demo, L., & Spillman, M. (2005). The convergence continuum: a model for studying collaboration between media newsrooms. *Atlantic Journal of Communication*, *13* (3), 150 - 168.

Edmonds, R., Guskin, E., & Mitchell A, et al. (2013, July 18). Newspapers: stabilizing, but still threatened. *State of the Media*, Washington DC. From http://stateofthemedia. org/2013/ newspapers-stabilizing-but-still-threatened/.

Gade, P. J. (2004). Newspapers and organizational development: management and journalist perceptions of newsroom cultural change. *Journalism & Communication Monographs*, *6*(1), 3 - 55.

Gans, H. J. (1979). *Deciding What's News: A Study of CBS Evening News, NBC Nightly News, Newsweek, and Time*. Evanston, IL: Northwestern University Press.

Giddens, A. (1979). *Central Problems in Social Theory*. Berkeley, CA: University of California Press.

Gieryn, T. F. (2000). A space for place in sociology. *Annual Review of Sociology*, *26*, 463 - 496.

Hanks, D. (2013, July 26). Old Herald building smoking, thanks to Burn Notice. *The Miami Herald*. From http://www. miamiherald. com/2013/07/26/3523582/old-herald-building-smoking-thanks.html.

Harvey, D. (1989). *The Conditions of Postmodernity*. Oxford: Blackwell.

Harvey, D. (2005). Space as a key word. *Hettner Lectures*, *8*, 93 – 115.

Harvey, D. (2006). *Spaces of Global Capitalism: Towards a Theory of Uneven Geographical Development*. London: Verso.

Hubbard, P., & Kitchin, R. (2010). *Key Thinkers on Space and Place* (2nd ed.). London: Sage.

Keith, S. (2015). Horseshoes, stylebooks, wheels, poles, and dummies: objects of editing power in 20th-century newsrooms. *Journalism*, *16*(1), 44 – 60.

LeFebvre, H. (1991). *The Production of Space: Translated by Donald Nicholson-Smith*. Oxford: Blackwell.

Massey, D. (2005). *For Space*. London: Sage.

Mersey, R. D. (2009). Online news users' sense of community: is geography dead? *Journalism Practice*, *3*(3), 347 – 360.

Meyer, D. R. (1991). Change in the world system of metropolises: the role of business intermediaries. *Urban Geography*, *12*(5), 393 – 416.

Pred, A. (1985). The social becomes the spatial, the spatial becomes the social: enclosures, social change and the becoming of places in Skane. In D. Gregory & J. Urry (Eds.), *Social Relations and Spatial Structures* (pp. 337 – 365). New York: Palgrave Macmillan.

Quinn, S. (2005). *Convergent Journalism: The Fundamentals of Multimedia Reporting*. New York: Peter Lang.

Robinson, S. (2011). Convergence crises: news work and news space in the digitally transforming newsroom. *Journal of Communication*, *61*(6), 1122 – 1141.

Schlesinger, P., Doyle, G. (2014). From organizational crisis to multi-platform salvation? Creative destruction and the recomposition of news media. *Journalism*. From http://dx.doi.org/10.1177/1464884914530223.

Shumow, M. (2012). Immigrant journalism, ideology and the production of transnational media spaces. *Media*, *Culture & Society*, *34*(7), 815 – 831.

Singer, J. B. (2004). More than ink-stained wretches: the resocialization of print journalists in converged newsrooms. *Journalism & Mass Communication Quarterly*, *81*(4), 838 – 856.

Smiley, N. (1974). *Knights of the Fourth Estate: The Story of the Miami Herald Estate*. Miami, FL: E. A. Seemann Pub.

Soja, E. W. ([1989] 2011). *Postmodern Geographies: The Reassertion of Space in Critical Social Theory*. Brooklyn, NY: Verso.

The Miami Herald (2014, May 1). Miami Herald and El Nuevo Herald's Sunday average circulation rises; Monday-through-Friday circulation falls. *The Miami Herald*. From http:// article. wn. com/view/2014/05/01/miami_herald_and_el_nuevo_herald_x2019s_sunday_average_circu/.

Tuchman, G. (1978). *Making News: A Study in the Construction of Reality*. New York: Free Press.

Urry, J. (1995). *Consuming Places*. London: Routledge.

Urry, J. (2000). *Sociology Beyond Societies*. London: Routledge.

Urry, J. (2001). The sociology of space and place. In J. Blau (Ed.), *The Blackwell Companion to Sociology* (pp. 3 – 15). Malden, MA: Blackwell.

Usher, N. (2010). Goodbye to the news: how out-of work journalists assess enduring news values and the new media landscape. *New Media & Society*, *16*, 541 – 558.

Usher, N. (2014a). *Moving the Newsroom: Post-Industrial Spaces and Places*. New York: Columbia Journalism School.

Usher, N. (2014b). *Making News at the New York Times*. Ann Arbor, MI: University of Michigan Press.

Verweij, P. (2009). Making convergence work in the newsroom: a case study of convergence of print, radio, television and online newsrooms at the African media matrix in South Africa during the national arts festival. *Convergence*, *15*(1), 75 – 87.

Villano, D. (2006, July 1). Hope at the Herald. *Florida Trend*, 26.

Wall, M. (2015), Change the space, change the practice? Re-imagining journalism education with the Pop-Up Newsroom. *Journalism Practice*, *9*(2), 123 – 137.

Wallace, A. (2005). *Newspapers and the Making of Modern America: A History*. Westport, CT: Greenwood Publishing Group.

Wallace, A. (2012). *Media Capital: Architecture and Communications in New York City*. Champaign, IL: University of Illinois Press.

Weiss, R. S. (1995). *Learning from Strangers: The Art and Method of Qualitative Interview Studies*. New York: Simon & Schuster.

Weiss, S. A. (2015) Place-based knowledge in the twenty-first century: the creation of spatial journalism. *Digital Journalism*, *3*(1), 116 – 131.

Zaman, A. (2013). Newsroom as battleground: journalists' description of their workspaces. *Journalism Studies*, *14*(6), 819 – 834.

第二章
访谈法

访谈：科学的艺术[①]

（*Interviewing: The Art of Science*）

安德烈亚·方坦纳（Andrea Fontana）　詹姆斯·弗雷（James Frey）

> 如果所有问题的措辞（question wording）都存在问题，那么它们的根源都是视太多东西为理所当然。
>
> （S. Payne）

提出问题并得到答案看似简单，但实则困难。无论如何谨慎地措辞问题、报告或编码，语言和文字总有含糊不清之处。尽管如此，访谈仍然是了解他人最常用、最有效的方法之一，也是社会学的重要组成部分。究其原因，访谈本质上是一种互动，而社会学正是研究互动的学科（Benney & Hughes，1956）。因此，访谈既是研究工具，也是研究对象，是社会学的交际艺术，也是"一场看似地位平等的相遇，无论事实是否如此"（Benney & Hughes，1956，p. 142）。

访谈的形式和用途多种多样。最常见的访谈形式是个人面对面的口头交流，此外还有面对面的小组访谈、邮寄或自填问卷及电话调查等形式。访谈分为结构式、半结构式和非结构式三种类型，可用于市场调查、民意测验、治疗原因（探究）或学术研究，也可用于心理测量，或用于了解个人/群体的观点。访谈可以是一次性的简短交流，如5分钟的电话访谈，也可以是多次的、长时间的交流，有时甚至持续数日，如生命史访谈。

本文首先概述了访谈的历史，而后讨论访谈在学术中的应用。为阐明访谈的全部意义，本文将对访谈的主要类型（结构式、半结构式和非结构式）进行讨

① 文章来源：Fontana，A.，& Frey，J. (1994). Interviewing：The art of science. In N. K. Denzin，& Y. S. Lincoln (Eds.)，Handbook of Qualitative Research (pp. 361-376). Sage Publications，Inc.

论,并介绍其他开展访谈的方法;在此基础上,详细阐述了质化访谈的要素,随即讨论与访谈相关的性别问题,以及研究者应当如何解释、撰写调研报告;最后,提出了一些伦理方面的考量。

一、访谈的历史

形式各异的访谈由来已久,古埃及时期就开展过人口普查(Babbie,1992)。近代以来,访谈大致有两种传统。在临床诊断和咨询领域,访谈法大受欢迎并广为应用,其关注点是回答的质量;在第一次世界大战期间,访谈法开始被应用于心理测试,重点在于测量(Maccoby E. E. & Maccoby N.,1954)。

查尔斯·布斯(Charles Booth)是第一个依靠访谈开展社会调查的人(Converse,1987)。1886 年,布斯着手对伦敦人民的经济和社会状况进行全面调查,这项调查被出版为《伦敦人民的生活和劳动》(*Life and Labour of the People in London*,1902—1903)一书,其中采用的方法后来发展成为独立的访谈法。他不仅完成了调查研究,还通过非结构式访谈和民族志观察对自己的工作进行了三角互证:

> 通过走访众多社区、街道和家庭,以及与各种福利机构和社区的领导人开展会谈,布斯对收集到的资料进行了核实与补充。此外,布斯有时会以房客的身份住在陌生的地区,以便更深入地了解贫困阶层的生活和习惯。
>
> (Parten,1950,pp. 6 - 7)

随后,许多对伦敦和英国其他城市的调查都效仿了布斯的做法。在美国,类似的研究接踵而至。1885 年的一项研究就试图参照布斯的方法在芝加哥展开调查(Converse,1987)。1896 年,美国社会学家威廉·杜波依斯(William Du Bois)也参照布斯的方法研究费城的黑人(Du Bois,1899)。之后,这项方法也被应用于对城市和小镇的调查,其中最著名的是罗伯特·斯托顿·林德(Robert Staughton Lynd)和海伦·梅瑞尔·林德(Helen Merrell Lynd)的《中镇:当代美国文化研究》(*Middletown*,1929)与《转型中的中镇:一项文化冲突研究》(*Middletown in Transition*,1937)。

民意测验(opinion polling)是另一种早期的访谈形式。这种形式早在世纪之交前就已出现,但直至 1935 年乔治·盖洛普(George Gallup)成立美国民意测验所才真正进入大众视野。此前的 20 世纪 20 年代,无论在心理学还是社会学领域,都出现了关于态度研究的运动(通常采用测量方法)。威廉·托马斯(William Thomas)和弗洛里安·兹纳尼茨基(Florian Znaniecki)使用了文献法(documentary method)将态度研究引入社会心理学。托马斯和罗伯特·帕克(Robert Park)的开创性工作在芝加哥大学引发了一系列社区研究,这些研究后来被统称为芝加哥学派的作品。尽管多数人认为芝加哥学派的研究者在调查过程中使用了民族志方法,但也有一些学者对此表示异议,并指出芝加哥学派的许多研究缺乏现代民族志的分析部分,充其量只是"一手描述性研究"(Harvey,1987,p. 50)。无论芝加哥学派田野工作的标签是否正确,他们的研究显然都依赖于观察、个人文献和非正式访谈的结合。在弗雷德里克·米尔顿·思拉舍(Frederic Milton Thrasher)的研究中,访谈尤为突出,他对帮派成员的研究主要依托于约 130 次的质化访谈(Thrasher,1927)。内尔斯·安德森(Nels Anderson)亦是如此,他对流浪汉的经典研究依赖于非正式的深入对话(Anderson,1923)。

尽管在 20 世纪五六十年代,霍华德·贝克尔(Howard Becker)和埃弗雷特·休斯(Everett Hughes)将社会学民族志规范化并推动其发展,但访谈也开始失去布斯所赋予的折衷主义色彩和芝加哥学派的质化特色。通过访谈了解帮派成员或流浪汉变得不再重要,取而代之的是,访谈在调查研究中成为量化数据的工具。这并不新奇,民意测验和市场研究历来如此。但在第二次世界大战期间,由于美国武装部队雇佣了大量社会学家开展调查研究,调查研究蓬勃发展。超过 50 万名美国士兵以不同方式接受了访谈(Young,1966),他们的心理和情感生活在一份四卷本的调查报告——《二战中的社会心理学研究》(*Studies in Social Psychology in World War II*)中得到记录。前两卷题为《美国士兵》(*The American Soldier*),由塞缪尔·斯托福(Samuel Stouffer)指导研究。这项研究产生了巨大影响,并引领了系统调查研究(systematic survey research)的广泛应用。

此后的 30 年里,量化调查研究(quantitative survey research)进入学界并在社会学研究中占据了主导地位。美籍奥地利人保罗·拉扎斯菲尔德(Paul Lazarsfeld)是这一趋势的带头人,他十分青睐《美国士兵》,并与罗伯特·默顿(Robert Merton)共同编辑了一本关于《美国士兵》的反思集(Merton & Lazarsfeld,1950)。1940 年,拉扎斯菲尔德带着他的市场研究和其他的项目资助移居哥伦比亚,并在指导应用社会研究局的工作中发挥重要作用。另外两个"调查组织"也随之成立:1941 年,哈里·菲尔德(Harry Field)在丹佛和芝加哥先后成立了国家民意研究中心;1946 年,雷恩森·李克特(Rensis Likert)及其团队在密歇根州成立了调查研究中心。

　　当时的学界主要关注理论问题,因此这种基于数字的应用社会学遭到了抵制。社会学家和其他人文主义者对拉扎斯菲尔德和其他调查研究者持批评态度。让·匡威(Jean Converse)指出,赫伯特·布鲁默(Herbert Blumer)、赖特·米尔斯(Wright Mills)、小阿瑟·施莱辛格(Arthur Schlesinger Jr.)和皮蒂里姆·索罗金(Pitirin Sorokin)等人都表达了他们的不满:

　　　　索罗金:"他们痴迷于强调量化研究,尤其是斯托福和拉扎斯菲尔德,这些新的实践者都是'量化狂'。"

　　　　米尔斯:"那些囿于方法论的人,往往拒绝谈论任何有关现代社会的事情,除非这些事情经过'统计仪式'(statistical ritual)的精致打磨。"

　　　　施莱辛格:"他们是社会关系的贩卖者。"

　　　　　　　　　　　　　　　　　　(Converse, 1987, pp. 252–253)

　　这些调查研究者也有强大的盟友,如于 1943 年加入哥伦比亚调查中心的默顿;政府对调查研究的拨款也越来越多。在 20 世纪 50 年代,调查研究在大学中蓬勃发展,成果大量涌现。渐渐地,调查研究在社会学中的地位越来越高,并于 1960 年拉扎斯菲尔德当选美国社会学协会主席后达到顶峰。20 世纪七八十年代到 90 年代,尽管其他方法开始削弱调查研究的突出地位,但调查研究在方法论上始终占据主导。

　　质化的访谈与参与式观察的方法并驾齐驱,继续得到实践,但它也具备一些量化研究的科学严谨性,这正是调查研究所关注的。这一点在扎根理论(Glaser & Strauss, 1967)和常人方法论中表现得尤为明显(Cicourel, 1964)。前者强调对资料进行编码,后者则追求社会行为中的不变属性(Cicourel, 1970),尽管常人方法论对访谈及其假设提出了批评,尤其是互动者的行为就好似他们彼此之间是相互理解的,而不是依靠注解来"填补"理解上的空白(Cicourel, 1964; Garfinkel, 1967)。其他质化研究者提出了不同建议,约翰·洛夫兰(John Lofland)批评扎根理论不重视资料收集的方法(Lofland, 1971);杰克·道格拉斯(Jack Douglas)建议进行持续一天或更长时间的一对一面谈(Douglas, 1985);詹姆斯·斯普拉德利(James Spradley)则强调民族志观察和民族志访谈中"顺序"的重要性(Spradley, 1980)。

　　近期,后现代民族志学者开始关注访谈中的一些假设和道德问题,以及访谈者在其中发挥的主导作用。这些关注催生了质化访谈的新方向,即更加关注受访者的声音和感受(Marcus & Fischer,1986),以及访谈者与受访者间的关系(Crapanzano,1980)。访谈中研究者性别的重要性(Gluck & Patai,1991)在女性主义/后现代主义研究中逐渐凸显,种族问题亦是如此(Stanfield,1985),两者都进一步加剧了人们对访谈中的成员资质及理解问题的担忧。不可忽视的是,访谈在另一方面已成为流行文化(及体育)中的一种商品,诸如鲍勃·迪伦(Bob Dylan)、约翰·列侬(John Lennon)、查尔斯·巴克利(Charles Barkley)等名人,都已成为媒介市场中被物化的、鲜活的(或逝去的纪念)"商品"(Wenner,1992;Montville,1993)。

二、结构式访谈

结构式访谈(structured interviewing)是指访谈者向每位受访者提出一系列预先设定好的问题,并限定其回答范畴。一般而言,除了不常使用的开放式问题外,回答的变化空间不大。根据项目主要负责人或调研负责人事先制定的编码表,访谈者对这些回答进行记录。访谈者控制着访谈的节奏,将问卷视为一部剧本,以一种规范而直接的方式逐步跟进。因此,经过培训的访谈者会按照同样的顺序或次序,询问所有受访者同样的问题,并以相同的方式对待每一种访谈情况。在结构式访谈中,提问或回答的方式缺乏灵活性,且访谈者通常要遵循以下原则:

(1)切勿对研究进行过度解释;遵循负责人提供的标准解释。

(2)切勿偏离研究介绍、打乱问题顺序或改变问题措辞。

(3)切勿让他人打断访谈;切勿让他人替受访者回答或发表看法。

(4)切勿暗示答案,或对答案发表赞成/反对的看法;切勿向受访者提供任何关于调查问题的个人意见。

(5)切勿解释问题的含义;只需重复问题,并给出培训或负责人提供的说明/阐释。

(6)切勿即兴发挥,如添加答案范畴或者修改措辞。

电话访谈、家庭面对面访谈、商场和公园里的街头访谈,或与调查研究相关的访谈都可能是结构式访谈。

这类访谈语境要求访谈者保持中立,不能对受访者的回答妄加评论。访谈者必须建立所谓的"平衡关系",一方面他们必须是随和友好的,另一方面又必须具有指导性和客观性。访谈者必须以"感兴趣的倾听者"的身份来鼓励受访者的参与,但又不能对受访者的回答进行评价(Converse & Schuman,1974)。

上述原则旨在产生一个理想的访谈,但这在实践中难以实现。错误时有发生,它们通常来自三个方面:① 受访者的行为。例如,为了取悦访谈者,受访者给出的是符合"社会期望"的答案;或者为向访谈者隐瞒某些事情,受访者省略了某些相关信息(Bradburn,1983);② 问卷的类型(面对面或者电话访谈)或问题措辞;③ 访谈者的提问技巧有缺陷或改变了访谈措辞(Bradburn,Sudman,& Associates,1979;Frey,1989;Peneff,1988)。

结构式访谈的预设性旨在最大限度地减少错误。然而,结构式访谈者也意识到,访谈在社会互动语境中进行,且他们会受到语境的影响。匡威和霍华德·舒曼(Howard Schuman)指出,"没有一种访谈类型适用于所有的场合或所有的受访者"(Converse & Schuman,1974,p. 53)。这意味着访谈者必须意识到受访者间的差异并根据需要做出调整。

仅仅了解访谈技巧是不够的,理解受访者的世界及可能刺激或阻碍他们回答的因素同样重要(Kahn & Cannel,1957)。尽管如此,结构式访谈还是在"刺激—反应"模式下进行的,它假定如果问题(预先确定能引出所研究变量的适当指标)的表述得当,受访者就会如实回答。此类访谈经常会得到理性的回答,却忽略了(或未能充分评估)情感的作用。

三、小组访谈

小组访谈(group interviews)指在正式或非正式场合中同时对多人进行系统性提问(Frey & Fontana,In press)。这种访谈形式正处于发展阶段,能够以结构式、半结构式,以及非结构式访谈的形式实现,在社会科学领域广受欢迎。小组访谈的使用并不是要取代个别访谈(individual interview),但确实是一种值得考虑的选择,因为它可以提供另一层面的数据收集或研究问题的视角,这些是一对一访谈所无法实现的。

小组访谈常与营销研究相关,其中"焦点小组"式访谈常被用于收集消费者对产品特性、广告主题及产品服务等方面的意见。政党和候选人也常使用这种方法来了解选民对议题和政策的反应。小组访谈也被用于社会学研究:埃默里·史蒂芬·博加德斯(Emory Stephen Bogardus)使用小组访谈来测试社会距离量表(Bogardus,1926);哈里特·祖克曼(Harriet Zuckerman)采访了一些诺贝尔奖得主(Zuckerman,1972);詹姆斯·汤普森(James Thompson)和尼古拉斯·德美拉斯(Nicholas Demerath)研究军队的管理问题(Thompson &

Demerath，1952）；大卫・摩根（David Morgan）和玛格丽特・斯班尼斯
（Margaret Spanish）研究健康问题（Morgan & Spanish，1984）；默顿及其合作者
运用小组访谈研究宣传效果。罗伯特・默顿（Robert Merton）、约翰・费斯克
（John Fiske）和帕特里夏・肯德尔（Patricia Kendall）提出了"焦点小组"这一术
语，用以描述在进行大量研究后，访谈者向小组成员提出关于某个主题具体问题
的情境（Merton，Fiske，& Kendall，1956）。有证据表明，尽管没有记载，但诸
如马林诺夫斯基（Malinowski）这样的知名人类学者也使用过"焦点小组"式访谈
（Frey & Fontana，1991）。布鲁默指出了访谈特定小组的重要性，他提到"寻找
具备敏锐洞察力和见多识广的参与者……将少数这样的个体聚集在一起作为一
个讨论和资源组，比任何代表性样本都更有价值"（Blumer，1969，p. 41）。布鲁
默在奥克兰药物研究（Oakland drug study）中也运用了此种方法（Blumer，
1967）。如今，尽管小组访谈的性质和类型千变万化，但它们普遍被认为是"焦点
小组"式访谈。

　　小组访谈本质上是一种质化资料收集方法，访谈者/主持人根据访谈目的，
选择高度结构式或非结构式的方式来指导互动和调查。若该研究的目的具有探
索性，那么研究者可能会将几个人聚在一起，测试一种方法论技术、尝试定义研
究问题或确认关键的信息提供者。这种具有探索性的小组访谈旨在对问卷措
辞、测量量表或调查设计的其他要素进行预测试，在现代调查研究中已相当普遍
（Desvousges & Frey，1989）。小组访谈也可用于三角互证（Denzin，1989b），或
与其他数据收集方法结合使用。最后，在田野中以非结构式的方式进行小组访谈
时，可以达到现象学的目的。表 1 从不同维度对不同类型的小组访谈进行比较。

表 1　小组访谈的类型和维度

类　型	场　景	访谈者角色	问题形式	目　的
焦点小组	正式—预设	指导性	结构式	探索性预测试
头脑风暴法	正式或非正式	非指导性	高度非结构式	探索性
名义小组法/德尔菲法	正式	指导性	结构式	预测试探索性
自然出野法	非正式、自发性	适度的非指导性	高度非结构式	探索性、现象学的
正规田野法	预设、但在田野	轻度指导性	半结构式	现象学的

（Frey & Fontana，In press）

在技巧方面,小组访谈与个别访谈间没有明显区别。访谈者必须具有灵活性、客观性、共情能力、说服力和良好的倾听能力等,但小组访谈中确实存在一些非常规的问题。默顿等人指出了小组访谈者须具备的三种技能:① 访谈者必须避免出现由一个人或一小部分人主导整个小组的情况;② 访谈者必须鼓励拒绝配合的受访者参与其中;③ 访谈者必须从整个受访小组中获得答案,以确保尽可能全面地涵盖主题(Merton et al.,1956)。此外,访谈者还必须把握指导性访谈者角色和访谈主持人角色间的平衡,后者要求对受访者群体的动态进行管理:"小组访谈者既要牢记预先准备的问题,也要随时关注小组内的动态"(Frey & Fontana,In press)。

小组访谈的优势在于成本较低、数据丰富、形式灵活,能够刺激受访者,有助于受访者进行回忆,其回答比个别访谈更具累积性与合作性。但这种访谈方式也存在局限:新的小组文化可能会干扰个体的表达;小组可能被某个人主导;小组形式中隐秘性的缺失可能会阻碍对敏感话题的研究;可能会出现"群体思维";小组的动态性对访谈者的技巧要求更高。尽管如此,无论是面对质化研究还是量化研究,小组访谈都行之有效。

四、非结构式访谈

鉴于非结构式访谈(unstructured interviewing)的质化特点,较之其他类型的访谈,它更具广泛性。本节将讨论非结构式访谈的经典类型:开放式和民族志式(深度)访谈。许多质化研究者区分了深度(或民族志式)访谈和参与式观察,然而,正如洛夫兰所指出的,两者相辅相成,参与式观察中收集到的许多资料都源于田野的非正式访谈(Lofland,1971)。马林洛夫斯基的日记记录了以下内容:

> 星期六(1917 年 12 月 8 日)
>
> 起得很晚,感觉很糟⋯⋯我大约 1 点出了门,听到了喊叫声;[从]卡普瓦普(Kapwapu)[来的人]正带着芋头抵达特亚瓦(Teyava)。我和土著人坐着聊了会儿天,拍了照片后就回去了。比利(Billy)纠正并补充了我笔记中关于沿海村庄和内陆村庄间植物食物和鱼类交换(wasi)的记录。在特亚瓦,有位老人分享了很多关于鱼的事,但我没太听懂。之后我们去了特罗布里恩德仓库(bwayama),谈论科瑞维利安人真正的神话(lili'u)。他们不停问我关于战争的事——晚上我和一

个警察谈到了巫师（bwaga'u）、科瑞维利安人真正的神话和女巫（yoyova）。我不喜欢他们的笑声。比利又跟我讲了很多有趣的事。我用了些奎宁（quinine）和甘汞（calomel）。

（Malinowski，1989，p. 145）

马林诺夫斯基的田野日记展示了非结构式访谈在田野工作中的重要性，并清楚说明了结构式访谈和非结构式访谈间的区别。马林诺夫斯基希望了解一些一般性话题，但他没有使用封闭式问题或正式的访谈法。甚至，他犯了（许多田野工作者亦如此）结构式访谈者眼中的两大"根本性错误"：一是回答了受访者提出的问题；二是受到了个人情感的影响（所有田野工作者都会如此），因此偏离了"理想"中的冷静、疏离和理性。

马林诺夫斯基的例子体现了结构式访谈与非结构式访谈间的差异。前者旨在获取可被编码的精确数据，以便在预设范畴中用以解释行为；后者则用于理解社会成员的复杂行为，而不强加任何可能限制调查领域的先验范畴。事实上，马林诺夫斯基超越了任何形式的访谈。他将自己"沉浸"于当地文化中，在与当地人的互动中潜移默化地进行访谈。

斯普拉德利描述了访谈者与受访者间的互动，这在传统社会学界中难以想象，却是非结构式访谈的本质——与受访者建立人际关系，进而实现理解，而不仅是解释（Spradlcy，1979）。

这时她笑了，把手按在胸口，说"Tsetchwe"，这是她的名字。我指着自己说"Elizabeth"。"Nisabe"，她回答道……此时，她猜测我是个女人，于是认真地把手放在我的胸上，得到确认后，她也摸了摸自己的胸。很多布须曼人（Bushmen）都这样做。在他们看来，所有的欧洲人都差不多。她说"女人"（Tasu si），片刻停顿后，Tsetchwe 开始教我。

（Spradley，1979，pp. 3 - 4）

斯普拉德利接着讨论了访谈者从当地人那里学到的东西，包括文化、语言和生活方式。尽管每项研究不完全一致，但这些都是非结构式访谈的基本要素，由于已在其他地方进行了详细讨论，此处就不再赘述（Adams ＆ Preiss，1960；Denzin，1989b；Lofland，1971；Spradley，1979）。在此，我们仅提供简要叙述。需要明确的是，每项研究过程中使用的要素都略有不同，其组合方式也有所不同,以下内容仅为一些启发性策略。

1. 进入现场

我们如何进入现场? 这显然取决于研究对象。如果准备研究天体海滩(nude beaches),就可能需要脱去衣服开始"天体漫步"(Douglas & Rasmussen,1977);如果准备研究"地狱天使"(Hells Angles),[①]则可能需要购买一辆大型摩托并频繁出入酒吧(Thompson,1985)。虽然"进入"的方法千差万别,但共同目标是一致的——获得进入现场的机会。"现场"有时可能并不存在,例如方坦纳对街头贫困老人的研究,每采访一位受访者,他都必须重新获得采访权(Fontana,1977)。

2. 理解受访者的语言和文化

欧文·多伊舍尔(Irwin Deutscher)写了一篇关于语言(词汇、语法和音素)和意义问题的开创性文章。通过对跨文化提问这一难题的探讨,多伊舍尔强调和阐明了一些语言问题(Deutscher,1968)。

罗莎莉·瓦克斯(Rosalie Wax)对1943—1945年间美国集中营里"不忠诚"的日本人进行了研究,并对学习受访者的语言和文化的过程作出详细描述(Wax,1960)。在研究中,她需要克服大量的语言和文化难题。受访者或许可以流利地使用访谈者的语言,但由于语言和文化表现形式不同,他们的表达方式可能有所出入,甚至有些话根本就不应该说,这与语言和文化表现紧密相关。瓦克斯表示:

> 当我提出想看那封信的时候,闲聊的人群顿时鸦雀无声。主人的尴尬让我略显困窘。我的失礼不在于要看一封信,因为信是可以随意传阅的。问题在于,人们不会给高加索人看一封可能表露朋友"不忠"的信。
>
> (Wax,1960,p.172)

一些研究者,尤其是在人类学的访谈中,倾向于依赖解释者,因此很容易受到附加含义、偏见和解释的影响,进而可能出现重大误解(Freeman,1983)。专业术语(如医学术语)有时可能会成为不属于该领域的人难以理解的代码。

3. 决定如何出场

我们是否以研究医学生的学界代表自居(Becker,1956)? 我们是否以女性

---

① 译者注:地狱天使是一个被美国司法部视为有组织犯罪集团的摩托车帮会,成员大多骑乘哈雷摩托车。

之间的讨论方式开展访谈（Spradley，1979）？ 我们的穿着是否应当与受访者相似（Fontana，1977；Thompson，1985）？ 我们是代表殖民地文化（Malinowski，1922），还是谦卑地自称为"学习者"（Wax，1960）？ 如何出场至关重要，一旦访谈者"塑造"了自我形象，就会给受访者留下深刻印象，并对研究的成功与否产生重大影响。然而，有时研究者的自我形象可能会在无意中被曲解，正如约翰·约翰逊（John Johnson）在研究一家福利机构办公室时所发现的，尽管他极力说服工人，但仍被认为是管理层派来的"间谍"（Johnson，1976）。

4. 寻找信息提供者

研究者必须找到一位被研究群体的内部成员——他/她愿意成为信息提供者并充当向导，解释文化习俗、承担翻译工作；尽管没有此类向导，访谈也能够进行，但若有合适的向导则会节省大量时间并避免许多错误。社会学中典型信息提供者是威廉·福特·怀特（William Foote Whyte）所著《街角社会》（*Street Corner Society*，Whyte，1943）中的多克（Doc）。没有多克的帮助和引导，怀特的研究能否达到现有水平尚未可知。保罗·拉比诺（Paul Rabinow）讨论了他与他的主要信息提供者马利克（Malik）之间的关系（Rabinow，1977），马利克不仅充当了翻译者的角色，还为拉比诺提供了接触当地文化方式的途径。在马利克的帮助下，拉比诺洞察到芝加哥大学的研究者和摩洛哥当地人之间的巨大差异。

5. 获取信任

如果研究者询问受访者是否赞成在本州建立核废料处理厂（Frey，1993），那么他们在获取信任方面就无须花费九牛二虎之力。因为如果受访者对核废料处理厂有意见，他们会很愿意表达想法，有时这种意愿非常强烈。但如果询问受访者的性行为频率或避孕措施的选择，显然就是另一回事，访谈者必须与受访者建立信任关系（Cicourel，1974）。保罗·拉斯姆森（Paul Rasmussen）在一家按摩院的等候室里当了几个月的"壁花"[①]（Rasmussen，1989），才有按摩师信任他，在非结构式访谈中向他透露了她们与客户间"按摩"关系的实质。获得信任是访谈者成功的关键，但即使研究者获得信任，这种关系也可能非常脆弱，任何失礼的举动都可能破坏日积月累培养起来的信任感。

6. 建立融洽的关系

非结构式访谈的目标是理解，因此建立融洽的关系至关重要。研究者必须进入受访者的角色，设身处地地从他们的角度看问题，而不是把学术观点和先入

---

① 译者注：壁花（wallflower）指因害羞或不受欢迎而在社交活动中处于边缘的人，也可称为"局外人"。

为主的观念强加给他们。与受访者建立融洽关系有益于拓宽获取信息的渠道，但也可能带来问题：研究者可能会成为所研究群体的发言人，失去了距离感和客观性，或者可能入乡随俗，成为该群体的一员而忘记了学术角色。研究者有时可能自认为与受访者关系融洽，但事实并非如此，例如，在对"地狱天使"的研究接近尾声时，亨特·汤普森（Hunter Thompson）遭到了"天使"的殴打（Thompson，1985）。与之相反，一些研究者可能永远不会觉得自己与研究对象间关系融洽，例如，马林诺夫斯基总是怀疑当地人的动机，有时会因他们的野蛮而感到困扰，也会被他们赤裸的谎言/欺骗激怒："午餐后，我带着一些黄色棉布，谈起了巴洛马（baloma）。我做了一个小的萨加利（sagali）。那瓦维勒（Navavile），我受够了这些黑人"（Malinowski，1989，p. 154）[①]。

7. 收集经验材料

在田野调查中，人们无法使用录像带、隔音室和高级的录音设备。洛夫兰曾就如何进行访谈、记录访谈内容，以及选择记录田野笔记的类型和整理笔记的方法展开细致描述，但实际情况往往是田野工作者只能凑合，从尽可能隐蔽地使用微型录音机到在心里默默记下，然后匆匆跑到卫生间角落记在卫生纸上，不一而足（Lofland，1971）。我们同意这一观点，无论什么情况，研究者都应该：① 定期、及时地做笔记；② 记录所有事情，不管当时看起来多么微不足道；③ 在做笔记时尽量不引人注意；④ 经常分析自己的笔记。

五、其他类型的非结构式访谈

在解释和报告经验材料前，先简要概述几种不同类型的非结构式访谈。

1. 口述史

口述史（oral history）与非结构式访谈在方法论上没有区别，但在目的上有所不同。尽管其现代正式组织可追溯至 1948 年——艾伦·内文斯（Allen Nevins）在哥伦比亚大学开启的口述史项目（Starr，1984，p. 4），但对口述史材料进行收集的历史源远流长。口述史记录了各种人的生活，从普通人谈论他们的工作，如斯特兹·特克尔（Studs Terkel）的《工作》（*Working*，1975）一书，到名人的历史回顾，如梅勒·米勒（Merle Miller）在《直言》（*Plain Speaking*）一书中对美国前总统哈里·杜鲁门（Harry Truman）的记录（Starr，1984）。这些口述史的文字记录通常不会公开出版，但可能在图书馆存档，尘封的回忆等着人们

---

① 译者注：巴洛马指人死后离开肉体的精神或灵魂；萨加利指礼仪性的食物分配；那瓦维勒是人名。

去翻阅,与现实再次相遇。

口述史通常是一种了解被忽略、压迫或遗忘的群体和个体的方式。一个经典案例是约翰·洛马克斯(John Lomax)和阿兰·洛马克斯(Alan Lomax)的作品,他们通过民谣和民歌进行口头表达和文学评论,内容涉及牛仔、矿工、流浪汉、伐木工、淘金人、士兵、水手和种植园黑人(Lomax J. & Lomax A.,1966,p. xxvii)。同样,越南战争中的被遗忘者也可通过他们个人的叙述进入公众视野,如黑人(Terry,1984)和女性(Fontana & Collins,1993;Marshall,1987)。

近期,口述史在女性主义者中大受欢迎(Gluck & Patai,1991)。传统的女性史依赖于男性解释,女性主义者则将口述史看作是一种理解和推动女性史研究的方法:"拒绝再次在历史中'静默',女性正在用自己的声音和阅历创造一个新的历史"(Gluck,1984,p. 222)。通过口述史,人们得以重新认识在历史中被忽视的、在其自身历史中被遗忘的女性,捕捉女性的工作、生活和经历,以及她们的社会价值和个人意义(Gluck & Patai,1991;Reinharz,1992)。

2. 创造性访谈

虽然与口述史相似,但被更普遍用作社会学工具的是道格拉斯的创造性访谈(creative interviewing)(Douglas,1985)。非结构式访谈发生于社会成员的日常世界,因此道格拉斯反对在访谈初期就设定好"如何做"的原则,换言之,访谈和访谈者必须具有创造性,忘掉"如何做"的原则,使自己适应不断变化着的情形。与口述史学者一样,道格拉斯也将访谈视为从社会成员处收集口头报告的工具。由于和访谈对象进行了长时间的多次访谈,这些记述的长度远超传统的非结构式访谈,可能成为生命史(life histories)。在创造性访谈中,"摆脱规则"允许研究对象更自由地表达自我,进而在研究过程和研究报告中发挥更大作用。

3. 后现代访谈

道格拉斯对访谈者作为"人"这一重要角色的关注,得到了女性主义口述历史学家的认同,并成为20世纪80年代中期后现代人类学者和社会学学者研究的主要元素。乔治·马尔库斯(George Marcus)和迈克尔·费舍尔(Michael Fischer)对整个民族志研究进行了讨论,他们的讨论与非结构式访谈密切相关,因为非结构式访谈是田野工作中一种重要的资料收集方法(Marcus & Fischer,1986)。马尔库斯和费舍尔表达了对"研究者影响研究的方式"的反思性关注,其中包括收集资料的方法和报告结果的方法。这种关注推动了新的访谈法出现,期望将对访谈者的影响降到最低。当然,这种影响无法完全消除,但若能尽量明确假设和前提条件,是可以被中和的。

进行复调式访谈可以实现"影响最低"。在此类访谈中,研究者会尽可能降低对受访者的影响,而不是经由研究者的解释,将不同受访者的声音简单拼凑成单一整体并进行报告。与之相反,不同受访者的多重视角得以呈现,其间的差异和遇到的问题都会被讨论,而非一笔带过(Krieger,1983)。解释互动论(Interpretive interactionism)沿袭了创造性访谈和复调式访谈的做法,但詹姆斯·乔伊斯(James Joyce)增加了一个新的元素——顿悟(epiphanies),是指"那些在人们生活中留下印记的互动时刻,具有为个人创造变革式体验的潜力"(Denzin,1989a,p. 15)。因此,通过关注人们生活中存在的瞬间,调查主题变得更加戏剧化,产生更丰富、更有意义的资料。批判民族志(critical ethnography)和访谈(Giroux,1992;Lincoln & Guba,1985)依赖于批判理论,是对历史、社会和经济状况进行解释的民族志。批判民族志学者认识到这些状况及其价值倾向造成的局限性,他们视自己为蓝领"文化工作者"(Giroux,1992),试图在现存的压迫体制下拓宽文化工作的政治维度。随着后现代主义者不断寻找理解和报告资料的新方法,一些研究者正将视觉和文字形式的传播结合起来。乌尔默提出了"口述分析"(oralysis)的概念,它"是一种方法,探究的是源于日常生活的口述形式如何借助视频的记录功能,进行与文字形式相关的分析"。格雷戈里·乌尔默(Gregory Ulmer)认为在口述分析中,将访谈的传统产物——交谈——与视觉相结合,更符合这个以电视媒介为主导的社会(Ulmer,1989,p. xi)。贝克尔与道格拉斯·哈珀(Douglas Harper)也参与了视觉/文字的社会学评论,《视觉社会学》(*Visual Sociology*)期刊专门发表此类评论(Becker,1981;Harper,1982)。

六、性别化访谈

当一位家庭主妇进入百货商店购买平底锅时,她可能会产生一些"二选一"的思考:是铁的还是铝的?厚的还是薄的?金属柄还是木头柄?有盖还是无盖?深的还是浅的?大的还是小的?选择哪一种品牌?价格中等还是偏高?买还是不买?现金还是刷卡?快递还是自取?这些思考非常有益,尽管她的思考也许并不完全如此。二选一问题在记录答案或制表时极具操作性。

(Payne,1951,pp. 55 - 56)

上述展示了访谈中对女性普遍存在的家长式态度(Oakley,1981,p. 39),

以及对答案进行编码从而提供有限的、二分选择的范式构思。除了对女性居高临下的倾向外，传统的访谈范式并不考虑性别差异。事实上，在艾尔·巴比(Earl Babbie)的经典著作《社会研究方法》(*The Practice of Social Research*，1992)中，也只是简短地提到过三次性别问题，关于性别对访谈的影响只字未提。安·奥克利(Ann Oakley)中肯地指出，如果要维持收集客观数据的范式假设，那么无论是访谈者还是受访者都应且必须是匿名的(Oakley，1981)。然而，正如邓津(Denzin，1989a，p. 116)所言，"性别过滤知识"，即访谈者和受访者的性别会对访谈结果产生影响，因为访谈是在家长式社会体系的文化界域内进行的，在这个体系中，男性身份与女性身份有所区别。

典型的访谈中存在着一种等级关系，受访者处于从属地位，访谈者则被要求应当保持礼貌、友好且和蔼可亲：

> 访谈者的言谈举止应该友好、礼貌、健谈和不偏不倚，既不能过于严肃也不能过于热情，既不能过分健谈也不能太过胆怯。这样才能让受访者感到放松，畅所欲言。
>
> (Selltiz，Jahoda，Deutsch & Cook，1965，p. 576)

正如上述最后一句显示的，这种行为只是一种策略，旨在没有任何回报的情况下赢得受访者的信任和信心。访谈者不能发表自己的观点，也应回避直接的问题，看似是对话，但实则是单向的伪谈话，引发了出于机会主义目的而研究"人"的伦理困境(Fine，1983—1984)。当受访者是女性时，访谈会带来更多问题，因为针对相关信息预先确定的访谈形式往往会忽略受访者自身的关切，也会限制任何离题的尝试，亦妨碍了受访者个人感受和情绪的流露。

卡罗尔·沃伦(Carol Warren)讨论了人类学和社会学田野工作中的性别问题，其中许多问题也适用于民族志访谈。有些涉及传统的进入现场和信任问题，这些可能会因访谈者的性别而加重，尤其是在高度性别隔离的社会(Warren，1988)。"我没有见过任何禁止女性参加的仪式。当我进入大院时，我会和女人们坐在一起，男人们则聚在客厅或院子前……我从未进入过男人们围坐在一起喝酒聊天的地方"(Sudarkasa，1986；Warren，1988，p. 16)。

解决此问题的方法是将女性人类学者视为雌雄同体，或在其研究期间给予她"荣誉男性"的地位。沃伦指出了女性具有的一些优势，并认为女性往往被视为无害或隐形的(Warren，1988)。汉纳·帕帕内克(Hanna Papanek)认为，在高度性别隔离的国家中,女性访谈者的角色更具灵活性(Papanek,1964)。同时,还有一些问题涉及访谈者的地位、种族和访谈语境,在家长式社会里,这些问题对女性研究者的影响都会被放大,她们有时需要面对更多性暗示的压力、隐秘的性骚扰(Warren,1988,p. 33),或被视为地位低微的陌生人(Daniels,1967)。

女性主义研究者提出了一些规避传统访谈范式的方法。有人认为,访谈是一种男性范式(Oakley,1981),根植于男性文化且强调男性的特质,同时排斥被视为女性文化特质的敏感、情绪化等特征。

越来越多的人——尤其是女性研究者(Oakley,1981;Reinharz,1992;Smith,1987)——不愿意继续将女性视为"客体"进行访谈,反对很少或根本不考虑她们作为个体的感受和想法。尽管这种不情愿源于道德和伦理,但它也与方法论相关。正如奥克利指出的,在访谈中,"没有互惠就没有亲密关系"(Oakley,1981,p. 49)。因此,应该将重点转移到允许在访谈者和受访者之间建立更紧密关系、尽量缩小身份差异,以及摒弃传统访谈中的等级观念上。访谈者可以展现自己人性化的一面,解答疑问并表达看法。在方法论上,这种新方法提供了更多维度的回答,能更深入地了解受访者或"参与者"的生活,并避免陷入等级陷阱的困境(Reinharz,1992,p. 22)——因为此种方法既鼓励受访者控制访谈的顺序和语言,也给予她们以开放式回答的自由(Oakley,1981;Reinharz,1992;Smith,1987)。"女性总是……受到鼓励——允许'离题',讲述她们个人经历中的细节,叙述她们工作生活中的奇闻轶事。这种方式可以收集到许多重要信息"(Yeandle,1984;转引自 Reinharz,1992,p. 25)。

该做法保持了现象的完整性,保留了受访者在日常语言中传达的观点,类似于现象学和存在主义社会学(Douglas & Johnson,1977;Kotarba & Fontana,1984),同时也反映了后现代民族志学者的关怀(Marcus & Fischer,1986)。不同之处在于:① 增强了对受访者/参与者的道德关怀;② 试图纠正男女等级制度和现有的家长式权力结构;③ 高度重视成员资格,因为男性研究者在访谈女性受访者方面的效力受到了极大质疑;④ 意识到旧有的"疏离式"访谈大幅降低了受访者的参与度,提供的是一个片面、不准确的图景,而非一个"客观"的访谈。

一些女性主义社会学家已经超越了对访谈或田野工作本身的关注,劳雷尔·理查德森(Laurel Richardson)正在寻求一种新的表述形式来报告研究发现,并以诗歌的形式展示了她的田野工作(Richardson,1992)。帕特丽夏·克拉夫(Patricia Clough)对当前范式下的田野工作整体提出了质疑,并呼吁重新评估整个社会学事业，以不受家长式偏见的视角重读现有的社会学文本（Clough，1992）。这些研究者的呼声恰好回应了多萝西·史密斯（Dorothy Smith）的关切，她明确指出：

> 画家在创作壁画时，可以在墙壁这个单一空间中表现出"故事的不同瞬间"，研究项目的问题及其特定的解决方案与之相似。问题在于，画家要如何在以墙为背景的二维空间中创造出一个在时间维度中流动着和改变着的世界。
>
> （Smith，1987，p. 281）

七、访谈的框架构建与解释

除了将真实事件框定在二维空间中的"问题"之外，我们还面临着如何构建框架、由谁来构建框架的问题。用社会学术语来说，这意味着所选择的访谈类型、使用的访谈技巧，以及记录访谈信息的方式都会对研究结果产生影响。此外，必须对资料进行解释，研究者在报告哪些资料，以及如何报告资料方面发挥着重要作用。

1. 构建访谈框架

关于结构式访谈的技巧，有大量相关书籍出版（Babbie，1992；Bradburn et al.，1979；Gorden，1980；Kahn & Cannell，1957），关于小组访谈的文献也不胜枚举，尤其是在市场营销和调查研究方面（Stewart & Shamdasani，1990）。近年来，小组访谈的运用也与质化社会学（qualitative sociology）相挂钩（Morgan，1988），非结构式访谈的技巧也得到了充分讨论（Denzin，1989b；Lofland J.，1971；Lofland J. & Lofland L.，1984；Spradley，1979）。芒福德·库恩（Manford Kuhn）在《访谈和专业的关系》（*The Interview and the Professional Relationship*）一文中认为，访谈是一种"表演"，并告诫人们不要将其"神秘化"，或过度操控以致失去诚意（Kuhn，1962）。

正如我们注意到的，非结构式访谈因其非正式性和情境性而千差万别，有些人会避开任何预设的技巧（Douglas，1985）。然而，无论是想要出彩，还是想循规蹈矩，都需要掌握一些访谈技巧。访谈技巧要随着不同情况而变化，即运用策略。传统的技巧告诉我们，研究者和受访者之间将进行一场非正式会谈，因此他/她必须保持一种友好的交流语气，并努力贴近心中调查主题的准则。研究者通过一些常规问题来打破僵局，然后逐渐转向更具体的问题，并尽可能不露痕迹地提出一些足以检验受访者陈述真实性的问题。按照传统技巧，研究者应避免卷入"真正的对话"，即避免在对话中回答受访者的提问，或就所讨论的问题发表个人意见。避免陷入困境的办法是：强调他人意见的重要性而忽视自身意见的相关性（例如，"我的感受不重要，重要的是你的观点。"）或者假装无知（例如，"我对此一窍不通，不知道说什么，你才是专家。"）当然，正如在上述关于性别化访谈的讨论中指出的，研究者可以摒弃这些过时的技巧而选择"下台"，与受访者进行一场"真正的对话"，彼此之间"交换意见"并实现理解（Daniels，1983）。这使访谈变得更真诚、可靠且合乎道德，因为它将受访者视为平等的人，允许他/她表达个人感受，从而呈现出较传统访谈方法而言更"真实"的一面。

语言和特定术语的使用对创造"意义共享"非常重要，在这种共享中，访谈者和受访者都能理解访谈的语境特性。例如，在研究天体海滩时，道格拉斯和拉斯姆森发现"天体海滩处女"一词与贞洁无关，而是指一个人的臀部是干净的，进而指代来到天体海滩的新人（Douglas & Rasmussen，1977）。语言在确定问题的类型（广义、狭义、引导性和启发性等）方面同样重要。非结构式谈话、简单闲聊，以及倾听他人而不做笔记，或试图引导谈话都很重要，它们有助于建立融洽的关系，使自己沉浸在情境中，同时还能收集关于研究对象和文化的隐性知识（见上文对马林诺夫斯基的讨论）。

除了语言外，非语言元素在访谈中也很重要，大致有四种非语言技巧：

> 体距（proxemic）交流利用人与人之间的距离来传递态度；时位（chronemics）交流利用谈话的间奏及谈话中沉默时间的长短来传达信息；身势（kinesic）交流是一种包括任何身体动作或姿势的交流方式；副语言（paralinguistic）交流则包括所有音量、音调和音色方面的变化。
>
> （Gorden，1980，p. 335）

这些对研究者和研究对象而言不可或缺，因为非语言交流既能为访谈提供信息，也能为访谈定下基调。神情、身体姿势、长时间的沉默及着装打扮等在互动访谈情境中都具意义。欧文·戈夫曼（Erving Goffman）详细探讨了非语言特征在互动中的重要性，以及语言和非语言特征间的协调性（Goffman，1959，1971）。汤普森则提供了一个错误使用非语言交流的有趣例子：他试图以参与式观察者的身份研究"地狱天使"，因此他频繁出入他们的活动场所，模仿他们的穿着,说一些行话,甚至买了一辆英式摩托车,却因此惹上了麻烦。因为他没有意识到,对于真正的天使(true-blue Angels),只有哈雷-戴维森(Harley-Davidson)牌的摩托车才行(Thompson,1985)。

访谈技巧因访谈群体而异。访谈儿童(Fine & Sandstrom,1988)和访谈孀妇(Lopata,1980)的方法有所不同,毒贩则可能根本不愿接受访谈(Adler,1985)。研究者必须将自己代入研究对象的世界,并试图理解他们的观点和想法,才能有所收获。正如帕特丽夏·阿德勒(Patricia Adler)一直困扰的,获取毒贩的信任并让他们接受访谈并非易事(Adler,1985)。

2. 解释访谈

许多使用非结构式访谈的研究对解释过程缺乏足够的反思。常见的陈词滥调有:资料不言自明,或研究者是中立的、无偏见的和隐身的。研究所报告的资料往往流畅自然,也不会提及排除了哪些资料以及为什么被排除。似乎只要对事件进行恰当地(甚至是不加反思地)归档、分析和报告,就一定正当。但从事过田野工作的人都知道,无论研究者如何逻辑清晰,他都会被越来越多的田野笔记、手稿、剪报和录音磁带所淹没。传统上,读者看到的是研究者对资料的解释——清晰、精简、合理且不矛盾。近年来,社会学家逐渐认识到资料的反身性、不确定性,以及时有存在的矛盾性,并意识到研究者作为作者的巨大但潜在的影响(Dickens & Fontana,1994;Geertz,1988)。约翰·万·曼伦(John Van Maanen)所说的"反思式风格"(confessional style)兴起于 20 世纪 70 年代并持续至今(Johnson,1976),是研究者面对田野工作中不确定性和棘手情况时的一次"心灵净化"(Van Maanen,1988)。尽管有时可能会过头,但这些"反思"很有价值,因为它们能让读者感受到在自然环境中开展访谈的复杂性,为研究增添了现实主义和真实性的基调。

在解构主义中,研究者人性化的一面和非结构化访谈的问题表现为新的形式(Derrida,1976),作者的影响受到审视。研究者为再现事件而创作的文本被解构,揭露出作者的偏见和某些想当然的观念,有时还会引入其他解读资料的方式(Clough,1992)。

正如我们所见,后现代社会研究者试图揭示并公开承认研究者作为田野工作者和作者的角色。例如,文森特·克拉潘扎诺(Vincent Crapanzano)对图哈米(Tuhami)的叙述——无论是对社会历史的再现、想象,还是彻头彻尾的谎言,都构成了他的摩洛哥-阿拉伯(Morrocan Arab)研究对象的自我意识和个人史的一部分(Crapanzano,1980)。在访谈图哈米的过程中,克拉潘扎诺不仅了解了他的受访者,还了解了他自己。

> 作为图哈米的对话者,即使我很少直接出现在他的叙述中,但我已然成为他生命史的积极参与者。我的在场、问题为他的文本提供了材料支持,并且在我看来,这也使他的意识发生了变化,同时也改变了我的意识。我们都从对日常世界和自我本质的假设中挣脱了出来,在这种交错的边缘摸索着共同的参照点。
>
> (Crapanzano,1980,p. 11)

不再假装是"匿名的受访者"和"隐形的研究者",图哈米和克拉潘扎诺被描绘成拥有自身个人史和特质的个体,这使作为读者的我们对两类人和两种文化都有所了解。

八、伦理考量

访谈的调查对象是"人",因此研究者必须极为谨慎地对待受访者以避免对其造成伤害。传统的伦理问题主要涉及三点:①"知情同意",即详细且如实地告知受访者研究的相关事项并征得同意;②"隐私权",即保护受访者的身份;③"避免伤害",即避免造成受访者生理、情感或其他方面的伤害。三种关怀都得到了社会学家或其他社会科学家的一致认可,但还有其他的伦理关切存在异议——是公开还是隐蔽地开展田野工作?这一争论常出现在对参与式观察的讨论中,其中涉及秘密使用磁带录音设备的问题,例如,伊恩·沃里克(Ian Warwick)和尼古拉·道格拉斯(Nicola Douglas)就主张使用隐蔽的方法,因为它们反映了日常生活真实中的欺骗性,而其他人,如凯·埃里克森(Kai Erikson)则强烈反对研究不知情的受访者(Punch,1986)。

还有一些问题源于研究者参与到研究对象的生活中的程度。在地方选举期间,怀特被他所接触并结交的团体成员要求进行非法投票(多次投票),为获取他们的信任,怀特照做了。他遵守了情境伦理(situational ethics)原则,认为相较于拒绝投票给田野工作开展带来的损失,进行非法投票不过是小事一桩。汤普森则面临着更严重的违法风险,他害怕自己会被迫亲眼看见强奸案,因为这些"地狱天使"早已臭名昭著。但正如他报告中所写的,在他研究期间没有发生过任何强奸事件。在质化社会学中,有关伦理问题的最著名且引起热议的案例是洛德·韩菲瑞斯(Laud Humphreys)的《茶室交易》(*Tearoom Trade*,1970),韩菲瑞斯在公园的公共厕所(被称为"茶室")里通过扮演把风者(watch-queen)这一角色来研究同性恋集会。这一事件本身就有悖伦理,但其引发的另一事件更在学界引起轩然大波。由于韩菲瑞斯无法在"茶室"里开展访谈,于是他记下了这些人的车牌号码,并跟踪到他们的住所,随后改变了自己的外表,在许多人的家中进行访谈,始终没有被认出。

另一个伦理问题源于对研究者报告真实性的怀疑。例如,怀特对波士顿的一个意大利贫民窟的经典研究《街角社会》(Whyte,1943)就受到了严重质疑(Boelen,1992)。质疑者认为怀特在以一种居高临下的方式描述"街角男孩",并不能反映该群体对自身的看法。对怀特的质疑至今仍然存在,但它的确说明了在田野工作和研究报告中有关伦理的微妙性,即使在 50 年后也是如此。

正如我们所见,越来越多的学者认为,无论有意与否,大多数传统的深度访谈都缺乏对伦理问题的考量(Oakley,1981),我们对此完全同意。在将受访者视作物体或数字,而非个体的"人"时,访谈的技巧和策略实际上就成了操控受访者的方法。对客观性的追求是否应该超越研究对象的人性? 下面是其中一位笔者的真实经历:

> 有一天,我在康复中心进行研究。当时我正和一位护工聊天,她正在给一位病人更换被尿湿的被褥。这位在急症室的病人是一位年老且失明的前摔跤手。突然,老人拒绝配合护工的工作,开始猛烈地朝空气乱挥拳头。幸运的是,他没有击中护工。由于周围没有其他人,我只好帮忙把他按在床上,好让护工继续更换床铺。病人不停扭动身体,声嘶力竭地喊,尿液的酸臭味令人作呕,病人的力气越来越大,我渐渐按不住他了,就感觉像肯·克西(Ken Kesey)小说中的齐弗·布罗姆登(Chief Bromden)按住进行神经外科手术的迈克·墨菲(Mac Murphy)。我别无选择,当病人攻击护工时,人们不能无动于衷地记录田野笔记。
>
> (Fontana,1977,p. 187)

显然,在推进社会学发展的过程中,套用布鲁默多年前说的话——我们不能让研究方法决定我们对人的印象。正如莫里斯·庞奇(Maurice Punch)所言——作为田野工作者,我们需要增强公共意识与道德责任感,首先关注的是研究对象,其次是我们的研究,最后才是我们自己(Punch,1986)。

九、结论

本文概述了访谈的历史,包括质化和量化的起源;分析了结构式访谈、小组访谈与不同类型的非结构式访谈;研究了性别在访谈中的重要性,以及解释的框架构建及其对访谈的影响;最后考察了访谈中伦理的重要性。

显然,不同类型的访谈适用于不同的情况。例如,如果想了解反对建立核储存库的成员数量,那么调查研究会是最好的工具,因为这种方法能够对回答进行量化和编码,并用数学模型来解释我们的发现(Frey,1993)。如果想了解人们对某一特定产品的看法和观点,焦点小组式访谈的方法将行之有效。如果希望了解和理解巴勒斯坦女性生活中的挣扎经历(Gluck,1991),则需要用非结构式的方法对她们进行长时间的深度访谈。

许多研究者现在意识到,将一种访谈方式与另一种访谈方式对立起来是徒劳的,这种对立不过是在延续过去经典的质化和量化之争。因此,越来越多的研究者开始使用多种方法来获取更广泛、丰富的成果。换言之,就是使用三角互证法(Denzin,1989b)。在三角互证法中,研究者可能组合使用多种研究方法。例如,小组访谈长期以来被用以补充调查研究,如今也可用于补充参与式观察(Morgan,1988)。

目前,访谈不仅正在经历方法论上的变革,也在经历更深层次的变革,其中涉及自我与他者。他者不再是遥远的、冷漠的受访者,也不是被量化、筛选、测量、分类且隐形的受访者,而是鲜活的人。他们往往被遗忘或压迫,如越南难民营中的黑人士兵或无数女性。在社会学中,他们长期以来遭受忽视,但最终都将绽放出生命的光彩,并以真实的“人”的身份成为研究者们关注的焦点。此外,研究他人的过程中也是在研究自我(Crapanzano,1980)。换言之,当研究对象被视为“人”时,研究者不再是客观的、无形的访谈者,而是一个可以展现自我的人,在认识他人的同时也认识自己。

上述对访谈的研究有助于我们更好地理解那些从社会学角度提出的问题。我们必须记住,个体有自己的社会史和世界观,不能想当然地开展研究。正如奥克利指出的:“访谈就像一场婚姻,每个人都知道它是什么,很多人也经历了婚姻,但在每扇紧闭的大门背后都有一个秘密世界”(Oakley,1981,p. 41)。她所言非虚,我们(从普通人到“量化狂”专家)都认为自己知道如何提问、如何与人交谈,而要了解他人,就必须把对方当作“人”对待,这样他们才会向我们袒露自己的生活。如果研究者继续把受访者视为不重要的、匿名的个体,认为他们唯一的贡献就是增加一个回答,那么研究者得到的不过就是一个与所提问题和提问方式相吻合的答案。既如此,我们就和格特鲁德·斯泰因(Gertrude Stein)没什么区别,她在临终前问她的终身伴侣爱丽丝·托克拉斯(Alice Toklas):"答案是什么?"爱丽丝一时语塞,格特鲁德自言自语道:"那问题是什么?"如果我们想要得到充分的回答,就必须将访谈者和受访者视作鲜活的人,在人与人之间的关系中提问。

参考文献

Adams, R. N., Preiss, J. J. (1960). *Human organizational research: Field relations and techniques*. Homewood, IL: Dorsey.

Adler, P. (1985). *Wheeling and dealing*. New York: Columbia University Press.

Anderson, N. (1923). *The hobo: The sociology of the homeless man*. Chicago: University of Chicago Press.

Babbie, E. (1992). *The practice of social research* (6th ed.). Belmont, CA: Wadsworth.

Becker, H. S. (1956). Interviewing medical students. *American Journal of Sociology*, *62*, 199 – 201.

Becker, H. S. (1981). *Exploring society photographically*. Evanston, IL: Northwestern University, Mary and Leigh Block Gallery.

Benney, M., & Hughes, E. (1956). Of sociology and the interview: Editorial preface. *American Journal of Sociology*, *62*, 137 – 142.

Blumer, H. (1969). *Symbolic interactionism: Perspective and method*. Englewood Cliffs, NJ: Prentice Hall.

Blumer, H., with Sutter, A., Smith, R., & Ahmed, S. (1967). *The world of youthful drug use*. Berkeley: University of California Press.

Boelen, W. A. M. (1992). *Street corner society*: Cornerville revisited. *Journal of Contemporary Ethnography*, *21*, 11 – 51.

Bogardus, E. S. (1926). The group interview. *Journal of Applied Sociology*, *10*, 372 – 382.

Booth, C. (1902 – 1903). *Life and labour of the people in London*. London: Macmillan.

Bradburn N. M., Sudman, S., & Associates. (1979) *Improving interview method and questionnaire design*. San Francisco: Jossey-Bass.

Bradburn, N. M. (1983). Response effects. In P. H. Rossi, J. D. Wright, & A. B. Anderson (Eds.), *Handbook of Survey Research* (pp. 289 – 328). New York: Academic Press.

Cicourel, A. (1974). *Theory and Method in a Study of Argentine Fertility*. New York: John Wiley.

Cicourel, A. (1964). *Method and measurement in sociology*. New York: Free Press.

Cicourel, A. (1970). The acquisition of social structure: Toward a developmental sociology of language and meaning. In J. D. Douglas (Ed.), *Understanding everyday life: Toward a reconstruction of social knowledge* (pp. 136 – 168).Chicago: Aldine.

Clough, P. T. (1992). *The end (s) of ethnography: From realism to social criticism*. Newbury Park, CA: Sage.

Converse, J. M. (1987). *Survey research in the United States: Roots and emergence 1890 - 1960*. Berkeley: University of California Press.

Converse, J. M., & Schuman, H. (1974). *Conversations at random: Survey research as interviewers see it*. New York: John Wiley.

Crapanzano, V. (1980). Tuhami: *Portrait of a Moroccan*. Chicago: University of Chicago Press.

Daniels A. K. (1983). Self-deception and self-discovery in field work. *Qualitative Sociology*, 6, 195 - 214.

Daniels, A. K. (1967). The low-caste stranger in social research. In G. Sjoberg (Ed.), *Ethics, politics, and social research* (pp. 267 - 296). Cambridge, MA: Schenkman.

Denzin, N. K. (1989a). *Interpretive interactionism*. Newbury Park, CA: Sage.

Denzin, N. K. (1989b). *The research act* (3rd ed.). Englewood Cliffs, NJ: Prentice Hall.

Derrida, J. (1976). *Of grammatology* (G. C. Spivak, Trans.). Baltimore: Johns Hopkins University Press.

Desvousges, W. H., & Frey, J. H. (1989). Integrating focus groups and surveys: Examples from environmental risk surveys. *Journal of Official Statistics*, 5, 349 - 363.

Deutscher, I. (1968). Asking questions cross-culturally: Some problems of linguistic comparability. In H. S. Becker, B. Geer, D. Riesman, & R. Weiss (Eds.), *Institutions and the person* (pp. 318 - 341). Chicago: Aldine.

Dickens, D., & Fontana, A. (Eds.). (1994), *Postmodernism and social inquiry*. New York: Guilford.

Douglas, J. D. (1985). *Creative interviewing*. Beverly Hills, CA: Sage.

Douglas, J. D., & Johnson, J. M. (1977). *Existential sociology*. Cambridge, UK: Cambridge University Press.

Douglas, J. D., & Rasmussen, P., with Flanagan, C. A. (1977). *The nude beach*. Beverly Hills, CA: Sage.

Du Bois, W. E. B. (1899). *The Philadelphia Negro: A social study*. Philadelphia: Ginn.

Fine, G. A., & Sandstrom, K. (1988). *Knowing children: Participant observation with minors*. Newbury Park, CA: Sage.

Fine, M. (1983 - 1984). Coping with rape: Critical perspectives on consciousness. *Imagination, Cognition and Personality*, 3, 249 - 267.

Fontana, A. (1977). *The last frontier: The social meaning of growing old*. Beverly Hills, CA: Sage.

Fontana, A., & Collins, C. (1993). *The forgotten self: Women in Vietnam*. Paper presented at the annual meeting of the Society for the Study of Symbolic Interaction, Miami, FL.

Freeman, D. (1983). *Margaret Mead and Samoa: The making and unmaking of an anthropological myth*. Cambridge, MA: Harvard University Press.

Frey, J. H. (1989). *Survey research by telephone* (2nd ed.). Newbury Park, CA: Sage.

Frey, J. H. (1993). Risk perception associated with a high-level nuclear waste repository. *Sociological Spectrum*.

Frey, J. H., & Fontana, A. (1991). The group interview in social research. *Social Science Journal*, 28, 175–187.

Frey, J. H., & Fontana, A. (In press). *The group interview*. Newbury Park, CA: Sage.

Garfinkel, H. (1967). *Studies in ethnomethodology*. Englewood Cliffs, NJ: Prentice Hall.

Geertz, C. (1988).*Works and lives: The anthropologist as author*. Stanford, CA: Stanford University Press.

Giroux, H. (1992). *Border crossings: Cultural workers and the politics of education*. New York: Routledge.

Glaser, B. G., & Strauss, A. L. (1967). *The discovery of grounded theory: Strategies for qualitative research*. Chicago: Aldine.

Gluck, S. B. (1984). What's so special about women: Women's oral history. In D. Dunaway & W. K. Baum (Eds.), *Oral history: An interdisciplinary anthology* (pp. 221 – 237). Nashville, TN: American Association for State and Local History.

Gluck, S. B. (1991). Advocacy oral history: Palestinian women in resistance. In S. B. Gluck & D. Patai (Eds.), *Women's words: The feminist practice of oral history* (pp. 205 – 220). London: Routledge.

Gluck, S. B., & Patai, D. (Eds.). (1991). *Women's words: The feminist practice of oral history*. London: Routledge.

Goffman, E. (1959). *The presentation of self in everyday life*. Garden City. NY: Anchor.

Goffman, E. (1971). *Relations in public*. New York: Harper & Row.

Gorden, R. L. (1980). *Interviewing: Strategy, techniques, and tactics*. Homewood, IL: Dorsey.

Harper, D. (1982). *Good company*. Chicago: University of Chicago Press.

Harvey, L. (1987). *Myths of the Chicago school of sociology*. Aldershot, England: Avebury.

Humphreys, L. (1970). *Tearoom trade: Impersonal sex in public places*. Chicago: Aldine.

Johnson, J. (1976). *Doing field research*. New York: Free Press.

Kahn, R., & Cannell, C. F. (1957). *The dynamics of interviewing*. New York: John Wiley.

Kotarba, J. A., & Fontana, A. (Eds.). (1984). *The existential self in society*. Chicago: University of Chicago Press.

Krieger, S. (1983). *The mirror dance: Identity in a women's community*. Philadelphia: Temple University Press.

Kuhn, M. (1962). The interview and the professional relationship. In A. Rose (Ed.), *Human behavior and social processes: An interactionist approach* (pp. 193 – 206). Boston: Houghton Mifflin.

Lincoln, Y. S., & Guba, E. G. (1985). *Naturalistic inquiry*. Beverly Hills, CA: Sage.

Lofland, J. (1971). *Analyzing social settings*. Belmont, CA: Wadsworth.

Lofland, J., & Lofland, L. (1984). *Analyzing social settings: A guide to qualitative observation and analysis* (2nd ed.). Belmont, CA: Wadsworth.

Lomax, J., & Lomax, A. (1966). *American ballads and folk songs*. New York: Macmillan. (Original work published 1934)

Lopata, H. Z. (1980). Interviewing American widows. In W. Shaffir, R. Stebbins, & A. Turowetz (Eds.), *Fieldwork experience: Qualitative approaches to social research* (pp. 68 - 81). New York: St. Martin's.

Lynd, R. S., & Lynd, H. M. (1929). *Middletown: A study in contemporary American culture*. New York: Harcourt, Brace.

Lynd, R. S., & Lynd, H. M. (1937). *Middletown in transition: A study in cultural conflicts*. New York: Harcourt, Brace.

Maccoby, E. E., & Maccoby, N. (1954). The interview: A tool of social science. In G. Lindzey (Ed.), *Handbook of social psychology: Theory and method* (Vol. 1, pp. 449 - 487). Reading, MA: Addison-Wesley.

Malinowski, B. (1922). *Argonauts of the western Pacific*. London: Routledge & Kegan Paul.

Malinowski, B. (1989). *A diary in the strict sense of the term*. Stanford, CA: Stanford University Press. (Original work published 1967)

Marcus, G. E., & Fischer, M. (1986). *Anthropology as cultural critique: An experimental moment in the human sciences*. Chicago: University of Chicago Press.

Marshall, K. (1987).*In the combat zone*. New York: Penguin.

Merton, R. K., & Lazarsfeld, P. F. (Eds.). (1950). *Continuities in social research: Studies in the scope and method of "The American soldier."* Glencoe, IL: Free Press.

Merton, R. K., Fiske, M., & Kendall, P. L. (1956). *The focused interview*. Glencoe, IL: Free Press.

Montville, L. (1993). He's everywhere. *Sports Illustrated*, *78*(17), 78 - 90.

Morgan, D. (1988). *Focus groups as qualitative research*. Newbury Park, CA: Sage.

Morgan, D., & Spanish, M. T. (1984). Focus groups: A new tool for qualitative research. *Qualitative Sociology*, *7*, 253 - 270.

Oakley, A. (1981). Interviewing women: A contradiction in terms. In H. Roberts (Ed.), *Doing feminist research* (pp. 30 - 61).London: Routledge & Kegan Paul.

Papanek, H. (1964). The woman field worker in a purdah society. *Human Organization*, *22*, 160 - 163.

Parten, M. (1950). *Surveys, polls, and samples*. New York: Harper.

Payne, S. L. (1951). *The art of asking questions*. Princeton, NJ: Princeton University Press.

Peneff, J. (1988). The observers observed: French survey researchers at work. *Social Problems*, *35*, 520 - 535.

Punch, M. (1986). *The politics and ethics of fieldwork*. Newbury Park, CA: Sage.

Rabinow, P. (1977). *Reflections on fieldwork in Morocco*. Berkeley: University of California Press.

Rasmussen, P. (1989). *Massage parlor prostitution*. New York: Irvington.

Reinharz, S. (1992). *Feminist methods in social research*. New York: Oxford University Press.

Richardson, L. (1992). The poetic representation of lives: Writing a postmodern sociology. In N. K. Denzin (Ed.), *Studies in symbolic interaction* (Vol. 13, pp. 19 – 28). Greenwich, CT: JAI.

Selltiz, C., Jahoda, M., Deutsch, M., & Cook, S. W. (1965). *Research methods in social relations*. London: Methuen.

Smith, D. E. (1987). *The everyday world as problematic: A feminist sociology*. Boston: Northeastern University Press.

Spradley, J. P. (1979). *The ethnographic interview*. New York: Holt, Rinehart & Winston.

Spradley, J. P. (1980). *Participant observation*. New York: Holt, Rinehart & Winston.

Stanfield, J. (1985). *Philanthropy and Jim Crow in American social sciences*. Westport, CT: Greenwood.

Starr, L. (1984). Oral history. In D. Dunaway & W. K. Baum (Eds.), *Oral history: An interdisciplinary anthology* (pp. 3 – 26). Nashville, TN: American Association for State and Local History.

Stewart, D., & Shamdasani, P. (1990). *Focus groups: Theory and practice*. Newbury Park, CA: Sage.

Sudarkasa, N. (1986). In a world of women: Field work in a Yoruba community. In P. Golde (Ed.), *Women in the field: Anthropological experiences* (pp. 167 – 191). Berkeley: University of California Press.

Terkel, S. (1975). *Working*. New York: Avon.

Terry, W. (1984). *Bloods: An oral history of the Vietnam War by black veterans*. New York: Random House.

Thompson, H. (1985). *Hell's Angels*. New York Ballantine.

Thompson, J., & Demerath, M. J. (1952). Some experiences with the group interview. *Social Forces*, *31*, 148 – 154.

Thrasher, F. M. (1927). *The gang: A study of 1,313 gangs in Chicago*. Chicago: University of Chicago Press.

Ulmer, G. (1989). *Teletheory: Grammatology in an age of video*. New York: Routledge.

Van Maanen, J. (1988). *Tales of the field: On writing ethnography*. Chicago: University of Chicago Press.

Warren, C. A. B. (1988). *Gender issues in field research*. Newbury Park CA: Sage.

Wax, R. (1960). Twelve years later: An analysis of field experiences. In R. N. Adams & J. J. Preiss (Eds.), *Human organization research* (pp.166 – 178). Homewood, IL: Dorsey.

Wenner, J. (1992, October 15). *A letter from the editor*. Rolling Stone.

Whyte, W. F. (1943). *Street corner society: The social structure of an Italian slum*. Chicago University of Chicago Press.

Yeandle, S. (1984). *Women's working lives: Patterns and strategies*. Now York: Tavistock.

Young, P. (1966). *Scientific social surveys and research* (4th ed.). Englewood Cliffs, NJ: Prentice Hall.

Zuckerman, H. (1972). Interviewing an ultra-elite. *Public Opinion*, *36*, 159 – 175.

访谈分析：倾听的意义[①]

（*Interview Analyses: Listening for Meaning*）

达娜·杰克(Dana Jack)

在研究女性抑郁症和执业律师的道德理性时，我一直使用口述史访谈法(Jack，1984，1987，1989)。总体而言，这两项研究都考察了社会组织、社会角色和女性意识三者间的相互作用。在女性社会角色发生广泛变化的语境中，受访女性正努力探寻关于人际关系、自我价值、职业生涯和个人品行等方面的构想。当我倾听一位女性的自我评价时，我发现其关于自我的看法和行为的描述隐含着对某种关系和境遇的逢迎，尤其是对"好律师""好妻子"和"好女人"等身份的追求。

在倾听时，我意识到自我反省并不只是一种私人、主观的行为。我们用以评价和自省的范畴与概念源于一种文化语境，它长期以来贬低并束缚女性的行为。因此，探究女性用以阐述自身经历的语言及其意义有着重要价值，将有助于揭示影响女性意识的社会因素与机制间的重重矛盾，以及女性用以重建/维护其心理取向、人际关系和社会环境的方式。这在两项截然不同的研究和人群中均得到证实——一组是患有抑郁症的女性，另一组是执业律师。

访谈的第一步(也是最难的一步)是学会以一种新的方式倾听，暂且搁置关于如何倾听和解读女性声音的既有理论。例如，在既有模型的预设情境中，患抑郁症的女性往往会讲述自身人际关系的失败，以及她们无法同其理想对象建立亲密关系等。若按照所谓的"成熟""健康"等公认的概念和标准加以解读，则会陷入既往窠臼，这是因为心理学理论完全是以男性的标准来制定规范的，他们通

---

① 本译文为删减版，文章来源：节选自 Anderson，K.，& Jack，D. C. (2003). Learning to Listen：Interview Techniques and Analyses. In R. Perks，& A. Thomson (Eds.)，The Oral History Reader (pp. 157-171). Routledge.

常将女性的心理差异解读为异常或他者(Gilligan，1982)。鉴于此，若想建立一种基于女性生活标准的框架和理论，访谈就成为关键。然而，目前我们处于一个尴尬境况：旧理论被搁置或怀疑，新理论尚在孵化。因此，我们需要格外留意是什么因素塑造了我们的认知和解读方式？新的解释框架尚未完全建立，旧的解释框架已被摒弃，此时我们该如何倾听访谈？访谈如何能让我们在避开既有框架后，还能对其进行延伸和扩展？

我们需要牢记，研究者是质化研究中的积极参与者。我最初接受的培训是成为一名治疗师，在倾听病人的同时也要密切关注自己对他们的反应，这对我开展访谈起到了一定帮助。西奥多尔·莱克(Theodore Reik)将这种无声的参与称为"用第三只耳朵倾听"(Reik，1948)。必须注意的是，作为一名研究者，不能自以为可以预测女性受访者要表达的内容。因为这意味着仍在用既有框架解释受访者的话，而非倾听她的声音；或者说，我听到的是如何使她所说的内容与我自认为知道的内容相契合。鉴于此，我非常谨慎地询问每位女性在特定词语中表达的意涵，确保自己能发现被遗漏的信息，这类信息被文学批评家称为女性文本中"缺席的在场"——是"工作场所的中心、凹陷、洞穴所在地，人们可预期的活动在此是缺失的……或被欺骗性编码"(Heilbrun & Stimpson，1975，pp. 61 - 73)。[1]

那么，缺席的到底是什么？女性用以解释其经验和活动的范畴"代表了男性的期望和失望"(Horney，1967，p. 56)。女性已将这一范畴内化，因此缺席的正是女性对其自身经验、生活和活动的自我解读。访谈恰可发现语言的特殊意义——尽管男性与女性都使用同一种语言，但两者对它的阐释截然不同。仔细留意女性在描述其经历时所使用语言和关键词的意义，这有助于了解女性如何适应其所生活的文化。从旁观者的角度看，抑郁症女性常被认为是消极、依赖、受虐、顺从的，是习得性无助的受害者。然而，当我倾听这些女性的自我剖析时，我愈发明确意识到在抑郁症女性表现出的所谓消极行为的背后，是一种强烈的认知活动——通过抑制个体的外部行为和内在感受来迎合理想中的好女人，尤其是好妻子的形象。诸如"我必须小心谨慎地处理与丈夫的关系"和"我已经知道'不要添乱'"等说法表明，她们的行为及隐含义都在传递一个信息：不要制造混乱(Jack，1984，p. 177)。

---

[1] 译者注：这里是指，在工作场所(治疗师/研究者即将进入的受访者的内心世界)中，存在一些中心、凹陷处或洞穴等区域，这些区域内本应有治疗师/研究者预想存在的东西，但事实上并未存在；或者这些区域看似有内容，但实则已被隐藏或编码。

　　在访谈时,我们应如何避免陷入既有理论的解释? 第一步是沉浸其中,即站在受访者的立场去理解她的故事。有三种倾听的方式能有效帮助了解叙述者的观点。

　　第一种是倾听叙述者的道德语言(moral language)。在抑郁症研究中,我常听到诸如"我觉得自己是个失败者""我不称职""我是一个骗子,一个冒牌货,我太糟糕了"等表述。在对律师的研究中,当律师们谈到角色义务履行时常常会说"这就像被迫卷入了一场未曾预料的性关系,非常糟糕,违背原则行事一点也不妙""我常陷入自我矛盾,因为这份工作要求我戴上不同面具……这有点像职业妓女",以及"有时我甚至觉得自己是个皮条客……为利益切割真相真的很卑劣"。

　　尽管这些说法的语气不一,但它们都充满了自我道德审视的意味,让我们不禁思考几组概念之间的关系:① 自我定义和文化规范;② 自我价值观和他者价值观;③ 被告知的做法和行动之后的自我评价。在个人的自我评价中,可以看出道德规范是如何被接受并用于评价自我,以及此人在追求何种价值观。在抑郁症研究中,这正是证明抑郁症中存在明显性别差异的关键。伤害个体自尊的消极自我评价被视作抑郁症的主要症状之一。卡罗尔·吉列根(Carol Gilligan)等人的研究表明,女性和男性通常会使用不同的道德框架来引导他们对道德问题的认知和解决(Gilligan,1989)。倾听抑郁症女性的道德语言,既能揭示她们用以评判自我的标准,也能揭示她们绝望的根源。这些女性认为她们在两性关系方面的失败是一种道德上的失败,她们的无助与绝望源于两种无法兼顾的情感——她们既无法在亲密的婚姻关系中成为真实的自我,又要竭力迎合所谓"好女人"的道德标准。

　　关注个体用以评判自我的道德标准,有益于研究者通过观察每个女性所努力实现的价值观来尊重她们的个性。如果口头访谈是由叙述者而非研究者组织的,那么每位女性都可以充分展现出自己之于整个阶级、种族和民族丰富性的独特所在;每个人都能够自由地描述自己在个体的自我形象和文化规范间的独特互动;每个人都可以展示自己是如何评价或贬低自己的。访谈期间,研究者要负责维护和促进这种自由,并限制在此过程中对任何人强加以角色期望。只有将女性视为其自身心理经验的专家,而非简单套用既有理论时,人们才能真正听到女性经验的缄默之声。

　　例如,在分析抑郁症研究时,我就听到了女性如何使用文化语言来否认她们在另一个层面上珍视和渴望的东西。抑郁症女性群体的关键词之一是"依赖"。

心理学家认为,患抑郁症的女性倾向于过分依赖关系以获得自我和自尊。但是,当我研究抑郁的女性是如何理解"依赖",以及她们对自身依赖性的负面评价是如何影响自我认知和行为时,此概念就被赋予了新的意义。

在访谈一位抑郁症女性(33 岁)的过程中,"依赖"成为核心且棘手的议题。

> 你知道,我从一开始就是一个非常依赖别人的人。婚后我一直被束缚在家中,没有自己的工作……

当被问及她是如何理解"依赖"时,她回答:

> 我喜欢亲密的感觉,喜欢有人陪伴。我喜欢某个人和我亲近,哪怕那是我最好的朋友。这种感觉我从未在我丈夫身上感受到……有时我会感到很挫败,我居然需要这样。
>
> 我看到有些人是那么独立自信。我也不知道——我就是需要一种亲密感,也许我把那看作依赖。
>
> ……婚后我便意识到这不是一件好事,因此试图遮掩那种对亲密感的渴望。我猜这就是我挫败感的原因之一。

这位女性表示,"自己对亲密感的渴求,以及想与他人发展亲密友谊或关系的想法非常糟糕",她开始"相信是自己出了问题"。于是她尝试掩盖自己对亲密关系的需求,这恰恰揭示了一种"被动"的行为,即试图符合自我异化的当代女性形象。

此次访谈在事实上挑战了人们对"依赖"的普遍看法。对访谈进行深度剖析,我们就能发现这位女性是如何根据主流标准来判断自身感受的。普遍的标准认为,对亲密感的渴求意味着依赖,而一个人应当自足、自主。此外,她对自己的经历、能力和需求的反思不是基于自己是谁和自己需要什么,而是丈夫和其他人对她的看法。她为他人提供亲近与亲密的能力不被认可。相较于丈夫失败的回应,问题被认定是她的"过度需求"导致的。如果研究者带着这种传统的依赖观进入访谈,那么得到的结论就证实了抑郁女性过于依赖他人的假设。但如果能够倾听这位女性自身对"依赖"的感受,倾听她对"实际需要"与"文化上规定应该需要"的困惑,那么研究者就可以发现其中存在的些许自我异化与情感隔离,而这正是抑郁的主要原因。

第二种倾听方式是关注个体的后设叙述(meta-statements),以便听到访谈主体的真实声音而非自己的先见之明。后设叙述是人们在访谈中自发停顿的时刻,此时他们会对刚刚讲过的东西进行回顾与解释。

例如,在律师研究中,一位女性在回答"道德对你意味着什么"时说道:

> ……这让我想到了伤害他人、夺走他人物品,或为自己谋取某种经济利益的事情……就像我们如何交往一样,如果人们之间针锋相对、彼此交恶,或者是充满敌意,就会引发一系列道德问题,因此我认为每个人在道德上都有义务,那就是与人为善并友好相处。所以——我听起来更像是诉讼律师吧?

后设叙述提醒我们,个体已经意识到自我内部的断裂,或者是"所期望"和"所说"之间的断裂。它向访谈者提供了个体用以监测自我思想的范畴,不仅如此,它也是评判个体如何遵照特定规范将情感和想法社会化的标准(Hochschild, 1979, pp. 551 - 575)。首先,女性律师会比男性律师做出更多后设叙述,这意味着女性在审视自己的思考。女性进入的是一个不仅由男性设计的,更是为了男性而设计的法律体系,她们在其中面临歧视,因此女性更容易从旁观者的角度批判性审视自己(Westkott, 1986)。这位女性看到了自己在法律界受到的审视,并注意到其中的割裂。其次,这些言论表明,成功的、对抗式律师的刻板印象如何强有力地将女性从其个人经历中分离,并使某些女性在职业生涯早期就怀疑自己的专业能力。最后,这种言论揭示出女性用以解读和肯定自身感受和经历的框架缺乏公众认可(Miller, 1976, p. 57)。[1]

第三种倾听的方法是关注叙述的逻辑(logic of the narrative),当受访者不断重复同样的主题时,要留意其个人陈述的内在一致性或矛盾之处,以及各主题间的关联方式。在倾听过程中,我会关注受访者是如何将关于经历的主要陈述串联起来的,如此就可能理解那些为逻辑提供依据的假设和信念,并引导女性解释其个人经历。

---

[1]　让·贝克·米勒(Jean Baker Miller)在《走向女性的新心理学》(*Toward a New Psychology of Women*, 1976, p. 57)中写道:"当……我们只能用主流文化给出的术语进行思考时,当该文化非但不关注我们自身的经历,还明确否认并贬低它们时,我们就无法概念化我们的生活。在这种情况下,女性往往会产生一种整体的、不确定的感觉,认为自己一定是错的。"

安娜(Anna,54 岁),曾因重度抑郁症两次入院。她的叙述逻辑存在矛盾,其根源是信念上的冲突。安娜说:

> 我告诉我的儿媳:"我觉得我生来就是伺候人的。"但是我们不该生来如此,我们应该关心自己。

安娜将人生中最重要的议题——如何平衡自身与他人的需求——视为一种非此即彼的选择,要么失去自我,要么失去他人,两者不可兼得。这种二分法的思维方式让安娜感到无所适从,不知如何解决人际关系中的冲突,并限制了她对于选择的认知。

从表面上看,安娜的陈述只是将传统的女性角色与新潮的以"自我为先"的个人发展伦理观相对立。但深入观察后就会发现,她描述了关系的两种视野:要么孤立,要么服从。通过观察安娜对自己在关系中可能性的建构,我们可以窥见关于女性角色和价值的传统观点如何诱发其抑郁情绪。安娜的观点(自我处于服从或是孤立地位)深受不平等和竞争的社会语境的影响。当未能解决的个人问题和限制女性生活的、充满矛盾的社会理想交织在一起时,女性更难以积极地正视内心,真正地追求自我。

进一步剖析这种二元思维后,不同于抑郁症的认知理论(认知偏误引发抑郁),本文看到了女性社会角色在思维中是如何构建的,它又是如何限制女性对人际关系和选择的认知。这种叙述逻辑使女性调适相互冲突的文化理念的方式更加鲜明。事实上,她们很容易将抑郁归因于个体的失败,而忽视其背后的社会和历史动因。

分享并评论访谈的过程不仅帮助我们提高了倾听技巧水平,还改进了访谈方法,也使得叙述者能更自在地探析其复杂而又矛盾的生活经历。不同学科背景的学者关注点不同。历史学者愈发关注事件和活动的主观维度;心理学家则更加知晓如何从女性"私人"内心冲突的字里行间解读社会历史语境。两者都意在发现女性个体如何以自己的方式界定和评价自身经历。

既然意识到口述史访谈的可能性,方法论层面的转变就刻不容缓——从单纯的信息收集转向关注各因素间的交互影响。前者看重提出正确的问题,后者则看重主体观点的动态演变过程。访谈的交互性恰使我们可以追寻真相、关注主体提出的问题,突破常规和预期,从女性的个体经验中寻找答案,探寻她们建构自身的方式。从资料收集到交互过程的转变影响了研究者对信息价值的判断。现场访谈中那些无法用文本表达的因素——如停顿和笑声——都在引导我们探究其对叙述者的意义。这种探索不必是侵入式的,简单的询问便可生效,如"那件事对你而言意味着什么?"

这种从信息(资料)收集到交互过程的转变要求研究者掌握新的技巧。我们认为,这催生了一种新的解读方式。本研究列举了三种倾听访谈的方式,它们可以使研究者更敏锐地捕捉到那些隐藏在女性常规故事背后的情感和思想:① 倾听叙述者的道德语言;② 关注后设叙述;③ 关注叙述的逻辑。对上述观点的考量将有助于我们在实现研究目标与充分发挥受访者主体能动性之间,保持微妙的平衡。

因此,下面的观点既非不容置疑,也非包罗万象,但它们对我们进一步明确访谈的互动过程确有助益。

一是倾听叙述者。

(1) 如果要让叙述者讲述自己的故事,那么访谈者提出的第一个问题需要极具开放性。它需要传达一个信息——在此情形中,叙述者对自身经历的解释将引导整个访谈。例如,在抑郁症研究中,访谈者可以提出的第一个问题是——"你能否告诉我,是什么导致了你的抑郁?"

(2) 如果她没有回答访谈者的问题,那么就留意她回答了哪些问题,以及这些问题是由哪些人提出的。

(3) 她对于自己正讲述的事件有何感想?

(4) 她如何理解发生在自己身上的事情? 她对事件有何看法? 她是否从多角度思考了这个问题? 她如何评价自己所讲述的内容?

(5) 哪些因素被遗漏,缺失的内容是什么?

二是倾听自我。

(1) 尽量不要打断叙述者,引导其说出我们关心的问题。

(2) 相信我们在倾听时产生的直觉、感觉和反应。

(3) 留意自己对女性讲话内容感到困惑,或过于认同的地方——这些都有待进一步商榷。

(4) 注意自己感到别扭的地方,这提示我们"所言"与女性的真实感受间可能是割裂的。

口述史访谈的独特之处在于,研究者和主体间的互动提供了一种可能:超越对女性生活、女性痛苦与满足的传统叙事方式,从而揭示尚未被文化过分规训的女性体验。尽管口述史这种动态、互动的形式极具价值,研究者仍需要时刻留意访谈的道德维度,并牢记尊重叙述者的讲述走向;不仅如此,为了保持对隐私和人格的尊重,研究者不能贸然追问叙述者回避的内容,这也是研究者在访谈中要注意的另一种特殊事项:在尊重叙述者隐私的同时,给予受访者以表达真实想法和讲述经历的自由,并倾听她的表达如何超越了主流观念。①

参考文献

Gilligan, C. (1982). *In a Different Voice: Psychological Theory and Women's Development*. Harvard University Press.

Gilligan, C., Taylor, J., & Ward, J. (Eds.). (1989). *Mapping the Moral Domain*, Cambridge, Mass., Harvard University Press.

Heilbrun, C., & Stimpson, C. (1975). Theories of feminist criticism: a dialogue. In J. Donovan (Ed.), *Feminist Literary Criticism* (pp. 61–73), Lexington, Ky., The University Press of Kentucky.

Hochschild, A. R. (1979). Emotion work, feeling rules, and social structure. *American Journal of Sociology*, 85, 551–575.

Horney, K. (1967).*Feminine Psychology*. New York: W. W. Norton & Company.

Jack, D. C. (1984). *Clinical Depression in Women: Cognitive Schemas of Self, Care and Relationships in a Longitudinal Study*. Harvard University.

Jack, D. C. (1987). Silencing the self: the power of social imperatives in female depression. In R. Formanek, & A. Gurian (Eds.), *Women and depression: A Lifespan perspective*. New York: Springer Publishing Co..

Jack, R., & Jack, D. C. (1989). *Moral Vision and Professional Decisions: The Changing Values of Women and Men Lawyers*. New York: Cambridge University Press.

Miller, J. B. (1976). *Toward a New Psychology of Women*. Boston: Beacon Press.

Reik, T. (1948). *Listening with the Third Ear*. New York: Farrar Straus Giroux.

Westkott, M. (1986). *The Feminist Legacy of Karen Horney*. New Haven, Conn., Yale University Press.

---

① 美国心理学协会(APA: The American Psychological Association)通过了对待研究对象的伦理标准,为思考研究者的侵入性问题提供了一些指导原则。APA 伦理原则的副本可从 APA 伦理办公室获得,地址为华盛顿特区 20036 号第 17 街西北 1200 号。

深度访谈：最喜爱的歌手和唱片[①]

(*Depth Interviews: Favorite Singers and Recordings*)

阿瑟·阿萨·伯杰(Arthur Asa Berger)

　　本篇的研究任务是调查人们最喜爱的歌手和唱片，并试图找出人们喜爱他们/它们的原因，这可以通过深度访谈的方法实现。深度访谈实际上是一次扩展谈话，其目的不同于普通谈话。在传统对话场景中，人们会谈论自己的工作、家庭、新闻中的事件和彼此认识的人等，谈论的话题包罗万象；与之相反，深度访谈则高度聚焦，意在了解一些特定议题，如受访者未曾觉察的，或是潜意识中朦胧而隐秘的情感、态度和信念。

　　深度访谈是一种探究。当训练有素的访谈者进行深度访谈时，访谈可能会持续一个小时甚至更长时间。之所以耗费如此之久的时间，是因为需要克服人们为避免暴露其内心想法而设立的防御机制——通常是人们无意识或不被视为防御的行为。

　　深度访谈常出于商业目的，如查明人们购买某个而非其他品牌的咖啡的原因、人们对于预制蛋糕粉的态度，或人们为什么使用打火机。动机研究之父欧内斯特·狄启特(Ernest Dichter)就其深度访谈的研究发现撰写了很多书籍，其话题从皮草外套到汤羹品牌无所不包。

一、开展深度访谈的难点

　　为研究项目找到合适的受访者并不容易。有些受访者比较害羞，或是出于其他各种原因不愿敞开心扉，因此访谈者可能无法得到想要的信息。有些受访者的想法过于天马行空，因而无法专注于特定的话题；有些则害怕袒露自己的

---

① 文章来源：Berger, A. A. (1998). Media Research Techniques (2nd ed. pp. 55–64). Sage.

想法。

此外,进行深度访谈的时间有限,因此难以得到真正的答案。以本次实践为例,虽然 15—20 分钟的访谈即可,但维持这么长时间的采访也并非易事。当然,如果访谈者既有时间又有合适的受访者,那么完全可以进行一次较长时间(乃至 1 个小时)的访谈。

除了试图寻找受访者喜爱某些歌手、购买唱片和录像带的隐藏原因外,访谈者大概不会知道他究竟在深度访谈中找到了什么,以及发现了什么,直到对大量的深度访谈笔记进行分析之后,才能有所体会(如果这些深度访谈是有意义的话)。

二、深度访谈的优点

在进行深度访谈时,访谈者可以收集到大量详细信息,同时还能进行追问,就自己感兴趣的话题进行长时间的深入探讨。

进行此类访谈,往往会获得其他的研究形式可能无法发现的、意想不到的信息。西格蒙德·弗洛伊德(Sigmund Freud)认为,人们的口误和梦境是了解其精神状况的有效信息来源,这些信息是其他类型的研究所无法获取的。他发明了一种被称为自由联想(free association)的方法,让病人讲述他们的梦境,以及他们能联想到的全部信息。实际上,人们可将深度访谈视作对这种技术的改良。人们说得越多,就越反映和暴露自己。在将要进行的深度访谈中,访谈者的关注重点不在于对受访者的分析,而在于找出人们喜爱某些歌手并购买其唱片的原因。

在进行深度访谈时,访谈者需要随机应变。如果出现了一个可以深入的话题,那么就要抓准时机,深入追问。可以让受访者说得更具体或尽量概括,只要对访谈者有用。

在此项研究中,访谈者要调查的话题是人们普遍感兴趣的。很多人都拥有立体音响系统,收藏了大量音乐磁带和光盘,许多人甚至会连续听好几个小时的广播,并关注最新发布的音乐。因而,这个研究主题对于很多年轻人而言非常重要,也是他们乐于讨论的话题。

三、深度访谈的缺点

处理深度访谈收集到的海量材料绝非易事。每一次深度访谈都可能产生大量信息,如果要进行多次访谈,那将面临着巨大的工作量。

如果在访谈中使用磁带录音机,通常还要将素材整理成文字,这一过程非常耗时。此案例只是一个学生的研究实践,因此不必整理这些磁带录音。

在深度访谈中,受访者并不总能提供有意义的答案。大多数人都无法顺利地从"做了什么"的问题切换到"为什么这么做"的问题,这是因为有些人对自己的选择都不甚了解。在本篇案例中,他们或许知道自己喜欢的歌手和唱片,却不知道自己为什么喜欢。

四、深度访谈研究项目

本次深度访谈的主题是人们对某些歌手和唱片的偏好。音乐在日常生活中扮演着重要角色,人们对音乐有着诸多强烈而明确的情感和想法。进行这一研究的目的是找出受访者偏爱某些歌手和唱片的原因,而非确认他们每天在听什么——尽管这些信息可能有用。访谈者所要关注的是人们对某些歌手和唱片的感受,并挖掘他们/它们对于受访者而言究竟意味着什么。

访谈者必须明确这种意义是什么。人们对歌手和歌曲有着无限遐想,那么就试图找出这些遐想到底是什么,以及对于受访者而言又代表了什么。事实上,访谈者是在找寻那些连受访者自身都没有意识到的东西。在这项实践中,访谈者需要访谈 4—6 人,每人访谈时间约为 20 分钟。

1. 开展深度访谈

(1) 如果可以,就将访谈录制下来,以便精确记录访谈内容。此外,在访谈每位受访者时,需要记录其中的重要事项。

(2) 留心观察人们的感受、观点和态度,即使它们看起来无关紧要或微不足道。一开始看似琐碎的信息最终可能会告诉你很多东西,这就意味着在访谈时需要提出开放式的问题,让受访者有足够的空间去思考、表达意见等。

(3) 记录受访者的一些基础人口统计学信息,以便了解社会经济阶层、受教育程度、性别或种族等社会特征与研究发现之间是否存在关联。就这项实践而言,访谈者应当只访谈属于某个类属,并在某些重要方面相似的人,这意味着访谈者必须想办法找到那些符合要求的受访者。

(4) 为确保访谈的顺利进行,以及获得想要的信息,访谈者需要拟一份初步的问题单,列出可能想问的问题。在《精神病学访谈初阶》(*Psychiatric Interviewing: A Primer*)中,罗伯特·利昂(Robert Leon)指出,人们在接受访谈时通常会等待言语和非言语线索,这些线索会告诉他们该如何回答:"医生和病人都会在无意识的情况下有所表露"(Leon,1988, p. 8)。紧接着,他区分了指导性访谈和非指导性访谈：

> 我们会讨论两种类型的访谈，即"指导性访谈"和"非指导性访谈"。这里是指访谈者（此处特指医生）与患者之间的交流，包括访谈的发展走向、医生或患者是否可以决定访谈的内容等。所谓的"指导性"和"非指导性"并不指访谈的目的。"非指导性"意味着允许病人开启访谈，使其充分参与并按照他们的节奏进行。医生必须在放开访谈的同时控制好访谈的走向，这听起来可能有些矛盾。
>
> （Leon，1988，p. 17）

利昂的书是为精神科医生写的，因此我们在这里必须用"访谈者"替代"医生"，用"受访者"替代"患者"。关键在于，访谈者需要让受访者说出他们的想法，而不是单纯地回答问题。利昂区分了访谈与审讯（如山警察进行的问询）之间的差异。在进行访谈时，访谈者必须学习如何成为一名优秀的倾听者，抓住受访者的陈述，提出那些能让受访者深入阐释自身观点的问题，并使之做出解释。不要在他们分享感受和想法时出言打断，以免妨碍访谈者从中获得有利信息。

在与受访者建立信任关系后，可以考虑在本次深度访谈中使用下列问题：

① 你最喜爱哪一类音乐？
② 你喜欢它的哪一点？
③ 你喜欢它多久了？ 以前喜欢过其他音乐吗？
④ 你最喜欢的演奏家/歌手/组合是？
⑤ 你喜欢他们的哪些方面？
⑥ 你收集了很多他们的唱片吗？ 有多少？ 是哪些？
⑦ 你现在最喜欢的唱片是哪一张？ 为什么？
⑧ 你现在有最喜欢的歌曲吗？
⑨ 你知道这首歌的歌词吗？
⑩ 对你而言，歌词意味着什么？
⑪ 演出有什么特别之处？
⑫ 你如何决定是否购买一张唱片？
⑬ 你最近买了哪些唱片？
⑭ 你多久会听一次这些唱片？

　　⑮ 听喜爱的歌手/歌曲/唱片时,你有什么感觉?

　　⑯ 你会倾向于在特定时间、特定心情下听你喜爱的歌手/歌曲/唱片吗? 如果是,能形容一下是哪些情绪吗?

　　⑰ 喜爱的歌手/歌曲/唱片能否帮助你解决遇到的问题? 如果有的话,是以何种方式?

　　⑱ 你是否会因朋友购买唱片而也去购买?

　　⑲ 你是歌迷俱乐部的成员吗? 如果是的话,你是谁的粉丝? 如果要加入歌迷俱乐部,你想加入哪一个?

　　⑳ 你认为一首歌曲最重要的是什么? 歌词、节奏或者曲调,还是其他部分?

　　㉑ 如果你能成为一名歌手,你想成为谁?

　　㉒ 你参加过歌手或组合的演唱会吗? 如果有的话,是哪些人的演出? 你最喜欢的演出是哪一场?

　　㉓ 你最喜欢哪个音乐电台? 你每天/周大约要听多久? 它播放的是什么类型的音乐?

　　这些只是访谈者可以提出的问题。如果在访谈时带着这样一份问题单,并按部就班地提问,就会让访谈变成调查,显然得不偿失。访谈者需要考虑的是哪些问题可以引导受访者详细讨论他们的偏好。

　　随着访谈的深入,访谈者可以在访谈过程中以多种方式与受访者互动:

　　① 理解性回应(understanding response):此时,访谈者需要确定自己是否已经理解受访者告知的信息。访谈者可以通过某种形式寻求更明确的解释。重复受访者说过的内容通常是有用的——"我能否将你的意思理解为……?"

　　② 探究性回应(probing response):此时,访谈者可以通过提出后续问题来获得更多信息,并尝试让受访者就某个细节给出更详尽的回答,例如访谈者可以询问他/她对某些事情的看法,他/她为何相信某事等。

　　③ 评价性回应(evaluative response):此时,访谈者需要对受访者提供的信息做出某种判断。在深度访谈过程中,访谈者应警惕这种做法,因为目的是获取信息而非做出评价。

　　④ 交际性回应(phatic response):此时,访谈者只需以"嗯哼"之类的话来回应受访者,表示你已听到,并希望他/她能继续畅谈。这种反馈形式有利于访谈的进行。事实上,对话是结构化的,受访者需要感受到访谈者的反馈才可以

继续。

⑤ 保持中立。在访谈过程中,访谈者不应发表任何主观见解,因为它们可能会影响最终得到的答案。不要评价受访者的观点、给出自己的意见、提出具有引导性的问题,因为这些都会暗示受访者访谈者所期望的答案。谨记访谈者的工作是让受访者谈论自己,他们的感受、态度等。访谈者需要让谈话具有持续性,并尽可能以微妙的方式引导其向主题靠拢。尽可能地倾听,只有在为了获取更多信息时才开口。

2. 撰写深度访谈报告

(1)在报告的开头,先用一两段介绍性文字阐述深度访谈的主题、趣味性与重要性。

(2)描述研究发现。在深度访谈后得出了什么结论? 是否发现了有趣的东西? 受访者有共同的偏好吗? 他们使用音乐的方式是相似还是不同? 从访谈中获得了什么启发(是否发现先前不为人所知的现象间的有趣关系)? 是否发现了任何有助于进一步研究的线索?

(3)如果发现了任何有趣的信息,请使用访谈中的直接引语和间接引语支持论证。运用引语向读者展示发现的效果往往优于简单告知,尤其是当访谈者挖掘到那些能揭示隐含的情感与态度的材料时。

当然,访谈也可能一无所获。若情况如此,访谈者也应当实事求是,不要期望研究项目总能按照访谈者所希望或坚信的方式进行。

(4)讨论那些在研究中遇到的问题,并说明访谈者是如何尝试解决它们的。访谈者也可以给那些希望重复研究的人一些建议。社会科学家经常会重复其他社会科学家已经完成的研究项目(即"重复实验"),以此验证研究结果的可重复性。

(5)在报告中附上访谈笔记。开展深度访谈是困难的,因为在进行访谈时,访谈者并不知道自己究竟在寻找什么,有时甚至不明白自己找到了什么。但若人们的行为是基于其自身都没有意识到的态度、信念和冲动,那么深度访谈便是值得的。

参考文献

Leon, R. L. (1988). *Psychiatric interviewing: A primer*. New York.: Elsevier.

调查式访谈：媒介使用[①]

（*Survey Interviews: Media Utilization*）

阿瑟·阿萨·伯杰（Arthur Asa Berger）

调查式访谈和问卷调查是研究人们所思所为的两种常见方式，如人们的信念、观点、已采取的行动和计划中的行动等。前者是指研究者向人们提出问题后，由研究者填写某种表格；后者指的是向人们发放或发送表格供其填写。这类描述性研究旨在发现事实，如人们使用什么产品、他们在即将到来的选举中的投票动向，以及他们对特定社会或政治事件的立场。

区分调查式访谈和实验（另一种信息收集的方式）很有必要。正如朱利安·西蒙（Julian Simon）在《社会科学基本研究方法：经验性调查的艺术》（*Basic Research Methods in Social Science: The Art of Empirical Investigation*）中所写的：

> 调查不仅可以收集变量在自然状态下（they are found in the world）的数据，也可以进行"行为观察"（observe behavior），如受访者是否运动员、是否抽烟、某些年份的货币供应量是否充足，以及这些年份的经济是否繁荣。调查还可以收集人们的言谈信息，譬如，研究者能够询问不同身份背景的人的投票意向或他们的酒量如何。调查和实验间最显著的区别在于，调查尊重世界本来的样貌，并不试图去改变；实验则会系统地改变现实的某些方面，以便观察随之发生的变化。
>
> （Simon，1969，p. 229）

---

① 文章来源：Berger, A. A. (1998). Media Research Techniques (2nd ed. pp. 35 – 44). Sage.

在下面的练习中,访谈者将开发一个工具(instrument,社会科学术语,指问题单),并用它来探究人们在大众媒体(如看电视、听广播、听唱片等)上花费的时间及原因。

在进行调查研究时,找到合适的访谈对象尤为重要。如果想了解学生对即将到来的选举的投票意向,那就必须找到具有投票资质的学生。如果想了解乡村家庭主妇对某些电视节目的看法,就必须从"乡村家庭主妇"这一群体中抽取具有代表性的样本。然而对于研究者而言,找到合适的样本并非易事。

在此,有两点需要纳入考量范围:其一,访谈对象的社会和经济特征,包括但不限于年龄、性别、种族、宗教信仰、教育程度和职业等;其二,需要提出能为研究主题提供有效信息的问题。如果足够幸运,或许能发现两者间的关联,如职业和投票意向之间的关系、教育水平和杂志订阅行为之间的关联等。

正如瑞贝卡·鲁宾(Rebacca Rubin)、阿兰·鲁宾(Alan Rubin)和琳达·皮尔(Linda Piele)在《传播研究:策略和信源》(*Communication Research: Strategies and Sources*)中提到的:"调查研究经常采用相关性设计,这并非是在寻找因果关系,而是试图描述特定群体的态度或意见,或是描述两个甚至更多因素间的关系"(Rubin R., Rubin, A. & Piele,1990,p. 178)。相关性研究可能无法说明现象产生的原因(即什么因素导致了现象的发生)——尽管在某些情况下,它们确有此效——但它们仍能提供证明事物关系的有趣材料。一旦关系确立,我们就可能有所发现。

然而,研究者必须谨慎,因为相关性并不总如预期般发生。例如,旧金山一家电视台的研究数据表明,《考斯比一家》(*The Cosby Show*)的观众倾向于观看大量的电视新闻。于是,这家电视台斥巨资购买《考斯比一家》的重播权,结果发现观众不喜欢在原定时间(晚间新闻播出前)观看重播,也不喜欢在晚间 11 点新闻档后观看重播。这导致电视台流失了许多固定的新闻观众,蒙受了大量经济损失。

一、调查存在的问题

在进行调查研究时,首先需要严谨地界定研究主题,因为它决定了访谈问题。这意味着研究必须有所侧重。假设想为一位参与竞选的政治家收集信息,那么访谈者可能会想了解不同群体对这位候选人的看法。男性和女性对候选人及其提出的各种政策的看法是否有差异?中年人和老年人分别如何看待这位候选人？白人和有色人种又是如何看待候选人的？一旦获得了这些信息,访谈者就可以向候选人建议是否需要调整其政策,或对政策进行更清晰的阐释。

访谈者需要思考如何获取想调查的社会群体的代表性样本。这是关键所在,因为如果无法对群体(population,指一个完整的趣缘群体)的具有的代表性样本进行研究,那么所得答案的价值并不大。就专业民意测验机构作出的调查而言,他们认为通过对1500人的访谈就能获得大约2.6亿美国公民的相对准确的信息。仅凭1500人的信息,人们如何得知2.6亿人的想法？答案是这些民意测验机构选用的是精心挑选的具有代表性的样本,它们能较为准确地反映总体(普通民众)的特征。这种调查的基础是概率统计理论,其基本理念是：使用样本时,误差总是存在。样本量的扩大可以降低误差率,但程度有限。

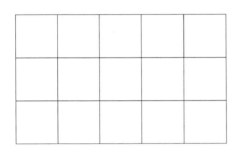

图 1 案例方格

案例：尽管下面介绍的例子较为简单,但仍能说明其原理。图1包含了15个方格,如果了解其中的两三个,就能推断其他的方格。

在实际调查研究中,这一图示更为复杂。倘若访谈者能找到一定规模的具有代表性的样本(即统计学家认为必要规模的随机样本),那通常可以得到相对精确的信息——误差率控制在3%以内,有时甚至更低。根据统计学家的研究,1500份样本极具代表性,即使样本量是1500的2倍甚至10倍,其结果的准确性也不会大幅提高。

为简化练习,假定访谈者在进行调查时采用的是随机且具有代表性的样本,在正式开展研究前,访谈者应尽可能找不同类型的人进行访谈以帮助推进调查,本次练习不要求进行随机抽样。

二、调查的优点

调查是一种成本较低的信息获取方式。虽然可以提很多问题,但也要避免因问题太多而惹恼受访者。

如果样本合适,那么调查和其他形式的民意测验的结果通常较为准确。民意测验专家的经验在获取代表性样本和各种信息方面已经非常成熟。

人们过去和将来的行为(投票意向、潜在购买需求、对议题的看法)都能传递信息,这些信息对开展调查或为调查付费的各方而言均有价值。然而,正如前文所述,在旧金山电视台购买《考斯比一家》重播权的案例中,信息有时会将人们引入歧途。从调查研究中获取的信息有时会使人得出不成立的推论。

调查得到的答案可以被量化并用于多种分析。当所获信息与受访者的社会特征相关时,这些数据就可用于建立相关性,以及预测公众的行为。我们在选举期间就能看到这种情况——电视广播公司和地方电视台雇用一批富有经验的民意测验专家,他们拥有一套成熟的方法体系能在选民离开投票箱时对其进行抽样调查。根据这些选民提供的信息(并基于某些选区的代表性),调查人员通常能在投票工作结束前就测定出选举结果。这已成为当下媒体和政客间的争议焦点,因为许多人认为对结果进行事先预测会妨碍尚未投票的人进行投票,从而影响选举。

三、调查的缺点

进行调查研究时,获取具有代表性的样本十分困难且花费高昂,本次练习暂且将其搁置一边。

此外,调查需要有所侧重,因此调查范围必须有限,问题单是提前设定好的,不像深度访谈那样有较大的弹性空间。

受访者未必会如实回答问题。例如,他们可能担心说出真相后有损自己的形象,或使访谈者对自己产生负面看法。这种现象多见于对有争议主题的调查——在这种情况下,问卷往往是更好的选择。在回答问题时,人们通常会夸大自己的收入、错误认知自身所属的社会阶层,谎报年龄,并声称自己将选票投给了当选者(因为他们想站在胜利的一方)。有时人们自以为理解了题目,事实却恰恰相反。所有这些因素都会对研究的有效性和准确性产生影响。

在现实生活中,访谈者应当了解近来是否有人开展过与之相同主题的调查,若有,则不必重复。此外,最好进行预测试,以发现调查问题中可能存在的缺陷:哪些问题是令人困惑或模棱两可的? 哪些问题过于私人化以至于可能引起回答者的不悦?

四、调查式访谈的任务:学生的媒体使用情况

本次练习旨在探究学生在一天内用于看电视或录像、听广播或 CD,以及读报纸、杂志或书籍方面所花费的时间。在研究中访谈者可能会发现,学生的平均成绩绩点、年龄、性别、社会经济阶层,以及其他社会特征是如何与他们的媒体使用模式相挂钩的。

事实上,我们已从全国性调查中获得了大量有关这方面的信息,访谈者可以将自己的研究发现与全美数据进行比对。

1. 调查设计

设计一个调查并非易事,因为所有问题都必须准确无误,使每位受访者一目了然,否则他们无法顺利回答。在设计关于媒体使用情况的调查时,需要注意下列事项。

(1) 问题的顺序:是先提出有趣的问题便于受访者回答,还是先询问受访者的社会特征?

(2) 提问顺序的逻辑:从逻辑上讲,提问一些问题应先于提问其他问题。例如,你只有先确定他/她是否知道某件事,才能征询他/她对此事的看法。

(3) 问题的用途:为避免惹恼受访者,访谈者所能提出问题的数量有限,因此这些问题必须能为你提供有价值的信息。

(4) 问题的数量:提问一个问题还是多个问题? 为清楚起见,每个问题只能对应一个话题。这意味着,在某些情况下,需要问一系列问题才能获得所需的全部信息。

(5) 受访者的回答能力:受访者的信息是否足以应对访谈者的问题?

(6) 问题的内容:问题是否具有偏向性? 换言之,访谈者是否无意间"偏重"了某些问题,以致得到的是那些受你引导的答案? 谨记,提问方式对所获答案至关重要。问题应尽可能保持中立,访谈者的任务是收集别人的观点,而非让他们同意访谈者的看法。

(7) 问题的语言使用:问题的措辞是否清晰? 是否对所有涉及的术语做出了解释,以确保受访者理解全部内容? 出于害羞或担心询问某些术语会使自己看起来无知,有些受访者可能会回答那些他们不理解的问题。

(8) 问题的形式:访谈者倾向于问哪一类问题? 如果提出的是开放式问题,受访者可能会给出冗长的答案,如此就难以量化研究发现。如果提出的是封闭式问题,那么受访者的答案就会局限在访谈者所提供的选项中,可能会对事件进行简化,无法了解人们的真实想法。

(9) 问题的目的:访谈者是否希望测量人们对议题的感受程度,以及意见、信念和态度? 如果是,如何实现?

(10) 问题的明晰度:访谈者是否错误地提出了"双重问题"。因为有些问题涉及多个话题,却要求受访者给出单一的答案。例如,"你对欧洲和中东的电视报道满意吗?"受访者可能对两者持有不同的看法,但没有机会在答案中做出阐释。

2. 问题单设计

本次练习需要设计一个用于获取信息的问题单,旨在了解受访者花费在视听或关注/参与不同媒体的时间,以及他们的使用情况与使用感受。研究需要调查的信息如下。

(1) 受访者拥有哪些设备:彩色/黑白电视、录像机、音响、CD 机、音箱喇叭和收音机等。他们家中有哪些?

(2) 他们在每种媒体上花费多少时间? 一般在什么时间使用媒体?

(3) 他们在使用媒体时会进行多线程工作吗? 在家里工作或做家务时,会听收音机或看电视吗?

(4) 他们为何使用媒体? 是为了消磨时间、自娱自乐、了解世界、寻找谈资,还是为了排遣孤独或缓解压力?

(5) 他们最喜欢哪些电台节目、电视节目、杂志?

时刻警惕那些质量不高的问题。如果得到的是混乱的答案,或者发现多数受访者的回答是"不清楚""不理解",甚至拒绝回答时,那就是出了差错。访谈者应尽力获取具体的信息。例如,对受访人每天花在每种媒体中时间长度的考察需要精确到小时或分钟,以及了解这种媒体使用行为一般是在哪些具体时段中进行的。

3. 解释调查发现

若能就媒体的使用情况访问 10 个人,且尽可能获取具有代表性的样本,那将再好不过。例如,如果想要了解大学生的媒体使用情况,可以从不同班级中各挑选两名学生进行访谈,如大学一年级、二年级、三年级和四年级学生,以及研究生。或者缩小研究范围,仅对研究的班级或其他班级的学生进行访谈。

完成访谈后,需要思考的是应如何更好地展示你的研究发现,是否能用一张图表来呈现研究发现? 无论采取哪种形式,都应该以合乎逻辑的方式来组合数据,找出其内含的意义。对于你的研究群体而言,这些结果意味着什么?

4. 在调查发现的基础上撰写报告

(1) 写一个简短的引言说明你想了解的是什么信息,为什么要获取这些信息,以及你最终发现了什么。牢记,要在报告的开篇而非结尾之处阐明你的结论。

(2) 附上一份调查问卷的副本,以便读者能够自行评估它是否客观周全。

(3) 用简单明了的方式呈现数据,并附上调查问题及研究结果。确保研究发现和研究对象的社会特征间有所关联。

（4）讨论调查结果及从中得出的结论。对结论进行限定,使其有据可依且避免一概而论。

（5）讨论设计和实施调查过程中遇到的难题并制定应对之策。

参考文献

Rubin，R.，Rubin，A.，&. Piele，L. J.（1990）. *Communication research: Strategies and sources*（2nd ed.）. Belmont，CA：Wadsworth.

Simon，J. L.（1969）. *Basic research methods in social science: The art of empirical investigation*. New York：Random House.

第三章
焦点小组

焦点小组研究概述[①]

（*Focus Groups: An Overview*）

托马斯·L. 格林鲍姆(Thomas L. Greenbaum)

焦点小组(focus groups)作为一种研究方法日益盛行,并对于不同群体有着不同含义。实际上,当代研究者至少使用了二种不同类型的质化研究,它们都被称为"焦点小组"。本文概述了焦点小组研究方法论,其目的在于以下几点。

（1）介绍焦点小组的三种主要类型,并区分每一类在市场营销中的应用。

（2）通过对每一类焦点小组的定义,及其常见用法与适用情形的解释,区分焦点小组与其他流行的质化研究形式。

（3）回顾焦点小组法的常见用法和滥用情况。

一、焦点小组的类型

大部分从事质化研究的学者都会将焦点小组分为三类:全员焦点小组(full groups)、微型焦点小组(minigroups)和电话焦点小组(telephone groups)。虽有共通之处,但三者间的差异也很鲜明。为了解其间异同,并理解使用每种方法的原因,以下将对每种类型进行简要定义。

（1）全员焦点小组:全员焦点小组由一位训练有素的主持人引导,讨论时长约为90—120分钟,参与者人数为8—10人,他们在与小组主题相关的人口统计学信息、态度或购买模式上具有共性。

（2）微型焦点小组:微型焦点小组和全员焦点小组大致相同,但它仅涉及4—6名参与者。

---

① 文章来源: Greenbaum, T. L. (1998). The Handbook for Focus Group Research (2nd ed. pp. 1-16). Sage.

（3）电话焦点小组：在电话焦点小组中，参与者在专业主持人的引导下参加电话会议，时长为 30 分钟至 2 小时。参与者的招募条件与全员焦点小组、微型焦点小组一致。

1. 共通之处

掌握三类焦点小组的共性对理解每种方法及其使用时机而言极为重要。

第一个共通之处：三类焦点小组都需要有专业的主持人来主持会议。在访问中，主持人虽扮演引导者角色，激发参与者加入讨论，但他应尽可能地减少发言。与量化研究或调查研究中的访谈者不同，焦点小组中的主持人并不向参与者询问问题，而是尽量让参与者们围绕着一份大纲或指南中的问题进行讨论，这一大纲或指南由主持人或客户基于研究目标预先准备。

第二个共通之处：这三类焦点小组都会根据客户组织的需求，按照特定标准，挑选出具有一定同质性的参与者，以组建可以围绕研究话题展开高质量讨论的小组。小组中的参与者将会得到一定报酬，但由于他们参与其中的程度不同，报酬间存在较大差异。组织一场无偿的焦点小组也有可能，但难度较大。有趣的是，焦点小组是唯一一种参与者能得到报酬、流行的市场调研技术。

第三个共通之处：三类焦点小组都会进行录音以保存会议记录。大多数全员焦点小组和微型焦点小组还会进行录像。

2. 差异之处

把握不同类型焦点小组间的差异，是深刻理解每种焦点小组所不可或缺的。

1）参与者的数量

全员焦点小组与微型焦点小组间最显著的差异是参与者的人数。全员焦点小组包括 8—10 人，微型焦点小组的人数则限制在 4—6 人。有些研究人员倾向于使用微型焦点小组而非全员焦点小组，他们认为微型焦点小组有助于获取更深层的信息。这是因为若一个小组会议约持续 100 分钟，那 10 人小组的平均参与时间只有 10 分钟；在微型焦点小组中，可供每人参与讨论的时间则翻倍，因此理论上主持人能从参与者处获得更多信息。

鉴于很难为一个特定小组招募超过 6 位符合条件的参与者，部分学者也会采用微型焦点小组。参与者数量有限，招募成本高昂，某些目标群体对焦点小组的排斥等因素都会限制开展全员焦点小组的可行性。这种情况在医疗焦点小组或专业化企业内的高管小组中屡见不鲜。

2）电话焦点小组

电话焦点小组与其他类型焦点小组间的差异更为显著。电话焦点小组以电话会议的形式进行,参与者与主持人不在同一空间。与之相反,微型焦点小组与全员焦点小组在专门的研究机构内开展,所有参与人员都在一个房间里互动。这种研究机构通常设有一间焦点小组研究室,内有一张供人们围坐讨论的大会议桌,大多还配有一间与研究室一镜相隔的观察室,客户可在此处透过单向镜观察并收听全过程。

相较另外两种形式,电话焦点小组更具匿名性。由于没有面对面接触,参与者在电话焦点小组中的互动极其有限。

相较微型或全员焦点小组,电话焦点小组中参与者间的互动要难得多,因此这种形式中的主持人更像是一位访谈者而非讨论的引导人。除此之外,电话焦点小组的时长也比其他形式的焦点小组更短:前者的平均时长为 60 分钟,后者则为 90 分钟至 2 小时。不仅如此,研究者普遍会选择对微型焦点小组和全员焦点小组录像,以便客户为无法到场的人提供比录音信息更完整的会议记录。显然,这在电话焦点小组中无法实现。

选用电话焦点小组,大致有几种原因:有些情况下,匿名与否对参与者的招募至关重要。假设想要研究不同食品连锁店的营销经理对产品 X 的态度,电话焦点小组或许是首选,因为营销经理可能并不乐意与竞争对手分享自己的观点,但在匿名的情况下他们也许会参与研究。电话焦点小组比其他类型的焦点小组更具匿名性。

有时,合适的参与者散布各地,把他们聚集到某处将产生一笔巨大的开销。因此,对他们进行调研的最佳方式就是电话焦点小组。

最后,电话焦点小组的成本通常比微型或全员焦点小组低很多。因为参与者通常没有报酬,且通话的费用远低于租用设施和为参与者与客户提供食物的费用(客户组织无须实地观察整个过程)。

二、质化研究的其他类型

焦点小组只是质化研究方法的一种。尽管焦点小组的使用频率远高于其他质化方法,但主持人和客户还需要对其他研究方法有所了解,并明确这些方法的适用时机。许多有研究需求的机构会优先选择焦点小组,但在某些情况下,焦点小组并非获取所需信息的最佳质化方法。经验丰富的研究者会在研究工作的准备阶段向客户提出恰当的问题,以此设计出能够实现研究目标、最有效和最经济的方法。

除焦点小组外,还有三种主要的质化研究方法。

1. 个别访谈

个别访谈也称深度访谈（IDI，in-depth interview），是指一名专业的主持人与一名基于客户标准挑选出的受访者就特定主题进行的一场讨论。个别访谈的时长为 30—90 分钟，平均时长约为 45 分钟。

与焦点小组一样，个别访谈也是参照详尽的主持人指南（moderator guide）进行的。这类访谈通常会在设有单向镜的研究室内开展，以便客户观察整个过程。

出于一些原因，研究者可能会认为个别访谈的方法更为可取。

对于隐私性较强的主题展开研究时，小组讨论并非最优解，例如，参与者的性行为、个人财务状况、酗酒情况。

（1）如果存在竞争情况，参与者会被禁止参与小组讨论。有些公司禁止员工参加焦点小组，但允许他们接受个别访谈，原因就在于此。

（2）产品目录较为复杂，需要更多时间确保参与者理解问题。

（3）相较于其他形式的质化研究，个别访谈可以提供更多深层次的信息，因为每位参与者都有集中的时间来讨论主题。

尽管大多数研究者认为在某些情况下使用个别访谈的方法更合适，但这种研究方法确有不足：

（1）个别访谈的成本远高于焦点小组。因为聘请主持人和租借设施的成本仅"摊销"至一人身上，焦点小组则是 8—10 人。

（2）如果需要访谈一个群体（如 10—20 人），个别访谈的耗时会更久。对于客户而言，这可能是最大难题，因为没人愿意留在室内观察 10 或 20 个小时的访谈。相较之下，让人们观察 1—2 个焦点小组会议通常不是难事。

（3）主持人指南中的每个要素都是按照顺序（而非同时）来接收信息的，因此相较于焦点小组，个别访谈更难解读。在焦点小组中，10 位受访者在特定时间段内就具体话题（指南范围内）各抒己见，个别访谈则会分散至多天进行，因此更难归纳信息。

（4）在个别访谈中，主持人无法发挥焦点小组中同伴互动的优势。很多研究者认为，焦点小组最具价值的优势就是参与者之间的动态讨论。

2. 双人访谈

质化研究的第二种形式是双人访谈（dyads interview），它与个别访谈极为相似，只是有两名受访者和一位主持人。大多数研究者倾向于采用个别访谈或焦点小组，因此双人访谈不常使用，尽管有时双人访谈比其他方法更有效，尤其是在两位权重相当的参与者对某个问题的决策出现意见相左的情况时。

例如，人寿保险公司可能更倾向于使用双人访谈来收集消费者对产品的反馈。这是因为丈夫与妻子对人寿保险价值的看法通常不同。丈夫购买人寿保险可能是为了规避风险，以减少意外发生带来的伤害及其收入损失，但他会尽可能降低保额——人寿保险不会给丈夫带来直接好处。此外，他在人寿保险上投入的资金越多，当下他所能支配的用于满足自身需求的资金就越少。因此，他会选择购买一份价格较低（如定期寿险），或覆盖范围较小的保单以尽量减少支出。出于这种普遍心理，针对男性进行的研究可能会指向"物有所值"的销售策略，或是将销售和市场营销传播活动的重心集中在定期寿险上。

但如果访谈对象是受益者（假定是妻子），研究结论可能会截然不同。为了获取未来所需保障，妻子可能不太在意当下的现金流问题。相较丈夫的购买意愿，她可能倾向于购买金额更高的保险。考虑到现金价值积累、借贷能力和利率保障均会因丈夫年龄的增长而发生变化，妻子更倾向于购买终身寿险而非定期寿险。因此，基于女性观点制定的营销计划可能会强调终身寿险的投资性质，以及在丈夫去世时为家庭提供大额保障的必要性。该计划还可能会在保单内容中增加残疾险，因为在主要收入来源方（此处指男性）无法工作的情况下，对于保险的需求可能会相当可观。

在双人访谈中，这种关于人寿保险的意见分歧将得到有效观察，主持人可以通过引导谈话来获得双方的有效信息。在此类研究中，主持人会确定两位"决策影响者"的观点，并评估各种问题于双方的相对重要性，以便随后制定的营销方案和沟通计划能够反映双方需求。在双方对决策的影响相当时，双人访谈或许是实现上述目标的唯一途径。

再举一例。假设设备制造商试图从目标客户（如世界 500 强企业）那里获取有关新设备的意见。如果研究只针对生产总监（即负责管理设备的人）进行，那么研究者对设备需求的看法可能会与财务主管大相径庭，后者更关注设备的成本影响。在这种情况下，两位关键人物均是产品采购决策中不可或缺的一部分，因此采用双人访谈收集双方意见将行之有效。

总而言之，仔细斟酌后使用的双人访谈可以非常有效。在某种意义上，它与个别访谈间存在同样的问题和优势，因此在某些研究项目中占有一席之地。

3. 小规模的量化研究

矛盾的是，第三种质化研究形式虽涉及传统量化研究方法的应用（如电话调查、个人调查和邮件调查），但它使用的样本规模较小，仅用于定向目的，故不具备统计信度(statistical reliability)。

　　假设客户是一位白兰地酒制造商,想要了解酒类专卖店老板对其正在进行的营销策划的态度。其中一种方式是进行大规模的量化研究,涉及数百名从品牌连锁店和独立酒类专卖店中随机挑选的调查对象,由此获得的信息具有统计信度,客户可借此大致知晓所有酒类专卖店老板的态度。如果制酒商希望就其营销策划获得一些指导性意见,但又不想投入大量资本或精力,同样可以选择质化方法。倘若此时不宜采用深度访谈、双人访谈或焦点小组,小规模的量化研究不失为一种不错的选择。这项研究涉及 20—30 位调查对象,他们都需要填写量化研究问卷,类似于一项大型研究(需要 300—400 份样本)中的一部分。鉴于样本数量较小,无法反映出所有酒类专卖店老板的态度,因此,客户应将该成果视为一项质化研究。

　　市场营销与产品研发人员在研究各种主题时,会以各种形式使用小规模量化研究。相较于其他形式的质化研究,选择小规模量化研究的原因多种多样,主要有以下几点:

　　(1) 小规模量化研究的成本通常远低于焦点小组和个别访谈。

　　(2) 许多人认为,相较于其他形式的质化研究,在小规模样本中进行细致的量化问卷调查可以获得更丰富的数据。

　　(3) 与研究相关的其他因素可能表明,小规模的质化研究将是最有效且效益最高的研究方法。这适用于一些特殊情况,如受地理分散性的影响,目标消费群体难以触及时。

　　(4) 有时,小规模的量化研究也被用于对大型量化研究问卷的预测试,其目的在于确定问卷是否言辞达意,以便调查对象可以毫不费力地理解问卷上的所有内容。此外,小规模的量化研究还被用于确定完成问卷所需的时长,同时测验问题排序跳转模式的有效性。在这种情况下,小规模的量化研究或许是最佳方案。

　　总而言之,小规模的量化研究是另一种质化研究方法,适用于各种研究项目。

三、焦点小组研究的应用

　　这里介绍焦点小组的 9 种不同用途,并列举相关示例。所有适用情形都已列入其中。

　1. 新产品开发研究

　作为焦点小组的常见用途之一,新产品研发涵盖众多主题。在这一领域,焦点小组最常用于向消费者群体展示新产品的概念或原型,以便通过消费者的反应来判断产品概念的优劣势。产品开发团队根据收到的反馈对产品概念或原型做出调整,随后再进行量化或质化研究,进一步评估消费者对调整后的版本的反馈。

2. 定位研究

定位研究常被视为策略型焦点小组,目的是确定一种在特定产品、服务或组织方面与目标消费群体有效沟通的方式。例如,当一家大型金融机构试图改变其整体形象时,焦点小组将是该项目中至关重要的一环。具体而言,我们使用焦点小组帮助评估当前形象的优劣,然后收集并分析参与者对几种新形象的反应,以此全面把握整体形象定位。如此,既权衡了机构现有的优势,也向目标消费群体传达了一个信息——他们的需求和期望非常重要。

定位焦点小组常用以探寻一种讨论单个产品或服务的适当方式,以便广告商向目标消费者传达独特而有意义的信息。这一过程首先会评估产品或服务的形象,然后向小组参与者展示几种定位方案,以此确定每种替代方案的优缺点。

3. 使用与习惯研究

在使用与习惯研究中,焦点小组被用于收集参与者使用不同产品或服务的基本信息。例如,一家银行要制定一项提高自动取款机(ATM)使用率的计划,可能会对使用者或非使用者开展焦点小组,以此确定他们使用自动取款机与在柜台办理业务的频率;他们使用或不使用自动取款机的主要原因;使用自动取款机时面临的主要问题;促使他们更频繁使用自动取款机的原因。

当客户需要对消费者的使用模式进行量化研究,并期望收集初步数据以帮助理解消费者是如何使用产品或服务时,可能会习惯性地选择焦点小组。焦点小组这一方法常被广告公司所使用,以帮助业务员了解他们不熟悉的业务,从而能更有效地争取新客户。

4. 包装评估

焦点小组常被用于收集消费者对于新包装的反馈,无论新包装处于哪个阶段(概念阶段、工艺阶段或成熟阶段)。在初始阶段,焦点小组的目标通常是评估各种包装元素的优缺点,以便设计师在项目进入原型阶段前对这些元素进行调整。在此阶段,包装研究也用于帮助文案人员撰写在可记忆性、可信度和消费者可见度方面最有效的包装文案。

在包装设计的后期(或排版)阶段,其主要目标是进行"灾难检查",以确保包装元素不会冒犯消费者,或具有与产品形象和定位不一致的内涵。

包装焦点小组常伴有量化研究,这通常是为获取客户所需信息以确定设计的必要条件。

5. 态度研究

绝大多数的焦点小组被用于收集目标消费者对不同产品、服务和项目的感受。例如,一份新杂志的出版商可能会借助焦点小组来确定读者对该杂志的看法,包括读者对杂志本身的看法,以及对其他杂志的看法。这些信息将帮助编辑人员调整杂志内容以迎合读者的兴趣,以便日后可以获得更积极的反响。

新开业的零售店也可进行态度研究,以了解消费者对诸如产品选择、店堂陈设、服务等方面的态度。态度研究的一种流行形式是服务质量评估,这类研究会就客户组织为顾客提供的服务水平询问消费者,内容涉及员工的反应能力、礼貌、业务知识等。公关机构也常使用态度研究来确定消费者对特定事件的态度,进而制定更有效的宣传计划以实现客户目标。

6. 广告/文案评估

焦点小组常用于向广告公司和客户组织(广告主)提供有关广告效果的意见,在创造广告的不同阶段均可发挥作用。在创意构思阶段,消费者可以通过情节串联图板(storyboard)接触到粗略的广告创意;在广告布局阶段,确定广告定稿前征求消费者的意见;在后广告阶段,向消费者询问他们关于已发布广告活动的感受;在广告文案设计的过程中,只要焦点小组的目的是明确消费者对广告的态度,而非验证广告是否成功地激发了消费者的记忆(只有量化研究可以实现),焦点小组就能发挥举足轻重的作用。

7. 促销评估

焦点小组不仅被广泛用于洞察消费者喜好和制定促销计划,在事后评估活动的有效性方面亦可发挥作用。与成功的广告活动一样,有效促销活动的制定同样需要消费者的参与,焦点小组通常是实现这一目标的有效方法。具体而言,首先通过焦点小组获取消费者对促销活动的反馈,随后对促销的构想进行提炼与调整,使其充满趣味性、吸引力且简洁易懂。在广告活动结束之后,焦点小组会就消费者对活动的反馈进行调研,找出他们参与或不参与该活动的原因。

8. 创意制定

机构有时会利用焦点小组激发新创意。组建此类小组是要了解参与者在特定任务中遇到的问题,或那些他们在产品中未得到满足的需求,以帮助客户明确新产品(或产品改良)的潜力所在。需要记住的是,不能期望参与者提出新构思和创制新产品。参与者可以谈论遇到的问题与希望实现的目标,但他们通常不会直接提出新想法,创意只源于客户和主持人对参与者反馈的解释。

9. 员工态度及动机调研

最后,焦点小组还被用于评估公司员工对所处单位的态度。人事部门常用这种方法来了解员工的情况,并找出有待解决的问题。

四、焦点小组的滥用

由于焦点小组的流行,许多机构都将其作为解决信息需求的灵丹妙药。对一部分人而言,一旦有问题产生,焦点小组就是唯一解。虽然焦点小组是一种精妙的研究方法,能够在多种情形下提供有价值的信息,但它也常被滥用,有时其他方法更契合项目的研究目标。本节总结了常见的错用焦点小组的情形。若营销人员意识到这些情况的存在,或许在使用焦点小组时会对其适用性多加考量。

滥用情形 1:将焦点小组视为量化研究的廉价替代品

很多机构都在犯这种错误,尤其是在研究预算紧张的经济衰退期。例如,公司在评估消费者使用模式和态度方面可以选择组建两个焦点小组(成本仅为量化研究的五分之一),而不是选择开展一项耗费 4 万美元的量化调查。随后,该公司就在对 20 人进行质化研究的基础上进行决策,这一决策本该基于对 400 人进行的量化研究而产生。依靠焦点小组取得的结果可能会产生误导,并最终毁掉整个营销计划。

滥用情形 2:用焦点小组收集其无法恰当统计的数据

虽然焦点小组可用于获取多种信息,但有些信息无法被有效收集。焦点小组并不适用于以下情况。

(1)评估新产品或服务的销售额。

(2)确定广告活动已产生或引发回忆的水平。

(3)预测尝试新产品或服务的消费者的复购模式。

(4)确定产品系列的最佳包装方案。

(5)确定产品或服务的最佳价格。

滥用情形 3:组建的焦点小组数量超出了实际研究目标

焦点小组是一项质化研究,并无法提供可预测的数据,但一些研究者和客户组织忽视了这一事实。有些客户妄图通过组建多个小组来弥补缺陷,例如,就某个特定的主题开展 10—15 个焦点小组。他们的理由是,如果只开展几个焦点小组,那么焦点小组的数据就没有意义,因此应该增加系列焦点小组的数量。事实上,这并不能优化数据的可预测性(因为得到的数据始终是质化的),但的确能给人更好的观感。

滥用情形4：非必要地在多地开展焦点小组

研究者认为自己的研究项目必须具备不同的地域代表性，这是焦点小组最常见的滥用表现之一。因此，他们会在几个不同的市场开展小组调查，并确信他们调查所获数据足以代表整个国家。经验表明，焦点小组通常不必在两个及以上的市场中进行，很少会因为地理因素而导致结果差异。除非客户有确凿的理由相信不同市场对其产品或服务的态度或使用存在差异，否则焦点小组应尽量限制在少数几个城市。将焦点小组研究扩展到多个城市以满足不同选区的自身利益，往往是出于内部政治的考量。

滥用情形5：对焦点小组的重视程度不足

一些客户认为焦点小组的操作性有限，这将极大影响研究结果的质量。具体有以下几种情况。

（1）前期准备不足。对主持人的介绍不当；没有招募到合适的参与者；未制定有效的主持人指南；没有选择最合适的外部刺激以确保参与者能够高质量参与。

（2）未对主持人进行筛选，即使主持人是焦点小组中最重要的因素。

（3）不亲身参与小组，或缺乏对小组的关注。一些在镜后的客户花费在交谈嬉笑的时间远比观察小组和理解其内涵的时间要多。

滥用情形6：过于重视焦点小组法

客户和主持人应始终牢记焦点小组的质化性质，小组中单个参与者的意见并不那么重要。一些客户只关注一两位参与者的发言，并将他们的观点视为整个小组的共识。与此相反，有效进行焦点小组的关键在于关注小组成员对所讨论主题的整体意识，而非专注于某一个体的意见。

综上，质化研究包含几种不同的方法，每一种都有其优缺点。焦点小组是其中的一种重要方法，如果使用得当，便可有效生成一些有意义的信息——关于消费者对于各种不同主题的态度。在研究过程中应尽早确定研究目标，如此才能选择最合适的方法。

焦点小组中的常见错误[①]

(*Common Mistakes in Focus Groups*)

托马斯·L. 格林鲍姆(Thomas L. Greenbaum)

虽然焦点小组是一种可以为研究工作做出重大贡献、极具价值的研究方法，但许多从事市场营销的专业人士并不鼓励使用这种方法——或出于对其基本方法论的担忧(群访活动[group interview]的人数有限)，或因为他们曾有过不好的经历。

如果研究者有充足时间来制定计划，同时客户对焦点小组中常见错误有所了解，那将可以绕开其中绝大多数的弯路。

本文指出了进行焦点小组时最常犯的错误，并适时提出可供参考的替代方案和避免之后再犯错的方法。开展焦点小组时可能出现的错误大致可分为以下三类。

(1)方法论错误(methodological mistakes)：试图通过焦点小组来完成就其能力而言无法实现的目标。

(2)程序错误(procedural mistakes)：在实施过程、关键人物参与过程中的各个不同阶段所犯的错误。

(3)分析错误(analytical mistakes)：出于对焦点小组结果的不当解释造成的错误。

一、方法论错误

焦点小组研究领域中最常见的方法论错误如下。

① 文章来源：Greenbaum，T. L. (1998). The Handbook for Focus Group Research (2nd ed. pp. 57 - 72). Sage.

1. 在需要量化研究时使用焦点小组

由于没有足够时间或资金进行量化研究，组织常选择开展焦点小组。但焦点小组不应被视为量化研究的替代品，因为每种方法的目标和功能不尽相同。如果在特定情况下另一种研究方法更适用，那么焦点小组研究的结果不见得更有价值。

为尽量避免陷入这种方法论上的困境，建议在实际研究开始前就制定一份关于具体研究目标的书面说明。这个说明应明确指出客户希望从研究中获得什么。通过分析研究目标，专业的研究者可以轻松确定适合的方法类型，并将其控制在规定预算和时间范围内。根据研究目标，研究者应向客户说明各种可能方法存在的局限性。如果实现研究目标需要采用客户不认可的方法（如量化方法），那就建议客户修改研究目标。倘若不进行调整，客户几乎不可能对研究结果满意，因为该方法无法提供其想要的信息。

2. 将焦点小组作为决策的"破局者"使用

有些客户组织认为，他们所做的每一项决策都必须从研究出发，并将焦点小组视为一种快速而简单的决策辅助手段。因此，每当需要做出有实际意义的决定时，他们就会安排一次焦点小组，焦点小组的结果将成为该决策的关键。

这并非是开展焦点小组研究的正确方法。焦点小组是一种质化方法，其目的不是为问题提供明确答案。在优化决策过程和设计研究工具（提供统计学意义上的可靠数据）方面，焦点小组可能非常有用。一般而言，直接使用焦点小组进行决策的方式并不可取，其他研究方法能以更高的准确度和信度完成这一任务。

3. 使用焦点小组以生成新的产品创意

一些客户组织相信，下一个爆款产品的概念将从焦点小组中产生，因此他们试图用焦点小组来开发此类信息，将焦点小组视为一场产生新产品创意的头脑风暴。有些组织甚至会询问参与者希望研发哪些新产品。虽然在新产品研发中扮演着重要角色，但焦点小组本身很少是新产品的创意来源。如果客户对焦点小组的期望是提出下一个新产品概念，那他们可能会大失所望。其原因如下：

（1）典型的参与者通常不会从新产品创意的角度思考问题。几乎每个人都会在不经意间萌生出一个他们认为极具潜力的产品创意，但当被要求按需提出这种想法时，大多数人可能无法应对。焦点小组的参与者能够对会议期间呈现在他们面前的新产品创意做出反馈，但其自身几乎不提供新产品创意。

（2）焦点小组不是为创造新产品创意而产生的。若想发挥团队优势以集思广益,头脑风暴法和综摄法会是更好的选择。

从焦点小组中产生的新产品创意往往源于客户组织对参与者反馈的解释,而不是参与者提供的具体想法。例如,将小苏打作为冰箱"除臭剂"的广告创意,源于一个探讨"人们使用小苏打的不同方式"的焦点小组。在讨论过程中,一位参与者表示他会把小苏打放在冰箱里以去除异味。这个想法被美国切迟杜威公司(Church & Dwight)的一位产品经理助理采纳,并最终说服了管理层和广告代理公司,以此作为艾禾美牌(Arm & Hammer)小苏打的主要用途进行推广。

4. 利用焦点小组预测产品销量或服务情况

虽然焦点小组可用于了解消费者对产品的反馈,但无法有效地预测销量。预测销量需要选取一定数量的、可预测的样本,借助量化方法进行,如问卷调查。

5. 利用焦点小组来确定广告活动的效果

焦点小组对广告活动效果的评估大有裨益,但该方法并不适用于确定消费者的普遍认知程度。这类信息的获取需要采用依托大量投射性样本的量化分析方法。焦点小组的作用应是确认消费者对广告活动的态度,进而确定活动对信息的传播效果,并鉴别出信息中不可信或不易理解的部分。质化信息与量化结果的结合,将提供大量有价值的活动信息。

6. 利用焦点小组推销产品

与焦点小组初衷相悖的恶劣行径是:表面上利用焦点小组进行研究,实际上是为了在两个小时内,吸引目标群体的注意力以推销产品。例如,在医疗领域,一些药品及药品相关的公司会招募医生开展焦点小组研究,其真正目的是说服医生在开处方时使用他们的产品,而不是其他竞品。这种滥用行为使得焦点小组声名狼藉,大大增加了难以触达的目标消费者参与合法研究的难度与成本。

二、程序错误

在开展焦点小组的过程中,某些错误屡见不鲜。这里讨论的程序错误都是可以避免的,前提是使用者意识到这些错误,并愿意额外付出努力予以纠正。

1. 没有明确的研究目标

如果参与者缺乏对研究目标的清晰认识,那么在规划研究方面就会浪费大量时间,甚至可能使焦点小组变得毫无用处,因为他们是根据错误的目标构想出的。一种较好的结果是,这种错误只是浪费了客户和主持人在确定正确的研究目标前花费的准备时间。

2. 招募不合适的参与者

与大多数市场研究技术一样,焦点小组的结果质量与参与者素质息息相关。如果没有招募到合适的参与者,那么焦点小组产生的信息就会作用有限,甚至毫无价值。界定参与者是一项基础性工作,也是焦点小组配置中最常出现错误的工作。这通常是因为客户和主持人欠缺考量——没有仔细考虑到能为会议提供有价值信息的参与者所具备的特征。典型错误如下。

（1）参与者对产品的认识不足。对于要讨论的产品或服务没有足够了解的人无法提供有意义、具有实质性的意见。一家大城市的银行曾组织过一次焦点小组,旨在了解老年人对该银行为其提供的各种特别服务项目的感受。其失误在于,招募问卷中没有询问潜在参与者对银行或银行所提供的服务项目的认识。焦点小组讨论进行十分钟后,人们就意识到,参与者并不熟悉这家银行,也没有听说过特别服务项目。

（2）参与者对产品只有好感。许多焦点小组意图了解产品或服务中存在的问题,并依此做出适当调整以改进产品或服务质量。遗憾的是,此类焦点小组通常由产品或服务的普通或重度用户组成,并假定参与者对产品或服务足够了解,能提供有价值的意见。问题在于,产品或服务的重度用户通常对其较为满意。如果是由拒绝试用者（曾经使用过某产品或服务但之后不再使用的人）组成小组,大概会产生更有价值的内容,因为这些人对产品或服务的不满甚至达到了停用的程度,听取他们的想法对于解决问题非常重要。

3. 参与者的同质性不足

小组成员间同质性越高,参与者之间关系就越融洽,所提供的信息质量也就越高。下述经验可能对焦点小组的配置有参考价值。

（1）男性和女性应尽可能分至不同小组（尤其是针对 30 岁以下人群的研究）。

（2）参与者的年龄差应控制在 15 岁以内。

（3）社会经济水平或教育水平悬殊的群体应尽可能被分至不同小组,即使他们都是某项产品或服务的用户。

（4）儿童组不应包括三年级以下的群体。在 8—15 岁儿童中,不应超过两个年级的差距。

4. 主持人资质不足

研究界普遍认为,主持人是焦点小组过程中最重要的因素。合适的主持人可以决定小组讨论的成功与否,成功的小组能够为客户提供优质信息,反之将提供误导性信息,最终浪费客户的时间与金钱。

5. 机构无法招募到合适的参与者

在招募参与者方面,提供焦点小组服务的各机构的能力千差万别。一些机构自持一支训练有素的招募团队,其成员受到过严格的监督以保证招募质量;另一些则将招募工作"外包"给独立承包商,令其开展电话招募。

高质量的招募对于确保焦点小组的有效性而言至关重要,因为不合适的参与者无益于实现研究目标。高质量的招募组织通常可以提供合适数量的参与者,且所有参与者均符合要求。

6. 机构的物理设施存在缺陷

基础设施的整体质量会对研究结果产生重大影响,包括以下几点:

(1)观察室不够完善。这可能是因为房间不舒服、太小或不够通风,也可能是因为观察室没有足够的窗口让每个人都能通过镜子观察会议进程。不合格的观察室将严重影响观察者的整体态度及其专注于小组讨论的能力。

(2)小组讨论室的空间狭小。在美国,一些老旧机构的小组讨论室过于狭小,以至于参与者在讨论期间距离过近。如果参与者感到不适,效率就会降低。此外,过于狭窄的房间会限制主持人的移动与工具使用(画架或黑板),也无法简单地变换位置,进而难以激发小组活力。

(3)机构隔音效果不佳。如果小组讨论室能接收到室外的声音(如街道噪声)或机构内其他活动的声音,那将对会议进程造成极大影响。噪声会降低参与者讨论时的专注力,严重干扰小组活动。

(4)机构的工作人员缺乏培训或反应迟钝。让参与者和客户在机构中感到舒适极为重要,这样他们才能最大限度地做出贡献。

7. 主持人对指南重视不足

与主持人和参与者一样,主持人指南也是焦点小组过程中的重中之重,主持人必须在指南上投入足够的时间与精力,以确保它反映了客户的需求,能够推动会议实现研究目标。在小组讨论前应尽早制定主持人指南,以便客户对其进行审核并提供意见,以确保指南所涉内容与研究目标一致。

制定有效指南的重要性显而易见,但有些主持人和客户并不认同。一些主持人在参加小组讨论时仍没有正式指南,除了纸上潦草几笔外别无他物;另一些主持人则认为自己擅长即兴主持,可以在几乎没有任何事先准备的情况下参与小组会议。

一般而言,主持人和客户应像制作量化研究问卷一样,对主持人指南的制定多加关注。

8. 外部刺激不足

具体物料可以激发参与者对主题的思考,若能让参与者接触到足以令其产生反应的具体物料,焦点小组将更有效。然而,即使客户和主持人制作了一份精良的主持人指南,在指南的实施方面可能还是会欠缺考量,其结果往往是在最后关头匆忙制定概念说明、获取产品样本等。焦点小组研究常用的外界刺激包括以下几点。

(1)向参与者展示最终产品的外观模型。大多数原型由木制、塑料或纸板制成,是产品预期外观的模型,并不能投入实际应用。

(2)简要进行新产品的概念说明,有时也包括图示法。

(3)外包装的样品。

(4)印刷或电视商业广告的原型产品。

(5)促销活动的草图。

此类外部刺激有助于获取参与者对广告或促销策略、正接受评估的新产品或一系列包装升级方案的意见。常见的错误是,在主持人向各小组介绍概念、原型或粗略想法前未对其进行充分打磨,致使讨论的结果可能不如预期。例如,在研究消费者对几个新产品创意的反应时,概念描述必须非常详细,以便尽可能清晰地向参与者传达想法。此外,在所有被提出的想法间制造意义区隔十分重要,否则难以获取对每个想法的公正反馈。

在为焦点小组研究准备外部刺激时,需遵循以下原则。

(1)刺激应尽可能简单,确保能被理解。

(2)适用于研究目标。

(3)不同刺激物的数量应控制在 4—6 个,因为大多数参与者难以区分更多的刺激。

9. 主持人未能掌控小组动态

有时,主持人无法把握焦点小组会议的动态。最严重的情况可能是,少数个别参与者影响到其他参与者。除非在讨论中着重关注这一点,否则一两个占主导地位的参与者会极大影响他人对特定观点的反馈及其个人行为表现。这或许是焦点小组饱受诟病的核心问题,也是一些专业人士更青睐个别访谈的原因之一。例如,假定有三位参与者出于对脂肪和胆固醇的担忧,从不给家人吃红肉,他们的评论则很有可能会影响到其他人,致使那些原本买红肉的人拒不承认,从而避免在同伴面前显得愚蠢或无知。

参与者间的互动是焦点小组过程中的重要组成部分,必须加以重视与鼓励,以最大限度地提高会议成果的质量。如果在会议中缺乏参与者间有意义的互动,焦点小组将黯然失色。

主持人可以使用一些技巧减少甚至消除小组动态的消极影响,或是最大限度地发挥互动的积极作用。因此,主持人应熟悉这些方法并将其纳入指南,以确保它们在讨论期间发挥重要作用。

10. 主持人与客户在观察室中沟通不当

焦点小组中常见的错误之一是,主持人与在单向镜后观察会议进程的客户沟通不当,这种错误会严重影响小组动态。

最常见的沟通方式是由观察员向小组讨论室里的人传递便条,要求主持人详细阐述某个观点,或修改讨论流程以涵盖不同观点。主持人和观察员之间的交流不应依托便条进行,而应通过主持人和观察员的直接交流进行——主持人要在小组讨论期间适时进入观察室。在小组讨论的整体流程中,为何"切忌将便条递交至小组讨论室"? 下列原因或可说明一二。

(1) 欲使焦点小组充分发挥作用,主持人必须被视为房间内掌控小组讨论的权威人物。当便条被从观察室送进讨论室时,参与者会明显感知到主持人并非掌控者,这容易让他们开始与"镜子"交谈,而非互相交谈或与主持人交谈。

(2) 讨论会因收到来自观察室的便条而中止,参与者会看向门口,好奇发生何事。这将打断说话人的思路,分散房间里其他人的注意力,进而失去对原话题的参与感。往往需要花费一些时间才能让讨论回归正轨,不仅浪费宝贵的时间,还不必要地扰乱讨论进程。

(3) 在收到观察室的便条后,主持人可能会面临艰巨的任务。首先,必须理解便条上的内容,同时还要兼顾讨论室的现状;其次,需要想方设法地将便条上的意见纳入小组讨论,以便在不影响讨论进程的情况下处理这些信息。这两种情况都会分散主持人的注意力,并对热火朝天的小组讨论氛围产生负面影响。

(4) 便条被允许送入讨论室,有可能会助长观察员产生草率冲动的想法。例如,若便条可以被立即转交,那么当观察员对某件事感兴趣时,就会迅速写下信息,而不是等待几分钟来确定主持人是否会涉及这个话题,或根据小组的总体目标考虑信息的实际重要性。如果观察员被要求保留想法,直至主持人进入观察室与客户交谈,这种失去时效性的便条将毫无意义。

(5) 最后,如果主持人计划在小组讨论期间多次(3—4 次)进入观察室,那么双方将有机会直接对话,最大限度地减少了"观察室成员希望主持人纳入讨论的信息"遭到混淆的可能性,也使得主持人有机会就要在讨论中说明的内容进行提问,以确保客户提问的意图清晰无误。

三、分析错误

分析错误是指研究者和客户组织在解释焦点小组结果时出现的错误。焦点小组的缺点之一是主观性极强:它允许观察者对小组中发生的事情进行解释,且彼此间的解释可以相同,也可以不同。此处将讨论经常出现分析错误的关键领域,以便客户和主持人能够采取适当行动避免问题的发生。

1. 观察员存有偏见

人们所犯的最大分析错误就是带着先入为主的偏见进入研究,并借由小组成员的讨论结果对自己的信念加以证实,这种错误在焦点小组研究中很常见。下述两个例子说明了预设的个人偏见如何影响对小组讨论结果的解释。

某广播电台开展了一项焦点小组研究,以期获得听众对电台正在斟酌的一个新节目的意见。但实际上,电台经理只是想坚定自己对这个新节目具有可行性的信念,以便告诉管理高层他已深入研究,从而获得管理层对该节目的播出许可。该节目是由电台经理构思的,所以他对研究结果有极大的投入,进而,在参与者对节目的反响并不热烈的情况下,经理依然选择忽视这些意见,并播放该节目。对此他做出的解释是,小组讨论开展得不够好,概念没有得到有效阐述,参与者也不是最适合的。结果,节目播出效果极差,仅几个月就被停播。

某企业家决定利用焦点小组来了解人们对公司研发的一款新产品的反馈,他认为这种产品将彻底改变家庭快餐市场,其概念会使快餐消费者眼前一亮。然而,焦点小组的研究结果明确指出,该产品对消费者没有任何实际吸引力,应终止进一步的探索,将资源分配给其他更具潜力的想法。出于情感投入与物质付出,这位企业家无法接受研究结论,于是选择继续投入研究以改进产品。又过了6个月,耗费数千美元后,那位企业家才意识到小组讨论结果的正确性。

主持人在整个过程中保持客观十分重要,这样才能在最终报告中准确阐明小组的真实情况,并提供独立解释。

2. 结果被量化

试图量化焦点小组的结果也是常见的分析错误之一。在对小组进行分析时,经常会讨论为什么一些人持有某种观点,而另一些人持有其他观点,并确定在整体受访者中持有这种观点的人数比重如何。某些情况下,研究者试图将小组的态度投射到整体,认为既然有参与者赞成该想法,那么整个市场中也会有同比例的消费者选择购买此产品。但小组的参与者并不是随机选择的，样本数量也有限，因此焦点小组不具有更大范围的可预测性。

3. 过分强调部分参与者的意见

当小组中少数人的意见与观察者自身对话题的感受一致时，他们往往更重视少数人的意见。这并不是指少数人的意见不重要或不应该在分析中使用，而是强调结果分析应着眼于全局，而非个别评论。评估焦点小组的最有效方法是：考虑参与者对下述几点的整体感受，并尝试辨别小组内少数几个真正重要的发现。

（1）概念的主要优劣势。

（2）广告传达的关键点。

（3）被评估产品的整体形象。

主持人有责任基于参与者对讨论话题的整体感受得出结论，并将个人的非典型意见作为客户组织未来探索的潜在领域。

4. 误用最终报告

最终报告通常是研究工作中最重要的部分，因为它是主持人客观解释小组讨论的工具。但有时焦点小组报告未能得到正确使用。

（1）完全省略报告。出于成本的考量，有些客户不要求主持人在小组结束后撰写最终报告，而让他们的内部人员对小组讨论进行总结，或只是在小组后进行一轮信息讨论，以了解与会人员的意见。这两种方法通常难以实现客户组织的利益最大化，主要原因有两点。

第一，客户无法获得独立评估的客观性。在解释小组讨论方面，主持人通常比内部人员更客观。

第二，最终报告为客户组织提供了一份正式的程序记录。当对小组讨论结果有疑问，或项目中的新成员需要了解迄今为止所做工作的最新进展时，客户组织可以参考这些记录。

（2）要求报告包含逐字记录。一些客户希望报告包含与会者的逐字引述，以充当讨论的概要总结。也有人认为，引文可以支持报告中的分析。这非但没有必要，还不可取。感兴趣的各方可以随时查阅小组的音频或视频记录，结合语境获取他们所需要的逐字记录。不可取之处在于，这将大大延长撰写报告的时间，通常还会增加研究的总成本。此外，当主持人在报告中逐字记录时，他们可能会选择那些最能支持其研究分析的语句，以至于断章取义。许多优秀的主持人认为，逐字记录常被用于填充报告，使之看似落地，事实上却让报告的重点出现偏离，进而削弱实质内容。

此外，逐句记录的报告过于琐碎，难以一目了然地把握重点。高级管理层通常不愿阅读冗长、满是引文的报告，项目组也就失去了管理层的青睐。

了解公司在焦点小组研究中常犯的错误，是避免未来犯错的关键所在。本文讨论了焦点小组中的一些常见错误，并提出了关于如何避免这些错误的建议。

焦点小组：如何选择所观看的电影[①]

(*Focus Groups: Reasons for Attending Films*)

阿瑟·阿萨·伯杰（Arthur Asa Berger）

焦点小组是一种群访活动（group interview），旨在收集人们对某些产品、服务或问题的看法。这意味着将一群人聚集在一起，在主持人的引导下进行自由讨论，以获取所需的资料。正如罗杰·魏默尔（Roger Wimmer）和约瑟夫·多米尼克（Joseph Dominick）在《大众传播研究导论》（*Mass Media Research: An Introduction*）中指出的："焦点小组是指在一个相对自由的氛围中，由主持人或协调人就某个话题同时访问并引导两个或两个以上人员进行的讨论。"（Wimmer & Dominick，1983，p. 100）采用焦点小组这一方法的人通常对人们的态度与行为感兴趣，包括他们如何看待某些消费品或如何在大选中投票。

焦点小组的讨论无意达成共识，恰恰相反，它意在发掘小组中每位成员对于所讨论话题的看法，并引导出成员对所关注行为的态度与描述。因此，焦点小组是一种探究人们如何思考和行动的方法，是一种具有集体性的深度访问，借助这种方式可以获知部分有建树的见解，进而帮助产品制造商或服务经销商更有效地运作。

一、进行焦点小组的难点

进行焦点小组研究的第一个难点是如何招募合适的参与者以组建焦点小组。如果想了解一款新产品（存在竞品）的市场反馈，就必须找到该产品的使用者或潜在用户（可能被说服）。事实上，组建焦点小组并非难事，有些公司在组建和开展焦点小组方面拥有丰富的专业知识。焦点小组的参与者通常会得到少量

① 文章来源：Berger，A. A. (1998). Media Research Techniques (2nd ed. pp. 89 - 96). Sage.

报酬,并认为这是一种令人愉悦的体验,因为他们可以与一群人就某个话题展开探讨,且其发表的意见将受到重视。

在这种研究方法中,主持人的能力至关重要,需要在避免过于独断的同时,确保讨论不会偏题。正如让·沃德(Jean Ward)和凯瑟琳·汉森(Kathleen Hansen)所言:

> 焦点小组的主持人需要引导讨论向"有声有色"与"富有成效"的方向进发。其任务包括:确保讨论覆盖所有核心问题、乐于接纳提出的新观点,以及保证每位参与者均有机会发表意见。
>
> (Ward & Hansen, 1987, p. 178)

成功引导一场讨论并非易事。为了让每个参与者都能"沉潜"其中,主持人需要把握介入的程度及大量技巧。

二、焦点小组研究的优势

焦点小组是一种成本相对较低的研究方法。虽然需要付费给主持人,有时也需要给予参与者少量报酬,但即便如此,焦点小组所耗费的开销仍远低于调查。魏默尔和多米尼克指出,焦点小组的花费从几百美元到几千美元不等,"这取决于小组的规模、样本选取的难度及开展小组的公司"(Wimmer & Dominick, 1983, p. 101)。焦点小组常用于广告和市场调研,与调研和广告制作的花销相比,几千美元不过是"牛毛"。

焦点小组可以很快组建起来,参与者的观点也能够被即刻捕捉。人们通常会用视频或音频记录焦点小组会议,以便在受访者表述的观点之外,还能进一步详细分析他们的肢体语言和其他行为。录音和录像可以在不引人注意的情况下进行。

此外,焦点小组访问具有较高的灵活性,主持人可以就参与者的观点展开深入探讨,进行追问、征求意见、引出新话题等。主持人可以顺着那些偶然的线索,获得有价值的一手资料。

在群体动力的作用下,参与者的积极性会被调动起来,有时会提供极具价值的资料。在这种小组情境中,人们更容易克服障碍,敞开心扉,袒露内心深处的想法,甚至是平日不易触及的禁忌。

三、焦点小组研究的劣势

出于对焦点小组性质的考量，人们可能对其结果的普适性心存顾虑。焦点小组代表的是相对较小的群体，他们无法代表产品或服务的所有潜在用户。这也正是为什么需要谨慎组建焦点小组的原因。

焦点小组的数据并不适用于量化研究。在焦点小组中，参与者表达观点、表明态度和回忆此前行为（尽管回忆可能有误）的一系列讨论，能够回答"为什么"的问题，但无法回应"有多少"的问题。因此，有些研究者认为，焦点小组主要用于试点研究，或作为其他研究方法的补充。

在焦点小组中，有些参与者倾向于主导整个讨论，因而必须加以约束以免影响其他参与者；有些参与者则比较害羞，因此必须在不使其感到局促的情况下引出话题。

有些小组成员在得知讨论会被录音或录像时会有所保留。如果录像或录音是必需的，那么在一开始就应当告知小组成员，并签署免责声明。在当事人不知情的情况下进行录制是极度违反伦理的行为。

四、焦点小组项目：人们如何选择所观看的电影

这个项目试图探寻人们选择观看某些电影的原因，即影响人们决定的最重要因素。可将焦点小组的对象限定为学生，方便起见，也可以选取现成的小组（如在学校餐厅结伴用餐的 3—4 名学生），或是一些俱乐部成员，抑或是任何愿意花时间（约半小时）进行讨论的人。

一般而言，焦点小组的主持人会有一份引导小组讨论的主题清单。在"如何选择所观看的电影"这一个案中，影响人们选择的因素可能是：① 导演；②明星；③ 体裁；④ 口碑；⑤ 影评；⑥ 电影票价格；⑦ 电影院距离；⑧ 陪伴朋友。

讨论的目的不在于让小组成员就一个或多个原因达成一致，而是探寻每位参与者做出观影选择的过程或原因。因此，应当关注参与者过去的行为，即他们为何会做出这种选择。关于人们为什么决定去看这部电影而非其他影片，参与者的意见可能有价值。

1. 对主持人的建议

成立焦点小组后，可遵循下述步骤开展调研。

（1）解释焦点小组的目的，包括小组的运行机制、功能作用等。若条件允许，可对讨论进行录音，并向参与者阐明录音原因，以便在撰写报告时能更为准

确地引用讨论对话。若没有能够录音的设备,那就详细记录讨论内容。

（2）让小组成员感到放松,令其知晓在小组中并无观点的对错,所有意见均有价值。

（3）获取关于参与者的一切有用或有趣的人口统计学信息。

（4）切忌引导讨论,尽可能引发参与者的讨论。

（5）及时跟进线索。换言之,如果某一话题足够有趣或可能含有重要信息,就鼓励参与者继续讨论,并询问他人对该话题的看法。

（6）尽可能使每个人都参与讨论;避免形成个人主导、垄断谈话的局面。

（7）确保讨论紧扣主题,不离题。例如,受访者可能更乐意讨论刚刚看过的电影,而不是为何去看这些电影。

（8）偶尔向参与者重复他们所说的话,这是梳理观点的方法,或许还能激励其他人参与讨论。

（9）偶尔询问某位参与者的观点,而非只是笼统地提问,如"有人对此有想法吗?"。

2. 撰写焦点小组报告

（1）在文章开头阐明焦点小组的构成并简述研究主题。

（2）依照重要程度列出参与者观看某部电影的关键原因,并加以分析。引用其中重要论述并解释其重要性。

（3）开展焦点小组前是否存在预设? 如果存在,是哪些因素促成了这种预设? 完成焦点小组后,对预设的认知是否/出现了何种变动?

（4）在焦点小组中获得了哪些启示或不寻常的发现（如果有的话）? 得出何种结论? 对研究结果的代表性进行限定,尤其是当焦点小组规模较小,且是临时组成时。

（5）项目实施时遇到何种困难? 若有,在报告中进行描述。

参考文献

Ward, J., & Hansen, K. A. (1987). *Search strategies in mass communication*. New York: Longman.

Wimmer, R. D., & Dominick, J. R. (1983). *Mass media research: An introduction*. Belmont, CA: Wadsworth.

人们如何观看电视？
一项焦点小组研究[①]

（*How People Watch Television as Investigated Using Focus Group Techniques*）

威廉·亚当斯（William Adams）

一、引言

自 20 世纪 60 年代中期以来，电视观众行为研究中始终存在着两种看似矛盾的理论：被动理论将观众视为被动的接收者（passive receivers）；主动理论认为观众是主动的参与者（active participants）。

被动理论（passive theory），正如保罗·克莱因（Paul Klein）所言："在美国，最受欢迎的既不是演员也不是某一个节目，而是电视，人们观看的是电视而非节目。"（Klein，1971）詹姆斯·韦伯斯特（James Webster）和劳伦斯·利奇（Lawrence Lichty）用更具学理性的语言进行了分析：

> 无论是节目制作者的传统经验，还是更为正式的受众行为理论，都普遍认为受众是由节目之外的因素决定的。实际上，克莱因认为，受众行为是一个"两步走"的过程，其间，受众先决定使用什么媒介，再决定选择哪些具体内容。人们会在不考虑节目内容的情况下就打开电视，这往往被视为支撑被动理论的证据之一。
>
> （Webster & Lichty，1991，pp. 152 - 153）

---

① 文章来源：Adams，W.（2000）. How people watch television as investigated using focus group techniques. Journal of Broadcasting & Electronic Media，44(1)，78 - 93.

主动理论(active theory)的支持者拒绝接受这一观点,即受众在决定看电视时对电视内容几乎没有概念。与之相反,他们认为电视观看行为是基于特定的需求和满足。在主动理论中,观众对节目的选择与节目的内容、观众此刻的心情,以及他们对节目的期望情绪相关。这一立场的研究者参考了卡特模型,将观众观看电视的过程分为三个阶段(Carter,1960)。

(1) 选择:基于已知选项的主动选择,将期望、知识、需求、个人意见和预期利益或行为等因素纳入考量。

(2) 情感投入:观众在情感层面上对他们所观看的内容产生反应。卡特用假定关系的温情、怀旧感、对人物/事件的认同等词汇来描述这种反应。

(3) 强化:观众会根据所见所闻调整自己的信念与行为,这将影响他们下一次对节目的选择,以此类推。

直至当下,对业界和大多数媒介研究者而言,被动理论在两派之争中还是居于上风,主动理论则成为社会学、心理学和少数媒介学者的守旧观点(Basser,1964;Delia,1978;Rosengren,Wenner & Palmgreen,1985;Swanson,1979;Dervin,1981)。无论节目如何变化,电视观众在很长一段时间内都处于稳定状态(U.S. Office of Telecommunications Policy,1973),用严格的基于收视率的数学公式预测观众重叠(duplication of audience)、重复观看(repeat viewing)和观众流量(audience flow)的能力常被用以证明人们观看的是媒介本身而不是节目内容,即被动观看。用克莱因的话来说,每个广播电视网(当时他只承认有三大广播电视网)都被随机分配 33% 的份额。只要份额低于 33%,就意味着该广播电视网的节目编排出现了失误。换言之,这些节目"令人反感";当拥有超过33% 的份额时,就表明该广播电视网利用了其他频道节目编排的失误。无论如何,使用电视的家庭(HUT:Home Using Television)比率都不会改变。由于使用电视的家庭是稳定的,获得观众的唯一途径就是从别人那里"抢"来,这与节目质量、内容、类型和重播次数等变量没有太大关系(Klein,1979)。

20 世纪 70 年代末,对被动理论坚定无比的信念似乎有所动摇。收视模式(Robins,1991)、人口状况(Adams,1994;Kissinger,1991;Metzger,1983;Miller,1991)、节目趋势(Adams,1994;Bagdikian,1985;Bellamy,McDonald & Walker,1990;Wakshlag & Adams,1985)和基本收视行为(Albarran,Pilcher,Steele & Weis,1991;Alexander,1990;Foisie,1994;Heeter & Greenberg,1985;Henke & Donohue,1989),尤其是与广播电视网相关的行为,都发生了被动理论所无法解释的变化。此时,主动理论在某种意义上东山再起,一些研究

者认为,被动理论中大众收视忠于电视媒介本身的假设,实际上是一种对娱乐的稳定需求,再加之真正可替代选择的缺乏——当时只有三个可供选择、同质化严重的广播电视网。面对激烈的竞争,主动理论的支持者认为被动接受模型将分崩离析。弗雷德里克·威廉斯(Frederick Williams)、艾米·菲利普(Amy Phillips)和帕特里夏·卢姆(Patricia Lum)认为,随着媒体替代品的增加,大众观看模式将会瓦解,取而代之的是个性化或基于内容的观看模式(Williams, Phillips & Lum,1985)。西尼·海德(Sydney Head)对此表示认同并补充道,频道稳定性(channel stability)将会消失,取而代之的是频繁换台(channel hopping)(Head,1985)。海德和克里斯托夫·斯特林(Christopher Sterling)进一步指出,遥控器的普及将终结观众的频道调节惰性,这种惰性是被动理论中观众流量机制的一个重要组成部分(Head & Sterling,1987)。这种观众流量的衰竭在其他学者的研究中均有所印证(Heeter & Greenberg,1988,1985; Adams,1994,1997)。

一些研究者甚至开始质疑那些被认为已经充分掌握的领域,例如,观众重叠[1]和重复观看[2]这类被认为多年前就已得到证明的原则。杰拉尔德·古德哈特(Gerald Goodhardt)、安德鲁·艾伦贝格(Andrew Ehrenberg)和马丁·科林(Martin Collina)及帕特里克·巴韦斯(Patrick Barwise)的经典研究声称,"节目忠诚度"就是一个谬论。他们认为,影响节目可看性和总体受众规模的因素是重复观看和观众重叠,而不是观众对节目的具体喜好。研究者们对此深信不疑,视这种模型为"定律"(Goodhardt, Ehrenberg & Collins,1987; Barwise & Ehrenberg,1988)。基于先前马洛里·沃博(Mallory Wober)的研究,汉斯·贝恩德·布罗休斯(Hans-Bernd Brosius)、沃博和加布里埃尔·韦曼(Gabriel Weimann)对这一传统观点提出了挑战(Wober,1988,1989; Brosius, Wober & Weimann,1992),认为早期的研究发现仅是当时研究方法的使然,而不是行为的"定律"。他们指出,过多的受众研究将受众的观看行为平均化,从而破坏了他们希望评估的一些特定模式;他们断言,观看本质上是个人行为。在追踪个人观看行为模式时,可以发现,用户对节目的高忠诚度、显著的重复观看和观众重叠,都与节目类型相关。

尽管这项研究并未结束学术辩论,但它确实例证了当时受众研究的一个主

---

① 古德哈特、艾伦贝格和科林将观众重叠定义为"两个不同节目在不同日期中的共同观众规模取决于节目的收视率和播放频道,而不是节目内容"。
② 重复观看是指,观众在看过一集节目后,继续看下一集,该比率是由收视率而非节目内容决定。

要问题：研究者甚至无法就使用何种研究方法或提出何种问题达成一致。正如罗伯特·克雷格（Robert Craig）所说："即便我们做了更多理论研究，我们（集体/个体）对自己到底在做什么，或应该做什么还是越来越迷茫……这个领域仍处于混乱状态，比以往任何时候都更需要重新思考"（Craig，1993）。菲利普·梅耶（Philip Meyer）和唐纳德·赫尔维茨（Donald Hurwitz）也支持这一观点，他们认为现有的受众研究在解释观众的思考方式方面收效甚微。赫尔维茨补充称，媒介研究已变得十分擅于生产"随机数"（random numbers）（Meyer，1994；Hurwitz，1984）。

这些新讨论的兴起，加之无法充分解释观众行为的主动与被动理论，使一些研究者主张寻求研究方法上的根本改变。杰里米·施勒斯博格（Jeremy Schlosberg）可能走得最远，他主张完全放弃量化研究方法，转而采用质化研究方法（Schlosberg，1993）。然而，大卫·摩根（David Morgan）、哈里·沃克特（Harry Wolcott）、索尼娅·利文斯通（Sonia Livingstone）、大卫·莫利（David Morley）和克雷格等研究者似乎更青睐将质化和量化方法相结合的方案（Morgan，1988；Wolcott，1990；Livingstone，1993；Morley，1993；Craig，1993）。他们认为，两种方法的结合或许能更好地解释观看模式——这是单独使用其中一种方法所无法充分解释的。这与罗伯特·默顿（Robert Merton）、约翰·费斯克（John Fiske）和帕特里夏·肯德尔（Patricia Kendall）的观点如出一辙。

> 仅仅了解一位受访者对情境的描述，诸如"令人不快的""令人焦虑的"或"刺激的"远远不够……这些具有概括性的评价充斥着大量经验解释，其价值有待商榷。研究是为了更准确地挖掘"令人不快的"在这个语境中的深层含义，包括哪些具体的情感被调用，以及脑海中出现了什么样的个人联想。
>
> （Merton，Fiske & Kendall，1990，p. 4）

实际上，赫尔塔·赫佐格（Herta Herzog）最初使用焦点小组的目的在于更好地了解听众对广播节目的反应（Herzog，1994）。自20世纪60年代初引入通行的评级制度以来，媒介受众研究便一直集中在数字上——收听率、市场占有率、基本人口统计及其形成的模式，已成为分析和讨论的基本单位。因此，在电视受众研究中，还没有一个被广泛接受的基于媒介的质化分析模型。

本文旨在通过对人们如何选择观看电视,以及他们选择观看某节目的原因等基本问题进行初步质化研究,以填补这一研究领域的空白;本研究亦使用质化方法对观看行为情境中主动理论与被动理论的有效性进行验证。或许,它可以搭建起詹姆斯·韦伯斯特(James Webster)和雅各布·沃克施莱格(Jacob Wakshlag)在"节目选择模型"(program choice model)中提到的"将主动理论和被动理论联系在一起"的桥梁(Webster & Wakshlag, 1983)。然而,目前这项研究的目标并不那般宏大,它仅是通过质化方法来了解人们观看的电视内容和收看时间的变化,并观察这种方法是否可以给未来的受众研究提供新的研究方向或领域。此外,研究也将着手调查受众对"作为媒介的电视"的看法。

二、方法

本文采用了焦点小组。正如摩根、魏默尔和多米尼克所述(Morgan, 1988; Wimmer & Dominick, 1997),这种方法的目的是:

(1) 在较短时间内从人群中的若干子群中收集大量资料。

(2) 洞察那些尚未被充分理解的领域。

(3) 尝试了解与动机相关的相对复杂的认知过程。

(4) 通过小组互动拓宽研究视野。

在选择这一方法时,研究者还考虑到默顿、费斯克和肯德尔的观点,即焦点小组擅于解释量化研究的结果(Merton, Fiske & Kendall, 1990);同时,魏默尔和多米尼克持有的"尽管没有实际操作经验,但许多媒体研究人员并不排斥焦点小组"的观点也被纳入考量范围(Wimmer & Dominick, 1997)。

1. 参与者

在 1996 年末—1997 年初,通过 5 种途径招募参与者共 93 人,组成 12 个焦点小组,并将其按照标准再次分为 5 个小组。亚历克·盖洛普(Alec Gallup)和弗兰克·纽波特(Frank Newport)的调查数据表明,不同年龄段的观众在电视观看模式上可能存在巨大差异(Gallup & Newport, 1990),因此依据年龄将参与者分为三个组。

18—24 岁——该群体乐于接受新技术,对几家主要电视网控制几乎所有收视的时期较为陌生。

25—43 岁——代表网络电视观众中所谓"理想人口"的年龄群。

44 岁以上——与传统广播结构关系紧密,较抗拒变革。

最年轻的一组主要是大学生群体,这是最容易被招募且数量可观的群体。这些 18—24 岁的学生(最终有 57 人参与研究)是从一些大型讲座课程(某所中西部重点大学文理学院的必修科目)中招募而来的。我们对潜在参与者进行了筛选,排除那些受限于群体观看环境的人,即宿舍电视,或其他会严重限制他们自由观看电视行为的情况。这是唯一一个进行再细分的年龄组,按照种族和专业被划分为 8 个焦点小组,因为研究者推断,传播学专业的学生与非传播学专业的学生可能会有不同的反应,不同种族间的观点可能也有所差异。

年龄分布在 26—37 岁的 22 名参与者被分成 2 个焦点小组,他们是从研究生群体和非传统意义的学生群体中招募的。剩余的 14 人组成了另外 2 个焦点小组,年龄在 45—71 岁,是利用家庭教师协会和扶轮社等组织从周边城镇中招募的。最年轻的小组在人数方面的支配地位并不能反映该群体的重要性,仅表明他们最容易招募。

基于摩根、魏默尔和多米尼克关于讨论时长的建议,参与者被告知这场会议大约持续 90 分钟,其间他们需要对电视行业发表观点(Morgan, 1988; Wimmer & Dominick, 1997)。每个小组成员不少于 6 人且不超过 11 人。

2. 焦点小组围绕的核心问题

根据默顿、费斯克和肯德尔的建议,所有环节都围绕着电视选择的主动和被动理论提出的核心问题展开,主持人有很大的弹性空间来跟进小组提出的话题(Merton, Fiske & Kendall, 1990)。这些核心问题包括以下开放式问题。

> 你通常如何决定在何时观看电视?
> 你有喜欢的电视网或节目吗? 喜欢或不喜欢的原因是什么?
> 你会为喜欢的节目安排时间吗?
> 你会计划看电视的时间吗? 原因是什么?
> 你对主要电视网的节目表有多熟悉?
> 你会使用电视指南或其他指南来计划每周的电视观看活动吗?

主持人是大众传播专业的研究生,并由研究者通过焦点小组试验组进行培训。研究人员将对他们的表现进行评估和纠正,直至他们能够游刃有余地处理会议中可能出现的争议和问题。他们还接受了大量关于近期黄金档电视节目的培训,以便对任何可能提及的节目及其历史有所了解。

在每次会议开始前,主持人都会简单阐述电视行业的发展历程,并着重指出有线电视和录像机的发展,随后,主持人会对参与者接触各种形式电视节目的途径进行调查。这些基本阐述和调查被认为是一种有效的刺激,使参与者能够沿着类似思路进行思考(Merton,Fiske & Kendall,1990)。全部参与者都可以收看所有主要电视网,92％的参与者至少能收看 9 个基本有线电视频道。与全国有线电视普及率相比,这一指标相对较高(Cable Television Developments,1995),这是因为研究所在的社区可以接入有线电视信号。大约 80％的人可以使用录像机,40％的人可以观看付费频道。

"刺激"过后,主持人继续提出核心问题并根据参与者的回答持续提问,直至参与者觉得他们的讨论已足够详尽充分,或者他们的答案已初具雏形或达成共识。主持人会在每次会议的结尾总结此次讨论中阐述的主要观点,并询问参与者是否同意这些观点,或主持人是否遗漏了参与者们真正想表达的内容。会议被全程记录,录音也进行了转录。每次会议完成后,主持人会同步撰写分析报告,负责整个研究的研究者进行最终分析。根据沃克特的建议,研究进行了两种分析:第一种分析包括简单的计数系统,该系统可以计算出在这项研究中达成共识的参与者的占比;第二种分析采用了更深入的民族志方法,从每个主持人的总结、文字记录和会议实际录音中提取信息(因为声音能够反映参与者当时的情绪状态)(Wolcott,1990)。

三、结果

1. 媒介与节目的关系

以下引用皆摘自此次焦点小组,同一个参与者的表述不会被引用两次以上。年龄信息只有在对理解或解释谈话内容很重要时,才会被注明。在本研究涵盖的所有领域中,种族和专业这两个变量的作用甚微。事实证明,"参与者观看电视的方式与原因"这一主题极为复杂,主动和被动理论中的一些看似有分歧的观点同时存在于参与者的认知过程中。例如,除三人外,其他参与者都表示自己非常喜欢电视这种观看媒介。所有参与者都有自己喜欢的电视节目,而且几乎都表示无意缩减他们的观看时长。事实上,仅有 6 名参与者表示会考虑在一段时间内不看电视(多数人却声称要限制自己孩子的观看),所有参与者都认为看电视是一种休闲方式,尽管没有人选择美国广播电视网(ABC)、哥伦比亚广播电视网(CBS)或全国广播电视网(NBC)作为他们最喜欢的节目来源(有 12 个来自"最年轻小组"和 5 个来自"34—44 岁小组"的人选择了福克斯广播电视网〔FOX〕),但是大多数参与者仍将大部分观看时间花在这些主要广播电视网上。

诸多参与者提及最喜欢的电视频道时,通常会指涉某个特定类型的有线电视网,例如娱乐体育节目电视网(ESPN)、美国有线电视频道(A&E)或者美国乡村音乐电视(CMT),但他们提到的最喜欢的节目,60%是在主要广播电视网上播出的(包括 FOX)。

然而,当话题转向广播电视网时,各组的情绪都发生了戏剧性变化。大多数参与者强烈认为,电视本身对社会有害。这证实了过去 20 年来民意测验中的发现:对广播电视网的看法从普遍积极转向非常消极(Gallup & Newport,1990;Harris,1971),但也可能说明了态度发生转变的原因。例如:

> 比起现在的节目,我更喜欢以前的重播节目。他们真正感兴趣的是钱,而不在乎为了钱要付出什么代价。
> 他们已经迷失了方向,不再有真正的思想或价值观。
> 我不允许我的孩子看电视。电视的价值观太差了。
> 新闻、脱口秀和《国家询问报》(*the National Enquirer*)之间已经没有什么区别。
> 在我看来,所有电视制作者一定过着悲惨的家庭生活,至少从他们制作的节目来看是这样的。
> 他们完全脱离了普通民众的生活。

必须指出,这种愤怒并非针对参与者自己观看的电视节目,而是针对整个广播电视网和制作系统。参与者有能力在脑海中对两者进行区分,他们也可以区分自己喜欢的电视节目与普通电视节目,并将自己喜欢的节目视作常规中的例外。令人意外的是,参与者能够将自己喜欢的电视节目与运营这个节目的电视网区分开来。

> 过去的 CBS 为家庭和我这个年龄段的人提供节目,但现已时过境迁。幸好有《天使在人间》(*Touched By An Angel*)和《女作家与谋杀案》(*Murder She Wrote*),要不是它们,我就没有什么喜欢的电视节目了。
> 但是它们都在 CBS 播出。
> 你确定?
> 我不喜欢 NBC,但是我喜欢《宋飞正传》(*Seinfeld*)。
> FOX 广播电视网的节目都很庸俗,不过我觉得《拖家带口》

(*Married*, *With Children*)这部电视剧还是很有趣的。

总之,在这项研究里,观众并不如预想中那般忠诚于电视网。但这种对媒体现状的整体反感,丝毫没有影响参与者的乐趣或观看的愿望。正如一位参与者所说:

我喜欢看电视,只是越来越难找到喜欢的节目了。

用另一个参与者的话就是:

想看的时候,我可以放录像带。

2. 习惯的意义

观看电视的决定远比人们传统上想象的更复杂。当被问及他们是如何做出看电视的决定时,约 80％的参与者表示他们出于习惯或因有空闲时间。即使是最喜欢的节目,他们也不会为其特意安排时间或调整其他行程(只有 5 人表示会为观看某部肥皂剧而空出时间)。

多数参与者订阅了某种节目指南,且大部分声称他们会经常阅读其中某些内容。部分参与者表示,他们会查阅指南来确定本周的电影、是否有特别节目或重播的剧集。一些人还承认,他们会因某篇文章而观看某个节目。但是,没有一位参与者认为指南会对他们每周的观看习惯产生任何实质性的影响。

这些情况基本符合被动理论,但从后续问题可以看出,事实绝不仅像表面上那般被动。参与者所谓"出于习惯而观看电视"的表述,实际上隐含着他们已将节目表了然于心的事实,他们知道此时正在播出什么节目,通常心中也有想要观看的特定节目。

周日,你会看到《60 分钟》(*60 Minutes*),接着是《女作家与谋杀案》,之后播放的是所有电视网的电影,一般会有一部质量高的。

周四的节目不多,但第 7 频道的喜剧片还挺有意思。

我以前从不在星期六看电视,但现在有《女医生》(*Dr. Quinn*)、《明日新闻》(*Early Edition*)和《烽火怪杰》(*Walker*),这些节目还不错。

这似乎符合卡特模型的第一阶段(Carter，1960)。

这种脑海中的图像可能是新节目面临问题的原因之一，因为它们尚未被纳入观众心中的节目单。大多数参与者，甚至是那些声称喜欢这类节目的人，都没有意识到这些新节目的推出，因此在观看电视时就不会考虑到它们。大多数参与者还表示，他们不会受到新节目开播前的大力宣传或广告的影响。这并不意味着他们缺乏兴趣，而是不相信所做的宣传，或者说这些信息没有进入他们的脑海，成为其心中节目单的一部分。

9 月，一切都焕然一新。

并非如此。

有时我看到一些似乎还不错的节目预告片，但我往往会忘记观看这些节目。

这种基于脑海中图像的观看方式，在某种程度上引起了观众对节目变更和提前停更的强烈不满，这两种做法给观众带来了一种巨大的挫败感，如果这种情况时常发生，甚至会失去最忠诚的观众。

我试图追更《布鲁克林大桥》(*Brooklyn Bridge*)，但它每隔一周就会停播。

当他们不按原定节目表播出节目时，我会很生气。

如果这些节目要停播几周，我就不会再继续看这个节目。

3. 选择频道的过程

实际观看过程涵盖了几个不同的步骤和考量因素，这些步骤与对电视的喜爱并无多大关系。确切地说，实际观看电视的决定取决于他们生活中发生的其他事情，以及看电视本身带来的强满足感。在决定打开电视机时，参与者的脑海通常会浮现出节目表，据此选择具体观看的节目或频道。虽然这一过程包含了部分被动观看理论的元素，但实际观看行为并不随意，具有明确的指向性。在选择观看和选择节目的同时，人们也在"排除"一些频道。这一步骤很有趣，因为"排除"通常包含了观众脑海中绝大部分的感知经验，且参与者并没有真正看到那些被排除的频道，而是根据感知的内容将它们排除在外。

> 我没看过，不喜欢他们播出的节目类型。

　　如果出于某种原因没有找到想要的节目，或节目不尽如人意，参与者就会开始换台，但仅限于他们所倾向的频道范围之内。这也印证了苏珊·泰勒·伊士曼（Susan Tyler Eastman）和格雷戈里·纽顿（Gregory Newton），以及道格拉斯·弗格森（Douglas Ferguson）的研究发现——即使人们有无限多的频道选择，他们仍然只会选择某些频道（Ferguson，1992；Eastman & Newton，1995）。

　　如果在换台之后仍未找到称心的节目，那么大多数参与者可能会选择让电视机开着，去做一些其他事情。此时的电视节目在事实上成了背景声，对广告商或电视行业而言就毫无意义。在这种情况下，多数参与者表示他们压根不知道电视里在播放什么。

> 我不知道这是否真的算在看电视，我甚至不能告诉你电视在播放
> 什么。

　　这种行为在年轻或年长的参与者中很常见，但原因略有不同。年轻人如此行事只是单纯地想要一个背景音，年老的参与者则主要是为了避免孤独。

> 我喜欢这些声音，对我来说是一种陪伴。
> 如果太安静了，我没办法工作。
> 这让我感觉家里没那么空荡荡。

　　另一组参与者则表示，当最喜欢的频道也不尽如人意时，他们会将搜索范围扩大至平时不看的频道。即使如此，许多参与者仍会将一些他们未曾观看过的频道排除在外。大约同样数量的参与者表示，遇到这种情况，他们宁可选择播放录像带。事实上，这就又回到整个过程的开始。无论属于哪个年龄段，大多数参与者都表示，在决定要在晚上观看电视之后，他们会在脑海中过一遍节目表。如果没有发现什么合适的节目，他们就会在回家的路上租好录像带，或者重放之前的节目录像，也有小部分人选择直接关掉电视。

　　4.“当我有时间”的含义

　　“闲下来就看电视”这一说法似乎过分强调了观看行为的被动性。事实上，“当我有时间”这个答案恰恰展现出电视在参与者生活中占据的非凡地位。“电

视始终都在"这一点让参与者感到安心，其他活动则不然。因而，相较于其他社会活动，全部参与者都认为观看电视并非首选，甚至也不是第二选择（尽管年长者比年轻人更重视电视，并花费更多时间观看。两个年龄较小的分组间没有差异）。没有参与者会为了看最喜欢的电视节目而改变计划好的活动，但超过半数参与者表示他们会录下这个节目，之后再看。

> 当朋友来访时，我会选择和他们一起出去而不是看电视。
> 这就是录像机的价值所在。

尽管他们不会为了看电视而改变自己的计划，但并不意味着他们不喜欢这些节目或对电视不感兴趣。实际上，这种反应可能是电视最大的优势之一。当被问及为何不为最喜欢的节目安排时间时，参与者的回答无一例外都是"节目下周还会播出""可以晚些时候再看""可以重播"（实际上，这也是少数参与者为肥皂剧安排时间的主要原因，因为如果他们错过一些重要内容，没有重播或再看一次的机会）。这种由电视节目可获得性带来的舒适感/安心感，也成为反对新节目的主要原因之一。参与者认为不能指望新节目从这周到下周都在。

> 错过了也没关系，下周还会有的。
> 你不能依赖新节目，因为它们总是被取消或调整。
> 如果这一集真有那么好，他们会重播的。

参与者表示，如果喜欢的节目变动得太频繁，那么他们不会再追更，频繁变动会让他们感到愤怒。多数参与者认为，这种变动暗示着电视网正计划取消该节目。所有参与者都认可，在已经不打算看电视的夜晚，无论电视网做什么都不可能让他们改变计划。但大多数参与者还是表示，他们会把想看的节目录下以便日后观看。大多数年长的参与者不太喜欢用录像机录制节目，但对于他们而言，回放租来的录像带并不费力，租录像带是一种足不出户就能紧跟最新电影潮流的方式。

5. 期望和节目选择

从电视节目长期发展的角度来看，或许从焦点小组中得到的最重要结论就是：参与者如何看待主要广播电视网的节目潜力。后续问题的答案显示，超过75％的参与者已经放弃观看某类节目，即便播放这些节目也不会观看。最常被提及的节目类型是：综艺节目、科幻片、西部片、动画片（除了 FOX 播放的）和传统家庭伦理剧。参与者有一种强烈而清晰的感受：电视网对不寻常的事情不感兴趣，宁愿照搬现有的流行剧集。

在主持人提到某些小众节目时，那些声称喜欢的参与者大都没有看过电视网提供的这类节目。谈及原由，他们毫无例外地表示：电视网最终会放弃这个节目。参与者会产生以下想法。

> 我为什么要陷入其中？我可能会喜欢这个节目，但它最终还是会停播。
>
> 即便这个节目碰巧成功了，电视网也会设法停播它，看看他们对《太空堡垒卡拉狄加》(*Battlestar Galactica*)、《闪电侠》(*The Flash*)和《巴克罗杰斯》(*Buck Rogers*)的所作所为。
>
> 我看了《布鲁克林大桥》，我也很喜欢它，但是它播着播着就被停了，在之后的某一天它又"空降"，然后再次停播，如此反复。CBS 只是想找一个理由停播，这样在彻底放弃它的时候才不会激起民愤。
>
> 是的，他们甚至认为我们应该对此心存感激。
>
> 我在《今夜娱乐》(*ET*)上看到 CBS 正在夸耀自己为此付出的努力。
>
> 他们以为他们在骗谁？

简言之，观众确信无论他们做什么，电视网都不会支持某类节目。

参与者进一步指出，当电视网推出一个新节目又迅速取消时，这种认知会被强化。这种取消证明了观众一开始选择不看是正确的，且他们对电视网的判断也是正确的。基于此，低收视率并不意味着观众不喜欢这个节目，而是观众对电视网的不信任。

> 我开始看《太空游侠》(*Space Rangers*)，不出我所料，节目播放还不到六周就被下架了。
>
> 如果这个节目的成本太高或非常与众不同，无论有多少观众喜爱它，他们（电视网）总能找到一些理由把它砍掉。
>
> 当电视网开始调整这个节目时，你就知道他们在计划着将它下架。
>
> 如果明年还在播出，那么我可能会看《吸血鬼杀手》(*Buffy The Vampire Slayer*)，但不是现在，尽管我喜欢它。

6. 强烈的节目偏好带来的其他问题

所有的参与者都表现出强烈的节目类型偏好,但那些自认为是某类节目忠实粉丝的人通常也是对其最挑剔的人。这些粉丝要么极致追捧要么深恶痛绝,几乎没有中间状态。电视网提供了节目,并不意味着他们会观看。事实上,他们可能会刻意回避该系列节目。此外,认为自己是粉丝的参与者们并无法就"什么是好节目"的问题达成一致,粉丝都有自己的坚定立场,他们可能会因为该节目属于某种特定类型而观看,但并不意味着他们会持续观看。那些自称不太狂热的参与者则更愿意给节目发展时间,或给它第二次机会。

四、讨论

本焦点小组研究在人们观看电视的方式和原因方面获得了一些有趣发现。研究发现,选择过程远比传统认知更复杂,主动理论和被动理论均在其中发挥作用。尽管观众确实会在"闲下来时"观看电视(被动理论),但他们也会选择观看特定节目或某类节目(主动理论)。

参与者对媒介本身表现出强烈的爱意,但这种喜爱与特定节目和情绪预期相关。就最喜欢的节目而言,不重复观看并不意味着对节目不感兴趣,而是反映了对节目播出方式的舒适感/安心感。换言之,他们并不需要特地去观看某一集节目,因为下周还会继续播出。就算错过了特别精彩的一集,还可以在重播时观看。录像机的存在增强了这种舒适感,因为他们在观看的时候可以有更多选择,可以根据个人需要和时间安排调整观看时间或租赁录像带。对舒适感的主要干扰源于参与者找不到合适节目时的挫败感,后续研究中需要关注挫败和沮丧的程度,及其对观看行为产生实质作用(打破观看习惯)的时间。

显然,参与者喜爱的是特定节目,而不是特定类型或者电视网。这一发现表明,若一味遵循传统研究思路,研究者在研究观众重叠或重复观看问题时将面临一系列实际问题。例如,为研究重复观看行为,必须覆盖一个更长的时间段,集中关注个体行为,并在既定一周内观察参与者是否存在观看行为。就关于重复观看的传统假设而言,参与者明确拒绝接受他们所理解的"电视网忠诚度"——偏爱某一特定的电视网(但也有部分参与者基于感知内容而对某些有线电视网表现出忠诚)。此外,参与者并不介意来回切换频道,即便是在观看节目期间也经常如此。在18—24岁年龄组中,超过半数参与者承认他们经常同时观看多个节目,并在节目间来回切换。这一领域值得继续研究,其发现可能将重新定义重复理论。

参与者明确表示，对某类节目的喜爱并不意味着他们会观看该类型的所有节目。在观看节目前，观众必须确信节目有继续播出的可能。即便如此，粉丝对节目的质量好坏有着鲜明的看法。例如，在焦点小组中，科幻迷往往会被分为喜欢以"积极未来"为主题的节目的群体（如《星际迷航》[*Star Trek*]），和喜欢以"暗黑未来"为主题的节目的群体（如《巴比伦 5 号》[*Babylon 5*]），这两个群体都不喜欢《闪电侠》或《神奇女侠》（*Wonder Woman*）等节目，尽管它们的支持者同样认为自己是科幻片爱好者。观察那些自称是忠实粉丝与非狂热观众间的差异，可能会为未来的研究工作（尤其是与节目开发相关的领域）提供新思路。

事实上，在参与者选择要观看的节目时，其脑海中就已浮现出关于节目表的清晰图像，因而，电视网不断调整节目和迅速停播低收视率新节目的做法就有待商榷。参与者明确指出，一个节目要进入观众的脑海成为其心中的图像，需要花费大量时间。此外，口碑、内容、电视网对节目正常播出的承诺等也需要时间才能生效，并培养起真正的节目忠诚度，就像《宋飞正传》一般（历经多年才成为传奇）。在此之前，即使是有意观看的人也常会忘记，并出于习惯回到更熟悉的节目或频道。这就表明，想要采取其他方法（如利用已有的习惯模式）快速获得收视成功是不现实的，只有进入其心中节目单的节目才能真正赢得观众。利用已有的习惯模式只能让观众观看新节目，而无法保证他们会接受新节目，也无法让节目制作者了解新节目本身的表现，或随时间推移其效果如何。

让研究者感到惊讶的是，参与者可以将自己对于电视这一媒介和特定节目的喜爱与提供节目的电视网完全分开，他们可能在喜欢某个节目的同时，也讨厌制作和运营该节目的电视网，这并不矛盾。他们深信电视网和制作人的观点与他们的观点不同，以至于认为自己喜欢的节目是其中的特殊情况，是规则的例外。参与者拒绝观看大量有线电视网和广播电视网播出的节目，这是因为他们相信这些电视网提供不了他们想看的。之所以选择不去观看那些自认可能会喜欢的节目，是因为他们有预感电视网无论如何都会停播这些节目。也许从长远来看，认为某类节目无法在主要电视网获得成功的观点，对于电视行业本身而言就是最危险的发现。参与者在有节目可供选择的情况下，也不愿观看节目。同时，他们认为这些节目因收视率低而被停播的事实，恰恰证明了其最初看法的正确性，进而，电视网难以再引进那些参与者想要看的节目类型。这也意味着，在辛迪加模式（syndication）中获得成功的节目在电视网中可能受挫，仅仅是因为粉丝们认为它会失败。

这些焦点小组研究表明，人们观看电视的方式和原因远比传统意义上的主动理论和被动理论所认为的要复杂,这两种理论似乎并驾齐驱。在当下激烈的竞争环境中,一些传统电视网的做法可能正是要害所在。由于焦点小组收集到的资料在本质上不具有普遍性,这些发现能否站稳脚跟还有待商榷。因此,我们期待了解其他地区的人们是如何回应这些相同的话题的,来自中西部的参与者的关注点是否与美国其他地区的人的关注点相似? 需进一步跟进这些问题,才能真正解释本研究的发现。但无论如何,本文确实指出了一些值得电视行业关注的领域,以及在公众心中主动和被动的观众观看理论间可能存在的直接认知联系。

参考文献

Adams, W. (1994). Changes in rating patterns for prime time before, during and after the introduction of the people meter. *The Journal of Media Economics*, 7(2), 15 - 28.

Adams, W. (1997). Scheduling practices based on audience flow: What are the effects on new program success? *Journalism and Mass Communication Quarterly*, 74(4), 839 - 856.

Albarran, A., Pilcher, A., Steele, D., & Weis, J. (1991, Fall). Trends in network prime time programming. *Feedback*, 23(4), 2 - 5.

Alexander, M. (1990, October 15). New study measures VCR invasion of primetime. *Variety*, 38 - 39.

Bagdikian, B. (1985, Summer). The U.S. media: Supermarket or assembly line? *Journal of Communication*, 97 - 111.

Barwise, T. P. (1986). Repeat-viewing of prime-time television series. *Journal of Advertising Research*, 26, 9 - 14.

Barwise, T. P., & Ehrenberg, A. S. C. (1988). *Television and its audience*. London, England: Sage.

Basser, R. A. (1964). The obstinate audience: The influence process from the point of view of social communication. *American Psychologist*, 19, 319 - 328.

Bellamy, R., McDonald, D., & Walker, J. (1990, Summer). The spin-off as television program form and strategy. *Journal of Broadcasting and Electronic Media*, 34(3), 283 - 297.

Brosius, H., Wober, M., & Weimann, G. (1992). The loyalty of television viewing: How consistent is tv viewing behavior? *Journal of Broadcasting & Electronic Media*, 36(3), 321 - 335.

Cable Television Developments, *National Cable Television Association*, (NY: NCTA Spring 1995), 2 - 4.

Carter, R. F. (1960, July-August). On reactions to mass media content. *Audio Visual Communication Review*, 8(4), 210 - 213.

Craig, R. (1993). Why are there so many communication theories? *Journal of Communication*, 43, 26 - 33.

Delia, J. (1978). Constructivism and the study of human communication. *Quarterly Journal of Speech*, 63, 66 – 83.

Dervin, B. (1981). *Mass communication: Changing conceptions of the audience*. In Rice, & Paisley(Eds.). *Public Communication Campaigns*. Beverly Hills, CA: Sage.

Eastman, S., & Newton, G. (1995). Delineating grazing: Observations of remote control use. *Journal of Communication*, 25(1), 77 – 95.

Ferguson, D. (1992). Channel repertoire in the presence of remote control devices, vcrs and cable television. *Journal of Broadcasting and Electronic Media*, 36, 83 – 91.

Foisie, G. (1994, April 25). Big three rebound, gain in share. *Broadcasting and Cable*, 14 – 15.

Gallup, G., & Newport, F. (1990, October). Americans have love-hate relationship with their TV sets. *The Gallup Poll Monthly*, 2 – 23.

Goodhardt, G. J., Ehrenberg, A. S. C. & Collins, M. A. (1979). *The television audience*. Aldershot, England: Saxon House.

Goodhardt, G. J., Ehrenberg, A. S. C., & Collins, M. A. (1987). *The television audience. Patterns of viewing* (2nd ed.). Westmead, UK: Gower.

Harris, L. (1971, September 10). But do we like what we watch? *Life*, 40 – 45.

Head, S. (1985). *A framework for programming strategies*. In S. Eastman, S. Head, & L. Klein (Eds.), *Broadcast/cable programming strategies and practices* (2nd ed., pp. 3 – 38). Belmont, CA: Wadsworth.

Head, S., & Sterling, C. (1987). *Broadcasting in America: A survey of electronic media* (5th ed., p. 393). Boston, MS: Houghton Mifflin.

Heeter, C., & Greenberg, S. (1985). Profiling the zappers. *Journal of Advertising Research*, 25(2), 15 – 19.

Heeter, C., & Greenberg, S. (1988). *Cable viewing*. Norwood, NJ: Ablex.

Henke, L., & Donohue, T. (1989, April/May). Functional displacement of traditional tv viewing by vcr owners. *Journal of Advertising Research*, 18 – 22.

Herzog, H. (1944). What do we really know about daytime serial listeners. In P. F. Lazarsfeld, & F. N. Stanton (Eds.), *Radio research*, 1942 – 1943. New York, NY: Duell, Sloan and Pearce.

Hurwitz, D. (1984, June). Broadcast ratings: The missing dimension. *Critical Studies in Mass Communications*, 205 – 215.

Kissinger, D. (1991, February 25). Zap-happy fellas widen ratings gender gap. *Variety*, 59 & 63.

Klein, P. (1971, July 24). Why you watch what you watch when you watch. *TV Guide*, 6 – 9.

Klein, P. (1979). Programming. In Morgenstern (Ed.), *Inside the tv business* (pp. 11 – 36). New York, NY: Sterling Publishing Co..

Livingstone, S. (1993). The rise and fall of audience research: An old story with a new ending. *Journal of Communication*, 43, 5 – 12.

Merton, R. K., Fiske, M., & Kendal, P. L. (1990). *The focused interview*. New York, NY:

The Free Press.

Metzger, G. (1983, August/September). Cable television audience. *Journal of Advertising Research*, *23*(4), 41 - 47.

Meyer, P. (1994, March 9). Comments on media and research. Luncheon speech given at A. Q. Miller School of Journalism and Mass Communication.

Miller, S. (1991, February 25). ABC spies baby-boomers in Saturday night haystack. *Variety*, 62.

Morgan, D. (1988). *Focus groups as qualitative research*. Beverly Hills, CA: Sage.

Morley, D. (1993, Autumn). Active audience theory: Pendulums and pitfalls. *Journal of Communication*, *43*, 13 - 19.

Robins, M. (1991, February 25). Sweeps reveal audience loss. *Variety*, 53 & 56.

Rosengren, K. E., Wenner, L. A., & Palmgreen, P. (1985).*Media gratifications research: Current perspectives*. Beverly Hills, CA: Sage.

Schlosberg, J. (1993, February 8). Kids off tv: What's taking them away from the tube? Parenting style changes are suggested. *Mediaweek*, 23 - 32.

Swanson, D. L. (1979). Political communication research and the uses and gratifications model: A critique. *Communication Research*, *6*, 37 - 53.

U.S. Office of Telecommunications Policy. (1973, March). Analysis of the causes and effects of increases in same-year rerun programming, and related issues in prime-time network programming. (PB 219 477).

Wakshlag, J., & Adams, W. (1985, Winter). Trends in program variety and the prime time access rule.*Journal of Broadcasting and Electronic Media*, *19*(1), 23 - 34.

Webster, J. G., & Lichty, L. W. (1991). *Rating analysis: Theory and practice*. Hillsdale, NJ: Lawrence Erlbaum Associates.

Webster, J. G., & Wakshlag, J. J. (1983). A theory of television program choice. *Communication Research*, *10*(4), 430 - 446.

Williams, F., Phillips, A. F., & Lum, P. (1985). *Gratification associated with new communication technologies*. In Rosengren, Wenner, & Palmgreen (Eds.), *Media gratification research: Current perspectives* (pp. 241 - 252). Beverly Hills, CA: Sage.

Wimmer, R., & Dominick, J. (1997). *Mass media research: An introduction* (5th ed., pp. 82 - 107). New York, NY: Wadsworth.

Wober, J. M. (1988). *The use and abuse of television: A social psychological analysis of the changing screen*. Hillsdale, NJ: Erlbaum.

Wober, J. M. (1989). The UK: The constancy of audience behavior. In L. B. Becker, & K. Schoenbach (Eds.), *Audience responses to media diversification* (pp. 91 - 108). Hillsdale, NJ: Erlbaum.

Wolcott, H. (1990). *Writing up qualitative research*. Newbury Park, CA: Sage.

第四章
历史研究法

传播研究的历史取向[①]

(*Historical Approaches to Communication Studies*)

迈克尔·舒德森(Michael Schudson)

　　罗伯特·达恩顿(Robert Darnton)近期指出,"传播系统的历史久远,却鲜少获得历史研究者的青睐"(Darnton,1990,p. xvii)。这一观点倒是呼应了伊丽莎白·爱森斯坦(Elizabeth Eisenstein)10年前的主张,即历史学者虽然断定印刷出版业力量强大,但事实上一直没人去系统地研究印刷的文化影响(Eisenstein,1979,p. 6)。历史学者甚至对如何进行此类研究都全无概念。从手抄本到以出版为目的的印刷,以及各种书写材料的传播,这是人类传播的重要转型,在人们谈及从口语到书写文化的整体转型时,其中从手抄到印刷这一过程却被完全抹去了。

　　传播史研究的发展极为羸弱,部分原因在于:历史研究者一般关注因果关系。在他们看来,如其名所示,传播媒介不过是因果关系的载体,而非制造者。当然,在某些方面,媒介即讯息;而且肯定也存在着某些时刻,媒介可以对政治、社会和文化产生影响——尤其是当大众媒介组织有别于教会或国家并获得一定程度的自主性时。但总体而言,主流历史研究的关注主体是充满着各种历史事件的"前景",而媒体则总是隐藏在"后台",悄然发展。

　　这并非是说"后台"不重要。相反,正如查尔斯·蒂利(Charles Tilly)指出的,究竟是将人视为"外部力量的客体",还是"有动机的行动者",研究人类行为的学者必须努力平衡好这两者之间的关系(Tilly,1989,p. 690)。然而,传播史研究所面临的困境在于,历史学者的目的是要梳理出持有各种动机的行动者的行动,因而他们会有意忽视那些被视为背景因素或外部力量的议题。历史学者

[①] 文章来源:Schudson,M. (1991). Historical approaches to communication studies. In N. W. Jankowski, & K. B. Jensen (Eds.), *A Handbook of Qualitative Methodologies for Mass Communication Research* (pp. 175 – 189). Routledge.

所受的训练就是要抵制那些"将后台置于前台"的历史研究认识论或实践。

在历史学者对传播史的长期忽视中,也存在一个重要例外,即"书籍的历史"研究(Darnton,1990)。如今,有关书籍史、书籍阅读及读写能力历史的研究文献已相当丰富而深入(参见 Graff,1987)。对自现代早期以来,尤其是西欧阅读公众(the reading public)的历史研究也很丰硕。但除书籍史外,历史学不曾对传播史的其他领域进行过任何"有组织的"研究,至少在美国如此;在传播史研究中,也没有其他任何领域曾像书籍史研究那般去系统地搜集各种档案材料,并充分受益于书目编纂者和藏书家的工作;传播史中的任何其他领域的学者们也不曾如书籍史研究者那样彼此进行充分的互动交流,进而建立起一个具有批判意识的学术共同体。

值得注意的是,书籍史的研究者也充分意识到受众研究或接收研究面临的困难。如果我们将传播研究分为三个部分,即分析信息的生产、诠释信息或文本的内容,以及考察受众对信息的接收,那么到目前为止"接收"是这三个部分中最难以捉摸的。书籍史学者至少做到了充分承认受众的重要性和研究它的困难性。鉴于这些特点,书籍史研究可以说获得了很大的成功,以致其成为历史研究中的一个次学科(subdiscipline),但它仍然缺乏一种更加开阔的传播史视野。相比之下,文化、文学及人类学研究者的传播史视域要大胆得多。

一般说来,传播史研究分为三类。我称其为:宏观传播史研究(macro-history)、本体传播史研究(history proper)和组织传播史研究(institutional history)。在此我将聚焦于已有传播史研究所使用的整体理论框架(其中有许多研究可能被认为是质化的),并探讨一些特定方法问题,我的主要观点是:传播史研究所面临的主要问题不在方法,而在理念视野上。

一、已有的传播史研究

在已有的传播史研究三大分支中,宏观传播史研究最广为人知。它研究的是媒介与人类进化间的关系,提出了"传播历史如何说明人类本性?"这一问题。在传播学获得研究领域的合法性方面,宏观传播史研究贡献巨大。这里的关键人物是加拿大思想家哈罗德·英尼斯(Harold Innis)和马歇尔·麦克卢汉(Marshall McLuhan)。他们留下了许多奇妙而复杂的思想遗产(Innis,1951;McLuhan,1962,1964)。一方面,他们的开阔视野激发了人们对传播的兴趣;另一方面,他们宏阔的论断也引发了人们对传播史研究严肃性的怀疑。虽然两位思想家受到一些人的尊崇,卡洛琳·马文(Carolyn Marvin)对英尼斯的评价却是相当尖锐的(Marvin，1983)，而麦克卢汉则已遭到猛烈攻击——更不用说冷嘲热讽了。

实际上，在他们感兴趣的领域——从口头到书写文化的转变——英尼斯和麦克卢汉并不孤单。杰克·古迪(Jack Goody)和伊恩·瓦特(Ian Watt)、沃尔特·翁(Walter Ong)，以及埃里克·哈维诺(Eric Havelock)也做出了重要贡献(Goody & Watt，1963；Ong，1982；Havelock，1986)。其他人也采取一些百科全书式的撰写方式对整个传播史进行了梳理和组织。唐纳德·劳(Donald Lowe)曾经著有《中产阶级感知的历史》(*History of Bourgeois Perception*，Lowe，1982)一书，詹姆斯·贝尼格(James Beniger)开展了一项宏伟的调查，认为 20 世纪以信息为基础的控制革命所产生的影响，与 19 世纪的工业革命产生的影响一样深远(Beniger，1986)。尽管讨论这些视野广阔的研究并非是这篇文章的主题，但毋庸置疑，它们都是该领域的卓越的代表作品。

本体传播史研究，依我看来是上述三者中发展最为羸弱的。它研究媒介与文化、政治、经济或者社会历史之间的关系，所提出的问题是："传播领域的变化如何影响其他的社会变迁因素，以及这些因素反过来又如何影响传播领域的变化？"宏观传播史研究仅仅着眼于通过传播看其他事物——如"人性""进步""现代化"等。本体传播史研究则想要告诉我们如何通过传播看社会，或通过社会看传播，抑或两者兼而有之。在其恢宏的笔触中，爱森斯坦的研究便是一个案例(Eisenstein，1979)。她的研究重点是：从手抄文化到印刷文化的转型，以及这一转型对政治、科学和社会思想变迁所产生的影响。另一个具有代表性的案例是钱德拉·穆克吉(Chandra Mukerji)的研究，他将印刷看作资本主义发展的工具与推动力，而不是仅仅作为一种滞后的结果体现在上层建筑中(Mukerji，1983)。尤尔根·哈贝马斯(Jurgen Habermas)分析了传播在一个民主的、资产阶级公共领域的崛起过程中扮演的角色，他的研究同样具有代表性(Habermas，1989)。

在以上三个例子中，爱森斯坦关注印刷对人类思想特色和品质的影响，比较偏向宏观历史，另外两个研究则紧密关注传播模式的变化与社会、政治及文化制度变化两者之间的关系。我自己的研究和它类似。例如，我关于美国新闻"客观性"这一理念的研究，试图根据美国政治、经济、社会和文化所发生的变化来解释这一职业意识形态(Schudson，1978)。不同于流传极广的美国新闻的标准历史(例如，《美国新闻史》[*The Press and America*，Emery，M. & Emery，E.，1988])，我认为只有将新闻业置于更广泛的社会中，才能清晰阐明新闻业内部的重要变化。

在此需要特别提及爱森斯坦在研究印刷史时所采取的一个策略（Eisenstein，1979）。她关注的是印刷业对社会精英而非社会大众的影响，该策略更易于研究者证明"受众接收"的情况。这种卓有成效的方法，在近期流行的历史研究中却往往被忽视——现在流行的做法是关注"自下而上的历史"，试图通过发掘"读者史"来发掘新读者。就像电视—政治史，它既是电视对观众（政治家讨好的对象）的影响的历史，也是电视对政治人物的影响的历史。如果我们比较电视对政治人物思想的影响，以及电视对普通民众与政治之关系的影响，事实上，证据表明前者影响更大。在广告的影响问题上，我也有相似观点：广告对投资者、销售人员及零售商的影响较大，对消费者的影响反而较小（Schudson，1986，p. xiv）。

传播史研究的第三类是组织传播史。它研究媒介本身的发展史，主要从媒体组织的角度进行研究，但也会从语言的历史、特定题材（如小说）的历史或电影（如神经质喜剧）的历史来考量。组织传播史研究提出的问题是："这个（或那个）大众传播组织是如何发展的？"至于外部因素，研究者只对那些对他们所研究的传媒组织或产业产生了影响的社会力量感兴趣；研究者认为传媒组织或产业对社会的任何影响都是理所当然的，无须他们通过额外调查确定。传播组织史的范围显然是巨大的。历史上存在成百上千个报社、杂志和出版公司，以及几十个公营私营广播电视公司和电影公司，它们的历史均可被研究。这也包括一些杰出的成果，如阿萨·布里格斯（Asa Briggs）对英国广播公司的研究（Briggs，1961—1979），或埃里克·巴尔诺（Erik Barnouw）对美国广播电视的研究（Barnouw，1966—1970），以及数以百计的记者、编辑、出版商、企业家、广告代理商、电影制片人、诗人、小说家与演员出版的回忆录和自传。这些都是传播史的必要组成部分，但这些材料本身通常无法就传播在人类经验和社会变化中所发挥的作用提炼出一种普遍的结论，故在此对这些研究搁置不提。

在这里我想阐述的是组织传播史的某些典型优缺点，及其对传播史方法论具有的总体性启示。组织史研究，无论其好坏，往往依赖于商业组织和政府机构的记录和档案。因此，传播组织史研究会利用这些资料，强调媒介生产者的内部视角、组织成长和变化背后的动机，以及这些变化所带来的后果。然而，机构记录可能很少能揭示媒介对于个人意识或政治与社会结构的广泛影响。这导致媒介组织史往往沦为组织领导人进行个性展示和组织内部不断调整重组的历史。造成的结果是，生产书籍和电影的机构和生产滚珠轴承或消声器的工厂固然不同，但若按照上述的方法来研究组织史，它们之间便不存在差异。

对以上任何一类传播史研究而言，由于调查数据匮乏（甚至即使能获得数据，它们也不完整），试图确认媒介组织对文化有着更为广泛的影响并非易事。就以最基础的问题为例：谁在过去读了什么？历史学者往往不得不仔细研究各种文学作品。例如，19 世纪 30 年代纽约市阅读便士报的是哪些人？关于这一点，彼时的社会学调查无法给我们任何提示。当时的便士报编辑们宣称，他们知道谁在读他们的报纸，但这些话里有营销的成分，我们对其只能半信半疑。而另一些来自竞争性报纸的编辑们则另有说法，我们对之也不可全信。我们找到一个很有名的纽约人菲利普·霍恩（Philip Hone）的日记，其中记录了很多他所在城市的日常生活（Hone，1889），这为研究提供了一些帮助。我们也能收集到其他来源中的零星记录，譬如，费尼尔司·泰勒·巴纳姆（Phineas Taylor Barnum）在他的自传中提到，他最初来纽约时是通过《纽约先驱报》（*New York Herald*）上的分类广告找工作的（Barnum，1871，p. 67）。还有詹姆斯·费尼莫尔·库珀（James Fenimore Cooper），他的小说《归途》（*Homeward Bound*，1838）和《重归故里》（*Home as Found*，1938）中都虚构了报纸编辑的角色，这位编辑还发表了反报纸的言论（Cooper，1969）。尽管如此，关于"19 世纪 30 年代纽约市阅读便士报的人都是谁？"这一问题，依旧无法做出全面丰富的回答。

历史学者在研究这一时期的阅读公众时取得了一些方法上的进步。理查德·布朗（Richard Brown）的《知识就是力量》（*Knowledge is Power*，1989）一书着眼于十八九世纪早期的一小部分美国人的阅读生活史。布朗从这些读者处获得大量信息，其中就包括详细的日记。这些日记和相关文件中的片段展现出日记主人的阅读生活史及他们对这些阅读的评价（当然这也是有限的，因为这些评价信息也不多）。威廉·吉尔默（William Gilmore）的关注对象并非个体，而是一个地理区域——佛蒙特的一个乡村地区。他尽可能全面地搜集了 1770—1830 年期间该地区个人家庭图书馆的藏书、报刊订阅和书店为各个小镇（地理规模和经济发展水平不一）和家庭（财富水平不一）提供的图书目录（Gilmore，1989）。然而，对他而言，追踪报纸的使用情况远比详细介绍书籍的使用情况要难，因为报纸会被传阅或丢弃，而书籍则被保存下来，并在家庭的财产目录和遗嘱中得到说明。大卫·诺德（David Nord）关注更晚的一个时期（Nord，1986），他通过 1891 年美国劳工处所做的社会调查得到的个人家庭数据，了解到当时工薪阶层读者的一些情况。他发现，阅读行为与阅读者的地理区域、民族和收入都有关系，秉承法理制度（Gesellschaft）的家庭的阅读量比秉承礼俗制度（Gemeinschaft）的家庭要大。还有一些其他的证据，例如书籍史研究者同样分析了绘画和其他艺术作品对人们阅读行为的描绘(Darnton，1990，pp. 167 - 168)，但研究者同时也反思了这些证据的价值和局限性。

传播组织史研究或者任何传播史研究面临的另一个问题，是其基本研究材料的易逝性(evanescence)。在美国，1968 年范德比尔特大学(Vanderbilt University)建立了电视档案库，对每晚电视新闻予以录制保存，而在此之前几乎没有什么全国电视新闻资料可供研究。然而，想要从范德比尔特大学获得资料，不仅所费不赀，而且手续烦琐。如果研究者想要讨巧，则可以使用 20 世纪 60—80 年代中期 CBS 电视新闻文字打印稿缩微胶卷，但其他电视网则不存在这样的资料。假使研究者想研究通俗小说、流行唱片、电影或小镇报纸，这类资料多已难觅踪影。约翰·麦肯齐(John MacKenzie)对 1850—1950 年间英帝国通过媒介进行宣传的考察令人印象深刻，他发现过去学校的各种教科书现在已经很难找到(MacKenzie，1984，p. 174)。各种各样的老影片也正在世界各地破损解体——历史记录在我们眼前渐渐消失(Kaufmann，1990)。

二、传播史研究方法和案例

现在让我谈谈具体的、方法运用得当的本体传播史个案，这种历史让我们注意到传播(它以不同的形式和维度所展现出来)在人类经验中的地位。它从宏观传播史研究中汲取灵感，提出的是一个引人注目的哲学人类学问题："传播媒介是如何塑造人的性格的"？但是本体传播史研究进而将这个哲学人类学问题置于具体的历史情境中："媒介变化①是如何同人类经验的变化相联系的?"宏观传播史研究主要思考媒介如何形塑人的心灵，而我这里所描述的本体传播史研究思考的则是媒介怎样与其使用者、时间和空间体验、公众观念、政府与社会的观念和实践，以及语言(语言使得人们能够理解和体验这个世界)等因素之间相互建构。

迈克尔·麦格尔(Michael McGerr)关于 19 世纪晚期美国政治选战宣传变革的研究堪称经典，主要体现在两方面：首先，他仔细考察了媒介与政治结构变化之间的关系；其次，他对"媒介"的理解并没有局限在通常所说的三种类型(口头、书写和电子媒介)上(McGerr，1986)。麦格尔感兴趣的传播媒介是政治选战宣传——既包括口头的和参与性仪式传播，又包括演讲词印刷稿的传播及政

---

① 不仅是其从一种介质到另一种介质的具体变化，而且包括特定介质内部发生的组织、意识形态、经济关系或是政治赞助上的诸多变化。

党组织的各种大众景观(mass spectacle)。这非常有意思,政治选战宣传是一种能体现美国整体文化符号特征的媒介:朱尔斯·凡尔纳(Jules Verne)笔下的菲利亚·福克(Phileas Fogg)在旧金山下船时,他在美国的初次体验就是被街道上参加竞选集会的人挤来挤去。

麦格尔的意图是解释"过去政治选战宣传那么火爆,为什么今天的政治宣传却不再能使美国人兴奋"。他认为,19世纪中期的美国有着一段非常活跃的政治生活,其特点是形象生动而有时又显凶猛的政党宣传,公民对政党表现出高度的忠诚,以及大量公民参与的"盛大的"政治活动。他发现,到20世纪20年代左右(电视出现很久以前),这种大众政治已被"一种狭隘的公共生活所取代,这与我们当下很相似"(McGerr, 1986, p. vii)。

对19世纪90年代后美国投票率和政治参与度下降这一现象,不少人试图做出解释。麦格尔就是其中之一,他强调在当时的政治精英中出现了的一种新意识形态,对于选举活动应该采用何种传播方式有所限定,这催生了各种新的竞选实践。在此前的19世纪70年代,美国的城市自由主义改革者发现,强大的政党系统和公民对政党的狂热忠诚存在不少弊端。于是他们发起了与政党决裂的独立运动,建立党外组织,如"好政府俱乐部"及市政改革组织等。他们推动选票改革和公共服务,开创出一种"另类政治风格"(McGerr, 1986, p. 66)。他们在政治竞选中不再将资金耗费在游行时的服装和火炬上,而是用于对选民具有广泛教育意义的宣传手册上。在他们倡导的模式中,政治运动是一项以阅读为中心的室内活动,而非户外"嘉年华"。1888年,一位威斯康星州民主党领袖承诺"舍弃激情演讲这种竞选方式,尽力去教育或说服公民"(McGerr, 1986, p. 87)。《纽约时报》则对候选人格罗夫·克里夫兰(Grover Cleveland)在其竞选宣传中"不诉诸选民的情绪",而将重心放在关税问题中的行为认同(McGerr, 1986, p. 89)。当竞选宣传方式从游行转向散发小册子时,当时人们贴切地称为"政治新教"的政治宣传就开始了。

麦格尔的研究对传播学很有启发,原因如下:首先,麦格尔提供的历史视角,迫使我们对历史生活产生更为丰富的理解,例如,他的研究表明,美国选民投票率的下滑并非是因为电视和电视竞选的出现。其次,麦格尔对政治传播的考察并没有局限在诸多媒介史研究都存在的(传播)组织狭隘性中。换言之,在他的研究中,新闻业尽管扮演着重要角色,但在其描绘出的引人入胜的剧本里,真正的重头戏则是由政党领导者负责的。在麦格尔的研究中,政治党派本身就是一个传播媒介。若我们将"传播媒介"定义为使信息从一个人或群体传递给另一个人或群体的中介物,那么政党(及其他众多类似物)也无疑是一种传播媒介。①
再次,传播学领域普遍认为传播的传递观和仪式观间存在差异,麦格尔却没有受
到这一区分的限制。在他对政治竞选进行审视时,显然注意到了这两种模式都
在发挥作用。我们可以归纳总结他所记录的竞选宣传变革,即从开始的公共仪
式般的竞选——"一个公共的自我启示的过程"——转向信息传递式的竞选,或
用麦格尔的话说,后者是一个具有"教育性"和"广告性",而非"景观性"的竞选
(McGerr,1986,p. 149)。这就将两种传播模式归为一个谱系。在麦格尔这里,
抽象的概念变得具体生动。最后,麦格尔的研究对传播学很有启发性的一个原
因,是他的研究路径将传播媒介融入了更为广泛的政治、经济和社会历史中。

　　劳伦斯·莱文(Lawrence Levine)一直在研究"作为传播的剧院"问题,并得
出了有趣的结论(Levine,1988)。莱文考察了莎士比亚戏剧在美国的接受情
况。他发现,19世纪早期的莎士比亚是大众文化和流行文化的一部分,而不是
单独为满足那些有一定教育水平的群体的品位。但到了19世纪晚期,莎士比亚
已经被拔高为"高雅文化",被捧为一般大众智力水平所无法企及的文化。同时,
观看戏剧成为一种受到严格控制的公众行为。在这种情况下,经由防御性上层
阶级的指导后,娱乐同政治一样都经历了新教式改革。

　　麦格尔或莱文的研究都扎根于美国政治和文化历史的独立传统,虽然没有
迹象显示他们是受哈贝马斯的影响,但他们研究的大体框架来源于哈贝马斯。
1989年,哈贝马斯的《公共领域的结构转型》(*The Structural Transformation
of the Public Sphere*)一书被译为英文,轰动一时,尽管早前英美学者就从《新德
国批判主义》(*New German Critique*,1974)的大纲和阿尔文·古尔德纳(Alvin
Gouldner)的译文中得到了这本书的概要(Gouldner,1976)。在此书中,哈贝马
斯将媒介置于一个更大的世界历史框架中,从而提出了一个最重要的单一解释
模式。传统的自由主义理论认为,传播新媒介的增长必然是促进人类获得自由
的推动力。哈贝马斯则另辟蹊径,对"公共领域"(public sphere)的出现和衰落
情有独钟。在他看来,人类若要有效地组织社会,就需要所有人参与决策,而有
效的决策必然需尽可能自由、充分与公平地进行信息沟通。因此在他看来,公
共领域的建构历史,以及与之相关联的大众化新闻媒体、代议制民主和对政府机
密诉讼予以限制的出现,便成为现代历史研究的一个中心主题。

---

① 　我们当前社会中的例子也很容易找到:1990年时,相较于新闻媒体,政治党派是更强的议程设置者,
　甚至在美国衰弱的传统政党系统中也是如此。

　　哈贝马斯追溯了十七八世纪"资产阶级公共领域"的兴起,以及19世纪中期开始的衰落(Habermas,1989)。在较早时期,受公共理性讨论和言论自由信念的刺激,中产阶级抨击封建社会和专制主义国家权力。在新的资产阶级秩序中,报纸和公众讨论出现在咖啡馆或其他地方,建立起一种公共领域。换言之,当时在国家及其代理机构和私人的企业及家庭生活之间出现的一个有形的话语空间,即哈贝马斯所称的"公共领域"。

　　而到后来,政治官僚化和媒介商业化都限制了资产阶级公共领域的解放前景。[①] 公众舆论一旦动态地、真实地进入公共场所,就容易被官僚、广告商和宣传人员所操控。詹姆斯·柯伦(James Curran)写过一篇关于资本如何控制英国媒体的重要论文(Curran,1977),详细说明了即使是在废除了国家对媒介的直接控制之后,19世纪末的资本扩张仍对激进表达予以压制。这与哈贝马斯所概述的立场一致,尽管在最近的研究中,柯伦对哈贝马斯进行了尖锐批评,认为他早期的"公共领域"这一概念是有缺陷的,因为它忽视了当时各种激进报刊的重要性和正面效果(Curran,2005)。

　　哈贝马斯的著作并未充分说明资产阶级公共领域在其黄金时期(于哈贝马斯而言)的局限性。来自各行各业的人们在伦敦的咖啡馆阅读报纸,与意见领袖讨论,这种熠熠生辉的景象难以与我们所知道的当时极低的公众投票参与率、顺从投票传统(traditions of deferential voting),以及相对保密的政府决策方式相协调。支持哈贝马斯的历史证据极为有限,"至今,历史研究者通常也只是将哈贝马斯模型用于讨论公共新闻,但实际上这些人对哈氏何所指毫无了解"(Dooley,1990,p. 473)。此外,如约翰·基恩(John Keane)注意到的,哈贝马斯对当代文化的描绘也太过苍白,显得反驳或抵制在这个被精心操控的社会中没有任何生存空间(Keane,1984)。

　　即便如此,哈贝马斯仍为传播历史提供了一种有说服力的论述(中层研究范本)——一方面,如果我们仅仅是为了研究传播组织而对其进行研究,这不过是出于一种过时且狭隘的动机;另一方面,如果我们将整个传播史作为人性的核心构成因素去研究(这在我看来是一个合理的科学动机),又会因为研究对象无所不包而导致我们无法进行任何实际研究,同时,这种过于宏大的研究对象也会导致我们淡化了具体媒介间的差异。而我认为,这些差异,例如,一个相对自由和相对封闭的新闻业之间的差异——正是值得我们讨论的内容。

---

① 这种解放也有局限性,因为一开始它仅限于拥有财产的白人男性。

三、传播史研究的视角

传播史研究一直有一个未明言的内在结构，它与加思·乔维特（Garth Jowett）在 15 年前评论中所指出的问题十分接近："传播史学者所要面对的核心问题是，在一种新的传播媒介被引入社会时将会发生什么"（Jowett，1975，p. 36）。我认为，现在这不应再被视为传播史研究中唯一的核心问题。因为这种规定会将研究指向多种多样的技术。我们现在积累了足够的知识，让我们有理由怀疑该取向的合理性。特别是如果我们将"技术"宽泛地定义为口述、印刷和电子通信技术，传播史研究将深陷困境。爱森斯坦把注意力放在两种书写传播模式——手抄模式和印刷模式——之间的差异上（Eisenstein，1979）。她的这种研究操作应该是很好地回答了这个问题并将之盖棺论定了。

然而，即使我们对技术有了一个更精确的定义，例如，书写（如手写和字母系统），由于其是在迥异的政治和文化背景中被使用的，这就导致作为一种技术的书写对不同社会、政治或认知造成的共性影响微乎其微。在我看来，古迪、迈克尔·科尔（Michael Cole）和西尔维娅·斯科莱布诺（Sylvia Scribner）有关北非和西非文化中读写能力的人类学研究，在这一点上就为我们提供了重要思路（Goody，1987；Scribner & Cole，1981）。我们只能将传播媒介视为社会实践（social practices）和文化可供性（affordances），而不仅仅是单纯的技术。雷蒙德·威廉姆斯（Raymond Williams）在其论述电视的书中清楚地区分了作为一种技术的电视和作为一种文化形式的电视（Williams，1974）。但这种区分也易造成误解，让人以为我们可以将技术和蕴含该技术的文化形式区别开来。在任何时候，新文化形式的"演化—影响"与新技术的"演化—影响"同样重要，也都值得我们去研究。诸多此类研究也确实存在，例如，瓦特研究了作为一种文化形式的小说的历史（Watt，1957）；我研究了作为一种文化形式的倒金字塔式新闻报道的历史（Schudson，1982）；丹尼尔·哈林（Daniel Hallin，1911）和奇库·阿达多（Kiku Adatto）调查了作为一种文化形式的正在变化的电视内容编辑实践，阿达多将之定性为一种新文学时尚或风格（Adatto，1990），哈林则将之视为电视媒体人对专业主义力量的再次确认。

正如威廉姆斯所指出的，传播史研究的结构所依据的是技术被发明的顺序，这导致传播史研究更青睐某种技术决定论。诚然，在建构传播史时，研究者难以避免不对新技术新发明出现的重要时刻另眼相看。但同时，我们也应当清楚这种以技术为中心的研究模式的局限性。仅举一例，威廉姆斯研究发现，19 世纪八九十年代,电影技术的出现使得"一种新的可移动的动态组合"成为可能(Williams,1983,p. 20)。与此同时,在艺术界中,世界现代戏剧之父奥古斯特·斯特林堡(August Strindberg)则正在创作一种新型舞台剧,其中有快速的场景转换、连续的影像,还有我们现在所说的镜头叠化。然而,我们没有任何理由相信斯特林堡影响了早期的电影工作者,抑或说早期电影技术上的新实验影响了斯特林堡。事实是,两者都是当时社会正在经历的一个更深层次的文化运动的体现,也是电影界和戏剧界对这一文化运动做出的回应。

正如宏观历史学者所坚持的,传播与一个社会隐含的时—空结构相关。研究那些被普遍接受的观念(例如,马克思主义者认为的"基础"和"上层建筑"观念)的传播史是非常复杂的。传播实践既是基础性的(我们甚至可能会说是根本性的),也是上层建筑的主要塑造者和载体。在此,我们可以将卡尔·马克思(Karl Marx)和马克斯·韦伯(Max Weber)的遗产与埃米尔·涂尔干(Émile Durkheim)的人类学遗产联系起来。涂尔干指出,人类不同文化中时空概念都与其社会结构相关(Durkheim,1965)。同样,我们也可以借此机会将传播历史同地理学的研究对象整合起来。我们可以将铁路视为如电报一样的传播媒介(尽管它既承载货物也传输信息),汽车类似于广播,飞机则像电视。

例如,阿尔弗雷德·钱德勒(Alfred Chandler)指出,19世纪美国铁路的发展迫使并且提供了条件促使产生新的管理模式、新的消费习惯,以及出现新的人们存在方式,这不仅是因为铁路削弱了距离对人际互动的影响,还因为铁路能通过新的协调方式可预测地减少距离带来的影响(Chandler,1977)。社会在改变,不仅是因为人们可以更快地从A移动到B,还因为大量的商品开始从A向B移动,而且新的协调和传播模式的发展能够对这种突然增加的大规模物体的快速流动进行控制。如果传播和运输技术革新为密集的人际互动提供了机会(驱动城市化的就是人类传播史上的变革),那么这些互动实际上是通过各种日益复杂的人类组织这一中介实现的。因此,传播史不仅仅是技术变革的历史(它减弱了时空隔阂对人际互动的影响),也是社会组织变革的历史(它使时空间的协调变得更加可行和更便于管理)。詹姆斯·凯瑞(James Carey)早先在批评麦克卢汉时也指出,一种新的传播技术产生的直接影响与其说影响了人们的认知或心智,不如说影响了那些管理人们认知的社会组织和社会协调模式(Carey,1967)。认知本身不是个人属性,而是一个社会(不只是技术)的建构现象。如果传播史研究能够少一些行为主义,多一些维果茨基主义(Vygotskyan,1962),它将取得长足进步。

　　"时间"和"空间"不仅被技术化和概念化地重新组织,而且也被政治化和语言化地重新组织。如果说传播史研究中有一本著作被极不公平地忽视了,那可能是本尼迪克特·安德森(Benedict Anderson)的《想象的共同体:民族主义的起源和散布》(*Imagined Communities: Reflections on the Origin and Spread of Nationalism*, 1983)。安德森的论证虽然还不够全面完整,却提出了一个深思熟虑的洞见——民族国家就是一个"想象的政治共同体"(Anderson, 1983, p. 15)。对于安德森来说,民族国家就是一种富有想象的行动。民族国家这一概念的文化载体是小说和报纸。安德森借鉴弗里德里希·黑格尔(Friedrich Hegel)的理论,将日常报纸的阅读形容为一种大众仪式,是现代人对中世纪晨祷的替代(Anderson, 1983, p. 39)。安德森认为,资本主义和印刷技术相互融合,叠加在人类语言多样性之上,构成了一个新型想象共同体式的基础,这个新型的想象共同体就是民族国家。

　　如果安德森的论断是正确的,那么作为一个领域的传播将包含一个历史性主题,其他学科对此多为忽视,整个传播研究本身则几乎对之视而不见。这个历史性主题就是:民族国家和民族国家系统的出现,是当代大部分社会科学理所当然的背景假设,更不用说其是 20 世纪大部分恐怖事件的主要来源。菲利普·施莱辛格(Philip Schlesinger)最近呼吁传播学者关注民族国家认同的问题。他富有洞见地指出,大部分"传播与民族国家"关系问题的研究都将"民族国家""民族国家文化"及"民族国家认同"视为顺理成章的和毫无疑义的术语。他建议我们抛弃此种认识,而"应当从民族认同如何被建构入手,并将传播与文化放置在这一问题框架中"(Schlesinger, 1987, p. 259)。

　　行文至此,有一点已然清晰:在一篇意图讨论研究方法的论文中,我却几乎没谈研究方法。传播史研究的困境不在于它缺乏或者滥用研究方法,而在于:① 很少有历史论著将传播议题作为研究的核心或学术问题;② 在有关传播史的论著中,很少有人能承认技术和文化形式间的不可分离性;③ 大多数历史研究者都不明晰如何才能将对传播媒介的理解与社会、经济、政治与文化变迁的核心议题相融合(大部分历史研究都关注这些核心议题)。背离传播史研究的不是由于使用错误的方法而是理念过于粗糙。目前最令人不满意的是:传播史研究游移不定,要么滑向追求刺激而又抽象的宏大叙述,要么沦为狭隘构想的组织史,中层传播史研究还远远不够。至于哈贝马斯和安德森,我并非将他们视为示范性的方法论者,而是视他们为思想者。他们的思想引人入胜,我们可以据之提出传播史研究的新议程。受益于哈贝马斯思想,各种新研究已经涌现于包括历史、社会和传播在内的各领域,而对于安德森思想的探索,我认为还有待于进一步挖掘。

　　无论如何,历史研究都有足够的空间来容纳更多的理论观点,并与其他历史研究的分支——例如与本体历史研究——建立更多联系。各种组织及其他社会成员都会使用传播技术,我们在分析传播时必须参照这些技术使用背后的特定历史情境;技术本身必须被看作社会与文化实践,这从传播的生产者和接受者角度来看都是正确的。如果文化产物的生产过程中包含了一些预设(例如,人们如何制造意义、为什么需要信息,以及如何接受信息等),那么文化产物的接收也应如此。正如达恩顿所言,“阅读不单纯是一种技能,而是一种制造意义的方式,并且它一定会因文化的不同而不同”(Darnton,1990,p. 171)。我认为,我们只有在了解这一点的基础上,才可能朝着“将传播史研究发展为一个内部协调自洽的研究领域”这一目标迈进。

参考文献

Adatto, K. (1990). "Sound bite democracy: network evening news presidential campaign coverage, 1968 and 1988," paper, Cambridge, MA: John F. Kennedy School of Government, Harvard University.

Anderson, B. (1983). *Imagined Communities: Reflections on the Origin and Spread of Nationalism*. London: Verso.

Barnouw, E. (1966-1970). *A History of Broadcasting in the United States* (Vol. 3). New York: Oxford University Press.

Barnum, P. T. (1871). *Struggles and Triumphs: or, Forty Years' Recollections of P. T. Barnum*. New York: American News.

Beniger, J. (1986). *The Control Revolution*, Cambridge. MA: Harvard University Press.

Briggs, A. (1961-1979). *The History of Broadcasting in the United Kingdom* (Vol. 4). Oxford: Oxford University Press.

Brown, R. (1989). *Knowledge is Power*. New York: Oxford University Press.

Carey, J. W. (1967). Harold Innis and Marshall McLuhan. *Antioch Review*, 27, 5-37.

Chandler, A. (1977). *The Visible Hand*. Cambridge. MA: Harvard University Press.

Cooper, J. F. (1969). *The American Democrat*. Baltimore: Penguin. (Original work published 1838)

Curran, J. (1977). Capitalism and Control of the Press 1800-1975. In J. Curran, G. Gurevitch, & J. Woollacott (Eds.), *Mass Communication and Society*. Beverly Hills, CA: Sage.

Curran, J. (2005). Rethinking the Media as a Public Sphere. In P. Dahlgren, & J. Sparks (Eds.), *Communication and Citizenship*. London: Routledge.

Darnton, R. (1990). *The Kiss of Lamourette*. New York: W. W. Norton.

Dooley, B. (1990). From Literary Criticism to Systems Theory in Early Modern Journalism History. *Journal of the History of Ideas*, 51, 461 – 486.

Durkheim, E. (1965) *The Elementary Forms of the Religious Life*. New York: Free Press. (Original work published 1915)

Eisenstein, E. (1979). *The Printing Press as an Agent of Change*. New York: Cambridge University Press.

Emery, M., & Emery, E. (1988). *The Press and America*. Englewood Cliffs, NJ: Prentice-Hall.

Gilmore, W. (1989).*Reading Becomes a Necessity of Life*. Lexington: University of Kentucky Press.

Goody, J. (1987). *The Interface Between the Written and the Oral*. Cambridge: Cambridge University Press.

Goody, J., & Watt, I. (1963). The Consequences of Literacy. *Comparative Studies in Society and History*, 5, 304 – 345. Reprinted in Goody, J. (Ed.) (1968) *Literacy in Traditional Societies*, Cambridge: Cambridge University Press.

Gouldner, A. W. (1976). *The Dialectic of Ideology and Technology*. New York: Seabury.

Graff, H. (1987). *The Labyrinths of Literacy*. London: Falmer.

Habermas, J. (1974). The Public Sphere: an Encyclopedia Article. *New German Critique*, 1, 49 – 55.

Habermas, J. (1989). *The Structural Transformation of the Public Sphere: An Inquiry into a Category of Bourgeois Society*. Cambridge, MA: MIT Press.

Hallin, D. C. (1991). The rise of the Ten Second Sound Bite.*Columbia Journalism Review*, January.

Havelock, E. (1986). *The Muse Learns to Write*. New Haven, CT: Yale University Press.

Hone, P. (1889). *The Diary of Philip Hone*. New York: Dodd, Mead.

Innis, H. (1951). *The Bias of Communication*. Toronto: University of Toronto Press.

Jowett, G. (1975). Toward a History of Communication.*Journalism History*, 2, 34 – 37.

Kaufmann, S. (1990, July). Stanley Kaufmann on Film: Crisis. *The New Republic*.

Keane, J. (1984). *Public Life and Late Capitalism*. Cambridge: Cambridge University Press.

Levine, L. (1988). *Highbrow/Lowbrow*. Cambridge, MA: Harvard University Press.

Lowe, D. (1982). *History of Bourgeois Perception*. Chicago: University of Chicago Press.

MacKenzie, J. (1984). *Propaganda and Empire*. Manchester: Manchester University Press.

Marvin, C. (1983). Space, Time, and Captive Communications History. In M. Mander (Ed.) *Communications in Transition*, New York: Praeger.

McGerr, M. (1986). *The Decline of Popular Politics*. New York: Oxford University Press.

McLuhan, M. (1962). *The Gutenberg Galaxy*. Toronto: University of Toronto Press.

McLuhan, M. (1964). *Understanding Media*. New York: McGraw-Hill.

Mukerji, C. (1983). *From Graven Images*. New York: Columbia University Press.

Nord, D. (1986). Working-class Readers: Family, Community, and Reading in Late Nineteenth-century America. *Communication Research*, 13, 156 – 181.

Ong, W. (1982). *Orality and Literacy*. London: Methuen.

Schlesinger, P. (1987). On National Identity: Some Conceptions and Misconceptions Criticized.

Social Science Information, 26, 219 - 264.

Schudson, M. (1978). *Discovering the News*. New York: Basic Books.

Schudson, M. (1982). The Politics of Narrative Form: The Emergence of News Conventions in Print and Television. *Daedalus*, 111, 97 - 112.

Schudson, M. (1986). Preface to the Paperback Edition. In M. Schudson, *Advertising, the Uneasy Persuasion*. New York: Basic Books.

Scribner, S., & Cole, M. (1981). *The Psychology of Literacy*. Cambridge, MA: Harvard University Press.

Tilly, C. (1989). How (and What) are Historians Doing? *American Behavioral Scientist*, 33, 685 - 711.

Vygotsky, L. (1962). *Thought and Language*. Cambridge, MA: MIT Press.

Watt, I. (1957). *The Rise of the Novel*. London: Penguin. Reprinted in 1961, Stanford, CA: Stanford University Press.

Williams, R. (1974). *Television: Technology and Cultural Form*. London: Fontana.

Williams, R. (1983). British Film History: New Perspectives, In J. Curran, & V. Porter (Eds.), *British Cinema History*. Totowa, NJ: Barnes & Noble.

历史方法[①]

(*The Method of History*)

玛丽安·约德里斯·史密斯(Maryann Yodelis Smith)

大多数历史学者可能都赞同杰克·赫克斯特(Jack Hexter)的观点,即"历史研究迫切需要一部近似于《烹饪乐趣》(*The Joy of Cooking*)的教材"(Hexter,1971,p. 14)。毫无疑问,传播史学者将更加赞同这一观点,因为相较之下,新闻工作者通常是历史方法的初学者,有关量化派与非量化派之间的争论只是加剧了方法论上的混乱。对传播史学者而言,是时候搁置对方法的语义分析,继续研究并撰写经典的传播史了。

历史中的量化议题引发了一种错误的二分法。方法论讨论的重点不应是历史学者能否适当地使用量化方法,而应是历史学者是否会沉溺于印象式研究(impressionistic research)与必然随之出现的空洞修辞,或者是传播史学者能否严于律己地开展严谨的经验研究。只有从后者出发,才能得出一些有限但可靠的普遍性规律。事实上,这类历史学者可能只会基于从行为主义者处获取的、不同程度的复杂统计数据进行研究,最终得到的不过是"一种对假想过往的高度选择性描述"(Berkhofer Jr.,1969,p. 23)。

经验史学只是在系统且严格地研究过去。印象式或"东拼西凑"(scissors-and-paste)型的历史学者把精力放在相关事件或人物的史料上,将其生拉硬拽进论题中,添加连接词以进行文学润色,并于文末附上一个总结。然而,这类历史学者并不能与一个关键问题进行对话:整理这些史料的最终目的是什么?基于此,艾伦·内文斯(Allan Nevins)指出,理想的史学是科学元素和文学技巧的平

① 文章来源:Yodelis, S. M. (1989). The method of history. In G. H. Stempel, & B. H. Westley (Eds.), *Research Methods in Mass Communication* (pp. 316 - 330). Englewood Cliffs NJ: Prentice Hall.

衡(Billington，1975，p. 140)，"东拼西凑"既不适用于史学，也不适用于传播学。因此，问题不在于人们选择的是量化研究方法还是非量化研究方法，而在于其是否会屈从于对史料的随意记录，从而舍弃了在数据搜集方面的系统性与精确性。这是存在于印象式和经验史学间的选择。

经验主义或科学主义的历史概念颇为复杂，因此需要做进一步的解释。经验主义历史学者完全承认，对事物或人关系的系统性描述仅仅是传播史的一个维度，而不是整个传播史。不同于那些拥有完整数据库的学科领域，传播史学者承认其数据的局限性，进而寻找一种"逼真的，而非客观的真相"(Gottschalk，1950，p. 140)。在一个时代发生的事件中，只有少数会被人记住，且鲜有事件能被记录留存下来，其中可被研究者进行系统研究的更是寥寥无几。出于这种考虑，历史学者大卫·费舍尔(David Fischer)认为，经验史学者"能够就过去的事件提出一个开放式问题，用挑选出来的事实予以解答，以解释主义范式的形式编排。通过相互调整的复杂过程，这些问题和答案得以彼此契合"(Fischer，1970，p. xv)。当然，尽管这种解释主义范式采用了不同的形式(叙事和统计说明)，但大体是由对事件记录的理性且系统的详尽分析组成，是一种以批判性精神去探寻整个事实真相的写作(Billington，1975，p. 39；Fischer，1970，pp. xv-xxii)。因此，经验史学者必须阅读大量通史、人类行为学理论和传播学理论(Hexter，1971，p. 9；Murphey，1973，p. 121)。在写作层面，传播史学者不能被贴上"逞性妄为"和"脱离研究"的标签。[1] 此外，作为一篇介绍经验传播史方法的论文，本文回顾了问题构想的过程、历史证据(historical evidence)的性质及数据分析系统。

一、构想研究问题

由于缺乏研究问题，许多书写历史的宏伟尝试均以失败告终。这或许是历史学者面临的艰巨任务之一，史学领域的新手却对此掉以轻心，浅尝辄止。费舍尔把研究问题描述为"智慧引擎"和"大脑机器"，并认为它"能将精力转化为行动、将好奇心转化为可控的探究"(Fischer，1970，p. 3)。重要的研究问题最好是在研究者导向性进入(guided entry)史料并沉潜其中后提出。

问题提出的首要条件是将通史和传播史融会贯通。令人尊敬的智者——美

---

[1] 毫无疑问，卡尔·贝克尔(Carl Becker)首先使用了这种表达方式；从那时起，它就被应用于印象派式历史的写作。

国历史学者梅瑞尔·詹森(Merrill Jensen)常告诫那些参加其研讨课的人:"大多数新闻工作者的问题在于他们对历史一无所知。"这些基本知识十分重要,因而对于历史学者来说,最切实可行的提出问题的方法就是沉浸在历史读物与传播史料中。传播史学者哈罗德·尼尔森(Harold Nelson)曾指出,当个人兴趣引导研究者探寻有关一般性传播学主题的资料时,沉潜就发生了(Nelson,1964,pp. 38 - 42)。而后,历史学者会基于对事件的大致理解,将自我沉浸在一般话题(general topic)中,例如 19 世纪的煽情主义报道。随着沉潜过程的开启,历史学者可能会问自己"何人、何事、何时、何地、为什么及如何"这六个新闻工作者的传统问题以引导对史料的探究。通过这种方式,历史学者通常会借助地理、传记、编年、功能或职业来限定沉浸的范围以避免被数据淹没,这样的做法虽然武断但行之有效(Gottschalk,1950,pp. 62 - 63)。继续前文的例子,由于 19 世纪的煽情报道也是一个过于宽泛的话题,历史学者可能会将其限定在某个特定地理区域或某一类出版物上。

因此,就本质而言,历史学者的沉潜与社会科学者的文献检索是一致的,两者都有一些共同的信源,而这些信源则是寻找论据的良好开端。探访附近的图书馆向来是历史学者清单上的第一要义。电子搜索引擎正逐渐成为历史学者的常用工具,对于法律史学者而言或许最为实用。此外,传播史学者需要去了解并熟悉奈克斯(NEXIS)等电子数据库,并将其作为研究的信息来源。研究者还需要查阅一些传统意义上关于美国史的标准参考书目(Gray,1964;Hockett,1955,pp. 265 - 295),其中,《哈佛美国史指南》(*Harvard Guide to American History*)是必不可少的(Cambridge,1954)。期刊索引、报纸索引和类似于《报纸与历史学者》(*The Newspapers and the Historian*)的参考书也十分有用(Salmon,1923)。许多已出版的政府文件和手稿集的指南,以及关于宪法、法令和案例法的指南都不可被忽视。严谨的研究者不会遗漏口述史资料,如哥伦比亚大学的口述史馆藏和广播磁带馆藏或美国国会图书馆印刷品与照片部的数据(Schuneman,Farrar & Stevens,1971,pp. 152 - 158)。这些由索引汇编而成的书目仅仅构成最终文献的一小部分,因为历史学者还会继续在原始材料中探寻新线索。

在沉潜并认真思考一般兴趣领域的现有材料后,研究者会聚焦于更具体的史料,这被称为"导向性进入"。沉潜和导向性进入这两个阶段并不是完全分离的(Nelson,1964,p. 38)。在导向性进入的过程中,历史学者进一步限定要研究的史料,并开始形成一般性问题。对传播史的融会贯通和在传播学理论方面的扎实功底,使得历史学者可以更轻松地将研究问题概念化,并更加准确地提出具体问题。

问题的形成是研究中至关重要的部分。不同于其他社会科学领域的研究者,历史学者不能在沉潜并导向性进入前就提出研究假设,因为对于历史学者而言,充足的数据库是提出问题的首要因素(Murphey,1973,p. 149)。更进一步说,由于历史数据的本质在于其不完整性,历史问题应当是中立的,能够接受肯定与否定两种答案(Nelson,1964,p. 39)。若历史学者从陈述性假设出发,那么他们可能会忍不住只选择那些支持假设的数据。

对于传播史而言,那些能引发历史变量关系分析的问题最具价值。一个研究问题需要"值得"被提出。研究者可能发现了大量值得研究的重要新材料,或者借助现有材料重新诠释已被书写的历史,两者都符合逻辑,也可被论证(Gray,1964,p. 10)。历史研究问题中的所有术语都必须可以进行操作性定义。在过去,这可能是行为主义学者的一项基础步骤;对于历史学者来说,却不能轻视研究进程中的这一重要环节。操作性定义描述了历史学者为发现所研究属性存在与否而进行的具体操作。在某种意义上,操作性定义确立了类属或分级。例如,一位历史学者可能会问:在特定时空内,报纸广告收入与报纸中的政治内容之间是否存在关系。广告的操作性定义可能是报社财务状况表上的广告年收入,或是其他经济指标,如广告的年平均栏数。

此外,问题的语言应当简洁明了,且不应建立在未被证明的假设之上。以二战期间最重要的评论家汉斯·万·卡尔滕堡(Hans von Kaltenborn)为例,他的修辞技巧与20世纪70年代电视主持人所使用的修辞技巧之间有什么关系? 并非所有历史学者都认同有关卡尔滕堡地位的假设。此外,史学研究的问题应当是开放式的,也就是需要考察各种事实,而不必在回应问题时提供解决方案或分析(Fischer,1970,p. 38)。因此,研究应当放弃做此类假设:技术发展导致煽情新闻业的产生。除技术之外,许多其他条件都可能也会刺激煽情主义的出现。

最后,研究问题应当足够灵活,以便随着研究的深入而不断完善。通常情况下,研究者在开始研究时会提出一些问题,这些问题是由沉潜及导向性过程中产生的直觉引发的,随着操作性定义的形成,问题本身可以在研究的不同阶段被逐渐完善。简言之,传播史学者应当依凭想象力及诚信进行问题构想,以清晰定义特定历史时空中观察到的关系。尽管早期传播史学者提出的问题还停留在"纯描述性"的阶段,如谁是蒙大拿州最早的报纸出版商? 但这样的问题是必要的,也是值得赞赏的,因为它为当下学者奠定了研究的史料基础。如今传播史已发展到研究关系问题的阶段,探寻着几个世纪以来传播历史的复杂性。

二、验证数据的真实性

尽管研究者在构想问题前需要确证数据库的存在,但历史证据的性质还有诸多面相。不止一位历史学者将历史研究者比作侦探,因为两者都要经历发掘并分析原始数据(primary source)真实性及可信性的过程(Winks,1970;Barzun & Graff,1970,p. 63;Gray,1964,p. 57;Carr,1961)。合理、恰当地使用二手数据对于研究者而言亦有价值。

历史学者在原始数据中搜集证据,没有其他方法可以替代这一艰苦的数据筛选工作。大致上,原始数据的来源是那些目击者的证词。因此,原始数据是指事件发生时在场的人或物(磁带录音机、相机),以及这些事件的叙述者。除一手证据外,史料并不一定都是原始的,也可能是包含亲历者证词的原始手稿副本(Gottschalk,1950,pp. 53 - 54)。一些历史学者将原始数据分为记录(record)和遗留物(relic)两类。记录与遗留物的区别在于记录是亲历者有意图的证词,这表明研究者必须审视记录的内容及其动机。事实上,有意图的亲历者证词会模糊对历史事件的解释。多数记录采用书面文件的形式,但也可能是口头记录或包括电影在内的艺术作品。遗留物虽然也是亲历者的描述,但其目的不在于为未来的历史学者提供数据而是出于其他目的。由于一些机构拥有保留这些历史证据的程序,近年来大多数遗留物都得到了妥善保存,如企业的财务记录。一个地区的语言和风俗、器具或机械等也被归为遗留物。① 显然,一些机构档案,如政府文件的产生,背后可能存在着各种动机:既为推动政府的日常工作,也为留下有利于某些特定权力集团的历史记录。对于历史学者的最基本要求是:证据应当始终源于原始数据,历史学者必须分析这些证据的真实性及可信度。

随着时间的推移,揭示真相变得困难重重。一份权威的文件应当出自亲历者,而非伪造。历史学者首先应尝试确定文件的时间,进而判定文件材料(油墨、纸张或电影类型)在当时是否可以获取。历史学者可以将笔迹与已核实的文件中的原始笔迹进行比对,分析原始数据的风格,并追问其表达的观点与其他已被记录的原始数据中的观点是否一致。还应查找档案中那些与时代不符的事件。

---

① 例如,雅克·巴赞(Jacques Barzun)和亨利·富兰克林·格拉夫(Henry Franklin Graff)在《摩登研究》(*The Modern Research*,1970,p. 148)中就使用了这种分类。

更进一步说,档案应源自那些经过认证、声誉良好的人,或者,档案应当在符合逻辑的地方被发现(政府文件档案室、曾经存放档案的阁楼或在亲属的所有物中)(Gottschalk,1950,pp. 122 - 123)。换句话说,真实可信的档案无法唾手可得。尽管今天的研究者可以从那些已被确证的数据库里获取真实的档案,但对于严谨的历史学者而言,倘若不思考这些问题,便无法心安理得地继续进行研究。

一旦数据被证实,确定证据的可信度这一更为艰难的工作就开始了。历史学者必须追问:这些真实数据的数量如何、其可信度达到何种程度(Gottschalk,1950,p. 27)。近年来,所谓的激进派历史学者强调,研究者不能仅通过乔治·华盛顿(George Washington)的文件来书写美国革命的历史,就像不能仅依据理查德·尼克松(Richard Nixon)的回忆录来追溯水门事件的历史。在可信度测试方面,信件尤其会出现问题。诚如内文斯所言:"一些人在提笔时会改变自己的个性"(Billington,1975,p. 229)。路易斯·高查克(Louis Gottschalk)写道:"可信的证据'并不意味着其实际发生,而是在批判性审视现有最佳材料后,不断逼近所发生的实际情况'(Gottschalk,1950,p. 139)。"私人信件及照片通常被认为具有较高的可信度,个人笔记、手稿或录音日记、办公室备忘录和人工制品亦是如此。在历史学者看来,可以产生最佳证据的原始数据是由那些在某一领域富有经验且不带有任何偏见和利己主义动机的亲历者提供的。此外,研究者需要记住一个关键点:不是所有关于某人或某事的言辞都能得到记录,许多被记录下来的材料也未必能得到保存。进一步区分证据可信度还需要关注目击者与所描述事件之间的接近程度,以及作证时间与事件之间的接近程度。例如,回忆录呈现的是反映(reflection)而非报道(report)。报纸、杂志和广播磁带具有及时性,因此它们都是很好的原始数据,即便如此,这些原始数据也应被谨慎对待。研究者必须做到以下几点:① 考虑新闻媒体的基调及其对报道的影响(例如,进步的、激进的报纸表达了某种新闻偏见);② 新闻媒体对合理的、可接受的新闻伦理和专业标准的坚守;③ 出版方对新闻编辑室的控制程度(Billington,1975,p. 209)。罗宾·威克斯(Robin Winks)评论说:"报纸不仅仅是易犯错的人生产出来的产品,而且是一群易犯错的人在重压之下生产出来的产品,有时报纸还会被一些为了自身目的甚至是广告主利益的人所持有"(Winks,1970,p. 193)。可信证据的其他特征还包括那些公开的亲历者叙述,这些叙述对亲历者本身不利,或相悖于亲历者先前的陈述,抑或是亲历者就与讨论主题相关的连带事件发表评论(Gottschalk,1950,pp. 90 - 109,pp. 161 - 164;Billington,1975,p. 198;Winks,1970,p. 509)。

　　在权衡证据可信度时需要特别注意语言的影响。诚如其他文化现象，语言因时而变，当代意义不能强加于两百年甚至是十年前使用的文字之上。经验丰富的历史学者建议可根据语境中术语的使用来推断字词，前提是它们在该时期出现的所有语境中都具意义（Murphey，1973，pp. 53 - 55；Winks，1970，p. 188）。当然，研究经验会不断丰富历史学者评估材料可信度的测试方法。这里提及的建议并非详尽无遗。

　　需要重申的是，原始文档必须在语境中进行研究。正如罗伯特·伯克豪弗（Robert Berkhofer Jr.）指出的，档案可以告诉我们行动者做了什么，但这不一定是他所想的。事实上，主观性文档可能会有意模糊行动者的所作所为。伯克豪弗指出了行动证据（behavioral evidence）和那些反映行动者或原始数据来源想法的观念证据（ideational evidence）之间的区别（Berkhofer Jr.，1969，p. 17）。爱德华·霍列特·卡尔（Edward Hallett Carr）认为：“没有任何档案可以比档案作者的想法——他认为发生了什么，他认为应该发生或将会发生什么，或者仅仅是他希望其他人想他所想的，甚至只是他自己认为自身所想的——更能告诉我们事情的真相”（Carr，1961，p. 16）。基于此，历史学者在研究某一事件时，需要从原始数据的参与者和观察者（对原始数据象征性或非象征性行为进行评论的人）的角度进行思考（Berkhofer Jr.，1969，pp. 42 - 45）。正如内文斯所提示的，直接证据优于间接证据（circumstantial evidence），相较于直接证据，间接证据的使用应当更为谨慎。历史学者应当考虑到间接证据可能存在的欺骗性（Billington，1975，p. 224）。阐述证据的复杂性并不会困扰经验史学者，因为提出一个精准的研究问题有助于系统地审查所有可能的答案来源。

　　事实上，一些历史学者的共识是，所有证据必须来自独立自主的亲历者的证词（Becker，转引自 Winks，1970，p. 14；Gottschalk，1950，pp. 166 - 167）。想象力和创造力引导着研究者去核实数据，这些数据不仅来自图书馆的手稿，也来自商业支票存根、收据、公司记录、税收记录、法律文书（如遗嘱和法庭证词）、书信和原始数据相关人员的回忆录，甚至也可能来自墓园。历史学者需要公开寻找证据的方式。20 世纪 70 年代早期，一位研究者在阁楼房梁中发现大量电影制片人大卫·格里菲斯（David Griffith）的档案证据，这些资料在此前从未被触及。甚至对于资料是如何被损毁的探究，也有助于历史学者知晓所缺失的资料究竟是在何处存有偏差，或许还能了解到资料缺失的程度。若在某个机构的记录中出现了五年的空白，那可能是由于山洪暴发导致的悲剧，而在某位政治家的录音日记中出现了五天的空白，则可能是一种具有偏见的记录。此时,历史学者的判断就成为关键性因素。诚然这有些主观,缺乏行为主义者经验上的确定性,但历史学者的目的正是"逼真地呈现已逝去的过往"(Gottschalk,1950,p. 47)。

最后,证据必须是明确的。由于证据可能会被损毁和遗失,用于支持一个假设或回答一个研究问题的消极证据(negative evidence)无法被称为证据(Fischer,1970,p. 62)。例如,不能因为只有一份殖民地出版商的完整发行清单得以留存,史学者就做出发行清单"并不常见"的论述。要找寻问题的答案,唯一的途径就是坚持不懈地浏览大量的数据资料。实验研究可能在数月内完成,而受历史学本身性质的影响,历史学者的工作则需要数年才能完成。对于历史学者而言,与其在原始数据不完整的情况下动笔,不如先悬置写作。

这并非意味着历史学者的每次握笔都需要创新。二手数据在史学研究中确有一席之地,这些数据有助于形成研究问题的历史语境。历史学者经常从二手数据中寻找可能被证实的研究问题与假设。例如,弗雷德·西顿·希伯特(Fred Seaton Siebert)关于政府和新闻媒介关系的议题可为当代历史学者提供研究问题(Siebert,1952;Shaw & Brauer,1969,pp. 243-254),但该问题仍需原始数据佐证。当然,二手数据在沉潜史料的过程中极为重要,既能提供参考文献,又能提供查找证据的线索。如果原始数据遭到破坏,可能就不得不使用那些记录着相关亲历者证词的二手数据,在这种情况下,历史学者需要质疑这些证词的准确性(Gottschalk,1950,p. 115,pp. 165-167)。

最后,这里将简要提及记录证据的技术。如果需要用量化分析的方法来回应研究问题,可以参考其他合适的内容。如果是对文献的分析占主导,或是不便用计算机进行量化操作,那么传统的记录方法便已足够。每一条证据都必须附有完整的参考文献,包括磁带记录。许多历史学者偏好将证据打印出来,因其具有纸质的效果、归档的紧凑性与经济实用性。还有一些学者则更青睐用卡片(包括计算机卡片和文档卡片),因为卡片可以灵活使用,例如可以快速地将材料依照地区或日期进行重新分组与整理。

想象力会引导历史学者改进数据记录技术,例如,为稀有文件拍照或用磁带记录口述内容。任何系统的重要性都在于其准确性、完整性和永久性。找到并记录真实可信的原始数据证据后,历史学者的工作才刚刚开始。

三、选择分析策略

建立在数据分析基础之上的决策和证据的收集并非完全割裂,因为分析方式会影响数据收集的形式。此处对两者进行区分旨在方便讨论。建立在数据分析基础上的决策是针对研究问题做出的。在没有研究问题的情况下,那些"东拼西凑型"的历史学者基本上是将已搜集到的关于某组事件的所有证据拼贴在一起(由于没有对相关证据进行筛选,这是一项不可能完成的任务),并奢望以此完成一部著作(Winks, 1970, pp. 55 - 57)。[1] 一个有偏向的研究问题可能会导致出现一种情况——阿尔弗雷德·凯利(Alfred Kelly)提到的"律所历史":"选择有利于自己立场的数据,而不关注那些自相矛盾的数据或未对已有数据的关联度予以正确评估。"[2]在提出研究问题并大致检索数据库后,历史学者就应当做出决定:究竟使用传统的文献分析(documentary analysis)还是量化分析,又或兼而有之? 理想情况下,研究应当采用多种方法。当历史学者通过若干方法得出相同的、普遍性结论时,结论解释中的不确定性就被降低了。那些既不使用传统的文献分析,又不运用量化分析的学者,无法从其他人那里吸取经验,也无益于自己的历史分析。正如查尔斯·道勒(Charles Dollar)和詹森指出的,量化数据和质化数据之间的二分法很大程度上是一种错误(Dollar & Jensen, 1971)。"几乎任何人、事或机构所具有的属性都可以用某种方式进行量化。当数据因遗失等原因而质量不高时,量化方法是行不通的,其他方法也不会发挥作用"。历史学者无法认同奥登(Auden)的说法——"你不该与统计学者为伍,也不该投身于社会科学之中"。由于近年来量化历史研究的发展,人们错误地认为所有意义重大的历史都是以这种方式书写。历史学者只有首先掌握了历史编纂学(historiography),才能将社会科学方法作为工具来使用。因而在分析史料时,历史学者必须考虑历史推论的本质、文献分析路径及其在残缺数据情况下的优势、量化方法的适用性与数据呈现的形式和文字风格。

不同于"历史学者的研究方法就是归纳"这一传统观点(Billington, 1975, p. 234),费舍尔对历史论证过程的看法似乎更加实际,他写道:"这既不是由特殊到一般的归纳推理,也不是由一般到特殊的演绎推理。相反,这是一种内收推理(adductive reasoning)——将答案引证到特定问题上,以获得合理阐释的过程"(Fischer, 1970, p. 1)。"内收"允许历史学者用多种方法回应研究问题,容

① 另见由罗宾·乔治·科林伍德(Robin George Collingwood)撰写的《谁谋杀了约翰·多伊》(*Who Killed John Doe*)一文,该文收录于罗宾·威克斯(Robin Winks)的著作《作为侦探的历史学者》(*The Historian as Detective*, 1970, pp. 55-57)。
② 参见发表于《最高法评论》(Supreme Court Review)的文章《克里奥与法庭:非法之爱》(*Clio and the Court: An Illicit Love Affair*, 1965, p. 122)。

许他们从原始数据中寻找思想观点与行为之间的关系(Berkhofer Jr.，1969，p. 20)。例如，一名学者不仅可以依据他在文档中呈现出的内容来分析其观点，也可以依据原始数据来源呈现出的行动进行编码。在政党报刊研究中，历史学者既需要用量化数据对宣传出版物进行描述，也需要对其中的观点进行文献分析。

为了逼真地呈现过往，历史学者会对那些不足以进行量化分析的数据进行文献分析，也会对部分量化证据进行传统的文献分析。在从史料处提取可信证据的过程中，历史学者会记录原始数据对历史情境的解释，以及信源在历史情境中的行动。历史学者的分析对象还包括对原始数据的反馈，他们需要留心这些反馈是否符合原始数据活动的预期，或是否与其目标相悖。历史学者还会阐明其他观察者对历史情境的看法，追踪原始数据活动的预期和非预期的结果，并留意观察者的观点与原始数据的理念、行为及反馈之间的关系(Berkhofer Jr.，1969，p. 73; Gottschalk，1950，p. 28)。之后，这些信息按照研究问题的结构被有意义地组织起来。所谓结果的逼真性，就是对特定时空中变量关系的重构。历史学者应当谨记两点：① 应当依据假设的过往来解释史料；② 在借助一般行为理论和群体行为理论分析原始数据、观察者的观点与行为时，历史学者不应陷入一些心理历史学者过度分析的怪圈，如心理分析只适用于鲜活的交流主体。尽管如此，正如内文斯所建议的，相较于一味添加额外的材料，历史研究更需要用新视角和新解释来保持活力(Lynn，1978，p. 48)。例如，传播史学者可能需要对历史的文化解释进行卓有成效的考量。

量化研究弥补了传统的文献分析的不足。虽然费舍尔指出经验研究中存在精确度错位的谬误——当使用缩微胶卷时，测量十六分之一英寸的栏目空间就毫无意义(Fischer，1970，p. 61)，但最好还是对一些变量进行计量。例如，通过使用(隐含着量化意味的)历史的标准来衡量对某个事件的新闻报道，可以为历史研究增添严谨性与精确性(Martin & Nelson，1956，pp. 456 - 466)。历史学者还可以运用统计学者在概念化与理论建构、各种测量工具、数据运算和统计分析(尤其是内容分析)方面的技巧。在抽样、可信度与效度的问题上，历史学者与行为科学者相似。历史学者可能会苦于数据库的不完整，而统计学的技术正逐步发展以解决这一问题。例如，历史学者通常不应从群体行为出发推断个体行为，但在特定数据情境下的一些统计检验是被允许做出此类推断的。历史学者通常可以选择一些与"异常"(deviance)相关的数据，因为它涉及少数情况。进而，当拥有一些/所有成员的不完整数据或是一些/所有成员的综合数据时，历史学者就可以用抽样的方法进行处理。①　最后,内容分析对于传播史学者而言几乎是不可或缺的。它可以根据特定属性对传播内容进行系统、客观的分类,以便学者从这些数据中做出推断(Holsti,1969,p. 25)。简言之,可以学习量化分析的技巧,为传统的文献分析注入严谨性与系统性。在数据库条件允许的情况下,这样的技巧将有助于生成更多可靠的普遍性规律(Farrar & Stevens,1971,p. 187;Swierenga,1970,p. xx)。

　　无论采用的方法是传统的文献考证还是量化技术,大多数历史学者都承认存在一些普遍性规律。威廉·艾德劳特(William Aydelotte)指出,普遍性规律中暗含着量化的特征(Swierenga,1970,p. 7),也有一些历史学者指出,如果 A 先于 B 或与 B 同时发生,A 和 B 在行为特征或思想特征上相似,那么 B 承认 A 的影响,甚至可以排除能引起 B 行动的其他因素。②　不同于研究当代传播行为的社会学者,历史学者不能基于这样的普遍规律做出预测,因为历史学者的合理推论无法通过毫无意义的假说进行检验。然而,每一位历史学者都想通过史料得出普遍规律。只要读者明白史料与普遍规律间如何产生联系,那么作为结果的推论就是有价值的。案例研究是一个例外,它无法得出普遍规律,因而对于进一步研究来说,作为预检验的案例研究的价值十分有限。在建构史料与规律间联系的过程中,历史学者通常无法建立法庭所需的实质确定性,但是他们确实可以呈现出高度可能性。高度可能性意味着"对某些史料记录的事件发生之可能性的权衡,或是对假定的事件实际上并没有发生之可能性的权衡"(Barzun & Graff,1970,p. 155;Billington,1975,p. 196)。在传统的文献分析中,历史学者充当裁决者的角色,判断什么构成了高度可能性;量化方法则预先表明了这种可能性,而后再进行统计验证。无论哪种情况,读者都应该能够接受或拒绝历史学者根据史料做出的判断。历史推论是一种判断,因此许多历史学者不愿意在自己的分析中使用"起因"(cause)一词。然而,那些记得诸多历史现象成因的历史学者可能会主张进行因果阐释。再者,在形成研究问题的过程中,容易出现因果先行的困难,但如果对操作性定义进行解释,就会降低困难程度(Fischer,1970,pp. 164-186)。当然,如果可以获得所有人口的完整数据,历史学者就可

---

① 进一步的讨论参见约翰·海厄姆(John Higham)的《书写美国历史》(*Writing American History*,1970,p. 3)和默里·格里芬·墨菲(Murray Griffin Murphey)的《我们的知识》(*Our Knowledge*,1973,pp. 156-170,p. 200)。

② 译者注:在费舍尔的《历史学者的谬误》(*Historians' Fallacies*,1970)中有一些与普遍性规律相关的节。在谈到"事后归因谬误"时,费舍尔指出"如果事件 B 在事件 A 之后发生,则事件 B 是由于事件 A 而发生的"是一种错误的历史分析观念。

以更容易地得出普遍性规律,但这种情况鲜有发生(Murphey,1973,p. 201)。最后,应当再次强调,即便历史性概括不存在绝对的确切性,它们也并非没有价值。亚瑟·施莱辛格(Arthur Schlesinger Jr.)写道:

> 对试图辨识历史中存在着的终极、系统的秩序这一行为,有的历史
> 学者持怀疑态度,但即便如此,他们也承认历史中存在着各种一致性和
> 反复性。毫无疑问,从过往中总结规律(尽管可能存在缺陷)是可能的,
> 这些规律有助于增强政治家应对未来的能力。
>
> (Winks,1970,p. 525)

无论是文献的还是量化的分析,或是两者兼有,历史学者均可使用多种方式进行报告与数据呈现。所有报告都应反映嵌于数据资料中的严密性和精确性,同时又不失文学性。在解决研究问题的过程中,当历史学者面对的是少量数据时,报告可以采取案例研究或传记的形式(Billington,1975,p. 179);[①]若研究问题所涉关系更为广泛,报告则可能变成一篇论文、系列论文、专题论文或著作。历史学者有时也可能会分析和批判其他历史学者的工作。此外,文献分析对社会科学者的文献回顾过程亦有价值。

无论报告或数据呈现的方式如何,它们都存在共同的结构特质。一位新闻学教授总结了这些特质,他坚定地认为,好的写作结构是很简单的:首先说明你要讲述的是什么;然后讲述它;最后告诉他们你已经说明的内容。也就是说,所有的历史报告都应当以概念化研究问题和对研究问题的清晰陈述开篇;随后是文献综述、研究方法阐释和充分而精确的论据呈现;最后,针对研究问题进行概括(以生成普遍性规律)。需要注意的是,在严谨扎实地呈现论证史料时,不必排斥与之相关的奇闻逸事。严格且系统化的历史不一定是乏味的历史,传播历史的书写也可以文采斐然。

四、一个完整的学科

越来越多人意识到,传播史学者的研究对理解通史具有重要意义和价值。然而,对于那些视野没有超越文献分析、实践没有超越统计分析的人而言,了解

---

① 雷·艾伦·比灵顿(Ray Allen Billington)在《艾伦·内文斯谈历史》(*Allan Nevis on History*,1975,p. 179)一书中提及,兼具记者和历史学者身份的内文斯曾强调,过度依赖传记会歪曲历史。

经验史完整的学科领域很有必要。大众传播史受到印象派式历史的影响而变得有些病态，既不像传播学，也不像历史学。事实上，文献的和量化的分析是一种互为补充的系统，可用于收集与分析史料以应对重大历史问题。与其将精力用于量化分析与质化分析的二元之争上，不如生产出更有意义的经验传播史，由此，只有当代传播学者更清楚、更精准地知晓他们从何而来，他们才有可能更好地计划去往何处。

参考文献

Barzun, J., & Graff, H. F. (1970). *The Modern Researcher*. New York: Harcourt Brace Jovanovich Inc.

Berkhofer, R., Jr. (1969). *A Behavioral Approach to Historical Analysis*. New York: The Free Press.

Billington, R. A. (Ed.). (1975). *Allen Nevis on History*. New York: Charles Scribner's Sons.

Cambridge. (1954). *Harvard Guide to American History*. MA: Belknap Press of Harvard University Press.

Carr, E. H. (1961). *What is History?* New York: Random House, Inc.

Dollar, C. M., & Jensen, R. J. (1971). *Historian's Guides to Statistics*. New York: Holt, Rinehart and Winston, Inc.

Farrar, R. T., & Stevens, J. D. (Eds.). (1971). *Mass Media and the National Experience*. New York: Harper & Row.

Fischer, D. H. (1970). *Historians' Fallacies*. New York: Harper & Row.

Gottschalk, L. (1950). *Understanding History*. New York: Alfred A. Knopf.

Gray, W. (1964). *Historian's Handbook*. Boston: Houghton Mifflin Co..

Hexter, J. (1971). *Doing History*. Bloomington: Indiana University Press.

Higham, J. (1970). *Writing American History*. Bloomington: Indiana University Press.

Hockett, H. C. (1955), *The Critical Method in Historical Research and Writing*. New York: Macmillan, Inc.

Holsti, O. R. (1969). *Content Analysis for the Social Science and Humanities*. MA: Addison-Wesley Publishing Co..

Lynn, K. S. (1978). *History's Reckless Psychologizing*. Chronicle of Higher Education.

Martin, L. J., & Nelson, H. L. (1956). The Historical Standard in Analyzing Press Performance. *Journalism Quarterly*, 33, 456-466.

Murphey, M. G. (1973). *Our Knowledge of the Historical Past*. New York: Bobbs-Merrill Co.. Inc.

Nelson, H. L. (1964). Guides to Morasses in Historical Research. *The Journalism Educator Reprint*, 19(2), 38-42.

Salmon, L. M. (1923). *The Newspaper and the Historian*. New York: Oxford University Press.

Schuneman, R. S. (1971). Photographic Communication: An Evolving Historical Discipline. In

R. T. Farrar, & J. D. Stevens. (Eds.), Mass Media and the National Experience (pp. 152 – 158). New York: Harper & Row, Inc..

Shaw, D. L., & Brauer, S. W. (1969, Summer). Press Freedom and War Constraints: Case Testing Siebert's Proposition Ⅱ. *Journalism Quarterly*, 46, 243 – 254.

Siebert, F. S. (1952). *Freedom of the Press in England 1476 – 1776*. Urbana: University of Illinois Press.

Swierenga, R. P. (1970). *Quantification in American History: Theory and Research*. New York: Atheneum Publishers.

Winks, R. W. (Ed.). (1970). *The Historian as Detective*. New York: Harper & Row, Inc.

劳动和新闻工作的历史：
新闻史中口述材料的运用①

（*Toward a History of Labor and News Work:
The Use of Oral Sources in Journalism History*）

邦妮·布伦南（Bonnie Brennen）

在诸多学科中，口述史赋予那些沉默的团体和个人以声音。口述史学者保罗·汤普森（Paul Thompson）认为，通过重视"社会底层、无权势者和失败者"，官方书写的历史或将受到挑战并重新建构"一个更现实、更公平的过去"。汤普森强调关注那些参与历史进程的普通人的个体经历，认为这些经历不仅对过去进行了"更丰富、更生动和更悲痛"的建构，而且还帮助我们构建了一个更为具体可信的历史（Thompson，1990，p. 6，p. 99）。

在新闻史中，口述史可以阐明普通新闻工作者在社会和经济生活中面临的工作境况、期望与压力。它们可以与其他证据来源相互映照，并最终帮助我们了解新闻工作者在媒体机构中的地位。尽管口述史可能是探讨新闻工作者在媒体政治和经济发展中作用的最佳方式，该方法在新闻史中却很少被用于探究普通新闻工作者的经历。新闻史学者很少会讨论"作为就业场所、工作环境、劳动条件和自由思想角斗场的新闻界"。口述史非但没有开辟一个"历史认识的新视野"，反而将重点放在媒体精英上（媒体所有者、出版商和编辑），被用于支持、维系和强化主流意识形态（Hardt & Brennen，1995，p. viii；Blee，1993，p. 597）。

在此语境中，本文探讨了口述史这一方法在新闻史中的应用，概述了和媒体研究相关的重要口述史数据，并考察这些数据的运用是如何支持与美国新闻界

---

① 文章来源：Brennen, B. (1996). Toward a history of labor and news work: The use of oral sources in journalism history. *The Journal of American History*，83(2)，571-579.

的社会功能相关的传统概念。此外,本文也阐述了口述史是如何被用于强调新闻工作者的角色,以及解决媒体结构发展中的权力与控制问题的。

传统的媒介史学者一般会自上而下地书写新闻史,并辅之以对著名编辑和出版人狭隘的传记式处理。例如,《纽约先驱报》(New York Herald)、《纽约太阳报》(New York Sun)、《纽约论坛报》(New York Tribune)、《纽约时报》(New York Times)和《纽约世界报》(New York World)的历史;詹姆斯·戈登·贝内特(James Gordon Bennett)、本杰明·戴(Benjamin Day)、哈瑞斯·格里利(Horace Greeley)、亨利·贾维斯·雷蒙德(Henry Jarvis Raymond)和约瑟夫·普利策(Joseph Pulitzer)的传记,这些内容一直受到组织史(institutional history)研究者的青睐。传统的媒介史学者强调的是所有权和财产权,而不是从劳动和新闻工作的角度对生产实践进行评判。

新闻史主要建立在关于人类与社会的个人主义理论基础之上。对新闻史的主流解释是进步主义的、辉格式的(whiggish),[1]它将新闻界视为一项稳固进步的、推进自由与知识的事业。[2] 尽管在过去,一些媒介史学者已经摒弃进步主义的路径,但如今大多数媒介史仍是基于一种自由多元的社会观念,即假定了权力会在各个群体和特殊利益集团之间分散,这些群体和利益集团会在迅速变化的权力结构中争夺主导地位。该理论框架出于对白人中产阶级利益的考量,支持一种统一的新闻业理念,即新闻业可以参与经济竞争,但在意识形态上要与民主体制保持一致。从这个角度来看,媒体通过教育民众,为特殊利益集团提供了渠道,以及充当了"代表沉默而多数人利益的监督者,永远追踪腐败、滥用权力、弄虚作假与不作为的现象",来维系民主体制的平衡(Hardt,1989,pp. 114 - 131;Westergaard,1979,pp. 95 - 115)。

虽然权力与控制的问题一直是批判传播研究和整个美国史学研究的核心议题,遗憾的是,新闻史研究滞后于此。在 20 世纪 90 年代,绝大多数媒介史学者并没有就意识形态、权力和控制等基础问题展开研究,也没有将媒体设想为可能

---

[1] 译者注:辉格史观由赫伯特·巴特菲尔德(Herbert Butterfield)提出,指的是从当前现状出发,将历史的发展理解为按照其内在逻辑向现在演变的过程;同时也是从当前出发,对历史发展变化进行道德评价和判断。

[2] 詹姆斯·凯瑞(James Carey)在 1974 年呼吁建立一种媒介文化史,这被普遍认为是美国媒介史学的关键所在。凯瑞坚持认为,"辉格"(或"进步主义")的解释是一种过时的流派,他建议根据参与历史事件的个人的态度、情感、动机和期望来恢复特定的历史意识。媒介史学者回应了凯瑞的呼吁,他们开始关注新闻史的文化层面。然而,多数从事文化史研究的媒介史学者仍然排斥权力和控制的议题。参见凯瑞撰写的《新闻史的问题》(The Problem of Journalism History,1974,p. 1,pp. 3 - 5,p. 27)。

助长社会不公的政治权力工具。①

这些媒介史学者对于新闻业角色自由多元的理解与传媒教育者和传媒业之间的合作关系相关,这一合作关系最早建立于20世纪40年代。新闻学院的创办"不仅是为了传授技巧(尽管大部分课程确实如此),更是为了潜移默化地培养出愿意接受这个行业及其角色的学生"。新闻教育者一直与行业保持着密切联系,他们经常获得媒体基金资助以研究与新闻业相关的议题及那些由媒体机构发现的问题。"与新闻界保持良好关系,有助于为新闻课程取得资金支持、为毕业生提供就业机会"(Nerone,1995,p. 10)。

新闻史对于组织的关注反映在与媒介相关的口述史项目中,它们记录了编辑、出版人和媒体所有者的故事。这些材料聚焦于新闻界精英们的生活,但很少出现普通新闻工作者的声音。

在《关于新闻历史口述史的报告》(*Report on Oral Histories Relating to Journalism History*)中,美国新闻史研究学会发现了数量和种类众多的口述史项目。对于20世纪从事媒介史研究的学者而言,这些都是可用的资料。② 除总统图书馆和主要的研究型大学收藏的口述史资料外,还有很多全国性和地方性的收藏。这些收藏涉及的范围或广或窄,有的已经完成,有的仍在整理。其中多数都只是将媒介视为其更广泛收藏中的一部分,但也有一些口述史项目完全聚焦于媒介。

或许最广为人知的口述史资料收藏工作是由哥伦比亚大学口述史研究室进行的,包括对知名新闻记者生命史的访谈,如出版人约瑟夫·普利策二世(Joseph Pulitzer Ⅱ)、媒介批评家厄普顿·辛克莱(Upton Sinclair)和早期媒介理论家沃尔特·李普曼(Walter Lippmann)。这些资料已形成索引和编目,其中多数访谈的转录副本都以缩微胶片的形式保存,有的访谈转录副本长达几百页。哥伦比亚大学的非裔美国记者历史项目(African-American Journalists History Project)是一份值得关注的史料,该项目包括对具有开拓性地位的92位非裔美国记者的访谈,如艾罗斯·班克斯(Elouise Banks)、威廉·佛克斯(William Fowlkes)、乔治·斯凯勒(George Schuyler)和切斯特·华盛顿(Chester

---

① 关于传播史研究中自由多元主义框架的局限性,参见布伦南的文章(Brennen,1995,pp. 197 - 209)。
② 参见詹姆斯·斯塔特(James Startt)汇编的《关于新闻历史的口述史报告》(Report on Oral Histories Relating to Journalism History,Startt,1995)。另见艾伦·史密斯(Allen Smith)和维马拉·贾扬提(Vimala Jayanti)的相关内容,以及《纽约时报》口述史项目中的部分内容(The New York Times Oral History Program;Oral History Guide No.1,1976;The New York Times Oral History Program;Oral History Guide No.2,1979;Smith,1988;Jayanti,1992)。

Washington)。

位于佛罗里达州圣彼得堡的波因特媒体研究所(Poynter Institute for Media Studies)制作了系列访谈录像,一共31盒录像带,每盒录制的录像约半个小时,访谈对象范围广泛,从印刷业到广播电视业的新闻产业精英,包括《华盛顿邮报》(*Washington Post*)的执行主编本·布兰德里(Ben Bradlee)和甘尼特公司(Gannett Company)的主席艾尔·纽哈斯(Al Neuharth)。播音员约翰·钱瑟勒(John Chancellor)与桑德·万克(Sander Vanocur)担任该系列的主持人,具体访谈内容可以在波因特研究所查看,或以每集25美元的价格付费购买。大部分访谈工作由该研究所负责人唐纳德·鲍德温(Donald Baldwin)和玛丽恩·波因特(Marion Poynter)——研究所创始人尼尔森·波因特(Nelson Poynter)的遗孀——完成,玛丽恩同时担任《圣彼得堡时报》(*St. Petersburg Times*)的出版人与《国会季刊》(*Congressional Quarterly*)的前主席。

在撰写公司内部历史的过程中,甘尼特公司委托第三方对公司核心成员进行了20次口述史访谈,其中包括纽哈斯与《今日美国》(*USA Today*)的执行副总裁文斯·斯皮扎诺(Vince Spezzano)。所有访谈都聚焦于甘尼特公司的组织史,尤其是创始人弗兰克·甘尼特(Frank Gannett)在创建这一媒体帝国的过程中所扮演的特殊角色。这些访谈已被誊写和编辑完毕,并存放于弗吉尼亚州阿灵顿的甘尼特档案馆中。[1]

华盛顿新闻俱乐部基金会女性新闻工作者口述历史项目(Women in Journalism oral history)收录了对56位知名女性新闻人的访谈,其中包括广播主持人宗毓华(Connie Chung)与《纽约时报》的明星记者艾琳·莎娜恩(Eileen Shanahan),后者曾与其他女性工作者一同起诉该报的性别歧视行为。所有被收录在该项目资料中的新闻记者都"以其在各自领域中取得的成就而闻名,并与那些'具有历史意义的人和事有关'"(Startt,1995,p. 7)。这个始于1987年并于1994年完成的女性新闻工作者项目已编制索引,其文字转录稿亦可付费购买,该口述史的叙事背景在时间上跨越了70年。

位于华盛顿特区霍华德大学的摩尔兰-斯宾加恩研究中心(Moorland-Spingarn Research Center),存有20世纪60年代至70年代初期民权运动的史料,共计700次访谈中有15次是对新闻记者进行的访谈。访谈对象包括《旧金

---

[1] 这部分口述史访谈在最终出版物中的认可度有限,可参考唐纳德·布兰特(Donald Branld)的著作(Brandt,1993)。

山太阳报》(*San Francisco Sun-Reporter*)的编辑与出版人卡尔顿·古特里特(Carlton Goodlett)、《伯明翰世界报》(*Birmingham World*)的编辑埃默里·杰克逊(Emory Jackson)、《喷气》(*Jet*)杂志的执行主编罗伯特·约翰逊(Robert Johnson),以及《路易斯维尔保卫者报》(*Louisville Defender*)的主编、出版人弗兰克·斯坦利(Frank Stanley)(Brandt,1993)。①

　　总统图书馆和档案馆保存的访谈资料聚焦于总统和名记者(其中很多人曾是华盛顿的通讯员)之间的新闻关系。例如,位于爱荷华州西布兰奇的赫伯特·胡佛图书馆(Herbett Hoover Library)收藏了 44 份访谈记者的口述史资料;位于密苏里州独立城的哈里·杜鲁门图书馆(Harry Truman Library)收藏了 30 位媒体人员的口述史资料;位于马萨诸塞州波士顿的约翰·肯尼迪图书馆(John Kennedy Library)收藏了 46 名记者的访谈资料,其内容都与肯尼迪总统的生活及政治生涯相关。这些访谈被转录成文字,除部分外均须付费查阅;在得克萨斯州的奥斯汀,林登·贝恩斯·约翰逊图书馆(Lyndon Baines Johnson Library)收藏了 56 位知名记者的口述史资料,可通过邮件的方式借阅。

　　尽管上述例子说明了诸多与媒介相关的口述史资料具有精英特性,但也有一些地方和地区性项目涉及普通新闻工作者的故事。例如,美国加州州立大学北岭分校的南加利福尼亚新闻口述史收藏中包含近 80 份访谈资料,聚焦于 20 世纪 30—50 年代在南加州工作的报刊记者。绝大部分访谈是由该校新闻专业的学生进行的,他们通过一系列问题来了解新闻编辑室的工作环境、经历、重要故事和有趣人物。尽管大多数的访谈资料尚未被转录,但每个口述史的摘要都可供查阅。② 同时,该分校的摄影报道和视觉历史中心(Center for Photojournalism and Visual History)收藏了地区性新闻摄影记者的口述史,可以查阅到 12 位退休摄影记者的访谈资料。③

　　加州州立大学富勒顿分校的口述史项目收录了一些在南加州工作的新闻记者的访谈资料。部分受访者是当地的编辑和出版人,但也有一些像霍华德·劳登(Howard Loudon)这样的新闻工作者,他谈论了《安奈姆公报》(*Anaheim Bulletin*)的历史及其与三 K 党(Ku Klux Klan)的斗争;《洛杉矶时报》(*Los*

---

① 它们同样存档于纽约州的哥伦比亚大学巴特勒图书馆(Butler Library)口述历史研究办公室。

② 该信息来自美国加州州立大学北岭分校的新闻系主任汤姆·雷利(Tom Reilly)1996 年 2 月 26 日与本人的电话交谈。

③ 1996 年 2 月 26 日,摄影报道和视觉历史中心主任肯特·柯克顿(Kent Kirkton)在与本人的电话交谈中提及此馆藏。

Angeles Times)记者唐・史密斯(Don Smith)和非裔美国记者吉米・史密斯(Jimmie Smith)则讨论了电影与体育报道中的黑人。

加州大学洛杉矶分校口述史项目收藏了对电影电视先驱和南加州新闻记者的访谈资料,其目录列出了所有的访谈摘要。例如,该资料中包含一份长达225页的对《洛杉矶时报》记者阿诺德・拉森(Arnold Larson)的访谈记录,内容聚焦于20世纪20年代的新闻报道。其间,拉森谈及新闻记者为抵制新闻管理而采取"辛迪加"式行为(syndicating)——当时的记者们通过交换信息以避免重复劳动和保护彼此的工作。拉森解释:

> 我们会交换新闻。如果有人想要前往某法庭记录案件,他回来时就会将信息分享给其他记者,"好吧!伙计们,这就是我在这个案子里发现的",并且他会告诉我们内幕消息。这样就避免了重复劳动。抢先报道不被允许,没人会这么做,这很危险。[1]

不愿向其他记者提供信息的新闻工作者会被切断信息流。当一名《记录报》(Record)的新入职记者表示他不愿意进行"辛迪加"式报道后,拉森便向他隐瞒了一条有关陪审团调查的重要新闻线索。在除《记录报》外的所有当地报纸都刊登了这条新闻后,这名新手记者被解雇了。尽管这听起来很无情,但记者们的行为是出于自卫以免受到编辑们的过分要求,这同其他领域中抵抗管理者命令的工作者是一样的,拉森解释道:

> 新记者是不被允许轻易打破现状的……一个新人在刚入门的阶段就想闯进来改变秩序,前所未闻。我们习惯了互相保护。[2]

加州大学洛杉矶分校口述史项目中也收录了一份长达490页的访谈记录,其访谈对象是亨利・詹姆斯・福尔曼(Henry James Forman),他于1903年以《纽约太阳报》记者的身份开启了职业生涯。此外,还有一份145页的访谈记录,其访谈对象是供职于《工人日报》(Daily Worker)和其他多家加利福尼亚报社的

---

[1]　参见《20世纪报纸报道:反思》(Newspaper Reporting in the Twenties: Reflections)一文中伊丽莎白・迪克逊(Elizabeth Dixon)于1965年10月12日对拉森的访谈,该访谈收录于1970年收集整理而成的加州大学洛杉矶分校口述史项目资料第100页。

[2]　同上,第102页与103页。

体育记者莱斯特·罗吉尼（Lester Rodney）。

　　尽管大部分与媒介相关的口述史项目都忽略了普通新闻工作者，但这种疏忽更多是出于一种对新闻史构成要素的狭隘视野而非口述史研究方法本身的缺陷。当普通员工的声音被纳入其中时，劳动、权力和控制问题就会成为核心议题。当然，新闻史学者们有无限机会去发展新闻业的口述史项目。从前的新闻工作者依然是一个活跃的群体，他们通常愿意分享自己的故事。报纸和广播电视台也通常会保留前员工的名单，并成立了许多专门服务于退休员工的组织。

　　在面向居住在纽约州罗切斯特的前甘尼特新闻工作者的口述史项目中，我了解到与"信息收集""评估"和"证实"相关的新闻常规对这些记者产生了影响，而这也恰好使之成为出色的口述史研究对象。在对前新闻工作者（主要于 20 世纪上半叶在甘尼特公司工作）进行的 20 次深度访谈中，我发现这些新闻工作者不仅会讲述自身的工作经历，还会提供一些能确证其叙述的其他记者的姓名，同时这些受访者习惯于对各类资料进行留存以备未来参考，他们在访谈中也与我分享了许多相关的照片、政策备忘录、随笔、文章与剪报。

　　一些新闻工作者能够从劳工的角度出发来看待报纸与报业协会间的关系，如《罗切斯特民主纪事报》（*Rochester Democrat and Chronicle*）的前记者米奇·凯迪（Mitch Kaidy）。在 20 世纪 60 年代初，作为当地报业协会主席的凯迪在与纽哈斯的合同谈判中产生了激烈矛盾。凯迪解释说，尽管甘尼特公司在纽哈斯上任前一直都是"反劳工"（antilabor）的右翼公司，在纽哈斯到来之前，"编辑写作人员并没有受到任何直接的压力。那时他们没有纽哈斯——他是公认的刽子手，他的到来就是要处决报纸协会与所有协会的支持者和新闻编辑部的从业者"。他坚持认为纽哈斯"发动了一场有系统的针对协会中积极分子的运动"。凯迪讲述了在顺利解决合同纠纷后，他是如何被迫离开报社的。管理层把他从享有声望的专门采写市政新闻的政治记者调为"最底层的""下水道记者"（Sewer Beat），专门负责采写罗切斯特地区新下水道的安装情况。凯迪说："当他们把我从顶层调到底层时，就释放出一个信号——他们不再需要我。"此后凯迪离开了报社，为纽约州立法机构工作。凯迪表示，在纽哈斯经营甘尼特公司期间，"多数与协会相关的人或是感到了被排挤的压力，或是直接被赶走，又或是被辞退"。①

---

①　参见布伦南于 1994 年 7 月 5 日对凯迪的访谈，该访谈收录于甘尼特新闻工作者口述史项目（Oral History of Gannett Newsworkers project）资料第 5—9 页。

尽管大部分现存于新闻界的口述史收藏都聚焦于媒体精英,但这些史料对于了解普通新闻工作者在传播史中的作用仍有助益。著名主编、出版人和所有者的生命史中可能包含了他们早年新闻工作的经历,这些信息或许有助于历史学者了解普通记者的工作环境。例如,在哥伦比亚大学口述史研究室对汉斯·万·卡尔滕堡(Hans von Kaltenborn)的专访中,记录了他作为一位广播先驱的成就,也记录了他作为《布鲁克林鹰报》(*Brooklyn Eagle*)记者的生活。1902年,卡尔滕堡每周的薪酬为 12 美元,白天被派去报道联邦大厦和布鲁克林海军工厂(Brooklyn Navy Yard),晚上则报道国民警卫队。在《布鲁克林鹰报》工作期间,他学会了如何开发新闻报道,以及从随机的评论中分辨出潜在的新闻。卡尔滕堡谈及与海军工厂的上将和上校相关的问题,认为这些人不喜欢他们的故事被大肆宣扬进而引起公众关注。卡尔滕堡表示,“当什么都不被公廾时,他们是最舒服的。因为无论什么登上报纸,都会引起华盛顿当局的注意并出现问题。他们是我的天敌,工厂的上校就多次威胁要把我赶走。”[1]

在新闻史中,一个问题依旧存在——这些口述史要讲述谁的故事? 如果新闻史学者仍然囿于带有线性进步色彩的自由主义历史观,那么他们创造和利用的只会是那些用以支持主流制度的口述史。媒介史学者则对“传播史”进行了再定义,视其为 个由连续与断裂、演变与革命组成的持续且连贯的辩证过程。对于这些媒介史学者而言,他们可能会更关注劳工在传播史中扮演的角色(Williams,1989)。这种理解会刺激新闻史学者超越以往关于财产权与所有权的议题,去思考新闻工作者在当代媒介机构中的作用。劳工的视角不仅涉及新闻工作者的工作环境、条件、期望、责任与日常,还将探讨“新闻常规”等概念(如专业主义、民主、客观性与责任)对其工作生活的影响。

总之,如果媒介史学者在聚焦新闻工作者的口述史时,能够将个人与群体经历置于特定的政治、社会与经济现实中,或许他们才能真正释放出口述史的潜力,反之亦然。

参考文献

Blee, K. M. (1993, September). Evidence, Empathy, and Ethics: Lessons from Oral Histories of the Klan. *Journal of American History*, 80.

---

[1] 《卡尔滕堡的回忆》(*The Reminiscences of Hans von Kaltenborn*)一文收录于《纽约时报》口述史项目,同样作为资料于 1950 年由哥伦比亚大学口述史项目(Columbia University Oral History Collection)的第一部分收录,并于 1973 年由美国微缩胶片公司(Microfilming Corporation of America)出版。

Brandt, J. D. (1993). *A History of Gannett*. Arlington, *1906 - 1993*. Arlington.

Brennen, B. (1995, Spring). Newsworkers During the Interwar Era: A Critique of Traditional Media History. *Communication Quarterly*, *13*, 197 - 209.

Carey, J. (1974, Spring). The Problem of Journalism History. *Journalism History*, 1.

Hardt, H., & Brennen, B. (Eds.). (1995). *Newsworkers: Toward a History of the Rank and File*. Minneapolis.

Hardt. H. (1989, Spring). The Foreign-Language Press in American Press History. *Journal of Communication*, *39*, 114 - 131.

Jayanti, V. (1992). *The UCLA Oral History Program: Catalog of the Collection*. Los Angeles.

Nerone, J. C. (Ed.). (1995). *Last Right: Revisiting Four Theories of the Press*. Urbana.

Smith, A. (1988). *Directory of Oral History Collections*. Phoenix.

Startt, J. D. (1995, September). *Report on Oral Histories Relating to Journalism History*.

Thompson, P. (1990). *The Voice of the Past: Oral History*. Oxford.

Westergaard, J. (1979). Power, Class, and the Media. In J. Curran, M. Gurevitch, & J. Woollacott (Eds.), *Mass Communication and Society* (pp. 95 - 155, esp. 96). Beverly Hills.

Williams, R. (1989). *Resources of Hope: Culture, Democracy, Socialism*. London and New York: Verso.

被"遗忘"的 1918 年大流感及媒体报道中的公众焦虑[①]

（The 'Forgotten' 1918 Influenza Epidemic and Press Portrayal of Public Anxiety）

珍妮丝·休谟（Janice Hume）

假若腹痛难忍，

此即为流感！

假若醒时昏昏欲睡，

此即为流感！

记忆逐渐褪色？

肝脏骤然欲跃，节律混乱？

背部更现丘疹之沟壑？

此即为流感！

眼中斑驳如星点缀缀？

此即为流感！

身形臃肿下沉？

恐已遭流感之祸！

（*That Flu Stuff*，1918）[②]

　　主流新闻媒体和学者在分析事件和趋势时经常使用"美国焦虑"（American Anxiety）这一概念，并将这种集体观念的形成归因于政治哲学转向，以及流行文

---

① 文章来源：Hume, J. (2000). The 'forgotten' 1918 influenza epidemic and press portrayal of public anxiety. *Journalism & Mass Communication Quarterly*, 77（4），898-915.

② That Flu Stuff, *Literary Digest*, 14 December 1918, 81.

化主题的变化。[1] 然而,尚未有人以历史的视角来分析美国大众媒体是如何描绘公众焦虑情绪的。为何理解这样的报道尤为重要? 迈克尔·舒德森(Michael Schudson)指出,新闻界"参与建构了我们生活的精神世界,而非是对我们所处'真实世界'的再现"(Schudson,1991,p. 423)。事实上,他认为新闻界是"现代公众意识最具代表性的承载者、建构者和创造者"(Schudson,1995,p. 37)。通过大众传媒,新闻媒体赋予这些被建构的精神世界以"一种优先权、一项合法重要性的认证"(Schudson,1995,p. 33)。对"社会象征意义"(social symbolic importance)的焦虑可能是这些内容的一部分。保罗·康纳顿(Paul Connerton)认为,美国集体意识和记忆通常是对某种社会秩序的合法化(Connerton,1989,p. 3)。因此,以历史的视角来审视大众传播中的新闻媒体如何描绘美国人的恐慌,或许可以为美国集体意识和记忆理论的建构提供新见解,并有助于理解不断衍化中的美国文化的复杂性。

本文将通过研究美国历史上的一次国内危机——学界普遍认为本应造成更严重公众焦虑危机的 1918 年大流感——发生期间及之后在美国杂志上的新闻报道,迈出该问题历史化取向的一小步。这不是一项量化研究,而是试图在(历史)语境中考察作为原始数据(primary source)的新闻内容,以便更好地理解公众的部分共同意识。本文通过分析 1918—1920 年美国期刊(杂志)对大流感的报道和转引,以期验证彼时焦虑是否被报道及如何被报道。之所以选择杂志作为研究对象,原因有二: ① 基于当时杂志的显著地位与流行度;② 杂志是在所选时间段内唯一能被全国读者真正接触到的媒介。鉴于此,本文试图找寻这一问题的解答:在 1918 年大流感期间及之后,美国杂志如何刻画焦虑?

一、危机

1918 年大流感可被视为是人类历史上最严重的疫情之一。安·郝林(Ann Herring)在《人种历史学》(*Ethnohistory*)中写道:"1918 年大流感与黑死病

---

[1]   例如《大西洋月刊》(*Atlantic Monthly*,1996,March,p. 57)引用了美国人"担心我们已经失去对事件的控制"来解释国家政治理念的转变,1984 年 1 月的《时代》(*Time*,1984,January,p. 46)杂志谈到了"在这片土地上的战意和焦虑",意指核战争的可能性。许多学科的学者们都谈及公众焦虑。杰克·希特林(Jack Citrin)等人指出国家经济焦虑的事实,以及其对关于移民问题的公众舆论产生的影响(Citrin et al.,1997,p. 858);杰罗德·西蒙斯(Jerold Simmons)认为公众对青少年犯罪的焦虑是导致电影《无因的反抗》(*Rebel Without a Cause*)被审查的部分原因(Simmons,1995,Summer,p. 56);另一部电影《致命吸引力》(*Fatal Attraction*)所"唤起的恐怖"则归因于美国对国际政治恐怖主义的忧虑(Rohrkemper,1992,p. 83)。

(Black Death)、查士丁尼瘟疫（Plague of Justinian）一样，是已知的最具毁灭性的人间浩劫。"（Herring，1984，Winter，p. 80）此次流感"发病前毫无征兆，先是头部和眼睛的剧痛，腿部与肾脏骤痛，随后变得虚脱无力。高烧迅速袭来，间或干咳出带血丝的痰。当面部呈现紫灰色时，死亡也就不远了"（Herring，1984，Winter，p. 81）。

在 1918 年，这种流感感染了世界 1/5 的人口，造成约 2 500 万人死亡，其中包括 60 万名美国公民。简·布罗克斯（Jane Brox）认为，此次流感最令人不安的特征之一是它对 20—40 岁成年人的打击最大，"那些此前从未生过病的健康青年，昨天还工作了一整天"（Brox，1995，Fall，p. 689）。乔安·克里格（Joann Krieg）在 1992 年的《现代世界的疫情》（*Epidemic in the Modern World*）中写道："只有年长的公民才会从亲身经历中回忆起这场疫情，且几乎无一例外地会想起这样的场景：有个年轻人死去了……在被汗水浸透的床上，伴随着无法抑制的高烧"（Krieg，1992，p. 17）。

克里格也注意到，美国历史上这场惊人的疫情在很大程度上为文学及艺术领域所忽视，部分原因是"民族自豪感与经济恐慌"（Krieg，1992，p. 2）。阿尔弗雷德·克罗斯比（Alfred Crosby）在 1918 年的《传染病与和平》（*Epidemic and Peace*）一书中提到，无论是在亲身经历之时还是在记忆之中，美国人从未被这场疫情吓到（Crosby Jr.，1976，p. 311，p. 314）。

二、公共记忆

公共记忆并不仅关于过去，而是"与过去相关的一系列信念，能帮助公众或社会理解其过去与现在，并从中预见未来"（Halbwachs，1991；Bodnar，1994，p. 76）。约翰·吉利斯（John Gillis）认为，记忆并非是固定不变之物，而是对现实的重现或主观建构。如此，记忆就可能被扭曲甚至被操纵（Gillis，1994，p. 3）。正如迈尔克·卡门（Michael Kammen）所写，"扭曲的记忆的确能够成为一个焦虑时代的治愈良方"（Kammen，1995，p. 330）。卡门还指出，造成这种记忆扭曲甚至集体失忆的原因或许更为复杂，其中一个原因可能是对政治和文化凝聚而言必不可少的民族主义；另一个原因是扭曲能"重新且必要地调整特定时间和地点中异常的、不同步的价值或价值体系"（Kammen，1995，p. 329，p. 330，p. 340）。无论原因如何，1918 年大流感已然消失在公共记忆中，而媒体对此次疫情及后续的报道或许能为上述现象提供一些线索。

事实上，新闻报道在淡化流感疫情记忆的过程中发挥着不可忽视的作用。

时代学者约翰·杜威(John Dewey)曾写道,"象征、符号和语言是引领和维系共有的亲密经历的方式。"(Carey,1989,September,pp. 264 - 282 转引自 Dewey,1927,pp. 217 - 219)在 20 世纪早期,象征、符号和语言一定程度上是通过大众媒体共享的。然而,正如杰弗瑞·哈特曼(Geoffrey Hartman)所告诫的,大众媒体并非最好的历史记录者,"公共记忆的最大威胁正是官方叙事"(Hartman,1993,p. 242)。舒德森提醒人们,文化记忆借"社会组织和文化制品传播",并必然会被扭曲,因为"记忆总是有选择性的"(Schudson,1995,pp. 347 -348)。通过考察该时期媒体所做的选择,以及"引领和维系"1918 年大流感恐怖体验的象征符号和语言,或许有助于理解其对集体记忆的抑制。

三、公共焦虑

"集体焦虑"(collective anxiety)这一概念在学术论文与新闻作品中常被使用,学者们却忽视了建立一个良好理论基础的关键作用。

阿兰·亨特(Alan Hunt)在《焦虑与社会解释:关于焦虑的焦虑》(*Anxiety and Social Explanation: Some Anxieties about Anxiety*)一文中探究了上述研究问题,并试图促进对其所谓的"焦虑理论"(anxiety theory)的批判性讨论,[①]他将"焦虑"定义为"对危险处境的反应,无论危险真实与否",并提出下述两点:① 反对将公共焦虑简单地视为个人焦虑的集合;② 反对贸然地将公共焦虑视为某些社会表现的原因。亨特也指出,学者应力求"解密焦虑的构成与存在形式,因为社会焦虑无论尖锐还是琐碎,都能刺激研究"。他呼吁对"放大法"(method of amplification)进行审视,以此作为理解个人焦虑与社会焦虑之间纽带的入门方法(Hunt,1999,Spring,pp. 509 - 528)。当然,新闻界为放大及合理化大众焦虑提供了基本条件,但这已超出本文的研究范围,即试图去论证任何影响都是由已经发表的关于流感焦虑的报道产生的,无论如何,对"放大法"的检验都将有助于理解特定历史语境下个人焦虑与社会焦虑间的纽带。

四、美国的杂志

本文的主要研究对象是美国杂志。正如詹姆斯·凯瑞(James Carey)所指出的,现代新闻业始于 19 世纪末全国性杂志的诞生与都市报的发展,这些进步

---

① 亨特指出,目前尚无关于焦虑理论的学派,但他认为焦虑理论是一种"被广泛运用的解释策略",而其背后不言自明的假设尚未得到证实。

有助于在 20 世纪初期创造一种"作为集体的美国受众"的样态。凯瑞写道："国家或大众传媒的兴起……创造了'伟大的读者',即一个我们注定要在其中度过人生大半时间的新集体……这是首批全国性的读者,也是首批大众,在原则上它面向所有人。现代传播媒体使每个人联系在一起,也首次将个人直接导向'想象的共同体'"(Carey,1997,p. 240)。

至 20 世纪 20 年代,杂志已经被牢固确立为"一种国民的阅读习惯,其读者数量仍在快速增长",杂志"介绍了国民生计的各个方面,其内容包含大多数美国人的观点、态度、情感、热点话题和感兴趣的事情"(Tebbel & Zuckerman,1991,p. 73)。在一个大众媒体影响日益增强的时代,杂志成为真正的全国性媒体。正如 20 世纪早期的观察者罗伯特·戴斯蒙德(Robert Desmond)所提出的,在世纪之交,新闻媒体"已颇具影响力,它合乎人们对所处环境和世界的信息需求"(Desmond & Sloan,1994,p. 184)。集体焦虑是这个环境和世界中的一部分,也是杂志的一部分。正如约翰·忒伯(John Tebbel)和玛丽·艾伦·祖克曼(Mary Ellen Zuckerman)所写,"杂志的内容反映了在美国中产阶级中存在的新兴且绝望的恐惧"(Tebbel & Zuckerman,1991,p. 80)。

五、变迁社会中的焦虑定义

20 世纪早期对"焦虑"的定义是:对于某些未来不确定事件的不安或悲痛(包括由危险、不幸或过失而引发的忧虑),也包括担忧、牵挂、骚乱、关怀(偶尔由麻烦引起)、不祥的预感、焦急、不安、心神不定、疑虑、忧虑、精神烦乱、痛苦、惧怕、焦躁、胆怯、羞怯、猜疑、多疑、心慌、顾虑、惶恐、烦恼和紧张(Whitney & Smith,1911,p. 253,1913,p. 127;Roget,1925,p. 289)。1917 年出版的《克雷布英语同义词》(*Crabb's English Synonymes*)写道,焦虑中"既有对当下的痛苦,又夹杂着对未来的期许"(Crabb,1917,p. 142)。

一位时代观察者指出,技术的飞速发展是美国人焦虑的缘由之一。亨利·亚当斯(Henry Adams)在 1918 年写道,在 20 世纪初,"繁荣前所未有,权力从未臣服于人类,人类社会发展的速度只有流星才可媲美,这也让世界变得焦躁、紧张和充满抱怨,既不合理又令人恐惧"(Peters,1989,September,p. 248 转引自 Adams,1918)。历史学者杰克森·里尔斯(Jackson Lears)认为 1880—1920 年的美国(该时期被他称为"美国文化转型期")在"官方乐观主义的表象下透露出焦虑的信号"(Lears,1994,p. 25)。不仅如此,"越来越多受过教育的美国人开始有了病痛的感觉,这是一种几乎不可名状的感觉——意识到'否定'和'逃避'

并不能遏制由高速发展的工业社会衍生而来的社会与精神上的矛盾"(Lears，1994，pp. 25‐26)。新闻界的报道在集体观念中很可能强化了这种看法。事实上，同时代的另一位观察者查尔斯·霍顿·库利(Charles Horton Cooley)就媒体对群体心理的影响表示了担忧。他在 1909 年写道，新闻界使"情绪的传染在更大范围内发挥作用，现在人们都感受到了它的激荡……"(Peters，1989，September，p. 257 转引自 Cooley)。因此，考察媒体内容会明证这种"激荡的情绪"，包括美国人普遍具有的焦虑。

六、观念的传达

事实上，本文考察的美国杂志已经向读者传递了某种观念，这可以借助框架理论加以理解。例如，托德·吉特林(Todd Gitlin)认为，媒体"十分擅长策划日常观念——因为它们无处不在、唾手可得且具有集中表达象征的能力……通过界定概念与联想、符号与修辞，大众媒体使意识形态变得明晰具体"(Gitlin，1980，p. 2)。吉特林认为框架是"选择、强调和表达的原则，这些原则由关于什么存在、什么发生、什么重要的默会理论组成"(Gitlin，1980，p. 6)。潘忠党(Zhongdang Pan)和杰拉尔德·科西基(Gerald Kosicki)将框架作为一种新闻话语方法加以解释，基于欧文·戈夫曼(Erving Goffman)的《框架分析》(*Frame Analysis*)，他们视新闻话语为一个社会认知过程，在该过程中，"信源、新闻工作者和受众按照社会界定的角色，在共享的文化世界中相互作用"(Goffman，1974；Pan & Kosicki，1993，March，p. 55)。由于新闻框架和共享文化之间的关联，在本质上任何类型的新闻报道的呈现都与记忆、文化和集体意义密切相关。鉴于此，本研究将考察和此次流感有关的杂志文章，重点关注其中的侧重与取舍，并借助媒介框架理论讨论现实如何被媒体建构。[①]

舒德森的《集体记忆扭曲的动因》(*Dynamics of Distortion in Collective Memory*)一文为本分析提供了起点。他将集体记忆的扭曲分为"间离化"(distanciation)、"工具化"(instrumentalization)、"叙述化"(narrativization)、"常规化"(conventionalization)四类。间离化指的是通过时间的推移来重塑记忆，包括细节的缺失和情感强度的减弱。在鲜活的记忆逐渐淡去后，"唯一留下的回忆只是些文化制度化的残余物"。叙述化则是指过去被简化并"封装成某种文化

---

① 框架装置(device)包括隐喻(metaphor)、范例(exemplar)、关键短语(catchphrase)、描述(depiction)和视觉图像(visual images)，参见潘忠党和科西基的相关研究(Pan & Kosicki，1993，March，p. 56)。

形式"，即一种有开始、发展和结尾的叙事。过去是由强大的社会组织制造出来的，而非由经历保存下来的，这便是常规化（Schudson，1995b，pp. 348 – 359）。学界普遍认为 1918 年大流感会引起强烈的公众焦虑，但实际上无论是亲身经历还是其他途径了解，这场可怕的疫情都未使美国人产生想象中的恐慌情绪。本文将以 1918 年（流感疫情高峰期）、1919 年和 1920 年《期刊文献的读者导读》（Reader's Guide to Periodical Literature）杂志第 4 卷、第 5 卷的标题中含有"流感"（influenza）一词的 58 篇文章为对象，借助该时期对"焦虑"的定义和记忆扭曲形式的框架来分析媒体对 1918 年大流感这一事件的报道。

七、对疫情的报道

在"读者导读"中可以检索到的对流感最早的报道是 1918 年 9 月的《文学文摘》（Literary Digest），它预测了"所谓的西班牙流感"的严重性，"权威人士一致认为我们无法逃脱"。尽管疫情的暴发似乎不可避免，但该杂志让读者放宽心，因为"人们通常会在患病的两三天内就迅速、彻底地康复"，并且"不会给年轻及健康的人带来严重的后遗症"。[①] 即使有这样看似乐观的预测，该杂志仍然设计出一个主题（或称之为框架），并贯穿于接下来的两年半时间内的流感报道中，即对流感实质和诱因缺乏了解的焦虑。[②] 为了安抚人们对罹患流感的担忧情绪，《科学》（Science）杂志介绍了流感及其传播途径、治疗方法和控制手段，并提醒人们"在疫情暴发期间，应避开人群拥挤的场所，如集会、有轨电车等"，同时也提倡"应教育人们注意吐痰、咳嗽可能产生威胁"。[③]

到了 10 月，《调查》（The Survey）、《文学文摘》和《独立》（The Independent）等杂志均开始以更令人焦虑的语言来描述疫情，称其为"可怕的"[④]"敌人""神秘莫测的疫病"[⑤]"一场全国范围的疾病"（Walsh，1918，October，p. 86）"一次重大危机"[⑥]"一场正向全国肆虐的祸害""让全体人民付出惨痛代价"（Price，1918，October，p. 95；Murphy，1918，October，p. 97）。许多文章描述了一些城市为控制疫情而采取的不计后果的措施，包括休庭、禁止售酒、取消公共集会、调整工厂下班时间以实现错峰出行（避免过度拥挤）、关闭一些公共场所（剧院、

---

① Spanish Influenza, *Literary Digest*, 14 September 1918, 21.
② 同上，第 22 页。
③ The Epidemic of Spanish Influenza, *Science*, 20 September 1918, 289.
④ Spanish Influenza and Its Control, *The Survey*, 12 October 1918, 45.
⑤ How to Fight Spanish Influenza, *Literary Digest*, 12 October 1918, 13.
⑥ Extent and Control of the Influenza Epidemic, *The Survey*, 19 October 1918, 63.

学校、冷饮部、保龄球馆、沙龙和拍卖会），并最终要求取消教堂礼拜。此外，也有文章讲述了当局所做的努力、医护人员的短缺与患病情况、遗体过多难以处理的问题、病床与医疗设施供应不足的问题、国会为拨款抗击疫情所做的努力、对于流感必然引发肺炎的担忧、流动站的建立和对患病人员与护理者的饮食安排，以及对孤儿与破碎家庭的安置工作中出现问题的担忧。①

正如一篇有关马萨诸塞州情况的报道："难以计算出因流感而成为孤儿或半孤儿的总数，但显然不会是小数目……类似的报道不断传来：一个街区中有 10 位为人父母者因流感去世；仅在 36 小时内就有 12 位女性因丈夫死于流感而向济贫院提交申请，她们的丈夫还不到 30 岁，其中每人都留下了 2 至 6 位家属。"（Murphy，1918，October，p. 100）尽管报道形势如此严峻，该杂志还是用鼓励的言辞来应对公众显而易见的焦虑情绪。杂志援引了卫生当局对疾病的乐观预测，称疫情很快会得到控制，②并提醒读者对疾病的恐惧远比病情本身的危害更大。《文学文摘》写道：

> 此外，《波士顿环球报》（*Boston Globe*）和其他报刊指出："恐惧是我们最大的敌人"；"无论是与德国人还是病菌作战，胆怯的人就已经输了一半。"如果每个人都为终结这场疫情而努力，那么我们就没有理由恐慌，谨记"无论是战争还是疾病，只有冷静的斗士才是胜利者"。在《哈特福新闻报》（*Hartford Courant*）看来，应对这种流感的办法就是"想点其他东西"。③

或许是为了进一步平息恐慌情绪，一些杂志向读者宣称这种流行病（epidemic）早已有之，并不新奇。《独立》杂志写道，"我们再次强调，自 16 世纪有记录以来，这种疾病就经常作为一种'大流行'（pandemic）出现……19 世纪至少出现了四个流感大流行时期……即使是大流行，这种疾病也不会使总体死亡率骤升，造成严重后果。"（Walsh，1918，October，p. 86）当然，人们可能会害怕染上这种高致死率的疾病，因此许多文章反复强调美国陆军卫生局局长关于避

---

① Spanish Influenza and Its Control，*The Survey*，12 October 1918，45；How to Fight Spanish Influenza，*Literary Digest*，12 October 1918，13；Price，1918，October，p. 96；Murphy，1918，October，pp. 98 - 99；Framingham-How the Community Health and Tuberculosis Demonstration Met the Influenza，*The Survey*，19 October 1918，64.

② Spanish Influenza and Its Control，*The Survey*，12 October 1918，45.

③ How to Fight Spanish Influenza，*Literary Digest*，12 October 1918，13.

免感染的建议——包括远离人群、咳嗽与打喷嚏时用东西捂住、通过鼻子呼吸、保持卫生、监测步行、骑车和睡觉时的体温、开窗通风、正确进食和饭前洗手。新闻界的职责是传递有价值的信息而非散布谣言。[①] 在接下来的几个月中,杂志刊登了预防病毒的方法、疫苗研发的进展、医疗保健的完善,以及政府机构为应对疫情所做的努力。[②]

　　到了 11 月,《北美评论》(*North American Review*)指责美国政府在明知疫情"将会大规模暴发"的情形下"不作为、优柔寡断和拖延"。该杂志认为公众完全有权利要求政府表现出如上一代人面对黄热病时的英勇决断,但文章也指出,"我们在惊讶与谴责当局明显的淡漠与无用的同时,也要为大众媒体的漠不关心而感到遗憾,无论是出于冷漠或是懦弱,抑或是两者兼有,大众媒体表现出了这个国家历史上前所未见的迟钝与不作为。"[③]

　　《文学文摘》指责港务局工作松懈,这导致"在和平时代中竟有如此之多的公民丧命,甚至比前线敌军使用致命性武器造成的伤亡还大"。它还引用了另一份出版物对港务局的谴责,认为港务局本该隔离载有患病乘客的船只,"隔离船上的每一个人,直到彻底消除将病毒携带上岸的可能性"。[④] 杂志并未指责医生缺乏控制疫情的能力,尽管本文开头那首发表在 1918 年的诗歌用诙谐的语气暗示了大众的焦虑情绪,并讽刺了那些误诊流感的过劳的医生。[⑤]

　　一位医生在为《调查》杂志撰写了关于在芝加哥举行的美国公共卫生协会会议的文章时,"坦白了美国公共卫生当局的一些情况"——"卫生当局并不清楚自身的立场,也不知道该采取什么措施"(Price[M.D.],1918,November,pp. 367 - 368)。他援引了密歇根州安阿伯市一位军医的说法,"我一生中最悲伤的时刻就是眼睁睁看着成百上千的士兵在军营中死去却无能为力。从那一刻起我就决定,再也不会夸耀医学上所取得的伟大成就,而是谦卑地承认我们对这一疾病知之甚少。"(Price[M.D.],同上)这篇文章也警告了人们流感暴发的隐患,并引用

---

① 1018 年 10 月的《文学文摘》曾建议新闻界要避免谣言,更多地关注传播关于如何应对疾病的实际信息。参见 How to Fight Spanish Influenza, *Literary Digest*, 12 October 1918, 13.

② 参见 Oliver, 1918, November, p. 356, p. 367;Scientific Events, *Science*, 15 November 1918, 487 - 488;The Extent and Cost of Influenza, *The Survey*, 16 November 1918, 194;Murphy, 1918, November, pp. 212 - 214;Price, 1918, December, p. 369;A Program to Combat Influenza, *The Survey*, 28 December 1918, 408 - 409;Vaccination Against Influenza, *The Literary Digest*, 28 December 1918, 25.

③ Micawber;Sanitarian, *The North American Review*, November 1918, *208*, 657 - 660.

④ How Influenza Got In, *Literary Digest*, 30 November 1918, 23.

⑤ That Flu Stuff, *The Literary Digest*, 14 December 1918, 81.

芝加哥卫生专员的话,"我们的职责是让人们远离恐惧,恐慌远比流感更加致命;于我个人而言,如果人们愿意且确实可以缓解他们紧绷神经的话,那我会支持他们将幸运符挂在表链上"(Price[M.D.],同上)。

流感暴发后的第二年,杂志上关于疫情的文章数量略有减少,由1918年的26篇减少至1919年的21篇。灾难发生后,很多文章都表达了焦虑,询问"流感是否会卷土重来",并根据以往流行病的发展历史预测疫情可能会"余烬复燃"。① 《美国评论》(*The American Reviews*)提及,"在患病率和死亡率得到控制前,我们甚至无法粗略评估流感对这个国家已经造成和将要造成的损失。"(Biggs,1919,January,p. 69)然而,在1919年年初的几个月里,科学类杂志及其他杂志就列出了人口普查及美国公共卫生协会统计的流感和肺炎死亡人数,试图借此评估由大流感带来的人口与经济上的损失。② 这些文章延续了自1918年起关于流感的"焦虑主题",认为这种疾病是"神秘的",③是一个"斯芬克斯之谜"(Sphinx)(Oliver,1919,March,p. 200),并认为医生和其他当局对此持有"无望而无助的态度"。(Biggs,1919,January,p. 70)"这场大流行最令人惊讶的地方在于人们对其几乎一无所知",一篇《科学》杂志上的文章如是说,"针对此次大流行所采取的控制措施的理论依据难以寻觅……在这件事上,没有任何一个人敢自称权威。"④

只有两篇文章从真实事件入手,描述了人们如何英勇地与危机做斗争。《文学文摘》刊发的《流感前线的战时报道》(*War Reports From the Influenza Front*)一文将美国护士比作一战中的英雄:"与流感的战争尚未结束,具有奉献精神的女性奋战在第一线,其中有许多人并未像士兵那般成为英雄,获得荣誉与鼓舞,她们不幸殒命,亦无人为她们赞颂与哭泣……这些护士没有被授予任何勋章……但她们的名字早已刻在敬重她们的同胞心中,刻在了人们的荣誉榜上。"⑤

该文介绍了疫情期间不畏困难的护士,她们来自密歇根州、新泽西州、康涅狄格州、得克萨斯州、爱荷华州、马萨诸塞州和科罗拉多州,其中一位来自北密歇

---

① 参见 Will The Influenza Come Back?, *The Literary Digest*, 11 January 1919, 23; Biggs, H. M. 1919, January, pp. 69 - 71.

② Deaths from Influenza and Pneumonia, *Science*, 7 February 1919, 142 - 143; In the Wake of the 'Flue', *The Survey*, 22 February 1919, 728 - 730; Statistical Study of the Influenza Epidemic, *Science*, 7 March 1919, 228 - 230.

③ The Influenza Mystery Deepens, *Scientific American*, 1 February 1919, 92.

④ The Lessons of the Pandemic, *Science*, 30 May 1919, 501, 503.

⑤ War Reports from the Influenza Front, *Literary Digest*, 22 February 1919, 62.

根州卢斯的科隆小姐说:"我们夜里要骑车到二三十英里以外的营地,途中需要穿过极其茂密的树丛和崎岖的道路。多数时候我们会碰到三四十起病例,有次遇到了 10 个人着衣挤在一间小木屋的两张床上,高烧均超过 40 摄氏度"。[1] 到了 5 月,疫情最严重的阶段已经过去,杂志《工业—艺术》(*Industrial-Arts*)报道了"医护人员英雄式的付出,以及具有家庭护理经验的女性的慷慨相助",赞扬了加利福尼亚州圣何塞居民捐赠床铺、食物和补给的事迹。

> 人们的反应令人振奋,这足以证明人性本善。美国人民是值得信赖的!当有需要时,他们的反应是如此令人称道:具有高尚的自我奉献与牺牲精神!无论高低贵贱,人们均倾力给予他人帮助。
>
> "我希望我能做到更多",一位穿着简朴、慈母般的女性在捐助一些土豆、旧衣物和婴儿床时说道。
>
> "我希望我能做到更多",一位衣着考究的女性真诚地表示,她的司机正从豪车中卸下她的捐助物资。
>
> （Morton，1919，May，p. 199）

然而,绝大多数文章仍在探讨如何避免流感蔓延,[2]其中包括《科学》杂志上的一篇文章。该文章的探讨更为深入,提出了"一天中通过手、口和鼻感染病毒的 119 种可能性",文章对此提出的建议是"我们应当取消通用的握手礼节,找到取代亲密社交礼节的问候方法"。[3]

和 1918 年的文章一样,1919 年刊发的文章也在不断提醒:除疫情之外,读者还需要对其他事情保持冷静。譬如,《文学文摘》曾写道:

> 值得注意的是,自去年 11 月签署停战协议以来,由战争引起的普遍不安、暴动和紧张情绪已得到明显缓解。但持续的非法罢工、种族冲突和不断增加的生活成本造成的社会问题愈发严重,触及国民的紧张神经。这种境况对个体的抗病能力产生不利影响。

---

[1] War Reports from the Influenza Front, *Literary Digest*, 22 February 1919, 62.

[2] How to Avoid Influenza, *Science*, 28 March 1919, 311 – 312; How the Hand Spreads Influenza, *Literary Digest*, 1 March 1919, 24 – 25; The Lessons of the Pandemic, *Science*, 30 May 1919, 501 – 506.

[3] Opportunities for Contact Infection, *Science*, 21 March 1919, 288.

　　最后，有两篇发表在1919年的文章谈到了从大流行中吸取的经验教训。其中一篇文章指出，当时的学生被禁止聚集在一起，其学业却需要他们进行连续的学习，因此产生了职业教育的新方法（Clarke，1919，May，p. 200）。另一篇文章则认为流感"在情感付出、财富消费和项目发展方面给社会造成了损失"，并担心"人类很可能会错失此次教训的深层意义"。①

　　到了1920年，有关大流感的文章数量减少至11篇，其中多数文章仍沿用前两年的框架，如流感"依然很神秘"②"医学极少会遇到如此费解的难题"。③《时论》（Current Opinion）上的一篇文章对未来流感暴发的黑暗前景表示担忧，并提出疑问"这种流行病会让我们束手无策吗？"④文章痛惜道，"18个月前我们自以为了解的知识，到现在其实也是不甚了解。"⑤但这种知识的匮乏也并非是新鲜事，有一篇文章提及，诺亚·韦伯斯特（Noah Wester）曾在18世纪末将流感归因于"电气干扰而非细菌"。⑥

　　还有文章绘制了疾病的传播地图，借助统计数据记录死亡人数，将其按地理分布、性别、种族和年龄进行细分，⑦只有一篇文章除外，护士应急委员会主席为《调查》撰写的文章运用了叙事的手法，为读者呈现了更生活化的故事，以此获得人们在护士培训与资源方面的支持（Wald，1920，February，pp. 579-581）。此外，一些文章仍旧向读者声称此次流行病并无甚特别，历史上已发生过多次；甚至有文章声称"荷马史诗（Homer）的第一卷中所描述的流行病很可能就是流感"（Walsh，1920，February，p. 245）。

　　与1918年、1919年的文章一样，1920年刊登的文章仍在提醒读者：担心疾病是最糟糕的选择。《文学文摘》杂志称，担忧会改变血液的质量，因为"各种腺体的分泌物受情绪控制"，从而削弱了身体对疾病的抵抗力。⑧另一篇由医师撰写的题为《无需担心流感》（Don't Worry About the Flu）的文章，建议通过喝烈

---

① To Strangle Epidemics in their Lairs, *The Literary Digest*，1 November 1919，29.
② The 'Flu' at its Work Again, *The Literary Digest*，31 January 1920，13.
③ The Great Plague, The Independent，21 February 1920，292.
④ The Most Pressing Practical Problem of Preventive Medicine, *Current Opinion*，April 1920，506.
⑤ 同上，第507页。
⑥ Electric Disturbances, Not Germs, Cause 'Flu', Thought Noah Webster, *The Literary Digest*，28 February 1920，57.
⑦ Mapping the Influenza, *The Literary Digest*，29 May 1920，32；Study of Influenza-Pneumonia Among Wage Earners, *Monthly Labor Review*，January 1920，223-224；Deaths from Influenza and Pneumonia, *Science*，13 February 1920，162；The Great Plague, *The Independent* 21 February 1920，292.
⑧ The 'Flu' at its Work Again, *The Literary Digest*，31 January 1920，13.

酒缓解焦虑，"虽然威士忌对治疗疾病并无甚效果，也不是一种兴奋剂，但它的确可以缓解许多人在发现自己患病时的恐惧感，这在治疗中极其重要"（Walsh，1920，February，p. 245）。

八、结论

关于 1918 年大流感引发的焦虑报道足以说明一些问题，但当时一些最受欢迎的杂志对于大流感的缄默态度同样发人深省。根据《期刊文献的读者导读》，《好家政》（*Good Housekeeping*）、《日晷》（*Dial*）、《女士家庭杂志》（*Ladies' Home Journal*）、《哈泼斯》（*Harper's*）、《新共和》（*New Republic*）和《斯克里布纳杂志》（*Scribner's Magazine*）在那几年均未报道过有关流感的文章。甚至是发行量最高的杂志《星期六晚邮》（*The Saturday Evening Post*）——于 1920 年由《期刊文献的读者导读》收录检索——也未曾刊载过有关流感的文章（Tebbel & Zuckerman，1991，p. 79）。或许是因为医学界对此疾病仍有困惑，又或是相较于欧洲战争及后续事件流感实在微不足道，上述媒体的记者和编辑们均没有报道这场重大的国内危机。也许，一战中拥有充足的主角和明确敌人的故事更容易被记者讲述。仅 1918 年一年，《期刊文献的读者导读》就收录了 223 篇题包含"战争"字眼的文章，[①]而对夺走更多美国人生命的流感的报道只有 26 篇。

舒德森反对记忆可以被刻意扭曲这一观点，因为这意味着"存在一个可供评价或判断真实记忆的标准。即使是个体记忆都很难找到评定标准，更何况是复杂的集体记忆"；然而，他认为，记忆不可避免地会失真，因为记忆在本质上是有选择性的（Schudson，1995b，pp. 346，348）。舒德森关于记忆扭曲形式的目录及上述 58 篇杂志文章（尽管还有更早的报道）佐证了为何这场流行病在很大程度上是被遗忘了，即使学者们认为它本应引起大众更严重的焦虑情绪，也本应被铭记。

"间离化"指的是通过时间的流逝来重塑记忆。尽管本研究只追溯了在流感暴发及之后两年内杂志上对流感的报道，但间离效果已经出现——后两年的文章中明确出现忽视细节和淡化情感的现象。到了 1920 年，"死亡"仅停留在临床和统计层面的意义上。事实上，文章一再告诉读者当下的流行病并不罕见，近

---

① 参见《期刊文献的读者导读》中文章标题含有"战争"字眼的文章（*Reader's Guide to Periodical Literature*，1919，Vol. 4，pp. 2072 - 2084）。

2 500年来,几乎每代人、每个世纪都会遇见(Walsh,1920,February,p. 245)。尽管担心病毒会再一次暴发,但人们对当局的愤怒已然消散,关于关闭沙龙、取消教堂礼拜等忧虑重重的讨论声业已消失,甚至对(因流感导致的)破碎家庭和孤儿的关怀也不见了。

从1918年流感暴发到1920年,媒体对流感疫情的报道似乎有选择性地服务于当前利益,即缓解恐惧和惊慌情绪。只有极少数文章似乎在借此次流行病表达政治主张,如限制移民、组建国际联盟[①]、女性在工作场所中可能会遇到的危险,[②]以及让国家摆脱"阶级情感的瘟疫"等(Hayward,1918,November,p. 149)。大部分文章确实谈到了亟须更合适的组织来协调医疗机构、政府机构,以及更多的医护人员来应对大流行,但这些文章大多出现在流行病早期阶段。随着危险的远去,此类文章也逐渐减少。

"叙述化"是指对过去的简化和压缩。值得注意的是,根据舒德森对"叙述化"的定义,1918—1920年媒体呈现给读者的流行病报道并不具备任何"叙述"形式。在一个依靠人文关怀和煽情主义增加销量的时代,只有两篇人文关怀类文章能引起读者的兴趣:一是对医务工作者英勇事迹的报道,二是对逝者生前勇敢行为的报道。舒德森认为,"过去必然被压缩以符合某种文化形式,而这通常以讲故事的方式出现,辅之以完整的开始、发展和结尾"(Schudson,1995b,p. 355)。正如上述考察的文章所证实的,记者们绞尽脑汁地探寻流感的起源,甚至回溯至荷马所在的时代,但他们既无法确切地指出流感的开端,也无法说明(或预测)事件的结尾。一个成功的叙述需要"突出个别主角与敌手,而非结构、发展趋势或社会因素"(Schudson,1995b,p. 357)。1918—1920年的文章均无法准确描述究竟谁是真正的敌手。医生究竟是主角还是敌手?抑或都不是?甚至因为无法确定这种疾病的病因,尚不能将流感嗜血杆菌(bacillus Pfeiffer)当作敌手。在极少数几篇文章中出现的"英雄"其实是"无人为她们赞颂与哭泣,甚至被人遗忘……将不会被授予勋章"的女护士。[③] 在1919年,也就是美国女性获得选举权的前一年,这些英勇的女护士还未被授予表彰,她们的故事也未被讲述。因此,在此次流行病事件中找寻叙述化元素是困难的且几乎不可能的,这就否定了叙述化在公众记忆中的作用。

---

① Mapping the Influenza, *The Literary Digest*, 29 May 1920, 32; How Influenza Got In, *Literary Digest*, 30 November 1918, 23.
② The Epidemic of Influenza in England, *Science*, 6 August 1920, 124.
③ War Reports from the Influenza Front, *Literary Digest*, 22 February 1919, 62.

"常规化"意味着过去是被建构的,而非亲身经历的过去。舒德森指出,有影响力的社会组织在很大程度上会影响集体记忆。然而,这些包括政府及医疗部门在内的强大的社会组织,被指责处理疫情的能力不足、缺乏对流感的了解。加强护士、医生和志愿者组织的呼声表明,无论是医护人员还是患者,这些与疫情最密切相关的人都无法翔实地记录并反映疫情的真实情况。事实上,正如这些杂志文章指出的,关于这一事件的多数报道都局限在死亡人数的统计中。同时,如前文所述,为数不多的英勇事迹似乎都是关于女性的,而她们不太可能以任何形式被公开纪念。正如舒德森所言:"在文化层面上,被重视和纪念的活动远比那些被诋毁、压制和污名化的活动更容易被检索到。无论纪念的是何种过去,都必须有据可循。而所谓过去的'开放性'……是被社会建构的。"(Schudson,1995b,p. 359)如此,战争的胜利者——那些赢得胜利的政府机构——会推动常规化和叙述化也就尤其稀奇。

然而,在 1918—1920 年发表的 58 篇关于 1918 年大流感的杂志文章确实反映了集体焦虑,这虽是被扭曲的记忆,但也为我们理解亨特所说的个体与社会焦虑间的桥梁提供了线索。随着疫情的蔓延,这些文章自然而然地放大了公众对致命病毒的担忧,并使之合理化。而事实上,文章的效力远不甚于此。这些文章还从侧面反映出美国人对医生与医学的不信任——因为医生对病情知之甚少,且医护人员严重不足。工业化与城市化不仅造成致命病菌的扩散,也导致恐慌浪潮的蔓延,它们反映的正是这个时代中的大众焦虑。在一个移民浪潮的时代背景下,它们反映的正是大众对那些可能从远方而来的病菌的担忧,也许关闭港口才是解决办法,或至少更彻底地排查运送移民的船只。在里尔斯写下"官方乐观主义出现裂缝"的时代(Lears,1994,p. 25),这些文章还反映了对焦虑情绪所产生的影响的担忧。他们让美国人不必担心种族骚乱和罢工,也无需担心倒在战场上或死于高烧——这些焦虑都将使他们更易受到西班牙流感的影响,无论是在精神还是身体上。

据克里格的调查,出于民族自豪感与对经济的担忧,1918 年大流感在艺术与文学领域中被忽视(Krieg,1992,p. 17)。但诚如这些文章所揭示的,致使这段历史消失在公共记忆中的真正原因可能更加复杂。的确,媒体将主要精力置于一战及其余波的行为不仅隐含着一种民族主义的色彩(或至少记者遵循了首先报道战争的新闻惯例),也从侧面反映出"观念"(认为集会是不安全的)对 20 世纪初的美国产生的巨大经济影响。尽管如此,仍有一些综合性杂志报道了此次流行病,并告诫人们集会的危险。

　　最后,流行病本身的性质或是导致它从集体记忆中消失的原因——它既没有开始,也没有结束——后者是让美国人最为恐惧的。在这场战役中,没有确定的敌人而只有未知的病菌,也没有任何符合 20 世纪早期男性英雄主义观念的标准形象。虽然当局做出了努力,但各部门皆束手无策。生存以外别无胜利,亦没有国家纪念碑或游行。大众媒体在塑造公共意识方面发挥着重要作用,而记者在报道事件时或许都经历了非常艰难的时刻——竭尽全力以试图书写那些能被公众认可并铭记的故事。卡门曾说:"我们唤醒并排列记忆,旨在适应我们的精神需求。"(Kammen,1991,p. 9)那么,第一次世界大战后美国人的精神需求或许就是在全球政治巨变的时代洪流中处理好大规模的工业化与城市化。显然,牢记美国或世界其他地区的人在应对神秘的流感的无能,并不能满足这些精神需求。

　　当然,本文只考察了漫长历史中的一小段,试图描绘出媒体对焦虑的刻画,或能探知美国人的集体意识与集体记忆。仅止于此是远远不够的,在这一领域中我们尚有大量工作需要完成,以探究大众媒体在历史上所反映的其他焦虑情绪及其暗含的信息——关于复杂多变的美国文化。

参考文献

Andell, M. J. (1996, March). America's Search for Public Philosophy. *The Atlantic Monthly*, 57.

Biggs, H. M. (1919). The Recent Epidemic of lnfluenza. *The American review of Reviews*, 59, 69 - 71.

Bodnar, J. (1994). Public Memory in an American City: Commemoration in Cleveland. In J. R. Gillis (Ed.), *Commemorations: The Politics of National Identity*. Princeton, NJ: Princeton University Press, 76.

Brox, J. (1995, Fall). Influenza 1918. *The Georgia Review*, 49, 689.

Carey, J. W. (1989). Commentary: Communications and the Progressives. *Critical Studies in Muss Communication*, 6, 264 - 282.

Carey, J. W. (1997, September). The Press, Public Opinion, and Public Discourse. In E. S. Munson, & C. A. Warren (Ed.), *James Carey, A Critical Reader* (p. 240). Minneapolis: University of Minnesota Press.

Citrin, J., Green, D., Muste, C., & Wong, C. (1997, August). Public Opinion Towards Immigration Reforms: The Role of Economic Motivations. *The Journal of Politics*, 858.

Clarke, H. G. (1919, May). Fooling the Flu. *Industrial-Arts Magazine*, 200.

Connerton, P. (1989). *How Societies Remember*. New York Cambridge University Press.

Crabb, G. (1917). *Crabb's English Synonyms*. New York: Crosset & Dunlap.

Crosby, A. W., Jr. (1918). *Epidemic and Peace*. Westport, CT: Greenwood Press.

Desmond, R. (1994). The Media and Political Culture. In Desmond & D. Sloan (Eds.), *The Significance of the Media in American History* (p. 184). Northport, AL: Vision Press.

Dewey, J. (1927). *The Public and its Problems*. New York Henry Holt.

Friedrich, O. (1984, January). The View from the Street Corner: Americans Feel Anxiety, but Little Antagonism toward the Soviets. *Time*, 46.

Gillis, J. R. (1994). Memory and Identity: The History of a Relationship. In J. R. Gillis (Ed.), *Commemorations: The Politics of National Identity*. Princeton, NJ: Princeton University Press, 3.

Gitlin, T. (*1980*). *The Whole World is Watching : Mass Media in the Making & Unmaking of the New Left*. Berkeley: University of California Press.

Goffman, E. (1974). *Frame Analysis: An Essay on the Organization of Experience*. New York Harper & Row.

Halbwachs, M. (1991). *On Collective Memory*. Chicago: University of Chicago Press. (Original work published 1941)

Hartman, G. H. (1993). Public Memory and Modern Experience. *Yule Journal of Criticism*, *6*, 242.

Hayward, F. (1918, November). The Brotherhood of Misericordia. *The Survey*, 149.

Herring, D. A. (1984, Winter). "There Were Young People and Old People and Babies Dying Every Week": The 1918 - 1919 Influenza Pandemic at Norway House. *Ethnohistory*, *41*, 80 - 81.

Hunt A. (1999, Spring). Anxiety and Social Explanation: Some Anxieties about Anxiety. *Journal of Social History*, *32*, 509 - 528.

Kammen, M. (1991). *Mystic Chords of Memory: The Transformation of Tradition in American Culture*, New York: Alfred A. Knopf.

Kammen, M. (1995). Some Patterns and Meanings of Memory Distortion in American History. In D. L. Schacter (Ed.), *Memory Distortion: How Minds, Brains and Societies Reconstruct the Past* (pp. 329 - 330, p. 340). Cambridge, MA: Harvard University Press.

Krieg J. P. (1992). *Epidemics in the Modern World*. New York: Twayne Publishers.

Lears, T. J. (1994). *No Place of Grace: Antimodernism and the Transformation of American Culture*. Chicago: University of Chicago Press.

Morton, C. A. (1919, May). How a City and a School Met the Epidemic. *Industrial-Art Magazine*, 199.

Murphy, J. P. (1918, November). The Aftermath of Influenza. *The survey*, 212 - 214.

Murphy, J. P. (1918, October). Meeting the Scourge. *The survey*, 97 - 100.

Oliver, W. W. (1918, November). Spanish Influenza. *Scientific American*, *2*, 356, 367.

Oliver, W. W. (1919, March). Influenza-The Sphinx of Diseases. *Scientific American*, 200.

Pan, Z. D., & Kosicki, G. M. (1993, March). Framing Analysis: An Approach to News Discourse. *Political Communication*, *10*, 55 - 56.

Peters, J. D. (1989, September). Satan and Savior: Mass Communication in Progressive Thought. *Critical Studies in Mass Communication*, 248, 257.

Price, G. M. (1918, December). After-War Public Health Problems. *The survey*, 369.

Price, G. M. (1918, October). Mobilizing Social Forces Against Influenza. *The survey*, 95 - 96.

Price, G. M. [M. D.] (1918, November). Influenza-Destroyer and Teacher. *The Survey*, 367 - 368.

Roget, P. M. (1925). *Thesaurus of English Words and Phrases*. New York Theo. E. Schulte.

Rohrkemper, J. (1992, Winter). "Fatal Attraction": The Politics of Terror. *Journal of Popular Culture*, 26, 83.

Schudson, M. (1991). Preparing the Minds of the People: Three Hundred Years of the American Newspaper. *Proceedings of the American Antiquarian Society*, 100, 423.

Schudson, M. (1995a). *The Power of News*, Cambridge: Harvard University Press.

Schudson, M. (1995b). Dynamics of Distortion in Collective Memory. In D. L. Schacter (Ed.), *Memory distortion: How Minds, Brains, and Societies Reconstruct the Past* (pp. 346 - 364). Massachusetts: Harvard University Press.

Simmons, J. (1995, Summer). The Censoring of "Rebel Without a Cause". *Journal of Popular Film and Television*, 23, 56.

Tebbel, J., & Zuckerman, M. E. (1991). *The Magazine in America 1741 - 1990*. New York Oxford University Press.

Wald, L. D. (1920, February). Influenza, When the City is a Great Field Hospital. *The Survey*, 579 - 581.

Walsh, J. J. (1918, October). The Influenza Pandemic Again. *The Independent*, 86.

Walsh, J. J. (1920, February). Don't Worry about the Flu. *The Independent*, 245.

Whitney, W. D., & Smith, B. E. (1911). *The Century Dictionary and Cyclopedia*, 1. New York The Century Co..

Whitney, W. D., & Smith, B. E. (1913). *New Standard Dictionary of the English Language*. New York Funk and Wagnalls.

第五章
文本与话语分析

什么是文本分析[①]

(*What is Textual Analysis*)

阿兰·麦基(Alan McKee)

一、何谓文本分析

文本分析是研究者收集关于"他人如何认识世界"的信息的一种方法。对于那些试图了解各种文化与亚文化群体中的成员如何理解他们自身,以及如何融入他们所处世界的研究者而言,文本分析既是一种方法论,也是一个资料收集的过程。文本分析适用于文化研究、媒介研究和大众传播研究,甚至包括社会学与哲学研究。

让我们开门见山地讨论这一问题:什么是文本分析?对文本进行分析时,我们会对该文本最有可能的一些解释进行合理推测。

我们解读文本(电影、电视节目、杂志、广告、服装和涂鸦等)是为了解那些处于特定文化、特定时代中的人们认知世界的方式。重要的是,通过了解人们解释现实的各种方式,有助于我们理解自身意义建构实践(sense-making practices)的局限及优势,进而更好地理解自身的文化。

二、这是研究文本的唯一方法吗

我试图在此简化研究,但这绝非易事。本文只是介绍"文本分析"的浩瀚研究中的一隅。事实上,从事文本分析的学者使用了各种各样的方法论,但其间多数是彼此矛盾且互不兼容的(关于这种多样性,参阅 Allen,1992)。本文阐释了一种"文本分析"的形式,试图通过该方法理解文本使用者可能对文本作出的解

---

① 文章来源:McKee,A. (2003). What is textual analysis? In A. McKee (Ed.),*Textual Analysis: A Beginner's Guide* (pp.1 – 33). Sage.

释。但这并非收集文本信息的唯一正确方法,其他方法亦有所用:没有一种方法足以说明文化的"真相"。关键是要认识到,即使被用于分析相似的问题,不同的方法论也会产生不同类型的信息。

例如,假设你对电视观众关于引进的美国电视节目(如 20 世纪 80 年代的肥皂剧《豪门恩怨》[Dynasty])的反应感兴趣,想从中了解这些观众是如何认知其所住的国家的,那么你可以通过多种方式获取这些信息。乔斯坦·格瑞普斯德(Jostein Gripsrud)教授的著作《豪门岁月》(The Dynasty Years,1995)中就介绍了两种方式,第一种方式是利用大规模数据调查进行研究。例如,运用收视率信息表现该节目的收视人数。结果发现,1988 年 12 月,挪威(格瑞普斯德的家乡)地区接受调查的 63% 的女性与 57% 的男性至少看过一集当季的《豪门恩怨》。它们的确是有用的信息,但并未提供任何关于观众收看节目方式的内容,如:观众如何描述节目、如何解读这部剧集,以及这部剧与其生活间的关系等(Gripsrud,1995,p. 113)。格瑞普斯德也同步调查了其他问题,如询问观众对该节目的哪些方面不甚认可。他指出,调查中只有不到 25% 的受访者认为该节目"不切实际",因而,该节目的观众很可能会以某种方式将个人生活与该节目相联系(Gripsrud,1995,p. 116)。

但这一方法仍无法提供任何有关这些观众究竟如何观看《豪门恩怨》的有效信息。因此,为得到大规模、具有普遍性的信息,格瑞普斯德提出了第二种信息获取的方式:将人转化为"数据"。鉴于没有其他处理信息的方式,格瑞普斯德提出了如下方案:建立不同类属并将个体纳入其中,然而,这些信息依旧无法让我们了解观众是如何观看节目的。获取此类信息需要采用截然不同的方法论,包括具体操作路径和不同类型的具体问题。格瑞普斯德引用了对一位《豪门恩怨》观众的访谈。相较于"数据"式的信息呈现方式,访谈所透露出的细节与信息量无疑是多得惊人:

> 这位观众是一名睿智的、30 多岁的银行职员……她丈夫的受教育程度比较高,但……不如她那般聪明……还经常家暴并以各种方式羞辱她……谈及性困扰时,这位妻子主动谈起了《豪门恩怨》:"我喜欢浪漫……喜欢在电视上观看《豪门恩怨》……并幻想着能够被温柔对待"。
>
> (Gripsrud,1995,p. 156)

在将观众视为"数据"进行处理的大规模调查的方法论中,或许只有 0.1%

的观众认为《豪门恩怨》"切合实际"，上面这位观众可能是这 0.1％的观众中的一位。这一方法强调的是此观众与彼观众立场的"一致性"。在访谈中，此观众处境的独特性才得以显现，即她的生活经历影响了她观看与解读电视节目的方式。

这两种不同的方法论对电视观众的形象及其解释实践产生了截然不同的描述。究其原因，研究者提出问题及采用方法的差异会对所获得的信息产生不同影响。

关于观众如何观看电视节目的问题并没有所谓的标准答案。不同的信息收集方式会得到不同的结果。像拼图一般将不同信息拼凑在一起，并不能得到关于观众如何观看《豪门恩怨》的真相，而聚焦于少数人观看节目的细节，或用更抽象的方式了解多数人观看节目的信息都是不错的选择。做到两者兼而有之无疑极具挑战。若只是对挪威语版《豪门恩怨》的数百万观众进行简单访谈，我们不仅无法准确了解观众如何解读这一节目，还将产生巨额研究成本。此外，也有必要对信息进行提炼，找寻其中的规律，以及尽可能将观众的经验进行归纳，以便呈现出一份字数较少的解释。一旦这些信息被归入不同的类属，它们就会呈现出一幅不同于个人访谈的图景，但亦是真实的。不同的方法论将产生不同类型的信息，甚至有时互不兼容。

三、什么是文本

如果"文本分析"是对"文本"进行分析，那么究竟什么是"文本"？无论是一本书、一档电视节目、一部电影，还是一本杂志、一件 T 恤或长裙，又或是一件家具或装饰品，每当我们对某物的意义（meaning）进行解释（interpretation）时，我们就已将其视作"文本"。

为什么不直接用"书"或"电影"之类的词？出于其自身的特殊含义，我们使用"文本"这一术语。在英文表达中，没有两个完全相同的词，每个词的含义与内涵总是略有差异。"文本"一词带有后结构主义的色彩，对思考意义的建构有着重要价值。

四、这究竟意味着什么

不同文化背景的人认知世界的方式可能大相径庭。时代国际出版公司（Times Books International）出版了一套丛书来帮助出国旅游的游客，该系列被命名为"文化冲击"（Culture Shock）（Craig，1979；Hur S. V. ＆ Hur B. S.，1993；

Roces A. & Roces G.，1985)。这一命名一语双关，不仅是标题所暗示的"旅游指南"，也暗示着丛书试图帮助游客克服这种"文化冲击"，即访问另一种文化所带来的体验。这种冲击不仅源于语言上的相异，更涉及不同文化世界观。在有关菲律宾的部分，罗西斯·阿尔弗雷德(Roces Alfredo)和罗西斯·格蕾丝(Roces Grace)运用了下述例子来解释不同文化在认识世界方式上的差异性：

> 在菲律宾待了两年后，美国和平队志愿者艾伯特·布拉德福德(Albert Bradford)给他的一位同事写信道：很快，我就发现这里的人无法理解我。那些对于我而言稀松平常的事对他们来说并非如此。我试图向他们解释，但越解释，就显得我越愚蠢。我突然感到很无力：那些我眼中最基本的前提、价值观与意义似乎都消失了……对于他们而言，根本不存在这些理解、处理和看待事物的观念。这是一个巨大的鸿沟。
>
> (Roces A. & Roces G.，1985，p. 83)

对于其他文化的研究表明，在许多层面上，人们理解世界的方式可能大相径庭。"那些访问菲律宾的西方游客会发现，尽管他们使用的是相同的语言，却完全无法沟通……仿佛置身于一个截然不同的世界"(Roces A. & Roces G.，1985)，这个世界充斥着差异，而这些差异不仅停留于表面，也触达我们的认知基础——关于现实为何及如何运作的根本思考。

1. 价值判断方面存在的差异

简单来说，不同文化可能赋予周围事物以不同的价值标准。譬如，在各个文化中都存在一些拥有较多脂肪的人，但其好坏与否，并无普遍共识。在西方国家，从医学与美学的角度来看都坚持认为过度肥胖并非好事：肥胖的人既没有吸引力，也不健康。生活在这种文化语境的人们不断被裹挟。例如，人们可能会购买一件印有"胖子走开"的 T 恤(在出入酒吧或参加某个活动时，让胖子知道穿着者对他们没兴趣[Shirtgod，2002]；当然，你也可以穿一件印有"白痴才会读！"的 T 恤来避开这些人)。

这种价值判断并非与生俱来，亦并不普世，其他文化中可能存在截然相反的标准。在非洲国家尼日尔，肥胖是一件广受追捧的事。

> 在尼日尔，尤其在马拉迪(Maradi)的乡村，肥胖对于女人而言是一种理想美，她们服用胆固醇以增加体重，服用药物以提高食欲，甚

至摄入动物饲料或维生素；人们竞相成为最重的人，并为参加选美比赛而进行暴食训练。

（Onishi，2001，p. 4）

我们都知道不同文化对于同一事物有着不同的价值判断，但各种文化中意义建构实践的差异远不止于此。

2. 认识抽象事物方面存在的差异

在关于跨文化交流的书籍中经常会出现一些表述，"下述表达尚未找到恰当的英文翻译（如'匈牙利式礼貌[Hungarian politeness]、问候语规则[greeting formulas]和称呼形式[forms of address]'）"（Balazs，1985，p. 163），或"在霍皮语（Hopi）中⋯⋯尚未发现用以表示'时间'[time]的词汇"。（Fuglesang，1982，p. 40）

用以描述非实体存在事物的抽象名词在不同文化中有显著差异。我们可以尝试将其从一种语言译为另一种语言，但这些翻译通常很粗糙——只是试图在不同意义建构系统中找寻最近义的词，其结果往往不太确切。以"Hiya"为例，在菲律宾文化中该词是指"最重要的社会价值观"，按照"文化冲击"中的说法，该词大致可译为"羞耻"，由于这一概念所涵盖的范围与广度及其在菲律宾文化中多重作用方式，"这一词语难以被定义"，进而无法在英语中找到对应的词汇。

它是一种普遍的社会约束力，使人产生一种自己未能达到社会标准的深刻的失落感⋯⋯在"Hiya"的影响下，即使菲律宾员工对他们的分内工作仍有存疑，也会尽量不向主管提问；主人可能会举办超出自身经济承受能力范围的聚会；被解雇的员工可能会做出过激反应。

（Roces A. & Roces G.，1985，p. 30）

有些文化中没有表示"圆""方"或"三角"的词汇，因为这些概念在人们生活中并没什么用处（Fuglesang，1982，p. 16）。另一些文化可能既没有也从不使用诸如"速度"或"物质"等抽象概念（Whorf，转引自 Fuglesang，1982，p. 34）。他们对世界的认知方式并不依赖于这些西方文化所熟悉的抽象概念。人类学家安德烈亚斯·富格莱桑（Andreas Fuglesang）描述了非洲斯瓦希里（Swahili）文化，以及他们在不受西方惯用的抽象概念影响下认识世界的方式。例如，对"你的房子多大?"这一问题的回答是:"因为我的祖先、妻子和上帝赐予我的 8 个孩子,我有了这间房子,布瓦纳(Bwana)"。[①] 再三询问下,才得知这间房子有"15 步长",当问及"一步是多长?"时,其回答是"首领维扬博(Viyambo)先生在村中踱步,布瓦纳"(转引自 Fuglesang,1982,p. 34)。在西方文化中,这一回答毫无意义,而在斯瓦希里语中,由于测量并非抽象概念,这一答案告知了提问者测量如何进行,便具有意义。对说话者而言,这才是关键所在。同样,抽象概念"时间"的缺失也催生了对认知"经验"的不同方式。例如,"穆伦加(Mulenga),你儿子是什么时候出生的?""我儿子生于大干旱之后的第二个雨季(Fuglesang,1982,pp. 37 - 38)"。正如富格莱桑所说:"时间只存在于他们的经历中……在非洲乡村……说'我没有时间'显然毫无意义(Fuglesang,1982,p. 38)。"

3. 认知具体事物方面存在的差异

在不同的意义建构结构中,即使是实体性的存在也可能具有差异。最常见的例子是因纽特语(Inuit)中有诸多描述"雪"的词语,而英语中只有一个单词。因纽特的使用者可以描述并区分多种不同类型的实物,如不同类型的雪,而对于缺乏此种文化、知识或经验背景的英语使用者而言,则只有一种无甚差别的"雪",无法进行区分。在英语的文化系统中,不同类型的雪并不作为不同实物而存在,这不仅是对现实要素的不同价值判断,更意味着认知现实世界的不同方式。在不同文化的意义建构实践中,物体的存在方式截然不同。根据认知世界的不同方式,物体,乃至人,都可以被归入不同的类属:

> 在西方社会,按照年龄可以将人划分三类:儿童、年轻人(青少年)与成年人,社会重点关注青少年和年轻人,很少关注老年人。在其他社会,如非洲的班图(Bantu)文化中,则采用了不同的分类方式:儿童、成年人和长者。这种划分的关注点不同,所遵循规律亦不同。
>
> (Fuglesang,1982,p. 77)

西方文化中没有"长者"这一词。并非所有的老年人(old people)都是长者(elder),也并非所有的长者均是老年人,两者迥然不同——"长者",即智者,他们学识渊博、饱经世故且受人尊敬,而这一概念在西方文化中并不存在。

---

① 布瓦纳(Bwana)是斯瓦希里语中的一个词,通常用于表示对男性的尊称或尊敬。

4. 事物间关系方面存在的差异

在匈牙利语中,诸如"礼貌用语、称呼语及问候语"等词无法被全然且直接地译为英文,雅诺什·巴拉兹(Janos Balazs)指出,匈牙利人的交谈极注重尊卑观念,而"你"这一词对说话者而言并不隐含着社会关系中的尊卑,因而直至19世纪,匈牙利都没有用以表示"你"的通用词。相较而言,在现代英语的认知系统中,双方在进行交谈时则无须将对方置于优越/卑劣的地位。类似地,语言学家本杰明·沃尔夫(Benjamin Whorf)指出,在美国原住民语言霍皮语中,不存在"我的房间"这一表达。"霍皮人的文化中不会显露出任何有关这个房间的……个人所有权"(Whorf,1956,p. 201)。不同的意义建构系统要求或允许以不同的方式思考人与物之间的关系。例如,在英语表达中,你可以"拥有"一个房间。

5. 推理和思维方面存在的差异

西方文化中构建论证的方式通常基于从古希腊继承而来的逻辑推理系统,这正是数学系统的基础。这一系统通常被视为唯一正确的推理路径——毕竟2＋2＝4——但并非唯一正确的逻辑形式。正如天文学教授约翰·巴罗(John Barrow)所言:

> (西方推理工作的)二值逻辑中……每个陈述都有两种可能的真值(truth value):非真即假……而在非西方文化如古印度的耆那教(Jains)中,人们对话语的真实状态有着更为复杂的认知。"话语不确定"的可能性是存在的……耆那教的逻辑认为话语有7种类属:① 可能是;② 可能不是;③ 可能是,但不是;④ 可能是不确定的;⑤ 可能是,但不确定;⑥ 可能不是,但不确定;⑦ 可能是或不是,但不确定……我们(数学家)不会给任何特定的逻辑体系附加任何绝对真理的特征……存在多种可行的逻辑形式系统,其中某些系统可能比其他系统更恰当或方便,但这并不意味着系统间存在好坏优劣。
>
> (Barrow,1992,pp. 15 – 16)

6. 看待事物方面存在的差异

或许最令人惊异之处在于,生活在不同意义建构系统中的人看到的世界确实是不同的。心理学中一个研究视知觉的分支学科主要研究视错觉,试图了解人类大脑如何处理视觉信息。其中一个典型案例是"缪勒-莱尔图形"(Muller-Lyer figure,两条等长的平行线;顶部直线的两端箭头朝外,底部直线的两端箭

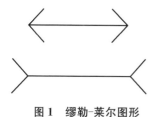

图 1　缪勒-莱尔图形

头朝内）。

　　尽管用尺子测量两条线段的长度一致，但多数欧洲人会陷入这种视觉错觉，认为上面的线段短于下面的线段。事实证明，来自非欧洲文化背景的人"表现出的错觉效应要小得多"（Coren & Grigus，1978，p. 140；Robinson，1972，p. 109）。例如，澳大利亚原住民"产生错觉的可能性明显低于参加测试的英国科学家"（Forman，1970，p. 52）。简言之，心理学认为"人之所见由其自以为的目之所及决定"（Forman，1970，p. 59）。不同意义建构系统的人看到的世界确有不同（Coren & Grigus，1978，p. 141；Robinson，1972，p. 110）。

　　我知悉其他文化对于世界的认知存在很大差异，但或许他们是错的，而我的文化是正确的？

　　诚然，若我们承认不同文化有其特有的意义建构实践，且它们会以各种不同的方式认知现实，那就面临着一个问题：我们应如何评判这些不同的理解世界的方式？

　　就此问题，我认为大致有三种不同的回答：

　　一是现实主义（realist）的回答：我的文化是正确的，它仅仅直接描述了现实，其他的文化是错误的。

　　二是结构主义（structuralist）的回答：所有的文化看似是在以不同的方式认知世界，而实际上，它们拥有一致的底层架构，世界各地的人在本质上是相同的。

　　三是后结构主义（post-structuralist）的回答：不同文化对世界的认知方式确有不同，无法断言其中的正确与否。在某种意义上，不同文化背景的人对现实的体验是不同的。①

　　这些不同的立场均存在于当前的西方文化中，其历史可以追溯至几个世纪前。例如，19 世纪的一些英国人类学者认为，他们研究的其他文化是"原始文化"，这种文化代表了一种进化程度较低的社会状态，研究它们有助于了解"文明民族（即英国人）文化的早期阶段"（Tylor，1871，p. 131）。这些人类学家认为他

---

① 这三种表述极难确定。一个多世纪以来，众多高校学科讨论了这些问题。甚至同一学科的作者们也不总是使用相同的词来表达相同意义。此外，这些词在不同学科中有不同意味。综上所述，不存在一个对所有学科的所有读者而言均有意义的表达。我所选择的描述，在文化研究、文学研究、人类学及日常用语中均有所运用。而对哲学家来说，更为恰当的表达则是：文化沙文主义、结构主义人类学和文化相对主义（Gibson，2002）。

们自身的文化(即意义建构实践)简明扼要地描述了世界的真实面貌,其他文化固然有趣,却无法从中习得不同的思考方式。在某种意义上,人类学家是出于对这些"错误"的兴趣而研究其他文化,也正是上文所提及的"现实主义"思维方式,即认为只有一种表达与理解现实的方式是正确的,其他方式必然是错误的。

19世纪的另一些人类学家研究他者文化(特别是这些文化的宗教信仰),以便找出他们的一些共同点。他们试图通过表面差异探求其共通的底层结构,即"每种信仰试图体现的普遍精神"(Haddon, 1910, p. 137)。这些人类学家会在不同宗教中找寻共同的形象——如太阳神或月亮神,而后据此在不同文化的宗教文本中进行发掘,即使这些形象对于多数观察者而言并不突出。正如早期文献所述:"某些人类学家,在最不可能的地方发现了太阳神与月亮神"(Haddon, 1910, p. 142)。

第三种方法我称为"后结构主义",它的出现可追溯至如弗里德里希·尼采(Friedrich Nietzsche)等19世纪哲学家的作品。尽管尼采的作品实际上只涉及以往的哲学著述,而非一般意义上的文化,但通过追溯历史,可将尼采的思想与此处描述的文化相对主义联系起来(Cuff, Sharrock & Francis, 1998, p. 239)。在尼采眼中,西方文化(尤其是对"理性"的尊崇,将其作为人类思维的终极形式及组织社会的最佳方式)只是认知世界的可能途径之一,而非人类进化的理想终点。后结构主义的意义建构方法认为,任何形式的语言(意义建构的策略)都有其自身的优势与局限性,而不会将对世界的理性描述视为描述世界的真理(Cuff et al., 1998, p. 242)。

如上文所述,西方文化中存在着这些不同的认知。追本溯源,这一问题根本上是关于现实之本质及我们与之的关系的哲学问题,因而无法证明孰是孰非,亦无确凿的证据可以证明其中的一个证据优于其他证据。

在此,我坚持的是第三种立场,也就是我称为文化相对主义的后结构主义。在我看来,我们是通过我们的文化来理解所生活的现实,不同的文化对现实的体验可能截然不同。其他文化中亦存在同样有效的认知及表征现实的方法,因此没有任何一种对现实的表征是唯一真实、准确/反映现实的。正如我所说的,我无法证明它是对的。之所以有这种认知,是因为纵使其他文化的意义建构实践与我对现实的理解大相径庭,但它们仍运行良好。在我看来,如果我恰好生活在唯一正确的文化中,那未免过于巧合。这种想法或许与我的个人经历相关。在很长一段时间里,作为一名虔诚的"重生基督徒"(born-again Christian),我始终坚信自己认知世界的方式是正确的,其他人是错的;但当我不再是基督徒,我开始质疑那些声称自己的认知世界的方式是唯一正确的人。

值得注意的是,这种文化相对主义式的后结构主义绝不仅适用于那些生活在象牙塔中、不与现实世界打交道的学者。[①] 随着出国旅行的人数增多和跨国商务的普及,那些热衷于盈利、常被视为"现实世界"缩影的人(即商人)也逐渐承认文化相对主义在其现实工作中的必然性。与人打交道,就意味着你必须努力说服并吸引对方与你达成合作。[②] 这亦是近来"跨文化交流"研究大量增加的原因之一(Loveday,1985,p. 31)。越来越多面向商业人士的手册试图解释不同文化认知世界方式的差异(Gannon & Newman,2002;Hendon D. W.,Hendon,R. A. & Herbig,P.,1996;Yamada,1992)。了解其他文化背景的同事认知世界的方式、接受这些差异并与之共事,对于企业而言至关重要。例如,对于一位访问日本的美国商人而言:

> 起初,城市中的一切看起来都差不多。这里有出租车、酒店、大剧院……但很快,这位美国人就发现在这些熟悉表象下的巨大差异。当某个人说"是"的时候,并不意味着一定表示"是";当人们微笑时,也并不一定表示开心。当美国游客做了一个需要帮助的手势,他或许会遭到拒绝;当他试图表现友善时,也许得不到任何回应。这里的人们似乎言行不一。他待在这的时间越长,这个新的国家看起来就越神秘莫测。
>
> (Hall,转引自 Adler,1987,p. 25)

周围的物理环境可能看起来相似,但不同文化的意义建构方式可能大相径庭。这是一种后结构主义的立场,是那些致力于做跨国生意的商人们的必修课。需要说明的是,文化解释现实的方式多种多样,后结构主义的立场也并非唯一真理,但对我和这些国际商务人士而言确有意义。

这便是我使用"文本"一词的原因:该词涵盖了我们用以生成解释的诸多文化要素,不仅包括上文提及的书籍、电影、杂志、电视节目,还包括服装、家具等,亦得到了后结构主义作家的青睐。使用这个词意味着采用后结构主义的方法来看待文化,即试图探寻各种文化是如何认知世界,而非根据我们自身文化对其进

---

① 这一说法是对学者的普遍歧视,我从未见过一个真正生活在象牙塔里的学者,多数学者仍漫步于现实世界。

② 虽然在国际情形方面有些许重合,但商业与战争仍略有不同。因为如果潜在合作伙伴不愿意合作,那么我们对此将束手无策。

行评判,亦非寻求跨文化的真理,而是尝试理解人们认知世界的不同方式。

这也是为什么谈论"文化"时,有时会采用"阅读"一词替代"解释"。相较于"人们如何解释这一文本",不如用"人们如何阅读这一文本"来表述,即使是一部电影或电视节目,我们也会说"阅读"它。如此便再次印证了该词所具有的后结构主义意涵。

五、这些与文本分析有何关系

在分析者对不同文化意义建构实践所采用的方式(人们认知世界的不同方式)的评判中,蕴含着文本分析的不同方法。从"现实主义"的角度来看,你会找寻你眼中最贴近现实的单一文本,并以此为标准来评判所有其他文本;就"结构主义"而言,你会探索那些隐于文本之下的深层结构——经由专业训练即可发现;从"后结构主义"的视角出发,你会去寻找文本间的差异,并认为存在唯一正确的文本。

第一,上述说法皆具合理性,但我要分析的大多数文本都不是来自其他文化,而产生于本国或文化高度相似的国家(如美国、英国或澳大利亚),那这些又有什么意义?

传统人类学研究的是异域文化,这些文化与西方文化越不同,就越有趣(尤其是非洲、美国及澳大利亚的原住民文化)。在 20 世纪,人类学家意识到他们也可以研究自己的民族(Stocking,1982,p. xiii)。这类研究清楚地表明:即使在一个民族内部,也存在着不同的文化。正如拉尔夫·林顿(Ralph Linton)在1936 年推介人类学时的论断:"虽然(文化人类学家)习惯于论述……民族是主要的文化承载单位,但这种类型的社会'整体文化'实际上是一种亚文化群的集合体(1936,p. 275)。"换言之,民族文化不是由数以百万计的以同一种方式认知世界的人组成,而是由许多亚文化群组成。例如,人类学家们已然发现不同的(亚)文化群(用自身方式认知世界的不同人群),他们围绕不同要素且各有侧重,包括爱好与生活方式的选择(Irwin,1962)、种族(Kitano,1969)、地理位置(Morland,1971)、从事的工作类型(Turner,1971)、年龄和文化(音乐)偏好(Cohen,1972)及性别(Wotherspoon,1991)等。同时,这些亚文化群通过多种不同方式认知世界。除价值判断外,不同亚文化群间的抽象体系、逻辑与推理形式都可能存在显著差异,即使在同一个民族也是如此。基于此,一方面,分析者可以选择否定其他亚文化群的意义建构实践,认为这些实践较之自身是完全错误的,例如,许多早期研究将这些亚文化群称为"离经叛道"(Irwin,1962);另一方面,分析者也可以选择相信这些亚文化群认知世界的方式同样行之有效。当下众多的跨文化交流指南中就囊括了两种不同类型的信息:"国际"跨文化交流(国家之间)与"民族间"跨文化交流(国家内部)(参见 Brunt & Enninger,1985)。"沟通的误解、冲突和越轨不仅出现在不同国家间,也可能出现在同一国家的不同文化群体间。"(Brunt & Enninger,1985,p. 119)研究者据此认为,虽然亚文化群在意义建构方面的差异不似英国与斯瓦希里间的文化差异那么大,但也确实存在。如果想要与处于不同亚文化群中的人交流,就必须考虑到其中差异。正如一本跨文化指南中指出的:

> 当成年人与青少年谈论毒品问题时,讨论的成功与否很大程度上取决于成年人谈论毒品的方式能否从青少年的关切与经验出发,反之亦然。"麻醉剂"在词典中指"具有医疗价值和生理作用的物质",但这种解释忽略了社会现实,没有考虑到成年人和青少年的理解乃是基于其自身的经验与联想……一个人的认知参照框架很大程度上决定了该词的意义。
>
> (Szalay & Fisher,1987,p. 167)

因此,文本分析是收集有关意义建构实践信息的一种尝试,它不仅出现在与分析者自身截然不同的文化中,也出现在其国家内部文化中。这使得不同群体认知实践的差异与相似得以显见,也令我们通过看到其局限性及可替代方案,更好地理解自己所身处的建构意义的文化。

当然,如果将这种思维推至其逻辑极限,可以说,在英国文化中存在一种英国青年文化,而其中又存在一种英国黑人青年文化、英国黑人男性青年文化、英国异性恋黑人男性青年文化、英国北方异性恋黑人男性青年文化等,如此推演,直至每个人都被归于其自身文化,成为仅有一人的"文化群体"。这是事实,但并非一种无效的认知。我们生活在彼此交融的文化中,并能就意义建构实践达成广泛共识。尽管每个人对世界的认知不会完全一致,但彼此间的共通之处足以勾连个体生活,使之能够共同生活并互相交流。最广泛的社群层面上的共识(如一个民族的文化)足以让我们在多数时间内理解它,但也可能会与我们自身的实践相冲突:有时我们会听到同一民族的人说一些对于我们而言毫无意义的话,并且我们也无法理解他们缘何如此。随着讨论社群的范围缩小并趋于专业化,意义建构所产生的共识将逐渐契合于我们自身的实践。

第二，你写了许多对"意义建构实践"的思考，但是分析文本如何帮助我们理解意义建构实践？

文本是意义建构实践的产物，也是我们获得关于他人如何认知世界的唯一经验性证据。约翰·哈特利（John Hartley）运用法医学的隐喻来描述这一过程。法医从未真正目睹犯罪的全过程——当他们到达现场时，犯罪行为早已结束。他们无法令时光倒转而目睹全程，也无法完全确定事件的真相，所能做的就是筛查那些遗留的证据，随后基于自身所受的教育与训练做出合理推测。不同于物理学，这门科学不可重复——他们不能通过杀人来验证结果的准确性——但作为专业人士，他们依靠训练与专业知识试图描绘出事件的全貌。这可以作为文本分析的一个隐喻：我们无法看到或还原意义建构的实践，我们所拥有的不过是实践遗留下的证据——文本——（文本的）物质现实允许我们用一种"经验"的形式批判地质询话语政治。文本既不是科学数据，也不是历史文献，而是名副其实的"法医证据"（Hartley，1992，p. 29）。

正如哈特利所说，法医学依赖"线索"（证据），文本分析也是如此。我们永远无法确切得知人们如何解读某一特定文本，但我们可以根据"线索"收集相关意义建构的实践的证据，并做出合理猜测。

第三，因此，我们不是在分析文本，而是为了衡量它们再现现实的准确性？

并非如此，这种后结构主义式的文本分析不是为了衡量媒介文本的准确性。诚如上文所述，这只是一种可以用于文化研究、媒介研究或大众传播研究中的方法论。前文谈到的现实主义式文本分析方法仍是这些学科中的重要模式，尤是在媒介研究中，许多作者都试图以现实来衡量文本。事实上，这是大众思考媒介文本时最常见的模式，且似乎已成共识。

（1）文本准确与否可以被衡量。

（2）即它们可以被衡量为讲述事实的准确度。

（3）即它们可以被衡量为讲述关于现实真相的准确度（参见 Ellis，2000，p.13）。

就后结构主义角度而言，这种方法的难点在于，这些术语没有意识到人们可能以不同方式理解现实（如上所示）。人们倾向于用道德主义的方式使用这些词，坚持认为只有一种正确方法可以解释任何情形，那就是他们自己的方式，其他任何方式都不可替代，它们必然是错误的。

以时事节目《时事纵横》(*A Current Affair*)于2001年11月7日对一位基督教牧师的访谈为例,这场讨论的焦点在于学校是否可以体罚孩子。"家长和公民"小组认为法令存在即应执行——不应体罚孩子,并就此阐述了自己的理由与意见。这位牧师在随后接受的访谈中谈及:"我找不到能比'家长和公民'小组更与现实脱节的了。"

他是正确的吗?这些人与现实脱节了吗?他们都不理性吗?对这位牧师而言,他并不同意这一小组的观点。该小组对儿童行为、学校教育的功用,以及什么才是理想的社会等问题的理解,对牧师而言是匪夷所思的,以至于唯一可能的解释就是这些人根本不了解实际情况;所谓的事实就是这个牧师眼中的世界。当访谈者提出:"这样说可能有些冒犯,但你是一名基督徒,应该讲真话。"这个牧师回答:"这就是事实,做基督徒就要讲事实。"如果事实果真如此,那么与其世界观不同之人所持的立场显然就不是事实。他们对情形的描述、对问题应如何处理的解释也不是事实——可能是谎言或错乱。那究竟什么是事实?这个牧师的观点就是事实(Bantick,2001,p. 13;McGrory & Lister,2001,p. 7;Pullan,1986,p. 153)。

另一个常用于现实主义式文本分析中的术语是"偏见",这个词用以指称某个"文本是不准确的"。但正如布莱恩·埃利斯(Blain Ellis)所指出的:"当收到关于'偏见'的投诉时……制作方意识到大多数指控是基于人们自身的主观偏见。"他提出了一组统计数据:"在1975年大选之后收到的所有关于'电视报道'存在偏见的投诉中,共有412人表示(澳大利亚广播公司)偏袒工党;399人认为它偏袒联盟党(选举中的两个主要党派)"(Ellis,1977,p. 89)。我们倾向于认为"事实"和"现实"这两个词简单且直接、明了。我们假定,在未经深入思考的情况下,无论何时有且只有一个可能的"事实",或者每个人都对某种情况下的"现实"达成共识。然而在实践(现实世界)中,如果观察人们在公开讨论中如何使用"事实"一词,就会发现他们实际上在用该词表示"其所在社群的观点"。这是一个道德术语,用以说明人们应该如何思考。人们同意我们的观点与否并不重要,毕竟这也只是一个观点。但如果他们不认同我们眼中的"事实"(对我们而言,显而易见且理应认可),我们便会感到不安。尽管日常生活的诸多迹象表明,来自不同文化和亚文化群体中的人对任何特定情况都可能存在不同看法,但我们仍然愿意相信我们的文化是正确的,其他人都是错误的。

在后结构主义文本分析中,我们不会简单论断文本是否"精确""真实"或"反映现实",我们亦不会将其简单地定性为"不准确"或"有偏见"。这些多是道德上的主张,试图在不涉及其他表述形式的情况下(对其)进行驳斥。相反,我所描述的这种方法论旨在理解这些表述形式作用的方式、其背后的假设及其揭示出的对世界的感知方式。不同的文本可以用不同的方式呈现同一事件,它们都是真实和准确的。如果我们仅用"准确"或"不准确"进行判断,将无法触及分析的精妙之处,即这些文本如何讲述它们的故事,如何再现和认知这个世界。

以下是关于一名英国女孩死于疯牛病(CJD, Creutzfeldt-Jakob disease)的在线新闻报道标题。疯牛病又被称为"牛海绵状脑病"(BSE, Bovine Spongiform Encephalopathy)。

> "疯牛病杀死 14 岁的女孩"——《卫报》(*Guardian*)在线,2000 年 10 月 29 日
>
> "百万人见证佐伊(Zoe)的最后时刻"— 英国《每日电讯报》(*Electronic Telegraph*),2000 年 10 月 29 日
>
> "疯牛病的防护措施下降了"——《独立》(*Independent*)在线,2000 年 10 月 29 日

显然,这些是同一事件的不同报道标题,其中并无"不准确"或"虚假"。第一则标题强调了疾病和女孩的年龄;第二则用一个具体名字将其个性化,并强调这一事件是全国的焦点;第三则将事件置于政府疾病管控政策的背景中。这些报道从不同的角度出发,表述方式也不尽相同,它们都是"准确"的,这些从不同的角度进行的报道能为我们的分析提供多大帮助?

第四,如果没有唯一正确的方式来认知现实,是否意味着所有的方法都适用?任何人都可提出任何主张,且均可被接受?

事实并非如此。这一观点是针对后结构主义式文化思维的常见的批判,但它忽略了核心问题。显然,有些文本与我们通常思考世界的方式几乎毫无关联。例如,如果上述标题是"佐伊被外星人杀害:入侵迫在眉睫",那么很少有人会认为它是真的。任何事件都没有纯粹"正确"的描述,但在特定时间与文化背景下,"合理"都是有限度的。认知世界的方式并非完全天马行空,也不会瞬息万变;它们既不是无限的,也不是完全独立的。事实上,已经有一个词用以形容那些拥有自身独特意义建构实践,且异于其本土文化的表达与解释世界方式的人——我们称之为"疯子"并将其监禁。这不是一个轻佻的笑话:历史学家米歇尔·福柯(Michel Foucault)的《疯癫与文明》(*Madness and Civilization*)一书表

明,当一些人认知世界的方式迥异于其周围文化时,他们就会被认为是疯子并遭到监禁(Foucault,1967)。随着文化变迁,人们对"什么是认知世界之合理方式"的理解也在发生变化。由于认知世界的方式与"常人"格格不入,那些人可能被视为某一文化中的疯子,但也可能凭借对世界的理性洞察而成为另一文化中的天才。或在另一种语境中,某种文化中的疯子也可能是完全正常的普通人。在19世纪末的英国,"精神病院的记录显示,未婚母亲也被认为患有精神病"(Powys,2002);伊迪斯·兰卡斯特(Edith Lancaster)在"1895年被她的父母送进精神病院,因为当时她宣布和一个国有铁路职员开启了非婚模式的同居"(Bartley,2001)。如今,人们对"禁止女性婚前性行为"的社会习俗进行批判,也不再有人因此被认为是疯子或为此遭受监禁。在21世纪的澳大利亚、英国或美国,监禁那些支持婚前性行为的人是一种野蛮行为。单身妈妈这一身份在当下已足够普遍,倡导此种生活方式的人也不再被视为疯子。同样,在1973年前,同性恋一直被美国精神病学协会(APA:American Psychiatric Association)列为一种精神疾病(APA,2002),任何认为两个男性或女性可以拥有幸福、充实和相爱生活的人都被视作疯癫的。虽然大家都知道事实并非如此,但一种强烈共识已然存在——同性恋关系是病态的,即字面意义上的不健康、不自然和不可行。在21世纪以同性恋角色为题材的情景喜剧《威尔和格蕾丝》(*Will and Grace*)中,两位主角不仅是朋友,而且都同样有权利与男性建立幸福关系,这意味着意义建构实践已发生了巨大变化。此时若你认为同性恋关系可以如异性恋关系一般幸福、稳定和充实,也不再被斥为疯子。

当然,并非所有人都认同这一观点,关于意义建构的争论一直持续着。有些人仍旧认为同性恋是病态且违背道德的。尽管存在各种观点,但在特定文化背景和不同时段内,可供建构意义的立场是有限的。因此,后结构主义的文本分析并不坚持一切均可行,任何表征均可接受,或任何理解均有意义。事实上,情况似乎恰恰相反——我们分析文本的原因在于了解该文化中合理的意义建构实践是什么,而非一味重复我们自己的解释并称之为"现实"。

第五,是否存在一些所有文化都认同的现实元素?

有时 $1+1=0$

(Krauss,1998,p. 149)

这是倾向于用现实主义的思维方式来理解意义建构的学者们的另一个常见

主张。他们坚持认为,存在某些人们可以"共同理解"的经验元素。最具说服力的例子是痛苦与死亡,毕竟,人们无法通过改变死亡的意义建构而阻止死亡,亦无法通过假装疼痛不存在以避免痛苦。

有趣的是,尽管这些论点常被重复提及,但当我们深入研究时,就会发现它们其实并不完全令人信服。因为人们如何理解疼痛、苦难或死亡对其体验至关重要。事实上,死亡与痛苦的案例正是最有力的证据,证明了意义建构实践的多样性与重要性。[①]

在恰当的情形与文化语境下,暴力和痛苦或许是令人愉悦的。事实上,不仅我们可能对痛苦有着不同的理解,甚至在不同的语境中,痛苦可能根本不存在。有时,痛苦并非真正的痛苦,相反,是一种快乐。

广义上,苦难(不限于暴力)并非总是坏事。对于一些发人深省的诚言来说,苦难是有用甚至是可取的。凡杀不死我的必使我强大。"《圣经》认为,苦难是神的训诫或教导(Waters,1996,p. 28)"。上帝让至保罗受苦,"这样他才学会依靠上帝的恩典,而不是自己的力量(Waters,1996,p. 30)"。毕竟,"苦难对一个人的虔诚而言至关重要(Waters,1996,p. 31)"。我们有权犯错,但必须从错误中汲取教训。在这些意义建构实践中,痛苦令人确信上帝的关怀,因而或许是可取的。

第六,没有文本是对现实的准确再现,那么是否存在更好/稍差的文本?

比什么更好? 尽管诸如"这是一部好电影""那个节目很糟糕""这是他最好的小说"或"那是一幅伟大的画作"等评价在日常生活中司空见惯,但这类评价不同于此处要探讨的后结构主义式文本分析。我们在回答前,必先知道基于此方法论的问题是什么。诚然,对价值的审美判断(这是一部好的/伟大的/大师级的/他最好的电影)是一种文本分析的方法,诸多文学系和影视系仍在教习,但这是一种现实主义的方法——"这确实是最好的文本"是一个客观的陈述,你无法反驳这一陈述——并不符合本文所讨论的方法论。

审美判断有两种主要用途,并且两者高度重叠。

其一,我们用"好""伟大""大师级"等词语表达"我喜欢它""我真的喜欢它""我真的非常喜欢它"等含义。正如记者多米尼克·杰克逊(Dominique Jackson)所说:"《拍电影》(*Taking Movie*)的主持人汤姆·布鲁克斯(Tom Brookes)是一个见多识广、思想开放却苛刻的评论家。他提供了清晰、客观和理

---

① 译者注:此处有删减。

智的分析。换言之,他同意我的观点"(Jackson,2002,p. 22)。

其二,有一种用以分析艺术与文学作品的审美判断传统,即使用一套既定标准对文本进行评判,包括"连贯性""效果强度""复杂性"和"原创性"(Bordwell & Thompson,1993,pp. 53 – 54)。据说这些标准可以产生对文本的客观解释(Bordwell & Thompson,1993,p. 53)而非主观的个人反应,但其仍然只是对文本的一种解释。这是一种书院式文化的意义建构实践,认为诸如"复杂性"等特性在文本中是一件好事(其他文化则可能认为"简单性"更重要)。归根结底,这种解读文本的方式仍然回归至个人喜好(换言之,这一方式比简单阐明"我喜欢这个"更加客观)。

这种审美判断传统作为"文化资本"可能极具价值,它可用于了解哪些电影被文艺批评家视为杰作,而这种知识本身有其价值。正如电影杂志《帝国》(Empire)在其每月专栏"必备影片"(The Bare Necessities)中所说:"从未看过费德里科·费里尼(Federico Fellini)的电影? 懒得揣摩玛丽恩·白兰度(Marion Brando)的喃喃自语? 没关系! 只需阅读我们的简报,就能让您在任何尴尬的社交活动中,与那些身着黑色高领毛衣品尝拿铁(咖啡)的人侃侃而谈"(Empire,2001,p. 11)。

拥有文化资本(了解哪些电影、书籍、绘画及电视节目被视为最好的)有助于提高个人的社会流动性(参见 Bourdieu,1984)。例如,为了跻身潮流群体,你必须具备某种知识(如大师级电影);反之,在与特定阶层人群交往的过程中会陷入尴尬处境。因此,《帝国》告诉我们,例如"对伟大电影的评价是什么?"——被视为美国电影史上的里程碑(Empire,2002a,p. 13);"为什么这部电影那么好?"——真正使其脱颖而出的是它对色彩的绝佳运用及其对细节的精妙把控(Empire,2002b,p. 11);"在晚宴上该说什么?"——"阿根托(Argento)将你带入内心的至暗角落,那些你自己都不愿承认的地方"(Empire,2001,p. 11)。了解审美判断的传统有其价值,但正如《帝国》所展示的,不必原封不动地"搬运"它。

总之,对文本进行的美学判断——"何为好/坏/杰作/败笔"等,于诸多文化目的而言确有其用,但它不应被简单视为关于价值的客观主张,亦不仅是后结构主义式文本分析中的一部分。

第七,若对世界的理解并无唯一正确方式,那本文所阐释的不也只是一种可能的路径吗?

诚然,本文试图阐明一种方法论,但这并非是思考意义建构或文本如何运作的唯一方式。正如前文所述,现实主义式文本分析模式在媒介研究、文化研究与大众传播研究中依旧热门。例如,一些政治经济学的文本分析路径坚持认为立法、产业和经济是文化的物质现实。而其他现实主义式的文本分析则认为,假设研究人员所做的解读与其他人基本一致,那么其理解过程将比后结构主义式文本分析更加直接。结构主义方法认为在不同文化的意义建构实践间存在深层结构,这一观点仍然是我们学科诸多研究中的重要元素。例如,精神分析学认为,人类心灵的形成(思维模式的运行)是书写文化时所必须考虑的基本现实。

这种文本分析方法有其历史渊源(Turner,1997;Hartley,2002a),有其特定的传统,且只能回答某些问题。它永远无法以绝对的确定性进行,也难以产生支持其主张的统计数据。即使存在其他处理文本的方式,但我仍认为后结构主义式文本分析是回答关于意义建构问题的有效方法。

六、案例研究

在约翰·哈特利的《住房电视：冰箱、电影和社会民主》(*Housing television: a fridge a film and social democracy*)一文中,哈特利试图探究文本如何被视为"现实",即何种文本足以使西方观众认为是对现实的再现? 基于相关历史证据——1935年的短片《住房问题》(*Housing Problems*),他对这一问题进行了探究。通过比较这部短片与更早期文本中的普通人形象,他指出十年前被认为是"现实"的文本在几十年后可能看起来过时且虚假。他对这部短片进行了文本分析,以说明该片不仅反映了现实,还找到了再现现实的新方式——这些方法在当下看来稀松平常,但在当时新奇且与众不同。这部电影并非"事实"——没有文本足以代表真相,但它采用了某种独特的制作方式,使其看起来更真实可信。

1935年,《住房问题》上映,哈特利认为它是英国文化中意义建构进程中的重要转折点,因这一年恰逢英国电视开始向着现今的家庭剧和广播剧形式演变。他指出,迎合媒介转型的迫切需求刺激了电视制作人不断向周围文化找寻灵感。事实上,电视中用于再现现实的诸多策略(包括展示的内容及方式),均可追溯至《住房问题》等电影。

哈特利指出,《住房问题》展现了"家庭生活"与"公共奇观"的混合状态(Hartley,1999,p. 92)。如后来的电视节目一般,这部短片从双重视角对"普通人"进行了再现。在某种程度上,它既关注大规模的社会议题(我们如何共同生活、如何解决社会问题),也关照人们生活中的日常(例如,关于大规模公共议题的辩论并不局限于纯粹抽象的政治哲学层面）。

> 这部电影包含两组主要镜头。第一组展示了标题中的"问题"，再现了伦敦东区贫民窟的一些情况，配有当地议员的评论，以及诸多工人阶级租户的自述，他们向观众讲述了光线、水、新鲜空气和厨房设备短缺的情况，辅以生动而真实的轶事描述了这些小公寓与房间的破败、存在害虫与有毒物质的情况，以及对隐私、隔音和便利设施的需求。第二组镜头则提出了解决这些问题的理想方法，并配以一位专业而权威的男性专家的旁白。
>
> （Hartley，1999，p. 92）

文本分析是对读者如何解读文本做出有根据的推测。例如，哈特利是如何知道画外音可能被观众解读为"专家"？他之所以如此猜测，是因为他了解这种类型作品的运作方式。西方电影观众知道，纪录片中的旁白扮演着一种类似新闻播报员的角色。两者均代表"上帝的声音"，它们不似普罗大众那般提供单一且不可靠的主观想法，而是客观地告知我们事件的"真相"。

哈特利为何要着重强调是男性旁白？我们从同时期的文献（尤其是关于电台节目主持人任命的文件）中得知，当时的英国认为男性较之女性更具权威性、理性。这些观念相互关联，延续至今。

哈特利指出，从历史上看，《住房问题》在描绘普通人生活与社会问题时采用的方式，即其"符号阐释"（意义建构）的过程，在当时是惊人且激进的。他认为这部电影有两个亮点，一是其"直感性"，即"未经编排且出人意料"的工人阶级呼声；二是其"可视性"，即它具有启发性，将先前被认为不适合展示的家庭工人阶级搬上银幕。这部电影拍摄时还没有《加冕街》（*Coronation Street*）和《罗珊妮》（*Roseanne*），这些景象都是新的尝试。

为了理解这部纪录片中现实语言的作用方式，哈特利写道：

> 最具突破性的创新往往在那些最容易被忽视的地方，原因很简单：自 1935 年以后，那些令人惊讶的新鲜事物……成为标准化实践的基石。《住房问题》使用了真实人物而非演员。他们在电影中被赋予了名字，并在自己的房子里用自己的语言表达，而不受到那些经由口头修复、编辑与视觉塑造的剧本的束缚。它认真地对待平凡的对象，尊重平

凡的日常生活,而不以高人一等的态度对待工人阶级。

(Hartley,1999,p. 94)

同样,我们只能对这一文本进行一些有根据的猜测。或许有些观众会认为这部影片是对工人阶级的俯视。哈特利认为,基于他的理解——对表征符码及当时具有媒体素养的观众理解符码方式——人们不太可能如此看待这部影片。他指出:

> 在 1935 年,普通民众在没有脚本的情况下是无法参与公共文化活动的。例如,每位英国广播电台(BBC)的受访者都必须按剧本行事,即使参与的是一场"即兴对话"。在主流电影中,依旧难以听到普通人为自己发声……让真实的人出现在银幕上,让他们用自己的语言说出他们的真实处境,这种想法确实是很新颖。

(Hartley,1999,p. 97)

正如哈特利指出的,他所描述的文本特征与我们现在所称的"实况片段"(actuality segment)或"真人秀"(参见 *Airport*, *Sylvania Waters*, *The Village*等)的概念完美契合。但这种对"现实"的表述不是简单的"真实",而是一套制作文本的实践与技术,有其自身的历史,随着 1935 年这部纪录片的上映,逐渐在英国崭露头角。

哈特利还注意到文本元素中的意义是如何发生变化的。在讨论英国住房的历史时,哈特利指出,拥挤的市内贫民窟被清理,租户们搬进服务和设计都很差的住宅区和塔楼,在多数情况下,这些住宅区和塔楼的社会与健康问题比他们昔日的贫民窟严重得多。哈特利指出:

> 凭借坚定的信念,这部电影试图改善贫民窟的环境。但它用以证明廉租房居民生活困窘与难耐的镜头——妇女们在后巷清扫和拍打地毯上的灰尘,孩子们在周围玩耍胡闹等场景,却被下一代人当作说明工人阶级生活的团结、共享与相互支持的例证。

(Hartley,1999,p. 95)

哈特利借鉴了历史文本中关于社会生活的描述,以了解他所分析文本的背景并帮助他理解这些文本。他注意到：

> 始于 20 世纪 30 年代初的贫民窟清理行动在战后持续到了 20 世纪五六十年代，极大打击了家庭和邻里的核心精神。直到后来，才有评论者将工人阶级生活中的错位文化、破碎的家庭与充满敌意的邻里关系归咎于媒介，特别是电视。
>
> （Hartley，1999，p. 95）

依据这部影片发行时的语境线索（其他相关文本），哈特利认为，这部影片在改变英国民众形象方面发挥了重要作用。它发展了一种广泛应用于电视的视觉与剪辑语言，通过电视新闻、时事、纪录片和越来越多的真人秀节目，这些语言成为我们日常文化意义建构的重要组成部分。这些节目的表现策略（让非专业人士在公共领域展示工人阶级的生活空间）显然不是简单的"现实主义"，而有其自身的发展历史。哈特利采用了后结构主义式文本分析的方式，通过研究这段历史中的一个具体文本，对可能的解释做出有根据的猜测，为他的研究提供了证据。

要点强调：

（1）所有文化与亚文化都有不同的认知世界的方式：从极其不同（如澳大利亚原住民与英国人）到略有差异（如男人与女人）。

（2）我们可以就这一事实做出回应，或坚称自己的"意义建构实践"是唯一正确的，即"现实主义"或"文化沙文主义"的方法；或找寻支撑这些不同意义建构系统的共同深层结构，即"结构主义"的方法；抑或是接受其他文化对现实的不同体验，即"后结构主义"或"文化相对主义"的方法。

（3）如果我们对文化与亚文化理解现实的不同方式感兴趣，可以通过分析文本来收集证据。

（4）文本（包括书籍、电视节目、服装和建筑物等）是我们从中获得意义的载体。

（5）没有任何文本是关于世界某处的唯一准确、真实、无偏见的表征；始终存在同样准确、真实、无偏见的其他表述。

问题和练习：

（1）花一个下午收听广播。既包括常听的电台，又包括那些针对不同人群的谈话电台、轻音乐、新闻频道和青年音乐电台。花点时间收听每个电台，并详细列出其对世界设想的差异。它们认为什么是有趣的且值得倾听或谈论的话题？它们提出了哪些问题？听众的观点是什么？是否允许听众发言？哪些内容受到了主持人的质疑，哪些没有受到质疑？他们使用何种语言？列一份清单，记录下你所听到的荒诞事。

（2）去一家书报亭浏览杂志，找出它们所服务的亚文化群体。买几本杂志（或者如果足够幸运，可以找到一家有此类杂志的图书馆）：选择一本受众群体不包括你且你通常不会看的杂志。若你是男性，就买一本女性杂志，若你是女性，就买一份男性杂志；买一本面向你从未听说过的兴趣群体的杂志（如果我没有拿起《现代雪貂》[*Modern Ferret*]杂志，我就不会意识到雪貂爱好者社群的存在，以及雪貂在其生命里扮演的重要角色，也不会意识到他们的社会、伦理甚至政治思想是如何与其对雪貂的追求相关联的）。此外，列一份详细清单：这些文化中的哪些内容值得一读？他们对读者有何假设？这些群体是否有必须与之斗争的敌人？该杂志认为其读者和其他人之间有何不同？这些杂志对社区有何影响？读者如何看待该杂志？该杂志是否涉及政党政治、政府和政策议题？抑或是更侧重于私人和个人生活？

（3）去图书馆找到同一天的多份报纸（最好是服务于不同地区的报纸，例如地方报纸与国内报纸、小报与大报，或左翼报刊与右翼报刊）。找出它们对同一事件的报道，并详细列出这些报道间的区别：在标题中强调了哪些元素？用了哪些照片？选择了谁的观点？有多少种不同视角？读者应倾向于谁？以及其他任何你认为相关的元素。选择你认为最"公正"的报道。这个报道是否与你的观点一致？又或者你对其立场持有不同意见？

（4）对多个国家的报纸进行同样的实践……了解他们如何用不同方式报道同一个事件。

（5）在互联网和谷歌上进行搜索。输入——"事件真相是"，然后按谷歌搜索按钮。访问一些包含这句话的网站。作者使用该短语用以表达与其个人对于世界的看法不一致的事实的频率如何？作者将之作为"这是我对此的看法"的同义词的频率如何？

七、文本分析计划

1. 列出一些你感兴趣的关于文化与人们如何认知世界的话题

你对文化的哪些方面和哪些问题感兴趣？它们可以来自学术阅读，或是你对文化的亲身体验。文本分析可以提供有关文化运作方式、世界上某个群体或地区的表现方式的信息,也可以提供关于人们如何对世界进行一般意义上的理解(意义建构)的信息。

文本分析被学界用以回答的常见问题包括:政党政治(媒体如何报道特定政党? 如何报道选举活动? 哪种社会组织形式在媒体中被呈现得最具吸引力?)和身份群体问题(媒体如何报道男人、女人、女同性恋者、年长者等?)。但如果你对其他领域感兴趣,也可以使用文本分析的方法,因其适用于任何有关意义建构问题的文本(诸如分析不同版本的《圣经》,探究上帝与人类间关系的观念在数百年间是如何变化的;分析卫生间墙上的涂鸦,以研究男女间的文化差异如何在这些私密空间进行运作等)。阅读大量文化史理论,以获取新思想、新视角与新问题。

2. 聚焦问题,使其更加具体

假设你最初的问题是"媒体如何影响男性对男子气概的理解?"那将会是一个十分宽泛的研究。因此需要聚焦,一方面限制所讨论的文本数量,另一方面将问题具体化,以便找到答案。

尽管在开始研究与探索文化前,我们就对媒体在我们文化中的运作模式有所了解,如宣扬刻板印象、避免正面形象、愚化受众和低俗化倾向……(若我夸大其词,请见谅),但请忘记这一切,因为这一态度建立在极度无知的基础上。

坦言之,你对人们如何消费文本究竟了解多少? 很可能你已然抱有一些偏见:大众已经被电视、杂志和小报上耸人听闻、琐碎无聊的故事所催眠,并将之归因于受众的愚钝、注意力短缺。每个人都认为他人会受媒体影响并盲目消费媒体内容,但事实上鲜有人如此。如果你想了解读者是如何理解文本的,就需要相关证据。我们可以说"我们的文化是如此表现男性的",但不能轻易地对此一概而论,只有经过多年的研究,才能充分了解不同文化中大相径庭的男性气质。例如,在对新闻节目、肥皂剧、女性杂志、男性杂志、励志书籍、DIY 手册等文本均有所了解的情况下,才能对这一问题进行总结。在研究之初,最好聚焦并致力于回答具体的问题,例如"男性杂志如何教导他们的读者成为男子汉?"

参考文献

Adler, P. S. (1987). Culture shock and the cross-cultural learning experience, In L. F. Luce, & E. C. Smith (Eds.), *Toward Internationalism: Readings in Cross-Cultural Communication* (pp. 24-35). Cambridge, MA: Newbury House Publishers.

Allen, R. C. (Ed.). (1992). *Channels of Discourse Reassembled: Television and Contemporary Criticism*. Chapel Hill, NC: University of North Carolina Press.

APA (2002). Answers to your questions about sexual orientation and homosexuality, APA [American Psychiatric Association] Online, http://www. apa. org/pubinfo/orent. html, accessed 5 May 2002.

Balazs, J. (1985). Disturbances and misunderstanding in the use of address forms in Hungarian, In R. J. Brunt, & W. Enninger (Eds.), *Interdisciplinary Perspectives at Cross-Cultural Communication* (pp.163 – 172). Aachen: Rader Verlag.

Bantick, C. (2001, December 12). Play it safe and it'll be orate on the night, *the Australian*, 13.

Barrow, J. D. (1992). *Pi in the Sky: Counting, Thinking and Being*. London: Penguin Books.

Bartley, P. (2001). Review of Lesley A. Hall, Sex, Gender and Social Change in Britain Since 1880, History in Focus: The Victorian Era, http://www. history. ac. uk/ihr/Focus/Victorians/bartleyPaula.html, accessed 5 May 2002.

Bordwell, D., & Thompson, K. (1993). *Film Art: An Introduction* (4th ed.). New York: McGraw-Hill Inc.

Brunt, R. J., & Enninger, W. (Eds.). (1985). *Interdisciplinary Perspectives at Cross-Cultural Communication*. Aachen: Rader Verlag.

Cohen, S. (1972). *Folk Devils and Moral Panics: The Creation of the Mods the Rockers*. London: MacGibbon and Kee.

Coren, S., & Grigus, J. (1978). *Seeing is Deceiving: The Psychology of Visual Illusions*. Hillsdale, NJ: Lawrence Erlbaum Associates.

Craig, J. (1979). *Culture Shock: Singapore and Malaysia*. Singapore: Times Books International.

Cuff, E. C., Sharrock W. W., & Francis, D. W. (1998). *Perspectives in Sociology* (4th ed.). London and New York: Routledge.

Ellis, B. (1977). *Life with Aunty: Forty years at the ABC*. Sydney: Methuen.

Ellis, J. (2000). *Seeing Things: Television in the Age of Uncertainty*, London and New York: I. B. Tauris Publishers.

Forman, R. (1970). *Science, Art and Visual Illusions*. New York: Simon and Schuster.

Foucault, M. (1967). *Madness and Civilization: A History of Insanity in the Age of Reason* (R. Howard, Trans.). London: Tavistock.

Fuglesang, A. (1982). *About understanding: Ideas and Observations on Cross-cultural Communication*. Uppsala, Sweden: Dag Hammarskjold Foundation.

Gannon, M. J., & Newman, K. L. (Eds.). (2002). *The Blackwell Handbook of Cross-Cultural Management*. Oxford: Blackwell Business.

Gibson, M. (2002). 'Re: book', email communication, 29 May 2002.

Gripsrud, J. (1995). *The Dynasty Years: Hollywood Television and Critical Media Studies*. Psychology Press.

Haddon, A. C. (1910). *History of Anthropology*. London: Watts & Co..

Hartley, J. (1992). *The Politics of Pictures: The Creation of the Public in the Age of*

Popular Media. London and New York: Routledge.

Hartley, J. (1999). *Uses of Television*. London and New York: Routledge.

Hartley, J. (2002a). *A Short History of Cultural Studies*. London: Sage.

Hendon, D. W., Hendon, R. A., & Herbig, P. (1996). *Cross-cultural Business Negotiations*. Westport, CT: Quorum.

Hur, S. V., & Hur, B. S. (1993). *Culture shock: Korea*. Singapore: Times Books International.

Irwin, J. K. (1962). *Surfers: a study of the growth of a deviant subculture*. MA thesis: University of California.

Jackson, D. (2002, January 22). Hey, this is the reel thing, *The Australian Media Guide*, 10 - 16.

Kitano, H. H. (1969). *Japanese Americans: The Evolution of a Subculture*. Englewood Cliffs, NJ: Prentice-Hall.

Krauss, L. M. (1998). *Beyond Star Trek: From Alien Invasions to the End of Time*. New York: HarperCollins.

Linton, R. (1936). *The Study of Man: An Introduction*. New York: D. Appleton-Century Co..

Loveday, L. (1985). At cross-purposes: semiotic schism in Japanese-Western interaction, In R. J. Brunt, & W. Enninger (Eds.), *Interdisciplinary Perspectives at Cross-Cultural communication* (pp. 31 - 64). Aachen: Rader Verlag.

McGrory, D. & Lister, S. (2001, December 28). UK Muslim warns of radical converts, *the Australian*, 7.

Morland, K. J. (Ed.). (1971). *The Not So Solid South: Anthropological Studies in a Regional Subculture*. Athens, GA: Southern Anthropological Society.

Onishi, N. (2001). On the scale of beauty, weight weighs heavily. *New York Times*, A4.

Powys. (2002). Powys Digital History Project, from http://multiweb.ruralwales.net/ "history/history/rhaeadr/poor8.html, accessed 5 May 2002.

Pullan, R. (1986). *Four Corners: Twenty-five Years*, Sydney: ABC Enterprises.

Robinson, J. O. (1972). *The Psychology of Visual Illusion*. London: Hutchinson University Library.

Roces, A., & Roces, G. (1985). *Culture Shock: Philippines*. Singapore: Times Books International.

Shirtgod (2002). No fat chick, from http://www.shirtgod.com/fat.html/.

Stocking, G. W. (1982). *Race, Culture and Evolution: Essays in the History of Anthropology*. Chicago and London: University of Chicago Press.

Szalay, L. B., & Fisher, G. H. (1987). Communication overseas, In L. F. Luce, & E. C. Smith (Eds.), *Towards Internationalism: Readings in Cross-Cultural Communication* (pp. 166 - 191). Cambridge, MA: Newbury House Publishers.

Turner, B. (1971). *Exploring the Industrial Subculture*. London: Macmillan.

Turner, G. (1997). Media texts and messages, In S. Cunningham, & G. Turner (Eds.), *The*

Media in Australia: Industries, Texts, Audiences. St Leonards, NSW: Allen & Unwin.

Tylor, E. B. (1871). *Primitive Culture: Researches into the Development of Mythology, Philosophy, Religion, Language, Art and Custom.* London: Murray.

Waters, B. (1996). *Dying and Death: A Resource for Christian Reflection.* Cleveland, OH: United Church Press.

Whorf, B. L. (1956). *Language, Thought and Reality: Selected Writings of Benjamin Lee Whorf.* Cambridge, MA: The MIT Press.

Wotherspoon, G. (1991). City of the Plain: History of a Gay Subculture. Sydney, NSW: Hale & Iremonger.

Yamada, H. (1992). *American and Japanese Business Discourse: A Comparison of Interactional Styles.* Norwood, NJ: Ablex Publishing.

关于新闻话语的跨学科研究①

(*The Interdisciplinary Study of News as Discourse*)

托伊恩·A.梵·迪克(Teun A. van Dijk)

一、引言

本文介绍了一种对媒体进行话语分析的方法。话语分析强调了一个显而易见但至今尚未得到充分探讨的事实,即媒体信息是特定类型的文本和言论。话语分析这一新的跨学科领域的理论和方法,可用于对媒体信息的结构进行更系统、明确的阐述。由于话语分析涉及多学科,因此可以将其对结构的考量和认知与社会文化语境的各种属性相联系。

话语分析是在 20 世纪 60 年代中期—70 年代中期出现的一个新的跨学科研究领域,涉及人类学、民族志、微观社会学、认知和社会心理学、诗学、修辞学、文体学、语言学、符号学等学科,以及人文社会科学领域中其他有志于对文本与言论结构、功能和分析过程进行系统研究的学科(详见 van Dijk, 1985b)。为了将包罗万象的媒体话语分析法限定在有限范围内,笔者将重点研究新闻报道。若想深入了解该领域的理论及其在各种新闻报道案例中的应用,读者可参见梵·迪克的相关研究成果(van Dijk, 1985b, 1988a, 1988b)。

二、媒体研究的话语方法概述

当下,尽管话语方法在大众媒体研究中已或多或少被视为经典内容分析法的替代或补充(Krippendorff, 1980),但对大众媒体信息进行系统话语分析的研究数量仍有限。应用于媒体研究中的话语分析各式各样,就像话语研究和大众

① 文章来源: van Dijk, T. A. (2002). The interdisciplinary study of news as discourse. In N. W. Jankowski, & K. B. Jensen (Eds.), *A Handbook of Qualitative Methodologies for Mass Communication Research* (pp. 108 - 120). Routledge.

传播领域一样丰富。诸多研究深受语言学的影响，如杰弗瑞·内尔·利奇（Geoffrey Neil Leech）、大卫·克里斯托（David Crystal）和德雷克·达维（Derek Davy）早期的文体学研究（Leech，1966；Crystal & Davy，1969），以及后来罗杰·富勒（Roger Fowler）及其研究小组、冈瑟·克雷斯（Gunther Kress）和保罗·齐尔顿（Paul Chilton）等人的批评语言学方法（Fowler，Hodge，Kress & Trew，1979；Fowler，1991；Kress，1985；Chilton，1985，1988）。上述大部分及新近关于社会符号学的研究（Hodge & Kress，1988）均受到了迈克尔·亚历山大·吉尔伍德·韩礼德（Michael Alexander Kirkwood Halliday）的系统语法（systemic grammar）的影响（Halliday，1978，1985）。

在大众传播领域，格拉斯哥大学媒介研究小组（Glasgow University Media Group，1976，1980）对媒体报道劳资纠纷的批判性研究、霍华德·戴维斯（Howard Davis）和保罗·沃尔顿（Paul Walton）的研究成果（Davis & Walton，1983），以及当代文化研究中心（Centre for Contemporary Cultural Studies）的文化研究路径（Hall，Hobson，Lowe & Willis，1980）更广为人知，且呈现出媒体研究的多种面相。这些方法虽涉及语言、话语和图像，但它们并不属于纯粹的语言学范畴，而是着重关注媒体信息的意识形态和政治维度。尽管这些方法和当下的其他方法在理论与意识形态层面存在差异，但我们也能看到语言学、符号学与话语分析方法间的日益融合（van Dijk，1985a；Hartley，1982）。

值得注意的是，这些研究大多在英国（和澳大利亚）进行。即便是最近，美国也还是鲜见关于媒体的语言学或话语分析研究，大多数媒体研究侧重于轶事性，或是社会政治问题（Geis，1987）。法国和美国类似——尽管它早期曾对某些体裁（genres）的媒体话语开展过符号学研究（Barthes，1973）。德国的研究普遍受到语篇语言学（text linguistics）中各种方法的启发（Luger，1983；Strassner，1975，1982），以及后来跨学科（包括符号学和心理学）的启迪（Bentele，1981；Schmitz，1990）。在奥地利，从跨学科的"话语—分析"视角对媒体进行批判性研究的工作主要是由露丝·沃达克（Ruth Wodak）及其同事，他们针对反犹话语和库尔特·约瑟夫·沃尔登海姆（Kurt Josef Waldheim）大选报道展开了一系列研究（Wodak，Nowak，Pelikan，Gruber，De Cillia & Mitten，1990）。

三、对新闻报道的文本分析

话语分析型媒体研究的一项主要任务是研究新闻报道。此前研究表明，除广告外,可能没有任何一种媒体体裁能受到大众传播研究者、符号学家、语言学家和话语分析学家如此多的学术关注。但只要意识到新闻在我们日常生活中的重要性,这种关注就不足为奇了。我们对世界的大部分社会和政治知识与看法源于每日的新闻阅读;除日常对话外,可能没有其他话语实践能像报纸和电视中的新闻报道一样,能被如此多的人频繁使用。因此,我们需要对该体裁的结构进行详细考察。

为增强本文的实用性,笔者将以英国报纸上的一次具体报道为例,借助这种部分的、非正式的分析来探讨新闻话语中的丰富层次与维度。此外,笔者也将简要指出,新闻话语的哪些结构具有特定的社会、政治或意识形态上的隐意(implication),以便在对新闻进行更多批判性分析时可以有所侧重。

根据话语的几个层次或维度的理论来描述文本和言论,是话语分析的一大特点。因此,尽管传统语言学和符号学已经对符号的形式与意义,即"能指"(signifiants)与"所指"(signifiés)进行了全面区分,但当代的话语分析认为,文本和言论的复杂性远远超过从前,需要对诸如语音、图形、音位、形态、句法、微观及宏观语义、文体、上层建筑、修辞、语用、会话、互动等结构和策略进行相互独立又紧密相关的分析。每个层次都有其独特结构,这些结构可在其他层次上进行解释或发挥作用,既生效于句子的传统语言学界限内外,也可在更广泛的使用与传播语境中发挥作用。

需要注意的是,这种复杂的话语分析并不局限于文本分析,还涉及文本结构和谈话结构间的关系,以及它们的认知、社会、文化与历史的语境。在这种跨学科方法中,文本的生产与理解过程、语言使用者间的互动、话语的社会或文化功能也是重要的研究对象。在本文对新闻报道的分析中,笔者将着重关注文本结构。

范例:笔者以 1989 年 1 月 21 日刊登在英国《每日邮报》(*Daily Mail*)上的一篇新闻报道为例进行分析(见文末附录)。这篇新闻报道了一个激怒保守党和右翼媒体已久的戏剧性事件的最后一幕。该事件的背景是斯里兰卡难民维拉吉·蒙蒂斯(Viraj Mendis)在曼彻斯特的一所教堂寻求庇护,在教堂生活了两年多后,蒙蒂斯最终在警方对教堂展开的大规模突击检查中被捕,此举不仅引发了教会主管的反对,也引起了大量反种族主义者和其他捍卫移民和难民权益的团体的抗议。在对法庭的最后一次上诉失败后,蒙蒂斯被送上一架飞往斯里兰卡的飞机。我们选取的正是对该事件的报道。

笔者开展了一项关于媒体中种族主义的研究项目,这篇报道正是相关资料中的一小部分，其他资料包括新闻报道、背景文章，以及报纸社论中有关种族的部分（van Dijk，1991）。该项目本身就是关于种族主义在话语中再现的重大研究项目的一部分，其中不仅涉及媒体话语，还包括日常对话与教科书（van Dijk，1987a，1987b）。通过对这篇报道的分析，我们将清晰地看到：西方新闻界，尤其是右翼媒体，重新制作并进一步强调了少数族裔、移民和难民的负面形象，进而加剧了欧洲和北美对第三世界人民的苛责、偏见与歧视。

四、文本语义学

1. 局部与总体的一致性

无论是话语分析学者还是普通语言使用者，人们主要关注的都是意义：这一文本或言论是关于什么的？它意味着什么？对于语言使用者而言有何隐意？文本语义学部分回应了这些问题，它为词语、句子、段落或全部话语制定了解释规则，其中用以描述意义的一个重要语义学概念是"命题"（proposition），大致可定义为一个分句的概念性意义结构（van Dijk，1977）。

文本语义学中的一个重要概念是文本的局部连贯性（local coherence），即文本的后续命题之间如何相互关联。文本的局部连贯性成立的一个主要条件是：其命题所涉及的事实间是相互关联的，如事件的时间、条件、原因和结果等关系。在《每日邮报》的报道中，导语的第一句话传递了两个命题（"蒙蒂斯飞往斯里兰卡"和"人们曾声援释放他"），这两个命题既有先后时间关系，又有间接的因果关系，即他被遣返回国是因为释放他的尝试失败了。注意，这些命题的两种表述均指向同一个人——维拉吉·蒙蒂斯，他是上述两起相关事件的当事人。

这些命题在概念层面上也存在相关性（"飞"和"机场""非法"和"释放"）。诚如我们将要看到的，这些概念是所谓的"航空旅行"和"逮捕"脚本（scripts）中的一部分。我们对这些脚本的共通社会知识为文本中的概念与命题提供了大量"缺失的链接"。文本就好似一座语义冰山，只有其顶端的意义得以表达，读者则被预设已经知晓水面以下的大量信息。这种依赖了世界知识和信念的连贯性可能较为主观且具有明显的意识形态特征：对于新闻记者而言，连贯的内容不见得能让所有读者都有同感。

除了在指涉（referential）上具有局部连贯性外，命题在功能（functionally）上同样具有连贯性：譬如，以第一个命题为参照，第二个命题会发挥详述、转述、对比或例证的功能。新闻报道中的命题往往通过具体关系连接在一起，一般性命题后跟着更具体的命题,提供进一步的细节。在下一句中,我们可以看到"戏剧事件"的具体内容:谁? 在哪里? 做了什么? 如何做? 同理,后面的句子可能是对前面句子的转述。当它们带有特定的评价含义时,可能就发挥了意识形态的功能,一如《每日邮报》中的这篇新闻报道。

话语的一个关键特征是其不仅局部连贯,还整体连贯。除后续句子间的意义关系外,文本还具有整体的语义统一性。这种总体连贯性(global coherence)可以用我们直观上所指的主题(theme)或话题(topic)加以理解。话题在概念层次上总结了文本,并指明其最重要的信息。在理论上,这种话题可以被描述为语义上的宏观命题(macro-proposition),即从文本的命题序列中衍生而成的命题,例如,这一过程可以通过一系列宏观规则进行,如选择、抽象化,以及其他简化复杂信息的操作。层次分明的话题或宏观命题构成了文本的主题(thematic)或话题(topical)结构。语言使用者会采取这种宏观结构(macro-structures)以统筹全局并总结文本。在新闻话语中,这种宏观结构的顶端通常表现为标题和导语。

《每日邮报》中的这篇报道可以表示为一系列命题,随后再精简为较短的宏观命题或主题。在反复运用宏观规则(宏观法是递归的)后,我们得到了如下主题:

> 维拉吉·蒙蒂斯被驱逐回斯里兰卡:
> 一名牧师试图在苏黎世将他释放的尝试失败了;
> 许多团体在盖特维克机场(Gatwick airport)抗议对他的驱逐;
> 蒙蒂斯在曼彻斯特的一个教堂寻求庇护后遭到逮捕。

为了推导出这样的宏观命题,我们需要充分洞察这个世界,例如,对蒙蒂斯的驱逐可能会涉及航空运输和警察,这也许会引发示威者或警察的抗议。对特定话题的刻意强调可能具有意识形态的含义。因此,《每日邮报》非常关注示威的话题,而不像《卫报》(Guardian)在 1989 年 1 月 21 日关于同一事件的报道那样,偏重于驱逐行动及其政治隐意。

2. 隐意

批判性新闻分析中一个最有力的语义概念便是隐意。诚如我们所见,大部分的文本信息是隐晦的。词语、分句和其他文本表述可能隐含着一些可依据背景知识推断出的概念与命题。话语和交流的这一特征具有重要的意识形态特性。相较于研究文本实际表达的内容，分析那些未曾言明的信息有时更具启发。

隐意的类型丰富，包括语义蕴含（entailments）、假定（presupposition）及较弱的语气（如暗示和联想）。通常情况下，在本文的例子，以及关于少数族裔和难民的话语中，尤其是右翼媒体对少数族裔的报道，"非法"一词不单指蒙蒂斯的违法行为，还将他和其他移民或难民与"犯罪"相联系（van Dijk，1991）。同样，"马克思主义者"一词的使用也含有负面意味，使蒙蒂斯看起来像一位不可信的难民。关于示威者乘坐"三辆豪华大巴"的描述也令人质疑其可信度。如此，整篇报道对示威者和工党的大量描述暗示或表明他们正在浪费纳税人的钱，他们的抗议并不严肃。

随之而来的是大量意识形态隐意，这不仅是因为报道的内容太少，还因为报道了太多关于新闻行动者的冗余信息。在对少数族裔的新闻报道中，最常见的就是为犯罪报道贴上根本无关的种族或族裔的标签。在示例报道中，我们也发现了这种使用无关（irrelevance）信息的报道策略：将蒙蒂斯称作马克思主义者，将示威者与革命者、黑人及同性恋相关联。对《每日邮报》的读者而言，这些联系几乎都不是积极的。对无关细节的提及（如示威者乘坐的是豪华车辆）则进一步暗示了示威者与工党中的极左派正在浪费纳税人的钱，这种暗示很可能对许多纳税人和读者产生强大的说服效果。

五、上层建筑：新闻基模

话题通常为抽象的基模所组织，由指定文本话题整体功能的常规类属组成。这种基模被称为上层建筑（van Dijk，1980）。与故事或论证一样，新闻报道也遵循分层的模式，由标题和导语（两者构成了摘要）、主要事件、语境和历史（三者共同构成了背景类属）、言语反应和评论等常规类属组成。新闻报道的典型特征是，这些类属及其整体语义内容以不连续的方式贯穿文本；对于每个类属而言，最重要的信息会被优先报道，这种自上而下的策略为文本附上了所谓的相关性结构。

对重要性或关联性的分配可能具有意识形态方面的隐意。标题"蒙蒂斯被驱逐，警察遭遇'乌合之众'的愤怒"传递出两个宏观命题（话题）：蒙蒂斯（乘坐飞机）被遣返；警察面临抗议者的愤怒反应。这两个命题概述了文本的主要信息，也表明这两个事件对《每日邮报》同等重要，其他报纸可能仅强调驱逐事件。《每日邮报》报道中的导语及后续句子提供了这两个话题的更多细节——包括"主要事件"类属中关于驱逐和示威活动的信息，以及其他类属中的信息，如简要的"历史"(蒙蒂斯在英国非法逗留了 13 年)和一些一般的"语境"(教堂关于避难所的政策)。

《每日邮报》这类右翼小报很少会关注事件的社会或政治背景,而是花大量篇幅报道示威者及其工党支持者的细节。"言语反应"类属中的信息仅限于一名警察对"下层民众"的负面看法,与《每日邮报》的观点不谋而合。这也表明,新闻采编和引用往往通过对信源的选择与使用来传递偏见。示威者和蒙蒂斯在报道中没有发言权,这与我在种族事件报道中的发现如出一辙——少数族裔发言者处于窘境(van Dijk,1991)。该新闻断断续续地报道了对示威者及其工党支持者的负面描述,"评论"类属也在这一不连续表达的过程中得以体现。换言之,这篇报道上层建筑的基模结构与《每日邮报》的意识形态立场一致。

六、文体与修辞

文体是文本选择的结果,是在用不同词语或语法结构表达同一个事件时的取舍。文体的选择通常蕴含着明显的意识形态隐意,因为它们通常暗示了记者对新闻当事人和新闻事件的看法、社会和传播情形的属性(在小报上使用),也表明了发言者的群体身份,如某个记者是白人、男性或中产阶层。因此,可以认为记者选用"暴民""乌合之众"而非"人群""示威者"的表述,实则是记者对左翼示威者的抹黑与意识形态立场的表达。选用"嚎叫""尖叫""愤怒"等词而非"强烈抗议"的表述亦是如此。除了表明负面态度和制造读者认同外(Herman & Chomsky,1988),此类词汇的使用也显示了新闻语言的文化维度:小报的日常化、大众化风格。

文体的另一个表现方式是句法,例如,媒体往往会规避代理人(尤其是当局)的负面行为。该篇新闻的题目"蒙蒂斯被驱逐"既没有指明是"谁"驱逐了他,也没有指明"谁"将其送上飞机(详见 Fowler et al.,1979)。这篇报道的修辞主要在于对示威者的夸张描述(如前文所述),以及小报典型的头韵(alliteration)手法,如"嚎叫发泄"。两种手法均强调了示威者的负面特性。

总之,在对《每日邮报》各个层次的分析中,无论是局部或总体语义,还是新闻基模或是文体风格,我们发现了一种连贯的话语特征模式——暗示或表明了《每日邮报》在这一事件上的意识形态立场。此外,这篇报道的相关性结构倾向于关注对《每日邮报》而言重要的内容,忽略了关于撒切尔政府、法庭、警察和其他白人当局有关移民和难民政策的重要信息及评论。

七、社会认知与社会文化语境

新闻话语分析并不限于文本结构。我们已经看到文本结构明示或暗示了各种隐含的意义、观点与意识形态。为了说明这些隐意是如何与文本相关联的,我们需要对认知、社会、政治及文化语境进行分析。认知方法的前提是:文本本身不具备意义,其意义是由语言使用者赋予的,更确切地说,是由语言使用者的心路历程赋予的。换言之,我们需要对认知表征与策略有所了解,既包括记者制作新闻的过程,也包括读者理解与记忆新闻的过程(van Dijk,1988a;van Dijk & Kintsch,1983)。

一些理论能够解释上述涉及的心理结构与过程。首先,在文本理解方面,文本本身的意义是一种有策略性的建构,并在记忆中表现为文本表征(text representation)。其次,语言使用者(记者和读者)对文本所涉新闻事件(本案例中的驱逐与示威事件)有着独特的个人表征。这种记忆中的知识表征被称为(情境或事件的)模型。模型代表了语言使用者对文本所述事件的理解,如果我们能够构建某一事件的心智模型(mental model),我们就理解了文本。

心智模型不仅包含了文本再现的信息,也包含了诸多关于该事件的其他信息,如航班信息、驱逐、示威和工党的具体信息,还可能包括读者的个人联想与评价。此类信息没有呈现在文本中,因为它们已被预设为读者所知,或记者认为它们无关紧要。部分预设信息源于脚本(如前文提到的有关驱逐与示威的脚本),这些脚本是文化共享的、共通的社会生活事件的常规知识表征。因此,虽然模型可能具有个人印记的独特性,但脚本具有普遍性与社会性。

同样,人们对当前传播语境也有一个特定的心智模型,即所谓的语境模型(context model),其中包括话语目标、传播行为和受众属性等信息。正是语境模型决定了事件中哪些信息会被认为与传播相关而被纳入文本。例如,在有关少数群体的话语中,无论是在新闻报道还是在日常对话中,有偏见的语言使用者通常不仅会表达对少数群体的负面看法(如其在种族事件的模型中表现的那般),还会附加免责声明,如"我并不反对黑人,但是……"这些免责声明旨在避免给人留下坏印象,为发言者"保留颜面"(关于种族主义者话语策略的转变参见 van Dijk,1987a)。正是语境模型统筹着话语的互动与传播,并将话语与社会情形和结构联系在一起。

我们已经看到,存储在记忆中的事件模型不仅包含知识,还包括关于事件及其参与者的观点或评价标准,这一点在《每日邮报》的新闻报道中清晰可见。现在，我们可以用记者的心智模型详细分析上述文本中的评价性隐意。如果一篇新闻报道是"有偏见的"，这通常是因为记者的心智模型具有倾向于某种特定意识形态的结构和观点。因此，对话语意义的批判性分析，事实上常涉及对发言者或作者的基本模型中价值判断的试探性再现。

正如模型会呈现脚本中的实例化（具体化）知识一样，它们也体现了从社会普遍共享的观点结构（如态度）中衍生出的特定意见。在更广泛的意义上，我们甚至可以说模型是基于社会表征或社会认知的存在，例如关于移民、难民或示威者的认知与表征(Farr & Moscovici, 1984; Fiske & Taylor, 1984)。不同于更为个性化的具体观点，社会认知代表着一种群体特质，如一群小报记者或规模更大的英国右翼人士(Gordon & Klug, 1986)。

假设对不同社会群体和社会事件的社会认知是趋同的，那我们可以认为它们受控于相同的基本解释框架，即相同的意识形态。这种意识形态以基本规范、价值观和其他原则为特征，旨在实现群体利益和目标，并使其权力得以再生产和合法化。

因此，如果我们说《每日邮报》中的这篇新闻报道是具有意识形态的，指涉的是其结构与意义的多重面向：其一，反映了新闻记者对此特定事件的特定心智模型的结构与内容；其二，这个心智模型或许源于公众对示威者或难民的普遍"社会—认知"基模，即偏见，并最终为群体的、潜在的意识形态所监控。因而，对意识形态的分析不仅要深入探究文本，还要探究文本生产与理解过程中所使用的复杂的认知表征和策略。

遗憾的是，在批判符号学、语言学、话语分析和大众传播研究领域，研究者往往忽视了这种认知分析，或是仅靠直觉，非常肤浅地称其为"意识"或"意义生产"。但是，正是需要借助对社会认知的详细描述，即通过语言使用者对社会结构的表征，我们才能将"话语和发言者"与"社会结构和文化"相联系。这种社会认知同样也使我们将话语行动和传播的微观结构与群体（记者、示威者、难民及少数族裔）和机构（报社、政府及法院）的社会宏观结构联系。因此，借助一个远比传统的效果研究复杂的理论框架，我们能够详细描述和解释《每日邮报》中的这篇报道是如何促成英国社会中的反移民意识形态和种族主义的合法化与再生产的。

换言之，模型和社会认知就像是文本与语境间的接口。这正是白人男性记者表达其群体及阶层身份的方式，这种对群体内外的普遍表征被策略性地用于形成有关特定新闻事件的模型，此模型反过来又支配着记者的新闻采编程序、对信源和源文本的解释,以及新闻报道描述新闻事件的方式。

附:

反叛者遭遣返,引发街头与机场暴乱

蒙蒂斯被驱逐,警察遭遇"乌合之众"的愤怒

鲍勃·格雷汉姆(Bob Graham)、

丹尼·巴克兰德(Danny Buckland) 联合报道

虽然苏黎世机场上演了一场为释放非法移民维拉吉·蒙蒂斯的戏剧事件,但他最终还是于昨夜乘飞机返回斯里兰卡。

在蒙蒂斯返回斯里兰卡途中,一位陪伴他的支持者宣称蒙蒂斯是被迫离开的。

这份辩护源自一位助理牧师,他任职于那所位于曼彻斯特的、为蒙蒂斯提供庇护的教堂。据他所说,坐在蒙蒂斯两边的两名英国警察,重新给他戴上手铐,并拒绝让步,于是瑞士警察被叫了过去。经过停机坪上的激烈争论后,瑞士警察似乎有意释放蒙蒂斯,但在他们上级的干预下,飞机最终还是飞向了斯里兰卡首都利伦坡(Columbo)。

32 岁的蒙蒂斯不仅是位马克思主义者,同时他也是泰米尔人(Tamil)的支持者。他说:"我回去必死无疑。"这就好似内政大臣道格拉斯·赫德(Douglas Hurd)"亲手向我的头部开枪"。

蒙蒂斯离开时,来自"下层民众"的抗议者不断发出尖叫。左翼人士涌入观看区,通过嚎叫发泄他们对政府的不满,在此过程中乘客们受到了冲撞。蒙蒂斯乘坐的斯里兰卡航班在跑道候机时,有 4 名妇女及一名男士冲破隔离栅栏奔向飞机。警察、安防员和机场工作人员冲上去制止了他们。双方因此发生冲突,有五人被警方逮捕。

肮脏的

当飞机离开英国时,联邦德国大使馆(West German Embassy)表示不莱梅(Bremen)可能接纳蒙蒂斯,并正与联邦政府就此事展开商议。

三辆豪华大巴将许多示威者送至本顿维尔监狱(Pentonville

Prison)(蒙蒂斯曾被关押在此),之后送至盖特维克机场。这些大巴的费用来自地方纳税人缴纳的税金,总计1 700英镑,由曼彻斯特工党议会领导人拨付。

议会的保守党党魁约翰·克肖(John Kershaw)昨夜提出抗议,认为这笔本该解决真正难题的资金却在未经委员会授权的情况下被任意挥霍。

聚集在本顿维尔监狱外"乌合之众"式的抗议人士包括革命共产组织(Revolutionary Communist Group)、黑人女性争取家务劳动工资团体(Black Women for Wages for Housework group)、西北同性恋平等运动阵营(North West Campaign for Lesbian and Gay Equality)及国王十字妇女中心(King's Cross Women's Centre)。昨夜,工党议员安东尼·威基伍德·本(Anthony Wedgwood Benn)在此地发表讲话,聚集在曼彻斯特的蒙蒂斯支持者向警车投掷瓶子。500名示威者穿过城市,誓言要报复玛格丽特·撒切尔(Margaret Thatcher)及内政大臣,车上的扩音喇叭播放着反对警察的口号。这辆车由议会的卫生部门提供。

示威队伍还包括曼彻斯特大学学生、巴勒斯坦团结运动(Palestine Solidarity Campaign)和工会人士。

一位监察左翼抗议团体的高级警官说:"在示威活动中总是出现同样的面孔。我们称其为'下层民众',因为他们似乎都穿着同样肮脏的服装,并以抱怨为生。"

蒙蒂斯在英国非法逗留了13年,他于周三在位于休姆(Hulme)的升天教堂(Church of Ascension)里被警察抓获。蒙蒂斯承认已在此处待了两年有余。内政大臣随后警告牧师,在对待那些寻求庇护但蔑视法律的人时须格外谨慎。坎特伯雷大主教(Archbishop of Canterbury)昨日提醒神职人员须谨记,自350年前始教会就已不再是避难所,他们必须谨遵法令。

(《每日邮报》,周六,1989年1月21日)

参考文献

Barthes, R. (1973). *Mythologies*. London: Paladin. (Original work published 1957)

Bentele, G. (Ed.). (1981). *Semiotik und Massenmedien* (Semiology and the Mass Media).

Munich: Oelschlager.

Chilton, P. (1988). *Orwellian Language and the Media*. London: Pluto Press.

Chilton, P. (Ed.). (1985). *Language and the Nuclear Arms Debate: Nukespeak Today*. London: Pinter.

Crystal, D., & Davy, D. (1969). *Investigating English style*. London: Longman.

Davis, H., & Walton, P. (Eds.). (1983). *Language, Image, Media*. Oxford: Blackwell.

Dijk, T. A. van (1977). *Text and Context: Explorations in the Semantics and Pragmatics of Discourse*. London: Longman.

Dijk, T. A. van (1987a). *Communicating Racism: Ethnic Prejudice in Thought and Talk*. Newbury Park, CA: Sage.

Dijk, T. A. van (1987b). *Schoolvoorbeelden van racisme: de reproduktie van racisme in maatschappijleerboeken* (Textbook Examples of Racism: the Reproduction of Racism in Social Science Textbooks). Amsterdam: Socialistische Uitgeverij Amsterdam.

Dijk, T. A. van (1988a). *News as Discourse*. Hillsdale, NJ: Erlbaum.

Dijk, T. A. van (1988b). *News Analysis: Case Studies of International and National News in the Press*. Hillsdale, NJ: Erlbaum.

Dijk, T. A. van (1991). *Racism and the Press*. London: Routledge.

Dijk, T. A. van (1980). *Macrostructures: an Interdisciplinary Study of Global Structures in Discourse, Interaction, and Cognition*. Hillsdale, NJ: Erlbaum.

Dijk, T. A. van (Ed.). (1985b). *Handbook of Discourse Analysis* (Vol. 4). London: Academic Press.

Dijk, T. A. van, & Kintsch, W. (1983). *Strategies of Discourse Comprehension*. New York: Academic Press.

Farr, R. M., & Moscovici, S. (Eds.). (1984). *Social Representations*. Cambridge: Cambridge University Press.

Fiske, S. T., & Taylor, S. E. (1984). *Social Cognition*. Reading, MA: Addison-Wesley.

Fowler, R. (1991). *Language in the News*. London: Routledge.

Fowler, R., Hodge, B., Kress, G., & Trew, T. (1979). *Language and Control*. London: Routledge & Kegan Paul.

Geis, M. (1987). *The Language of Politics*. New York: Springer.

Glasgow University Media Group (1976). *Bad News*. London: Routledge & Kegan Paul.

Glasgow University Media Group (1980). *More Bad News*. London: Routledge & Kegan Paul.

Gordon, P., & Klug, F. (1986). *New Right, New Racism*. London: Searchlight Publications.

Hall, S., Hobson, D., Lowe, A., & Willis, P. (Eds.). (1980). *Culture, Media, Language*. London: Hutchinson.

Halliday, M. A. K. (1978). *Language as Social Semiotic*. London: Longman.

Halliday, M. A. K. (1985). *An Introduction to Functional Grammar*. London: Edward Arnold.

Hartley, J. (1982). *Understanding News*. London: Methuen.

Herman, E. S., & Chomsky, N. (1988). *Manufacturing Consent: The Political Economy of the Mass Media*. New York: Pantheon Books.

Hodge, R., & Kress, G. (1988). *Social Semiotics*. London: Polity Press.

Kress, G. (1985). Ideological structures in discourse, In T. van Dijk (Ed.), *Handbook of Discourse Analysis* (Vol. 4, *Discourse Analysis in Society*). London: Academic Press.

Krippendorff, K. (1980). *Content analysis*. Beverly Hills, CA: Sage.

Leech, G. N. (1966). *English in Advertising*. London: Longman.

Luger, H. H. (1983). *Pressesprache* (Press Language). Tübingen: Niemeyer.

Schmitz, U. (1990). *Postmoderne Concierge: die "Tagesschau"* (Post-modern concierge: The "Tagesschau"). Opladen: Westdeutscher.

Strassner, E. (1982). *Fernsehnachrichten* (Television news). Tübingen: Niemeyer.

Strassner, E. (Ed.). (1975). *Nachrichten* (News). Munich: Fink.

Wodak, R., Nowak, P., Pelikan, J., Gruber, H., De Cillia, R., & Mitten, R. (1990). *"Wir sind unschuldige Täter": Studien zum antisemitischen Diskurs in Nachkriegsösterreich* ("We're innocent culprits": Studies in the antisemitic discourse of postwar Austria). Frankfurt: Suhrkamp.

虚构类媒介内容的文本分析①

(*Textual Analysis of Fictional Media Content*)

皮特·拉森(Peter Larsen)

一、引言：至关重要的传统

在大众传播研究的历史记录中，"质化内容分析"(qualitative content analysis)一词经常与齐格弗里德·克拉考尔(Siegfried Kracauer)这个名字联系在一起。克拉考尔是德国社会学家与文化批评家，20 世纪 30 年代末作为难民移居美国，并在 20 世纪 40 年代至 50 年代成为电影理论界的重要人物。或许克拉考尔并非是该术语的首位使用者，但他确实写下了足以被视为质化内容分析宣言的文章。1953 年，克拉考尔在《质化内容分析的挑战》(*The challenge of qualitative content analysis*)一文中，严厉批评了当代许多大众传播研究学者所采用的量化内容分析法，转而呼吁采用质化的、解释性的或人文主义的研究方法(Kracauer，1953)。虽然这篇文章根植于作者本人在法兰克福学派及西奥多·阿多诺(Theodor Adorno)和列奥·洛文塔尔(Leo Lowenthal)等难民同胞作品中的分析与政治经历，但克拉考尔的论点在之后和当下有关质化研究方法与媒介内容的关系的辩论中有着明显的连续性，鉴于此，本文将提供一个实用的参考框架，用以思考有关虚构媒介内容文本分析的一些基本原则与问题。

以博纳德·贝雷尔森(Bernard Berelson)的经典著作《传播研究中的内容分析》(*Content Analysis in Communication Research*，1952)为出发点，克拉考尔认为：用于确定媒介信息的内容或意义的量化策略，虽然不能说无用，但的确不似贝雷尔森等人所建议的那般客观可靠，量化研究可能只是质化分析的补充。

① 文章来源：Larsen，P. (2002). Textual analysis of fictional media content. In N. W. Jankowski，& K. B. Jensen (Eds.)，*A Handbook of Qualitative Methodologies for Mass Communication Research* (pp. 121 - 134). Routledge.

根据克拉考尔的观点,量化分析的不足源于其方法本身:当试图将文本分解成可量化的单位(单词、表达式及语句等)以建构文本意义时,分析者实际上就破坏了他们所要研究的对象,因为由此产生的数据原子化特征妨碍了将每个文本内部的关系作为一个有意义的整体进行相关研究的可能。

在量化研究中,文本单位通常参照不同等级量表进行评定,但对文本的初步分割、量表选择及文本单位的评级往往基于一种极为原始的、默识的类属,且这些类属源于文本之外。克拉考尔指出,这些类属对于分析而言"充满观点的分析捷径"(Kracauer, 1953, p. 637)。

相较而言,克拉考尔的核心论点是:文本内容必须被视作一个有意义的整体。因此分析必将涉及对行为的解读,就像其他阅读活动一样,它基于在分析过程中清晰阐明的特定假设。

> 文本并非是事实的集合,它们也参与了动态发展的过程,文本中的每一个字都与它们产生的意图一起振动,同时也影射出它们可能产生的无限效果。如果脱离文本所属的隐意与意涵的肌理,直接进行字面上的理解,那么内容便不成为内容;文本只存在于这样的脉络中:它本是离散的表达,依赖于反应对其特性的催化。大多数的传播都不是一成不变的实体,而是充满矛盾的挑战。它挑战读者或分析者,吸引他们并使其做出反应。只有全身心地接近这些整体,分析者才可发现并确定其(整体或部分)意义,进而帮助它们实现自我。
>
> (Kracauer, 1953, p. 641)

因此,文本不应被视为一个具有确定性、综合性意义的封闭且片段化的对象,而应被看作一个意图与可能效果相互交织的不确定意义域。分析者的任务是揭示出所有可能的意义,尤其是文本中隐含的信息。

就文本阐释的人文主义传统而言,显义与潜义、表面含义与深层含义间的区别为人所熟知。对克拉考尔来说,质化内容分析法近似于"诠释"的含义。克拉考尔与其他法兰克福学派人士对人文主义研究传统的发展,是德国思想史中的一个特殊转折点。尽管媒介文本被认为是复杂且不确定的,但也有人说它们是由历史决定的,因为它们表达了特定时期的总体意识形态趋势(时代精神),这就最大限度地减少了主观误读的危险。重要的是,这种由法兰克福学派引领的知识旨趣,通过质化内容分析来解读潜在意义,意味着对意识形态的解构,以及从政治行动角度出发的对其社会起源的批判。

如其他早期的质化内容分析研究者一般,克拉考尔并未提供任何系统的方法论或路径。有关电影、通俗小说、新闻或其他体裁的研究,依赖于传统文学对经典作品的分析程序、解释或媒介解读,尽管这种解读并非十分严密(Kracauer,1947,1963,1974;Lowenthal,1961;Jay,1973;Negt,1980)。与研究少数文学杰作相比,现代媒介文本的研究既存在异质性问题,也有绝对数量的问题。在20 世纪 50 年代和 60 年代期间,更多分析工具得以充分发展,有望解决通用符号学或符号学领域两方面的难题。接下来,本文将对先前研究进行简要概述,通过一些具体的媒介文本研究案例来阐述质化内容分析的方法。最后,讨论文学分析在大众传播研究中的持续相关性与可能的整合。

二、符号学传统

在欧洲符号学的形成时期,菲尔迪南·德·索绪尔(Ferdinand de Saussure)对言语(parole)和语言(langue)进行了明确区分——前者是指对语言的显性使用;后者是指言语活动的潜在基本系统。符号学是一门研究符号系统及其社会应用的科学,注重具体符号实践的规则控制与跨个体(transindividual)。在后来的首部符号学分析文集介绍中,法国理论家罗兰·巴特(Roland Barthes)着重强调将大众传媒作为现代化意指实践,并提出符号系统也应用于"图像、手势、旋律声音、物体、仪式、庆典或公共场合中可见的上述物质综合体。"(Barthes,1964,p. 1)①大众传播中的信息可被直接视为一种极为复杂的符号复合体。事实上,这些符号可以通过分析来分解,以捕捉能产生各种符号的潜在系统。媒介文本的言语之下可能存在一种语言系统或是一套语义元素和句法规则,即规范媒介意义生成的一套编码。就文本分析的目的而言,这种模型意味着分析者能够重建潜在编码,如同一个从未下过棋的人可以通过观看一定数量的具体棋局,重新建构适用于无限数量的棋局的潜在规则。

关于这种分析准则最严谨的表述无疑是巴特的《符号学原理》(*Elements of Semiology*,Barthes,1984c)。巴特认为,符号学分析应当建立在一个给定符号系统的共时性状态之上,以此排除该系统在历时性维度中因历史发展而受到的影响。此外,分析应当从意指对象的内在含义出发以研究整体,而"这些对象(无论是心理学、社会学还是物理学)的其他影响因素"(Barthes,1984c,p. 95)以待

① 大众传播的兴起在一定程度上可以理解为一个系统的开发,即符号学的分析模式。

后论。在《流行体系》(*The Fashion System*)一书中,巴特通过对法国主流时装杂志中为期一年的文本进行的细致研究,提供了一个共时性分析的案例(Barthes,1983)。然而,这项研究也揭示了采用这种固定文本视角存在的一种副作用:在对一种语言进行极其精确描述的同时,除非与相关历史、社会、经济及心理等因素相互参照,否则分析仍是形式化的,甚至在某种层面上与被取代的量化方法一样。

以巴特的研究为代表的早期符号学研究通常认为,强调意指对象围绕特定意义的"封闭性"只是一种分析策略,是整体理论尚未完善状态下所必需的初步解决方案。其隐含的论点往往是:此种形式的、封闭的分析已然足够,因此人们可以直接从文本结构出发,考虑其外部社会历史的决定因素及可能的意识形态影响。其基本假设是,文本的概念意义(所指)是相对统一或同质的。在某些情况下,这种同质性被归因于大众媒体生产的工业化与标准化特征(例见 Eco,1976,p. 13);然而,更常见的情况是,这种论点是以文本与意识形态间关系的特定理念为前提。巴特再次提供了具有启发性的例子。

在《神话修辞术》(*Mythologies*)中,巴特分析了各种日常现象(广告、热门电影及体育赛事等),并表明它们持有两种含义:一种是直接理解的意义,另一种是由第一种意义"承载"的意义(Barthes,1973)。例如,《巴黎竞赛报》(*Paris Match*)的头版刊登了一位黑人士兵向法国国旗敬礼的图像。一方面,这仅代表着"黑人""士兵""军礼"等信息;另一方面,该图像在某种程度上的本质意义在文化(或更确切而言是内含"意识形态"的信息)的生产过程中被重新定义。如果将《巴黎竞赛报》封面放在社会历史语境下的共识概念与价值观中解读,它就变成了"法国帝国主义"的标志。

在巴特后期的作品中,他运用语言学术语中的外延与内涵分别指代文本的"本质"与"意识形态"意义。他在《形象的修辞》(*Rhetoric of the image*)中进一步强调了内涵的意识形态特征,认为即使文本在其"能指"方面可能存在差异,其内涵却可拥有共同的"所指"(Barthes,1984a)。

> 它的全部"所指"都是相同的:在书面新闻、图像或演员的手势中可以找到相同的"所指"……这个内涵"所指"的共同领域,即意识形态,在特定的社会与历史条件下,无论使用何种"能指"符号,其"所指"都是单一的。
>
> (Barthes,1984a,p. 49)

因此,在早期符号学中,尽管排除了历史和社会环境的影响,这种单一意识形态的观念仍可作为宣称"媒介信息分析是一种批判性实践"的隐含理由。

总之,符号学传统和克拉考尔与法兰克福学派的批判传统间存在着惊人相似,他们都假定媒介内容围绕一种意识形态的同质性或封闭性,且认可质化内容分析可以作为一种社会批判形式。同时,这些相似之处表明这可能是对文本、意识形态与社会间关系的普遍理解,而非特定理论框架的结果。此后,符号学研究超越了意识形态的同质性的概念,转向意识形态与社会传播体系的差异化概念,证明了其能够作为社会理解与社会批判的形式。

三、从符号学到叙事学

自 20 世纪 60 年代中期以来,叙事学(叙事研究)已然成为符号学研究领域中成果最为丰硕的领域之一。巴特等法国学者重塑了传统文学理论,并借鉴了俄罗斯形式主义发展出一套概念与分析程序,成为质化媒介研究的主要灵感来源(关于叙事学的研究,参考 Barthes,1984b;Chatman,1983)。

1. 邦德的案例

一个将叙事学应用于媒介内容的极具启发性的案例是安伯托·艾柯(Umberto Eco)的《弗莱明的叙事结构》(*Narrative structures in Fleming*),该研究以伊恩·弗莱明(Ian Fleming)关于特工詹姆斯·邦德(James Bond)的畅销小说为研究对象(Eco,1987b)。艾柯主要的关注领域是语言,即此案例中小说背后的叙事系统。在研究中,他一度把邦德小说比作"一场我们事先知道场地、球员的人数和个性、比赛规则等一切事件都将发生于球场范围内的足球赛"(Eco,1987b, p. 160),随后艾柯补充道,在这种特殊情况下,甚至连比赛的结果都是事先知道的。

更简单而言,艾柯把 10 部邦德小说视作"一部受到严格组合规则控制的、由一系列精密元件构成的机器"(Eco,1987b, p. 146)。叙事单位(narrative units)被描述为一系列对立的点。一方面,所有小说中都出现了数量有限、具有固定特征与行动范围的中心人物,构成了一套叙事主体(narrative agents),如英雄或恶棍;另一方面,一套基本的价值观是这些主体的行动背景。在建立叙事单位的组合规则时,艾柯受到了俄国形式主义学家弗拉基米尔·普罗普(Vladimir Propp)童话研究的启发,将小说中主要的行为事件及其因果关系作为研究的要素,并将每部小说的叙事分解为一连串的叙事动作,他发现每部小说中不仅出现了相同类型的动作,而且出场顺序几乎一致,只是略有改动(Propp,1958)。因此,可以认定每部小说都只不过是一种单一的"原型叙事"的变体,艾柯用略带讽刺的口吻将其总结为"依葫芦画瓢"(Eco,1987b,p. 156)。尽管底层叙事系统是通过减少文本表层的丰富性与多样性而建立的,但由此产生的深层结构或原型并不意味着还原主义。小说成为这一组织框架的具体化表现,这也正是读者在一部邦德小说中所期待的。此外,在该研究的后续部分,艾柯还对表层特征进行了详细的文体分析。

艾柯关于邦德小说在(意识形态)信息方面的探讨同样基于其系统或深层结构。与符号学早期观点相反,他认为这些文本"包含了意识形态立场,但这些立场与其说是来自结构化的内容,不如说是来自结构化的方式"(Eco,1987b,p. 161)。弗莱明的叙事机器引入的对立价值观往往是政治或种族主义的刻板印象,进而具有意识形态的含义。问题在于,虽然具体的意识形态信息可能会根据历史背景的不同而有所变化,但对立价值观的深层结构是永恒不变的,"如果弗莱明是一个反动分子,并不是因为他把'邪恶'的形象与俄罗斯人或犹太人联系在一起,而是因为他利用了这些形象"(Eco,1987b,p. 162)。也许,结构本身就是结果。

2. 媒介与神话

在方法论层面,艾柯的研究也与传统的文本分析截然不同。他用一个通过识别基本叙事结构的系统方法取代了诠释。此外,较之先前的符号学研究,他对意指结构的分析成为解释文本与其社会和历史背景间联系的出发点。

后来的叙事学研究在法国人类学家克洛德·列维-斯特劳斯(Claude Lévi-Strauss)的概念框架中继续发展,进一步阐述了文本结构与社会语境间的关系。列维-斯特劳斯认为,原始社会中流传的神话可以被视为人们分类并解释日常经验的概念工具,以试图解决或理解由这些经验产生的日常冲突(Lévi-Strauss,1967)。因此,神话并非是对某个特定社会中占主导地位的意识形态或世界观的直接陈述或表达,而是个人与社会间特定仪式和符号互动的手段或媒介。在现代工业化社会中,媒介亦扮演着类似角色。

大量媒介研究借鉴了艾柯的叙事学方法以及列维-斯特劳斯的解释框架。威尔·赖特(Will Wright)关于西方电影的研究就是一个例子。在其著作《六发左轮与社会》(Six Guns and Society)中,他不仅展示了多数西部片所具有的一个共同的原型或神话结构,而且进一步证明了该结构表达了一套特定的规范和原则(Wright,1975),这些规范和原则源于社会制度并在总体上为社会生活服务(关于西方电影的类似分析,参见 Cawelti,1970)。因此,观看西方电影可以被理解为一种仪式行为,其目的是强化而非挑战美国主流社会信仰。罗杰·西尔弗斯通(Roger Silverstone)、约翰·费斯克(John Fiske)和约翰·哈特利(John Hartley)的研究进一步推进了这一观点。在分析主要电视节目类型背后的神话结构时,他们认为电视媒介本身作为现代社会的核心机构,已经发挥着口语社会中讲故事的人所发挥的整合与社会化功能(Silverstone,1981;Fiske & Hartley,1978)。

四、体裁:媒介层面的分析

早期的质化内容分析支持者对量化方法的排斥,事实上并未解决这些方法面临的问题,例如通过口语传播、固定或移动的图像、声音及音乐等进行交流的媒介文本的数量与异质性问题。一种较为切实可行的解决方法是从一个更大的文本语料库中分析相对重要的案例。然而,如上所述,叙事学研究似乎能够提供一个更令人满意的解决方案:实际上,大量文本可以通过质化程序分解成基本的意指成分和结构,而无须将其视为一个意义整体进行分析。以往的研究进一步表明,这种方法可以应用于不同媒介传播的文本。

这些结构的和系统的方法的一个重要产物是对文本体裁的新理解(参见Feuer,1987)。根据传统文学理论,体裁是一种美学体系或文本常规。在符号学术语中,体裁可被视作一种控制个人作品创作的潜在语言。此外,在列维-斯特劳斯看来,体裁是一种以仪式或符号的形式向观众解释社会冲突的神话结构。具体而言,体裁可以被认为是在意识形态上发挥作用,因其再现并强化了社会现实是如何(以及应当如何)构建的信念。赖特和约翰·卡维尔第(John Cawelti)关于西方电影的研究就是从这一社会视角进行体裁研究的案例(Wright,1975;Cawelti,1970)。另有瑞克·阿特曼(Rick Altman)有关好莱坞音乐剧的研究(Altman,1987);卡维尔第对通俗文学中犯罪、冒险和情景剧的研究(Cawelti,1976);托马斯·沙茨(Thomas Schatz)对好莱坞电影主要体裁的研究(Schatz,1981),以及简·弗尤尔(Jane Feuer)对电视情景喜剧的研究(Feuer,1987)。

从"媒介层面"引入体裁,使得文本与意识形态间的关系得以重新概念化,这有助于区分早期质化内容分析和早期符号学的立场。虽然大致上可以说媒介文本中承载着规范与价值,从而在某种程度上具有意识形态功能,但它们既不表达也不传递单一的意识形态。相反,各种体裁暗示着社会现实的特定部分,它们面向不同受众且对不同人具有不同意义。近期研究表明,仅凭文本分析本身并不足以描述文本与观众间的互动关系。这在一定程度上促使了质化内容分析在过去的 20 年间分析重点的转变。

五、从文本到接收

至少有三类研究表明质化内容分析正在发生重大转变。

第一类研究的主要趋势是将分析重点从语言转移至言语,从所指层面或概念性内容转向能指层面,强调符号的物质性与具体用途,及其在大众传播中作为一种社会实践的特殊性。这一趋势在一些对经典好莱坞电影的"细读"中得到了印证(Bellour,1986;Heath,1981)。[①] 这些解读集中在个别电影中,并将其意义描述为一个将电影语言或通用代码转化为特定话语的过程、一个影像在银幕上显影时产生的言语实例,而非一个固定的结构。值得注意的是,这些研究尤为关注通过动态图像表达意义的方式与口头或书面语言等方式的差异。尽管这类分析关注的素材相当有限,但我们的目标是通过对样本电影进行分析,进而对电影观众过去和现在如何"阅读"好莱坞经典电影进行更广泛的研究和解释。

第二类相关研究侧重于所谓的阐发(enunciation),即电影和其他文本"抵达"观众的具体方式。该假设认为,这一传达模式可将信息接收者定位于媒介信息的特定位置。因此,阐发被认为在媒介内容的结构和理解形式方面起着至关重要的作用。借鉴欧洲文学研究中的接收理论,主要关注文本采用何种通用技巧以引导接收者的注意与理解(Eco,1987)。罗伯特·艾伦(Robert Allen)进一步讨论了接收理论在媒介研究中的应用,他从接收的角度分析了不同类型的电视节目(Allen,1987)。其他沿袭这一传统的研究还包括特定媒介(如电影,参考 Bordwell,1985)和体裁(如流行电视,参考 Morse,1985)特有的传达模式;还有一些从广泛的女性主义视角探讨接收问题的有趣研究,他们认为主要的传达模式在性别方面存在偏见,尤其是大多数媒介和体裁所特有的内容结构在性别方面预设了男性受众,这些研究有助于进一步区分在质化内容分析中的"意识形态"的概念及其影响。该领域开创性的研究是劳拉·穆尔维(Laura Mulvey)对经典好莱坞电影中隐性观众的研究(Mulvey,1986),后续亦有大量研究在具体分析中做出进一步探讨(Kaplan,1987)。

第三类研究将分析的经验主义焦点从文本转移到受众。在前两类研究中,文本特征的分析通常用于推断某些文本和体裁是如何被读者阅读或接收。从某种意义上说,"读者"是从文本理论的角度构建的,被认为是文本中的一个隐含定

---

① 亦可参见 20 世纪七八十年代英国文化研究杂志《银幕》(*Screen*)上登载的研究。

位(implicit position)，在此，"读者"的作用是理解文本。然而最近的许多大众传播研究对这一观点提出了挑战，并致力于从质化的角度研究读者与阅读过程。这些研究主要依赖于参与式观察和访谈法，往往也包含质化内容分析法。本文的假设是：首先，文本分析可以指导与经验读者就文本进行的访谈；其次，将文本分析应用于媒介文本和访谈文本，可以将其作为解释与说明经验文本的普遍性方法。

一个关于文本分析与受众研究相结合的有趣案例来自珍妮丝·拉德威(Janice Radway)对通俗文学中浪漫体裁的研究(Radway，1984)。拉德威的研究以一系列小组访谈为基础，详细描述了一组特定的美国女性读者如何看待和使用"禾林浪漫"(Harlequin Romances)小说集。在访谈过程中，大多数女性读者会自发地区分"理想的"浪漫和"失败的"浪漫，这种情况促使拉德威在每个类属中都选择一组小说进行深入研究。她从叙事学的角度对这些小说进行了分析，证明女性直观感受到的理想爱情实际上是一种小说类型，建立在特定的叙事结构之上，由 13 个主要事件组成。这些事件由具有限定特征的行动者发起，展现的是女主人公遭受社会和情感损失的初始境况，发展到她重新融入社会并得到情感满足的最终境况。这一文本分析反过来又促使拉德威重新审视她的经验读者在访谈中是如何回应这种理想爱情文本的。最终，拉德威在"小说中通过文本或叙事转换解决的冲突"和"这些女性读者生活的现实社会与实际情感的冲突"之间建立了一种合理联系(Radway，1984)。

从另一个角度看，拉德威采用了许多 20 世纪 60 年代以来兴起的分析方法，她的内容分析可以说完全属于符号学和其他质化文本分析的传统范畴。她关于文本对受众社会功能的一般结论在本质上也与列维-斯特劳斯一派中多数体裁研究的结论相似，但由于采用了双重分析策略，拉德威对于文本和受众之间关系的阐述更加具体，也更具特殊性。对读者的访谈指出了一组值得细细揣摩的文本和话语细节，文本分析则允许研究者对读者的访谈陈述进行再解释，并深入对文本的社会功能进行理论研究。这种同时考虑了媒介文本和受众的深入研究，丰富了传播的社会理论。

六、结论

在过去，质化内容分析始终致力于改变或区分这个领域的早期设想。其结果却使人们逐步意识到大众传播的复杂性，意识到媒介文本并非单一的意义载体，更不是单一的主导意识形态。他们的内容在某种程度上是由"表达模式"承载的,同时,观众在解读媒介、体裁和文本上是积极的。这种发展最重要的影响之一是接收研究(或称"受众—兼—内容分析"[audience-cum-content analysis])的兴起。

与此同时,质化内容分析在当代媒介研究中继续发挥重要作用,但人们并非关注其本身,而是关注它在其他质化程序中起到的作用。例如,根据拉德威研究中的建议,媒介信息的详细研究给研究者提供了进一步推进研究的框架。文本分析同样是一个检验和解释"访谈""观察程序"和"其他经验资料"的重要方法(Radway,1984)。对文本研究的领悟可能有助于提醒其他质化研究者,虽然数据中蕴含了信息,但它们首先是文本,必须对其进行分析和解释以获得信息。如果质化研究的媒介是语言和文本,那么进行各种形式的文本分析与话语分析在大众传播的研究中便是必要的。

质化内容分析本身也是一个探究性领域,对于理解作为社会和文化现象的大众传播而言十分重要。总之,有关理论与方法论间的关系,或许能为进一步的内容研究提供建议。

自20世纪60年代以来,符号学的目标就是成为这一领域的概念框架,始终致力于发展符号和符号系统研究的概念和模型。大众传播研究者已经能够从与整个媒介研究相关的符号学的进步中获益。更重要的是,理论和实际的分析研究间存在密切联系,因此,具体的分析洞见将有助于进一步的理论研究。

近期研究强调了不同媒介的特殊性,视觉传播的研究已经成为文本分析的中心和最有前景的方向。已有研究示范了从理论层面更好地理解一系列图像是如何生成意义的,不同于书面文本,这种理论层面的解释是详细分析异质视觉媒介信息(heterogeneous visual media message)及其传达效果的必要前提(Bordwell,1985)。鉴于视觉媒介在当代社会中的重要性,视觉传达的研究在未来的质化内容分析中可能会处于中心地位,因此,对于视觉媒介内容的进一步研究,既有助于发展不同类型媒介文本的符号学理论,也有助于了解它们对于社会环境的意义。

参考文献

Allen, R. (1987). Reader-oriented criticism and television. In R. C. Allen (Ed.), *Channels of Discourse*. London: Routledge.

Altman, R. (1987). *The American Film musical*. Bloomington: Indiana University Press.

Barthes, R. (1964). Introduction. *Communications*, 4, 1-3.

Barthes, R. (1973). *Mythologies*. London: Paladin. (Original work published 1957)

Barthes, R. (1983). *The Fashion System*. New York: Hill & Wang. (Original work published 1967)

Barthes, R. (1984a). Rhetoric of the image. In S. Heath (Ed.), *Image Music Text*. London: Fontana. (Original work published 1964)

Barthes, R. (1984b). Introduction to the structural analysis of narratives. In S. Heath (Ed.), *Image Music Text*. London: Fontana. (Original work published 1968)

Barthes, R. (1984c). *Elements of Semiology*. New York: Hill & Wang. (Original work published 1964)

Bellour, R. (1986). Segmenting/analyzing. In P. Rosen (Ed.), *Narrative, Apparatus, Ideology: A Film Theory Reader*. New York: Columbia University Press.

Berelson, B. (1952). *Content Analysis in Communications Research*. Glencoe, IL: Free Press.

Bordwell, D. (1985). *Narration in the Fiction Film*. London: Methuen.

Cawelti, J. (1970). *The Six Gun Mystique, Bowling Green*. OH: Bowling Green University Popular Press.

Cawelti, J. (1976). *Adventure, mystery, and romance*. Chicago: University of Chicago Press.

Chatman, S. (1983). *Story and Discourse: Narrative Structure in Fiction and Film*, Ithaca, NY: Cornell University Press.

Eco, U. (1976). *A Theory of Semiotics*. Bloomington, IN: Indiana University Press.

Eco, U. (1987a). Introduction: the role of the reader. In U. Eco (Ed.), *The Role of the Reader*. London: Hutchinson.

Eco, U. (1987b). Narrative structures in Fleming. In U. Eco (Ed.), *The Role of the Reader*. London: Hutchinson. (Original work published 1965)

Feuer, J. (1987). Genre Study and Television. In R. C. Allen (Ed.), *Channels of Discourse*. London: Routledge.

Fiske, J., & Hartley, J. (1978). *Reading Television*. London: Methuen.

Heath, S. (1981). *Questions of Cinema*. London: Macmillan.

Jay, M. (1973). *The Dialectical Imagination. A History of the Frankfurt School and the Institute of Social Research* 1923 – 1950. London: Heinemann.

Kaplan, A. E. (1987). Feminist criticism and television. In R. C. Allen (Ed.), *Channels of Discourse*. London: Routledge.

Kracauer, S. (1947). *From Caligari to Hitler*. Princeton: Princeton University Press.

Kracauer, S. (1953). The challenge of qualitative content analysis. *Public Opinion Quarterly*, 16(2), 631 – 642.

Kracauer, S. (1963). Über Erfolgsbücher und ihr Publikum (About Best-sellers and their readers). In S. Kracauer (Ed.), *Ornament der masse* (Ornament of the mass). Frankfurt am Main: Suhrkamp. (Original work published 1931)

Kracauer, S. (1974). *Kino* (Cinema). Frankfurt am Main: Suhrkamp.

Lévi-Strauss, C. (1967). The structural study of myth. In C. Lévi-Strauss (Ed.), *Structural Anthropology*. New York: Anchor Books. (Original work published 1958)

Lowenthal, L. (1961). *Literature, Popular Culture, and Society*. Englewood Cliffs, NJ:

Prentice-Hall.

Morse, M. (1985). Talk, talk, talk. *Screen*, *26*(2), 2 - 17.

Mulvey, L. (1986). Visual pleasure and narrative cinema. In P. Rosen (Ed.), *Narrative*, *Apparatus*, *Ideology: A Film Reader*. New York: Columbia University Press. (Original work published 1975)

Negt, O. (1980). Mass media: tools of domination or instruments of emancipation? In K. Woodward (Ed.), *The Myths of Information*. London: Routledge & Kegan Paul.

Propp, V. (1958). *Morphology of the Folktale*. The Hague: Mouton. (Original work published 1928)

Radway, J. A. (1984). *Reading the Romance. Women*, *Patriarchy*, *and Popular Literature*. London: Verso.

Schatz, T. (1981). *Hollywood Genres*. New York: Random House.

Silverstone, R. (1981). *The Message of Television: Myth and Narrative in Contemporary Culture*. London: Heinemann.

Wright, W. (1975). *Six Guns and Society*. Berkeley, CA: University of California Press.

亚特兰大地球村：《亚特兰大宪法报》中
"儿童新闻"版奥运报道的文本分析^①

（The Global Village in Atlanta: A Textual Analysis of Olympic
News Coverage for Children in the Atlanta Journal-Constitution）

埃利·P. 莱斯特-卢汉扎米尔（Elli P. Lester-Roushanzamir）

乌莎·拉曼（Usha Raman）

　　尽管电视和互联网已经成为新闻的主要来源，但报纸对重大事件的报道（尤其是对具有重要历史意义事件的报道）仍然是研究的重点。无论是作为商业活动还是权威新闻源，报纸对其地位的极力维持，将促使管理者主动维系和发展读者群。实现后者的方法之一便是吸引年轻人，使其尽早体会读报的乐趣，同时培养他们与媒介间的联系及其对特定报纸的忠诚度。由于地方报纸拒绝依靠类似读者周刊的内容来拓展儿童读者群体，"儿童版面"已变得愈发成熟。

　　虽然以儿童作为受众主体的报道（以及诸如艺术评论、公告和娱乐等其他方面的新闻）层出不穷，但以儿童新闻为对象的研究并不常见。本研究通过考察《亚特兰大宪法报》（Atlanta-Journal-Constitution）中的"儿童新闻"（NFK：News for Kids）板块，试图丰富该领域的研究。作为关于报纸在吸引年轻受众时所遇挑战这一更大课题中的一部分，本研究着眼于国际新闻报道，具体探讨国际新闻报道中关于其他国家的表征，以期了解以儿童为受众主体的新闻是否同面向成年人的新闻那般，将"他者"和"我们"划分为不同的等级体系。表征作为一种社会意义（如社会实践运行的先决条件）生成的方式，是这些不同等级体系在社会中传播的方式之一。现有对表征进行研究的视角多样，如分析生产、消

① 本译文为删减版，文章源自：Lester-Roushanzamir, E. P., & Raman, U. (1999). The global village in Atlanta: A textual analysis of Olympic news coverage for children in the Atlanta Journal-Constitution. *Journalism & Mass Communication Quarterly*，76（4），699–712.

费、规制或身份,本研究主要从文本的角度探讨这些问题。① 我们采用斯图尔特·霍尔(Stuart Hall)②的方法进行文本分析:首先确定一个题目或主题,而后定义一个文本,并对该文本进行分析,其中很少涉及文本生产、作者意图或受众阅读等方面。这种对文本的聚焦有助于将松散结构——用于包含和排除各类信息与知识类型——从其他过程中分离出来,从而对其本身进行研究。此外,这种方法所依据的批判性文化研究范式基于文化回圈(circuit of culture)概念: 分析的对象虽是文本,但其研究结果必须重新融入社会形态中。③

亚特兰大奥运会期间,来自世界各地的运动员在这座城市中短暂地生活和参与竞赛;来自世界各地的人们在此相遇,记者全面报道了这场盛事,硬新闻、体育新闻、商业新闻和富有人情味的报道纷纷涌现。可以说,亚特兰大奥运会及该城市报纸的儿童新闻版块对活动的报道为本研究的开展创造了契机。

一、儿童与媒介相关研究

报纸一度被认为是最负声望且最受欢迎的新闻媒介,如今却面临来自其他新闻来源的激烈竞争。自 20 世纪 60 年代以来,在包括大学毕业生与前 25% 的高收入者在内的群体中,阅读报纸的人数在持续下降。为扭转这种局面,报社尝试变更设计和内容,开发小众市场,建立与年轻的读者群之间的联系,以吸引潜在读者和新的广告。

《编辑与出版人》(*Editor & Publisher*)中的大量文章都提及许多媒介设立了特别栏目以吸引年轻人,其中一个典例便是斯帕坦堡(Spartanburg)的"Sports4Kids"网页。不同于其他媒介,报纸如今仍享有精英式的声誉。印刷媒介承担了监督政府的规范性职责,这在某种程度上促使其(尤指报纸)成为一种工具——适用于推崇民主和教育的课堂和家庭。人们仍然认为儿童阅读报纸是

---

① 在《做文化研究: 索尼随身听的故事》(*Doing Cultural Studies: The Story of the Sony Walkman*,1997)中,保罗·杜盖伊(Paul du Gay)等人为文化研究的实践提供了简明扼要的解释。他们认为,文化已经在社会条件中占据了其应有的位置,同政治和经济一样成为研究对象。他们还认为,文化是社会世界的建构者,而非仅仅是社会世界的反映。

② 霍尔在为《报纸之声》(*Paper Voices*,1975)撰写的引言中,提供了一个基于文化研究的文本分析的方法论指导。他在《管控危机》(*Policing the Crisis*,1978)中展示了这一方法。

③ 《做文化研究》一书为关于如何进行文化研究的问题提供了一个有效解释,还提供了一个应用性解释,即为什么和如何开展每项分析(无论是对文本、生产、观众还是规制),虽然仅着眼于文化的某个方面,但其研究结果总是会重新整合至更广泛的社会形态中。批判性文化研究范式的前提是,研究是一种政治性活动。因此,必须将文本置于其社会与政治语境中进行重新定位与讨论,文本分析的"深度性"才得以显现。

件好事,其他媒介和媒介类型,如音乐录像、电视节目、电影和广告等——被指责为反社会行为(如暴力、滥交等)出现的助推器,报纸则幸免于此。

1972 年,美国卫生局局长顾问委员会关于电视与社会行为的研究指出:媒介对儿童有着巨大影响。他们拨款 100 万美元用于研究电视内容(尤其是暴力内容)与行为之间的关系。[①] 针对那些没有明显表现出反社会信息和功能的媒介,研究者建议父母积极参与儿童的媒介消费行为,换言之,鼓励家长花时间陪伴孩子并帮助他们建立对电视的批判性分析视角。

与此同时,研究者也将电视视为一种强大的教育工具。因此在接下来的 20 年里,研究集中于探讨如何有效利用电视进行教育,鲜有研究持续关注纸媒与儿童的关系。

关于儿童与新闻媒介(印刷媒介或电视)具体关系的研究较少,现有保琳·塞斯(Pauline Zeece)的《幼童对航天飞机失事的理解》(*Young Children's Understanding of the Shuttle Disaster*, Zcccc, 1990)、丹·德鲁(Dan Drew)和布莱恩·里夫斯(Byron Reeves)的《电视新闻中的孩童习得》(*Children's Learning from a Television Newscast*, Drew & Reeves, 1984)与《从电视新闻报道中习得》(*Learning from a Television News Story*, Drew & Reeves, 1980);斯蒂芬·查菲(Steven Chaffee)、斯科特·沃德(Scott Ward)和雷纳德·蒂普顿(Leonard Tipton)的《大众传播和政治社会化》(*Mass Communication and Political Socialization*, Chaffee, Ward & Tipton, 1970)、查尔斯·阿特金斯(Charles Atkins)的《广播新闻节目和儿童观众》(*Broadcast News Programming and the Child Audience*, Atkins, 1981),以及百瑞·甘特(Barrie Gunter)的《儿童和电视:独眼怪物?》(*Children and Television: the One-Eyed Monster?*, Gunter, 1990)。上述研究皆涉及儿童对儿童娱乐和广告或一般新闻节目(电视)的反应,并不涉及为儿童专设的新闻节目。

关于媒体如何表征儿童的研究,现有教育家亨利·吉鲁(Henry Giroux)的《动画青年:儿童文化的迪士尼化》(*Animating Youth: the Disneyfication of*

---

① 这项研究发表于由乔治·康斯托克(George Comstock)伊莱·鲁宾斯(Eli Rubinstein)和约翰·默里(John Murray)主编,名为《电视与社会行为:提交给卫生局局长的电视与社会行为科学咨询委员会的技术报告》(Television and Social Behavior: A Technical Report to the Surgeon General's Scientific Advisory Committee on Television and Social Behavior, 1972)中;另见由阿列克谢·赫斯顿·斯坦(Aletha Huston Stein)和莱内特·科恩·弗里德里希(Lynette Kohn Friedrich)撰写的收录于《儿童发展研究评论》卷五(A Review of Child Development Research, Vol. 5, 1975)的"电视对儿童和青少年的影响"(Impact of Television on Children and Youth)一章。

Children's Culture，Giroux，1994)，以及依琳·瓦特拉(Ellen Wartella)正在进行的研究项目——被媒体日益商业化的年轻人，青年文化商品化的兴起(Wartella，1995)。瓦特拉的研究考察了更广泛的消费环境，将每种新媒介的出现与年轻人日益商业化的建构相联系，每种媒介都在将儿童群体从一个人口统计学指标转化为目标受众。

现有研究忽视了对"以儿童为目标受众的报纸新闻"的关注。研究报纸为儿童提供新闻和娱乐内容付出的努力之所以重要，有两个原因：第一，如果面向儿童的新闻与面向成年人的新闻具有一致性(如倾向于采用重复结构性话语策略)，那么1972年卫生部长在父母教育方面的建议——帮助子女建立批判性思维——或许就毫无意义。与那些试图教导孩子养成负责任的电视观看习惯的父母(事实上也是电视观众)一样，作为报纸受众的成年人可能也已被反复灌输了新闻报道的话语和新闻规范。第二，无论成年人和儿童是否喜欢新闻媒介，这些媒介都会通过帮助其建构社区与世界的特定视角，在其生活中发挥重要作用。尽管电视新闻无处不在，但至少对成年人、权威人士(如教师)和舆论领袖而言，印刷媒介(尤其是报纸)的新闻价值仍高于其他媒介，是一种"严肃的"存在。有研究表明，儿童在小学时就开始接触报纸并成为其常规用户，以至于即使认为报纸"无聊且与其生活无关"，他们也会认可它的权威性(Barnhurst & Wartella，1991)。尽管报纸可能略显乏味，但儿童仍被鼓励将报纸视为一种了解世界各地现实的权威事实来源。

虽然本研究的对象是一份主流都市报，但我们也意识到了语境的重要性——面向儿童的媒介不仅包括电视，还包括音乐、电影、玩具和主题公园等。因此，尽管研究只着眼于亚特兰大报纸"儿童新闻"栏目中的文本，但该文本亦存于更广泛的文化和媒介环境中，在此，作为他者的其他国家经由表征和定义呈现在儿童面前。例如，迪士尼电影及其相关产品就是大众媒介定期展示其他国家形象的典型案例。

亚特兰大作为1996年夏季奥运会的东道主，他们之中除了成年人以外，儿童似乎也被这一世界盛事产生的新闻、信息和宣传所淹没。一份名为"儿童奥运指南"(*Kids' Guide to the Olympics*)的特刊引起了我们对儿童新闻板块的关注。

二、儿童新闻的阐述

自1994年以来，儿童新闻每周一都会出现在《亚特兰大宪法报》每一版的第

3页,其中包括地方、国内或国际、商业和体育版;换言之,每一版的第三页上都会刊登儿童新闻。许多主流报纸会在漫画版附近以活页或单页的形式推出专门的儿童版,将儿童内容整合至《亚特兰大宪法报》全报中,是该报的一个战略性决定。

第3页的设计意在鼓励年轻人花时间阅读报纸,并使读者能轻松地从儿童内容过渡到成年人内容。在一次与儿童新闻编辑朱莉·布克曼(Julie Bookman)的谈话中,她表示该报"非常关注……让孩子们对报纸产生兴趣……我们相信报纸会是一种非常有价值的资源"。每周一大约有 4.5 万名儿童在教室里收到报纸——这是教师自行决定将其纳入课程的结果——且该数据尚不包括其他可能在家阅读报纸的儿童。这些内容的目标受众是初中或小学高年级学生,但也许因其风格简洁明了,高中生也常将其作为获取最新信息的便捷来源。

儿童新闻通常占据每个版块第 3 页的上半部分,下半部分则是常规的编辑材料或广告。这些材料由版面编辑撰写,偶尔也会向正式的新闻从业者(包括外国记者)征稿。有时,编辑还会招募当地的儿童或家长撰写专栏文章。孩子们可以通过每周的民意调查参与"儿童新闻",征稿启事的标题为"拨打儿童新闻民意热线,表达您的观点……",他们被鼓励提问,这些问题可能会在未来的专栏中得到回答,甚至会引发话题讨论。

1995 年 5 月,儿童新闻开设了"世界各地的儿童"专栏,并计划将其作为一个常规专栏。根据编辑的说法,该专栏是为了让孩子们"了解自身与世界各地的人们之间的异同"。编辑声称,该专栏讲述了其他国家儿童的故事,推动这些儿童"与亚特兰大市区的孩子们之间进行对话"。我们在分析时注意到,"世界各地的儿童"专栏的发布频率不规律且时有间断,这种国际新闻的匮乏与面向成年人的新闻如出一辙。大多数国际新闻或关于国际他者的新闻也与奥运相关,因此我们的分析集中在儿童新闻整体内容的同时,也对"奥运指南"的特刊部分有所侧重。

三、分析方法

我们采用了文化批判理论的文本分析法以替代更常用的内容分析法。不同于内容分析,文本分析是一种解释性方法,允许研究者考虑到内容的全部方面(包括疏漏部分),或是文本分析法的首创者霍尔所说的"要考虑每一个重要的文体、视觉、语言、表现和修辞特征"(Hall,1975)。同样,作为证据出现的潜在意义与话语策略也须纳入考虑范围。

　　文本分析植根于文化批判研究,它将文本的生成与接收同内容分析相联系,这意味着尽管文本提供了证据,但研究者仍然对文本所处的文化回圈保持清醒的认知。[①] 这些被择选后进行分析的文本不仅体现了其在制度与专业上受到的约束,也揭示了"受众的解读可能具有多样性"这一事实——正如霍尔对受众解读信息方式的认知:主导式、协商式与对抗式(Hall,1980)。因此,尽管证据源于文本材料,但作为社会环境的一部分,文本本身也带有社会和政治经济的痕迹。

　　然而,文本本身只是文化回圈中的一种现象。我们的理论方法表明,尽管存在其他条件,文本本身能构建出强有力的主导式解读和偏好读者。也有人声称,文本是任何特定社会形态中权力斗争和权力体现的主要场所。美国报纸的功能自相矛盾,它既是政府和企业权力结构的监督者,又是企业社会形态的一部分。在此语境下,罗兰·巴特(Roland Barthes)提出的"读者的文本"这一概念对分析新闻文本有所助益(Barthes,1972)。爱德华·塞缪尔·赫尔曼(Edward Samuel Herman)和诺姆·乔姆斯基(Noam Chomsky)的新闻宣传模式(主要通过政治—经济模型)认为,在新闻生产五个维度的共同作用下,其监督功能被削弱,并推进了"系统性宣传"的进程(Herman & Chomsky,1988)。这种"宣传"的概念可与巴特的"神话"的概念相联系。巴特认为,报纸是"读者的文本",致力于对特定文本(客观的、以事实为导向的新闻报道)的限制而非放开。

　　文本分析始于对材料的长期沉潜(Hall,1975),而后对由研究者所定义的特定文本进行细致阅读。最初,我们的"文本"是整个儿童新闻,包括新闻报道、社论、读者来信、广告、图片、页面布局和设计等所有内容。但后来我们决定分析出现在所有儿童新闻板块中有关奥运会的新闻,并特别关注国际报道(尽管并非专属国际报道)。[②]

四、奥运新闻报道分析

　　文本分析中的"文本"是研究者基于理论依据而做出界定的分析单位。分析的第一阶段是选定文本。基于对儿童新闻的阅读,我们确定了三个独立的分析要素或文本。这些要素大致有三类:一是广义的文本,包括所有材料,有助于回

---

① 关于批判性文化研究如何将现有证据与更广阔社会形态相联系的深入讨论,参阅杜盖伊等人的《做文化研究》和理查德·约翰逊(Richard Johnson)的《什么是文化研究?》(*What is Cultural Studies, Anyway?*)。

② 这项研究的部分被纳入另一篇文章,该文将我们对他者表征的兴趣扩展至社区内部的边缘化人群。

答关于长期营销目标、报纸受众发展等问题;二是狭义的文本,包括国际和地方新闻报道中有关他者的文章,有助于回答有关身份建构与消费的问题;三是奥运新闻报道,作为一个大型的地方和国际报道,它有助于回答有关外国新闻报道和表征的问题。本研究重点考察的是第三类文本,即奥运新闻报道。

下一个阶段则是在所选文本中进行霍尔的"细读"(close reading)。首先,文本,即奥运新闻报道,作为一个实体被再次阅读,即只研究关于奥运会的材料。我们关注视觉和文体特征(如材料放置的位置、报道的长度及相邻的材料等)。其次,我们以文本本身为分析单位,研究了文章中使用的隐喻、明喻、典故、基调、主题、重复模式和省略等技巧;在文本中,这些技巧为最初呈现的流畅叙述和事件摘要的内容提供了参考标准,但通过分析,这些技巧可能会表现出一种或多种从本质上定义材料的结构性话语类型。再次,是对证据进行解释。①

必须重申的是,文本分析并不否认多种解读的可能,也不意味着是个别记者或编辑带有意图的叙述。文本分析作为一种后结构主义的方法,确立了社会结构与特定位置的结构(即报道与文本的其他要素)之间的关系。这种方法带有后结构主义的色彩,并不认为结构是绝对确定的,而认为结构存在于历史与人类行为的关系中。

我们通过阅读文本,以及运用赫尔曼和乔姆斯基的模型,确定了三种结构策略:① 将外国他者二分为"像我们一样"(好的)或异国的(好的或坏的);② 矮化他者;③ 专业新闻话语与突发新闻或灾难新闻的特殊国际新闻策略相结合。基于系统性阅读与反复阅读,这种设计为展示研究结果提供了框架。在讨论和结论中,我们将文本证据与更大的社会形态相联系。此外,我们强调并讨论了话语策略在意识形态方面的作用,并为读者和新闻从业者提供了一些建议。以下研究提供了实例,展示了这三种策略是如何将来自其他国家和文化的人建构为亚特兰大儿童眼中的客观他者。

在"儿童指南"中建构他者。"奥运儿童指南"是亚特兰大报纸中有关儿童国际报道的缩影,兼具整张报纸报道中最强大和最薄弱的元素。其强大之处或许仅在于它已然成形,为儿童提供了描述近期亚特兰大历史上最重要的国际盛事的独家信源;薄弱之处则围绕着对其他国家的表现方式,其中最值得关注的问题

---

① 与量化数据不同(其中复杂证据的表述可以简明扼要),文本证据的表述往往冗长而烦琐,仅提供数据的近似值往往只是文本本身的一道影子。我们的解决方案则是:在整个分析部分中提供简短的直接引用和描述,并分散于各个部分内。同时,所有的引文均标注出页码,以便读者查询参考文献,也有助于检验我们对证据的解释。

在于其缺乏统一的表征他者的方式,这无疑会加剧刻板印象的产生。但正如我们将在下文展示的,这种持续的二分法或两极结构近似于某种比率关系,既体现了实际权力,又渗透出意识形态的优越感。

作为特刊的"奥运儿童指南"打破了第 3 页的形式,承认了奥运会对当地社区(乃至整个乔治亚州)的重要性,代表了儿童新闻的变化。这份指南的设计师招募自《亚特兰大宪法报》的工作人员,他们采用了四色印刷及铜版纸工艺,共设计 32 页,其监督工作仍由"儿童新闻"的编辑负责(必要时,他们也从正规报刊记者中聘请专家)。[①] 该指南高昂的制作成本彰显了它对收藏能力的关注,其文本也证实了这一点——"请保存该杂志,以便在 7 月 19 日至 8 月 4 日期间使用,让它成为你的奥运日记……"(p. 4),同时,该指南的副本以每份 5 美元的价格售卖。

丰富多彩的封面同样突出了这场激动人心的赛事,预告了奥运会的盛况。页面顶部展示的是亚特兰大奥运会的横幅,其在画面构图中略有倾斜且偏离中心;对比鲜明的色彩(紫色、白色与黄色)是青春活力的象征,以及对成年人高雅品位的摒弃;标题使用的粗圆字体、色彩斑斓的波点文字"kids"("kids"中的"i"被一个网球点缀,撇号则是一名跳水员),以及年轻运动员的插图都展现出一种积极进取且欢乐的氛围。鲜艳明快的封面表明这份指南既翔实又生动,封面上的 6 个孩子中有 5 个白人和 1 个非裔美国人。

在内容页中,指南的布局类似于传统的新闻杂志,但又是以一种有趣的方式呈现信息,这使指南成为一个真正面向年轻群体的新闻版块。32 页中的多数内容都着眼于亚特兰大奥运会的筹备工作及美国运动员,其中有 6 页内容聚焦于国际方面。"在随附的地图中,可以看到每支队伍来自世界何处、他们国旗的样式,以及各国的基本信息。当您看到世界是如此丰富多彩与活泼有趣时,希望您会想了解更多"(p. 22)。

这一段话位于紫色标题"谁将来到亚特兰大"之前(p. 22),确立了该板块的风格、视角与基调。"你们"是读者,"我们"是客观权威的声音,而"他们"则指其他人,即那些来自"不同地方"的人。"距离"与"差异"往往被凸显为一个国家最值得关注的方面,"邀请函用了四天才到达南太平洋的瓦努阿图:从瑞士邮寄到德国,然后飞往中国香港,再到澳大利亚的悉尼,然后由一架小型飞机将其运往首都维拉港,最后由汽车派送"(p. 22)。

---

① 所有的决策均由儿童新闻编辑自行决定;我们关于政策的相关知识源于第二作者的访谈。

　　另一个提到瓦努阿图的地方是大洲的地图,该地图将各参赛国的国家名称、旗帜与区域地图相结合。"这个国家由超过 80 个岛屿组成"是关于瓦努阿图的唯一描述。这些信息确实向孩子们介绍了一个他们可能闻所未闻的国家,但与此同时,这个国家也被描述成一个因其位置偏远而引人注目的奇观。

　　六幅大陆地图共计标记出了 197 个参与国的相关信息,包括国名、国旗与人口介绍。人口介绍是唯一共有的描述部分。此外,对这些国家的描述也包括一行旨在进一步说明该国特点的简介,其范围广泛,从客观的(如"[以色列]官方语言是希伯来语")(p. 22)到荒谬的(如"[土耳其]主要食用动物是牛和羊,而不是火鸡")(p. 25)。

　　这些简介并不关注那些共同的元素,如国家体育、美食或风景,似乎就是一些随机选择的趣闻组合。但在这种格式下,这些碎片都以极为具体的方式描绘了每个国家。

　　相比之下,关于英国这一更"像我们"的国家的描述是"举办了 1908 年和1948 年奥运会"(p. 25);对印度的描述是"世界七大奇迹之一——泰姬陵的所在地"(p. 22);以及对朝鲜的描述则是"最后一个接受亚特兰大邀请的国家"(p. 23)。尽管这些陈述都是事实,但也代表着一种选择,这些选择与其说是刻板印象,不如说是西方话语中惯用的对他者的表征。熟悉的国家以一种积极行动的样态呈现在具体历史语境中,他者要么是奇异的,要么被贴上"坏的"标签。并因此被物化,下文将继续论证这一点。

　　亚洲和中东国家往往被描述为"异国",古朴而未受到现代性破坏。4 个典型的例子分别是"曾经称为波斯"的伊朗、"生产大量地毯"的阿富汗、"世界上最古老的国家之一"的蒙古国(p. 22),以及"拥有一些最古老的文明遗迹"的叙利亚(p. 23)。上述例子都通过使用看似与当下无关的古代意符来唤起遥远的过去。"波斯""地毯""古老的文明遗迹"以及"世界上最古老的"等词具有一种档案式的静止特性。对其他亚洲国家的描述虽也使用了相对现代化的词汇,但仍给人以一种静滞、遥远而古朴的形象,如泰国"主要的牲畜是水牛和运木材的大象"(p. 23)、吉尔吉斯斯坦的"流行饮品是发酵的马奶"(p. 22)、老挝的"大象被用于运输木材"(p. 22),以及乌兹别克斯坦的"大多数人是农民或游牧民"(p. 23)。上述内容都描述了当下状况,却以某种方式表明"他们"的现在与"我们"的现在并非同一时代。① 虽然这些短语描述的是真实情况,甚至听起来像是社会学教

---

① 　关于西方话语如何在时间中与他者疏离的讨论,参阅约翰尼斯·法比安(Johannes Fabian)的《时间与他者:人类学如何制造其对象》(*Time and the Other: How Anthropology Makes Its Object*, 1983)。

科书中对前现代社会的描述,但"他们"的现实在时间上显得过于遥远。在这些描述中,并未明确或含蓄地提及"我们"的高科技发展与其他地区艰难生存或欠发达的事实之间存在联系。这些简介描绘了各种各样的奇闻,呈现的是脱离全球政治经济环境的抽象事实。

那些关于冲突地区的表述,无疑不是在凸显美国的政治实力、慷慨或努力维持和平的形象。例如,对黎巴嫩的介绍是在"1982—1984年期间,美国海军陆战队帮助其维持和平"(p. 22);对埃塞俄比亚的介绍则是,"歌曲《四海一家》的收益帮助了该国的饥荒受害者"(p. 26);吉布提的"失业率很高,法国和美国的援助极为重要"(p. 26);利比亚的是"美国在1986年空袭了利比亚,以示美国不会容忍恐怖主义行为"(p. 26);以及伊拉克"于1990年入侵科威特,引发了波斯湾战争"(p. 22);等等。在每个事例中,对那些战乱或冲突地区的描述仅从无能或有缺陷的角度出发,并与西方国家(在这些案例中主要是美国)的能力形成对比。当然,这些简介既不能被批评为错误,也无法被认定其具有外化的意识形态,但它们共同构成了一幅关于美国及西方的清晰图景,而与他者无关,因为每一个他者都为其简介所孤立。此外,历史的行动者是美国,而其他国家似乎被不明缘由的自然灾难所困扰。

在对其他国家的描述中,美国的道德优越性得以显现。例如,斯威士兰"像美国那样的两党制不允许在此出现"(p. 26);塞拉利昂的"首都弗里敦是英国人在1787年建立的,是黑人自由人的家园"(p. 26);科特迪瓦"政府并未将教育纳入'义务'范畴"(p. 26);索马里的"黑帮在1994年制造了恐怖事件"(p. 26);赞比亚在"1990年饥荒期间发生了粮食暴乱"(p. 26);等等。在上述的每一个事例中,这些描述词的选择隐含着一种灾难感——从缺乏现代组织到混乱状态,迥异于"我们"高度进化的社会契约形式。

其他疏离化和物化他者的方式包括:完全以殖民史的视角来描述前殖民地(如对9个非洲国家和3个加勒比地区的描述),以及对地理距离的强调。这些(描述)往往暗示着前殖民地仍处于现代化的边缘,以亚特兰大为中心的奥运会则是"我们"的奥运会。

在美洲国家中,北美洲的3个国家以国家体育运动进行描述,如加拿大的"冰球是国家运动"(p. 28);中美洲的国家通常以其主要作物来描述,只有2个国家例外,(它们)被描述为前殖民地;7个南美国家用地理或地形特征来描述,3个国家用历史陈述,1个国家用主要作物来描述,还有一个国家——哥伦比亚——是从社会问题的角度进行描述的,"只有约28%的人口完成了小学教育"。最后这个国家值得关注,是因为以往有关哥伦比亚的面向成年人的新闻报道多是强调毒品贸易的变迁,此问题已经上升为一个关键的南美问题,其背后与复杂的社会议题相关。

只有美洲和欧洲的地图居于页面中心。最正面的简介往往用以描述欧洲盟友,且多与奥运会相关。例如,在对法国的描述中写道,"现代奥运的创始人皮埃尔·顾拜旦(Pierre Coubertin)是法国人"(p. 25);"奥林匹克博物馆坐落于瑞士的洛桑市"(p. 26);挪威的"利勒哈默尔是 1994 年冬季奥运会的主办城市"(p. 26);英国"主办了 1908 年和 1948 年的奥运会"(p. 26);希腊是"奥林匹克的发源地"(p. 26);在描述匈牙利时提到,"击剑是一项重要的奥运项目"(p. 26);等等。其他国家还有保加利亚、克罗地亚、丹麦、芬兰、意大利、摩纳哥、罗马尼亚、西班牙、瑞典、乌克兰和南斯拉夫。遵循一致模式(即遵循此模式或发展一到两种一致的模式)是一种编辑上的组织原则,但只有在北美和欧洲的简介中才涉及有关推进体育知识传播的信息。

有些国家的介绍仅是一些事实的简单陈述,其中包括对一些地理或地形的观察;4 个国家涉及语言;5 个国家提及与苏联解体后欧洲改革相关的事情。波斯尼亚和黑塞哥维那、格鲁吉亚这两个国家的描述中涉及美国,前者被描述为"历经了 4 年战乱,美军正试图维持和平"(p. 26)。这既遵循了表述事实信息的模式,同时也传递了相应的意识形态信息——美国的优势实力与其他国家的衰落。格鲁吉亚仅因其首都而被注目,"……是亚特兰大的姊妹城市"。鉴于其与美国佐治亚州首府亚特兰大的关系,以及在名称拼写上的相似性,格鲁吉亚的首都第比利斯在介绍中的地位有所提升,却并非因其自身的文化特质。

总体而言,参赛国的简介大致分为 8 类:经济(主要生计、主要作物或产品);政治(政府类型、国家成立时间);体育(高成就者、曾经/未来的奥运会主办国);欠发达或殖民主义(前殖民地、自然资源或基础设施资源匮乏);文化奇观(最古老、最夸张或相关奇人异事);社会文化(宗教、语言);地理(景观、位置);与美国的关系(在规模或关系属性方面的比较)。大多数国家都是从经济或地理角度切入进行描述的(对应数量分别为 40 个和 39 个);在从体育的角度进行描述的 38 个国家中,欧洲占 18 个,非洲仅 4 个,亚洲仅 6 个。亚非包括肯尼亚,以其长跑运动员闻名,通过与那些同样用体育运动描述的国家进行比较,突显出肯尼亚等国家在此方面能与其他国家相提并论的"实至名归";有 19 个国家被描述为"欠发达的、落后的或被殖民的",这些国家几乎都来自非洲、加勒比地区或南美洲;17 个国家从文化奇观的角度进行描述,从社会和宗教实践方面进行刻画的则有 10 个国家;另有 18 个国家的描述与美国相关(如"玻利维亚的占地大体相当于得克萨斯州和加利福尼亚州的面积之和""越南去年和美国签署了一项同意合作的条约");此外,有 14 个国家的描述从政治的角度出发。这种分类揭示了简要的内容是如何传达"我们"和他者的概念,并暗示了这些描述的结构化特征。

媒体建构了这些"与我们不同"的国家形象,这在其他媒体体裁(包括面向成年人的媒体)中也是常见的,它们被建构为异国、原始、暴力、冲突、贫穷和未教化的形象。对外国新闻报道的研究普遍表明,这种情况并不罕见;记者本人可能也不会对这一发现进行反驳。[①] 关键在于,在这个被有意设计为进阶版的儿童媒介,即"儿童新闻"整版,以及这个以诠释世界的多样性与趣味性为出发点的奥运特刊中,勾勒出的世界却是两极的。

1996 年奥运会被誉为史上商业化程度最高的奥运会,企业赞助商为亚特兰大奥运会提供了大部分资金,"奥运儿童指南"中的广告至少占据了 1/3 的篇幅。大多数广告都使用了奥运主题,其中部分是面向儿童的。许多广告鼓励年轻人在与赞助公司的合作中体会社区自豪感。赞助商声称自己是社区的朋友,并由此延伸至儿童。例如,大众超市的一则广告使用了耳熟能详的广告语"红色漫游者,红色漫游者",并配有一句宣传奥运的口号"欢迎 196 个国家和地区以及万名运动员的到来""大众超市支持亚特兰大的青年及他们参与的所有比赛"。

大西洋和太平洋商场发布了一个面向儿童的广告,其中包含一个真假问答游戏及介绍——该商场向学校捐款以换取可回收物的项目描述。同样,该商场将自己描述为是社区(尤其是儿童)的朋友。里奇百货公司和彭尼百货公司等企业还推广奥运服装,里奇百货公司称其广告为"儿童奥运穿搭指南",采用类似指南封面的广告,但模特是普通儿童而非运动员。

服装或专营零售商的广告展示了普通儿童取得的非凡成就。例如,著名鞋业品牌广告的主角是"7 岁的汤米·帕拉林(Tommy Parolin)",他在芝加哥少年棒球联赛中的表现堪比"奥运会级别……"。不同于指南整体的活泼色调,版面较小的黑白广告采用更低调的设计,面向的是该板块的成年用户群体。但通常而言,广告和编辑内容密不可分且内容相互关联。

新闻与摄影报道整体采用专业新闻风格,并增添些许吸引孩子的趣味元素。

① 关于记者对自己的国际新闻报道的看法,有两个例子可以参考:一是大卫·兰姆(David Lamb)的《非洲人:一个知名驻外记者与黑人非洲的今日邂逅》(*The Africans: A Noted Foreign Correspondent's Encounters with Black Africa Today*, 1982);二是近期理查德·帕克(Richard Parker)的研究《混合信号:全球电视新闻的前景》(*Mixed Signals: The Prospects for Global Television news*, 1995)。

报道的标题极具吸引力,采用倒金字塔结构式的故事叙述方式。新奇性、人情味及接近性等新闻价值观成为主流。新闻客观性有时也不甚明晰,如"塞浦路斯:这里使用希腊语、土耳其语和英语",虽然土耳其语和英语确实在该国被使用,但其国家语言是希腊语。土耳其人在1974年入侵塞浦路斯时强制推行了他们的语言,故塞浦路斯也使用土耳其语。这是一个"事实",却歪曲了特定的历史经验。

在整张报纸上建构他者。尽管我们研究的文本集中于奥运新闻(尤其是涉及国际方面的新闻),但也考察了(我们所限定时间段内的)整个儿童新闻板块,并对所有奥运报道进行了研究。尽管奥运新闻偶尔会出现在资讯、地方新闻和商业版块中,但更多则是出现在体育版,且少有报道涉及国际内容。体育版刊登了90%的奥运报道,只有10%明确提到了国际运动员或其他国际内容,即在体育版的奥运报道中,90%的报道都是关于美国运动员及相关议题。

一则兼具宣传功能(宣传后续发布的特刊)的报道往往占据了这10%的版面中的多数。该版面共占据四个半的栏寸,其中有半栏用于特刊宣传,还有半栏提供一些历史背景信息,如1896年奥运会是首次有儿童参加的奥运会,其中也包含了对特刊的宣传。

在报纸的"资讯"和"地方新闻"栏目中也有一些与奥运会国际维度相关的内容。最引人注目且篇幅最长的一篇报道探讨了运动员使用的不同语言,并列出了8种语言的欢迎词,其中6种是欧洲使用的语言。同时指出,全球范围内以英语"为母语的使用者人数位居世界第四",尽管汉语的使用者在全球人数上位居第一,但报道中并未涉及中文问候语,反而日语和斯瓦希里语被纳入非欧洲国家和地区的问候语。

五、讨论和结论

我们最初的兴趣是研究以儿童为阅读对象的报道中是如何描绘国际他者的,以及针对儿童的国际新闻报道与针对成年人的国际新闻报道之间是否存在重大差异。而记者和研究者都认为,针对成年人的国际新闻报道往往是"空降新闻"[①]或"灾难新闻",如政变报道、地震报道。

第一个问题的答案是否定的。报纸儿童板块中对国际新闻的报道与成年人

---

① 译者注:空降新闻是国际传播场域中常见的新闻报道类型,指记者"空降"至其他国家和地区进行的"非常驻式"新闻报道。

板块一样受限,这表现在儿童新闻栏目中几乎没有任何国际新闻。进而,我们研究了另一个令人感兴趣的问题,即是否存在相似的结构化话语策略影响着针对儿童的国际新闻报道方式。为回答这一问题,我们梳理了现有文献中已归类的(categorized)话语策略。

如果按照我们的假设,针对儿童的国际新闻报道与成年人一样受到了限制,这是否意味着儿童注定只能对文本进行一种单一且主导式的解读? 或者,我们能否采取一些干预措施,以便儿童和可能引导儿童进行新闻消费的成年人能够在有限的材料中推断出超越文本本身的信息? 在这一方面,研究儿童新闻版面的设置,以及该版面与报纸主体部分的融合将尤有助益。

二分法(或称两极结构)通过建立支配关系以发挥作用,就像在一个比率关系中,一个数值相对另一个数值更高。在描述或报道人类社会形态时,二分法总是青睐关系中更高的一级,如前文所示,这一极通常是"我们"(主要指美国和西欧)。这往往导致了对美国和西欧认知的过度决定(overdetermine),因为我们看到的大部分文本,表面上仅关乎其他国家,但同样也关涉"我们"(例如,一些国家的简介将美国描述为该国的和平维护者或该国曾遭美国轰炸)。反之,有关"他者"的新闻则是不明确的,因为"欠发达"(underdevelopment)的政治经济学从未被提出过,新闻也不会点明"时—空"距离和"文化—社会"差异之于当下的独特性。文本常将"他者"建构为静滞的、古怪的、惊人的或贫困的,简单来说,就是一个稀奇的对象,而非平等的参与者。

我们会向那些为美国儿童报道他者的新闻记者提出何种建议? 我们决定关注新闻实践中的微妙的变化——这些变化既符合大型日报的制作要求,又可能解决上述一些问题。就奥运新闻报道而言,我们建议在简介撰写方面采用"快照式的一句话"(snap-shot one-liners)的描述方式,并在持续关注体育相关话题的同时,保持某种程度上的一致,如选择学校教育、流行音乐或其他青年人感兴趣的话题。选择体育以外的其他文化或社会方面的内容,有助于呈现每个国家对类似情况(如儿童教育、玩具等)的不同反应。但正如前文所述,至少在描述国家特征方面需要保持一致性。不可否认的是,考虑到职业价值观与截稿时限的压力,在新闻实践中做出改变是极为困难的。尽管简介只能提供粗略的信息,但对于儿童和了解跨文化差异的目标而言,仍然意义非凡。

文本分析可用以识别话语策略,因此,读者能够借助自身对这些策略的认知变得更具批判性。例如,通过捕捉对立观点中存在的一致性,读者能够在缺乏相关知识的情况下,发现长期以来权威叙述中的破绽。这种分析有助于读者对文本进行自我干预。读者包括儿童在通过新闻报道及时获取对事件的描述(尽管可能非常片面)的同时,也可以识别出那些"过度决定"的话语,例如,"与我们相似"或"与我们不同"这类二元论调。

通过意识形态分析,文本研究有助于扩展此前被窄化定义的文本。文本分析总是在暗示所研究的文本与该文化中的其他文本(小说、电影、教科书及漫画等)间的关系。因此,文本分析对话语策略的识别,无疑对阅读其他文本和探索与文本相关的其他实践(如工作场所议题、受众阅读等)具有启发意义,即便文本分析本身并没有涉及这些。儿童新闻及其奥运报道提供了一种关于国际他者的信源,从批判的角度看,它只是对事件的"新闻式"描述(绝不是简单的事实报告),是众多叙事方式中的一种。

参考文献

Atkins, C. (1981). Communication and Political Socialization. *Political Communication Review*, 1, 2-6.

Barnhurst, K. G., & Wartella, E. (1991, June). Newspapers and Citizenship: Young Adults' Subjective Experience of Newspapers. *Critical Studies in Mass Communication*, 8, 195-209.

Barthes, R. (1972). *Mythologies*. New York: Hill and Wang.

Chaffee, S. H., Ward, L. S., & Tipton, L. P. (1970, Winter). Mass Communication and Political Socialization. *Journalism Quarterly*, 47, 647-659.

Comstock, G. A., Rubinstein, E. A., & Murray, J. (Eds.). (1972). Television and Social Behavior: A Technical Report to the Surgeon General's Scientific Advisory Committee on Television and Social Behavior. Rockville, MD: National Institute of Mental Health.

Drew, D. G., & Reeves, B. (1980, January). Learning from a Television Newscast. *Communication Research*, 7, 121-135.

Drew, D. G., & Reeves, B. (1984, Spring). Children's Learning from a Television Newscast. *Journalism Quarterly*, 61, 83-88.

Fabian, J. (1983). *Time and the Other: How Anthropology Makes Its Objects*. New York: Columbia University Press.

Gay, D. P., Hall, S., Janes, L., Madsen, A. K., Mackay, H., & Negus, K. (1997). *Doing Cultural Studies: The Story of the Sony Walkman*. London: Sage.

Giroux, H. A. (1994, Fall). Animating Youth: The Disneyfication of Children's Culture. *Socialist Review*, 24, 23-55.

Gunter, B. (1990). Children and Television: The One-Eyed Monster? New York: Routledge.

Hall, S. (1975). Introduction. In Smith, A. C. H., Immirzi, E., & Blackwell, T. (Eds.), *Paper Voices: The Popular Press and Social Change*, 1935-1965. London: Chatto & Windus.

Hall, S. (1978). Policing the Crisis: Mugging, the State, and Law and Order. New York: Holmes & Meier.

Hall, S. (1980). Encoding/Decoding. InHall, S., Hobson, D., Lowe, A., & Willis, P. (Eds.), *Culture, Media, Language* (pp. 128 – 138). London: Hutchinson.

Herman, E. S., & Chomsky, N. (1988). Manufacturing Consent: The Political Economy of the Mass Media. New York: Pantheon.

Johnson, R. (1986/1987, winter). What is Cultural Studies, Anyway? *Social Text*, *6*, 38 – 80.

Lamb, D. (1982.) The Africans: A Noted Foreign Correspondent's Encounters with Black Africa Today. New York: Random House.

Parker, R. (1995). Mixed Signals: The Prospects for Global Television News. New York: Twentieth Century Fund.

Stein, A. H. & Friedrich, L. K. (1975). Impact of Television on Children and Youth. *A Review of Child Development Research* (Vol. 5). Chicago and London: The University of Chicago Press.

Wartella, E. (1995, February). The Commercialization of Youth: Channel One in Context. *Phi Delta Kappan*, *76*, 448 – 451.

Zeece, P. D. (1990, September). Young Children's Understanding of the Shuttle Disaster. *The Journal of Psychology*, *124*, 591 – 593.

新闻中的种族主义:对两家澳大利亚媒体新闻报道的批判性话语分析^①

Racism in the News: A Critical Discourse Analysis of News Reporting in Two Australian Newspapers

彼得·特奥(Peter Teo)

一、引言

相对于公开、暴力的,涉及对受害族裔社群进行言语、甚至身体虐待的旧种族主义,本研究谈论的新种族主义(Barker,1981)是一种更为微妙且隐蔽的潜在种族主义形式。新种族主义者宣称自己践行的是民主平等主义的基本价值观(van Dijk,In press),但其所言所行却将自己区别于少数族裔,并采用一种批判性话语策略将少数族裔的处境归咎于其自身在社会、经济甚至文化上的劣势。澳大利亚是一个现代国际化社会,在过去20年左右的时间里吸引了众多来自越南、中国、马来西亚和新加坡等亚洲国家的移民。尽管已经废除了白澳政策,大量涌入的"非白人"移民仍被种族主义者视为一种威胁。这种态度的形成与持续的话语接触密不可分,话语(尤其是报纸话语)以一种几近常规,甚至是"理所应当"的方式,通过"模糊化""合法化"和"归化"的话语策略,成为支配思想的场所。

通过对澳大利亚《悉尼先驱晨报》(The Sydney Morning Herald)和《每日电讯报》(The Daily Telegraph)中对越南黑帮5T^②在澳大利亚从事暴力和贩毒活动相关报道的批判性话语分析(CDA:Critical Discourse Analysis),本研究旨在探究种族主义意识形态在新闻报道结构中的建构。研究发现,澳大利亚主要族

---

① 本译文为删减版,文章来源:Teo, P. (2000). Racism in the news: A critical discourse analysis of news reporting in two Australian newspapers. *Discourse & society*,11(1),7 - 49.

② 5T 是一个公然在悉尼郊区卡巴玛塔市(Cabramatta)进行交易的越南毒品交易团伙,其宿命论是越南语中的"*tinh*""*tien*""*toi*""*tu*"和"*tu*",分别对应爱、金钱、处罚、监狱与死亡。

裔群体"白人"对少数族裔群体(越南移民)表现出一种系统性的"他者化"与"刻板化",违法者(少数族裔)与执法者(白人)之间也存在一种不对等的话语关系,其背后所蕴含的"新闻中的种族主义"被嵌入到一个更广泛且不易察觉的话语结构中,反映并加剧了在澳越南移民的边缘化情况。

二、理论背景

本研究遵循的是罗杰·富勒(Roger Fowler)及其研究小组、托伊恩·A·梵·迪克(Teun A. van Dijk)和诺曼·费尔克拉夫(Norman Fairclough)等人的批判性话语分析(CDA: Critical Discourse Analysis)范式(Fowler et al., 1979; Fowler, 1991; van Dijk, 1993, 1996; Fairclough, 1992, 1995)。批判性话语分析源自话语分析的分支——批评语言学,它超越了对话语的描述,探究特定话语产生的原因和方式。富勒研究小组(Fowler et al., 1979)、冈瑟·克雷斯(Gunther Kress)和罗伯特·霍奇(Robert Hodge)首创了"批评语言学"这一术语,认为话语不仅是对社会进程与结构的反映,同时也肯定、巩固并进一步再现了现有的社会结构(Kress & Hodge, 1979)。类似地,费尔克拉夫试图阐明一个既为社会所构建又构成社会的话语视野,其中的社会文化与政治力量间存在一种"同步关系"(Fairclough, 1992)。对费尔克拉夫和其他具有批判精神的分析者而言,话语不仅仅是社会进程的产物或反映,其本身也对生产(或再生产)的进程有所贡献。

批判性话语分析的规范相对稚嫩,但其根源可以追溯至卡尔·马克思(Karl Marx)。马克思关于社会理论和组织的思想对近代社会思想家产生了巨大影响,例如,安东尼奥·葛兰西(Antonio Gramsci)和路易斯·阿尔都塞(Louis Althuss)都强调了意识形态在现代社会巩固并强化社会结构和关系方面的重要性(Gramsci, 1971; Althusser, 1971)。与此同时,尤尔根·哈贝马斯(Jurgen Habermas)侧重于"经济和国家'体系'对'生活世界'的殖民化。"(Habermas, 1984)新马克思主义者关于社会理论的观点聚焦于抽象的社会政治意识形态体系在现代社会的建设和再生产中的作用。作为一种社会意识形态的显性表现,语言成为传播、实施和重构意识形态的主要工具(Foucault, 1972; Pecheux, 1982)。结合互动性与更广泛的社会语境,对语言结构和话语策略的分析将有助于揭示意识形态的本质,重新解读话语中所表达的社会意义。

哈贝马斯、米歇尔·福柯(Michel Foucault)和其他学者的社会理论在不同程度上影响到富勒、克雷斯、霍奇等语言学家,也影响了露丝·沃达克(Ruth

Wodak)、梵·迪克和费尔克拉夫等一批主张"语言作为社会建构方式"的学者。学者们独立开展研究,也因同一愿景相互协作,涌现出一批数量颇丰的调查研究,旨在揭露并让那些随着时间推移而在话语中根深蒂固和归化了的社会政治或文化中的意识形态更为清晰。

在批判性话语分析中,"批判"是一个意义深刻的关键理论概念,表明了对话语意识形态基础进行剖析的要求。这些基础随着时间推移渐成常态,以至于我们开始将其视为话语中普遍的、可接受的和自然的特征。换言之,意识形态已经成为普遍信念甚至是常识。进行"批判"将使我们得以"阐明这种常识,并明晰那些对参与者而言不透明的社会决定意义与话语效果"(Fairclough,1985,p. 739)。话语分析者对日常谈话的分析方法值得肯定,但其在解释力上仍存缺陷,批判性话语分析中的"批判性"一词表明对这种纯描述性目标的转向(对结构化成果的描述与细化是以牺牲阐明与解释这些成果作用方式和原因为代价的)(Sinclair & Coulthard,1975;Stubbs,1983)。另一方面,批判性话语分析从关注文本表面转向探究更深层次、更强大社会力量所发挥的关键作用,这种社会力量和话语间存在一种辩证的关系:话语既塑造了社会,也被社会塑造。

批判性话语分析通常关注新闻报道、政治采访、咨询和工作面试等描述"不平等遭遇"或体现操纵策略的资料,这些资料对大多数人而言似乎是中立或自然的。例如,特鲁([Trew]见于 Fowler et al.,1979)展示了两份英国报纸是如何以截然不同的方式对同一事件展开描述,反映其不同的意识形态立场。同样,在关于玛格丽特·撒切尔(Margaret Thatcher)访谈的分析中,费尔克拉夫描述并解释了这种将权威与民众团结相勾连的话语如何创造出一种"独裁民粹主义"(authoritarian populism)——这种话语通过将撒切尔的所想上升至民众的所想,有效说服民众认可并接受她的愿景(Fairclough,1989)。基于批判语言学范式的研究,希瑟·吉恩·布鲁克斯(Heather Jean Brookes)揭露了两份英国报纸对非洲和非洲人的表述中所呈现出的新殖民种族主义(Brookes,1995)。这些批判性话语分析通常在社会语境中进行,将社会政治条件纳入考量,旨在揭示权力结构是如何通过话语进行建构的。

保罗·哈特曼(Paul Hartmann)和查尔斯·赫斯本德(Charles Husband)关于英国黑人种族主义的研究是早期采用批判性方法来解读媒体中种族主义的研究之一:

> 偏见不应被简化为错误或判断错误……这是因为种族歧视在维持

白人相较黑人的优势地位方面发挥着作用。偏见态度的显著改变无法独立于其所涉及的结构关系。

(Hartmann & Husband，1974，p. 41)

梵·迪克在研究和分析荷兰种族歧视问题时采取了相似立场,他系统论证了种族主义是一种认知与社会现象,具有保护族群利益的社会功能(van Dijk,1984)。因此,种族主义成为维持历史或其他力量在社会中可能建立的权力关系和结构的关键。正是这种更具批判性的方法,将种族主义置于现代社会构建的语境中,并将它与社会经济和社会政治权力结构相结合。基于此,本研究采用了批判性、多学科的话语分析方法,以歧视、权力、统治和霸权等问题为切口,着眼于新闻报道领域中的话语过程(包括生产、隐匿、合法化与再生产),以期为批判性话语分析发展的统一性与连贯性作出贡献。

三、两个样本的比较分析①

韩礼德(Halliday)的系统功能语法(SFG, Systemic-Functional Grammar)是一种基于"选择"的词汇语法理论,其中语言或其他符号学系统被解释为"连锁选项网络"(network of interlocking options)(Halliday,1994,p. xiv)。在丰富的选择资源中,语言使用者可以创造一种文本(书面或口语)来传达意义,所传达的意义直接依赖于系统中的选择。这些语法选项是通过使语法分析具有语义揭示性的功能标签来描述的。因此,系统功能语法是一种意义语法,它将语言理解为通过这些语法选择所体现的功能而运行的意义系统。韩礼德认为,这些功能汇聚成三个独立但内部密切关联的元功能系统:"语篇""人际"和"概念"。"语篇"元功能聚焦于信息的选取、组织和呈现;"人际"元功能将语言视为一种媒介,通过它来表达互动意义(如态度、判断和感受);"概念"元功能体现了经验、感知和意识的世界。简言之,系统功能语法既是从系统和结构角度描述语言语法的资源,也是对语言进行阐释的方式。

系统功能语法根植于语句的结构,聚焦于句子层面的意义选择、分类和排序,而非更大的语篇层面的宏观结构意义。语言的功能性视角为批判性话语分析提供了一个有用的工具,可以系统地揭示和解读文本生产者的潜在动机、意图和目的,以及背后驱动的态度、认知和偏见。用系统功能语法模式开展的文本结

---

① 文本 1 出自 1995 年 7 月 16 日《电讯报》,文本 2 出自 1995 年 10 月 6 日《悉尼先驱晨报》。

构分析中提供的批判性见解和批判性话语分析的一般批评目标相一致。尤其是新闻报道精炼的标题和简洁的风格极大地增强了新闻报道的修辞力，读者已经从高质量的报纸中有所体会并期望获得更多，这非常契合系统功能语法所关注的那种聚焦的、微观层面的分析。正因如此，尽管系统功能语法具有局限性，但富勒和费尔克拉夫等批判话语分析家仍然倾向于将其作为批判性话语研究的分析框架。本研究选取了对意识形态建构议题最具启发性的三个方面（及物性、主位化和词汇衔接），以此在句子和短语层面揭示特定语言现象背后的潜在意义和动机。

1. 及物性

及物性原则，可以简单表述为"谁对谁做了什么"（Iwamoto，1995），它可以将无限变化的事物或"正在进行的事物"整合为有限的过程类型（详见表1），用以预测主体，或更准确地说，将主体和过程进行归因。

表 1　过程类型总结

过 程 类 型	举 例
物质过程	
动作	狮子**袭击**了游客
事件	市长**辞职**
行为过程	她对着他**微笑**
心理过程	
感知	我没有**注意**到
情感	玛丽（Mary）**喜欢**这个礼物
认知	没人**相信**他的故事
言语过程	约翰**说**他很饿
关系过程	
归因型	莎拉（Sarah）**是**富有的
鉴别型	汤姆（Tom）**是**领导者
存在过程	这儿**有**暴风雪

（改编自 Halliday，1994）

文本 1 表面上是关于卡巴玛塔的毒品交易活动，在这类文本的叙述中，毒贩毫无疑问是最主要的群体，他们在文本中作为"动作者"（Actor）和"说话者"

(Sayer)（韩礼德语）并负责大部分的言行过程。文本 2 中的主要群体是在卡巴玛塔工作、居住和通勤的人，尽管在数量上远少于前者，但也被视为"动作者"。文本 2 将警方或执法者描述为不作为的群体，他们的出现、言语或行动都是微不足道、无关紧要或根本不存在的。表 2 列出了这些参与者及其参与过程。

表 2　文本 1 的及物性分析

序号	参 　与 　者	过　　　程	参 　与 　者
1	孩子〔动作者〕i	赚取〔物质〕	黑心钱
2	亚洲高个子青年〔说话者〕	〔说〕〔言语〕	"你想要点啥？"
3	〔高个子青年〕ii〔说话者〕	说〔言语〕	"有 35 美元、40 美元和 50 美元的石头"
4	他〔说话者〕	说〔言语〕	"好的！"
5	其他五位亚洲面孔的青年，包括两名女孩〔动作者〕	开始接近〔物质〕	
6	〔高个子青年〕〔说话者〕	〔说〕〔言语〕	"那你到底要不要？"
7	数十人〔动作者〕	走〔物质〕	斜坡
8	男性青年〔动作者〕	闲逛〔物质〕	
9	并且〔说话者〕	开始〔言语〕	卖力推销
10	他〔动作者〕	正在做〔物质〕	一些跑腿的工作
11	他〔说话者〕	说〔言语〕	"这真的是好东西。你可以花 30 美元买到帽子。"
12	他〔说话者〕	解释〔言语〕	一粒海洛因的价格约为 400 美元
13	**车站的两名警察**〔说话者〕	拒绝交谈〔言语〕	
14	**城市铁路工人**〔感知者（Senser）〕	知道〔心理〕	所有该去的地方
15	成群结队的青年〔动作者〕	游荡〔物质〕	这些区域
16	车站西边的那个人（制毒师）iii〔动作者〕	卖〔物质〕	4 美元的注射器套件
17	一些街头交易者〔动作者〕	穿着〔物质〕	宽松的运动裤和运动衫
18	16 岁青年〔行为者（Behaver）〕	向上看〔行为〕	从手中的南瓜籽
19	〔16 岁青年〕〔说话者〕	说〔言语〕	"我上周刚从明达（少年管教所）出来。"
20	我们（毒贩的统称）〔动作者〕	避开〔物质〕	从那里

续　表

序号	参　与　者	过　　程	参　与　者
21	他(指 16 岁青年)〔说话者〕	回复〔言语〕	"为了钱,伙计"
22	他〔说话者〕	说〔言语〕	去明达就像一次郊游
23	**警方〔动作者〕**	抵达〔物质〕	
24	那帮青年〔动作者〕	四散离去〔物质〕	
25	更多人〔动作者〕	正在交易〔物质〕	毒品
26	**警察〔动作者〕**	离开〔物质〕	
27	毒贩〔载体(Carrier)〕	是〔关系:归因型〕	重新开始交易

＊注：i 本表和后续表中使用的大括号｛｝表示"参与者"和"过程"类型下的参与者和过程的子类型。

ii 中括号〔〕表示省略的内容

iii 小括号()表示从文本中复原的代词指称

对各类参与者相关过程的比较分析显示,大多数过程(尤其是物质和言语过程)的主体是毒贩,这与警察、保安和其他参与者(粗体标记)形成了鲜明对比。讽刺的是,在这个过程中,卡巴玛塔车站两名不愿公开露面的警察"拒绝交谈"(见表 2 序号 13)。文本末尾处提及了警方抵达和离开的时间(见表 2 序号 23 和序号 26),但却没有透露他们到达后(对毒贩)做了什么。这就给读者留下一个印象:警方并不在意卡巴玛塔猖獗的毒品交易活动,他们只是为了例行巡逻而来。警方的到来与毒贩的离开之间的因果关系充其量只是一种暗示,并没有以结构化的方式明确呈现,如"警方的到达致使青年(指毒贩)四散离去",相反,我们获取到的是一系列独立的从句:警方抵达;青年四散离去;更多人正在交易毒品;警察离开;毒贩重新开始交易。这些线索以并列的方式相连,掩盖了毒贩与警察间潜在的从属关系。相比之下,毒贩的"四散离去"被认为是一种物质过程,在这个过程里年轻人被描述成主动做某事,而不是受到警方的驱使。他们的四散几乎被视为一种自发的行为——无论警察是否到来都会发生。

文本 1 将毒贩描述为参与者,他们比迟钝无用的警方更积极地参与"做(物质)"和"说(言语)"的过程,文本 2 却截然不同。表 3 显示,卡巴玛塔警方始终以主动的姿态出现,积极打击 5T 及其毒品交易活动,有 15 名警察(或同等角色)扮演"动作者"角色,而 5T(或其他帮派)成员只有 5 名。这与文本 1 所呈现出的相对低调的警方角色大相径庭。在文本 2 中,警察扭转了局面,他们被描述成严谨而具体地对 5T 展开行动的"动作者"。这种印象的塑造是通过警方的"物质"

过程进行的,"卧底人员诱捕"(表 3 序号 3);"特遣部队"(表 3 序号 14);"警方突袭抓获"(表 3 序号 16);"成功重创 5T"(表 3 序号 27)等都传达出一种身体行动感。警方被描述成对 5T 产生行动的"动作者",而 5T 被描述成"动作者"和"说话者"的情况要么是关于过去的描述(如:"5T 交易者采取行动"见表 3 序号 8),要么是对彼此对立关系的描述(如:"领导权之争导致帮派头目被杀"见表 3 序号 30)。即使在我们已知 5T 是"动作者"的情况下,使用无主体的被动结构还是会削弱并模糊 5T 的施事角色,如"海洛因仍在销售"(见表 3 序号 12)。

表 3　文本 2 的及物性分析

序号	参 与 者	过 程	参 与 者
1	[警方]{动作者}	抓住{物质}	你(毒贩们)
2	警方{动作者}	反击{物质}	5T
3	卧底人员{动作者}	诱捕{物质}	另一名毒贩
4	警方{动作者}	对付{物质}	暴力黑帮
5	警方{动作者}	取得了{物质}	戏剧性逆转
6	早熟而暴力的 5T 黑帮{动作者}	掌控{物质}	澳大利亚最繁忙的海洛因市场
7	黑帮对街头交易的残暴控制	遭受重创{物质}	"游击战"策略{动作者}
8	5T 交易者{动作者}	采取行动{物质}	
9	年轻的越南黑帮{载体}	掌握{关系:所有型(possessive)}	人手和策略
10	法律的正当程序{载体}	似乎{关系:归因型}	似乎也对他们有利
11	轻蔑	被取代{物质}	谨慎甚至是恐惧{动作者}
12	海洛因{载体}	是{关系:归因型}	仍在销售
13	毒贩们{载体}	正在{关系:归因型}	逃亡
14	谁(特遣部队){动作者}	打击了{物质}	[交易者]
15	这个摇摆不定的事态{动作者}	发生变化{物质}	转向反对 5T 和它的街头武装
16	警方突袭{动作者}	抓获{物质}	20 名毒贩和瘾君子
17	警方{动作者}	提出{物质}	300 多项与海洛因有关的指控
18	哪一个(科尔兹福特[Coltsfoot]和莫雷尔[Morrell]特遣部队的联合行动){载体}	联合{关系:归因型}	警方

续　表

序号	参　与　者	过　程	参　与　者
19	警方〔感知者〕	计划〔心理〕	三次大规模行动
20	这里	是〔存在〕	非定期地
21	毒贩们〔感知者〕	无法知道〔心理〕	下一次袭击会在什么时候发生
22	警方的策略〔动作者〕	实现〔物质〕	审判结果逆转
23	几乎所有毒贩〔说话者〕	恳求〔言语〕	免去(他们的)罪行
24	5T〔动作者〕	为……买单〔物质〕	他们的律师、保释金和家庭开销
25	卧底警察的做法《在秘密监视下用有标记的钱购买海洛因》〔动作者〕	提高了〔物质〕	警方证据的质量
26	〔　〕(卧底警察的做法)〔动作者〕	〔已经〕使〔物质〕	犯罪分子更难摆脱指控
27	这些成功〔动作者〕	重创了〔物质〕	5T
28	他们〔载体〕	是〔关系:归因型〕	最容易受伤的时候
29	它的40名核心成员〔载体〕	是〔关系:归因型〕	因领导权之争而四分五裂
30	哪一个(领导权之争)〔动作者〕	导致〔物质〕	该帮派头目20岁的特兰及其一名心腹……被杀
31	8人〔载体〕	是〔关系:归因型〕	受伤
32	敌对派系〔动作者〕	开始〔物质〕	开火
33	这是一场战斗	做好准备〔心理〕	警察〔感知者〕
34	警方〔载体〕	是〔关系:归因型〕	已经做好准备
35	"我们〔动作者〕	加大了〔物质〕	赌注
36	我们〔动作者〕	将持续提高〔物质〕	它(赌注)
37	他们〔载体〕	变得〔关系:归因型〕	对卡巴玛塔感到厌倦"
38	巡逻警官 杰夫·卡瓦纳〔说话者〕	说〔言语〕	"我们已经加大赌注,将持续提高赌注,直到他们变得对卡巴玛塔感到厌倦为止"
39	"我们〔感知者〕	知道〔心理〕	我们将会赢

标注:见表2。

　　文本1和文本2的及物性比较分析揭示了描述5T和警方的不同方式,这些差异通过他们扮演的角色和过程体现出来。

2. 主位化

"主位化"着眼于子句中信息的组织方式,某个信息在子句中的主位表明了作者希望赋予它的突出地位和前景。因此,探究以某种方式组织信息的动机,将有助于我们发掘文本中隐含的意识形态意义。表 4 是文本 1 的主位分析。

表 4　文本 1 的主位分析

序号	主　位 * 语篇	主　位 * 人际	主　位 * 话　题	述　位
1			孩子们	靠给郊区瘾君子供货赚取黑心钱
2			亚洲面孔的高个子青年	在繁忙的卡巴玛塔火车站东门外说
3			他	脸上带着一种怀疑的神情道
4			**紧接着**	其他五位亚洲面孔的青年,包括两个女孩,开始接近
5			对话	正在进行
6	有		数十人	正在卡巴玛塔两个站台的斜坡上穿行
7			现在	是下午 6 点
8	并且		许多交易	在几秒钟内公开进行
9			现在	是(通勤)高峰时段
10	并且		卡巴玛塔	"海洛因快车"的新绰号
11			一位男性青年	闲逛着并开始卖力推销
12			他	做一些跑腿的工作……
13			帽子和石头	是一小部分海洛因的别称……
14			他	解释说,一粒海洛因的价格约为 400 美元
15		尽管	车站的两名警察	拒绝交谈
16			那位城市铁路工人	知道所有该去的地方
17			成群结队的青年……	不断在这些区域游荡……
18			交易	公开进行……
19			**和大多数药房一样**	西侧站点的注射器套件售价 4 美元
20			一套用具	包括两个带针头的注射器……

续　表

序号	主　位 *			述　位
	语篇	人际	话　题	
21			许多街头毒贩	穿着宽松的运动裤和运动衫
22			**毫不犹豫地**	回答道
23			**18:30**	警方……抵达
24			那帮青年	四散离去
25			**在星尘酒店 100 米外**	有更多人正在交易毒品
26			**20 分钟后**	警方离开
27			毒贩	重新开始交易

＊主位标记为粗体

　　文本 1 中警察的无足轻重（上述及物性分析的结果）被"主位前景化"（thematic foregrounding）这一结构手段所强化。例如，通过将"在星尘酒店 100 米外"（表 4 序号 25）置于主位，将读者注意力引到警察和毒贩间的物理距离，引导公众认为警方的影响仅限于附近地区。将子句中的"20 分钟后"置于主位，则会使公众留意到警方影响力短暂，在他们离开后"毒贩重新开始交易"（表 4 序号 27）。警方影响力的时空局限凸显了他们的无能，因为对毒贩而言，他们的出现与否只是暂时性的，没有更多影响。

　　与文本 1 相比，文本 2 的主位分析显示（如表 5 所示），与 5T 有关的警察或同等角色占据了报道的主导地位。通过结构性的前景化策略，报道将警察置于一个明显的权力和控制位置，提升了警方在与 5T 斗争中的地位与重要性。至于他们是否在现实中真正行使权力和控制权，则另当别论。此外，对标记主位（marked themes）的分析表明了时间环境的前景化。这不仅仅是新闻报道中常见的讲故事方式，也为故事补充了时间维度，与 5T"一年前"（表 5 序号 8）的活动和现在警方的做法形成了鲜明对比。当时，5T 正处于"对街头交易的残暴控制"（表 5 序号 7）的鼎盛时期，而现在警方正全力打击 5T。例如，我们被告知，在报道发布前几天的"星期三"（表 5 序号 16），警方逮捕了 20 名毒贩和瘾君子，而在发布前的两个月，即"8 月和 9 月"（表 5 序号 17），警方提出了 300 多项与海洛因有关的指控。这些日期和数字的组合旨在强调警方近期在打击 5T 方面取得的成功，并向人们传递一个信息：过去卡巴玛塔的街道可能由 5T 掌控，但现在的掌控权在警方手中。

表 5　文本 2 的主位分析

序号	语篇	人际	话题	述位
		主 位		述 位
1			[警方]	抓住你了
2			警方	在海洛因斗争中进行反击
3			卧底人员	在卡巴玛塔的一条街道上诱捕了另一名毒贩。
4	当		警方	对付暴力团伙
5			警方	在卡巴玛塔街头的斗争中取得了戏剧性逆转
6	地点		早熟而暴力的 5T 黑帮	掌控着澳大利亚最繁忙的海洛因市场。
7			对街头交易的残暴控制	因警方对卧底警察的"游击战"策略的使用而遭受重创。
8			**一年前**	有些 5T 毒贩只有 12 岁却肆无忌惮地贩毒。
9			**在游击战中**	年轻的越南黑帮成员掌握了人手和策略
10	并且		正当的法律程序	似乎也对他们有利
11			现在	轻蔑已被谨慎甚至是恐惧所取代
12			海洛因	仍在销售,
13	但是		毒贩们	仍在逃亡,受到科尔兹福特和莫雷尔特遣部队的打击。
14			部队	在毫无征兆的情况下实施的追捕,逐渐提高毒贩们交易海洛因的风险。
15			摇摆不定的事态	转向反对 5T 和它的街头武装。
16			**周三,**	警方突袭抓获了 20 名毒贩和瘾君子,过去 9 个月内抓获的人数达到 700 人,而去年全年仅有 507 人。
17			**在 8 月和 9 月,(警方)最成功的两个月份**	警方提出了 300 多项与海洛因有关的指控,其中大部分来自与科尔兹福特和莫雷尔特遣部队的联合行动。
18			这些组织	由缉毒局、西北地区打击犯罪小组、澳大利亚联邦警察和卡巴玛塔警方的小队组成。

续　表

序号	主　　　位			述　　　位
	语篇	人际	话　　题	
19			警方	计划每月进行三次大规模行动。
20			这里	非定期地
21		此外，	**在今年年底前再进行13次军事行动，**	毒贩们无法知道下一次袭击会在什么时候发生。
22			警方的策略	使得法庭的审判结果出现了逆转，95％的毒贩恳求（法庭）免去（他们的）罪行，法庭的定罪率为97％。
23			一年前	几乎所有的毒贩都不认罪，不管证据对他们如何不利，这迫使案件被移交到更高层法院。
24			5T	为他们的律师、保释金和家庭开销买单。
25		但是	卧底警察的……做法	提高了警方证据的质量
26		并且	［使用卧底警察］*	使犯罪分子更难摆脱指控。
27			这些成功	重创了5T
28		当	他们	是最脆弱的时候，
29			它的40名核心成员	因领导权之争而四分五裂
30			这	导致该黑帮头目20岁的特兰及其一名心腹在今年8月被杀。
31			8人	在上周末……受伤
32		当	一个敌对派系	在上周末的开火（使用猎枪、自动步枪和手枪），结束了对三明·特兰为期48天的哀悼。
33			这	是一场……战斗。
34		为此	警察	已经做好准备。
35			"我们	已经加大赌注"
36		并且	我们	将继续提高赌注
37		直到	他们	变得对卡巴玛塔感到厌倦为止"
38			巡逻指挥官杰夫·卡瓦纳	说。
39			"我们	知道我们将会赢。"

* ［］表示已复原的省略部分

通过考察这两篇文本的主位化发展，特别是标记主位的选择，我们能够将文本本身与其背后的潜在动机同意识形态相联系。

3. 词汇衔接

衔接是"命题之间的明显的语言信号关系"（Widdowson，1978，p. 31），涉及语篇中的词语依序相连的方式，有助于构建语篇连贯性（Hoey，1991）。"连贯"则被定义为"统一性"，即"相互关联"（Hasan，1984，p. 181），它涉及到构成表层语篇的概念和关系的结构是如何相互接触和关联的。因此，语篇表层的衔接使读者倾向于寻找一种使语篇连贯或"相互关联"的潜在关系结构。词汇衔接是语篇中最重要的衔接手段（Hoey，1991，p. 9），为话语分析者提供了一把揭示文本潜在意识形态结构的钥匙。

在某种程度上，文本 2 表面上是一篇关于近期警方成功遏制卡巴玛塔毒品交易的新闻报道，但其词汇选择实际却透露了一个更具意识形态意义的"现实"，即警察向 5T 宣战。词汇不仅仅是嵌入文本词汇语法中的静态元素，它更表达了一个固定而稳定的意义。通过精心编排词项，就可能创造出超越每个词语单独意义的另一层意义。经由这种方式，词汇衔接超越了其作为语篇衔接手段的衔接功能，发挥了语言概念功能中重新塑造、重新概念化意义与经验的作用。这种词汇衔接逐渐具有了隐喻义，并给予我们重构思维、从新的角度感知"现实"的可能。

我们整理了文本 2 中的词汇选择，这些词汇选择共同构建了一个与军事斗争世界相呼应的现实，引导读者将警察控制 5T 的斗争（事实）理解为一场警察正在取胜的全面战斗（意识形态）。词语"斗争"及其同义词"战斗"共计使用 4 次；"击中"和"碰撞"等通常与军事演习中身体攻击有关的词汇使用了 6 次；"战术策略"和"军事行动"等常见于军事活动或军事程序上的词汇使用了 7 次。这些经过深思熟虑的词汇选择共同强调了警方的专业性，他们是一支配有"特遣部队""智囊团"和"卧底人员"等强大力量的队伍，旨在激发公众的敬畏之心并使 5T 感到恐惧。

因此，文本 1 中呈现出的"警察不再随机逮捕和例行巡逻，他们在控制卡巴玛塔的毒品局势方面所做的努力毫无成效"这一现实，在文本 2 中恰好相反——现在的警方组织严密、协调有序，并在与 5T 的斗争中"加大了赌注"以遏制卡巴玛塔的毒品交易。文本 2 展现的现实是在贯穿文本的军事隐喻和词汇选择的基础上构建起来的。

如前所述，韩礼德的系统功能语法理论的分析视角主要关注子句而非语篇层面。为了对宏观结构层面展开分析,此处借鉴了艾兰·贝尔(Allan Bell)和梵·迪克等人的分析概念和类属(Bell,1991;van Dijk,1988),并对其类属和标签进行适当调整(见附录 1 和 2)。

> 公众所称的"新闻报道"实际上是一种用词不当的说法,因为无论从语言还是结构上来说,它们都难以成为真正的报道——真正的报道往往风格枯燥、呆板且没有感情,几乎没有读者愿意费心阅读。相反,那些被称为"新闻报道"的东西实则是专业记者书写的"故事"。其背后的理念是,只有当新闻转化为一个具有可识别的"结构、方向、要点和观点"的故事时,它才能被大众接受。
>
> (Bell,1991,p. 147)

可以看到,"新闻报道"和"故事"间具有明显的共通性:它们的标题往往既概括了实质内容,也能激发读者的兴趣;新闻报道中的导语通过提供与"谁""何时"和"在何处"等问题相关的背景信息,概括报道的核心内容并为读者建立语境,具有与故事中摘要和导言相似的功能;构成新闻报道核心的各种新闻事件与故事中的复杂情节相似,基本上回答了"发生了什么?"这一问题;在新闻报道中插入记者评论的做法则呼应了故事中的作者评价,阐述叙事的意义和价值,并对"那又怎样?"的问题做出回答。

除了结构上的相似之外,新闻报道和故事在目的上也有相同之处。和故事一样,新闻报道也是以娱乐或吸引人的包装方式来提供信息。但不同于故事,新闻报道必须对实际发生的事件进行真实、客观的报道,否则将损害报纸的公信力。因此,新闻记者和编辑必须不断在事实与虚构、新闻与故事之间游走。这在报纸话语中产生了一种独特的"语篇互类性"(interdiscursivity),进而带来了"信息娱乐"(infotainment)等词汇,反映了报纸生产者向读者提供信息和娱乐的双重目标。

文本 1 是新闻和故事的有趣融合,有助于我们分析新闻语篇的语篇互类性。许多青少年在卡巴玛塔大街上公开兜售毒品的新闻被精心制作成了一个吸引读者的故事,故事中涉及作者与毒贩间的个体相遇,对它的分析也将结合叙事和新闻报道标签进行(图 1 和图 2)。这种语篇互类性解释了作者为什么要使用"戏剧性对话"(DD:Dramatic Dialogue)的方式展开叙事(见附录 1),而不是采用更传统的导语来概括新闻事件的核心行动和要点。戏剧性对话旨在用戏剧化的方式再现作者与毒贩之间的相遇,以引起读者兴趣,甚至可能让读者感到"震惊",意识到毒品交易的肆无忌惮。尽管新闻和故事都倾向于使用直接引语来强调目击者的亲身参与,但故事中的"戏剧性对话"不应与新闻报道中的"言语反应"(Verbal Reaction)相混淆(见文本 1 序号 18 或文本 2 序号 13)。"言语反应"试图通过引用与新闻事件相关人物的实际言论来增加新闻报道的真实性和可信度,因此,它总是被置于报道的中间或结尾,而非开头。此外,在戏剧性对话中使用现在时来模拟正在进行的对话,与报纸报道的言语反应中必须使用的过去时形成鲜明对比。

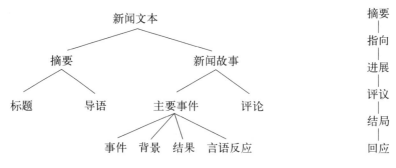

图 1　新闻报道的结构示意图
(改编自 Bell,1991)

图 2　故事的结构示意图
(改编自 Labov & Waletzky,1967)

为了吸引读者兴趣,戏剧性对话总是被前景化,因此文本中必然会有背景介绍(文本 2 序号 10 和序号 11)。这样一来,新闻报道在结构上似乎受限于故事的要求。正是这种需要,即创造一个故事而不是新闻报道,促使作者将属于故事结构的元素融入新闻文本。这类旨在帮助读者了解故事中的"谁""在何处"和"何时"等背景信息(见文本 1 序号 1、9、10、24 和 25)的"定位",类似于故事中讲述情节和人物的方式。

在典型的新闻报道中,一系列事件、背景、结果和(言语)反应构成了报道的主要新闻事件(图 1),并以一种看上去客观超然的方式进行报道。文本 1 似乎在客观报道事件,但实际上带有作者的态度和主观判断,因此有必要区分事件的客观报道和事件的评价性报道(EE:Evaluative Events,见文本 1 序号 12、32、33 和 34)。客观报道仅以事实的方式描述或呈现信息,评价性报道则更侧重于事实背后隐含的意义。例如,在文本 1 序号 13 中,作者只是告诉我们这个年轻人在为他人贩毒,而在序号 12 中,他不仅告诉我们这个毒贩有多年轻,还通过暗示这个毒贩可能谎报年龄,以及他的年轻与街头经验间的反差来表达个人的不满。

因此,评价性报道成为了一种工具,用以掩饰作者对某一事件或某一群体的判断或看法,相较于记者偶尔在新闻报道中的公开评论(例见文本 1 序号 20 和序号 21),评价性报道更加隐蔽。

此外,文本 1 还加入了"解释性"信息(序号 15、19、22 和 23),为读者提供了有关卡巴玛塔毒品交易中不为人知的细节。不同于新闻报道中常见的"背景"(这种"背景"设定了一种框架,人们可用以解释或评价当前报道事件,如文本 2 序号 3),"解释性信息"提供了诸多细节,将读者带入卡巴玛塔神秘的毒品交易世界。最后,标题"孩子们靠给郊区瘾君子供货赚取黑心钱"更多地关注年轻毒贩的无耻与警察的无能,而不是这些年轻罪犯利用他人痛苦谋取私利的寄生性,并未抓住文本的宏观命题。

文本 2 则是一篇结构更为传统的新闻报道(见附录 2),以"导语"(文本 2 序号 1 和序号 2)开头,上一年的情况为"背景",通过一系列的"事件"和"结果"详细描述了警方加强控制 5T 毒品交易和暴力活动所做出的努力,并以警方代表的言语反应结束。有趣的是,将"背景"与"事件"和"结果"并列的模式建立起一种比较关系,类似于警察与 5T 之间斗争的"戏剧性反转"——虽然 5T 曾经占了上风,但现在是警察控制了 5T。警方的报复性态度正是这篇文章的主旨所在,并巧妙体现于标题"抓住你了"和"反击"等字眼中。因此,这个文本的宏观结构组织与其宏观命题内容间存在相关性,而这种相关性在文本 1 中是缺失的。

文本 1 中复杂的宏观结构反映了作者的多重目标和意图——将两种不同但又相关的文体("新闻报道"和"故事")融为一体,试图以故事化的报道"勾起"读者兴趣,并通过对卡巴玛塔发生的事件进行评价性报道来潜移默化地传递意识形态。相比之下,文本 2 更加简单明了,符合传统新闻报道的一般结构,其特定的信息结构也掩盖了作者强调警察与 5T 关系逆转的意识形态意图。对文本 1和 2 的宏观结构分析揭示了那些嵌入至微观结构层面的意识形态。

四、讨论与结论

通过对两篇新闻报道的及物性、主位性和词汇衔接模式的分析,本文试图勾勒出报纸对 5T 和警察形象截然不同的表现。文本 1 和 2 中参与者和过程的及物性分析揭示了警察与 5T 之间大相径庭的关系结构。文本 1 凸显了警方的沉默与缺席,他们的言行与 5T 相比显得微不足道、无关紧要。文本 2 则发生了戏剧性逆转,警方被描绘成一支强大的战斗力量,以最具体且可感的方式彰显着他们的主导地位。这种"戏剧性逆转"经由文本 2 的主位分析得以强化,它将警察置于主位,并突出他们在近期与5T对抗中取得的成功和成果,明确传达出他们现在的掌权信号。对词汇衔接的分析则揭示出两个突出的意识形态主题:5T的亚洲化和警方的军事化。文本1中5T的亚洲化暴露出报纸将毒贩一概刻板归为亚洲血统的做法,文本2本质上是警方的一场宣战,文中警方的"军事化"旨在强化警察高度专业、强大,甚至是令人敬畏的形象,这与文本1中警方懦弱无能的形象产生强烈对比。韩礼德的分析揭示出报纸话语中5T和警察间正在进行的一场意识形态斗争,这场斗争带有明显的种族主义色彩,因为一方被描述为"少数族裔",另一方则是"白人"。对这两个文本的宏观结构分析进一步证明了这场意识形态斗争正在以"戏剧性"的方式在内群体(警察)和外群体(5T)间上演。在文本1中,5T被认为占了上风,这引起了作者的强烈不满,这种不满不仅体现在对警察的描述——无能甚至受到恐吓,也体现在对5T的描述中——年轻但顽固的5T罪犯肆无忌惮地兜售非法制品。这些描述通过伪装成新闻事件的评价性描述进行呈现,并通过将新闻包装成故事来增强效果。在文本2中,二者角色发生逆转,通过对比5T与警察间"过去"和"现在"关系的信息,展现出二者关系的变化,即5T屈服于士气重振的警察。

由此产生的问题是:为什么报纸要如此报道新闻,除警察和5T代表了法律的对立面这一明显事实外,为什么他们之间存在这种二元对立?5T与执法者之间种族不同的事实是否加剧了这种对立?简言之,为什么会产生这种话语?要回答这个问题,需要更深入地探究媒体行业、社会心理机制和形塑当代澳大利亚的社会政治力量。

关于媒体的政治经济学提供了一剂良方(Jakubowicz et al.,1994,p. 17)。在此范式内,媒体运作于经济需求中,媒体行业的所有者和控制者将其传播的思想和价值观(媒介意识形态)进行"商品化"以获取经济或物质支持。由于澳大利亚的媒体所有者和控制者主要是白人群体(Jakubowicz et al.,1994,p. 143),因此非白人(即"较弱的")声音会遭遇系统性排斥。媒体成为了一个只有权势群体才能进入并施加影响的政治经济舞台,除非其他人的经历耸人听闻或离奇到足以被认为"具有新闻价值",否则通常只有白人、精英、专家和权威人士才能获得新闻"发言权"。

这在报纸中的典型表现便是记者对引语模式的选择、新闻标题和导语的关切、概化(Generalization)技巧的使用,以及过度修辞策略的应用。通过赋予某些特定群体发言权的方式,那些被视为无影响力群体的观点被报纸拒之门外,被引用者的地位与重要性得以提升。除了是一种吸引注意力的新闻噱头之外,报纸中的引语模式(包括直接引语和间接引语)更成为了一种维持权势者对边缘化群体的社会控制的意识形态机制。用词严谨精炼的标题和导语则借助其在报道结构中"金字塔顶端"的分布位置,潜移默化地使读者偏向于某种特定解读的意识形态,从而压制了对新闻报道的其他可能解释。这些在标题和导语中存在着的词汇和结构方面的线索,颇为有力地支持了梵·迪克的洞见——积极的"自我呈现"(us-presentation)与消极的"他者呈现"(them-presentation)。导语有时被视为"微观报道"(Bell,1991,p. 174),与之相似的是,作为一种使具体群体特征或活动普遍化、开放化的延伸技巧,概化也有助于明晰新闻语篇主要参与者的某些关键特质,而选择并重复特定的概化属性通常隐含着某种潜在的意识形态,如将罪犯统称为越南人或亚洲人的概化方式,极易给人产生越南人或亚洲人都会犯罪的刻板印象。这种重复性编织策略在新闻话语结构中亦有体现。大量重复的同义术语给人一种"过度表述"之感(van Dijk,1991),且往往因背离社会传统或期望而产生贬义效果(如语篇中反复使用"青年""孩子""年轻人""小伙子"等词条指代毒贩的年龄,强调毒贩如此年轻却犯下恶行,从而唤起公众的谴责情绪),由此延伸出的修饰词使用亦是如此(如"狂暴""凶猛""野兽般"),均反映出基于这种文化准则或社会期望的主观偏见。记者们有意或无意的"他者化"加剧了"我们与他们"间的二元对立,话语策略的选择暗含着他们对特定意识形态的坚持。经由这些话语策略,被排挤在权力之外的边缘人群被迫失语,被剥夺进入新闻生产过程的机会,最终沦为所谓专业人士的议题对象,难以反驳权力或确认别人对他们的看法。

　　这种方式如何能让少数族裔群体被"白人"主体边缘化? 想理解这个问题,还需要对人类的认知过程进行探究。对事物的感知与理解大体上是经验接触和认知处理的产物,是人们将经验和感知中的多样元素进行归整、分类的一种方式。与部分心理学家口中的"认知偏见"不谋而合,这种归纳和划分的倾向引导人们依据某些参照基准对他人进行预测性评价,且"参照系"一旦确立就难以改变。比对参照系后结果不一致的现象并不罕见,但由于人们存在着一种"统一性"的评价倾向,因而评价者可能会对信息进行扭曲或重新排列以减少/消除这种不一致(Freedman et al.,1981,p. 89),卡巴玛塔 5T 黑帮越南成员的犯罪行为被以偏概全成对越南(甚至亚洲)群体的刻板印象就是最好印证。除却对"主流参照系"的应用外,人们定义世界的另一方式是以自身为参照基准,即将自身作为世界围之旋转的轴心,在与他人关系中定义自己与世界。因此,人们通过脱离他人来获得认同感(无论是个体个性还是群体团结)。正如梵·迪克观察到的:

> 人们根据所谓的"社会准则",也就是群体内的基本目标、准则和价值观来批判其他群体。如果某个外群体(被认为)具有与群体内原则不兼容的属性,那将会得到负面评价。换言之,偏见态度实则是对区隔和分类的根本("原则性")否定。

> (van Dijk,1987,p. 197)

基于此,白人主体会将非白人少数族裔进行区隔并给予负面评价,促使产生积极的"我们"和消极的"他者"间的两极分化。这种对立心态不仅是社会某些阶层所遭受的"社会问题"或弊病,也是一种重要甚至是必要的社会心理结构,支撑着历史和经济力量塑造下的澳大利亚社会权力结构。在此脉络下,诸多刻板印象或"概化"行为甚至可以被视为是对"社会共同精神家园"的构建(Fowler,1991,p. 17)。

澳大利亚的社会政治条件(尤其是"移民政治")也应纳入考量,它为理解生活在澳大利亚的少数族裔(尤其是越南移民)的边缘化问题提供了一个社会政治框架。此处的"移民政治"指的是澳大利亚接受第一批越南移民的政治环境,以及迅速增长的越南移民人口如何对澳大利亚的社会、经济和政治产生影响。

在异国他乡中扎根并非易事,除基本的生计问题外,新移民们还必须努力应对文化错位、前路未知和沟通障碍等问题,这些困扰不仅严重限制了他们接受教育和就业的可能,也加剧了一种孤独感和疏离感(Barnes,1995)。对一些人而言(尤其是儿童),这种心理创伤是永久性的。尽管他们中的大多数人比其他移民群体更容易获得澳大利亚公民身份(Coughlan,1992),但真正融入澳大利亚主流社会仍然是一项艰巨的挑战。斯里坎特·萨朗吉(Srikant Sarangi)在研究进入英国的亚洲移民时发现,少数族裔成员经常援引他们自身遭遇种族歧视的经历以进行"积极的自我呈现"和"消极的他者呈现"(Sarangi,1996)。而这种经历的明确表达,间接强化了社会层面上关于文化/种族的思维定势,使得新移民先入为主地产生一种对遭遇主要族裔群体歧视的恐惧与焦虑。在这种意义上,正是对偏见或歧视的预期或感知维持了带有偏见的社会结构。对澳大利亚的主要族裔群体而言,他们必须接受长相、声音和行为方式与之截然不同的亚洲人的突然持续涌入,这并不容易。越南移民对澳大利亚的风土人情知之甚少,澳大利亚人对越南移民及其难民经历所造成的深刻影响亦不甚了解(Barnes,1995),因而就不难理解为何来自不同种族、语言背景、文化观念的族群间的相遇会产生一系列社会、经济和政治问题(如住房、就业、犯罪、公平和准入问题),以及因恐惧和猜疑而日渐扩大的族裔鸿沟(参见 Dunning，1982；Viviani，1984；Baker & Miller，1988；Hugo & Rivett，1991)。媒体在扩大这种族裔鸿沟方面发挥了重要作用，例如，在涉及越南人的报道中，媒体往往会高度渲染与越南人相关的犯罪活动(Coughlan，1992)。悉尼的媒体就多次将 5T 宣传为卡巴玛塔无可争议的大毒枭，将卡巴玛塔宣传为澳大利亚的海洛因之都。这种"宣传"吸引了更多罪犯与犯罪活动，使卡巴玛塔更加名副其实和臭名昭著。5T 和卡巴玛塔在一定意义上成为了"自我实现预言"的受害者。这并非在洗白部分越南移民的犯罪行为，也无意将责任归咎于媒体，而旨在将媒体对卡巴玛塔和 5T 的犯罪化置于一个社会政治框架内，以解释这种带着固有偏见的报道如何以及为何产生。

批判性话语分析的核心在于多维度与跨学科，因而费尔克拉夫和梵·迪克等学者的关切——精英阶层在媒体和其他公共领域用于制定、维持、合法化和再造社会(尤其是种族不平等)的话语策略——不可避免地会转向对那些长期占据统治地位并导致社会不平等的群体的政治批评(van Dijk，1993，pp. 252-253)。需要说明的是，话语与社会之间是一种辩证关系，媒体不仅是社会结构中的喉舌或哈贝马斯所说的"社会形态"，还具有独特的社会与政治枢纽属性，"是少数人与多数人对话"的桥梁(Bell，1991)。因此，媒体未必一定沦为强化和再现精英主导地位的工具，而是会有所抵抗与挑战。其中一种方法便是让更多少数族裔的声音和面孔在媒体上被听到和看到，使人们重新认识到澳大利亚是一个多元的，而非由白人(我们)和少数族裔(他者)组成的两极分化的社会。本质上来说，想要改变这种局面，就必须要了解正在发生的事情，才可能认识和揭示本研究的主题——权力再生产的话语策略。

附录 1：文本 1 的宏观结构分析

孩子们靠给郊区瘾君子供货赚取黑心钱 [标题]

斯图尔特·斯内尔(Stuart Snell)[署名]

[1] 在繁忙的卡巴玛塔火车站东门外，一位亚洲面孔的高个子青年说："你想要点啥？"[戏剧性对话(DD)/定位]

[2] "你有什么？"[DD]

[15] 帽了和石头是 小部分海洛因的别称，被认为是最难得到的毒品。他解释说，一粒海洛因的价格约为 400 美元。[解释]

[16] "我还能在哪里买到

[23] 一套用具包括两个带针头的注射器，两个消毒棉签，用于混合海洛因的两小瓶蒸馏水和一个塑料勺子。[解释]

[24] 许多街头毒贩穿

［3］"有35美元、40美元和50美元的石头"，他答道。［**DD**］

［4］"海洛因?"［**DD**］

［5］"是啊!"他脸上带着一种怀疑的神情道。［**DD**］

［6］紧接着，其他五位亚洲面孔的青年，包括两名女孩，开始接近他们。

［7］"那你到底要不要?"［**DD**］

［8］"我考虑一下。"［**DD**］

［9］谈话发生时，数十人正在卡巴玛塔两个站台的斜坡上穿行。［**定位**］

［10］现在是下午6点，许多交易都是在几秒钟内公开进行的。［**定位/导语**］

［11］对于通勤者来说，现在是高峰时段，而卡巴玛塔则获得了"海洛因快车"的新绰号。［**导语**］

［12］一位自称16岁，但看上去和听起来像是13岁左右的男性青年闲逛着并开始卖力推销。［**事件的评价性报道(EE)**］

［13］他正在为年纪较大、个子较高的年轻人做一些跑腿的工作，他们手里拿着大量用棉线包着的帽子。［**事件**］

它?"［**DD**］

［17］"这附近的任何地方都可以，"他说，这证实了此前一位学生雇员所说的话。［**DD**］

［18］尽管车站的两名警察拒绝交谈，因为"我们才刚开始在这里工作"，但那位城市铁路工人知道所有该去的地方。［**言语反应**］

［19］在卡巴玛塔，几乎任何时间都可以买到海洛因的主要地点有四个：布鲁姆菲尔德街(Broomfield)的星尘酒店外；布鲁姆菲尔德街的车站东部入口；约翰街(John)的TAB办公室外；或中央公园路购物中心附近的任何地方，尤其是在BKK购物中心附近。［**解释**］

［20］成群结队的青年，其中许多人来自东南亚，不断在这些区域游荡，肆无忌惮地招揽生意。［**评论**］

［21］交易在繁忙的人群中公开进行，这里是位于卡巴玛塔中心的悉尼最大的越南人社区。［**评论**］

［22］和大多数药房一样，西侧站点的注射器套件售价4美元。［**解释**］

着宽松的运动裤和运动衫。［**定位**］

［25］剥南瓜籽吃是许多毒贩和吸毒者最喜欢的消遣。布鲁姆菲尔德街车站入口外的地面上到处是瓜子壳。［**定位**］

［26］"警察呢?""你不担心他们吗?"［**DD**］

［27］这个16岁青年视线从手中的南瓜籽离开向上看，激动地回答道："我上周刚从明达(少年管教所)出来。"［**DD**］

［28］"我们只是从那里避开了"［**DD**］

［29］"你为什么这么做?""这很冒险，不是吗?"［**DD**］

［30］他毫不犹豫地回答："为了钱，伙计。"［**DD**］

［31］他承认，正是金钱驱使他出售一种容易上瘾、极具破坏性的毒品。他说，去明达就像一次郊游。［**言语反应**］

［32］警方于18:30抵达。那帮青年四散离去。［**EE**］

［33］在星尘酒店100米外有更多人正在交易毒品。［**EE**］

[14] "这真的是好东西。你可以花 30 美元买到帽子",他说。[DD]

[34] 20 分钟后警察离开,毒贩重新开始交易。[EE]

附录2：文本 2 的宏观结构分析

抓住你了……警方在海洛因斗争中进行反击[标题]

菲利普·康福德(Philip Cornford)[署名]

[1] 警方在卡巴玛塔街头的斗争中取得了戏剧性逆转。在那里,这个早熟而暴力的 5T 黑帮掌控着澳大利亚最繁忙的海洛因市场。[导语]

[2] 该黑帮对街头交易的残暴控制因警方对卧底警察的"游击战"策略的使用而遭受重创。[导语]

[3] 一年前,有些 5T 毒贩只有 12 岁却肆无忌惮地贩毒。在游击战中,年轻的越南黑帮成员掌握了人手和策略,而正当的法律程序似乎也对他们有利。[背景]

[4] 现在,轻蔑已被谨慎甚至是恐惧所取代。虽然海洛因仍在销售,(毒贩们)仍在逃亡,但他们受到了来自科尔兹福特和莫雷尔特遣部队的打击,这些部队在毫无征兆的情况下

[6] 在 8 月和 9 月,这两个最成功的月份中,警方提出了 300 多项与海洛因有关的指控,其中大部分来自与科尔兹福特和莫雷尔特遣部队的联合行动。这些组织由缉毒局、西北地区打击犯罪小组、澳大利亚联邦警察和卡巴玛塔警方的小队组成。[事件]

[7] 警方计划每月进行三次大规模行动。此外,非定期地计划在今年年底前再进行 13 次军事行动,毒贩们无法知道下一次袭击会在什么时候发生。[事件]

[8] 警方的策略使得法庭的审判结果出现了逆转,95%的毒贩恳求(法庭)免去(他们的)罪行,法庭的定罪率为 97%。[结果]

[9] 一年前,几乎所有的毒贩都不认罪,不管证据对他们如何不利,这迫使

[10] 当他们是最脆弱的时候,这些成功重创了 5T,它的 40 名核心成员因领导权之争而四分五裂,导致了该黑帮头目 20 岁的特兰及其一名心腹在今年 8 月被杀。[背景]

[11] 一个敌对派系在上周末的开火(其中使用猎枪、自动步枪和手枪),结束了对三明·特兰为期 48 天的哀悼,并造成 8 人受伤。[背景]

[12] 这是一场警察已经做好准备的战斗。[评论]

[13] "我们已经加大赌注,将持续提高赌注,直到他们变得对卡巴玛塔感到厌倦为止,"巡逻指挥官杰夫·卡瓦纳说,"我们知道我们将会赢。"[言语反应]

实施的追捕,逐渐提高毒贩们交易海洛因的风险。

[主要事件]

[5]这个摇摆不定的事态终于发生变化,转向反对5T和它的街头武装。周三,警方突袭抓获了20名毒贩和瘾君子,过去9个月内抓获的人数达到700人,而去年全年仅有507人。[结果]

案件被移交到更高层法院。5T为他们的律师、保释金和家庭开销买单。卧底警察在秘密监视下用有标记的钱购买海洛因的做法提高了警方证据的质量,并使得犯罪分子更难逃脱指控。[背景/结果]

参考文献

Althusser, L. (1971). *Ideology and Ideological State Apparatuses: Lenin and Philosophy and Other Essays*. London: New Left Books.

Baker, L., & Miller, P. (Eds.). (1988). *The Economics of Immigration: Proceedings of a Conference at the Australian National University, 22 - 23, April 1987*. Canberra: Australian Government Publishing Service.

Barker, M. (1981). *The New Racism*. London: Junction Books.

Barnes, D. (1995, June 22). A Historical Overview of Vietnamese Settlement in Australia. A Presentation at the Twenty Years of Vietnamese Contribution Conference, Sydney.

Bell, A. (1991). *The Language of News Media*. Oxford: Blackwell.

Brookes, H. J. (1995). Suit, tie and a touch of juju - the Ideological Construction of Africa: A Critical Discourse Analysis of News on Africa in the British Press'. *Discourse & Society*, 6 (4), 461 - 494.

Coughlan, J. E. (1992). Patterns of Settlement in Australia of Indochinese Refugees. In C. Inglis, S. Gunasekaran, G. Sullivan, & C. Wu (Eds.), *Asians in Australia: The Dynamics of Migration and Settlement*. Singapore: Institute of South East Asian Studies.

Dunning, B. B. (1982). *A Systematic Survey of the Social, Psychological and Economic Adaptation of Vietnamese Refugees Representing Five Entry Cohorts, 1975—1979*. Washington, DC: Bureau of Social Science Research.

Fairclough, N. (1989). *Language and Power*. London: Longman.

Fairclough, N. (1992). *Discourse and Social Change*. Cambridge: Polity Press.

Fairclough, N. (1995). *Critical Discourse Analysis*. London: Longman.

Foucault, M. (1972). *Archaeology of Knowledge*. London: Tavistock Publications.

Fowler, R. (1991). *Language in the News: Discourse and Ideology in the Press*. London: Routledge.

Fowler, R., Hodge, R., Kress, G., & Trew, T. (1979) *Language and Control*. London: Routledge and Kegan Paul.

Freedman, J. L., Sears, D. O., & Carlsmith, J. M. (1981). *Social Psychology* (4th ed.). Englewood Cliffs, NJ.: Prentice-Hall.

Gramsci, A. (1971). *Selections from the Prison Notebooks* (Q. Hoare, & G. N. Smith, Eds. & Trans.). London: Lawrence and Wishart.

Habermas, J. (1984). *The Theory of Communicative Action* (Vol. 1, T. McCarthy, Trans.). Boston: Beacon Press.

Halliday, M. A. K. (1994). *Introduction to Functional Grammar* (2nd ed.). London: Edward Arnold.

Hartmann, P., & Husband, C. (1974). Racism and the Mass Media. London: Davis-Poynter.

Hoey, M. (1991). *Patterns of Lexis in Text*. Oxford: Oxford University Press.

Hugo, G., & Rivett, K. (1991). Review of Some Socio-economic Consequences of Refugee and Humanitarian Migration to Australia. *The National Population Council's Refugee Review* (Vol. 2, *Commissioned Reports*). Canberra: National Population Council.

Iwamoto, N. (1995). The Analysis of Wartime Reporting, Patterns of Transitivity. *Edinburgh Working Papers in Applied Linguistics*, 6, 58 - 68.

Jakubowicz, A., & Goodall, H. (Eds.). (1994). *Racism, Ethnicity and the Media*. Australia: Allen and Unwin.

Kress, G., & Hodge, R. (1979). *Language as Ideology*. London: Routledge & Kegan Paul.

Labov, W., & Waletzky, J. (1967). Narrative Analysis: Oral Versions of Personal Experience. In J. Helm (Ed.), *Essays on the Verbal and Visual Arts: Proceedings of the 1966 Annual Spring Meeting of the American Ethnological Society* (pp. 12 - 44). Seattle: University of Washington Press.

Pecheux, M. (1982). *Language, Semantics and Ideology: Stating the Obvious* (H. Nagpal, Trans.). London: Macmillan.

Sarangi, S. (1996). Conflation of Institutional and Cultural Stereotyping in Asian Migrants' Discourse. *Discourse & Society*, 7(3), 359 - 387.

Sinclair, J., & Coulthard, M. (1975). *Towards an Analysis of Discourse*. Oxford: Oxford University Press.

Stubbs, M. (1983). *Discourse Analysis*. Oxford: Blackwell.

van Dijk, T. (1984). *Prejudice in Discourse*. Amsterdam: John Benjamins.

van Dijk, T. (1987). *Communicating Racism*. Newbury Park, CA: Sage.

van Dijk, T. (1988). *News as Discourse*. Hillsdale, NJ: Erlbaum.

van Dijk, T. (1991). *Racism and the Press*. London: Routledge.

van Dijk, T. (1993). Principles of Critical Discourse Analysis. *Discourse & Society*, 4, 249 - 283.

van Dijk, T. (1996). Discourse, Power and Access. In C. R. Caldas-Coulthard, & M. Coulthard (Eds.), *Texts and Practices: Readings in Critical Discourse Analysis* (pp. 84 - 104). London: Routledge.

van Dijk，T. (In press). New(s) Racism：A Discourse. *Ethnic Minorities and the Media*.

Viviani，N. (1984). *The Long Journey：Vietnamese Migration and Settlement in Australia*. Carlton：Melbourne University Press.

Widdowson，H. (1978). *Teaching Language as Communication*. Oxford：Oxford University Press.

第六章
案例研究法

案例研究法及其价值[①]

（*What is a Case Study and What is it Good for*）

约翰·吉尔林（John Gerring）

一、引言

在政治学领域，关于案例研究（case study）的争议长期存在。一方面，方法论学者通常对案例研究法持有极其谨慎的态度（Achen & Snidal，1989；King，Keohane & Verba，1994；Lieberson，1992，1994；Njolstad，1990）。那些聚焦于普遍现象中个例的研究，往往会被描述为纯粹的个案研究。另一方面，在该领域不断涌现出大量案例研究，其中许多已成为殿堂级的经典之作（Allen，1965；Allison，1971；Dahl，1961；Johnson，1983；Kaufman，1960；Lazarsfeld，Berelson & Gaudet，1948；Lijphart，1968；Pressman & Wildavsky，1973）。从近期的学术成果上看，可以认为案例研究法仍极具吸引力，甚至对在传统上与这种研究风格无关的研究者而言亦是如此，如政治经济学家和倾向于量化分析的政治学家（Acemoglu，Johnson & Robinson，2003；Bates et al.，1998；Rodrik，2003）。若以实践为评判标准，案例研究法的地位似乎是牢固的，甚至是蓬勃发展的。

这就出现了一个悖论：虽然我们对经验世界的了解大多来源于案例研究，且这一方法对政治学这一学科成果产出具有重要价值，但案例研究法本身却受到了忽视。案例研究似乎陷入了一个奇怪的、不确定的方法困境：即使案例研究法的捍卫者，面对这种模棱两可的研究设计存在的优劣势，也会感到困惑；即使实践者仍在开展工作，在方法论上却难以阐明他们在做什么。

① 文章来源：Gerring, J. (2004). What is a case study and what is it good for? *American Political Science Review*, 98(2), 341-354.

对于案例研究法在"对政治学的显著贡献"和其"在学科内饱受诟病的情况"间明显存在的矛盾,我们应如何理解? 如果它在方法论上存在瑕疵,那又为何仍然存在?

本文由两部分构成。第一部分侧重于阐述定义。从方法论的角度出发,本文认为"案例研究"应当被定义为"对单一单位(single unit)的深入研究,学者们能借此解释更广泛的单位集的特征"。研究表明,案例研究依赖于非案例研究中经常使用的同类型协变证据(covariational evidence)。因此,案例研究法可以被看作给案例下定义的一种特定方法,而非分析案例或建立因果关系模型的方法。这种理解折射出案例研究在某种程度上固有的、持续存在的模糊性。第二部分主要探究了案例研究和非案例研究之间的差异,这种差异并非是一组对待经验世界的对立方法,而是两者特有的优势和劣势。以"权衡"而非"二元对立"的视角看待案例研究和非案例研究,是当下两者之辩的关切所在。

二、什么是案例研究

什么是案例研究,它与其他研究方法有何区别? "案例研究"这一术语的定义极为混乱。把某研究称作"案例研究"可能表示:① 其方法是质化的,小样本量的(small-N)(Yin, 1994);② 它是有关民族志、临床学、参与式观察,或者"田野"的研究(Yin, 1994);③ 它的特征是过程追踪(process-tracing)(George & Bennett, 2004);④ 它研究的是单一案例的属性(Campbell & Stanley, 1963, p. 7; Eckstein, 1992);⑤ 它的研究对象是单一"现象"(phenomenon)"事例"(instance)或"典例"(example)。显然,研究者在谈及案例研究时会联想到很多内容(Brady & Collier, 2004; Campbell, 1988; Davidson & Costello, 1969; Feagin, Orum & Sjoberg, 1991; George, 1979; McKeown, 1999; Ragin, 1987, 1997; Ragin & Becker, 1992,以及《当代社会学》[Current Sociology]第40卷第1期[1992年春季]的研讨会"社会学中的案例研究方法")。由于案例研究的意义多元丰富,其支持者和反对者对此展开了广泛讨论,然而,与几十年前这场辩论刚刚兴起时相比,现在讨论仍未达成共识。

那么,该如何理解案例研究呢? 上面列举的前三种选项(①—③)似乎都不适合作为这个方法的一般定义,因为每个选项都意味着相对于既定用法的意义上的重大转变。人们不能忽视在转译过程中出现遗漏的可能性,径直采用案例研究来代替质化研究、民族志研究或过程追踪。我们最好将这些定义理解为在描述特定类型(子类型)的案例研究,而不是笼统的现象本身。第四种选项④将案例研究等同于单一案例的研究,即 N=1 的研究设计。但正如下文所论述的,这一认知完全错误,案例研究采用的案例往往不止一个。第五种选项⑤以"现象""事例"或"典例"为关键术语,就其本身意义而言是正确的,但也存有歧义。试想询问某人"你的事例是什么"或"你的现象是什么",这往往并不妥帖。案例研究假定了一个相对有界的现象,上述术语并未捕捉到这一隐含意义。

　　为替代上述有瑕疵的定义,本文提出将"案例研究"定义为"对单一单位进行的深入研究,以便理解更庞大的(相似)单位集"。在此,"单位"指的是在某一时间点或限定时期内被观察到的、有空间界限的现象,例如民族—国家、革命、政党、选举或个人。单位的时间界限可能不会被明确指出,但至少会隐含其中。①

　　若要阐明定义,必须在庞杂的语义场中确定案例研究与其他术语间的关系。以下是一组相互嵌套的定义——"总体"(population)由"样本"(sample)和未研究的案例组成;一个样本由多个"单位"组成,这些在离散时间点内观察到的单位包含了多个案例;一个案例由几个相关的维度("变量"[variable])组成,每个维度都基于一次或多次观察。对于那些可以熟练掌握数据集矩形形式(rectangular form of a dataset)的研究者而言,可以将"观察"概念化为"单元格"(cell),将"变量"概念化为"列",将"案例"概念化为"行",将"单位"概念化为"一组案例"或是"独立个案"(取决于命题和分析)。

　　重要的是,所有这些术语只有根据特定命题和相应研究设计才可被界定。例如,一个国家可以作为一个个案、一个单位、一个总体或一个案例研究,这取决于研究者的关注点是什么。在典型的跨国时间序列回归分析中(Przeworski et al.,2000),"单位"指的是"国家","案例"指的是"国家—年份(某一年的某一国家)",研究者根据一系列变量来对每个案例进行"观察"。然而,命题分析单位的变化,会改变语义场中所有术语的指涉意义。例如,如果分析单位下移一个层次,那么新总体就会包含于旧总体,新样本包含于旧样本,以此类推,这样,原命题中的"观察"就变成了"案例"。"总体""单位""案例"和"观察"之间相互嵌套,且由于大多数社会科学研究发生在多个分析层次上,因此这些术语一般是通用的。在单一命题的语境中(该命题明确定义了基本分析单位),它们同样也具有不同的含义。

　　这个较为新颖的案例研究定义(为理解更广泛的单位集而对单一单位进行

①　对"单位"一词的相似理解参见其他人的研究(例见 King,Keohane & Verba 1994,pp. 76-77)。

的深入研究)并不能完全取代案例研究的常用定义。事实上,依旧可以沿用前文提及的对案例研究的多种定义(选项①—⑤)。当出现方法论混乱的情况时,一个更聚焦、清晰的定义将有助于应对这种混乱。此外,这一定义也涵盖了其他现有定义的基本特征,可以与其他定义产生共鸣(Gerring,2001,chap. 3)。正如下文所示,它阐明了政治学和社会科学相关领域中某一类研究的独特性,这在理论层面上是有价值的。

1. 作为经验的案例研究法

将案例研究置于更广阔的方法论选项中,有助于更清晰地理解这种独特性。要更好理解案例研究是什么,就必须理解它不是什么。

涉及因果关系的经验证据本质上是协变的(covariational)。一个所谓的因果关系必须是协变的,即同时出现或消失,同增同减,以及同时或在某种规律性、较为可预测的间隔内进行某种协变。即使这种协变是想象出来的,如反事实思想(counterfactual thought)实验,其证据也必须是协变的一种。相反,缺乏这种协变性则证据不成立。如果 X 和 Y 的出现与消失(增强/减弱等)没有任何可以合理解释其关联的方式,也没有因此被预测或事后被推测,那么经验证据就表明两者之间并不存在因果关系。①

这为分类各种研究设计提供了一种有用的方法。如表 1 所示,可以观察到如下变化:① 单一单位的历时性(diachronically)变化;② 单一单位内的共时性(synchronically)变化;③ 单一单位内的历时性变化;④ 跨单位的共时性变化;⑤ 跨单位的共时性和历时性变化;⑥ 跨单位和单位内的共时性变化;⑦ 跨单位和单位内的共时性与历时性变化。

案例研究占据了以下三种可能的单元格的一种:案例研究 I 只考察了单一单位的历时性变化,因此保留了分析的基本单位;其他案例研究则是将这一基本单位分解为子单位,然后对其进行协变分析,包括共时性分析(案例研究 II),以及兼具共时性与历时性的分析(案例研究 III)。这是对单一单位进行深入研究的三种逻辑取向,其中单位被视为某些更广泛现象的事例。因此,在提及案例研究方法时,实际指涉的是三种可能的方法,每种方法都有不同的协变证据路径。

---

① 请注意,协变(或相关)指的是 X 和 Y 间的相互关系;变化是指单一变量的行为。这些词经常互换使用。大卫·休谟(David Hume)将其称为恒常会合(constant conjunction)。此处需澄清,虽然因果论证的经验成分在本质上是协变的,但成功的因果论证不仅仅依赖于协变,令人信服的因果解释还必须能够确定其因果机制(见下文)。

表1的下半部分是跨单位的研究设计,其中一些重要的经验分析元素涉及跨单位的比较,在此,我将列出这些研究设计中最常见的方法。无显性时间要素的跨单位分析通常被归类为④"截面分析"(cross-sectional),尽管研究者通常使用假定先于因变量的自变量来模拟时间要素。当包含时间要素时,通常称其为⑤"时间序列截面分析"(TSCS,time-series cross-sectional)或"混合时间序列分析"(pooled time-series);当同一研究设计中同时考察跨单位和单位内的变化时,我们称之为使用了⑥"分层分析"(hierarchical);最后,当所有协变形式都被纳入一个研究设计时,针对量化研究的结论分析方法被描述为⑦"分层时间序列"(hierarchical time-series),针对质化研究的结论分析方法则被描述为⑧"比较历史"(comparative historical);在所有跨单位研究设计中,案例研究更接近于质化研究的分析方法(比较历史分析)——在这种设计中,分析层次的高低变化几乎是同时的,且只有少量单位需要进行深入研究。事实上,可以将"比较历史"分析视作与"明确的跨单位分析"相结合的一系列案例研究(Mahoney & Rueschemeyer,2003)。

表1 研究设计:协变类型

		时 间 变 化	
		无	有
空间变化	默认值(一个单位)	[逻辑上不成立]	① 案例研究Ⅰ
	单位内	② 案例研究Ⅱ	③ 案例研究Ⅲ
	跨单位	④ 截面分析	⑤ 时间序列截面分析
	跨单位和单位内	⑥ 分层分析	⑦ 分层时间序列/比较历史

将标准的跨单位研究设计归为协变类型后,还必须注意到这些方法中的任何一种都可以被运用在案例研究中。案例研究可能会采用"截面分析""时间序列截面分析""分层分析"和"分层时间序列"(或是"比较历史"分析),这完全取决于所讨论的命题。具体而言,分析目的和单位定义决定了它们能否被称为"案例研究"。随着研究的深入,这一点将更加明确。

2. 样本量问题

案例研究法与其他方法的区别在于,它既依赖于单一单位所证明的协变,又试图揭示更广泛单位集的特征。由此可知,案例研究采用的案例样本量(N)可大可小,故可用质化研究或量化研究的方式进行评估。[①]

为理解其中深意,我们将以"法国大革命"为例来思考单一事件的案例研究是如何进行的。人们在直觉上认为该研究中样本量 N＝1(法国)。如果要扩大分析范围以涵盖另一场革命,如美国独立战争,通常会将此研究描述为包含两个案例。然而,正如本文最初提到的,这是对真实情况的严重扭曲——更准确的描述应是该研究包含两个"单位"而非两个"案例",因为考察单一事件的案例研究通常是在一段时间内进行的。在上述研究中则需要对在事件发生前、发生时和发生后的法国进行观察,以了解灾难性事件发生后法国的变化与不变。这些协变模式为得出因果关系结论提供了经验线索;此外,单一单位也可以产生多个案例,如在案例研究 I 中,样本量 N 至少有 2 个(革命前与革命后)。

相反,如果没有时间变化,例如,在一个特定时间点内考察法国大革命——那么研究对象将是该单位内的协变模式,即案例研究 II。单位内案例包括较研究推论而言处于较低分析层级的所有案例。如果主要分析单位是民族—国家,那么就可以从省份、地区、团体或个人来构建单位内案例;从原则上来看,单位内分析具有无限可能性。实际上,单位内的样本量通常大于跨单位的样本量,尤其是涉及"个体"作为相关单位内案例的情况。同样单一的全国性调查产生的样本量将比任何跨国分析的样本量更大。因此,在许多情况下,案例研究 II 会比"截面分析"或"时间序列截面分析"涵盖更大的样本量。

显而易见,如果一个案例研究结合了时间和单位内的变化,如案例研究 III,那么其潜在样本量 N 也会相应增加,这可能是最常见的案例研究分析类型。

无论方法是否具有实验性,这些协变事实都成立。反事实推理(counterfactual reasoning)也是如此,它通常由 4 个案例组成:真实发生情况的事前案例、真实发生情况的事后案例、通过反事实比较(counterfactual comparison,即想象干预)重构的事前案例和通过反事实比较重构的事后案例。简言之,案例研究并不排除大样本量 N(high-N),只是根据定义排除了跨单位的样本量 N(cross-unit N)。

那么,困扰着世界各地社会学家的经典"N＝1"式研究设计到底是什么? 这一假设的研究设计占据了表 1 中的空白单元格,因为它代表了一种在逻辑上不可行的研究设计。如果没有添加单位内案例,在单一时间点观察到的单一单位就不能为因果命题提供任何证据。若人们试图凭直觉从没有单位内协变的单一

---

① 本节将解释并详细阐述唐纳德·坎贝尔(Donald Campbell)提出的观点(Campbell, 1988),其本身也是对坎贝尔早期观点的修正(Campbell & Stanley, 1963)。

案例中寻找因果关系,那么他们将陷于真正的随机操作,因为通过这一个数据点可以绘制出无数条线索。

3. 模糊之处:必然与否

此处旨在阐明案例研究的含义:案例研究是指对单一单位进行的深入研究,从而解释更广泛单位集的一种研究方法。虽然该定义并没有解决案例研究设计中的所有模糊之处,但它确为理解那些仍存在的歧义提供了一种路径。需要强调以下五点。

第一个模糊之处涉及区分不同类型协变证据的问题。案例研究包括对单一单位的历时性研究(类型Ⅰ)、单位内的共时性差异研究(类型Ⅱ)或兼具历时性与共时性的单位内差异研究(类型Ⅲ)。类型Ⅱ和类型Ⅲ均涉及分析层级的变化,因为案例是从主要单位(如感兴趣的命题)的现象中选取的。故而,部分案例研究会涉及主要分析单位的变化。复杂的是,案例研究经常会将一段时间内对主要单位的观察(类型Ⅰ)与对单位内协变的共时性和历时性观察(类型Ⅱ和类型Ⅲ)相结合。因此,许多案例研究将这三种研究设计相结合。另一种复杂性表现在,研究者通常难以弄清在特定时刻采用的是哪一种协变证据,这与单位内分析的复杂性相关。虽然主要分析单位通常是明确的,但单位内的案例往往多样且模糊。

第二个模糊之处是,案例研究中深入研究的单位和其他相邻单位间的界限模糊不清。这些相邻单位可能会以结构化程度较低的方式被纳入分析。案例研究观察的是一组相对于正在研究的单位而言更广泛的单位集,因此作者必须对这些单位有所了解,才能从中选出一个特定单位进行深入研究;进而确定合理的因果假设。案例研究并非无懈可击,额外的单位总是在研究背景中若隐若现。

区分"正式单位"和"非正式单位"对案例研究有所助益。正式单位是用于深入分析的单位,即作者有着深入了解的个人、团体、组织、县、地区、国家或其他有界限的现象。非正式单位包括以边缘方式纳入分析的其他所有单位,通常出现在引言或结论里。一般而言,对于这些非正式单位只能通过二手文献来研究,对它们的研究总是不如正式单位深入;有时,非正式单位的地位是隐含的,这种隐含地位只有在正式单位与其他单位之间呈现出显著的差异,或者(两者间的比较)被普遍接受时才显得更加合理。无论如何,正式单位和非正式单位之间的区别是一个程度问题,越是以一种平等的方式对待"边缘单位",研究就越倾向于形成跨单位的分析风格;单一单位的主导性越强,就越适合被称为个案研究。

当一项研究以一种正式的方式将单一单位和跨单位分析结合起来时,会出现第三种模糊之处。这种模糊之处存在于"比较历史"分析中,也存在于任何将深入研究的单位"嵌套"(nested)在更广泛研究设计里的分析中(Coppedge,2002;Lieberman,2003)。事实上,单一单位与样本(旨在阐明某些更普遍现象的特征)间的唯一区别是后者通常被认为由多个单位组成。与样本研究一样,案例研究也试图以与研究命题相关的所有方式来表征案例总体。因此,研究者们可以将一系列案例研究称为样本,这是重点和程度的问题。拥有越多的案例,对每个案例的研究深度就越低;对其在更广泛总体中的代表性越有信心,就越有可能将它们视作样本,而非一系列案例研究。

第四个模糊之处是,人们会忽略案例研究通常包含两个经验世界。案例研究既是关于独立事物的研究,也是对更普遍事物的研究。作为一项独立的研究,总体受限于所研究的单位;而作为案例研究,总体则包括相邻单位,并可能是数量众多的单位。这种矛盾在格雷厄姆·艾利森(Graham Allison)的著作中显而易见,其副标题"还原古巴导弹危机的真相"(*Explaining the Cuban Missile Crisis*)仅涉及一个较为狭窄的主题,而其书名《决策的本质》(*Essence of Decision*)则指向"政府决策"这个更大的主题。更复杂的是,同一研究中的不同命题通常适用于不同的总体,有些命题可能局限于所分析的单位,有些命题则范围更广。这在艾利森的研究中十分明显,其引言中也明确指出了这一点(Allison,1971)。

令问题更加复杂的是,一项研究的地位会随着学术共同体对它的理解和应用而发生变化。"元分析"(meta-analyses)是将独立研究的结果整合为单一量化分析的系统性尝试,即将每项研究中提取的独立个案汇集成单一数据集(有各种权重和限制);更常见的文献综述的目标与之相同,只是方式较为笼统。统计性的元分析和叙述性的文献综述都吸收了一系列研究,并视它们为更大课题中的案例研究——无论是否符合原作者的本意。

第五个模糊之处涉及案例研究的目的。案例研究旨在证明或论证。有类案例研究是在特定情境中研究那些定义宽泛的一般性主题,如战争、革命和两性关系,但并未提供可以应用于更大单位的具体命题。爱德华·帕尔马·汤普森(Edward Palmer Thompson)的《英国工人阶级的形成》(*The Making of the English Working Class*,1963)通常被看作一个关于阶级形成的案例研究,其广阔的视野或许适用于所有现代国家。然而,除了工人阶级参与其自身发展这一模糊概念外,汤普森并没有提出关于阶级形成的具体理论;因此,他的研究也可以被理解为更普遍现象如何在国家情境下发生的研究。事实上,只要能将一个关键词(如阶级形成)与某个更大的主题联系起来,任何一个针对相对有界主题的深入研究或多或少都可被称为案例研究,最狭窄的领域有时可以获得最广泛的延伸——对某场战争的研究就是对战争的研究,对某个农村社区的研究就是对各地农村社区的研究,对个人的研究就是对人类的研究等。

　　本杰明·雷利(Benjamin Reilly)关于选举制度在种族分裂社会中作用的研究,则采用了一种截然不同的论证风格(Reilly,2001)。基于几项研究案例,雷利认为相对于简单多数投票制(FPP,first-past-the-post),单一可转移投票制(STV,single-transferable-vote)对群体冲突具有调节作用。这是案例研究中的一个优秀范例,颇具启发性(其他案例参见 Eaton,2002;Elman,1997;Lijphart,1968;Stratmann & Baur,2002)。"具有启发性"和"可证伪性"的论证都可以被称为案例研究,但它们的方法论含义大相径庭,不能和案例研究的形式(解释主义模式和实证主义模式)混为一谈。[①]

　　在阐明案例研究中的几处模糊后,我们不禁要问:这些模糊的存在是否必然?这是研究设计中固有的,还是可以避免的?

　　在许多情况下,通过更严谨地关注研究的规范性可以消除其中的模糊之处(Gerring,2001,pp. 90 - 99)。作者应该清楚哪些命题旨在描述所研究的单位,哪些命题适用于更普遍的问题。遗憾的是,许多研究聚焦于美国政治的某些要素,并将其分析框架设计为对政治的研究——暗示着存在一般性的普遍政治。人们可能会问:这项研究只涉及美国政治,还是涉及当代政治?抑或在不同程度上同时涉及两者?的确,在理解单一单位分析时,研究和案例研究间的模糊是我们遇到问题的主要原因。在一定程度上,只要命题及与之相关的案例、单位和总体被清晰表述出来,作者就能避免混淆,研究的可证伪度也就更高。这需要舍弃一些叙述上的流畅性,却是走进社会科学的"入场券"。

　　事实上,案例研究本身就存在一定程度的模糊性。上述几个模糊之处并非完全由于案例研究实践者的草率或对细节的过分关注,这主要与研究和案例研究间的差异相关。

　　由于已经探讨过的原因,研究者很难进行不兼具案例研究功能的单一单位研究,反之亦然。事实上,将一部作品中的"研究"和"案例研究"进行明确区分可

---

① 译者注:出于译文需要,本节有改动。

能极为困难,例如,分成不同章节,标注不同的命题。导致这种结构模糊的原因是,单一单位研究的效用部分取决于其双重功能:人们既想了解该单位的特殊性,也想了解其一般性。需要注意的是,案例研究往往涉及的是此前知之甚少或既有知识结构存在根本性缺陷的主题,通常体现为某些原创研究。事实上,案例研究法的一个主要优点就是提供一个深入研究单一单位的机会。如果研究者只限于关注单位中具有普遍性特征的要素,即严格按照"案例研究"的分析模式,读者对此有所抱怨也在情理之中。这种严谨的分析模式或许可以厘清主要推论的总体,但也会造成学术资源的极大浪费。试想一下,在一项以毛里求斯为案例研究重点的关于经济增长的研究中,除非问题明确适用于其他国家(因为这是对"增长"这一更普遍现象的案例研究),否则绝不涉及其中"因果",也绝不提及毛里求斯的特有因素,所有的专有名词都被转换为普通名词(Przeworski & Teune,1970)。这样的研究可能过于狭隘,其结论将存在误导性。

人们通常难以辨别在一个给定单位的众多特征中,哪些是更大单位集的典型特征,哪些是该单位的特有特征。弄清这种模糊性的权宜之计是列出所有可能相关的事实与假设。简言之,就是尽可能地详细描述。典型的案例研究提供的许多细节甚至可以被视为田野笔记,可能对未来或不同研究领域的研究者有用——或许他们考虑的是一套差异极大的推论,在案例研究中兼顾单位本身和某类更广泛的单位集这两个层面也就具备了合法性。

总体而言,使用"详尽描述"这一方法意味着对细节的深究,但其结果往往是"只见树木不见森林"。通常,单一研究可能会与案例研究相结合,单一单位研究会结合样本研究,纵向研究会结合截面研究,非正式案例会结合正式案例……在设计上看似完全不同的方法,却可能在付诸实践时相互结合,很少有纯粹的方法——这也许是一件好事,在研究设计中,"纯粹"并非必然要求。

三、案例研究的价值

事实证明,案例研究和研究间的区别不甚明晰。案例研究最好被视为一种理想类型,而不是一种具有硬性规定的方法,尽管边界并不清晰,但其依然具有鲜明的特点。

与所有研究设计一样,如果将案例研究视为一种理想类型,那么相对于跨单位分析的同类研究设计而言,案例研究将表现出特有的优劣势。这些则涉及所考虑的推论类型(描述性或因果性)、命题范围(深度、广度和界域)、案例之间及样本和总体间的单位同质程度、期望的因果洞见(因果效应或因果机制)、研究策略（探索性或验证性），以及可获得的经验证据类型等。表 2 总结了这 7 个维度，其中，本体论的预设也很重要，但其重要性较为模糊（见表 2）。

表 2　单一单位与跨单位研究设计：权衡和倾向

		倾　　　　向	
		案例研究	跨单位研究
1. 推论类型	(a) 描述性	+	
	(b) 因果性		+
2. 命题范围	(a) 深度	+	
	(b) 广度		+
	(c) 界域		+
3. 单位同质程度	(a) 案例可比性（内部）	+	
	(b) 代表性（外部）	+	
4. 因果洞见	(a) 因果机制	+	
	(b) 因果效应		+
5. 因果关系	(a) 不变性	+	
	(b) 概率性		+
6. 研究策略	(a) 探索性（理论生成）	+	
	(b) 验证性（理论验证）		+
7. 有效差异	(a) 针对单一单位	+	
	(b) 针对多个单位		+
8. 本体论		模糊	

必须强调的是，这些权衡代表了一种方法上的密切关系（affinities），但这并非是一成不变的法则，每一种普遍倾向都存在例外。多年来在许多子领域和学科中反复出现的、经常被指出的案例研究的优缺点，也并非是随机过程中的产物，普遍的模式意味着普遍的解释方式。

此外，每一种权衡都附带有"其他条件不变"（ceteris paribus）的限制。在其他条件相同的情况下，案例研究更有利于形成描述性推论。由于其他条件并非总是相同，如果未对该研究语境中的单一单位或跨单位选项进行斟酌，读者就不能对适用于特定情境的研究设计妄下结论。

最后，读者应注意到，虽然本文的案例源于比较政治学的分支领域，将民族—国家视为主要关注单位，但这些案例同样适用于其他单位或其他的研究情境。案例研究的问题并不局限于一个子领域。

1. 推论类型：描述性和因果性

尽管被低估，但描述性推论在社会科学中仍很重要（Gerring，2001，chap. 6；King，Keohane & Verba，1994，chap. 2）。因此，在方法论层面上，描述性推论和案例研究间存在联系绝非是对案例研究的贬低。在研究相关关系或近似因果关系时，采用案例研究的形式产生的问题可能较少，且通常信息量较大。事实上，在人类学、政治学和社会学等领域中，许多最负盛名的案例研究大多都以描述性推论为主（Fenno，1978；Hartz，1955；Lynd R. S. & Lynd H. M.，1956；Malinowski，1984；Whyte，1955）。那么，该如何理解描述性推论与案例研究间的联系？

在没有跨单位分析的情况下，概念类（what）和方式类（how）问题会比原因类（why）的问题更容易回答。最简单的描述性案例研究主张所研究的单位（A）与其他类似单位（B和C）相似或不相似；更复杂的描述性案例研究可能会对A、B和C之间的分类关系进行推断，从而使A与B和C类属于某种类型学关系。后者显然更复杂，可能需要一些明确的跨单位检验。然而，描述性推论不会对存在于A、B和C内部的因果关系（除最直接和明显的因果关系外）做出任何推论。就此意义而言，描述性推论在方法论上更简单。

可以肯定的是，描述性案例研究的命题隐含着比较性，这些比较必须基于一个跨单位的参考点，如"绿色"一词就隐含着"不是蓝色"的意义。但一般情况下，无须通过对假定"变化"进行研究就可以轻易地进行比较——人们不需要有关蓝色的案例就知道蓝色是什么。这说明了社会科学中描述性命题结构的一些重要特点，即它们通过语言（日常用语或术语及其定义）得以维系。在描述一种现象时，人们通常会将其与某种理想类型的定义进行比较，例如，如果有人认为美国政治文化是"自由主义"和"共和主义"，则是说美国的政治文化符合"自由"和"共和"这两个概念的标准定义（Smith，1997）。描述即分类，而分类就是用语言将世界划分为可识别的实体。在这种意义上，语言提供了对现象世界进行一致解释的"定律"（Sartori，1984）。经由规范性描述，椅子和桌子间的区别是可预料的；因此，使用规范性描述去概括某一种实体，便于人们在面对现实时提出新的见解——人们只需要利用这些规范性描述展开讨论，而不必每次都实际研究某一问题中的现象。①

① 诚然，跨单位验证可能是有用的，尤其是当所讨论的术语很宽泛或含糊不清时。例如，如果我们以美国政治文化为例来研究被认为是"自由主义"的更广泛政治文化类属，没有更大规模的民族—国家样本，就难以得出确切结论。即便如此，在没有跨单位参考点的情况下，描述这个主题仍比对其进行解释更容易。

应当明确的是,案例研究和描述性推论之间的关系并不否认通过案例研究进行因果分析的可能,许多经典案例皆是例证。事实上,本研究接下来的讨论主要涉及因果性质的命题,我的观点很简单——在案例研究的模式下,进行描述性研究会比研究因果命题更容易。

2. 命题范围:广度、界域与深度

案例研究的可变效用(variable utility),一定程度上取决于研究者希望证明或论证的因果推论范围。追求具有较高的广度和界域的推论通常需要跨单位案例,限于小单位集的因果推论最好基于单一单位研究。在广泛与深入之间进行权衡是一种常识。研究者倘若希望论证"民族—国家"这一整体,那么对多个"民族—国家"展开的研究将会提供更为可靠的依据。相较于提供有关世界的论证证据,针对法国的案例研究可能会为涉及欧洲的论证提供更具说服力的证据。命题广度和证据广度通常相辅相成,证据应与命题的范围相契合。

和其他表述一样,以上表述也有着"其他条件不变"的限制。单一单位研究可以通过多种可信的方式为广泛的因果命题提供证据,例如,选择具有代表性的案例或关键案例(Eckstein, 1992)。即便如此,范围较小的命题对于案例研究分析而言仍更为实用。因此,推论的广度是决定案例研究分析效用的众多因素之一。

以上相似,推论的界域通常与其利用跨单位差异的程度相关。正因为案例研究聚焦性强,所以其推论往往界限不清。我们可以清晰辨别出推论是否超出了所研究的范围,却难以辨别这个推论的延伸边界。跨单位研究受推论界域不清的影响则较小,因为研究设计允许人们以明确的方式检验推论的限度。当总体中的单位同样也构成被研究案例时,总体边界的清晰度——哪些是或不是由推论涵盖的——这一点也更容易明确。

同样,案例研究法的主要优点之一是分析深度较高。深度可被理解为"解释"所指涉的细节、丰富性、完整性、整体性或差异程度。案例研究者常抱怨跨单位分析的浅薄,却很少如此评价独立个案的研究。换言之,跨单位研究只能用于解释特定结果中的部分差异,或只能笼统地接近该结果。一项可以解释 A 国革命兴起原因的跨单位研究,未必可以详尽回答为何事件在特定时间以特定方式发生(革命的具体特征),这时就需要对其开展个案研究。

现在讨论的是,以格式塔(Gestalt)为导向、深层次研究的单一单位的优点。就目前而言,这一研究结论十分简单——研究设计总是面临一个选择,要么深而不博,要么博而不精。按照这些思路,案例研究法可能会受到欢迎,也可能会受到批评(Ragin，2000，p. 22)。

3. 单位同质性：案例的可比性和代表性

按照定义而言，单一单位研究的案例均来自同一单位，因此彼此间可以相互比较。而面对来自不同单位的案例时，研究者往往需要对所选案例的概念及其因果关系的可比性做出大胆假设。

案例研究的优与劣是相伴相随的。单一单位研究往往缺乏代表性，即单一单位所论证的因果关系在多大程度上可以应用于更广泛的未被研究的单位。罗伯特·莱恩(Robert Lane)选择的研究对象是典型美国劳工阶级的白人男性移民吗？(Lane，1962)中镇(Middletown)足以代表美国吗？(Lynd R. S. & Lynd H. M.，1956)

可比性和代表性之间的权衡是跨单位样本的普遍特征。当然，无论是案例研究还是非案例研究，都有多种方法能够应对可比性和代表性的相关问题。即便如此，需要证明的是，在研究设计中增加单位，对提高样本案例的可比性而言几乎毫无作用；同样，增加单位也不会削弱样本的代表性(尽管存在一定可能)。因此，与其他权衡一样，可将可比性和代表性间的权衡视为研究/案例研究中固有的考量因素。

4. 因果洞见：因果效应和因果机制

第四种权衡涉及因果关系的洞见问题，其经由研究 X 和 Y 关系的经验证据得以实现。传统上，量化研究者主要关注的是因果效应的估计：在考虑所有的背景因素后，X 的特定变化对 Y 的影响(King，Keohane & Verba，1994，pp. 81 - 82)，并基于统计误差项来估计这一因果效应的概率。假设因果关系本质上是概率性的(见下文讨论)，研究者必须检验这一现象(概率性的因果关系本质)的若干实例，以衡量 X 对 Y 的平均因果效应及变化的随机因素。因果效应的计算需要检验跨单位差异，某种程度上是因为单一单位的行为无法绝对指代其他单位的行为——单位间的表现可能有所不同。因此，即使通过迭代测试，单一单位的案例也未必能完美估计因果效应，更不用说完成概率估计的任务。

然而，因果论证不仅依赖于因果效应测量，它们还以确定因果机制为前提(Gerring，Forthcoming；Hedstrom & Swedberg，1998)。X 必须以合理的方式与 Y 相关联，否则，就无法认定协变模式是否真正具有实质性因果关系。当人们将关于世界的一般知识与关于 X 和 Y 如何相互联系的经验知识相结合时，因果机制就得以确定。在确定因果机制方面，案例研究具有相对优势。

如果构建得当，案例研究可以让人们窥见因果关系的黑箱，看到位于某些原因及其可能产生的效应之间的中间因素。理想情况下，它使人们得以看见 X 和

Y 之间的互动——就像休谟的台球穿过桌子撞击第二个球。克莱顿·罗伯茨
(Clayton Roberts)将"过程追踪"(process tracing)描述为"对解释性叙述的细微
追踪,使所要解释的事件微观化,所涵盖的规律相应地得以明确"(Roberts,
1996,p. 66;另见 George & Bennett,2004)。通常,在确定相关行为者的动机
之后就能发现推定的原因与结果间的联系。正如解释主义者长期以来主张的,
意向性(intentionality)是因果分析中不可或缺的一部分(Taylor,1970)。类似
地,对单一单位的研究有助于检验理论的因果关系,从而为因果论证提供确证。
这通常被称为模式匹配(pattern-matching)。在此,作者关注的理论"会对文化
中的其他诸多方面生成预测或期望,除非其中大多数都得到了验证,否则作者不
会保留该理论。在某种意义上,他通过来自任何一个理论的多重含义来测试该
理论的自由度"(Campbell,1988,p. 380)。

　　人们很容易理解为什么因果机制的研究(包括过程追踪和模式匹配)常与案
例研究的研究设计相关。单一单位研究具有随时间和单位内变化而进行证据收
集的特性,这使得对单一单位的深入分析有助于阐明因果机制,也有助于说明所
谓 X 与特定 Y 之间的联系。相较而言,跨单位变化通常不会涉及因果机制。自
变量 X 和因变量 Y 可能彼此相距甚远,人们无法知晓或者只能凭直觉猜想这些
"点"之间的联系。

　　需要注意的是,就因果机制而言,跨单位证据并非总是或必然是"无声"的,单
一单位分析在这一点上也并不总能启人心智。如果或只要出现以下情况,跨单位
分析就不甚清晰:① 自变量 X 和因变量 Y 之间的因果距离较远;② 介于 X 和 Y
之间的干预变量无法在跨单位研究设计中进行经验检验;③ 无法在常识或演绎推
理中直观看出 X 和 Y 的关系。在案例研究中存在着一种普遍观点,即跨单位研
究是一个没有观测孔的黑箱,因此,必须通过对关键单位的深入分析予以补充。
但事实并非总是如此,当下存在许多具有明确关系的研究,其中的案例研究却不
是必要的。实际上,许多研究是通过跨单位研究设计来调查干预变量的。① 需
要强调的是,目前考察的是案例研究的典型特征,而不是其定义特征。在其他条

---

① 例如,大量文献论述了贸易开放与福利国家之间假定的因果关系。通常的经验发现是:更开放的经
济体与更高的社会福利支出相关,而后问题就转化为如此强的相关性何以存在? 贸易开放和社会福
利支出之间可能存在哪些合理的联系? 大卫·卡梅伦(David Cameron)就此提出的一个可能的因果
机制:贸易开放程度的提高将导致国内经济更容易受到外部冲击(例如,贸易条件的变化[Cameron,
1978])。在随后的研究中,作者们试图通过检验贸易条件和社会福利支出间的相关性来检验这一假
设。如果卡梅伦的因果机制成立,人们应该能在跨国回归分析中发现这两个变量间存在的强大相关
性,但结果是模棱两可的(Alesina, Glaeser & Sacerdote,2001)。重点是,作者可以并且确实利用跨
单位的变化来检验关于因果机制的假设。

件不变的情况下,案例研究更有可能揭示因果机制,而较难揭示出真正的因果效应。

5. 因果关系:不变性和概率性

因果论证可能既具有不变性(决定性),也具有概率性。不变的因果关系在特定的背景条件下总是成立——它们采用必要论证、充分论证或必要且充分论证的形式。与之相反,概率论证则是一种基于概率的推理方式,认为"原因"的存在增加了"结果"的可能性。[①]

在其他条件不变的情况下,案例研究的研究设计更容易处理不变的原因。考虑到一个必要或充分的因果命题可以通过单一案例研究被证伪(Dion,1998),证明不变的因果论证通常需要更多的跨单位案例。但这并不像证明概率论证那么复杂,因为假设了一种不变关系的存在;因此,单一单位研究具有更重要的地位。当因果关系被假设具有概率性时,案例研究的证据更容易被驳回;毕竟,它只是被假设为是具有随机成分的普遍现象中的一项个例。由于案例研究的样本量 N 是不确定的,误差项可能被纳入案例研究中,但这个误差项仍具有单一单位分析的特性。与之相反,在大样本量 N 跨单位分析中,误差项则代表了假定概率关系的随机属性。

6. 研究策略:探索性和验证性

社会科学研究既包括对新理论的探索,也包括对现有理论的验证,即形成一系列的"猜想和反驳"(Popper,1969)。遗憾的是,社会科学方法论几乎只关注后者,并将前者斥为臆断、依靠灵感或运气等主观猜测,总之,是一种信仰之越(a leap of faith),因此在进行方法论的反思时被视作一个不理想的主题。然而,许多社会科学著作(包括大多数公认的经典著作)都是具有开创性的,它们源于一种新想法、新视角,随后经过更为严格的分析。事实上,我们很难在首次提出新理论时,就设计出一套证伪方案。顾名思义,开创性研究往往是具有探索性的,对它的后续研究才是验证性的,因其主要任务是证明或证伪预先存在的一个或一组假设。因此,社会科学界可以根据研究时所采取的主要策略进行有效划分,即探索性或验证性/非验证性(Gerring,2001,chap. 10)。这构成了实证研究的

---

① 因其具有多重含义,笔者避免使用"决定论"一词,其中与本研究相关的只有"不变性"。笔者认为,提出不变因果论证并不会使人认为所有原因都是完全确定的;有些原因可能是不变的,另一些则是具有概率性的(关于不变性/决定论的有效讨论。参考 Adcock,2002;Dion,1998,p. 141;Goertz & Starr,2003;Waldner,2002);盖瑞·戈尔茨(Gary Goertz)的研究包括了在社会科学的各个领域部署的 150 个必要条件假设的样本(Goertz,2003,pp. 76 – 94)。

两个时刻,即生成性时刻与怀疑性时刻,它们对于学科的发展均至关重要。

案例研究在探索性研究中具有天然优势。然而,这些优势在证实性研究中往往成为障碍。让我们来探究一下其中的原因。①

传统上,科学方法论被认为是猜想与反驳的分离,两者泾渭分明。然而,在真实的社会科学世界中,灵感源于努力。"灵光乍现"基于与特定案例(单位)之特定事实的密切接触。查尔斯·拉金(Charles Ragin)指出,案例研究就是"装箱"(casing)——界定主题,包括作者主要关注的假设、结果,以及提供与假设相关信息的案例集(Ragin,1997)。这是一个高度循环的过程。对法国大革命的研究可以被概念化为对革命、社会革命、起义和政治暴力等主题的研究。每个主题都涉及不同的总体和不同的因果要素。由于在证据方面存在很大的回旋余地,在界定案例研究主题的过程中,需要作者的大量介入。尽管这些案例研究所具有的主观性允许产生大量假设和见解,但假设和见解对于跨单位研究者而言可能并不清晰,因为他们是使用一组更为薄弱的经验数据来研究大量的单位,对案例、变量和结果的定义更为固定、僵化。案例研究的模糊性使其在探索阶段的研究中具有强大的优势,因为单一单位研究允许人们以一种简单实用的方式检验大量假设,这并非是一个纯粹猜想的过程。在单一单位的不同要素间发现的协变关系具有初步的因果关联:它们都在"案发现场"。这对于处在早期阶段的分析而言具有启发意义,因为这一阶段并没有明确的"嫌疑人",甚至连"罪行"本身都可能难以辨别。A、B和C出现在预期的时间和地点(相对于研究者感兴趣的某些结果)这一事实足以将其确定为自变量,只是需要直接证据。因此,人们通常将案例研究界定为"可信性调查""先导性研究""启发式研究"和"理论建构"活动(Eckstein,1992;Ragin,1992,1997;Rueschemeyer & Stephens,1997)。

相比之下,多单位研究一般只考虑对少数假设进行检验,但检验的可信度较高,适用于验证性研究。由于只能以有限的方式解读从跨单位研究设计中收集的证据,因此,作者的干预空间较小。换言之,案例研究倾向于出现类型Ⅰ的误差(错误地拒绝零假设[null hypothesis]),而跨单位研究倾向于出现类型Ⅱ的误差(未能拒绝不成立的零假设)。这也许就解释了为什么案例研究更有可能实现理论建构,跨单位研究则多用于朴实却高度结构化的常规学科。

案例研究绝非没有验证作用。如前文所述,从单一单位提取的证据可能会

---

① 在经济增长理论语境下对这种权衡的讨论参考乔纳森·坦普尔(Jonathan Temple)的相关研究(Temple,1999,p. 120)。

证伪一个必要或充分的假设。案例研究与跨单位研究的结合通常也有助于阐明因果机制。然而，一般理论很少会提供关于单位内变化的详细而确定的预测，从而使人们能够通过模式匹配（无须额外的跨单位证据）来反驳一个假设。理论验证不是案例研究的强项。选择关键案例也无法忽视跨单位研究中样本量 N 是最小的事实。人们不太可能基于对单一单位的研究而否定一个假设或认为假设已被明确证实，尤其是在这一假设背后有大量的学术工作基础的情况下。哈里·埃克斯坦（Harry Eckstein）本人也承认，他将案例研究作为理论验证型研究的论述很大程度上是假设性的。在数十年前他撰写文章时就未能找到合适的例证——哪项现有研究中的关键案例很好地发挥了人们赋予它的重要价值（Eckstein，1992，p. 172）？这种情况或多或少仍然存在，即使在自然科学的实验性案例研究中也是如此（Campbell & Stanley，1963，p. 3）。单一案例研究依旧是单发事件，是与命题本身也处于同一分析层次的单一示例。

探索性和验证性研究间的权衡有助于调和案例研究者的热情和案例研究批评者的怀疑——两者皆有道理，因为案例研究的松散性有利于新概念的形成而不利于证伪。尽管探索性的工作可能会得到相关学科的青睐，但并未被方法论学者重视，其理论基础也较为薄弱。

7. 有效差异：单一单位和多单位

反事实假设是所有因果关系分析的基础，其含义是：在没有 X（或 X 增多/减少）的情况下，Y 会有所不同。在研究这一假设时，首选的研究设计依次是：① 实验室或田野实验；② 自然实验，即单一单位随着时间的推移经历未被控制的变化，近似于真实实验；③（反事实）思想实验；④ 统计控制，即一种用于中和无关变量的准实验方法，以便分离出一个或几个理论感兴趣的真实因果效应。这种分层研究设计可能表明：与仅用统计证据模拟实验方法的多单位研究相比，涉及单一单位的实验室/田野实验、自然实验或思想实验可能更为有效。

例如，在研究竞选活动和选民投票率之间的关系时，相比多个跨社区研究或是那些依赖于准实验控制的个人民意检测数据（多少有些不尽如人意），在单一社区进行的田野实验可能更令人信服（Gerber & Green，2000）。同样，在调查选举制度对公共政策结果的影响时，人们可能更愿意相信单个自然实验（研究一个国家选举制度的变化），而不是依赖于统计控制来检验这些具有复杂因果关系的跨国研究（Horowitz，1985，p. 602）。即使在被迫完全依靠反事实思想实验进行因果关系评估的情况下，如果跨单位没有表现出有效差异，那么案例研究模式仍可能更受青睐。关于早期民主化是否导致工人阶级停滞不前和社会福利发展水平降低（Lipset，1963）这一历史问题，难以进行跨国研究，原因是在工业化以前只有一个国家给予男性工人阶级以选举权。在这种情况下，聚焦于美国的历史研究（即案例研究）可能会为一般性命题提供最有力的证据。

需要说明的是，问题不在于自然实验或真实实验是否可行（因为这些实验总是可行），而在于有多少实验有效？它们真正具备的实验性有多强？如果实验能够像在自然科学情境中那样进行，那么跨单位的研究设计可能会是合理的，但这种情况在社会科学情境中并不容易实现。回到之前的例子，如果"民族—国家"在研究者所关注的"早期民主化"和"选举变化"的自变量上表现出显著差异，那么跨单位研究设计（具有时间序列维度）可能会是较好的选择。这并不排斥进行补充案例研究，只是这种研究的权重较小。无论如何，面对这种情况，人们应该回归最原始的权衡上。因此可以认为，案例研究的大部分效用是"语境性的"，跨单位分析所需的自然或实验变化是欠缺的，这种单位既不存在，也无法产生。

这在很大程度上解释了为何案例研究通常关注罕见的历史事件。此处暂且将"事件"定义为：具有理论意义的自变量或因变量发生实质性且相对快速变化的实例。试想在经验数据的世界里，这样的"事件"（指下文所提到的社会革命的案例）只发生了 13 次，这近似于那些研究社会革命现象的学者所面临的情况（Skocpol，1979，p. 287）。原则上，经验证据的范围几乎是无限的，包括过去三个世纪的所有"民族—国家"。假设这构成了推论的领域，但有效差异极为有限。世界上并没有许多单位经历过这种革命性巨变。可以说，相较于跨国时间序列截面研究设计，对法国进行深入的案例研究，或对大约 13 个社会革命国家进行案例研究（比较历史分析），更利于我们更好地了解这一现象。同样的问题也影响到许多社会科学的研究，其中只有一个单位或少数单位经历了这些事件：早期工业化（英国、荷兰），法西斯主义（德国、意大利），核武器使用（美国），世界大战（第一次世界大战、第二次世界大战），非洲民主化（博茨瓦纳、毛里求斯和南非），不可转移单票制选举制（［SNTV：single non transferable vote］改革前的日本、约旦和瓦努阿图），以及移民社会（澳大利亚、加拿大、新西兰、南非和美国）。

8. 本体论考量

案例研究和非案例研究方法之间的选择可以被视为"逻辑"（对因果逻辑的探究）与"经验"（对经验世界的调查）的问题。然而，这种选择也存在本体论的预设。本体论是看待世界真实面貌的视角,是一组关于世界如何运作、连贯一致的假设,是类似于库恩范式的研究世界观(Hall,2003;Kuhn,1970)。由于其包罗万象的特性与模棱两可的主张,本体论至少在一般意义上不能被证明或证伪。尽管将本体论问题引入社会科学方法论的讨论中有些许突兀,但可以肯定的是,社会科学研究并不是一种纯粹的经验性探索。人们发现什么取决于他们在探索什么,而人们探索什么又在某种程度上取决于他们期待发现什么。

本体论预设的重要性在审查案例研究的广度、案例可比性和代表性问题时愈发突出。试想一种可能性——随着样本的扩大,单位样本会变得越来越相异(可比性更小),但没有明显的断点。在这种情况下,如何定义特定推论的总体及其相关分析单位,显然就是研究者的自行选择。那么,相似案例在哪里结束,相异案例又从何处开始?

如果相邻单位完全不可比,那么案例研究方法就不可行。在完美的表意世界里,单位之间的独特性极强,以至于绝对无法通过研究一个单位而了解另一个单位。在这种情况下,案例研究的概念不过是无稽之谈。在所有给定类型的单位完全可比的极端情况下,案例研究同样没有意义。既然其他单位同样表现出色,为什么还要专注于单一单位? 这是从通则的角度出发看待事物的方式。

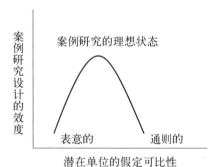

图 1　案例研究设计本体论

案例研究者介于这两个极端之间。他们对许多明显不同的单位间比较的可行性持怀疑态度。"变量导向"的研究涉及"同质化假定"(Ragin,2000,p. 35)。然而,他们同样怀疑许多历史和人类学研究中的观点,即每个单位都是独特的。因此,如图 1 所示,案例研究所处的是一个介于极端表意和极端通则之间的、脆弱的本体论立场(Collier R. B. & Collier D.,2002,pp. 13 - 14)。

可以肯定的是,纠结于案例研究者和非案例研究者之间的本体论差异并无助益。本体论争议在本质上是无法被解决的。一旦人们将自身立场阐述为本体论问题,除非涉及逻辑和连贯性问题,否则进一步的讨论都是多余的。如果社会科学被理解为一种基于证据的研究形式,那么本体论问题与社会科学就全然不相关或只是略微相关。鉴于本体论预设影响着案例的构建,我们最好认清这一事实。实际上,案例研究在这一关键问题上的中间立场可能有助于解释其在社会科学中的模糊地位。从本体论上讲,案例研究难以归类。

四、结论

本文试图揭示出同被称为"案例研究"的两种方法之间的张力,一种饱受诟病,另一种则广为实践。案例研究的困境源于其定义的模糊。人们往往会将这一关键术语与一组不同的方法特征混为一谈,但这些特征并非案例研究定义所必需的。因此,本文首先旨在就方法讨论提出一个更具体、更有效的概念,即,案例研究是一种对单一单位进行深入研究,进而解释更广泛单位集的研究方法。

案例研究的困境不仅在于其定义,也在于方法本身。为解释其他单位而研究单一单位带来了几种方法上的模糊,这些模糊在某种程度上无法避免。第一,案例研究基于多种协变证据;案例研究有三种证据类型(见表 1);第二,案例研究假定了正式和非正式研究单位间的区别,但这种区别从未完全明确,因为后者必须以某种方式被纳入分析,如果完全整合两种研究单位,案例研究的概念则会受到质疑;第三,多个独立个案研究常在一项研究中被组合起来,因此混淆了单一单位分析和跨单位分析的区别;第四,案例研究通常具有双重功能,它们既是对该单位本身的研究,也是对更广泛单位集的案例研究;第五,案例研究追求的推论可能是解释性的,也可能是可证伪性的。这些方法论问题困扰着案例研究的研究设计,并将持续存在。

在政治学领域中,案例研究的困境源于没有充分理解这种方法所引发的方法论权衡问题。在其他条件不变的情况下,案例研究通常在下述条件中更具价值:① 推论是描述性而非因果性的;② 命题深度优先于广度和界域;③ 内部案例可比性优先于外部案例代表性;④ 对因果机制的洞见比对因果效应的洞见更重要时;⑤ 所讨论的因果命题具有不变性,而非概率性;⑥ 研究策略具有探索性,而非验证性;以及⑦ 有效差异仅存在于单一单位或少数单位。对本体论的考量也将影响单一单位和跨单位研究设计间的选择,尽管这些假设的方法论含义是模棱两可的。

在这 7 个条件中,最后一个可能是最重要的。如果所讨论的单位在理论上没有出现变化,或研究者无法保持其他潜在混杂因素不变,那么进行跨单位分析几乎没有意义。当然,仍有必要对这些单位进行初步研究以了解样本的情况,除此之外,跨单位分析可能并无意义。同样,独立个案可能提供有效差异。无论如何,研究者在思考各种研究设计时最需要考虑的是,哪种选项最接近实验的理想目标。

在整个讨论过程中,本文一直试图避免讨论那些具有实用性质或根植于特定研究语境的方法,所关注的是一般方法的问题。然而,在案例研究和非案例研究这两种形式间做选择,实用性和语境往往至关重要。

第一个实际考量因素,即在跨单位分析中收集原始资料的难度通常高于案例研究分析,因为它所需要的费用更高,在识别和编码案例、学习外语、为收集数据而进行的出行等方面更加困难。[①] 对于同样的内容,研究一个单位比研究一组单位更容易。同样,案例研究通常可以对单一案例进行多次观察,从而为特定命题的事实准确性提供比同类跨单位研究更有力的证据。

第二个实际考量因素涉及特定主题的研究状态。在此人们关注的是证据的三角互证,而非证据收集的难易程度。社会科学家习惯于认为研究是在一个持续的传统语境中进行的。所有工作都依赖于这一研究传统以确定主题、论点和证据。我们需要了解的内容和应该研究的内容,在某种程度上取决于我们已知的部分。由此可见,相较于非案例研究,案例研究的效用在某种程度上是特定领域内研究状态的产物。当案例研究接近饱和状态时,就不必再特意进行案例研究;充斥着大量跨单位研究的领域可能会迫切需要以单一单位为焦点进行深入研究。

事实上,围绕着案例研究方法效用的诸多争论与方法本身的紧密程度较低,更多的是与该领域当前的研究状态相关。如果案例研究和跨单位方法都有诸多可取之处,那么这两种方法都值得被采用——或许不是平等的程度,但至少应受到同等重视。追求一种方法而排斥另一种方法,或将少数方法的实践者与主流相区隔并无益处,反而可能会造成巨大伤害。对于社会科学进步至关重要的三角验证要求采用各种可行的方法,其中就包括案例研究。

本文显然不是为案例研究进行辩护;相反,本文是为更好理解案例研究而进行的简要说明。在政治学领域,或许我们需要更多的相关案例研究,但可能事实也并非如此。希望借助上述讨论能更好地促进案例研究法的发展,并使我们能充分理解它们对于学科的效用。

同样,案例研究和非案例研究间的对立在很大程度上是不合理的,或许应该被视为一种误读。案例研究可以是小样本或大样本、质化或量化、实验或观察、共时或历时的。案例研究适用于任何社会科学的理论框架,包括行为主义、理性选择、制度主义和解释主义。案例研究与跨单位研究的区别在于其定义案例的

---

① 诚然,跨单位研究的很大一部分工作涉及对现有资料集的重新分析,在这种情况下,准入门槛并没有那么高。

方式,而不是对案例的分析或因果关系构建的方法——案例研究的研究设计从单一单位构建案例,并持续关注正式研究范围之外的相似单位的推论;非案例研究的研究设计则借助跨单位去构建案例,通过举例来说明主要因果的推论。诚如前文所分析的,"装箱"方面的差异会带来重要的影响,却并未使案例研究在认识论上有别于跨单位分析。事实上,这两种分析模式相辅相成,很难想象不借鉴案例研究的跨单位研究或不考虑相邻单位的案例研究如何进行。从这种方法论思考中得出的最强有力的结论是——单一单位和跨单位研究设计具有互补性。

参考文献

Acemoglu, D., Johnson, S., & Robinson, J. A. (2003). An African Success Story: Botswana. In D. R. Princeton (Ed.), *In Search of Prosperity: Analytic Narratives on Economic Growth* (pp. 80 - 122). NJ: Princeton University Press.

Achen, C. H., & Snidal, D. (1989, January). Rational Deterrence Theory and Comparative Case Studies. *World Politics*, 41, 143 - 169.

Adcock, R. (2002). "Determinism and Comparative-Historical Analysis: Clarifying Concepts and Retrieving Past Insights." Presented at the Annual Meeting of the American Political Science Association, Boston.

Alesina, A., Glaeser, E., & Sacerdote, B. (2001). Why Doesn't the US Have a European-Style Welfare State? *Brookings Papers on Economic Activity*, 2, 187 - 277.

Allen, W. S. (1965). *The Nazi Seizure of Power: The Experience of a Single German Town, 1930 - 1935*. New York: Watts.

Allison, G. T. (1971). *Essence of Decision: Explaining the Cuban Missile Crisis*. Boston: Little, Brown.

Bates, R. H., Greif, A., Levi, M., Rosenthal, J., & Weingast, B. (1998). *Analytic Narratives*. Princeton, NJ: Princeton University Press.

Brady, H. E., & Collier, D. (Eds.). (2004). *Rethinking Social Inquiry: Diverse Tools, Shared Standards*. Lanham, MD: Rowman & Littlefield.

Cameron, D. (1978, December). The Expansion of the Public Economy: A Comparative Analysis. *American Political Science Review*, 72, 1243 - 1261.

Campbell, D. T. (1988). 'Degrees of Freedom' and the Case Study. In E. S. Overman (Ed.), *Methodology and Epistemology for Social Science*. Chicago: University of Chicago Press. (Original work published 1975)

Campbell, D. T., & Stanley, J. (1963). *Experimental and Quasi-Experimental Designs for Research*. Boston: Houghton Mifflin.

Collier, D., & Mahoney, J. (1996, October). Insights and Pitfalls: Selection Bias in Qualitative Research. *World Politics*, 49, 56 - 91.

Collier, R. B., & Collier, D. (2002). *Shaping the Political Arena: Critical Junctures, the Labor Movement, and Regime Dynamics in Latin America*. Notre Dame, IN: University of

Notre Dame Press. (Original work published 1991)

Coppedge, M. J. (2002). "Nested Inference: How to Combine the Benefits of Large-Sample Comparisons and Case Studies." Presented at the Annual Meeting of the American Political Science Association, Boston.

Dahl, R. A. (1961). *Who Governs?: Democracy and Power in an American City*. New Haven, CT: Yale University Press.

Davidson, P. O., & Costello, C. G. (Eds.). (1969). *N=1: Experimental Studies of Single Cases*. New York: Van Nostrand Reinhold.

Dion, D. (1998, January). Evidence and Inference in the Comparative Case Study. *Comparative Politics*, 30, 127 - 45.

Eaton, K. (2002). *Politicians and Economic Reform in New Democracies*. University Park: Pennsylvania State University Press.

Eckstein, H. (1992). Case Studies and Theory in Political Science. In *Regarding Politics: Essays on Political Theory, Stability, and Change*. Berkeley: University of California Press. (Original work published 1975)

Elman, M. (Ed.). (1997). *Paths to Peace: Is Democracy the Answer?* Cambridge: Cambridge University Press.

Feagin, J. R., Orum, A. M., & Sjoberg, G. (1991). *A Case for the Case Study*. Chapel Hill: University of North Carolina Press.

Fenno, R. F., Jr. (1978). *Home Style: House Members in their Districts*. Boston: Little, Brown.

George, A. (1979). Case Studies and Theory Development: The Method of Structured, Focused Comparison. In P. G. Lauren (Ed.), *Diplomacy: New Approaches in History, Theory, and Policy*. New York: Free Press.

George, A. L., & Bennett, A. (2004). *Case Studies and Theory Development*, Cambridge, MA: MIT Press.

Gerber, A. S., & Green, D. P. (2000). The Effects of Canvassing, Direct Mail, and Telephone Contact on Voter Turnout: A Field Experiment. *American Political Science Review*, 94, 653 - 663.

Gerring, J. (2001). *Social Science Methodology: A Criterial Framework*. Cambridge: Cambridge University Press.

Gerring, J. (Forthcoming). Causation: A Unified Framework for the Social Sciences. *Journal of Theoretical Politics*.

Goertz, G. (2003). The Substantive Importance of Necessary Condition Hypotheses. In G. Goertz, & H. Starr (Eds.), *Necessary Conditions: Theory, Methodology and Applications*. New York: Rowman and Littlefield.

Goertz, G., & Starr, H. (Eds.). (2003). *Necessary Conditions: Theory, Methodology and Applications*. New York: Rowman and Littlefield.

Hall, P. A. (2003). Aligning Ontology and Methodology in Comparative Politics. In J. Mahoney, & D. Rueschemeyer (Eds.), *Comparative Historical Analysis in the Social*

Sciences. Cambridge: Cambridge University Press.

Hartz, L. (1955). *The Liberal Tradition in America*. New York: Harcourt, Brace & World.

Hedstrom, P., & Swedberg, R. (Eds.). (1998). *Social Mechanisms: An Analytical Approach to Social Theory*. Cambridge: Cambridge University Press.

Horowitz, D. L. (1985). *Ethnic Groups in Conflict*. Berkeley: University of California Press.

Johnson, C. (1983). *MITI and the Japanese Miracle: The Growth of Industrial Policy, 1925 – 1975*. Stanford, CA: Stanford University Press.

Kaufman, H. (1960). *The Forest Ranger: A Study in Administrative Behavior*. Baltimore: Johns Hopkins University Press.

King, G., Keohane, R. O., & Verba, S. (1994). *Designing Social Inquiry: Scientific Inference in Qualitative Research*. Princeton, NJ: Princeton University Press.

Kuhn, T. S. (1970). *The Structure of Scientific Revolutions*. Chicago: University of Chicago Press. (Original work published 1962)

Lane, R. (1962). *Political Ideology: Why the American Common Man Believes What He Does*. New York: Free Press.

Lazarsfeld, P. F., Berelson, B., & Gaudet, H. (1948). *The People's Choice: How the Voter Makes Up His Mind in a Presidential Campaign*. New York: Columbia University. Press.

Lieberman, E. S. (2003). Nested Analysis as a Mixed-Method Solution to Cross-National Research. Ms. Princeton University.

Lieberson, S. (1992). Small N's and Big Conclusions: An Examination of the Reasoning in Comparative Studies Based on a Small Number of Cases. In C. S. Ragin, & H. S. Becker (Eds.), *What Is a Case? Exploring the Foundations of Social Inquiry*. Cambridge: Cambridge University Press. (Original work published 1991)

Lieberson, S. (1994, June). More on the Uneasy Case for Using Mill-Type Methods in Small-N Comparative Studies. *Social Forces*, *72*, 1225 – 1237.

Lijphart, A. (1968). *The Politics of Accommodation: Pluralism and Democracy in the Netherlands*. Berkeley: University of California Press.

Lijphart, A. (1975, July). The Comparable Cases Strategy in Comparative Research. *Comparative Political Studies*, *8*, 158 – 177.

Lipset, S. M. (1963). *The First New Nation: The United States in Historical and Comparative Perspective*. New York: Basic Books.

Lynd, R. S., & Lynd, H. M. (1956). *Middletown: A Study in American Culture*. New York: Harcourt, Brace. (Original work published 1929)

Mahoney, J., & Rueschemeyer, D. (Eds.). (2003). *Comparative Historical Analysis in the Social Sciences*. Cambridge: Cambridge University Press.

Malinowski, B. (1984). *Argonauts of the Western Pacific*. Prospect Heights, IL: Waveland. (Original work published 1922)

McKeown, T. (1999, Winter). Case Studies and the Statistical World View. *International Organization*, *53*, 161 – 190.

Njolstad, O. (1990). Learning From History? Case Studies and Limits to Theory-Building. In

O. Njolstad (Ed.), *Arms Races: Technological and Political Dynamics* (pp. 220 – 246). Thousand Oaks, CA: Sage.

Popper, K. (1969). *Conjectures and Refutations*. London: Routledge and Kegan Paul.

Pressman, J. L., & Wildavsky, A. (1973). *Implementation*. Berkeley: University of California Press.

Przeworski, A., & Teune, H. (1970). *The Logic of Comparative Social Inquiry*. New York: John Wiley.

Przeworski, A., Alvarez, M., Cheibub, J. A., & Limongi, F. (2000). *Democracy and Development: Political Institutions and Material Well-Being in the World*, *1950 – 1990*. Cambridge: Cambridge University Press.

Ragin, C. C. (1987). *The Comparative Method: Moving Beyond Qualitative and Quantitative Strategies*. Berkeley: University of California.

Ragin, C. C. (1992). Cases of "What Is a Case?". In C. C. Ragin, & H. S. Becker (Eds.), *What Is a Case? Exploring the Foundations of Social Inquiry*. Cambridge: Cambridge University Press.

Ragin, C. C. (1997). Turning the Tables: How Case-Oriented Research Challenges Variable-Oriented Research. *Comparative Social Research*, *16*, 27 – 42.

Ragin, C. C. (2000). *Fuzzy-Set Social Science*. Chicago: University of Chicago Press.

Ragin, C. C., & Becker, H. S. (Eds.). (1992). *What Is a Case? Exploring the Foundations of Social Inquiry*. Cambridge: Cambridge University Press.

Reilly, B. (2001). *Democracy in Divided Societies*. Cambridge: Cambridge University Press.

Roberts, C. (1996). *The Logic of Historical Explanation*. University Park: Pennsylvania State University Press.

Rodrik, D. (Ed.). (2003). *In Search of Prosperity: Analytic Narratives on Economic Growth*. Princeton, NJ: Princeton University Press.

Rueschemeyer, D., & Stephens, J. D. (1997). Comparing Historical Sequences: A Powerful Tool for Causal Analysis. *Comparative Social Research*, *16*, 55 – 72.

Sartori, G. (1984). Guidelines for Concept Analysis. In *Social Science Concepts: A Systematic Analysis* (pp.15 – 48). Beverly Hills, CA: Sage.

Skocpol, T. (1979). *States and Social Revolutions: A Comparative Analysis of France*, *Russia*, *and China*. Cambridge: Cambridge University Press.

Smith, R. M. (1997). *Civic Ideals: Conflicting Visions of Citizenship in U.S. History*. New Haven, CT: Yale University Press.

Stratmann, T., & Baur, M. (2002, July). Plurality Rule, Proportional Representation, and the German *Bundestag*: How Incentives to Pork-Barrel Differ Across Electoral Systems. *American Journal of Political Science*, *46*, 506 – 514.

Taylor, C., (1970). The Explanation of Purposive Behavior. In R. Borger, & F. Cioffi (Eds.), *Explanation in the Behavioral Sciences*. Cambridge: Cambridge University Press.

Temple, J. (1999, March). The New Growth Evidence. *Journal of Economic Literature*, *37*, 1112 – 1156.

Thompson, E. P. (1963). *The Making of the English Working Class*. New York: Vintage Books.

Waldner, D. (2002). Anti Anti-Determinism: Or What Happens When Schrodinger's Cat and Lorenz's Butterfly Meet Laplace's Demon in the Study of Political and Economic Development. Presented to the Annual Meeting of the American Political Science Association, Boston.

Whyte, W. F. (1955). *Street Corner Society: The Social Structure of an Italian Slum*. Chicago: University of Chicago Press. (Original work published 1943)

Yin, R. K. (1994). *Case Study Research: Design and Methods*. Newbury Park, CA: Sage.

"把关人"：一项新闻选择的案例研究[①]

(*The 'Gate Keeper': A Case Study in the Selection of News*)

大卫·曼宁·怀特(David Manning White)

已故的库尔特·卢因(Kurt Lewin)是我们这个时代最伟大的社会科学家之一，他提出了"把关人"(gate keeper)概念，并将其应用于对于大众传播专业学生而言极为重要的一种现象。他在生前所写的最后一篇文章中指出，一则新闻能否通过特定传播渠道流通取决于渠道中的某些"关口"(Lewin, 1947, p. 145)。"关口"一般由公正的规则控制或由"把关人"进行把控，后者是能决定信息"取""舍"的"处于权力地位"的个体或者群体。

卢因认为，要理解"关口"的运作，就要理解什么因素在决定"把关人"做出决策。他提出：首要任务是找到现实中真正的"把关人"。

本文旨在检视复杂传播渠道中的"把关人"如何进行把关。

威尔伯·施拉姆(Wilbur Schramm)切中肯綮，他在《大众传播学》(*Mass Communications*, 1949, p. 289)中写道："在传播过程中有不计其数的取舍，这些发生在从传者脑中符号形成到受者脑中相关符号呈现的过程中的取舍，恰恰是传播最受瞩目的地方。"对此，我们援引一则新闻报道来说明：参议院就一项联邦援助教育的提案举行听证会，出席人员来自各个媒体协会、大型报业驻华盛顿，以及地方报纸等不同新闻组织，他们构成了传播过程中的第一道"关口"，对一则报道是否"重要"做出初步判断。人们只需要阅读芝加哥《论坛报》(*Tribune*)和《太阳时报》(*Sun-Times*)这两家报社关于华盛顿的新闻报道，就会发现对诸如

① 文章来源：White, D. (1950). The 'gate keeper': A case study in the selection of news. *Journalism Bulletin*, 27, 383–390.

联邦政府援助教育这类议题,两份报纸的编辑态度大相径庭。这说明从一开始"把关人"就在发挥作用,两份报纸上的同一则报道可能会呈现出不同的处理方式。显然,即便是参议院听证会这一实际事件(亦可称为标准事件[criterion event]),不同的记者也会基于不同的认知框架撰写出不一样的报道,为这则新闻报道注入不同的经验、态度和期许。

因此在传播链中,一则新闻报道会经由一位"把关人"传递给另一位"把关人"。从记者到校稿人,从总编到各个报社办公室的"州级"稿件编辑,这一过程始终在进行新闻的取舍,直至稿件到达最后一位"把关人",即本次案例研究的目标对象。此人是一家非都市报的电讯编辑,[①]负责挑选并编排该报头版和续页(Jump)中的国内、国际新闻。

这位"把关人"是一位 40 多岁的中年男性,做过记者和文案编辑,约有 25 年的新闻工作经验,目前是一家日发行量约为 3 万份的早报的电讯编辑。该报社位于美国中西部地区,一个拥有 10 万人口且高度工业化的城市。他的工作就是从美联社(AP)、合众社(UP)和国际新闻社(INS)每日提供的海量电讯稿中挑选出相应内容——3 万个家庭将在早报头版中阅读它们。此外,他还负责这些稿件的编辑、整理和拟定新闻标题。这与全国各地几百家非都市报纸编辑的工作没有太大差别。[②] 从诸多方面来看,他都是传播渠道中最重要的一位"把关人",因为他对稿件拥有"生杀予夺"的权力,如果他拒绝了某则稿件,那么此前对这一稿件进行的所有报道和传递工作都将付诸东流。当然,众所周知,这则新闻也有可能因此前任何一道"关口"的阻拦而被"终结"(就其连续的传播过程而言)。倘若这则新闻已经通过此前所有的"关口",鉴于有限的报纸版面,这位电讯编辑显然面临着非常复杂的稿件取舍难题。

本文旨在确定这位电讯编辑在取舍三家新闻通讯社稿件(由在他之前的芝加哥"把关人"传递而来)时的初始想法,并借此获得对大众传播领域中有关"把关人"的总体作用的某种认知。

为此,我们争取到了这位名为盖茨先生(Mr. Gates)的电讯编辑的全力配合。[③] 收集盖茨先生从海量电讯稿中选中的稿件并不难,因为它们都在这家报

---

① 译者注:电讯编辑通常负责对新闻电讯稿进行选择和编辑。所谓电讯稿,通常是指通讯社或驻外记者用电报发出的供新闻媒体采用的稿件。

② 到目前为止,这个国家大约1 780 家日报中的大多数都集中于小城市,而非新闻协会的主要中继线(trunk wires)。因此,关于来自大城市的"州级"报道,主要依赖于电讯编辑。

③ 译者注:gates 在英文中是 gate(门;关卡)的复数形式,若首字母大写(Gates)则用作姓氏"盖茨",怀特在文章中用作 Mr. Gates 指代报纸编辑,可谓一语双关;可译为"盖茨先生"或"门先生",在此译作前者。

纸每天的头版和续页上。事实上,我们更关心那些没有被选用的稿件。因此,我们让盖茨先生保留了 1949 年 2 月 6 日至 13 日这一周内收到的所有电讯稿,将其弃之不用的稿件放进办公桌旁的一个大箱子里,而非像此前一样直接丢进废纸篓。在深夜一点钟,盖茨先生完成了版面编辑并结束夜间工作后,他会再次翻阅纸箱里那些"弃用"的稿件,倘若有印象,就在上面写出最初舍弃这一稿件的具体原因,对没有确定原因的稿件则不做标注。尽管这意味着盖茨先生在这一周中要耗费一个半至两个小时来处理这一单调乏味的工作,但他欣然接受。

在盖茨先生将一周内选择的电讯原稿交给我们后,我们试图根据所呈现的一些基本问题来分析他的工作行为。这些问题不仅适用于这个特定的"把关人",在经过调整后也适用于传播过程中所有的"把关人"。因此,在确定了这一周内收到的电讯稿总栏寸(column inch)①和类属后,我们统计了这段时间内报纸上出现的电讯稿数量。

假定报纸版面上的五行电讯稿件相当于一栏寸,盖茨先生在这一周内共收到了来自美联社、合众社和国际新闻社的约 12 400 栏寸的电讯稿。在 7 期报纸中,他选用了 1 297 栏寸的电讯稿,约占总数的 1/10。表 1 是该周收到和选用的电讯稿的分类统计。

表 1　过去一周盖茨先生收到和选用的新闻电讯稿数量

类　别	收到的稿件		选用的稿件	
	栏　寸*	占总数的百分比(%)	栏　寸	占总数的百分比(%)
犯罪	527	4.4	41	3.2
灾难	405	3.4	44	3.4
政治的				
各州	565	4.7	88	6.8
全国	1 722	14.5	205	15.8
有人情味的	4 171	35.0	301	23.2
国际的				
政治	1 804	15.1	176	13.6
经济	405	3.4	59	4.5

① 译者注:栏寸是一栏宽一英寸高的空间单位,用以衡量报纸版面上新闻稿的字数和篇幅大小,一栏寸一般是 25—35 字;栏寸也能被用于对一篇新闻报道重要性的临时估计。

续 表

类 别		收到的稿件		选用的稿件	
		栏 寸*	占总数的百分比(%)	栏 寸	占总数的百分比(%)
	战争	480	4.0	72	5.6
劳工		650	5.5	71	5.5
全国的					
	农业	301	2.5	78	6.0
	经济	294	2.5	43	3.3
	教育	381	3.2	56	4.3
	科学	205	1.7	63	4.9
总计		11 910	99.9	1 297	100.1

注:指五行电讯稿计算为一栏寸。

这一周舍弃了近九成的电讯稿件(旨在为他所选取的其中 1/10 的稿件寻求空间),只有在我们对盖茨先生给出的拒稿原因进行分析时,才能理解新闻传播过程中是多么地具有主观性,又是多么依赖于"把关人"的自身经验、态度和期望的价值判断。在这一特定案例中,可以将盖茨先生给出的 56 个原因分为两大类:因缺乏报道价值而不予选择;从同一事件的多篇报道中进行选择(见表 2)。

表 2 盖茨先生给出的那一周稿件被拒的原因

原 因	原因出现的次数
因缺乏报道价值而不予选取:	423
无趣(61);当地读者不感兴趣(43)	104
枯燥之味(51);含糊其词(26);冗长(3)	80
不好(31);拖泥带水(18);胡说八道(18)	67
太主观(54);过时了(4);事件过去太久*;类似报道太多;很寻常;总在发生;热度消退	62
琐碎小事(29);可忽略不计(21);没必要;浪费版面;不太重要;事件热度不足;没有太大价值	55
没用过(16);绝不采用(7)	23

续　表

原　　因	原因出现的次数
宣传(16);作者过于激进;酸腐	18
不会采用(11);对自杀不感兴趣;暗示性太强;低俗	14
从同一事件的报道中进行选择:	910
如果有多余版面可用(221);版面不足(168);尚可,如果有版面可用(154);晚了,已用(61);太迟了,无版面(34);无版面,已选用其他报道;如果有版面,则部分可用	640
稍后报道(61);等待后续消息(48);继续关注(33);等待事件引爆(17);往后推一两天(11);事件结束后可用——而不是现在;看后续进展	172
事发地太远(24);非本市新闻(16)	40
太地方化(36)	36
用其他报纸的报道:更好(11);更短(6);来得太迟;更有意思;更丰富	20
昨天已经拒稿	1
没看这一篇	1

注:指如果原因后面没有数字,那么原因就只给出一次。

　　我们发现,盖茨先生拒绝其中一篇电讯稿的原因是"作者过于激进",而另一篇则直接被标注为"绝不采用"。"绝不采用"的报道涉及"唐森德计划"(Townsend Plan)。这位"把关人"对"唐森德计划"的成效心存疑虑,因此有关该计划的报道在这份报纸上出现的概率微乎其微。另有 18 篇电讯稿被标注了"胡说八道",16 篇被标记了"宣传"。[①] 更有意思的一个标注是"对自杀不感兴趣"。综合来看,我们认为盖茨先生对这些稿件的拒绝大多是基于高度主观的价值判断。

　　第二类原因为我们提供了一条重要线索,以了解在稿件间进行取舍的困难。盖茨先生标注了不下 168 次的"版面不足"。简言之,盖茨先生认为这些故事既有价值也有趣味,他个人对这些稿件没有反对意见,拒绝是由于版面有限。值得注意的是,电讯稿来得越晚就越有可能被标注为"版面不足"或"如果有多余版面可用"。随着时间的推移,这位电讯编辑的版面越来越满。一篇新闻稿如果在晚

---

① 译者注:在美国新闻界,"宣传"一词带有贬义。

上 19:30 至 20:00 送到,那么它登上头版的可能性很大,23:00 送到的新闻稿可能就不值得占用宝贵的剩余版面空间。"如果有多余版面可用"的标注出现了 221 次,类似的标注,如"尚可,如果有版面可用"出现了 154 次。还有其他的原因,如"已用国际新闻社的 更短"或者"已用合众社的——来得太迟",即使在这一类属中,我们也能发现颇具主观性的价值判断,如"已用美联社的——更好"或"已用国际新闻社的——更有意思"。

现在我们对盖茨先生在报纸头版和续页中取舍新闻稿的行为有了初步的了解,那么观察他在某一天的选稿行为可能会很有趣。表 3 是盖茨先生在 1949 年 2 月 9 日编辑的报纸头版和续页上登载的新闻稿数量和报道类型。表 4 显示了当天所有收到但未被采用的新闻电讯稿的数量(按报道类型划分)。

表3　1949 年 2 月 9 日报纸上根据内容分类的栏寸

类　　别		头版和续页
当地的		3.50
犯罪		5.00
灾难		9.75
政治的		41.25
	地方	9.75
	各州	19.50
	全国	12.00
有人情味的		43.75**
国际的		23.00
	政治	11.50
	经济	11.50
	战争	
国内的		24.25
	劳工	19.25
	农业	
	经济	5.00
教育		
科学		6.00***

注:＊不包括横幅广告;＊＊约有一半是关于红衣主教明德森蒂(Mindzenty)的报道,因其体现了人性诉求,分到"有人情味的"一类;＊＊＊不包括 3 篇图片新闻。

表 4　1949 年 2 月 9 日收到但没有使用的新闻电讯稿的数量

类　　别		在头版编辑 完成前收到的	在头版编辑 完成后收到的	当天收到的总数
当地的		3		3
犯罪		32	1	33
灾难		15		15
政治的				22
	地方	1	2	
	各州	10	2	
	全国	6	1	
有人情味的		65	14	79
国际的				46
	政治	19	5	
	经济	9	1	
	战争	10	2	
国内的				37
	农业	2		
	劳工	13	1	
	经济	17	4	
教育		3	2	5
科学		5	2	7
总计		210	37	247

在这周里,红衣主教明德森蒂案受到全国各地报纸的广泛关注,各大通讯社也对这一案件的各个阶段进行了全方位的跟踪报道。对收到的电讯稿和刊发出来的报道进行比较后可以发现,人情味新闻的使用率最高。即使是在处理有关明德森蒂案的报道,盖茨先生也还是以极其主观的理由进行筛选。有趣的是,他给一篇美联社新闻的拒稿理由是"自我宣传,不予考虑"。这篇报道引用了红衣主教塞缪尔·斯特里奇(Samuel Stritch)的一则声明——"很不幸,我们的新闻界在红衣主教明德森蒂案的日常报道中并未提供信息来源。应该明确指出,在庭审现场的少数美国记者受到了限制。"显然,盖茨先生对红衣主教斯特里奇暗示新闻界没有全力报道红衣主教明德森蒂案感到愤慨。他同样给合众社一则涉及红衣主教斯特里奇声明的新闻标注了"没有版面,纯属宣传",这显示出盖茨先生对这一特定观点的高度敏感。当晚,当盖茨先生第三次看到国际新闻社的有

关报道时,他再次予以否决,不过这次他只给稿件标注了"不予考虑"。或许盖茨先生对这一事件的愤怒已经冷却,但他仍认为这则新闻毫无价值。

政治新闻在报道中占据了第二大篇幅,但在"收到的"稿件份额里仅位居第五,在此可看出个人偏好的痕迹。盖茨先生似乎对政治新闻情有独钟,因为即使减去近 10 栏寸的版面空间,当地政治新闻仍列居第二。

尽管收到了 33 篇犯罪报道,但只有 5 栏寸的犯罪新闻出现在盖茨先生负责的头版和续页版上。结论不言而喻,这位电讯编辑对犯罪新闻不感兴趣。但需要注意的是,当天并没有任何"重大"犯罪新闻发生。

在回顾审视盖茨先生在这一周内的表现时,某种一般性的模式变得清晰起来。例如,相较于同一类属的其他报道而言,他更倾向于偏好哪类新闻? 他倾向于什么样的主题和写作手法? 几乎在各大新闻通讯社相互竞争的稿件选择中,盖茨先生都倾向于选择保守的报道。在此使用"保守的"这一表达,不仅指涉政治含义上的"保守",还包括其写作风格。盖茨先生坚持将哗众取宠和含沙射影的报道拒之门外。

在写作方式方面,盖茨先生明显不喜欢充斥着大量图表和统计数据的报道。几乎在所有情况下,相较于一篇充满图表和统计数据的报道,另一篇更加简洁明了、更具解释性的报道会更获盖茨先生的青睐。表 1 显示了他对写作方式的评判标准,其中有 26 篇稿件因"含糊其辞"被拒,51 篇因"枯燥乏味"被拒,还有 61 篇则因"无趣"而遭到拒绝。

本文及后续研究还需考虑一个问题:报道的类属是否真正影响盖茨先生的选择? 换言之,这位电讯编辑是否尽力维持一定量的犯罪新闻或人情味新闻? 是否存在其他的主题或选择方式(如一定数量的一段式报道)?

就目前来看,这位"把关人"在代表整个新闻编辑团队时,似乎并未有意识地依据新闻类属进行选稿。在考察的这一周中,对人情味新闻的侧重尤为明显,主要是因为红衣主教明德森蒂的相关报道具有强大的新闻吸引力。了解一位电讯编辑如何确定哪一问题或类型的新闻作为本周的头条,才是最有趣、最具价值的。很多时候这个决定是由其上级"把关人"或竞争对手媒体中的"把关人"做出的。如果当地电台的同行正在全力报道相关新闻,这位电讯编辑能无动于衷吗? 同样,如果这位报社电讯编辑看到邻近城市的竞争报纸闯入他所在的城市并大肆报道某则新闻时,他还能够不以为意吗? 这些因素无不左右着这位电讯编辑的观点(次日早晨应向读者提供什么内容)。如此便产生了一个显见的结论:理论上,所有电讯编辑的品位标准都应参照其服务和取悦的目标受众。

在盖茨先生结束为期一周的"新闻取舍原因"调查项目后,我们又向他询问了4个问题,这些回答让我们对盖茨先生的认知更立体、丰富,尤其是在将这些答案与那些置身于夜晚工作压力下给出的"具体原因"进行比较之后。

问题1:"新闻类属是否影响了你对新闻报道的选择?"

新闻的类属问题确实影响了我对新闻报道的选择。犯罪报道和事故新闻同样具有警示作用;人情味新闻既能引起读者共鸣,又能树立行为榜样;经济新闻对一些读者而言具有信息价值,但对其他人而言则过于深奥。我无意在新闻类属的选择上保持严苛的平衡,而是力求使报道多样化。新闻类属暗示着会对某种特定类型的新闻报道感兴趣的群体,例如教师、工人、专业人士等。连通讯社的报道都无法保持严格的平衡,因此我们也不会自我强求。同样的思维也适用于选择绝大部分的新闻短消息,尽管某些短消息的存在只是版面的填充材料。

问题2:"你认为自己是否存在偏见可能影响新闻选择?"

我很少有偏见,内在潜意识里的偏见可能存在,但我对此也无能为力。我不喜欢杜鲁门的经济学、夏令时和热啤酒,但如果没有更重要的新闻需要报道的话,我还是会选择与此相关的报道。我还对总部设在罗马的一个寻求公众关注的少数派抱有成见,因此我不会给予他们太多帮助。就个人喜好而言,我比较喜欢人情味新闻,另一喜好则是那些文笔优美且符合我们需求的稿件(或倾向于选择符合我们编辑策略的稿件)。

问题3:"你如何定义你为之做出新闻选择的目标读者? 在你看来,大多数读者是什么样的?"

我们的目标读者是达到平均智力水平、拥有广泛兴趣爱好和一定能力的人。我知道我们的读者中有些人的智力高于平均水平的读者(我们这里有四所大学),但也有很多人的受教育程度不高。无论属于哪一种,我都视他们为一些有着共同兴趣的普通人,都有权获取那些令他们感到愉悦的新闻(这和他们的思想、行为有关),以及让他们了解世界上正发生的新闻。

问题4:"对于主题或写作方式,你是否有具体的考量标准来帮助你进行新闻报道的取舍?"

我认为在进行新闻取舍时,对主题或写作方式的考量标准必然是

"清晰程度""简洁程度"和"报道视角"。之前提到过,某些新闻报道被选中是因其具有警示、劝勉或教化功能,但我不想将此归于主题或写作方式的考量标准。尤其是在我经常从美联社、合众社和国际新闻社对同一事件的报道中做选择的情况下,"清晰程度""简洁程度"和"报道视角"这三点几乎是进行新闻评判的不变准绳。稿件长度是另一个选择因素,除非可以删减得恰到好处,否则冗长的稿件一般会被淘汰。

个体心理学领域中存在一个共识——人们往往只将那些符合自身信念的事件视为真实。由此可见,当新闻编辑坐在"把关人"的位置上时(如果盖茨先生是其阶层中的一个公正代表),社会将只能听闻那些作为文化代表的新闻人所认为真实的事件(尽管他可能从未意识到这一点)。也就是心理学认为的"人之所见由其自以为的日之所及决定"。

这是一项关于"把关人"的案例研究,他与其他大量的"把关人"一样,都在复杂的信息传播过程中发挥着至关重要的作用,扮演着最后一道"关口"的角色。通过分析他拒绝新闻电讯稿的原因,我们可以看出"把关人"的自身经验、态度和期望在取舍新闻的过程中有着鲜明主观性。

参考文献

Lewin, K. (1947). Frontiers in group dynamics: II. Channels of group life; social planning and action research. *Human relations*, 1(2), 143 - 153.

Schramm, W. (1949). *Mass Communications*, U. of Illinois Press, Urbana.

日报编辑建构受众的常规
策略：一项案例研究[①]

（*Daily Newspaper Editors' Audience Construction Routines: A Case Study*）

兰达尔·S. 森普特（Randall S. Sumpter）

一、引言

60 年前，《纽约先驱论坛报》（*New York Herald Tribune*）的都市版编辑斯坦利·沃克（Stanley Walker）声称，街上的路人可以像报纸编辑一样轻松地识别新闻中的最大看点。新闻工作的规则简单明了，即"收集所有事实并将它们清晰地写出；女人、金钱和犯罪永远是新闻焦点"（Walker，1934，p. 44）。大众传播研究者发现，对于编辑和记者而言，定义"何为新闻"是一项具有挑战性的难题，与其说他们的工作是由简单明确的规则所支配，不如说是受到为了控制或减少不确定性的常规（routine）支配（Fishman，1980；Dimmick，1974）。帕梅拉·休梅克（Pamela Shoemaker）和史蒂芬·里斯（Stephen Reese）将这些"常规"定义为："媒体工作者在工作中反复使用的做法和形式。"（Shoemaker & Reese，1996，p. 105）一些媒介民族志学者描述了几种常规，包括记者在写作时对以下主体的依赖："想象的对话者"（De Sola Pool & Shulman，1959）[②]、新闻报道的"类型化"（typification）（Tuchman，1973）、其他媒体（Breed，1955a），以及那些

---

① 文章来源：Sumpter, R. S. (2000). Daily newspaper editors' audience construction routines: A case study. *Critical Studies in Media Communication*，17(3)，334 – 346.

② 这可能不是一个很有力的新闻工作常规。在艾西尔·德·索拉·普尔（Ithiel de Sola Pool）和欧文·舒尔曼（Irving Shulman）的实验中，只有 28% 的学生和 17% 的新闻从业者承认他们在撰写报道时创造了"想象的对话者"。一些编辑确实会让初级记者参考特定但非现实的虚拟想象读者。例如，罗伯特·达恩顿（Robert Darnton）指出《纽约时报》（*New York Times*）的编辑们曾经指导大部分男性记者"将他们新闻报道的目标想象成一个 12 岁的女孩"（Darnton，1975，p. 176）。

提供新闻素材的官僚机构(Fishman，1980)。新闻从业者在特定的传播环境中通过社会化的方式习得这些常规(Darnton，1975)。

有关新闻工作常规的多数研究都聚焦于记者，以及他们与新闻来源和编辑间的互动(Solomon，1985；Schudson，1989)，但鲜有人关注编辑所处的工作环境和编辑用以减少受众不确定性的常规(Gans，1980)。记者从新闻网(news net)(Tuchman，1978，p. 21)或报道圈(beat round)(Fishman，1980，p. 37)中获取新闻报道，编辑则决定这些报道何时和怎样被提供给读者(Tuchman，1978；Darnton，1975)。

媒介社会学的相关研究(尤其是探讨报纸)同样滞后于当下新闻工作环境的技术发展、商业和社会变迁。例如，罗德尼·威廉姆·斯塔克(Rodney William Stark)在 1962 年的"政策落实研究"对一家新闻编辑室进行了参与式观察，当时该新闻编辑室只有一名女性职员且明显没有少数族裔。时至今日，尽管男性仍然占据编辑室人员的大多数，但女性的比例已经达到 35%—37%，少数族裔的新闻从业者占比则达到了 7%—11%(Weaver & Wilhoit，1992；Voakes，1997)。技术发展也影响了新闻从业者的工作，并很可能影响了他们用以完成这些工作的部分常规(Solomon，1985)，尤其在过去的 20 年里，编辑不断强化对新闻生产的系统控制(Solomon，1985；Eatherly，1987；Hardt，1990；Russial，1994)。一些重要的研究诞生于报纸间相互竞争的时代或地方：斯塔克的研究着眼于日发行量 20 万份的《快报》(Express)与同城其他几家日报社间的竞争(Stark，1962)。沃伦·布里德(Warren Breed)"访谈过约 120 名新闻从业者，其中大部分来自美国东北部地区"(Breed，1955b，p. 328)，当时该地区存在竞争关系的报社数量多达 7 家。如今发行的报纸数量减少，存在竞争关系的城市也很罕见(Busterna，1988)。现存的多数报纸都归属于报业集团(Bagdikian，1992)，在垄断市场中运营(Litman，1988)。

尽管上述研究文献普遍忽略了编辑的具体问题和常规，且略显过时，但它们确实为日后进一步研究提供了一个有用的起点。目前关于编辑的研究不多，多数聚焦在分析新闻编前会或讨论会上。这些会议用于确定头版版面的分配问题，并对其他报道的版面位置达成默识(Reisner，1992；Gelsanliter，1995)。[1] 安·莱塞(Ann Reisner)考察了发行量从 2 万到 75 万不等的 9 家报社的 64 次

---

[1] 同样有趣的是莱塞对编前会中的交流所做的话语分析(Reisner，1990)。她发现一则报道距头版越远，编辑们就越倾向于依靠"客观性"原则来决定其取舍。

会议,并描述了这种会议形式。

> 会议一般由一名资深编辑(通常是主编)主持并组织发言。在会议
> 的第一阶段,各版面编辑提交报道说明清单,便于讨论并确定报道的新
> 闻价值。在会议的第二阶段,资深编辑会选出每日头版新闻。
>
> (Reisner,1992,p. 973)

除了明确新闻价值的构建方式外,有关编前会的研究也致力于解决新闻编辑室里的社会控制问题(Sigelman,1973)、同事间的资源竞争问题(Sigal,1973),以及各种小组(工作)进程的问题等(Tuchman,1978;Reisner,1990)。还有一些研究探讨了编辑如何减少他们对读者的不确定性。赫伯特·甘斯(Herbert Gans)发现,国家广播和印刷媒体的编辑都意识到了一些潜在受众的存在(Gans,1980)。出于两个原因,编辑会拒绝来自未知的受众反馈,反馈来源包括市场调查、来路不明的信函和致电:① 编辑不信任统计数据;② 编辑认为未知的受众无法甄别自己真正需要何种新闻。对这些编辑而言,还有三类群体的反馈是值得重视的:① 他们所在新闻组织中的上级;② 由家人、朋友、邻居和社交熟人组成的"可知受众"(known audience);③ 由记者和非记者同事组成,并且能从读者立场出发对新闻报道做出回应的"近距离受众"(near audience)。罗纳德·贾博(Ronald Jacobs)在对洛杉矶一家电视台进行的民族志研究中就遇到了这种"近距离受众"(Jacobs,1996)。

其他研究者同样发现了一些常规做法,例如,小组成员用以把握自身工作的典型方案,通常会被所有的新闻从业者所使用。通过这种典型方案,小组对过去的经验知识进行共享和分类,以便解决新的问题(Barber,1988)。阿尔弗雷德·舒茨(Alfred Schutz)将"典型"称为"解释社会世界和处理事情的可靠方法,在任何情境下都能够事半功倍"(Brodersen,1964,p. 95)。早期的民族志研究发现,记者和编辑通过谈话来建构典型(Tuchman,1973,1978)。在交流的过程中,他们会将新闻报道同过去的谈话中形成的案例进行匹配或分类。例如,丹·伯科威茨(Dan Berkowitz)指出,电视制作人和记者将一次飞机失事称为"惊天大新闻"(what a story!)(Berkowitz,1992)。"惊天大新闻"的类型化表明,这场事故是一次突发意外事件,只有从过去使用过但现已成为常规的工作策略中进行选择,才能有效地报道这一新闻。在此案例中,新闻从业者将此次坠机事件视作一则"火灾式报道",即一种类似于达恩顿"你的新闻故事"(Ur story)

的典型事件,有现成的处理方法(Darnton,1975)。除了运用常规的报道策略来应对突发事件外,编辑和记者还会运用类型化方法来建构新闻的通用定义(Lester,1980;Tuchman,1978,1980)、分配新闻编辑室的资源(Berkowitz,1992),以及应对与职业规范相冲突的组织要求(Tuchman,1973,1978)。在新闻编辑室民族志研究中,这种常规的普遍性和灵活性表明,编辑可能已经将常规融入对日常工作问题处理方式中。

本案例研究采用非参与式观察和焦点小组式访谈法,主要考察日报编辑工作的常规策略和受众在以下两方面的议题:一是编辑运用哪些工作常规策略来减少新闻选择的不确定性? 二是这些常规策略如何使新闻报道的选择与不确定的受众相匹配?

二、方法

本文对 家大型日报《新闻报》(*The News*)的编辑们进行了为期 6 周的观察,并就其工作进行了访谈。[①]《新闻报》是在美国西南地区一座首府城市发行的早报,每日发行量在 15 万到 20 万份之间,拥有 180 名员工,包括编辑、记者、平面设计师、摄影师和版面设计师。在某种程度上,《新闻报》类似于普通记者或编辑为普通美国人办的报纸。该报隶属于一家报业集团,且没有与其直接竞争的其他印刷媒体。尽管美国 2/3 的日报是晚报,但多数日发行量只有 5 万份甚至更少(Editor & Publisher,1998)。这类报纸并不在本文的对象范畴之中,因为编辑的数量通常会随着报纸发行量的增加而激增(Picard & Brody,1997)。

在《新闻报》的田野工作中可以观察到许多编辑活动,本文重点关注那些在每日两次的编前会中对头版新闻的选择中最具影响力的编辑:第一次会议在每天的 16:30 举行,通常会有 18—22 名编辑、版面设计师、平面设计师和摄影师参与有关头版新闻的讨论;第二次会议在每天的 18:30 举行,会有一个规模稍小的小组进一步优化新闻选择。在田野工作的第一周里,笔者确定了 12 位总是在第一场会议上推荐头版新闻,或总是参加第二场会议的编辑人员,表 1 列出了他们的笔名、职称和职责。[②] 随后的四周中,笔者重点观察了这些编辑是如何做出有关头版新闻的决策的,并邀请他们在编辑室外接受录音访谈,解释他们做出的新闻选择。为检验研究结果的稳定性,研究者在六个月后重返《新闻报》的编辑室,

---

[①]　本文案例研究的报纸是《新闻报》。发行城市指的是首府城市,编辑们均以笔名进行标识。

[②]　表 1 列出了所有监督或者经常替代其他编辑的编辑人员。其中,凯茜、罗伯特、南希、布伦达、汤姆和乔经常参与这项任务,同时他们也是下午六点半新闻讨论例会中参与次数最多的人。

对编前会进行了最后一周的观察并再度访谈了此前访谈过的 11 位编辑。

表 1　编辑的笔名、职称和职责

编辑的笔名	编辑的职称	编辑的职责
凯茜(Cathy)	副总编	发挥编辑职能;主持编前会;监督其他编辑;撰写每日社评
罗伯特(Robert)	助理执行编辑	发挥执行编辑职能;主持编前会;监督其他编辑
南希(Nancy)	特别项目编辑	与其他编辑协调周六、周日、周一的报纸
布伦达(Brenda)	新闻编辑	监督汤姆和哈罗德
汤姆(Tom)	助理新闻编辑	监督乔和几名版面设计师,实际上是夜班编辑
乔(Joe)	编辑主任	监督文字编辑
哈罗德(Harold)	国内电讯编辑	监管电讯服务
康拉德(Conrad)	州级版编辑	监督两名副手和州级记者
布莱恩(Brian)	都市版编辑	监督一名副手和五位助理
辛西娅(Cynthia)	都市版副编辑	监督综合报道记者和其他都市版助理编辑
杰森(Jason)	商业版编辑	监督一名副手和几位记者
希拉(Sheila)	体育版编辑	监督一名副手和几位记者

三、编辑所处的环境与受众诉求

在表 1 列出的 12 位编辑中,有 6 位是从业 20 多年的记者和编辑,其中:罗伯特的资历最深,从业时间长达 27 年;其次是希拉,她在报社工作了 24 年;凯茜、辛西娅、康拉德和杰森在报社工作了约 20 年。除布莱恩外,其余编辑都曾在其他报社工作过。

由于大部分时间都投身于工作,编辑们与非新闻从业者的社会联系并不密切。副总编凯茜和助理执行编辑罗伯特一般在早上 5:00 或 5:30 开始翻阅《华盛顿邮报》(*Washington Post*)、《纽约时报》和其他出版刊物,以此开启他们一天的工作。他们会在早上 9:00 到达新闻编辑室,并一直工作到晚上 19:00,周末也是如此。此外,他们轮流主持编前会,其职能类似于莱塞描述的资深编辑(Reisner,1992)。其他编辑的时间安排与之类似。因为缺乏与社会的联系,编辑们很容易重复或参考非本地精英群体或诸如《华盛顿邮报》和《纽约时报》等媒体所做的报道选择。罗伯特将这些媒体比作“真空吸尘器”,将《新闻报》的编辑

"吸"进"包装好的"新闻定义。编辑通过构建想象中的本地读者的形象,来平衡这种将他们引向国内和国际新闻报道的"布里德脉动效应"(Breedian arterial effect)(Breed,1955a)。① 这种"想象的读者"的建构源于各种信源。曾有一段时间,编辑倾向于收听当地电台的谈话类节目,但后来放弃了这一做法,因为他们发现给电台节目打电话的人与报纸读者间并不存在共通之处。都市版编辑布莱恩要求他手下的记者每个月都与那些有着非常规报道来源的人共进一次午餐,并向他报告谈话内容。编辑也依赖于他们的配偶、偶遇的陌生人、读者致电及来信以满足他们的受众诉求(Gans,1980,p. 236)。

通过这种社会化方法建构出的读者往往与新闻编辑室内部人员的兴趣和人口统计学特征相似。以布莱恩为例,他的妻子也有工作,两人养育了两个孩子,因此他就会假想《新闻报》的读者"乔(Joe)和乔琳·西克斯帕克(Joleen Sixpack)"是一对已育的双职工夫妻。

> 这对夫妇可能会收看一些电视节目,所以他们可能已经听说头版新闻所报道的内容。夫妻二人的时间有限,所以他们经常问:"为什么我要关注?"因此在报道中,你需要开门见山地指出他们需要关注的原因。他们喜欢找乐子,如果你能为他们提供一些轻松有趣的内容,那将再好不过。每日的辛苦拼搏让他极其憎恶政府的挥霍行为,任何与之相关的新闻都会得到青睐。另外,他们的孩子小乔和小乔琳还在上学,所以他们对学校多有不满,你需要提供一些有关教育的报道。总之,鉴于时间是有限的,应尽量提供与他们息息相关的新闻。

尽管编辑想象或建构的读者囊括了甘斯所说的"可知"受众和"未知"受众,但这些编辑依然会经常咨询由其他编辑组成的"近距离"受众。此类意见征询会可以在新闻编辑室的任何地方进行,但通常是在编前会上。编辑们倾向于采用这种方式,因为他们确信这些人的兴趣不受私人议程的影响,真实地反映了普通人的兴趣。然而,资深编辑们也意识到,这种向"近距离"受众进行意见征询存在一定局限性。凯茜举例指出,《新闻报》等报纸的内容往往反映出编辑们在年龄

---

① 译者注:社会学家布里德将某条新闻报道从一个重要新闻媒介向许多其他新闻媒介扩散的现象概念化,称其为脉动效应。

与经济结构方面欠缺多样性。

> 今天全国各地的编辑,至少在我认识范围内,我们的年纪都差不多。因此,你在报纸上读到的一切都是"45岁视角"。这些编辑中的很多人,才刚刚有孩子……你可以试试,随便选一份报纸,其中会有许多关于如何抚养3岁孩子的报道内容。

除缺乏年龄结构的多样性外,凯茜还认为编辑代表了一个同质化的经济阶层,因此可能会对底层读者所重视的新闻报道缺乏敏感。

为避开这些"近距离"受众的陷阱,资深编辑依赖于所谓的"直觉性"判断。当他们提到直觉时,指的是他们过去在《新闻报》或其他报社中选择新闻报道的成功经验。编辑将这些成功经验融入新闻编辑室中:《新闻报》举行编前会的会议室墙壁上挂满了往期报纸,被资深编辑视为"典范"的报道会被展示在关键位置。凯茜会每天通过电子邮件点评上一期报纸。正如布里德、李·西格曼(Lee Sigelman)、达恩顿研究的那些经过编辑"调教"而成功社会化的记者一般,那些效仿凯西和罗伯特的编辑在新闻编辑室中获得了晋升,而没有受到影响的则会被公开纠正(Breed,1955b;Sigelman,1973;Darnton,1975)。例如,一名编辑没有在头版刊登一则关于深夜雷雨造成危害的新闻。在次日的编前会上,凯茜对编辑们说:"得给她提个醒,'天气'一直很重要。"助理新闻编辑汤姆是一名老练的学生。当凯茜和罗伯特不在时,他就成了"资深编辑",偶尔需要独自选择头版新闻,并通过做出更多正确的决定来获得凯茜和罗伯特的信任。汤姆说:

> 当你做出正确决定,或者犯了错误但从中吸取教训时,你就会知道他们(资深编辑)对你的认可度在提高,你也会对自身能力更有信心。我知道,当我不在时,坐在这个位置上的人可能不会像我一样有这么大的稿件取舍权力。

四、销售新闻

早期研究发现,编辑们将编前会视作竞争激烈的"角斗场"(Sigal,1973;Tuchman,1978)。那些成功争取到更多头版空间的编辑提升了自身地位,而那些无所斩获的编辑在编辑室等级制度中的地位会有所下降或仅保持原来的地位。然而，《新闻报》的编辑们在编前会中的行为与此前的发现并不相符，他们很少就新闻报道的相对优劣展开激烈争论。在焦点小组式访谈中，编辑们就编前会"少有异议"的现象做出解释：① 因为他们对头版新闻的标准（见表 2）[①]基本达成了一致，编辑们认为同事不太可能会推荐一篇不合格的新闻报道；② 他们认为在下午 16:30 的编前会后，很难再去修改头版新闻或者获取新的报道，因为大多数记者及其信源在下午 16:00—17:00 已离开单位回家；③ 他们认为，自己在编前会上的任务不是把握新闻价值，而是为头版选择一组最能吸引受众的报道。这可能是一项复杂的工作，因为《新闻报》的头版只刊登 5 篇报道，但编辑有时会推荐十几篇甚至更多的备选报道。为简化选择过程，编辑会将编前会上大家针对报道展开的讨论与未知受众的反应大致等同。州级版编辑康拉德总结道："如果你能把这则新闻推销给编辑，你就能将它卖给读者。"

表 2　编辑视角下的"最佳"头版新闻的特征

编辑的职称	头版新闻的特征
副总编	贴近读者、语境开阔、视野宽广且文笔优美；这则新闻与版面上其他报道间相互补充的恰切性；某些新闻选择是直觉性的
助理执行编辑	过于抽象以致无法定义；编辑的直觉，市场限制也是考虑因素之一；选择头版新闻就像解谜一样
专题编辑	与读者的相关性；是否好笑？是否有趣？文笔如何？这则新闻与版面上其他报道能够相互补充
新闻编辑	有趣、令人愉悦，或具有吸引力
助理新闻编辑	最好的头版新闻是文笔精彩的硬新闻；必须让人感兴趣；某些选择是直觉性的
编辑主任	应是全报中最好的新闻，具有广泛吸引力
国内电讯稿编辑	显然重要、有趣或具有明显的地方关联性
都市版编辑	文笔优美、报道扎实、独家细节；与读者的相关性
都市版副编辑	广泛吸引力；通过提前告知读者接下来即将发生的事件，引领新闻市场（预测与提前报道的能力）
州级版编辑	广泛吸引力；与读者的相关性、趣味性与可理解性
商业版编辑	与读者相关并使其感兴趣；某些选择是直觉性的
体育版编辑	与读者相关的；文笔优美；不寻常的独家爆料

———————————

① 表 2 中所列条目是编辑在焦点小组式访谈和新闻编辑室非正式交谈期间所说内容的概要。

作为受试对象,编辑很容易受到"谁推荐了新闻""推荐的热情程度",以及"其他编辑发表评论的频率和类型"的影响。总体而言,这些观察结果与莱塞的报告相吻合(Reisner,1990,1992)。资深编辑有时会根据编前会的讨论改变对某则新闻的看法。例如,罗伯特起初并没有被一则关于"科学家对猫进行睡眠剥夺实验"的通讯报道所打动——实验要求猫咪保持18个小时的清醒状态。但其他编辑对此兴致盎然,他们提及自己养的猫,并指出让这些宠物保持清醒极其困难。他们对这则新闻的兴趣使罗伯特对其进行重新考量。凯茜有时会征询来自特定性别或年龄群体的编辑的意见,有一次,她征求了一位刚成为母亲的编辑对于一张消防员抱着婴儿尸体的照片的意见。汤姆还表示,那些被商业版和体育版编辑们高度认可的新闻可能对于其他外行的读者而言过于深奥。汤姆的上级布伦达指出,如果会议上对一篇报道存在诸多质疑,那么可能说明报道做得不好,而不是人们不感兴趣。在极少数情况下,当一个编辑推荐的新闻不符合"近距离"受众的标准时,其他编辑可能会问"为什么我要关注",这些新闻通常不予考虑。

最后,一些编辑,尤其是体育版编辑和商业版编辑并不愿意将他们最好的新闻报道用于头版,他们认为这些新闻在其专属版面上的效果会更好。在某些情况下,这些编辑也不愿意为了寻求潜在受众而降低他们的报道水准,因为他们的读者大多对专业化信息有所要求。在编前会上讨论这些新闻时,体育版编辑希拉不主张将这类新闻放在头版。

> 因为已有前车之鉴。如果一篇报道对于体育版读者而言非常重要,体育版工作人员通常会使用通栏大标题和大图进行专栏报道,而资深编辑则可能出于重要性的考量将其安排在头版,但却是在版尾,并采用一个含糊其词、根本无法告知人们具体内容的两栏式标题。这不是在开玩笑,读者确实错过了这个新闻。

1. 将"类型化"用于预测

在编前会中,编辑没有使用其他研究所提的"硬新闻/软新闻"或"常规/非常规"的分类方式(Tuchman,1978;Fishman,1980)。但他们对这些区别极为熟悉,也会在进行焦点小组式访谈时有所提及。他们的意思通常与盖伊·塔奇曼(Gaye Tuchman)马克·费什曼(Mark Fishman)笔下"参与者"相同——硬新闻包含重要的信息,软新闻则包含具有趣味性的信息;前者需要快速发布,后者则没有时效性要求。常规新闻源于可预测的信源或事件，非常规新闻则与之不同。然而，编辑门并不认为这些分类和区分有助于开展他们的工作，相反，他们的"类型化"预测了受众的反应：受欢迎的类型化通常指的是受"近距离"受众的欢迎；不受欢迎的类型化则指来自未知受众的反应。

受欢迎的类型化既涉及"读者"也包括"与谈人"。汤姆通过自问"我会从头到尾将它读完吗？"来确定一则报道是否符合"读者"标准；"与谈人"则是作为"读者"与编辑进行讨论的其他编辑。同时满足这两者要求的新闻报道往往能够成为凯茜口中"嘿，蒙塔纳（Montana）！"式的类型化，这一标签改编自很多新闻编辑室所使用的类型化"嘿，玛莎（Martha）！"，指的是能抓住读者眼球的新闻报道。正如艾德纳·布坎南（Edna Buchanan）对这一虚构故事的复述：当玛莎的丈夫在早餐桌上看报纸时，他用"嘿，玛莎！"这一感叹语气引出后续问题"你看过这个新闻吗？"在《新闻报》里，女性编辑则会用中性的"嘿，蒙塔纳！"式的类型化代替具有性别歧视意味的"嘿，玛莎！"式的类型化（Buchanan，1987，p. 275）。当编辑讨论这类报道时，他们经常在交谈开始时互相询问："嘿，你看过这个吗？"凯西会问其他编辑是否看过"嘿，蒙塔纳！"式的新闻，其中一则是关于一家阴谋论主题的博物馆的报道，以及一篇关于戒毒和戒酒康复计划预算削减可能会增加再犯罪率的报道。

由于其他非印刷媒体在硬新闻报道方面的竞争，《新闻报》的编辑也在寻求那些"代入感"的新闻。这类报道需要同时向"近距离"受众和未知受众回答"为什么我要关注？"这一问题。凯茜对此进行了清晰阐述。

> 当一架飞机在 17:00 坠毁并造成 100 人死亡时，我们不会愿意仅仅给读者提供一个说明事故发生的报道，而更想回答这样一个问题：这类事件是否会发生在他们身上。

布伦达表示，"代入感"新闻是"很好的报道"，"它们可以从不同的角度或不同侧面捕捉到新闻或公众关注的问题，例如犯罪、堕胎或闯红灯行为等"。对布伦达而言，这些报道最亮眼之处在于它们十分有趣、文笔优美且细节饱满。

编辑使用其他类型化来描述"头版的报道组合是否足以代表吸引读者的最佳话题范围"。有研究推测，相较于为头版选择出的具体报道，做出这种最佳选择可能是对新闻判断的一个更关键考验（Stempel，1985）。《新闻报》的编辑将这类报道主题的组合称为"混合"。基于常规，他们将五个头版新闻中的一个名额分配给能强化这种"混合"的新闻——因为它与其他四则新闻所涉及的话题无关。为了找到这些报道,12位最具影响力的编辑通常会核查"计划报道清单"中未被其他编辑推荐的新闻。资深编辑或他们最信任的下属几乎垄断了新闻报道的决定权。根据康拉德的说法,关键是要"在头版上发布一些针对不同受众群的内容"。编辑认为这些报道增强了报纸头版吸引读者的话题多样性,因为它们通常涉及其他版面未涵盖的话题。汤姆解释说:"这是一则与其他头版新闻截然不同的报道,通常情况下它难以登上头版,因为它的吸引力有限或新闻价值较少。"编辑常常把这些新闻报道称为"可爱的小特写"或"点缀",也就是汤姆所言——是一篇不错的报道,但不需要花时间研读。他们近期发布的一则与长途电话公司相关的新闻报道就属于"可爱的小特写":由于广告中的一个错误,一些客户想要拨打的是该公司的求助热线,却接通了聊天热线,这则报道的关注重点正是这一具有戏剧性的结果。

2. 读者"不可或缺的"报道

编辑意识到存在两种"不可或缺的"报道类别(Tuchman,1978,p. 175;Breed,1955b,p. 331),但他们并不认为这些报道属于严肃新闻,将这些报道选为头版新闻只是为了避免来自未知受众的批评,而非避免来自报社业务部门的质疑。

其中一种是被编辑视为"只发生在首府"的报道类别,既包括硬新闻也包括软新闻。被贴上这种标签的硬新闻报道就成了汤姆口中"愚蠢的政治新闻"。"这种议题一旦出现,就会引发市政委员会上无休止的争论,或激发人们的请愿情绪"。软新闻的类别近似于菲利斯·凯妮丝(Phyllis Kaniss)形容的具有象征意义、能建构受众身份的报道(Kaniss,1991)。她发现,通过这些报道,报纸可以团结广大受众,尤其是那些郊区的读者。在本研究中,"只发生在"(only in)的类型化一般适用于首府城市街道和公园一年一度的节日庆典或其他受欢迎的公共活动。汤姆解释道:

> 每个人都在进行户外活动,与之相关的报道角度却是单一的:这是城市中的又一个美妙周末。人们参加各种活动,500人齐聚在公园里参加飞盘高尔夫锦标赛,单看这件事似乎无关紧要,但若将它与同时进行的其他五件事结合起来,城市图景便映入眼帘了。若只报道一件事,那就成了都市版中的一则常规报道。

布莱恩将这种"不可或缺的"报道类别等同于读者经常期待的边缘内容,"它们是人们参与并关注的事情,读者期待我们提供一些指导,告诉他们应当如何参与"。

与《新闻报》及其所属集团相关的财经或法律报道,或是宣传报纸公共活动(如设立奖学金基金)的报道,也属于读者"不可或缺的"报道类别。编辑认为这些内容不属于"管理部门不可或缺的"类别,是因为:① 管理部门并未向编辑施压,迫使他们采用那些利于报纸形象的新闻报道;② 编辑担心如果报道完全不涉及那些不利于报纸或其所属集团的内容,未知读者可能会指责他们偏袒或保护报纸。

在焦点小组式访谈的过程中,一旦问题涉及"不可或缺的"报道类别,话题总是会引向对"争议性"报道的讨论。编辑根据读者的反应来定义争议性报道。布伦达认为争议性报道会"激怒双方";汤姆认为争议性报道会"煮恼某些人",这是因为双方都对某则报道感到满意几乎是天方夜谭。编辑在编写这些新闻时的主要关注点是减少批评。正如 1972 年塔奇曼研究中的记者一样,《新闻报》的编辑们努力确保争议性报道的客观性和准确性。这就需要投入大量的时间和精力,因为这些报道必须反映一个问题的两面,且不能出差错。此外,《新闻报》并不鼓励文案编辑在制作新闻标题时使用"聪明"等字眼,因为读者可能会将这些标题视为"报道具有倾向性/偏见"的证据。

五、讨论和结论

尽管《新闻报》的编辑使用的是基于前人所述的那种新闻工作常规,但他们根据不同的任务对其进行了调整。例如,他们利用想象的对话者来平衡精英媒体的脉动效应,但在德·索拉·普尔和舒尔曼实验中,记者也参照了想象的对话者的建议来帮助编写或修改报道(De Sola Pool & Shulman,1959)。编辑们并没有使用其他针对新闻编辑室的社会学研究中所描述的"硬新闻/软新闻"的分类方式。恰恰相反,他们采用类型化以预测不同受众对新闻报道的反应、新闻报道组合对受众的吸引力,以及新闻报道与其他非印刷新闻源的竞争力。当编辑所选报道是为了吸引大量未知受众时,他们所选取的类型化可能并不受欢迎;受欢迎的类型化所满足的是编辑部同事这种"近距离"受众的需求。在新闻编辑室,当需要就新闻选题做出艰难选择时,资深编辑往往依靠直觉进行判断;低级别的编辑通过研究资深编辑的直觉进行判断并加以模仿,从而获得晋升机会。编辑们认为,编前会上关于报道的讨论大致相当于客观的读者反应。此外,编辑们并不会利用每天的编前会来确定"新闻价值"的定义,也不会借此与同事竞争有限的头版空间,而是就如何销售新闻做出决定。

学界中存在一种设想:即使是在同一市场,对报纸的编辑也具有某种一致性(McCombs,1987)。而斯坦普尔的工作和本研究表明了一个有限但有趣的例外。在《新闻报》中,编辑会在头版预留部分版面,用以刊登与该页上其他主题不同的混合报道;找到这样的报道需要创造力,尤其是资深编辑的努力——他们经常会选择一个被其他编辑"跳过"或忽视的新闻来完成头版。

对《新闻报》的观察发现可以有多种方式解读。编辑的新闻工作常规可能具有特异性。这种解释看起来似乎不太可能,因为这群编辑曾效力于多家不同的报纸,有的工作年限甚至超过 20 年。尽管编辑工作的社会化进程在《新闻报》中可能仍旧继续,但这一过程早在其他报社中就已经开始。新闻编辑室里的人口结构确实影响了一些新闻工作问题的解决,但正如凯茜在举例时所指出的,此类解决方案在其他报纸的编辑工作中同样明显。《新闻报》的新闻工作常规与以往研究过的媒体组织间存在的差异可能源于两个因素:一是以往的研究大多是通过信源、记者和编辑之间的互动来评估新闻工作常规,这种路径掩盖了不同新闻编辑室工作环境间的差异;二是在不同的群体间,常规具有充分的流动性,可以用于应对共同的问题;而在单一群体内部,一些常规并不通用,或只适用于专门的任务。例如,《新闻报》的编辑使用类型化来匹配不同的受众,而在塔奇曼1978 年的研究中,记者和编辑均采用了"惊天大新闻"的类别来设计整个组织范围内针对突发事件的报道方案。最后,本文与以往研究的一些差异(特别是在编前会互动方面的差异)大概可以归因于报纸产业的发展变化:在布里德 1955 年的研究之后的 20 年里进行的研究主要聚焦于这样一个议题:同一市场内报纸间的竞争仍旧普遍,其他媒体尚未取代印刷媒体成为主要的新闻来源。在雷恩·西格尔(Leon Sigal)的研究中,编辑利用编前会提升自身在组织中的地位(Sigal,1973);在 20 多年后,《新闻报》的编辑在编前会上要解决的问题却大相径庭:如何选择头版新闻以吸引最大的受众群——那些被其他媒体追逐、日益减少的未知受众。这种变化挑战了以往媒介社会学中经常出现的又一假设,即记者和编辑采编新闻的目的是服务于由其他编辑和记者构成的"近距离"受众。至少对于《新闻报》的编辑而言,"常规"的使用勉强降低了为未知受众提供新闻的不确定性。

关于新闻工作常规的诸多方面仍需进一步探究,如:新闻工作常规对新闻组织内不同群体任务的适应性,或者是对由媒介技术演进所带来的问题的适应性,等等。

参考文献

Bagdikian, B. H. (1992). *The media monopoly* (4th ed.). Boston: Beacon Press.

Barber, M. D. (1988). *Social typifications and the elusive other: The place of sociology of knowledge in Alfred Schutz's phenomenology*. Lewisburg: Bucknell University Press.

Berkowitz, D. (1992). Non-routine news and newswork: Exploring a what-a-story. *Journal of Communication*, *42*, 82 – 94.

Breed, W. (1955a). Newspaper 'opinion leaders' and processes of standardization. *Journalism Quarterly*, *32*, 277 – 284, 328.

Breed, W. (1955b). Social control in the newsroom: A functional analysis. *Social Forces*, *33*, 326 – 335.

Brodersen, A. (Ed.). (1964). *Collected papers of Alfred Schutz* (Vol. 2), *studies in social theory*. The Hague: Martinus Nijhoff.

Buchanan, E. (1987). *The corpse had a familiar face: Covering Miami, America's hottest beat*. New York: Random House.

Busterna, J. C. (1988). Trends in daily newspaper ownership. *Journalism Quarterly*, *65*, 831 – 838.

Darnton, R. (1975). Writing news and telling stories. *Daedalus*, *104*(2), 175 – 193.

De Sola Pool, I., & Shulman, I. (1959). Newsmen's fantasies, audiences, and newswriting. *Public Opinion Quarterly*, *23*(2), 145 – 158.

Dimmick, J. (1974). The gate-keeper: An uncertainty theory. *Journalism Monographs*, *37*.

Eatherly, K. (1987, November). Copy editors had a lot to say about the revolution on the rim. *American Society of Newspaper Editors Bulletin*, *699*, 12 – 15.

Editor & Publisher International Year Book, *Part 1* (1998). New York: Editor & Publisher, unpaginated.

Fishman, M. (1980). *Manufacturing the news*. Austin, TX: University of Texas Press.

Gans, H. (1980). *Deciding what's news: A study of CBS Evening News, NBC Nightly News, Newsweek, and Time*. New York: Vintage Books.

Gelsanliter, D. (1995). *Fresh ink: Behind the scenes at a major metropolitan newspaper*. Denton, TX: University of North Texas Press.

Hardt, H. (1990). Newsworkers, technology, and journalism history. *Critical Studies in Mass Communication*, *7*, 346 – 365.

Jacobs, R. N. (1996). Producing the news, producing the crisis: Narrativity, television and news work. *Media, Culture, and Society*, *18*, 373 – 397.

Kaniss, P. C. (1991). *Making local news*. Chicago: University of Chicago Press.

Lester, M. (1980). Generating newsworthiness: The interpretive construction of public events. *American Sociological Review*, *45*, 984 – 994.

Litman, B. (1988). Microeconomic foundation. In R. G. Picard, M. E. McCombs, J. P. Winter, & S. Lacy (Eds.), *Press concentration and monopoly: New perspectives on newspaper ownership and operation* (pp. 3 – 34). Norwood, NJ: Ablex Publishing.

McCombs, M. (1987). Effect of monopoly in Cleveland on diversity of newspaper content.

Journalism Quarterly, *64*, 740 – 745.

Picard, R. G., & Brody, J. H. (1997). *The newspaper publishing industry*. Boston: Allyn and Bacon.

Reisner, A. E. (1990). The bounded constraints of rules: A model of rule-use using a newsroom example. *Studies in Symbolic Interaction* (Vol. 11), 373 – 409.

Reisner, A. E. (1992). The news conference: How daily newspaper editors construct the front page. *Journalism Quarterly*, *69*, 971 – 986.

Russial, J. T. (1994). Pagination and the newsroom: A question of time. *Newspaper Research Journal*, *15*(1), 91 – 101.

Schudson, M. (1989). The sociology of news production. *Media, Culture, and Society*, *11*, 263 – 282.

Shoemaker, P. S., & Reese, S. D. (1996). *Mediating the message: Theories of influences on mass media content* (2nd ed.). New York: Longman.

Sigal, L. V. (1973). *Reporters and officials: The organization and politics of newsmaking*. Lexington, MA: D.C. Health.

Sigelman, L. (1973). Reporting the news: An organizational analysis. *American Journal of Sociology*, *79*, 132 – 151.

Solomon, W. S. (1985). From craftspeople to production workers: Video display terminals and the devaluation of newspaper copy editing work. In J. Turow, & D. C. Whitney (Eds.), *Communication* (pp. 207 – 224). NY: Gordon & Breach.

Stark, R. W. (1962). Policy and the pros: An organizational analysis of a metropolitan newspaper. *Berkeley Journal of Sociology*, *7*(1), 11 – 31.

Stempel, G. H., III. (1985). Gatekeeping: The mix of topics and the selection of stones. *Journalism Quarterly*, *62*, 791 – 796, 815.

Tuchman, G. (1972). Objectivity as strategic ritual: An examination of newsmen's notions of Objectivity. *American Journal of Sociology*, *77*, 660 – 679.

Tuchman, G. (1973). Making news by doing work: Routinizing the unexpected. *American Journal of Sociology*, *79*, 110 – 131.

Tuchman, G. (1978). *Making news: A study in the construction of reality*. New York: The Free Press.

Voakes, P. S. (1997, April). *The newspaper journalists of the' 90s*. Reston, VA: American Society of Newspaper Editors.

Walker, S. (1934). *City editor*. New York: Frederick A. Stokes Co..

Weaver, D. H., & Wilhoit, G. C. (1992). Journalists-Who are they, really? *Media Studies Journal*, *6*, 63 – 90.

第七章
扎根理论

扎根理论研究：程序、准则和评价标准[①]

（*Grounded Theory: Procedures，Canons，and Evaluative Criteria*）

朱丽叶·科宾(Juliet Corbin)

安塞尔姆·施特劳斯(Anselm Strauss)

一、引言

以扎根理论为例，本文探讨了适用于所有质化研究的三个方法论问题：一是在质化研究中，如何对常用的科学准则"再解释"；二是研究者应如何记述其研究中使用的程序和准则；三是评判研究成果时应采用何种评价标准。

研究者的目标各有不同，包括"给出详尽的描述""提供民族志事实调查报告""生成利于理解的叙事""对特定现象进行理论分析""建构系统理论"或"制定政治性宣传文件"等，所以其成果类型也不尽相同。目标不同的研究者可能会采用一些不同的程序，因此难以用相同的评价标准对其研究结果进行评判。

本文通过演示如何基于扎根理论方法论程序重新定义评价标准，来阐明这些方法论问题。为此，本文首先将厘清扎根理论的一些程序步骤，随后将为扎根理论提供一套用以评估的具体标准，其目的在于进行路径演示，并向其他质化研究者提出挑战，要求他们阐明自身程序(参见 Miles & Huberman，1984；Manning，1987)与评价标准。

二、综述和简述：扎根理论的准则和程序

同量化方法一样，只有在准则和程序都明确的情况下才能对质化方法进行

---

① 文章来源：Corbin, J. M., & Strauss, A. (1990). Grounded theory research：Procedures, canons, and evaluative criteria. *Qualitative Sociology*，13(1)，3 - 21.

系统评价。本节将介绍扎根理论的要素和程序(更详细的解释参见 Glaser &
Strauss，1967；Glaser，1978；Strauss，1987；Strauss & Corbin，1990)。首先，
我们需简要指出一个质化研究者共同的问题：质化研究及其研究方法通常受到
以量化为导向的读者的评判。许多人将量化研究的准则作为质化研究的评判标
准，但一些质化研究者认为这并不恰当(Agar，1986；Guba，1981；Kirk &
Miller，1986)，且他们之中大多数认为需要修改准则以适应质化研究。扎根理
论学者与许多其他质化研究者一样，坚信"好的科学"的常规准则应该保留，但为
适应质化研究的现实和社会现象的复杂性，需要重新定义这些准则，如"显著性"
"理论和观察结果的兼容性""普遍性""一致性""可重复性""精确性"和"可验证
性"(具体参见 Gortner & Schultz，1988，p. 204)。物理学和生物科学家将这些
视作天然要遵守的准则，科学哲学家也不会对其中多数准则展开明确讨论(除非
是为了验证)，尽管诸如"精确性""一致性"和"相关性"等准则必然包含其中
(Popper，1959)。

在使用这些术语时，质化研究者必须警惕受到实证主义内涵的影响。就像
没有人严格遵循物理科学家的做法一样，质化研究者也不必按照量化研究者的
标准来定义或使用术语。每种探索模式都有其自身标准和实现这些标准的准则
和程序，重点是明确这些准则和程序。下文将阐述扎根理论研究是如何做到这
一点的。

1. 综述

自 1967 年首次提出扎根理论以来，这一方法在形式上并未发生变化。但随
着该方法在实践中的发展，其程序的特殊性逐渐显现。扎根理论的程序旨在形
成一套完整的概念，对所研究的社会现象做出全面的理论解释，该理论既要描述
现象，也要解释现象，在特定条件下，它甚至隐含着某种程度的可预测性。

扎根理论的理论基础源于实用主义(Dewey，1925；Mead，1934)和符号互
动论(Park & Burgess，1921；Thomas & Znaniecki，1918；Hughes，1971；
Blumer，1969)。尽管使用该方法不一定需要认同这些哲学和社会学取向，但其
中包含了两个与之相关的重要原则。第一个原则与"变化"相关：由于现象是动
态的，随着条件的发展而不断变化，因此该方法的一个重要组成部分就是通过
"过程"将"变化"纳入其中。第二个原则涉及对"决定论"问题的明确立场："严格
决定论"和"非决定论"均应被摒弃。行动者被认为具有(尽管不经常使用)通过
对条件的反应来控制自身的手段，他们能够根据自己对所遇选项的感知做出选
择，这种感知通常是准确的——实用主义和符号互动论持有相同立场。因此，扎

根理论不仅试图揭示相关条件,也试图确定行动者如何应对不断变化的条件及其行为的结果。研究者的责任是捕捉这种互动,无论研究重点是微观的(如实验室里工作人员之间的互动),还是宏观的(如对健康产业或艾滋病政策领域的研究),这种互动方法都是必要的。

与其他质化方法相似,扎根理论的资料来源多种多样。资料收集程序包括访谈、观察,以及其他来源,如政府文件、录像带、报纸、信件和图书等任何可能有助于研究问题的资料。这些资料均可采用与访谈或观察相同的方式进行编码(Glaser & Strauss,1967,pp. 161‐184)。调查者将使用访谈和田野工作中建议的常用方法来确保受访者的可信度,并避免对其回答和言论产生偏见(Guba,1981;Hammersley & Atkinson,1983;Kirk & Miller,1986;Johnson,1975)。在收集和分析文献资料时,调查者也将遵循类似的保护程序(protective procedures)。

2. 准则和程序

在撰写关于扎根理论程序和准则的详细报告时,我们可能会被解读为过分形式主义,甚至是循规蹈矩。然而,严谨对待这些程序和准则是必要的,否则,研究者可能声称自己采用了扎根理论方法,但实际上只是使用了其中的某些程序或使用了不当程序。每个研究者都必须在"符合建议的标准"和"面对不可避免的突发情况时程序允许的灵活性"之间保持微妙的平衡。不过,在条件允许的情况下,谨慎遵守程序会使项目更具严谨性。

扎根理论具有一定的灵活性和自由度,但也有具体的资料收集和分析程序(如果太过宽松,将失去严谨性)。扎根理论研究者必须了解这些程序和相关准则才能进行研究,阅读和评价扎根理论研究的人亦是如此。其程序和规则如下。

(1)资料收集和分析是相互关联的过程。在扎根理论中,分析工作在收集到第一份资料时就开始了。相较而言,许多质化研究者在开始系统分析前会收集大量资料,这可能适用于其他类型的质化研究,但违背了扎根理论方法的基本原则。在扎根理论方法中,从一开始就必须进行分析,因为分析会被用于指导下一次访谈和观察,但这并不意味着资料收集没有标准化。每位调查者都会带着一些问题或观察视角进入研究田野,或者很快就会产生这些问题或视角。除非这些问题在分析过程中被证明是无关紧要的,否则在整个研究过程中研究者都会收集相关问题的资料。为了不遗漏任何重要的信息,研究者必须对最初的资料进行分析以找寻线索,所有看似相关的问题都必须被纳入下一轮访谈和观察之中。

研究者依序、系统地执行资料收集和分析程序，有助于及时捕捉到研究过程中所有与问题相关的全部潜在方面。这个过程是扎根理论方法有效性的一个主要来源。研究过程会引导研究者观察所有可能有意义的理解途径。这就是为什么扎根理论研究方法既是一种发现方法，也是一种基于现实的理论建构方法（Glaser & Strauss，1967）。

在研究过程中引入或发现的每一个概念起初都是暂时性的。每个概念在访谈、文献和观察中以不同形式反复出现，或因存在明显的概念空白（即应该出现而实际却无，故需就此提出问题）而逐渐发展成理论。要求证明一个概念与一个不断发展的理论间的相关性（作为条件、行为/互动或结果），是扎根理论用以防止研究者产生偏见的一种方式。无论研究者如何痴迷于某个特定概念，如果持续的研究无法证明其与所讨论现象间的相关性，就必须放弃它。这种将概念建立于现实资料基础之上的方式，使得扎根理论方法具有"理论—观察"的一致性。

（2）概念是分析的基本单位。理论学者关注的不是资料本身，而是对资料的概念化。理论不能建立在观察或报道的事件或活动之上，换言之，不能直接在原始资料里建立理论。这些"突发事件""重大事件"和"偶发事件"被视为或分析为现象的潜在指标，从而被赋予概念标签。如果受访者对研究者说，"我每天早上的活动会分开进行，在刮胡子和洗澡的间隙里稍作休息"，那么研究者可能会将这种现象称为"节奏调整"。当研究者遇到其他事件，比较前后后，发现它们似乎是同一现象，那么这些事件就也可以标记为"节奏调整"。只有通过比较事件并使用同一术语对类似现象进行命名，理论家才能积累理论的基本单位。在扎根理论方法中，随着分析的深入，这些概念会愈发多样化与抽象化。

（3）类属必须发展和关联。属于同一现象的概念可以进行分组而形成类属（category）。但并非所有的概念都能成为类属。类属比它们所代表的概念层次更高，也更抽象。它们通过与概念生成相同的分析过程产生，即通过比较来突出相似性和差异性。类属是发展理论的"基石"，提供了整合理论的方法。

上述分析亦可以说明概念的分组如何形成类属。除了"节奏调整"这一概念，分析者可能还会构建"自我治疗""休息"和"注意饮食"等概念。在进行编码时，他们可能会注意到，尽管这些概念在形式上有所不同，但它们似乎都代表了一种类似的过程：控制疾病，可将其归于一个更抽象的类属，即"控制疾病的自我策略"。

然而，仅仅将概念归入一个更抽象的条目并不能形成类属。要形成类属，必须从概念的属性、所代表现象的维度、产生的条件、所表达的行动/互动，以及概念产生的结果等方面发展一个更抽象的概念。例如,一旦确定这一类属,人们就会想知道"控制疾病的自我策略"的特点:这些策略是在某些时期还是所有时期都被使用? 使用这些策略需要大量知识还是部分知识? 人们还希望了解一些其他问题,诸如:这些策略与医疗健康工作者和家庭成员采用的策略有何不同? 在什么情况下使用这一策略? 什么时候不使用? 人们还使用哪些自我策略? 使用这些策略会产生何种结果?

经由这种详细描述,类属被定义并获得解释力(explanatory power)。随着时间的推移,类属之间可以相互关联并形成一个理论。

(4) 扎根理论中的抽样在理论基础上进行。扎根理论并不是从特定的个体群体、时间单位等方面抽取样本,而是从概念、属性、维度和变化中抽取样本。在项目伊始,研究者会对想要研究的现象有一定了解,基于此,可以选择代表该现象的个体群体、组织或社区进行研究。例如,如果研究者想研究护士的工作,他/她会去护士工作的地方观察其工作内容,如医院、诊所或家庭(或二者皆有)。

一旦到了工作地点,研究者就不再对护士本身进行抽样,而是对护士所做工作的突发事件、重大事件和偶发事件进行抽样,对能促进、中断或阻碍护士工作的条件进行抽样,对表现护士工作的行动/互动和由此产生的结果进行抽样。在对最初的观察结果进行分析后,相较于研究初期的一般问题或概念,"工作"一词会有更具体、更复杂的含义。研究者可能会注意到存在不同类型的工作,其强度也有所不同。

此时,研究者可能希望找出不同工作类型间的差异,将观察重点放在尽可能多地发现类型差异上。同时,他/她还可能对工作强度进行抽样调查,记录不同工作强度的产生条件。为最大限度发现这些条件,研究者可能会观察已知工作强度较高或较低的地点,如重症监护室和家庭护理病房。这并不意味着在研究者有计划地游走于医院各科室时不会偶然遇到强度较高的工作。研究者可以改变抽样时间,以确定护士一天中某些时段的工作是否更加紧张。如此,研究重点便不再是护士、单位和时间,而是工作强度或工作类型。研究者尽可能系统地改变或对比各种条件,以确定影响所研究现象的因素。

为保持资料收集的一致性,研究者应该注意每次观察中所有重要概念的指向,包括从以往分析中延续下来的概念,也包括在实际情形中出现的新概念。通过记录现象发生的条件、采取的行动/互动形式,以及产生的结果等可以对观察结果进行限定。细致记录限定词可以使概念具体化。

虽然研究者通常不会将观察或解读相关事件/行为的次数作为概念指标,但实际上这是可行的。简单的计数可能无法让研究者捕捉到此前忽略的事件,而这对不断发展中的理论而言或许颇有价值。不过,若对整体的质化分析有用,后续仍可以从系统的现场记录中统计具体事件(例见 Barley,1986)。

通过理论抽样,能够实现代表性和一致性。在扎根理论中,重要的是"概念"的代表性,而不是"人"的代表性。其最终目的是通过确定产生现象的条件、这些条件如何通过行动/互动表达、由此产生的结果,以及这些限定词的变化来建立一个理论解释以说明现象,并非是将研究结果外化至更广泛的人群。例如,人们可能想知道"舒适护理"在护士工作总量中的代表性如何(Strauss et al.,1985,pp. 99 - 128)? 护士是一直还是有时从事这项工作? 什么条件促使或阻止他们这样做? 将一种类型的工作与其他类型的工作相联系也是必要的。如果"舒适护理"是护士的主要工作类型,那么它的代表性会随之显现。如果鲜见此类工作,就需指出这一事实并说明为何"舒适护理"并非主要工作类型。一致性之所以能够实现,是因为一旦一个概念通过证明其与被调查现象的关系而"赢得"研究的机会,那么在后续所有的访谈和观察中都需要寻找其指标:它的一致性如何? 在何种条件下被发现?

(5)分析需要进行持续比较。在记录一个事件时,应将其与其他事件进行比较,探寻两者间的相似和差异之处,并标记出由此产生的概念。正如前文所述,随着时间的推移,这些概念会被比较和分组。进行比较有助于避免偏见,因为研究者会采用新资料质疑相关概念。同时,这种比较也有助于获得更高的精确度(对相似的和唯一相似的现象进行分组)和一致性(始终将相似事物归为一组)。当比较进一步细分了原始概念,进而产生两个不同的概念或原始概念的变体时,精确度就会提高。

(6)必须考虑模式和变化,必须检查资料的规律性,并了解哪些方面的规律性不显著。假设一名研究者注意到,儿科患者在经历生理创伤时,护士经常会予以情感支持(Strauss et al.,1985)。但是,如果他们还注意到,当护士特别忙时,他们会将情感支持委托给医疗团队的其他成员或家属,那就出现了原始模式的变化。找到模式或规律有助于使资料有序化,并促进整合。

(7)理论中必须包含过程。在扎根理论中,过程有多种含义。过程分析可以指将一个现象分解成级、阶段或步骤。过程也可以表示有目的的行动/互动,这些行动/互动不一定是渐进的,而会随当前条件的变化而变化。工厂工人间的劳动分工是一个因时而定的灵活过程。每个工人都被分配了一定的职责和责任,但如果另一个工人受伤或出现优先级更高的工作,这些职责和责任可能会被暂时搁置或改变。"灵活"一词是对如何在员工安排和工作量每天波动的情况下完成工作的一种解释。观察劳动分工在一天、一周或一年中如何根据当前条件发生转换和变化,是将过程纳入分析的另一种方式。

(8)撰写理论备忘录是对扎根理论研究不可或缺的一部分。由于分析者无法轻易掌握分析过程中产生的所有类属、属性、假设以及衍生问题,因此必须有一个系统进行追踪。备忘录就是这样一个系统。备忘录不仅记录"想法",还参与研究过程中的理论建构与修正。从第一次编码开始就应该撰写备忘录,并一直持续至研究结束,其中应当包含对编码本身及编码注释的详述(参见 Strauss,1987,pp. 59 - 69)。

备忘录的形式和长度因研究项目的阶段和编码类型而异。随着理论的整合,备忘录也会变得更加完善。撰写备忘录应持续到项目结束,写作也是如此。经过写作过程中的分类和整理,理论备忘录为报告研究及其影响奠定了坚实基础。如果研究者忽略了撰写备忘录而直接从编码转到写作,那将使大量概念细节丢失,或无法被充分开发,以至于分析的详尽程度与整合效果大打折扣。[1] 虽然理论备忘录和代码笔记的撰写程序为扎根理论所特有,但田野笔记和访谈资料的记录与其他质化研究者使用的技术并无明显区别。

(9)在研究过程中,应尽可能提出并验证关于类属间关系的假设。在提出关于类属间关系的假设后,应根据需要将其带回现场进行检查与修改(这一过程在"主轴编码"部分有更全面的解释)。扎根理论并非不对假设进行验证,其关键特征之一在于假设(无论涉及质化研究还是量化数据)在研究过程中会被不断修正,直至这些假设在反复的访谈、观察或文献中收集到的与研究现象相关的所有证据中都成立为止。

验证程序中包含了对负面和限定证据(qualifying evidence)的搜索。由于不断修正,这一过程产生的分析结果相对有力(Wimsatt,1981)。在《扎根理论的发现》(*In The Discovery of Grounded Theory*)一书中,对验证的强调或许与我们所反对的研究类型如出一辙,许多早期读者显然形成了一种刻板印象·扎根理论研究根本不涉及验证。

(10)扎根理论学者需要合作。对于许多使用扎根理论方法的人而言,研究的一个重要部分就是与同一领域中有经验的同事一起检验概念及其关系。让自

---

[1] 关于备忘录的其他功能和特点,包括对不同类型的说明和评论,参阅巴尔尼·格拉斯(Barney Glaser)和施特劳斯的研究(Glaser,1978,pp. 82 - 91;Strauss,1987,pp. 109 - 129)。

己的分析接受他人的审视有助于避免偏见，与其他研究者的讨论往往会碰撞出新的见解并增强自身理论敏感性。团队开展的研究项目也为提高合作分析的可能性提供机会(Strauss，1987，pp. 138 - 139)。如果几个研究者相距较近，不定期或持续的讨论小组将会为研究提供有力支持。

（11）无论研究如何微观，都必须分析更广泛的结构性条件。对环境的分析不能局限于与核心问题或现象直接相关的条件。经济条件、文化价值观、政治倾向和社会运动等都可能是产生该现象的更广泛条件。用"条件矩阵"(conditional matrix)考察结构条件的思维方式将富有成效(Corbin & Strauss，1988，pp. 135 - 138；Strauss & Corbin，1989)。基于这一构想，可以关注一组涵盖不同条件、包容性逐渐降低的圈层，从上述最广泛的圈层（条件）开始逐渐内收，范围愈发具体。

将更广泛的条件纳入分析需要使其融入理论之中。仅列举这些条件或将其作为所研究内容的背景并不恰当。研究者有责任揭示条件、行动和结果间的具体联系。例如，我们不能简单指出医生、护士和技术人员专业化程度的提高会对重症监护室的工作的组织和绩效产生影响。相反，必须详细说明专业化程度的提高与工作的组织和绩效间的具体联系是如何产生相应后果的(Strauss & Corbin，1990)。

3. 编码

编码是研究中的一项基本分析过程。扎根理论研究中有三种基本的编码类型：开放编码(open coding)、主轴编码(axial coding)和选择编码(selective coding)。

（1）开放编码。开放编码是对资料进行分解分析的解释过程。其目的在于突破对资料所反映现象的标准思考或解释方式，为分析者提供新的见解(参见Wicker，1985)。有一系列技术可用于推进这一过程。

在开放编码中，事件/行动/互动会与其他事件/行动/互动进行比较，以便找出其间存在的相似性与差异性。同时，它们也被贴上了概念化的标签。通过这种方式，概念上相似的事件/行动/互动会被组合形成类属和子类属。例如，分析者可能会注意到护士和患者间的与"提供舒适"相关的一些事件/行动/互动，并将这些事件/行动/互动标记为"舒适护理"，同时将该类属分解为具体的属性及维度——"舒适护理"具有类型属性，可细分为多个子类型；它的另一个属性是"持续时间"，时间从长到短不等；还有一个属性是"舒适护理的开展方式"等。如此，类属得以发展，也进一步提高了扎根理论的精确性。

一旦确定类属及其属性，它们就成为在理论基础上进行抽样的依据。在接下来的观察中，研究者应该仔细寻找舒适护理的实例，并详细记录该工作的不同类型、持续时间等。

开放编码催生了生成性和比较性问题，引导研究者回到现场：什么是"舒适护理"？它是如何表现出来的？它与护士从事的其他类型的工作（如"安全工作"）有何不同？这类问题能使研究者对新问题保持敏感，更有可能注意到它们的经验影响（理论敏感性）；而比较则有助于赋予每个类属特殊性，一旦意识到各类属间的区别，研究者便可阐明每个类属的具体属性和维度。歧义之处可通过额外的田野工作和明确描述加以解决。

开放编码及其对"提问"和"持续比较"的应用，使研究者得以突破和偏见。对资料进行分解迫使人们根据资料本身来审视先入为主的概念与想法。研究者可能无意间将资料归于不恰当的分析类属，而通过系统比较就能找出错误，使资料和概念回归适当的类属中。

（2）主轴编码。在主轴编码中，类属与其子类属相关联，并依托资料进行关系检验。此外，类属也在进一步发展，并且研究者将继续寻找这些类属的指向。子类属与类属通过"编码范式"中的条件、语境、策略（行动/互动）和结果相关联。这种范式与其他类型质化研究中使用的方案无甚差异，但在扎根理论研究中的使用或许更具一致性。以"舒适护理"为例，一旦分析者察觉到此类工作的指向，就应仔细审查资料以确定该工作开展的条件、开展背景、进行这种工作的行动/互动及其结果。分析将在访谈和观察过程中的关注内容方面提供指导，因此如果没有交替收集和分析资料，理论就会存在漏洞。

在分析过程中，分析者可以借鉴以往经验，思考可能促使护士进行舒适护理的条件，以及对患者可能产生的影响。在主轴编码过程中，经由演绎提出的假设关系都只是临时性关系，直至与接收到的资料进行反复验证对照。一旦演绎得出的假设不符合实际资料，就必须修改或放弃这些假设。

单个事件不足以成为放弃或验证假设的充分依据。要验证某个假设，必须通过资料反复证明。为验证假设的正确性，或观察到的事件是否表明该假设发生变化（不同的条件意味着不同的形式），必须对没有证据的假设进行批判性评估。扎根理论的主要策略之一是系统地寻找所研究现象的全部变化。大卫·马尼斯（David Maines）指出："研究者往往采用证伪思维模型，这使他们对变化和条件的问题视而不见。"

例如，假定分析者提出以下设想：在癌症患者抱怨并要求缓解疼痛时，护士不仅会提供止痛药,还会通过抚摸、安慰的话语等方式提供安慰。如果在另一项观察中,一位癌症患者抱怨疼痛,但护士没有按预期的方式回应,这并不意味着该假设是错误的。研究者应调查为什么护士没有做出预期反应。该事件可能表明原始假设发生了变化,随后可以进行修正,纳入各种新的、暂时的条件关系。如此便使得理论在概念上更加缜密,并使概念联系更为具体。分析者可以说"在这些条件下,行动采取这种形式,而在其他条件下,行动采取另一种形式"。

(3) 选择编码。选择编码是指将所有类属统一到一个核心类属周围,并用描述性细节填充所需要深入解释的类属的过程。此类编码很可能发生在研究后期。

核心类属代表研究的中心现象。通过提出以下问题可以提炼出核心类属:本研究提出的主要分析思路是什么? 如何用几句话来概念化研究结果? 与所有的行动/互动相关的是什么? 如何解释所发现的类属间的差异? 核心类属可能来自已经确定的类属,也可能需要一个更抽象的术语来解释主要现象。其他类属作为条件、行动/互动策略或结果,始终与核心类属保持关系。制作简图有助于类属整合。

在选择编码过程中,极易识别出发展"不完善"的类属。发展"不完善"是指在资料中只发现少数属性,或者一个子类属仅包含少数解释性概念的情况。为使一个理论具有解释力,它的每个类属和子类属都必须具有一定概念密度(conceptual density)。当概念密度不足时,分析者可以回到现场或田野笔记中获取资料,以填补理论空白。

在一些扎根理论研究中,研究者难以确定核心类属。正如本文初稿的读者阿黛尔·克拉克(Adele Clarke)认为的:"在这个阶段,人们常常面临多种将所有问题联系起来的分析方案,而我们必须从中选出最能把握整体的方案。"她的问题是:如何做到这一点? 如何比较"面对替代方案时的稳定性"? 传统答案认为,充分的编码最终会得出一个清晰认知,即确定对整个分析而言最具"整合性"的类属或概念标签。但即使是经验丰富的研究者也很难做到这一点。因此,研究者必须努力解决整合问题,可通过对比分析方案来确定哪种方案更能抓住研究的本质,有哪些方法可以推进这一过程(Glaser,1978;Strauss,1987;Strauss & Corbin,1990)。

扎根理论的普适性是通过整个研究过程的抽象化实现的。概念越抽象(尤其是核心类属),其理论适用性就越广。与此同时,扎根理论明确了在特定资料中发现某种现象的条件,从而对扎根理论所适用或涉及的一系列情况进行了具体规定。在运用理论时,实践者或其他人可能会遇到少许不同或不完全相同的情况,但仍希望以此来指导自身行动。他们必须意识到理论的适用范围,以及在新情况下需要进行调整的地方。

扎根理论在某种意义上是可重复的,即它是可验证的,人们可以对那些明确或隐含的命题(无论情况如何)进行检验。然而,尽管主要条件可能相似,但找到条件与原始研究完全一致的新情形是不切实际的,因此任何涉及社会心理现象的理论在事实上都是不可复制的。与物理现象不同,社会领域中难以通过实验或其他设计来重新创造所有初始条件,并控制所有影响所研究现象的无关变量。在对扎根理论的假设进行检验时,如果发现验证条件无法匹配最初指定的条件,研究者就需要审慎确定验证条件并对理论进行灵活调整。概念越抽象,原始研究中发现的变化越多,这些命题适用于普遍情况的可能性就越大。

还有一种解释"可重复性"的方法如下:在原始研究者的理论视角下,遵循相同的资料收集和分析通用的规则,加上类似的条件,另一位研究者应该能够得出大致相同的方案。所出现的差异应当通过重新检查资料和确定每个案例中的特殊条件来解决。

扎根理论具有概括性,因为它规定了通过行动/互动与明确结果相联系的条件。理论抽样的系统性和广泛性越显著,条件和变化就会被发现得越彻底,从而使概括性、精确性和预测能力得到提高。如果原有理论无法解释进一步研究发现的变化,可以使用新的规范来修正原先表述。

三、扎根理论的评价标准

研究项目的成功与否由其成果评判。除非只需要口头形式呈现,否则研究设计和方法、研究发现、理论表述(theoretical formulations)和结论都要通过发表评判。然而,如何评价写作,以及依据何种标准? 正如前文所述,不同的研究模式需要不同的评价方法和标准。评判量化研究的标准通常不宜用于评判质化研究。本文的目的之一就是表明扎根理论方法接受科学通则,但会对其进行重新定义以适应特定程序。对任何扎根理论研究而言,上述具体程序和准则都应作为评估的主要依据。

在评判一份声称生成、阐述或检验理论的研究出版物时,读者应从四个方面考虑:① 判断资料的效度、可靠性和信度(Le Compte & Goetz, 1982;Guba, 1981;Kidder, 1981;Kirk & Miller, 1985;Miles & Huberman, 1984; Sandelowski, 1986);② 理论本身的合理性和价值。如果出版物的研究目标较为谦逊,那就对其适度的理论表述做出判断;③ 判断生成、阐述或检验理论的研究过程是否充分;④ 判断研究成果的经验基础。

本文无意讨论评判资料或理论的标准,前者在文献中已有诸多讨论,而关于后者(理论合理性和重要性的标准)的讨论则更契合科学哲学家的研究范畴。在某种程度上,只要扎根理论出版物提供了有关评估其资料、研究过程和经验基础的标准等信息,读者就可以评判其合理性和价值。这里需要讨论的是后两个问题,即对研究过程的充分性和研究结果的基础性的评估。本文意图为扎根理论出版物的读者提供评价指导,并为作者本人提供更系统的建议,以及激励其他质化研究者制定并公布用以判断他们自身研究过程及其经验基础的标准。

四、研究过程

1. 所需信息类型

扎根理论的出版物应有助于读者对实际研究过程加以评估。然而,专著由理论表述与分析资料等内容构成,因此读者可能无法准确判断研究者进行分析的方法。读者在实际分析过程中并不在场,专著也不一定能帮助他们想象这些分析过程或顺序。就这一问题而言,向读者提供与下述标准相关的信息将有所助益。尽管专著无须过多细节,但它应提供一些合理依据以判断研究过程的充分性。所需信息类型如下:

标准1:原始样本是如何选择的? 其依据是什么(选择性抽样)?

标准2:出现了哪些主要类属?

标准3:哪些事件/行动/互动等能表明其中的某些主要类属?

标准4:理论抽样基于哪些类属进行? 即理论表述如何指导资料收集? 进行抽样后,这些类属的代表性如何?

标准5:关于类属间关系有哪些假设? 提出和检验这些假设的依据是什么?

标准6:是否存在假设与实际观察结果不符的情况? 如何解释这些差异? 它们又是如何影响假设的?

标准7:选择核心类属的方式及原因是什么? 选择是突然的还是渐进的,困难的还是容易的? 做出最终分析决策的依据是什么? 广泛的"解释力"(与研究现象相关)与"相关性"(前文所述)如何在决策中发挥作用?

对于大多数量化和质化研究者而言,其中一些标准是非常规的(例如,强调理论抽样而非统计抽样,以及要求明确说明差异)。然而,这些标准对于评估扎根理论研究至关重要。如果扎根理论研究者提供了相关信息,读者就能够借此评估复杂编码程序的充分性。以这种方式报告细节并辅以适当线索,至少可以在篇幅较长的出版物中突出对指标的全面跟踪。

2. 研究发现的经验基础

标准1:概念是否产生?

由于,科学理论的基本要素是基于资料的一组概念,因此任何扎根理论出版物提出的首要问题是:它是否(通过编码和分类)产生或至少使用了概念? 概念的来源是什么? 如果概念源于常规(如"不确定性"),但并未用于技术用途,那它们就不属于扎根理论,因其实际上并不是以资料本身为基础。任何声称基于扎根理论分析对资料进行理论解释的专著,都应允许通过检查索引对概念进行快速而粗略的评估,以确定所列概念是技术概念还是常识概念,以及是否有许多此类概念。为了对这些观点进行更全面的评估,人们至少要浏览全书。

标准2:概念之间是否存在系统性的关联?

科学研究的关键在于通过明确的概念间联系而进行系统的概念化。因此,扎根理论出版物必须解答的是:是否建立了这种联系? 它们是否以资料为基础? 是否系统地建立了联系? 与其他质化研究写作一样,这些联系不太可能以一系列假设、一组命题或其他正式术语的形式呈现,而是贯穿于出版物的整个文本之中。

标准3:是否存在许多概念间的联系? 类属是否完善? 类属是否具有概念密度?

如果只规定了少数概念间的关系,即使它们经过系统地建立和确定,但就整体而言,其理论基础仍有待完善。在最终整合过程中,扎根理论应根据基本范式特征,如条件、语境、行动/互动(包括策略)和结果,将类属之间和子类属之间紧密关联。类属还应具有理论上的密度,即拥有丰富的维度属性。范式特征和类属密度间的紧密联系赋予理论以解释力,一旦缺失,理论将不尽如人意。

标准4:理论是否包含了众多变化?

一些质化研究仅报告单一的现象,确定现象出现的少数条件,只具体指出作为现象特征的几种行动/互动,也只讨论有限数量或范围的结果。相比之下,评判扎根理论专著的标准应是研究的变化范围及特定性(与作为变化来源的具体现象间的关联)。在已发表的论文中,研究的变化范围可能较为有限,但作者至少应建议在更大规模的研究中对其进行具体说明。

标准5:影响研究现象的更广泛条件是否已纳入解释?

扎根理论研究模式要求,解释性分析所提及的条件不应局限于和研究现象直接相关的条件。分析不应过于微观,以致忽略了更宏观的条件,如经济条件、社会运动和文化价值观等。

宏观社会条件不应仅作为背景材料简单列出,而应通过其对行动/互动的影响直接与研究现象相勾连,并由此与结果相联系。对于扎根理论出版物而言,如果忽略了更广泛的条件,或未能阐明这些条件与所研究现象间的具体联系,就缺乏了经验基础。

标准 6:是否考虑了"过程"?

确定和具体说明过程形式的变化或运动对于扎根理论研究而言尤为关键。任何变化都必须与使之发生的条件相联系。过程可以用"级"或"阶段"来描述,也可以用行动/互动的流动性或随时间推移的运动来描述,以此应对当前条件。

标准 7:理论研究是否有意义?意义如何?

完成了一次扎根理论研究或其他研究,但并没有特别有意义的结论,这种情况时有发生。一般而言,意义的问题是指一个理论激发进一步研究和解释一系列现象的相对重要性。无论如何,我们关注的是对一次研究的经验基础与其实际分析间关系的评估,只要两者的结合能产生有价值的理论发现。如果研究者只是按部就班地遵循扎根理论程序或准则,对资料所反映的内容缺乏想象力或洞察力,那么其研究结果将无法满足这一标准——因为除了微不足道、众所周知的现象外,他无法发掘出资料的真正指涉。由于研究者和资料之间存在相互作用,因此没有任何方法(包括扎根理论)可以确保这种相互作用具有创造性。创造力取决于研究者的分析能力、理论敏感度和对行动/互动微妙之处的敏感度,以及用书面形式呈现研究发现的能力。创造性的相互作用还取决于"研究者—资料"的另一极,即收集或利用资料的质量。在技术意义上,一个缺乏想象力的分析确实立足于资料,但对研究者的理论目的而言却不够充分。如果研究者没有利用完整的资料资源或未能充分收集资料,就会出现这种情况。

这套双重标准——研究过程和理论发现的经验基础——直接关系到特定扎根理论研究在多大程度上得到充分验证,以及如何确定验证充分性的问题。当一项研究发表时,如果研究过程的关键部分被清晰阐明,并提供足够的线索,那么就可以根据可信度来评估理论或理论表述。我们可以判断该理论在何种条件下可能符合现实、传达理解,并在实践和理论方面证明其是有用的。

五、结论

关于评价标准尚有两点或可参考。

　　第一,无论是对研究者还是评判他人出版物的读者而言,这些标准都不应被视为硬性评价规则,仅是指导原则。在新的研究领域,可能需要对程序和评价标准进行修改,以适应研究的实际情况。想象力丰富的研究者在处理独特或具有创造性的材料时,有时会偏离"权威的"程序准则。但我们仍建议扎根理论研究者遵循其主要标准,除非有特殊原因。在特殊情况下,研究者也应该清晰了解他们如何及为何偏离标准,并在研究结果中加以说明。

　　第二,本文建议使用扎根理论程序的研究者对他们的操作程序进行说明(即使是简短叙述),尤其是在篇幅长的著述中。除本文讨论的步骤外,研究者还应列出所采用的全部特殊程序步骤。基于此,读者能更好地评判研究的整体充分性,也可以深入了解这项研究和其他质化研究模式间的差异之处。研究者也会更加清楚他们的操作及其可能存在的缺陷。换言之,他们能够发现并传达其研究的局限性。

参考文献

Agar, M. (1986). *Speaking of Ethnography*. Beverly Hills, CA: Sage.

Barley, S. (1986). Technology As an Occasion for Structuring: Evidence from Observations of CT Scanners and the Social Order of Radiology Departments. *Administrative Science Quarterly*, *31*, 78-108.

Becker, H. (1970). *Sociological Work: Method and Substance*. New Brunswick, N. J.: Transaction.

Blumer, H. (1931). Science Without Concepts. *American Journal of Sociology*, *36*, 515-533.

Burgess, R. (Ed.). (1982). *Field Research: A Source Book and Field Manual*. London: George Allen and Unwin.

Charmaz, K. (1983). The Grounded Theory Method: An Explication and Interpretation. In R. Emerson (Ed.), *Contemporary Field Research* (pp. 109-126). Boston: Little, Brown & Co..

Dewey, J. (1916). *Essays in Experimental Logic*. Chicago: University of Chicago.

Dewey, J. (1925). *Experience and Nature*. Chicago: Open Court.

Glaser, B. (1978). *Theoretical Sensitivity*. Mill Valley, CA: Sociology Press.

Glaser, B., & Strauss, A. (1967). *The Discovery of Grounded Theory*. Chicago: Aldine.

Gortner, S., & Schultz, P. (1988). Approaches to Nursing Science Methods. *Image*, *20*, 22-23.

Hammersley, M., & Atkinson, P. (1983). *Ethnography: Principles in Practice*. London: Tavistock.

Hughes, E. (1971). *The Sociological Eye*. Chicago: Aldine, 1971. Reprinted, New Brunswick, New Jersey: Transaction, 1987.

Johnson, J. (1975). *Doing Field Research*. N. Y.: Free Press.

Kidder, L. (1981). Qualitative Research and Quasi-experimental Frameworks. In M. Brewer, & B. Collings (Eds.), *Scientific Inquiry and the Social Sciences*. San Francisco: CA: Jossey-Bass.

Kirk, J., & Miller, M. (1986). *Reliability, Validity and Qualitative Research*. Beverly Hills, CA: Sage.

Kuhn, T. (1962). *The Structure of Scientific Revolutions*. Chicago: University of Chicago.

Le Compte, N., & Goetz, J. (1982). Problems of Reliability and Validity in Ethnographic Research. *Review of Educational Research*, 52, 31 - 60.

Mead, G. H. (1934). *Mind, Self, and Society*. Chicago: University of Chicago.

Park, R., & Burgess, E. (1921). *An Introduction to the Science of Sociology*. Chicago: University of Chicago.

Popper, K. (1959). *The Logic of Scientific Discovery*. N. Y.: Basic Books.

Sandelowski, M. (1986). The Problem of Rigor in Qualitative Research. *Advances in Nursing Science*, 8, 27 - 37.

Strauss, A. (1970). Discovering New Theory from Previous Theory. In T. Shibutani (Ed.), *Human Nature and Collective Theory*. Englewood Cliffs, N. J.: Prentice-Hall.

Strauss, A. (1987). *Qualitative Analysis*. N. Y.: Cambridge University Press.

Strauss, A., & Corbin, J. (1989). Tracing Lines of Conditional Influence: Matrix and Paths. Paper Delivered at the Annual Meetings of the American Sociological Society, San Francisco, California, August 13.

Strauss, A., & Corbin, J. (1990). *Basics of Grounded Theory Methods*. Beverly Hills, CA: Sage.

Strauss, A., Fagerhaugh, S., Suczek, B., & Wiener, C. (1985). *The Social Organization of Medical Work*. Chicago: University of Chicago.

参与新闻：基于扎根理论的
日常惯习研究①②

（*Attending the News: A Grounded Theory about a Daily Regimen*）

维维安·B. 马丁（Vivian B. Martin）

一、引言

如同墙纸一般，新闻不经意间便会渗透进我们的日常生活。目的性参与（purposive attending）理论阐释了新闻超越无意识关系，成为人们日常生活一部分的过程，以及人们如何有意识地回避参与新闻。这一理论提出一种反馈循环：认知的提高可以增强关联性，从而增强参与性并重塑认知，进而引发新一轮的参与循环。这一过程实际并不简单——促发新一轮参与循环需要在人际关系、结构情形及新闻内容本身之间有诸多发生；同时，文化身份（包括性别、种族及政治派别等）在其中亦发挥了推动作用。

目的性参与理论涵盖内容广泛，本研究仅关切其中几个方面：① 作为日常惯习的新闻所引发的矛盾性；② 在推动日常新闻参与形成的过程中，文化认同扮演的角色。这是一项关于受众的质化研究，与此前一系列的新闻消费研究联系密切，例如，博纳德·贝雷尔森（Bernard Berelson）的经典之作《错失报纸意味着什么》（*What 'Missing the Newspaper' Means*，Berelson，2004），当代新闻

---

① 文章来源：Martin，V. B.（2008）. Attending the news: A grounded theory about a daily regimen. *Journalism*，9(1)，76-94.

② 译者注：本文的核心概念"attending news"/"news attending"，译为"参与新闻"/"新闻参与"，这与新闻学概念中的"participatory journalism"有所区别。学者在将"participatory journalism"引入中国时，译为"参与式新闻"（又称"公民新闻"），指传统意义上的新闻受众主动借助现代技术加入新闻活动的新闻生产模式，即"人人都能成为记者"。本文所涉及的 "attending news"，侧重于在日常生活仪式化的新闻阅读过程中，公众对新闻的认知、理解与反应，即与新闻"建立关联"，强调的是公众与新闻之间的"关联性的建构"。

的接收研究(Morley，1980，1986，1992；Bird，1992；Lewis，1992)，围绕政治新闻意义的质化研究(Graber，1984；Crigler & Jensen，1991；Neuman et al.，1992；Jensen，2000)、政治新闻与议题的框架研究(Gamson，1992)，以及青年、新闻与公民身份的研究等(Barnhurst & Wartella，1991，1998；Buckingham，2000)。在此援引詹姆斯·凯瑞(James Carey)极具影响力的理论"传播的仪式观"，进一步阐释人们在日常生活中与新闻互动的过程。不同于将新闻参与视为一种"获取信息"的活动，凯瑞眼中的新闻参与：

> 更像是参加一场宗教仪式，在这场仪式中人们并没有学到新知识，但对世界的特定认知得到了描述和确认。新闻阅读和写作，是一种仪式化的，甚至是戏剧化的行为。展现在读者眼前的不是纯粹的信息，而是世界力量竞争的缩影。此外，当读者阅读报纸时，他们会不断地在角色或戏剧性力量中转换。
>
> (Carey，1992，pp. 20 - 21)

本文揭示了信息获取模式，即"传播的传递观"，与凯瑞提出的新闻参与的仪式观如何在日常生活中展现张力，以及这种张力如何导致人们在日常生活中对新闻产生的矛盾态度。人们乐于通过新闻所呈现的戏剧化事件来体验生活，但又对媒体再现的信息心存顾虑、对作为营利机构和意识形态机器的新闻媒体抱有不信任，并认为媒体藏匿着的阴谋。因此，将参与新闻视为日常惯习的研究本身就比任何一种传统研究更具复杂性与问题意识。

扎根理论提倡的是一种遵循事实资料与分析原则的开放性设计(Glaser & Strauss，1967；Glaser，1992，1998，2003，2005)，包括编码、持续比较经验事实和撰写备忘录，它的出现回应了克劳森·布鲁恩·延森(Klaus Bruhn Jensen)曾提出的挑战，即在不受日常语境中所有可能出现的资料耗损和干扰的前提下，研究媒体、受众和语境(Jensen，2000，p. 12)。扎根理论方法论旨在从资料中建构理论，而非以现有的理论为逻辑起点。该方法已从社会学领域扩展到护理与健康研究、组织与信息研究等领域，并衍生出各种变体(Benoliel，1996；Goulding，2002)与争议(Glaser，1992)。[1]

---

① 译者注：施特劳斯和科宾在《定性研究方法的基本原理》(*The Basics of Qualitative Research*)中提出了编码的三个阶段：开放的、主轴的和选择的。主轴编码与格拉斯所提出的方法相去甚远，它通过一个编码范例指导研究者编码和定义概念之间的关系。格拉斯在《新兴还是被迫：扎根理论的基本原理》(*Emerging vs Forcing: Basics of Grounded Theory*)中对其进行批判，认为这将催生"被迫的概念"(参见 Glaser，1992)。

本研究依据巴尔尼·格拉斯（Barney Glaser）提出的经典扎根理论（Glaser，1998，2003），这一理论本质上是关于一个核心概念的确立（在本文中是"参与"），即通过这一核心概念整合其他类属和相关属性。

二、新闻受众质化研究的现状

大卫·冈特利特（David Gauntlett）和安妮特·希尔（Annette Hill）在分析英国研究所的一个为期 5 年的"电视观看追踪"项目的部分数据时发现，几乎不存在关于新闻的当代民族志研究（Gauntlett & Hill，1999）。人类学家苏珊·伊丽莎白·伯德（Susan Elizabeth Bird）借助信件、电话、网络社区，以及让参与者观看特定电视新闻节目后使用磁带录制自我访谈的方式收集资料，以探究在受众研究与接收研究之中方法论争议的现状，并使读者意识到开展此类研究的困难，特别是在需要宏大的文化语境与跨多站点（across multi-sites）设计时（Bird，2003）。伯德在研究小报受众和小报化的电视新闻（tabloid television news）观众方面做出了开创性贡献，为新闻受众研究设计提供了新的研究视角（Bird，1992，2000，2003）。二十世纪八九十年代的质化受众研究（又称"接收研究"），在很大程度上是为了纠正学者对流行文化缺乏关注的状况。相较于新闻受众，这类研究侧重于对娱乐媒体的研究，如晚间肥皂剧观众的研究（Ang，1985；Liebes & Katz，1990）和言情小说读者的研究（Radway，1984）。关于新闻的受众研究主要集中在电视上，但也有一些例外，如大卫·莫利（David Morley）对《全国新闻》（*Nationwide*，一个英国电视新闻杂志）的受众群体进行的意义建构研究，该研究被认为是对传统接收研究的突破（Morley，1980）。很快，研究者就意识到有必要将媒体使用置于日常生活语境中进行研究（Morley，1986，1992；Lull，1988；Morley & Silverstone，1990）。

文化研究同样对二十世纪八九十年代的接收研究产生影响。通过这一传统，研究者们采纳了斯图尔特·霍尔（Stuart Hall）的编码/解码模型，该模型提出了一种旨在关注专业编码与受众解码（支配、协商和对抗）的特定时刻的类型学（Hall，1980）。编码/解码研究引发了对某些概念（如"偏好阅读"和"对抗阅读"）的持续讨论，这些争论在 20 世纪八九十年代的接收研究领域颇具规模。[①]但是，受文化研究影响的接收研究通常不会对新闻受众多加关注，这也反映了文

---

① 为保持本文观点的聚焦性，在此不对这些论辩多加赘述。对这一争论的总结，参见贾斯汀·路易斯（Justin Lewis）和索尼娅·利文斯通（Sonia Livingstone）的相关研究（Lewis，1992；Livingstone，1998）。

化研究领域对新闻学问题的普遍沉默,芭比·泽利泽(Barbie Zelizer)对这种排他现象进行了批判,并指出具有深远影响的接收研究正是以新闻为研究背景的(Zelizer,2004),如霍尔的《管控危机》(*Policing the Crisis*,Hall,1978)和迪克·赫布迪格(Dick Hebdige)的《亚文化:风格的意义》(*Subculture: The Meaning of Style*,Hebdige,1979)。

在美国和其他地区,政治传播领域的质化新闻接收研究比文化研究更多。1993年5月5—11日,一个研究"国际新闻流"(international news flows)的团队针对7个国家的媒体生产进行了访谈和审查。作为该研究团队的一员,延森对此进行了二次分析,建立了"脑海中的世界模型"这一概念,用于建构这次调查中发现的"宏大主题"(Jensen,2000,p. 165)。延森认为接收研究的局限之一在于对语境或宏观结构的忽视,他还指出接收研究与文化研究等传统研究之间的紧张关系——这些研究更关注受众而非公民。此外,他建议新闻接收研究者去做一些质化研究者不常做的事情,"重新思考既往研究的发现,并进行重复、证实,或否定其内涵"(Jensen,2000,p. 196)。本文论述的概念框架同样表明,应扩展新闻接收研究的概念,以重新审视早期研究中提出的将人际关系研究和大众媒体研究进行优化整合的必要性(Lazarsfeld et al.,1944;Katz & Lazarsfeld,1955),其中贝雷尔森关于报纸阅读的研究与本文将新闻作为日常惯习进行研究的讨论最为相关(Berelson,2004)。

贝雷尔森对于1945年夏季"送报人罢工"期间(为期17天)开展的新闻消费研究被认为是使用与满足理论的经典之作(Blumer & Katz,1974),该研究不仅提供了实质性信息,还补充了与同一主题下的另外两项调查研究相对的质化方法论的视角。贝雷尔森的团队共进行了60次深度访谈,揭示了人们阅读新闻的多种功利方式及其对公共事务重要性的认可,但他们也注意到,怀念严肃新闻的人数不足1/3。一些受访者怀念的是当时某些轰动性犯罪案件报道中的细节,这使之可以假想与新闻中的人物建立某种准社会互动关系,类似于他们与漫画角色或其他报纸特写人物间的关系。贝雷尔森假设,阅读本身的价值与愉悦是人们怀念报纸的原因,"人们怀念报纸,是因为报纸是在纷扰世界中的安全感的来源,阅读报纸对多数人而言已成为一种仪式、一种习惯或是一种近乎强迫式的行为"(Berelson,2004,p. 261)。贝雷尔森在1949年研究中揭示的许多与报纸相关的元素,在本文(2001—2003年进行的田野调查)中亦有所体现。然而,媒介景观的巨大变化,以及作为一种社会实践的阅读在电子时代的脆弱性,使得报纸和其他新闻媒体的关系更为复杂,因此需要采用不同的方法论并加以理论化。

三、研究方法

用于发展目的性参与理论的研究资料包括：① 对 86 位 25—80 岁的人进行的访谈，其中有 62 位受访者采用面对面访谈，有 47 位受访者接受了平均时长为90 分钟的深度访谈（深度访谈对象的男女比例均等，大部分对象来自康涅狄格州）。② 围绕各种新闻事件的网络讨论小组、新闻报道、行业调查报告、读者来信、寄送给作者和编辑的非正式信件与邮件，以及分析论文等相关文献。③ 为使要点更清晰与新闻专业人士进行的非正式交流。

研究者加入了一个读书俱乐部，耗时一年半从中观察新闻参与和其他形式的意义建构间的联系。借助这个读书俱乐部，原本研究样本中少数群体的数量有所增加，参加深度访谈的 47 人中有 10 位非裔美国人来自该读书俱乐部。

2001 年"9·11"事件不可避免地对这项研究产生了影响。2001 年 8 月，研究者确定了初步的资料收集方案，计划联系一些读者——他们寄给编辑的信件将在 2001 年 9 月 9 日所在的这周（即劳动节后的第一周）刊登在康涅狄格州最大的日报《哈特福德新闻报》(Hartford Courant)上。9 月 9 日和 10 日，当研究者坐在这些信件旁时，并不能预料到本周将经历怎样可怕的变化，也不能预料到自9 月 12 日起，会有大量谈论恐怖袭击的信件。有研究参与者在袭击发生后的几小时内就给编辑写信；一些读者写信是为了自我安慰；还有一些读者撰写政治评论，呼吁重视袭击事件中凸显的问题（一位受访者指出，当时建立的核导弹防御系统并未阻止对世贸大厦和五角大楼的袭击）。在"9·11"事件发生八九个月后对这些参与者进行访谈，能够帮助我们了解异常事件与惯习如何整合并融入日常生活。例如，一位 38 岁的商人（也是两个孩子的父亲）就写信呼吁报纸读者重新振作起来——"回归美国人生活，回到工作岗位上，开展商业活动，看球赛，参加当地的家校会，恢复那些使我们成为一个自由和繁荣民族的所有活动。"[1]9 个月后，这位商人告诉我，他认为有必要进行干预，因为在袭击发生后的几个小时里，媒体及周围人的反应令他感到忧虑，这个国家可能会陷入悲伤与恐惧之中，预示着恐怖分子的胜利。[2] 总之，恐怖袭击事件及其引发的参与形式使得日常参与模式更为清晰。

四、作为日常惯习的新闻

本文的后续讨论突出了"参与"的特性，阐释了"认知—关联—参与"的循环

---

① 此信息源于杰伊·斯托尔菲(Jay Stolfi)在 2001 年 9 月 12 日寄给《哈特福德新闻报》的信件内容。
② 此信息源于研究者在 2002 年 6 月 19 日对斯托尔菲的访谈。

如何作用于日常生活,并通过讨论由种族和性别塑造的认知如何影响日常惯习,进而阐释存在于日常惯习中的矛盾性。尽管程度不同,但这种矛盾性在不同背景的人身上均有所体现。目的性参与是一系列连续的过程,从安东尼·吉登斯(Anthony Giddens)的结构化理论及其"结构—能动"反馈循环(Giddens,1984),到关注互动的微观社会学(如符号互动、民族志方法论),再到讨论符号边界的文化社会学研究(Lamont,2000a,2000b),都为其提供了一些灵感。目的性参与理论包含一系列关键命题和辅助命题,该理论概述了"参与"的四个阶段:无意识参与、直接参与、监察式参与和固定式参与(Martin,2004)。在每个阶段中,当认知增强,关联性也会随之增强,这种关联性意识反过来也将重塑参与行为。本文整合了五个重要的方面:

(1)人们根据日常惯习参与新闻,这种惯习会因为生活变化或重大全球性事件而改变,但在一段时间内具有稳定性。

(2)人们在矛盾中参与新闻,因此会采取策略协商媒体呈现。这种矛盾是结构和社会心理因素共同作用的结果。

(3)认知增强将提高关联程度,反过来提高对特定新闻项目的参与度。

(4)参与度会重新调整认知,形成"认知—关联—参与"的循环。

(5)关联性建构(relevance construction)表明认知的变化大多源于群体认同、意识形态与个人经历。

在资料中显见的是,矛盾性的产生源于多种因素,包括新闻的普及性,新闻带给人的碎片化、图文混杂或倾向性,以及及时参与新闻的需求。从对轻松新闻和严肃新闻的消费者访谈中可以明显看出,人们不得不努力将新闻纳入自身的日常惯习。此外,出于环保的需要,报纸的实体性存在也会增加人们的日常压力——人们不能随意将报纸丢弃在垃圾桶。有三位受访者都提到了堆积如山的报纸或杂志让他们不堪重负,并因此取消了订阅。一位五十岁的女士夸张表示:"我的报纸就像会生孩子一样。"

受访者普遍认为,人们有责任了解热点新闻。除1人表示跟紧时事并非首要任务外,参加深度访谈的其余46人都认为了解热点新闻是一个公民的责任,即使不认可这一观点的那位受访者每周也至少会看一次新闻并给报纸编辑写信。读者关系研究所的《报纸体验研究》(*Newspaper Experience Study*,2003)中也有类似指向,如"阅读报纸让我感觉自己是个称职的公民",以及"我认为经常读报、看新闻的人比不看新闻的人在生活中更有优势"。将热点新闻视为人们应当追随的事物的观点与贝雷尔森研究中所说的义务相似,却与人们喜欢在闲暇时间进行休闲活动的偏好相悖,进而产生了矛盾。因根·哈根(Ingunn Hagen)在参与一项挪威电视新闻收看研究的受访者中也发现了这种情况(Hagen,1992)。受访者认为阅读公共事务新闻是一项义务,他们还指出可以与之探讨公共事务的人少之又少。人们普遍认为应当避免与自身政治立场有较大差异的人讨论具有争议性的新闻话题,这既印证了妮娜·伊利亚索夫(Nina Eliasoph)的政治回避理论(Eliasoph,1998),也印证了人们将"新闻参与"作为日常惯习所引发的矛盾。

在开放式访谈中,当被问及与新闻的关系时,受访者通常会开始解释自己的日常事务,在事务细节中,他们透露出一些新闻媒体使用的选择性策略,其中一位受访者将他和媒体的关系形容为"值得怀疑的友谊",这反映出受访者对待新闻的态度,也反映出所有深度访谈受访者的态度,即人们需要警惕媒体操控和政府对媒体的操控。

> 我的立场是"这篇文章有偏见",然后我再从中筛选信息。(访谈于2003年5月)

> 我们会参考两份报纸以获取更全面的视角。《JI报》在地方报道方面做得更好,细节更多。《哈特福德新闻报》则拥有更多的综合性新闻,但因其归属《论坛报》(Tribune)一派,情况可能会有所不同。《JI报》的记者更独立,可以更详尽地报道地方新闻,不必遵循某种特定的政党立场。(访谈于2002年8月)

下面是一位建筑开发商的访谈摘录。受访者解释了在其日常生活中与主流报纸打交道用到的一般策略,他坚信在阅读日常新闻的过程中,需要使用防御性策略。该受访者提到了三种行为模式——"防御式""攻击式"和"信息式"。"防御式"行为模式旨在确定"在我睡觉期间发生了什么,当我踏出这扇门之前需要知道些什么"。他进一步解释:

> 当我跟进某一事件时,我处于"攻击式"模式。此时我在寻找一个故事,寻找一些乐趣。我不认为报纸所做的一切都是负面的,我甚至理解他们出于销售的目的会使用夸大和煽情的手段。而我会试图找到其间的平衡,例如我可能会阅读一篇专栏,什么名字来着?(访谈者:艾伦[Ellen]?)戈德曼(Goodman)的专栏,对,我喜欢她,还有莫莉(Molly)。(采访者:是埃文斯[Ivins]吗?)是的,对于我而言这就是"攻

击式(积极主动的)的"新闻。"信息式"新闻对我也有所助益:我能从报纸中得到哪些有利于孩子和家庭的信息?"信息式"新闻于我而言切中肯綮。(访谈于 2002 年 9 月)

显然,这位受访者的意识形态偏向及其所做的努力(试图"协调"他希望回避的内容),反映出了新闻参与的情感性、实用性以及关联性。2001—2003 年期间的受访者与 1945 年"送报人罢工"期间的受访者在参与新闻的原因方面几乎相同。如果将贝雷尔森的观点延伸至更广泛的新闻参与领域,就可以发现"错失新闻"(不限于报纸)是日常生活肌理中的一条"裂纹",会给人以一种断裂感。尽管就像克莱德·本特利(Clyde Bentley)试图通过联系一些未收到报纸的居民,以对贝雷尔森的实验项目进行部分重现时所发现的那样——与日常仪式相关的情感无法被准确测量(Bentley,2001)。

凯瑞新闻参与的"仪式观"在访谈过程中的确十分明显,但同样重要的是塑造仪式的特质,这方面可借鉴威廉·斯蒂芬森(William Stephenson)新闻阅读的"游戏理论"加以理解(Stephenson,1988,p. 150)。尽管不认可斯蒂芬森对 Q 方法论的讨论,[①]凯瑞在解释仪式观传播实践时还是将"游戏理论"作为范本。斯蒂芬森对"游戏理论"的研究借鉴了约翰·赫伊津哈(Johan Huizinga)和西格蒙德·弗洛伊德(Sigmund Freud)的观点,同时汲取了威尔伯·施拉姆(Wilbur Schramm)有关愉悦和新闻的理论,包括"娱乐"和"自我吸收"等一系列概念,并将其归入"传播—愉悦"的概念。针对阅读报纸,他写道:

> 报纸阅读具备"游戏"的所有特征。人们在某一刻阅读这条新闻,下一刻又阅读另一条新闻,两者之间毫无关联。阅读报纸不是一项任务,而是一种自发行为。它与人们的日常生活无关,是一个插曲,其本身就给人以满足感,但也止步于此……然而,阅读创造了某种秩序,与孩童的游戏一般,是对读者自身世界的短暂把握。它在人们身上施展了一种咒法,使其不仅是一时陶醉,更是深陷其中、无法自拔。它直接涉及读者的自我认同,同时也令读者像讲故事的人一样,将自我投射至新闻之中。
>
> (Stephenson,1988,p. 150)

---

① 译者注:Q 方法论由斯蒂芬森提出,是关于个人主观性的研究,包括一个人的情感、观点、信仰和态度等。该方法为研究对象提供关于某一主题的论述或命题,让其根据自我偏好与判断进行排序,通过这种排序观察研究对象的主体意见。

"作为游戏的新闻参与"显然是一个需要更多关注与研究的领域。乔治·赫伯特·米德(George Herbert Mead)曾讨论过"遐想的境界"(Mead,1926,p.390),并指出日报试图模拟一种审美体验,斯蒂芬森亦有同感,即日常生活中的新闻会带来这种体验。一些受访者谈及名人新闻和各种政治丑闻与其自身生活的关系时,认为这些新闻是在外出就餐、茶水间与他人闲聊时的谈资。一位保险员提到,她和同事们在休息时都有各自擅长谈论的领域,她通过网络搜集信息,能将一些丑闻讲得异常生动,例如前议员盖瑞·康迪特(Gary Condit)与被谋杀的实习生钱德勒·利维(Chandra Levy)的传闻。

斯蒂芬森关于报纸角色的一些观点已经过时,例如他所提及的场景——男人在结束一天的辛苦工作后会沉迷于阅读报纸,而女人则忙于家务。因此,在引用斯蒂芬森的观点时,需要对这一理论的适用性进行审慎思考。在更广泛的新闻参与理论中,游戏理论同其他理论一样具有重要性,本文意在阐释矛盾性对作为日常惯习的新闻所产生的某种决定性作用,因此不会对游戏理论过多着墨。受访者关注最多的还是新闻作为问题的存在,即使其中可以看到新闻作为"游戏"的痕迹——大多数受访者参与新闻是因为享受阅读新闻这个过程。本文将论证作为游戏的新闻参与和作为义务的新闻参与,或者说,传播的传递观与传播的仪式观之间有着高度纠缠的关系,时而又存有张力。

五、日常生活中的关联性建构

"认知语境"指的是"何人知晓了何种内容",以及"在何时,何人对他人说了些什么",其可以通过增强或限制关联性进而影响参与行为(Glaser & Strauss,1964,1965)。事件可以从认知结构的不同方面进入认知范畴,但不必然影响参与行为。"关联性建构"是"边界工作(boundary-work)"的一种形式,它由多个方面组成,包括"相关性""可信度""框架""自我认同"和"方向确认"(Lamont,2000a,2000b)。在评估某事物是否相关和是否可信时,事实上意味着人们在划定边界,在拒绝某些新闻和观点时,往往也在进行身份认同。尽管"关联性"在本研究揭示的参与过程中发挥着核心作用,但鲜有媒介学者对此有明确的关注。瑞贝卡·安·利德(Rebecca Ann Lind)赞赏了那些承认"关联性"重要价值的接收研究者(Lind,1996),但她发现这些学者的研究成果并未对"关联性"的概念进行深入探究。伯德认为,对于观众和读者而言,"关联性"使人情味新闻和丑闻具有特别的吸引力(Bird,2003),她引用了1993年春天进行的一项研究来论证这一点。该项目要求参与者观看录像带,内容是摘自《时事》(Current Affair)、

《未解之谜》(*Unsolved Mysteries*)和美国广播电视网中彼得·詹宁斯(Peter Jennings)的节目,然后与一位朋友或者家庭成员就自己所看内容进行交流。伯德为此次活动提供了个人录音机。相较于传统的新闻节目,研究的参与者花费更多时间讨论《时事》和《未解之谜》中私人的甚至是煽情的内容,伯德在进行小报受众研究时也有类似发现。伯德认为,丑闻之所以具有吸引力,是因为其通常被塑造成一出道德剧,让人们有空间进行讨论,并将其与自己的生活相联系。尽管伯德谨慎地区分了所谓的丑闻和更传统的人情味新闻(通常侧重展现个人奋斗和成就),但她还是得出了两者与新闻媒体的小报化都有关联这一结论。她承认这种趋势对民主的影响,虽然她并不赞同观众与私人化和煽情化新闻产生的联系,但她同样也不否认这种参与对于受众和那些试图将更紧迫议题告知受众的新闻专业人士所产生的效用(Bird,2000)。

1. 性别与关联性

笔者在田野调查中发现,喜爱煽情新闻或人情味新闻的人往往是轻松新闻的消费者,其中包括无意间接触此类新闻的大学生,以及依赖电视或经常抱怨新闻太压抑的老年人。此外,表达这类观点的多为女性受众,其中一些女性会给编辑写信表示其更喜欢有人情味的新闻,并根据个人与话题的关联度来选择给编辑写信的主题。一位女性读者写信说,她的阅读偏好是"年轻人,如运动员,做了一些值得赞扬的事"。笔者之所以关注到这位女士,是因为当时报纸报道了一座历史名宅在经过一系列翻新(政府拨款)后被一辆汽车撞毁的事件,这位女士来信质疑了政府决定将资金用于翻新是否明智。

另一位受访者是一名 50 岁的州政府行政助理,她曾写信回忆此前参观上述历史名宅的经历,信中称她的男伴是一位"新闻导师",他十分关注公共事务电视网和其他有线电视节目的热点新闻,并在"政治议题"上给予她指导。"新闻导师"或许有性别之分,但不可避免的是,两人及以上群体中必然存在新闻熟悉程度上的差别,这是一个与性别无关的现象。在一次对六对夫妇的深度访谈中,有四对夫妇的兴趣度和参与度相仿并相互带动。其中一位丈夫称赞了他的英国籍妻子——他曾对右翼观点深信不疑,是他的妻子帮助他用批判的视角重新审视这些观点。

尽管女性来信者与男性来信者一样,将公民身份作为写信动机之一,但她们并未参与更广泛的国内和外交政策议题的讨论,而是倾向于选择与自己有切身关系的地方性议题。当遇到诸如"战争"等高风险议题时,这个倾向则会发生变化,在来信专栏的回应中会有明显的性别差异。高风险议题对女性读者产生了强烈刺激,在 2002 年 10 月至 2003 年 3 月期间的《哈特福德新闻报》,以及在 2002 年 10 月的纽约《时代》(*Times*)周刊上共刊登了 62 封来自女性读者的与"伊拉克战争"主题相关的信件,其中有 50 位女性(约占 82%)明确反对战争(5 位支持战争,7 位在信中没有明确的立场)。来自男性读者的信件共有 174 封,其中 107 人(不到 62%)明确表示他们反对战争和袭击。男性来信与女性来信间最有趣的差异不在于占比,而在于信中所采用的不同论述框架。女性来信者在统计显著水平上(p < .05)使用了"我们的共和国"框架,特别关注国家发起战争的过程,包括"国会中似乎缺乏辩论或反对意见""民选官员没有听从民意",以及"新闻媒体没有尽其责要求政党领袖担起责任"(Martin,2003)。

从收集的来信中可以看出,女性会在必要时加入公共讨论。但因缺乏对这一问题更为系统的研究,这种说法还只是一种推测。不同于在访谈、观察和其他资料收集中所显示的种族与新闻参与间的密切联系,性别与新闻参与的联系虽已在业界(INMA,2003)和学界(参见 Carter et al.,1998)有所确立,但这种联系并不明显。

2. 种族与新闻

相较于性别,种族与新闻参与的联系更加明显。在对 10 位非裔美国人的深度访谈时,以及对读书俱乐部的参与式考察中便可窥见"美国种族主义的过去与现在"这一框架对意义建构的影响。这种框架并非凌驾于其他框架之上,而是针对特定议题形成的,且有时仅有少许影响。非裔美国人每日参与新闻,并不指望找寻所谓的"黑人观点",他们作为公民,作为特定职业或其他群体的成员身份参与新闻,这使得评估种族对新闻参与的影响变得更为复杂。非裔美国人在讨论媒介形象时常抱怨,认为媒体对非裔美国人的呈现太过狭隘。他们既担心没有接触过黑人的白人如何解读非裔美国人(一种传播中的第三人效应),也在寻求群体身份的安慰。

对一位 62 岁的教育学教授的访谈中可以看出"美国种族主义"框架中"参与和不参与"间的相互作用。这位女士表示她喜欢涵盖不同人(群)的新闻报道,而最令她感到不适的就是新闻中出现的种族议题。通过 90 分钟的访谈,笔者意识到她对自己订阅的《今日秀》(*Today* show)和《投资者日报》(*Investor's Daily*)中的所有信息都了如指掌。在访谈中她坦言自己会定期阅读《黑玉》(*Jet*)和《乌木》(*Ebony*)杂志,①收看黑人娱乐台的新闻节目,还会从网络上获取一些关于非

---

① 译者注:《黑玉》和《乌木》都是定位于非裔美国人受众的杂志。

裔美国人或种族议题的新闻,并经常就此与同事展开讨论。她表示当日上午《今日秀》的一则关于米克·贾格尔(Mick Jagger)和华人基思·理查兹(Keith Richards)开始巡回演唱会的新闻令她感到无比欣喜。当她谈及另一则新闻时情绪却急转直下,这是一则关于原FBI间谍理查德·汉森(Richard Hansen)的新闻,他因售卖"让国家所有人性命危在旦夕"的机密而被终身监禁。她的情绪之所以产生变化,是因为她认为官员和媒体对一名年轻的中西部白人男子(汉森)流露了过度的同情。汉森曾在信箱里放置炸弹,这些炸弹位置在地图中能够连成一个笑脸,"当时有一个无辜的黑人青年差点因此被警察杀害"。这位受访者还谈到了教育改革家黛安·拉维(Diane Ravitch)在《今日秀》上讨论考试分数的情节,她认为拉维反对教育中的多元文化与差异性,"拉维最先谈到的就是黑人后进生成绩的微弱进步,可其中为什么就没有白人后进生呢?"这位受访者问道。

非裔美国人在参与新闻时会将一些"点"联系起来的做法,对于那些没有类似经验的人而言,无疑是令人费解的。这种世界观的冲突在民意测验及其他公共领域中显而易见,不仅是因为非裔美国人在参与新闻时所持有的"种族"观念。尽管是白人或其他人带来了"种族"观念,但正如研究者达内尔·亨特(Darnell Hunt)追踪"辛普森审讯"(Simpson trial)中白人与黑人的观点时指出的,白人总将种族观念视为与其无关(Hunt,1999)。利德在研究焦点小组对"有关住房歧视的电视调查报告"的反应时,也提出了类似的看法(Lind,1996)。当非裔美国人看到种族主义的议题,以及新闻对黑人形象进行负面的描绘而感到愤慨时,白人仅能看到该议题与房产权的联系,并不认可非裔美国人将房地产经纪人的行为定性为种族歧视。

3. "9·11"与种族

非裔美国人读书俱乐部的成员是男女混合的,尽管男性群体居于少数,但最活跃的参与者中有两位是男性,其中一位是俱乐部的创办者。第一次观察时,读书俱乐部正在组织阅读《偷来的人生:沙漠监狱20年》(Stolen Lives: 20 Years in a Desert Jail)。这本书讲述了马里卡·乌夫基尔(Malika Oufkir)在沙漠监狱里生活了20年的故事。马里卡的父亲是王国部队的将军,在她父亲经历了一场失败的政变后,她和她的母亲、兄弟姐妹被摩洛哥国王哈森二世(King Hassan II)监禁在沙漠中。奥普拉读书俱乐部(Oprah Book Club)对《偷来的人生》的讨论集中在女性压迫和女性赋权的问题上,这可能会令许多电视观众产生共鸣,这些议题却从未在私人读书俱乐部中被提及——私人俱乐部成员批判叙事者过分认同欧洲审美价值观而遮蔽了非洲人的审美。在这个读书俱乐部中,小组的成员关注书中的具体细节,当一位二十几岁的牙买加男子提到书中一个段落时,大家的讨论朝着只有在"言语社区"(speech community)中才会出现的方向发展。书中写道,这个惩罚对于女主人公的家庭(包括小孩)过于严苛,以至于人们不愿意谈论此事。在场的人似乎立刻意识到了这一点。"就像没人愿意听有关奴隶和种族的话题一样",一位读者说道。"尤其是在'9·11'事件之后",另一位读者补充道。

　　与其他接受访谈的非裔美国人一样,读书俱乐部成员在讨论美国对"9·11"事件的反应时也采用了"美国种族主义"的框架。当中东和第三世界国家人民对美国感到愤怒,这个框架就显现出来了。在某些情形中,受访者将美国以往的种族暴力视作恐怖主义,这种观点最终可能会成为国家言论的一部分,例如前总统比尔·克林顿(Bill Clinton)顾问弗农·乔丹(Vernon Jordan)在 2002 年 4 月于霍华德大学(Howard University)的演讲。在读书俱乐部与国家层面出现的言论十分复杂,这也使新闻参与充满复杂性。前文提到的那位非裔美国教育家表示,她在遭受袭击后陷入了抑郁状态,并援引威廉·杜波依斯(William Du Bois)关于"双重意识"(double consciousness)的讨论来解释非裔美国人在 9·11 袭击后产生的矛盾心理。

　　　　"9·11"事件让我切实感受到了杜波依斯所说的"双重意识",这种
　　　感受是其他任何事件都无法比拟的。作为一个人,我感受到了伤害,直
　　　到最近才开始感到恢复正常和安全,走出抑郁。这一事件夺走了我的
　　　创造力,让我对祖国的安全性感到担忧与恐惧。(访谈于 2002 年 5 月)

　　本文无意提供对"9·11"事件进行心理学解读,而是要说明,在协商表达时,一种体系化的疏离感是如何以更具对抗性的方式将群体身份置于前台的。英国的研究者发现英国的穆斯林群体也出现了类似的对抗主流新闻报道的模式,并发现他们开始转向其他新闻源(Gillespie, 2006)。

　　与"9·11"事件相关的另一件事件及其相关报道说明,文化认同甚至可以影响国家危机时期对于英雄形象的塑造。在袭击发生后的几天里,一些非裔美国人明显意识到 36 岁的非裔美国人勒罗伊·霍默(Leroy Homer)——"9·11"事件中在宾夕法尼亚州坠毁的被劫飞机"英航 93"的副机长——一直被主流媒体所忽视。这些非裔美国人从飞行员网站和一些其他新闻源拼凑信息,创作了一

篇悼词,在非裔美国人聚集的邮件群组中传播。其中一个版本是:

> 你知道在宾夕法尼亚州坠毁飞机的飞行员是非裔美国人吗! 第一
> 机长勒罗伊·霍默是一位真正的英雄! 作为一名飞行员,他拒绝让自
> 己的飞机成为恐怖分子的武器! 这一举动挽救了处于全会状态的美国
> 国会! 美国参议院和众议院都在开会! 机长勒罗伊·霍默不仅阻止了
> 恐怖分子对国会大厦的袭击,还使得宾夕法尼亚州的人们得以幸存!
> 这是一个英勇而卓越的行为! 新泽西商业银行已经为勒罗伊·霍默的
> 家人设立了一个基金。因此,当我们哀悼这一悲剧事件时,不要忘记我
> 们还有一位非裔美国英雄——第一机长勒罗伊·霍默。

这种群体的即兴新闻创作体现了新闻参与的即兴特征,可以用"即兴新闻"(improvised news)(Shibutani,1966)来描述在危机期间,为解决问题而"协作制造谣言"(collaborative rumor-creation)。上述邮件也证明了在主流媒体报道的夹缝中,文化认同是如何推动狂欢性与抵抗性新闻参与的。"9·11"袭击发生后的几天内,在一个以伊朗文化为主题、由伊朗裔美国人参与的网络新闻小组里,参与者因一则传闻自豪不已,该传闻声称93号飞机的飞行员是伊朗裔,并且是唯一敢于反抗劫机者的飞行员。事实证明,这则传闻是谣言(Martin,2002)。

六、结论

参与新闻成为一种日常生活的惯习,人们甚至对此习焉不察。本文提出的相关命题解释了"认知"如何形塑"关联性的建构",进而影响"参与行为",并完成"重塑认知"的循环结构。这种反馈循环结构捕捉到了一种复杂体验:人们将新闻作为"持续关注的对象"并对其进行管理的过程中问题重重。文章重点探讨了人们接触新闻时出现的矛盾性——欣然接受与拒之千里并存。促成这种矛盾性的因素众多,但此处聚焦于文化身份(尤其是性别和种族)对新闻媒体感知的影响:除提供愉悦感之外,文化身份也为新闻参与的肌理注入了某种冒犯感(a sense of affront)。对种族的论述尤为突显了这一特征——少数群体在从媒体处获得愉悦之余,也在遭受排挤和歪曲。非裔美国人参与新闻时表现出的对主流媒体的回避(discounting)解释了他们为何感到"被歪曲",这成为普通人在日常生活中参与新闻的一个突出例子。人们寻求与新闻媒体建立某方面的关联,但同时也试图避免被媒体灌输信息。

凯瑞在仪式性行为语境下理解新闻参与等活动的论述,对明确本文提出的相关命题有所裨益。围绕新闻参与中对矛盾性的探索揭示出传递观与仪式观之间的张力。人们在仪式化的语境中参与新闻,这种"整体的形式、秩序和调子"(Carey,1992,p. 21)往往饱受争议。例如,许多人在面对日常生活中的不平等与歧视时,并不期望自己被奉为媒体口中的"美国爱国者"(Carey,1992,p. 20)。读者来信、访谈以及其他资料显示,参与者往往会试图挣脱新闻报道中仪式化的一面以获得信息(无论这些信息是否反映或契合其自身世界观)。

本文的局限性在于,虽然探索式的扎根理论策略为我们提供了一个有趣的视角,使我们能够观察到人们在多样化的媒体世界里的参与行为——在这个世界里,人们在严肃的和轻松的新闻消费之间来回切换。但这项工作并非聚焦在回应这种新闻参与的结果究竟为何。质化的受众研究子领域还可以从其他的专门研究中获得启发,其中一些是纵向研究,重点研究阅读、观看、讨论新闻并采取行动的小群体。此外,考察一个小群体的社会网络将有助于进一步理解文化语境问题,并更好地跟进本文提出的"认知—关联—参与"循环结构。这样的研究可以使新闻研究者和实践者更深入地理解人们如何与规则(regimen)共处,而这一规则形塑了日常生活,同时又被日常生活所形塑。

参考文献

Ang, I. (1985). *Watching Dallas: Soap Operas and the Melodramatic Imagination* (D. Cooling, Trans). London: Methuen.

Barnhurst, K., & Wartella, E. (1991). Newspapers and Citizenship: Young Adults' Subjective Experience of Newspapers. *Critical Studies in Mass Communication*, 8 (2), 195 - 209.

Barnhurst, K., & Wartella, E. (1998). Young Citizens, American TV Newscasts and the Collective Memory. *Critical Studies in Mass Communication*, 15 (3), 279 - 305.

Benoliel, J. Q. (1996). Grounded Theory and Nursing Knowledge. *Qualitative Health Research*, 6 (3), 406 - 428.

Bentley, C. (2001). No Newspaper Is no Fun - Even Five Decades Later. *Newspaper Research Journal*, 22 (4), 2 - 16.

Berelson, B. (2004). What "Missing the Newspaper" Means. In J. D. Peters, & P. Simonson (Eds.), *Mass Communication and American Social Thought Key Texts 1919 - 1968* (pp. 254 - 274). Lanham, MD: Rowman & Littlefield. (Original work published 1949)

Bird, S. E. (1992). *For Enquiring Minds: A Cultural Study of Supermarket Tabloids*. Knoxville: University of Tennessee Press.

Bird, S. E. (2000). Audience Demands in a Murderous Market: Tabloidization in US

Television News. In C. Sparks & J. Tulloch (Eds.), *Tabloid Tales: Global Debates over Global Standards* (pp. 213 – 228). Lanham, MD: Rowman & Littlefield.

Bird, S. E. (2003). *The Audience and Everyday Life*. New York: Routledge.

Blumer, J., & Katz, E. (Eds.). (1974). *The Uses of Mass Communications*. Beverly Hills, CA: Sage Publications.

Buckingham, D. (2000). *The Making of Citizens: Young People, News and Politics*. London: Routledge.

Carey, J. W. (1992). A Cultural Approach to the Study of Communication. In J. W. Carey (collected works), *Communication as Culture: Essays on Media and Social* (pp. 13 – 36). New York: Unwin Hyman/Routledge. (Original work published 1975)

Carter, C., Branston. G., & Allan, S. (Eds.). (1998). *News, Gender, and Power*. London: Routledge.

Crigler, A. N., & Jensen, K. B. (1991). Discourses on Publics: Talking About Public Issues in the United States and Denmark. In P. Dahlgren, & C. Sparks (Eds.), *Communication and Citizenship* (pp. 176 – 192). London: Routledge.

Eliasoph, N. (1998). *Avoiding Politics: How Americans Produce Apathy in Everyday Life*. Cambridge: Cambridge University Press.

Gamson, W. A. (1992). *Talking Politics*. New York: Cambridge University Press.

Gauntlett, D., & Hill, A. (1999). *TV Living: Television, Culture, and Everyday Life*. London: Routledge.

Giddens, A. (1984). *The Constitution of Society: Outline of a Theory of Structuration. Berkeley*: University of California Press.

Gillespie, M. (2006). Transnational Television Audiences after September 11. *Journal of Ethnic and Migration Studies*, *32*(6), 903 – 921.

Glaser, B. G. & Strauss, A. L. (1965). *Awareness of Dying*. Chicago, IL: Aldine Publishing.

Glaser, B. G. & Strauss, A. L. (1967). *The Discovery of Grounded Theory: Strategies for Qualitative Research*. Chicago, IL: Aldine Publishing.

Glaser, B. G. (1992). *Emerging vs. Forcing: Basics of Grounded Theory*. Mill Valley, CA: Sociology Press.

Glaser, B. G. (1998). *Doing Grounded Theory*. Mill Valley, CA: Sociology Press.

Glaser, B. G. (2003). *The Grounded Theory Perspective II : Description's Remodeling of Grounded Theory Methodology*. Mill Valley, CA: Sociology Press.

Glaser, B. G. (2005). *The Grounded Theory Perspective III : Theoretical Coding*. Mill Valley, CA: Sociology Press.

Glaser, B. G., & Strauss, A. L. (1964). Awareness Contexts and Social Interaction. *American Sociological Review*, *29*(5), 669 – 679.

Goulding, C. (2002). *Grounded Theory: A Practical Guide for Management, Business and Market Researchers*. London: Sage.

Graber, D. (1984). *Processing the News: How People Tame the Information Tide*. New York: Longman.

Hagen，I. (1992). *News Viewing Ideals and Everyday Practices: The Ambivalences of Watching Dagsrevyen*. PhD Dissertation，Department of Mass Communication，University of Bergen.

Hall，S. (1980). Encoding/Decoding. In S. Hall，D. Hobson，A. Lowe & P. Willis (Eds.)，Culture，Media，Language (pp.28 – 138). London：Hutchinson.

Hall，S.，Critcher，C.，Jefferson，T.，Clarke，J.，& Robert，B. (1978). *Policing the Crisis*. London：Palgrave Macmillan.

Hebdige，D. (1979). *Subculture: The Meaning of Style*. London：Methuen，Routledge.

Hunt，D. (1999). *O. J. Simpson Facts & Fictions: News Rituals in the Construction of Reality*. New York：Cambridge University Press.

International Newspaper Marketing Association (INMA). (2003). *Exploring the Newspaper Readership Gender Gap*. Dallas，TX：INMA.

Jensen，K. B. (Ed.). (2000). *News of the World*. London：Routledge.

Katz，E.，& Lazarsfeld，P. (1955). *Personal Influence*. New York：The Free Press.

Lamont，M. (2000a). The Rhetorics of Racism and Anti-Racism in France and the United States. In M. Lamont，& L. Thévenot (Eds.)，*Rethinking Comparative Cultural Sociology: Repertoires of Evaluation in France and the United State*s (pp. 25 – 55). Cambridge：Cambridge University Press.

Lamont，M. (2000b). *The Dignity of Working Men: Morality and the Boundaries of Race，Class，and Immigration*. Cambridge，MA：Harvard University Press and Russell Sage Foundation，NY.

Lazarsfeld，P.，Berelson，B.，& Gaudet，H. (1944). *The People's Choice*. New York：Columbia University Press.

Lewis，J. (1992). *The Ideological Octopus: Exploration of Television and its Audience*. New York：Routledge.

Liebes，T.，& Katz，E. (1990).*The Export of Meaning: Cross-Cultural Readings of Dallas*. New York：Oxford University Press.

Lind，R. A. (1996). Diverse Interpretations：The "Relevance" of Race in the Construction of Meaning and the Evaluation of a Television News Story. *Howard Journal of Communication*，7(1)，43 – 74.

Livingstone，S. (1998). *Making Sense of Television: The Psychology of Audience Interpretation* (2nd ed.). New York and London：Routledge.

Lull，J. (Ed.). (1988). *World Families Watch Television*. Newbury Park，CA：Sage.

Martin，V. B. (2002). *"The Color of Bravery and 9/11"*，*CCS News*. Critical and Cultural Studies Division of AEJMC Newsletter (Winter)：4.

Martin，V. B. (2003). Women of the World Bake Bread：Gender and the Newspaper Letters Column. Paper presented at the Central Connecticut State University June Higgins Gender Studies Conference，11 April.

Martin，V. B. (2004). Getting the News from the News：A Grounded Theory of Purposive Attending. PhD thesis，Union Institute and University，Dissertation Abstractions

Internationals (UMI 3144535).

Mead, G. H. (1926). The Nature of Aesthetic of Experience. *International Journal of Ethics*, *36*(4), 382 - 392.

Morley, D. (1980). *The "Nationwide" Audience*. London: British Film Institute.

Morley, D. (1986). *Family Television: Cultural Power and Domestic Television*. London: Comedia.

Morley, D. (1992). *Television, Audiences & Cultural Studies*. London: Routledge.

Morley, D., & Silverstone, R. (1990). Domestic Communication-Technologies and Meanings. *Media, Culture & Society*, 12(1), 31 - 56.

Neuman, W. R., Just, M. R., & Crigler, A. (1992). *Common Knowledge: News and the Construction of Political Meanings*. Chicago, IL: University of Chicago Press.

Radway, J. A. (1984). *Reading the Romance: Women, Patriarchy, and Popular Literature*. London: Verso.

Readership Institute. (2003). *Newspaper Experience Study*. URL (consulted July 2003): www.readership.org.

Shibutani, T. (1966). *Improvised News: A Sociological Study of Rumor*. New York: Bobbs-Merrill.

Stephenson, W. (1988). *The Play Theory of Mass Communication*. New Brunswick, NJ: Transaction Books. (Original work published 1967)

Strauss, A., & Corbin, J. (1990). *Grounded Theory: Basic of Qualitative Research*. Thousand Oaks, CA: Sage.

Zelizer, B. (2004). When Facts, Truth, and Reality are God-Terms: On Journalism's Uneasy Place in Cultural Studies. *Communication and Critical/Cultural Studies*, *1*(1), 100 - 119.

后　记

　　初识"质化研究"还是 2007 年去美国访学,选课名录中居然有对"qualitative"和"quantitative"两门方法课程的强调,而这之前,研究方法本身于我而言都是面目模糊的。那时候的大多数研究都是人文式的,与文学有点近,与社会科学距离有点远,强调的是思想观点,学者个人的体悟与创见。然而,学术的规范性容易习得,洞见却难觅,所以一旦学养不足,又无方法约束,难免文章会如脱缰野马,洋洋洒洒,不知所云,如李金铨师批评的,一堆"should"研究,应该如何如何,却还没弄清楚"what"和"why"。记得一次上课,一共六人的讨论课,逃无可逃,不得不在黑板上写下"新闻娱乐化对青少年的影响",近二十年了,依然记得教授盯着那题目说了一句话:"窄化核心概念,一篇论文,一个问题、一个理论、一个方法"。估计这么宏大的叙事,既无对研究对象的界定,也无效度分析,着实把老太太惊讶了一番。

　　这之后,即开始心心念念编选一本有关方法的教材,可是,如邓津所言,"质化研究是一个多学科的、跨学科的,有时甚至是不希望被学科化的研究领域,它横跨人文科学、社会科学和自然科学",如何界定其定义,如何划定其范畴? 国内外的课堂和参考文献都没有提供标准答案。很幸运,"从前的日色变得慢",不若今日这般着急,师友郑涵兄常碎碎念"学问当十年磨一剑",给了我慢慢积累的理由和勇气。2008 年和 2013 年,李金铨老师和潘忠党老师给予访学机会,我在香港城市大学和威斯康星大学麦迪逊分校图书馆开始有意识地搜集整理相关资料,且旁听了威大社会学系的相关课程。回国后,旋即联系时任浙江大学教授的李红涛,他慷慨无私地将其质化课程的教学大纲分享于我,思路框架居然有诸多不谋而合之处。具体方法的确定,经他过目,方心安。

　　本书的基本构想主要围绕理论与实践两个部分展开,每一章,也是每一方法,由 3—5 篇论文组成(除扎根理论为两篇),其中三分之一为理论,包含对方法的历史溯源、特点描述或科学性的探讨,另三分之二则为经典案例,可略窥方法运用的门径。在归纳出与新闻传播领域密切相关的七种研究方法后,主要依据两个标准来选取内容:一为经典研究,听课与阅读文献,耳濡与目染是感知经典的工具;二为与中国社会语境有观照的研究,有利于对在地化问题的思考。同时,还辅之以谷歌学术,搜索引用率及对目标文献的相关评述,尽力避免以主观好恶作为筛选依据。因此,在这里,汇聚了诸多学人们所熟悉的大家及其代表作。

值得一提的是,2017 年岁末,当我开始联系作者时,内心极度忐忑,从未谋面,如何启齿? 乡土中国的熟人社会想法总是让我试图借助朋友介绍来解决问题。而最终的结果告诉我,见字如面,先与文进行学术对话,再将之通过邮件告诉对方,才是赢得信任的最佳路径。2018 年 1 月 12 日去信,26 日迈克尔·舒德森回信,信中解释因旅行而没能更早地回复,并说仍需两周时间重新审阅文章,以确认是否有补充或修正之处,让我体会到著作等身、谁不识君的学者对学术的尊重。再来信,他提及黄旦老师、邓建国老师和 2015 年在复旦新闻学院演讲的经历。正因此因缘,便有了中英文兼修的邓老师的把关,使我对该文翻译的准确性更为笃定。给戴维·莫利去信前,幸得同济大学王鑫教授(《传播与流动:移民、手机与集装箱》译者)的情感支持,心想万一得不到回复,仍有转圜的可能。没成想,莫利即刻回复并欣然允诺。阿瑟·伯杰则特意来信补充,"If you want to translate anything else, please feel free to do so",还有保罗·阿特金森、尼基·厄舍……,均令我十分感动。望之俨然,即之也温,是我与这些学术大家书信交往的真实感受。

这一如此厚重的"严谨认真"和无私的"慷慨帮助",不仅来自各位老师,更来自两位小友郑孟兰和陈晓旭,没有她们的支持,我难以继续,因为上课为大,因为杂务缠身,开会、填表……,热闹的光阴中,一篇两万字的文章,断断续续需要 3 个月至半年的时间方有雏形。而翻译工作,若以庸俗的计算来看,实在应该早些止损,于我们仨而言,在强大的量化考核面前,都是触目惊心的"0",一想到被搁置许久的课题和论文,真是"剪不断、理还乱",是忧愁。每每思之,除了对这些论文的喜爱,以及分享他人的欲望,又能是什么动力维系了我们的坚持。前期初稿,幸得上海大学的齐琳珲博士、西北大学的王凌云硕士,以及复旦大学的胡冯彬老师、上海体育大学的路珏老师、西北大学的李莉老师的无私帮助,诸君都在极其繁忙的工作学习压力下贡献智慧。关键的难点,复旦大学的潘霁老师和同事何琦隽老师,无论黄昏日暮,有求必应。每每念及,内心充满感激。整整两年,晓旭与孟兰全力以赴,"逼迫"我风雨同舟,布置校订作业,几译其稿,到如今,八九遍的"回望"是有的。

在翻译过程中,我时常感受到中英文语言转换的限度,"信达雅"的难以企及,除语言本身,还涉及文史哲的修为。如新闻编辑室的空间研究,其中的"space,place,location,site",皆无法直译,模模糊糊,可意会而不可言说,我们不仅反复揣摩作者的表达,还追寻所引大卫·哈维和列斐伏尔的英文论著,结合上下文,以更全面地理解该字词或语句的意涵。但诚如陆谷孙先生把文字和文化的异域比拟作地平天阔的彼岸,有些地点固然可以"抵达",但或许永远只能"抵近"。葛传椝先生说"翻译必生误解",惟希望本书误解能少一点,与原文相契合处多一些。不当之处,因我力不能逮,恳请方家指正。

韦伯在《以学术为志业》的结尾,引用《以赛亚书》中与守夜人的问答:"守望的啊,夜还要多久?"守夜者说:"白天会来,但还有黑夜。你们想求问就问,回头可以再来"。单靠期望和等待是不会有结果的,从事自己的工作,并完成"眼前迫切的要求",我们仿佛如韦伯说的,"掌握着自己的人生线索",翻译这件"吃力不讨好"的事因此可以是单纯而快乐的。

沈　荟

2024 年 9 月 7 日